Trade Practice

무역실무

박영태

머리말

우리나라는 60년대 이후 근래까지 오일 쇼크 등 제반 어려운 수출환경에도 불구하고 지속적인 수출 신장에 힘입어 고도의 경제성장과 국제수지의 개선에 크게 기여하여 왔다. 이와 같은 우리나라 경제의 무역지향적 특성은 사회과학의 한 분야로서 무역학의 생성 발전을 가져왔고, 그 중에서도 무역실무는 수출입과 직결됨에 따라 무역학과는 물론이고 상경계 각 대학 각 학과의 가장 중요한 과목의 하나인 필수교과목으로 채택되어 우리나라 무역 및 경제성장에 크게 기여하고 있다.

이와 같은 수출을 중심으로 한 대외지향적인 경제개발 전략의 성공으로 우리나라는 세계무역에서 7% 내외의 비중을 차지하는 무역입국의 국가로 부상되었으나 최근에 이르러 국내외 무역환경은 더욱 어려워지고 있다. 즉 우리나라 수출비중이 가장 큰 미국을 비롯한 선진국들의 신보호무역주의 정책 및 수입을 비롯한 각종 국내시장의 개방 압력이 지속됨에 따라 농수산물은 물론이고 금융 등의 서비스 산업도 대폭 개방하게 되었다.

따라서 우리나라는 급변하는 최근의 국내외 무역환경에 능동적으로 대처하여 지속적인 통상의 확대를 통한 국민경제의 발전으로 도모하기 위하여는 그 동안 수출장려 및 보호주의의 무역정책에서 벗어나 무역의 자유화 및 상호주의에 입각한 공정무역의 구현을 무역정책의 기조로 하여야 할 것으로 판단된다. 또한 수출산업의 능률성 제고를 위한 산업 정책에 부응하고 무역의 자율성 제고와 대외신용의 유지 향상을 도모하여 격심한 국제경쟁을 극복하면서 무역을 지속적으로 증대시키기 위하여는 기존의 각종 무역관리제도를 대폭적으로 개편할 필요성이 대두되고 있다.

뿐만 아니라, 최근 국제 통상 환경은 자유 무역에서 경제 안보로 패러다임이 근본적으로 전환되고 있다. 미·중 패권 경쟁의 심화와 글로벌 공급망의 블록화, 그리고 탄소국경세 도입 등 비관세 장벽의 높이는 그 어느 때보다 높아졌다. 아울러 생성형 AI와 디지털 플랫폼의 비약적인 발전은 무역의 형태를 전통적인 B2B에서 국경 간 전자상거래(CBEC)와 디지털 서비스 무역으로 빠르게 확장시키고 있다.

이에 본서에서는 이러한 거대한 전환의 시기에 무역학도와 실무자들이 갖추어야 할 새로운 통찰력과 실무 역량을 제공하기 위해 다음과 같은 사항을 중심으로 서술하였다.

첫째, 전통적인 무역실무의 내용들을 총 16개의 장으로 마무리하였다. 1. 국제상학의 학문적 성격 및 연구분야, 2. 국제상학의 연구방법, 3. 무역업의 창업, 4. 해외시장조사와 거래처 발굴, 5. 무역계약의 성립, 6. 무역계약의 기본조건, 7. 국제상관습과 정형거

머리말

래규칙, 8. 무역계약 당사자의 의무, 9. 신용장, 10. 통관과 관세, 11. 국제물품운송, 12. 해상보험 및 무역보험, 13. 무역대금결제, 14. 전자무역, 15. 무역계약의 종료, 16. 매매당사자의 구제 및 상거래분쟁의 해결로 구성하였다.

둘째, 복잡한 무역 프로세스의 직관적 이해를 돕기 위해 제반 절차에 대한 도해와 별첨 자료를 전면 최신화하였다. 무역실무 학습에 있어 절차의 흐름을 파악하는 것은 무엇보다 중요하다. 이에 수출 및 수입의 전체 절차는 물론, 중재 절차와 COD · 사전송금 방식 등 주요 결제 흐름을 최신 트렌드에 맞게 도식화하여 수록하였다. 또한, 손해의 유형을 일목요연하게 정리함으로써, 독자들이 텍스트 너머의 실무 흐름을 한눈에 조망할 수 있도록 시각적 이해도를 높이는 데 역점을 두었다.

셋째, 무역 계약 및 결제, 비용 산출 등 실무의 핵심 내용을 심도 있게 다뤘다. 계약 단계에서의 리스크 관리를 위해 불가항력 및 클레임 조항을 더욱 상세히 다루었으며, 무역거래 알선 및 해외지사 설치와 관련된 내용을 최신 현황에 맞게 수정하였다. 또한, 결제 분야에서 신용장의 한계성과 신용장 양도 목적 및 절차를 추가하였으며, D/P 및 D/A 거래 방식에 대한 설명도 구체화하여 실무 적용력을 높였다.

넷째, 수출입 통관 절차 및 품목 분류 체계의 정밀성을 강화하였다. 관세 행정의 변화를 반영하여 수출 신고의 정정 · 취하 및 각하에 관한 규정을 상세히 기술하였고, 수입 통관 과정에서 필수적인 수입 화물 하역 절차와 보세구역 외 장치 제도에 대한 전체 내용을 새롭게 추가하였다. 또한 독자들의 가독성을 고려하여 편집 디자인을 일신하고, 복잡한 무역 절차를 한눈에 파악할 수 있도록 도표와 로드맵을 최신화하였다.

끝으로 저자의 과문함으로 인해 혹여 방대한 변화의 흐름을 놓치거나 다소 미흡하게 기술된 부분은 없을지 두려운 마음 금할 길이 없다. 이러한 부족함에 대해서는 향후 지속적인 연찬과 보완을 통하여 학술적 완성도를 제고할 수 있도록 불철주야 노력을 경주할 것을 약속드린다. 아울러 본서가 탈고되기까지 연구에만 매진할 수 있도록 물심양면으로 성원해 주신 지인들께 깊은 감사의 뜻을 표한다. 특히 어려운 출판 여건 속에서도 학술 서적의 가치를 높이 사고 본서의 개정을 흔쾌히 허락해 주신 도서출판 삼영사의 노고에 감사를 표하며, 강호제현 및 독자 여러분의 따끔한 질책과 따스한 격려를 바라 마지 않는다.

2026년 2월

가얏골 연구실에서

차례

Chapter 1 국제상학의 학문적 성격 및 연구분야

Chapter 2 국제상학의 연구방법

Contents

Contents

Contents

Chapter 6 무역계약의 기본조건

Chapter 7 국제상관습과 정형거래규칙

Contents

Chapter 9 신용장

Chapter 10 통관과 관세

Chapter 11 국제물품운송

Contents

Chapter 12 해상보험 및 무역보험

Contents

Chapter 13 무역대금결제

Contents

Chapter 16 매매당사자의 구제 및 상거래분쟁의 해결

1

국제상학의 학문적 성격 및 연구분야

Chapter 1

국제상학의 학문적 성격 및 연구분야

제1절 국제상학의 학문적 성격

1 무역의 특성

무역은 기후, 풍토 등의 자연적 조건과 제도, 관습 등의 사회적 조건이 각기 다른 국가 간의 물품 및 용역을 거래하는 것으로서 각 국가의 국민경제에 그 기초를 두고 있다. 각 국가의 국민경제는 기업경제가 기반이며 기업들은 무역을 담당하며 세계경제시장에서 활동하고 있다. 따라서 무역은 기업경제의 성격, 국민경제의 성격, 세계경제의 성격 등 3가지 성격이 병존하고 있으며, 일본의 우에사카 유키죠 교수는 무역의 특성을 다음과 같이 국민경제를 중심으로 2가지 관점에서 고찰하였다.

첫째, 무역은 국민경제와 기업경제가 복합된 성격을 가지고 있다.

무역의 초기에 경제학자들은 개별 기업의 자유로운 물품매매활동이 국민후생[1)]을 증대한다고 주장하면서 국가의 간섭이 배제된 기업경제적 성격을 강조하였다. 그러나 실제 각국은 주관적인 관점에서 자국과 외국과의 교역으로 일국의 국민경제가 중심이 된 외국과의 무역이었으며, 객관적인 관점에서도 국가가 중심이 되어 상호 간에 상품거래를 하는 각기 다른 사회유기조직간의 교역이었다. 그러므로, 결국 국가는 무역을 무역업체 개인적 영리만 지배하는 기업경제적 성격으로만 인정할 수 없는 국가적 차원의 국민경제적 성격이 복합되어 있다.

국민경제적 차원에서는 국가 간의 무역마찰을 피하기 위해서나 무역수지[2)]의 균형유지정책도 필요하기 때문에 국가는 최소한의 통제와 지원·육성을 할 필요가 있기 때문이다.

---

1) 한 나라 국민의 생활 복지 및 사회 복지의 수준을 말한다.
2) 상품의 수출입 거래에 따르는 대금의 수불을 말하며. 일정 기간의 수출입 거래에 의하여 발생한 일국의 외국과의 대금 수불액을 말한다.

그리고 유치산업[3]의 보호육성 등이 국민경제와 기업경제를 독립적으로 분리하는 것은 현실적으로 어렵다. 무역은 수출입의 적절한 조정으로 국가의 생산력과 공급력을 보충하고 확충하는 국민경제적 역할을 하며 이러한 무역을 담당하는 주된 주체가 개별기업이기 때문이다. 국가가 만약 무역의 주체가 된다면 무역마찰이 끊임이 없을 것이며 국가 간의 정치문제로 비화될 수도 있다. 따라서 모든 국가는 기업경제적인 측면을 중요시 하여 각국의 무역효과를 높이고 있다.

둘째, 무역은 국민경제와 세계경제가 복합된 특성을 가지고 있다.

국민경제 간의 상호 접촉으로 무역이 이루어지며, 무역은 세계경제의 무대에서 치열한 경쟁과 무역협정 등에 의해서 실현되는 특성을 가지고 있다. 즉, 완전자급경제 국가는 없다.

그러나 오늘날은 세계무역현상에 비추어 볼 때 국민경제 중심에서 기업경제 중심시대로 바뀌어 가고 있다고 보는 것이 타당할 것이다. 지금까지의 단일국가 단위시장의 국민경제 중심에서 전세계가 하나인 세계시장에서 개별 기업경제가 주체가 되어 거래가 행해지는 기업경제가 복합된 세계경제시대로 전환되고 있다. 특히 WTO와 전자상거래[4]시대의 무역은 국가 간의 각종 무역장벽이 없는 개별기업경제 중심사회를 더욱 가속화시킬 것이다.

2 무역학의 학문적 체계

무역학의 체계는 학자에 따라 차이가 있으나 현재 한국에서는 국제경제, 무역정책, 국제경영, 무역실무와 국제상학이 복합된 학문이라는 것이 일반적인 통설이다.

경제학으로서의 무역이론 연구는 국가와 국가 간에 행해지는 교역의 근본원리, 발생원인, 그리고 국민경제에 미치는 효과를 연구하는 것이다. 경제학은 영국에서 체계화되었으며 주요한 일부문인 무역이론은 국제분업[5]과 국제교환이 가져오는 이익을 설명하고 자유무역을 목표로 발전시켜 왔다. 리카도는 노동가치설을 기초로 하여 비교생산비설을 창안했으며 이어서 케인즈는 화폐이론과 결합시켰다. 이들 고전학파의 이론가들인 애덤스미스, 리카도, 밀, 케인즈, 니콜슨 등은 자유무역의 장점을 강하게 주장하였다.

---

3) 한 나라의 산업 중 장차 성장잠재력은 있지만 최초의 실험단계에서 벗어나지 못해 국제경쟁력을 갖추지 못했거나 금융적인 곤란을 받고 있는 미발달의 산업을 말한다.
4) 인터넷이나 PC통신을 이용해 상품을 사고 파는 행위를 말한다.
5) 국가들 간 비교우위에 있는 상품을 특화하여 생산하고 이를 무역하는 형태로 나타나는 국가 간의 분업 관계를 말한다.

그 후 영국에서는 마샬이 밀의 2국 2상품의 상호수요설로 발전시켜 모든 상품을 한 묶음의 공동상품으로 본 주관적 가치론에 근거를 둔 균형무역론을 구축함으로써 근대이론의 길을 열었다. 이어서 미국의 타우식은 정밀한 실증적 방법으로 신고전파 무역론을 전개하였다. 마샬은 상품 수량이나 생산비용으로 교역을 설명하였지만 타우식은 생산요소로서 화폐생산비용과 자본비용을 포함한 실질비용개념의 생산비설을 설명하였다. 양자는 자본주의 성숙기의 이론가로서 고전파 학자가 취했던 단순한 가정에서 만족하지 못하고 풍부한 분석소재를 이용하여 구체적인 현실 문제에 접근하였다.

올린과 하벌러는 근대무역론을 체계화하였으며, 해로드, 로빈슨 등의 케인즈학파는 소득분석이론을 무역이론에 적용시킨 무역승수론으로 무역이론을 크게 변화시켰으며 그 후 지속적인 발전을 계속하고 있다.

무역정책 연구는 각국의 국민경제가 현재 채택하고 있는 대외무역에 대한 정책으로 종전만 해도 자유정책론과 보호정책론으로 나누어져 관세, 수출입관리, 수출입검사, 수입품표시 등의 관리와 관련하여 대립적 논쟁이 전개되어 왔다. 특히 제2차 세계대전 후에는 복잡한 국제정세로 무역정책이 경제이론이나 학계의 논리보다도 시대감각적인 저널리즘[6]의 논리로서 채택되는 경우도 많았다. 그러나 무역정책은 학문적 바탕 못지않게 현장 상황의 중요성이 강조되고 있다.

무역경영 연구는 수출입활동의 연구가 주된 분야이며 수출과 수입에 대한 실질적이고 기술적인 연구로서 경영자의 전략적 선택이다.

무역실무 즉, 국제상학으로서의 무역연구는 개별기업의 무역이행행위로써 상사매매론과 계약법리론을 체계화한 국제매매론이 중심이 된다. 세계시장에서 인정되고 있는 무역관습과 매매이론을 종합한 연구로서 무역을 뒷받침하는 법학적 성격의 외국매매에 관한 법규의 조문연구, 무역관습, 무역계약의 연구 등이다.

각 학문 분야는 상호 간에 깊은 관련이 있다. 무역이론은 무역정책의 기초가 되며, 무역정책의 실태와 효과는 무역경영에서 대외 활동상의 지침이 된다. 또한 개인의 무역경영의 실행을 위해서는 국제매매의 계약이론과 상관습에 관한 상·법학적 연구가 필요하기 때문이다.

따라서 이상을 종합할 때 무역학의 학문적 체계는 경제학·정책학·경영학·상학·법학에서 그 기초를 구할 수 있으며, 그 위에서 세계경제·국민경제·기업경제의 범주에까지 걸친 이론과 실무를 종합한 연구로서 무역이론·무역정책·무역경영·무역계약이 복합된 학문이라 할 수 있다.

---

6) 활자나 전파를 매체로 하는 보도나 그 밖의 전달 활동, 또는 그 사업을 말한다.

3 무역계약의 학문적 성격 및 영역

무역계약에 관한 연구는 국제상거래를 위한 계약으로 기초적법이론, 상관습, 계약조건 등이 종합된 학문이다. 무역이 국가 간의 매매계약에 의하여 이루어지고 있기 때문에 무역은 계약이란 등식도 성립하는 중요한 영역이다.

무역을 하기 위해서는 우선 외국인을 상대로 견본, 설명서, 카탈로그[7] 등으로 품질을 결정하고 전신으로 가격·수량·인도·결제 등의 거래조건을 협상한 후 서면계약서[8]로 매매계약을 체결한다. 매도인과 매수인은 계약서 조건대로 이행해야 하며 계약서는 거래의 기준이다. 매도인은 약정품을 인도하고 매수인은 대금을 결제한다. 이러한 과정에서 당사자가 무역실무에 대한 지식과 계약관련법에 대한 지식이 미숙할 경우에는 무역의 성사가 어렵거나 성사가 된다 하더라도 상사분쟁이 발생할 수 있다. 서로가 외국이기 때문에 해결도 쉽지 않으며, 무역분쟁은 국가뿐만 아니라 개개의 기업에도 유·무형의 막대한 손실을 초래한다.

특히, 한국은 부존자원이 빈약하고 국내시장의 규모가 적어 대외의존도가 매우 높을 수밖에 없으며, 국내 산업의 발전과 국민경제발전을 위해서는 무역은 꼭 필요하며 또한 계약이 전제가 되기 때문에 각국의 법과 무역관습에 정통해야 한다.

이를 충족하기 위한 무역계약의 연구는 법학과 상학을 포괄하는 종합적인 영역이다. 그러나 법학자와 상학자는 무역관행과 계약법리에 각각 취약점을 가지고 있다. 따라서 무역실무와 법리를 모두 이해한 바탕 위에서 무역계약연구가 이루어질 수 있는 학문적 기반을 조성하는 것이 바람직하다. 초기 무역에서는 국제거래의 주된 대상이었던 물품매매 측면만을 다루어온 경향이 있다. 오늘날의 무역의 개념은 물품을 대상으로 하는 국제매매와 물품과 각종 서비스 등의 거래 행위의 각 단계를 대상으로 하는 국제상거래의 개념으로 나누어 파악하고자 한다.

4 물품매매의 개념

물품매매에 대한 사회적 통념은 상법상의 물품매매에서 찾아볼 수 있다. 상법상의 물품매매는 물품과 화폐와의 유상교환, 그리고 대금에 대한 물품소유권의 이전이라는 두 가지 측면에서 파악할 수 있다.

---

7) 상품의 소개를 목적으로 한 인쇄물. 상품목록 또는 영업안내 소책자를 말한다.

8) 상담과정에서 내담자가 수행과제를 실행하는 것에 대하여 상담자와 내담자 간에 글로 명문화하여 약속하는 것을 말한다..

첫째, 물품과 화폐와의 유상교환이다.

물품매매는 물품과 화폐와의 유상교환으로서 판매행위와 구매행위를 포함하며, 영리나 수요욕구를 위해 매도인과 매수인이 물품매매라고 하는 법적 형식으로 실현하고 있다.

물품매매에 대해 미국의 통일매매법에서는 "매매대금[9]은 동산으로 변제하는 것이 가능하다"라고 규정하고 있으며 동법은 또한 영국 물품매매법의 "매매는 물품에 대해 반대급부[10]의 통화를 가지는 것"을 근본적 흐름으로 하고 있어 세계 경제를 주도하고 있는 양국 모두 물품매매는 일방이 물품을 인도하면 타방은 대금을 지불하는 화폐와의 유상교환의 개념으로 정의하고 있다.

둘째, 대금지급에 대한 물품소유권의 이전이다.

법률적으로 물품매매란 매수인의 대금지급에 대해 매도인으로부터 매수인에게 물품소유권을 이전하는 것이다. 오늘날 국제적으로 널리 채택되고 있는 영국 물품매매법에서는 "매매계약은 대금이라는 화폐를 취하는 반대급부로 매도인으로부터 매수인에게 물품의 소유권을 양도하는 계약이다"라고 규정하고 있으며, 미국의 통일매매법에서도 매매는 매도인이 매수인에게 물품의 소유권을 양도하는 것을 합의하는 것으로 규정하고 있다. 우리 민법에서는 "당사자의 일방이 재산권을 상대방에게 이전할 것을 약정하고 상대방은 대금을 지불하는 것을 약정한 때는 그 효력이 발생한다"고 하고 있다. 법률적 의미의 물품매매는 "대금에 대한 물품소유권의 이전"이라는 영국과 같은 개념을 채택하고 있다.

5 영국매매법 상의 개념

1) 계약 · 매각 · 인도(bargain · sale · delivery)의 성격

영국 매매법에서의 매매에 대한 개념은 영국 속령은 물론 캐나다, 오스트레일리아, 뉴질랜드, 남아프리카 연방 자매국의 대부분이 채택하고 있으며, 미국 매매법도 영국법을 원류로 하고 있어 영향권이 매우 넓다. 동법 제61조 1항의 용어해석에 의하면 매매를 의미하는 sale이라는 단어는 "계약 및 매각"과 "매각 및 인도"를 합한 것으로 정의하고 있어 매매의 약속과 결과로서의 인도까지도 포함한 매매행위의 전반을 의미하고 있다.

---

9) 주식거래가 성립된 경우의 약정가격과 거래량을 곱한 다음 이를 전 종목에 대해 합계한 것. 즉 매일 주식시장으로 흘러 들어오는 자금의 총액을 말한다.

10) 어떤 일에 대응하여 얻게 되는 이익 혹은 쌍무 계약에서, 한쪽의 급부에 대한 다른 쪽의 급부. 매매계약에서 물품의 양도에 따른 대금의 지급 따위를 이른다.

(1) 현장매매(Spot Sale)의 성격

이러한 의미의 매매는 점포의 현장매매에서 일상 체험하고 있는 것처럼 매매의 합의와 물권의 이전이 동시에 일어나기 때문에 결제조건에 다른 특약이 없는 한 물품의 인도가 소유의 이전이 되어 매수인의 소유가 된다. 이 경우 당사자 간에는 매매의 합의와 이행이 동시 교환적으로 일어나므로 이행을 수반한 매매계약이라고 표현하며 이것을 간단히 sale(매매)이라고 부른다.

(2) 계약매매(Contract Sale)의 성격

매매의 합의는 우리 민법의 채권계약매매로서 물품의 소유 이전과 채무이행을 차후에 남긴 채 성립된 계약이다. 매매의 이행에 시간적, 공간적인 간격이 있는 무역계약의 주된 형태이다. 무역매매의 합의는 통상 전화나 다른 통신 방법으로 성립되나 이행은 훗날에 이루어진다. 이와 같은 매매방식에서는 소유권이 훗날 이행으로 이전되는 것이므로 이행미제의 매매계약이라는 표현을 사용하고 있다. 목적물의 소유 이전 조건이 성취되었거나 또는 소정의 기일이 도래하였을 때에는 이를 이행된 매매라고 한다. 이러한 해석에 의할 때 매도인은 합의와 동시에 물품을 인도하고 매수인이 훗날 대금 지급을 약정하는 경우는 물권계약과 채권계약을 병용[11]한 것으로서 반이행 미제의 매매[12]라고도 부른다.

이행된 매매에서는 매수인이 지급의무를 불이행할 때 매도인은 대금청구권이 있고 매도인이 인도의무를 불이행한 때에는 매수인은 부당이득의 소권이 있으나, 이행미제 매매에서 아직 이행기가 도래하지 않아 이행조건이 성취되지 않는 경우는 이러한 소권이 발생하지 않는다.

(3) 국제매매의 성격

무역에서의 매매가 일반매매와 다른 점은 매매 당사자 일방이 외국인이라는 점이며 국제운송으로 수출자와 수입자의 상거래가 이행된다. 무역이 외국매매로 인식하는 것은 국민경제가 주가 된 주관적 입장에서 본 것이며, 국제매매 또는 국제무역으로 파악하는 것은 개별경제주체인 무역기업이 주가 된 객관적인 입장에서 본 것으로 본질적 내용은 동일하다. 이러한 특징 외에는 일반론적인 물품매매의 개념과 동일하며 영국의 개념에서 볼 때 주로 이행 미제 매매계약에 해당된다.

---

11) 아울러 같이 씀을 말한다.

12) 매도인은 합의와 동시에 물품을 인도하고 매수인이 훗날 대금지급을 약정하는 경우 물권계약과 채권계약을 병용한 것읋 말한다.

6 국제상거래의 개념

무역에서 물품의 소유권 이전은 매매로 이행되어 왔으며 주된 매매대상이 물품이었기 때문에 국제 간에 교환되는 물품을 거래 대상으로 하는 국제물품매매로서 파악하여 왔으나 거래대상이 확대되고 각 단계가 전문화되면서 대상과 내용이 확대된 상거래 개념으로 파악할 필요가 있게 되었다.

상거래의 본질과 범위에 대한 사회통념[13]과 학설[14]은 계속 변화해 왔다. 초기에는 단순한 물물교환이었으나 화폐가 사용되면서 무역업자의 영리추구를 위한 국제간의 물품 매매로 보게 되었다. 또한, 제조가공 등의 생산은 기술적 생산으로 보고 이러한 생산 물품을 국가 간의 유통이라는 행위를 통해서 그 가치를 증대시키는 국제간의 행위를 무역의 본질로 보게 되었다. 기술생산경제와 유통생산경제로 구별하는 이유가 여기에 있다.

기술생산경제는 물의 성질변화와 현상변화로서 물의 가치를 증대시키는 개념이며 유통생산경제는 이러한 기술적 생산물의 장소의 변화로 가치를 증대시키는 생산행위로서 물의 장소적 유통(운송)에 시기적 유통(보관)을 결합시켜 종합한 것을 의미한다. 이러한 관점에서 광의의 생산경제는 기술생산경제와 유통경제를 포함한 개념으로서 소비경제에 대립되는 것이라는 견해도 성립된다.

이상에서 살펴본 바와 같이 초기의 무역은 국제매매의 개념으로 파악되었으나 국제간의 각종 운송수단과 거래형태가 발전하고 거래의 대상 또한 물품에서 자본, 노동, 용역 등의 분야로 확대되면서 국제 상거래 개념으로 발전하게 되었다. 한국에서도 1970년대까지는 물품거래가 주종이었기 때문에 국제행위매매로 파악하여 왔으나 1980년대에 들어오면서 매매행위 뿐만 아니라 운송, 보관 등 다양한 분야가 복합된 국제상거래로 확대되었다.

7 무역계약의 법률적 성격

1) 채권계약의 성격

매매계약에 대한 법리해석은 매우 복잡하기 때문에 국제매매의 입장으로 단순화하여 "채권계약 매매"로 보는 견해에서 법리를 개관해 보고자 한다. 스에카와 히로시 교수는 계약(contract)을 "일정한 채권관계 발생을 목적으로 복수 당사자 간의 상호 대립하는 의사표시의 합의로 성립되는 법률행위"라고 정의하고 다음과 같이 3가지로 나누어 정리하였다.

---

13) 사회 일반에 널리 퍼져 있는 공통된 사고방식을 말한다.
14) 학술적 문제에 대하여 주장하는 이론 체계를 말한다.

첫째, 계약은 상호 대립 의사표시의 합치이다.

매매에서 매도인은 가지고 있는 재산권을 매수인에게 양도하고 그 대가를 얻으려 하고 매수인은 그 재산권을 획득하고 대가를 지급하려 한다. 그 결과 매수인의 물품인수와 매도인의 대금이 수수가 되어 채권의 취득과 채무의 부담이 된다. 그러나 이를 객관적으로 보면 양자 모두가 매매라는 동일의 법률효과 발생을 위하여 노력하는 것이므로 계약내용의 합의가 된다. 나와 상대방의 의사표시에 대해 공동의 통일적 법률효과를 발생시킬 것을 합의한 경우에 계약이 성립한다.

둘째, 계약은 복수 당사자의 합의로 성립하는 법률행위이다.

계약은 둘 이상의 당사자가 그들이 하고자 하는 것에 따르는 법률관계를 정하는 수단이므로 계약의 성립을 위해서는 대립하는 복수의 당사자 개개의 의사표시가 필요하다.

셋째, 계약은 채권 성립을 목적으로 하는 법률행위이다.

법률상의 계약에는 넓은 의미와 좁은 의미가 있다. 광의의 계약이란 합의(agreement)의 의미로 당사자 쌍방의 합의를 통하여 둘 사이에 법률상의 의무를 부과하는 행위를 총칭하며 채권적인지 물권적인지를 묻지 않는다. 그러나 일반적으로 계약이라 함은 채권관계 발생을 목적으로 하는 채권계약이라는 협의의 의미이며, 당사자 간에 채권채무를 발생시키고 규정하는 법률행위로서 합의한대로 당사자 쌍방은 이행을 해야 한다.

8 물품매매계약의 성격

매매계약은 매도인은 동산[15]을 인도할 것을 약정하고 매수인은 이것을 받아 그 대금을 지급할 것을 약정하는 것이므로, 그 성격은 낙성계약이며, 쌍무계약이고, 유상계약이라는 법적 성격을 가지고 있다. 본서에서 말하는 무역계약은 "무역상품의 매매계약"의 약칭이며, 외국에 있는 자를 상대방으로 하기 때문에 매매물품은 국경을 초월하여 이동한다. 물품 매매계약의 세 가지 법적 성격을 파악해 보기로 한다.

낙성계약(consensual contract)은 일방의 청약에 대해서 상대방의 승인으로 성립하는 계약을 말한다. 그러므로 당사자의 합의가 있으면 계약으로 성립되고 인정되며 물품의 점유이전이나 소유이전이 계약의 성립요건이 아니며, 또 특별한 문서의 작성과 교부가 성립요건이 되는 것도

15) 부동산 이외의 물건. 물건인 유체물(有體物) 및 전기(電氣) 기타 관리할 수 있는 자연력(민법 제98조) 중에서 부동산인 토지 및 그 정착물이 아닌 물건이 동산이다.

아닌 미이행의 상태 그대로 계약이 성립하는 것이 특징이다. 다만 미이행이라도 훗날의 이행을 원활하게 하기 위하여 문서를 통해 계약내용을 확인·확정하는 관습으로 행해지는 것이 일반적이다. 무역계약은 매도인과 매수인이 외국에 떨어져 있어 실무상으로 "통신에 의한 합의"로 성립하고, "문서에 의한 확인"으로 완성하는 특수성을 가지고 있다.

쌍무계약(bilateral contract)은 계약의 성립에 의해 당사자 쌍방이 상호간에 채무를 서로 부담하는 계약을 말한다. 즉, 상대방은 계약품 제공을 약속하고 자신은 그 대가로서 물품대금 지급이라는 반대급부를 약정하는 경우 그 예에 해당된다. 교환, 매매, 고용, 화해 등은 쌍무계약이며 이에 반해 증여는 일방적 의무부담이기 때문에 편무계약이다.

유상계약(contract for consideration)은 각 당사자가 대가적 관계의 급부를 목적으로 하는 계약을 말한다. 물품 매매계약은 먼저 쌍방의 채무를 발생시키고 반대급부를 대가로 하기 때문에 쌍무유상계약에 해당한다.

9 국제상거래계약의 성격

물건을 사고파는 것은 이론적으로는 물품의 소유권의 양도와 취득, 즉 매수인이 목적 물품에 대한 완전한 지배권을 얻는 것을 의미한다. 매매계약은 물품의 소유권을 무조건 이전하는 sale과 조건부로 이전하는 agreement to sell이 있으며, 양자의 관계는 계약의 이행이 훗날에 남게 되는 후자는 그 조건이 성취되거나 완료될 때에 전자와 동일하게 된다고 할 수 있다.

단순매매는 매도인과 매수인이 매장에서 쌍방이 직접 매매를 합의하고 계약품을 이전하는 점포매매로서 소매상의 형태이다. 그리고 계약매매는 계약의 성립과 이행이 분리되며 이행 일자와 조건이 훗날에 남긴 채로 계약이 성립되는 성약거래로서 국제매매계약의 전형적인 형태이다. 실례인 무역계약의 성립과 이행의 요건은 다음과 같다.

첫째, 무역계약이 성립되기 위해서는 먼저 목적 물품에 대해 우선 품질·수량·가격 등에 대한 청약이 있어야 하며, 선적·보험·대금결제·기타 조건이 부대된다. 이것에 대해 상대방이 승낙(acceptance)하면 계약은 성립한다. 만약 상대방이 청약이 불만스러워 수정하여 청약한 경우에는 그 청약의 거절과 동시에 새로 청약한 것으로 보고 수정청약에 대해 승낙하여야 계약은 성립한다.

둘째, 무역계약을 이행하기 위해서는 먼저 매도인이 약정품을 인도하여야 한다. 특약이 없는 한 매도인의 인도에 의해 물품의 소유권과 위험부담은 매수인에게 이전되며 매수인의 지급의무가 발생된다. 매도인이 매수인에게 계약품을 현실적으로 인도하거나 권리증권에 의한 상징적 인도가 없는 한 매수인은 지급의무가 없기 때문이다. 무역물품의 인도는 관습상 선적주의가 원칙이며, 대금 결제는 수입지의 외환은행에서 수입상이 환어음[16)]을 인수하거나 지급하는 것이 상례이다.

10 국제무역

각국이 국제무역에 참여하고 있는 것은 무역으로부터 이득이 발생하기 때문이다. 무역은 국내에 풍부한 자원으로 만든 재화를 수출하고 희소한 자원으로 만든 재화는 수입함으로써 두 국가 모두가 이득을 얻게 된다. 특히 무역은 개별 국가들이 다양한 제품을 모두 생산하기 보다는 소수의 제품생산에 특화하도록 함으로써 대규모 생산을 통하여 생산효율이 높아지면서 이득이 발생하게 된다. 국제무역이론에서 제기되는 기본적인 문제는 다음과 같다.

첫째, 국제무역은 왜 발생하는가 그리고 그에 따른 이익은 무엇인가 하는 무역의 발생 원인을 규명하는 문제, 둘째, 각국은 어떤 상품을 수출하고 수입하는가 하는 무역 패턴의 결정 문제, 셋째, 각국의 수출품과 수입품의 교환비율은 어떻게 결정되며 그에 따라 각국의 교역 이익은 어떻게 배분되는가 하는 교역 조건의 결정 및 교역 이익의 배분 문제, 넷째 무역이 가져다주는 많은 이점에도 불구하고 왜 많은 국가들이 무역에 대한 장벽을 세우고 있는가? 그리고 이러한 조치가 갖는 경제적 효과는 무엇인가? 최근 국제무역 환경이 빠르게 변화하고 있으며, 이러한 변화에 적절히 대처하는 것이 중요한 과제이다.

제2절 국제상학의 교육 및 연구 분야

1 국제상학의 교육

오늘날 세계 각국은 상품과 서비스를 수출입하면서 국제무역에 참여하고 있다. 국제무역은 상품과 서비스의 국제적인 거래에 따라 발생하는 문제를 분석 대상으로 한다. 국제경제학은 국제무역 거래에서 발생하는 문제를 체계적으로 분석하고 국제무역 환경의 변화에 대한 대응방안으로서의 무역정책을 연구하는 학문이다. 국제무역은 경제발전이나 경제성장과 깊은 관련이 있다.

---

16) 어음 작성자(발행인)가 제3자(지급인)에 대하여 어음에 기재된 금액을 일정한 기일에 어음상의 권리자(수취인 또는 지시인)에게 지급할 것을 무조건으로 위탁하는 증권을 말한다.

2 국제상학의 연구분야

1) 국제무역의 본질

(1) 무역의 필요성

자연적 조건 및 사회적 조건의 차이와 같은 경제적 조건이 국가 간 상이하기 때문에 생산비의 차이가 발생하며 이로 인하여 무역이 발생한다. 자연적 조건이란 기후와 풍토, 부존 천연자원의 편재 등과 같은 조건을 이야기하며, 사회적 조건은 노동인구의 수, 노동의 질, 자본축척 정도, 기술수준, 각국 간의 인구 편차, 산업발달 정도의 차이, 구매력의 차이와 같은 조건을 이야기한다.

(2) 무역의 위험

상품 위험, 대금 결제 및 금리 위험, 상품가격 및 환율 위험

2) 무역과 국민경제

오늘날 선진국이나 개발도상국을 막론하고 한 나라의 국민경제는 다른 나라의 국민경제와 밀접한 관련을 맺고 있다. 특히 무역의존도가 높은 국가의 내수시장은 무역의 증대 여부가 그 나라 국민경제의 발전을 좌우하는 중요한 요인이 되고 있다. 즉, 무역은 한 나라의 경제발전을 촉진시키는 전략이 되는 동시에 국민경제의 발전에 지대한 영향을 미치게 한다.

(1) 수출과 국민경제

수출은 경제의 유지·발전에 필요한 원자재와 자본재의 수입을 가능하게 해주며 수출품의 생산에서 선적, 대금회수에 이르기까지 산업 절반에 걸쳐 광범위한 파급효과를 가져온다.

① 긍정적인 효과

산업구조의 고도화, 고용 및 소득유발효과, 생산증대 및 생산유발효과, 외화공급 및 경기조절효과, 수입유발효과

② 부정적인 효과

산업구조의 왜곡, 물가상승

(2) 수입과 국민경제

수출은 국가의 부를 증가시킴으로써 국민경제에 긍정적인 기여를 하지만, 수입은 국민경제에 나쁜 영향이나 폐해를 준다는 인식을 가지는 것이 일반적이다. 반면에 수입은 국내 조달 불

능의 원자재 확보원이 되며, 외국 경쟁 제품의 국내유입은 국산제품의 경쟁력을 강화시키는 계기가 되고, 고품질 수입은 국내 동일 제품의 경쟁력 강화와 함께 소비생활의 질을 개선시키며 국민 복지를 증진시킨다.

① 긍정적인 효과

생산용 원자재의 확보, 국내산업의 체질 개선, 소비자의 후생증대, 해외 신기술의 습득

② 부정적인 효과

국내산업의 위축, 소비패턴의 왜곡, 국제수지의 악화, 고용 및 소득의 감소

(3) 무역과 국민소득

무역승수, 교역조건(상품교역조건, 총교역조건, 소득교역조건, 요소교역조건 - ① 단일요소교역조건, ② 복수요소교역조건), 무역의존도, 무역결합도, 외화가득률

3 무역정책론

1) 무역정책의 목적과 유형

무역정책은 경제정책 분야에서 대내외 경제활동의 불균형을 동시에 조정할 수 있는 정책이다. 무역정책의 목표는 대내적인 목표와 대외적인 목표로 구분할 수 있다. 무역정책의 유형은 관세정책 및 비관세 장벽의 두 가지가 있다.

2) 무역정책의 유형과 변천

중상주의 무역정책(중금주의 정책, 무역차액론[17], 산업보호론), 자유무역정책(국재분업론, 자유경쟁론, 소비자 이익론), 보호무역주의의 무역정책(해밀턴의 공업보호론, 리스트의 유치산

---

17) 무역차액론(무역수지이론)은 당시 영국의 동인도회사의 주역이었던 토마스 문(Thomas Mun : 1571-1641)이 1630년에 저술한 '해외무역에 의한 영국의 재부'에 의해 확립된 이론이다. 엥겔스는 이 책을 중상주의 복음이라고 하였다. 문은 귀금속의 획득, 즉 그가 말하는 재부의 증가로 인한 국가의 이익에 대한 이전의 학설을 논박하지는 않았다. 그가 논박한 것은 재부가 화폐유통을 직접적으로 규제하는 국가의 강제적 조치에 의해서는 증가되지 않았다는 것이다. 귀금속의 유입과 유출은 전적으로 무역차액이 긍정적이냐 부정적이냐에 달려 있다는 것이다. 즉, 화폐는 긍정적인 무역차액의 결과 국내로 유입될 것이다. 이 전제에 의하면 화폐의 국내유입은 초기 중산주의 규제 때문이 아니라 무역차액을 호전시키는 수단으로서의 수출, 해운업 그리고 수출 지향적 산업의 증진을 지향하는 포괄적인 경제정책의 결과이다. 무역차액은 중상주의 초기와는 달리 상품수입을 삭감하거나 수출을 확대함으로써 발생한다는 것이다.

업보호론, 독점자본주의 단계의 무역정책, 제1차 세계대전 후의 무역정책), 제2차 세계대전 이후의 무역정책, 신보호무역주의, 신자유주의에 있어 자유무역

3) 무역정책의 수단

① 관세의 종류

과세기회에 의한 분류(수입세, 수출세), 과세목적에 의한 분류(제정관세, 보호관세), 과세방법에 의한 분류(종가세, 종량세, 혼합관세, 선택관세), 과세근거에 의한 분류(국정관세, 협정관세), 과세차별에 의한 분류(특허관세, 차별관세), 탄력관세제도(덤핑방지관세, 보복관세, 긴급관세, 농림축산물에 대한 특별 긴급관세, 상계관세, 계절관세, 조정관세, 할당관세), 관세정점과 경사관세(관세정점, 경사관세)

② 관세의 경제적 효과

소비효과, 보호효과, 재정수입효과, 소득재분배효과, 국제수지효과, 경쟁효과, 교역조건효과

③ 비관세 장벽

비관세 장벽은 관세장벽 이외의 모든 무역장벽을 말하며 일반적으로 수입의 양적 제한이나 수입상품의 가격 제한 또는 외국수출업자 및 국내 수입업자에게 비용 혹은 위험부담을 증가시키는 조치들을 포함

④ 비관세 장벽의 유형

첫째, 가격에 대한 비관세 장벽. 둘째, 양적제한에 의한 비관세 장벽. 셋째, 품질에 대한 비관세장벽. 넷째, 행정적 비관세 장벽. 다섯째, 기술의 표준 및 규정[18], 정부조달, 투자 및 서비스장벽[19], 원산지규정의 자의적 제정 및 운용, 지적재산권보호제도 미흡, 관세분류의 자의적 변경, 일방적인 무역제한 조치의 발동[20], 수입업자 제한[21] 등의 비관세 장벽.

---

18) 각종 기술표준·포장 및 라벨·보건·위생·안전규정 등에 의한 제한을 의미한다.

19) 외국인 투자에 대해 현지부품조달요건, 수출입균형요건, 외환규제, 국내판매요건 등의 투자규제조치와 각국이 국내산업의 보호·육성, 문화와 전통의 보호라는 관점에서 서비스 교역에 대해 취하는 다양한 규제조치를 말한다.

20) '74 미국통상법 301조는 외국의 불공정 무역정책 및 불합리한 관행 등에 대해 미 무역대표부로 하여금 수입제한·관세인상 및 해당국 기업의 대미투자 제한 등의 조치를 취할 수 있도록 규정하고 있다. 동 조항에 의거하여 미국은 일방적으로 상대국의 무역정책·관행·제도를 불공정한 것으로 간주하고 보복논리를 내세워 협상력이 약한 상대국으로부터 양보를 유도해내고 있다

21) 인도의 경우에 있어서는 인도의 경제개혁 프로그램에 따라 수입업자가 제한되는 대상품목이 상당히 감소하였음에도 불구하고, 석유화학제품, 의약품 및 일부 농산물 등에 대해서는 정부가 수입독점기관을 지정하여 이들 기관에 의해서만 수입 가능하도록 하고 있다.

4 국제금융론

1) 국제금융과 국제금융시장

금융은 화폐의 유통, 즉 자금을 대여하거나 차입하는 것을 의미한다. 국제금융은 국가 간에 발생하는 금융현상이며, 국가 간 또는 국제적으로 이루어지는 경제활동 가운데 자금의 이동과 관련된 모든 현상이라고 할 수 있다.

국제금융시장은 거주성과 국적이 다른 경제 주체 상호간에 직접 또는 간접적으로 장·단기 금융거래가 대량·반복적으로 이루어지는 시장이다.

2) 국제통화제도

국제통화제도는 국제간 재화와 자본의 이동에 따른 국제 결제를 하기 위한 규칙, 관습, 수단, 시설 및 조직 등의 국제금융결제의 체계를 말한다.

국제통화제도는 ① 국제적으로 적용되는 통화의 선정 ② 통화발행 기관의 결정 ③ 국제통화의 공급량이 정해져야 한다.

3) 외국환

외국환이란 국제 간 대차 결제에 있어서 지불과 자금의 이동을 외국환은행이 중개하는 것에 의하여 일국의 통화를 외국의 통화로 전환시키는 방법과 제도인 동시에 외국환거래에서 실제로 사용되는 신용수단 및 지급수단을 의미한다.

4) 환율제도

환율은 자국 통화와 외국 통화와의 교환비율로, 외국 통화와 비교한 자국 통화의 값어치를 의미한다. 환율은 기본적으로 외환시장에서 외환에 대한 수요와 공급에 의해 결정되나 물가상승률, 금리 차, 정치·사회의 안정여부 등 복합적인 요인에 의하여 영향을 받는다.

5) 국제수지

국제수지는 일정한 기간에 한 나라의 거주자와 비거주자 사이에서 이루어졌던 모든 경제적 거래를 체계적으로 분류 집계한 표로서, 수취한 외화와 지급한 외화의 차액을 집계한 것이다.

5 경제통합론

1) 경제통합의 목적

경제통합의 목적은 사회·문화적 배경, 지리적인 인접성, 경제적 긴밀도 등 이해를 공유하는 특정 국가들을 대상으로 협약 또는 동맹에 의하여 무역상의 무차별대우의 원칙 적용과 생산요소의 자유로운 이동 보장, 그리고 더 나아가 공통의 재정 및 금융정책을 실시하고 나가 정치체제의 완전 통합하는데 있다.

2) 경제통합의 형태

자유무역지역[22], 관세동맹, 공동시장, 경제동맹, 완전 경제통합

3) 경제통합 현황

유럽연합(EU), 북미자유무역협정(NAFTA), AOEC, 한·칠레 자유무역협정, 한·미 자유무역협정, 한·EU FTA, 한·중 FTA

4) 관세동맹의 정태적 효과

무역창출효과, 무역전환효과, 경제통합이 동태적 효과

6 국제경영론

1) 국제경영의 주체

국제경영을 행하는 주체는 그 발전 단계에 따라 국제기업, 다국적기업 또는 세계기업이 있다. 국제기업은 수출과 수입, 라이센싱부터 여러 나라에서의 전면적인 생산활동을 한 가지 이상 수행하는 기업이다. 다국적기업은 여러 나라에 자회사를 두고 있으며, 그 자회사들이 본사의 전략에 따라서 계획·조직·통제될 때 본사와 자회사들의 총체를 말한다. 세계기업은 전 세

22) 무역의 굴절현상이란 높은 관세를 적용받는 역외국이 그 관세를 회피하기 위하여 관세가 낮은 가맹국으로 수출한 후 그것을 다시 역내국들에게 재수출하는 것을 말하며, 이를 방지하기 위하여 원산지규정을 적용하여 역내국에서 수입하였더라도 생산국이 역외국이라는 사실이 판정되면 관세를 부과하면 된다.

계 시장을 각 개별시장으로 구분하지 않고 전 세계를 하나의 단일 시장으로 간주하고 범세계적인 전략 하에 국제사업활동을 전개하는 기업이다.

2) 기업의 국제화

① 수출

간접수출, 직접수출

② 국제계약

프랜차이징, 관리계약, 라이센싱, 턴키 프로젝트, 계약 생산, 전략적 제휴

③ 해외투자

합작투자, 단독투자(기업의 신설투자, 현지기업의 인수)

3) 국제경영관리방식

본국지향형 기업, 현지지향형 기업, 지역지향형 기업, 세계지향형 기업

4) 해외직접투자의 개념, 형태, 특징, 제이론, 동기

해외직접투자는 한 나라의 기업이 다른 나라에서 새로운 사업체를 신설 또는 기존 사업체의 인수를 통하여 이를 통제할 수 있는 투자 지분율을 획득하여 장기적인 관점에서 직접 경영에 참여하는 것을 목적으로 하는 투자 행위이다.

① 형태 - 수평적 해외직접투자, 수직적 해외직접투자, 다각적 해외직접투자

② 특징 - 미국형과 일본형의 특징, 지역적인 집중현상, 특정산업에의 집중현상, 과점적 대기업에의 집중, 글로벌화의 산업공동화

③ 제이론 - 국제자본이동이론(이자율격차이론, 통화지역이론, 포트폴리오이론), 국민경제적 접근이론(고지마이론, 오자와이론), 산업조직론적 이론(기업성장이론, 과점경쟁이론, 독점적 우위이론, 제품수명주기이론, 내부화 이론, 절충이론)

④ 동기 - 시장지향형, 생산요소지향형, 원료지향형, 지식지향형

7 무역실무론

1) 무역관리제도

(1) 무역관리의 의의

무역관리란 국가가 제도, 기구 또는 법규에 의하여 무역거래에 대한 간섭, 통제 또는 규제하는 것이다. 여기에는 자국의 경제적 이익을 도모하기 위하여 국가 또는 정부가 대외무역의 전부 혹은 일부에 대하여 총액, 내용, 시기, 결제방법 및 거래 대상국 등을 통제·간섭하는 것과 무역거래과정에 대한 정부의 인·허가, 면허, 승인, 인증, 행정지도 등의 방법이 있다.

(2) 무역관리의 목적

무역관리의 목적은 수출입규제 및 수출입촉진을 통하여 국민경제의 성장과 발전으로 대외무역법 제1장 총칙 제1조에는 "대외무역을 진흥하고 공정한 거래질서를 확립하며 국제수지의 균형과 통상의 확대를 도모함으로써 국민경제의 발전에 이바지함을 목적으로 한다."라고 규명하고 있다. 첫째, 수출입촉진 관리는 금융상 지원과 비금융적 지원이 있다. 둘째, 수출입의 규제관리는 관세 및 비관세에 의한 무역관리가 있다.

2) 수출절차

수출절차는 무역계약이 체결되어 수출업자가 신용장을 수령한 후 수출추천, 수출승인, 수출물품의 확보, 수출물품검사 그리고 세관에 수출신고서를 제출하여 수출통관, 선적 및 수출대금의 회수에 이르기까지의 모든 행정절차와 이의 사후관리까지 포함하는 일련의 절차이다.

3) 수입절차

수입절차라 함은 수입업자가 수입계약을 체결하고 수입승인을 받고 외국환은행에 수입 신용장을 수출업자 앞으로 개설 의뢰 후, 신용장발행은행에 선적서류가 내도하면 대금결제 후 수입화물을 통관하는 일련의 절차를 의미한다.

8 무역계약의 성립

해외시장조사 → 목적시장의 선정→ 거래처 선정 → 거래관계의 제의 → 조회 → 오퍼발행 → 승낙 → 무역계약

1) 의의

물품의 매매계약이란 매도인이 대금이라는 금전의 대가를 받고 매수인에게 물품의 소유권을 이전 또는 이전하기로 약정하는 계약이다.

2) 성격

낙성계약, 쌍무계약, 유상계약, 불요식계약

3) 종류

개별계약, 포괄계약, 독점계약

4) 내용

기본사항, 계약의 목적물에 관한 사항, 계약이행에 관한 사항, 계약위반에 관한 사항, 준거법과 재판관할에 관한 사항

일반거래조건협정서는 포괄계약 또는 기본계약으로서, 매매거래당사자 간에 동일한 물품을 계속 거래할 경우, 거래 시 마다 공통적으로 적용되는 조건들이 기재되어 있다.

5) 일반거래조건협정서의 내용

① 거래당사자에 대한 내용 ② 계약체결에 대한 내용 ③ 계약의 이행에 대한 내용 ④ 계약위반에 관한 사항 ⑤ 준거법과 재판관할에 관한 사항

6) 무역계약의 기본조건

무역계약은 거래당사자에 관한 조건을 기본조건으로 하여 무역계약시 반드시 약정해야하는 필수조건으로 품질조건, 수량조건, 가격조건, 포장 및 화인, 선적조건, 대금결제조건, 보험조건, 분쟁해결조건 등이 있다.

(1) 거래당사자에 관한 조건

① 본인 대 본인거래 ② 본인 대 대리인거래 ③ 대리인 대 대리인 거래가 있다.
첫째, 본인 대 본인거래는 거래당사자 본인의 명의와 책임으로 계산하는 거래이다.
둘째, 본인 대 대리인 거래는 매도인이나 매수인이 직접 무역계약은 체결하였지만 매도인은

물품에 대하여 책임을 지지 않고 매수인도 대금 지급에 대해서 의무를 부담하지 않고 양 당사자 모두 수수료만을 취득하는 거래형태이다.

셋째, 대리인 대 대리인 거래는 거래당사자 쌍방 모두 자신이 아닌 상대방의 대리인으로서 이루어지는 거래형태이다.

(2) 품질조건, 품질결정 방법

품질이란 제품이 지니는 기능을 발휘할 수 있는 제품의 능력을 뜻하는 것으로, 보통 거래에서 제품의 모양, 용도, 구조, 성능, 기능, 색상, 제조방법 등을 종합하여 품질이라고 한다.

품질결정 방법

견본매매, 규격매매, 표준품 매매(평균중등품질조건, 판매적격품질조건, 보통품질조건), 상표매매, 명세서 매매

(3) 수량조건, 수량단위

수량조건에는 개수, 면적, 길이, 용적, 중량, 포장, 등이 있다.

수량단위

첫째, 개수를 단위로 하는 물품은 거래도 많고 주로 잡화품의 거래가 여기에 속한다. 둘째, 포장을 단위로 하는 거래는 주로 면화, 통조림, 과일상자, 숯섬, 술통, 시멘트, 유류 등의 거래에서 주로 이용된다. 셋째, 계량 단위 계산법은 ① 길이에 의한 척도 단위는 미터, 피이트, 야드 등이 있으며 면적에는 제곱 피트, 제곱미터 등을 사용한다. ② 중량의 단위에는 킬로그램, 톤, 파운드 등이 있으며 주로 석탄, 곡물 등에 이용한다.

(4) 화인

화인은 화물의 분류를 원활히 수행하고 운송 및 보관 시 필요한 화물 취급상의 지시 및 주의사항 그리고 타 화물과의 식별을 용의하도록 포장에 표시하는 것이다.

① 주화인 – 다른 화물을 쉽게 구별할 수 있도록 특정한 기호를 표시하고 그 안에 수입상의 상호 등의 약자를 표시한다. ② 부화인 – 주화인만으로 다른 화물과의 식별이 어려울 때 main mark 아래에 생산자 또는 공급자의 약자를 표시한다. ③ 상자번호 – 송장, 적하목록 기타 운송서류와 대조하여 식별·확인하기 위하여 상자 겉면에 표시하는 일련번호이다. ④ 목적항 표시 – 화물의 도착 항구명을 표시한다. 복수항로의 경우 New York Via Seatle 등으로 표시한다. ⑤ 중량표시 – 운임계산, 통관, 하역작업 등을 용이하게 할 수 있도록 순중량과 총중량을 표시한다. ⑥ 원산지표시 – 당해물품의 생산국명을 외장의 맨 아래에 표시한다. ⑦ 주의표시 – 화물취급상 특별히 주의할 점을 통상 외장의 측면에 표시한다. ⑧ 기타의 표시 – 수입상의

요청에 따른 주문표시, 지시표시, 물품의 등급 또는 품질표시

(5) 선적조건

① 선적시기의 결정

특정조건 - 선적시기를 일정한 기간 등의 조건으로 약정하는 방법을 특정조건이라 한다.

즉시 선적조건 - 즉시 선적조건이란 선적시기를 몇 일내, 어느 월, 일 등으로 정확한 선적 일자를 기재하지 않고 막연하게 즉시 또는 가능한 조속히 선적하는 것을 조건으로 말한다.

② 분할선적

분할선적은 약정물품을 수차례에 걸쳐 나누어 선적한 것을 말한다.

③ 환적

환적은 신용장에 명시된 적재항에서 양륙항까지의 운송과정 중에 한 운송수단으로부터 양하되어 다른 운송수단으로 재 적재되는 것을 말한다.

④ 선적지연

선적지연이란 약정된 선적기간 내에 약정물품의 선적을 이행하지 못하는 것을 말한다.

(6) 보험조건

보험이란 동일한 우발적인 사고 발생의 위험 하에 놓여있는 다수인이 그 사고로 인한 경제적 수요의 충족을 얻기 위하여 통계적인 기초에서 산출된 금액을 미리 각출하여 자금을 만들어 두고 일정한 사고가 생겼을 때 이 자금으로부터 재산적 급부를 받는 제도이다.

① 부보 의무자의 결정

매도인과 매수인 중 어느 당사자가 약정상품의 운송에 따른 부보를 해야 할 것인지는 무역계약을 체결할 때 어떠한 정형거래조건을 이용하였는가의 문제이다.

② 부보조건의 결정

원칙적으로 보험자의 경우, 상품의 운송 중에 발생될 수 있는 모든 손해를 보상하는 것이 아니고 피보험자가 부보한 조건에 따라 보험자가 담보한 위험에 기인하여 발생한 손해만을 보상한다.

(7) 클레임과 상사중재에 관한 조건

무역거래는 언어, 거래관습, 법률 등이 서로 다른 수출상과 수입상 간의 거래이기 때문에 국내 거래에 비하여 당사자의 고의 또는 과실 여부를 떠나서 분쟁이 발생하기 쉬우며 이로 인하여 손해배상청구나 소송이 제기될 수 있다. 보통 무역거래에서 발생하는 분쟁은 품질불량, 수

량 과부족, 선적 지연 등 여러 가지 유형이 있다.

일반적으로 분쟁이 발생하면 당사자 간의 화해, 알선, 조정, 중재 및 소송 등이 있다. 가급적이면 시간과 비용이 많이 드는 소송을 피하고 조정이나 중재 등의 방법으로 해결하는 것이 양 당사자 간에 합리적인 방법이 될 수 있다.

2

국제상학의 연구방법

Chapter 2
국제상학의 연구방법

1 국제상학의 연구목적

국제상거래 활동은 18세기 이래 지속적인 발전과 혁신을 거두어 왔으며 20세기 말에 이르러 WTO[1] 체제의 등장과 함께 기업의 기본적인 활동으로 변모되었다. 이제 21세기에 접어든 지도 벌써 10여 년이 흘러온 결과 국제경제활동은 더욱 다양화되어 가고 있으며 그에 따른 국제상거래와 관련된 각 분야의 연구방향은 실제 국제상거래의 실무적 환경변화에 따라 지속적으로 변화되어 왔다. 이에 따라 근래에는 전통적인 물품뿐만 아니라 자본, 기술, 서비스, 지적재산권, 노동, 환경, 시장경쟁정책, 부패 문제까지 국제상거래활동과 그 부수적인 영역까지 논의의 대상이 확대되고 있다.

더욱이 정보통신기술의 급속한 발달은 국제상거래의 모습을 크게 변화시켰으며 그에 따라 전자상거래 및 전자통신수단을 이용한 국제상거래와 관련된 연구도 활발히 진행되고 있다.

국제상거래와 관련된 분야의 연구에 대한 학문적 명명은 WTO체제 이후 국내 관련 학과의 명칭변화에서 볼 수 있듯이 확고히 굳혀져 있지 않고 있다. 국제상거래에 관한 학문의 명칭을 살펴보면 '무역학', '무역실무', '국제상무', '국제상학' 등 다양한 명칭으로 불리어져 왔으며, 무역실무분야, 국제경제분야, 국제경영분야를 다루는 복합학문으로 다루어져 왔기 때문에 무역학이라는 학문적 전통성이 미약하다는 일각의 주장에 대해 반박할 명확한 학문적 정체성을 표출하는데 한계를 느껴온 것도 사실이다.

그러나 오늘날 점점 복잡하고 다양화되어가고 있는 사회구조 속에서 전통적으로 말하는 학문의 정체성의 의미도 변화되어야 한다고 본다.

---

1) WTO는 관세 및 무역에 관한 일반협정인 가트(GATT : General Agreement on Tariffs and Trade) 체제를 대신하여 국제 무역질서를 바로 세우고 우루과이라운드(UR : Urugay Round of Multinational Trade Negotiation) 협정의 이행을 감시하는 국제기구로, 본부는 스위스 제네바에 있다. 1994년 4월 15일 모로코의 마라케시에서 125개 국가의 통상대표에 의해 7년 반 동안 진행되어 온 UR 협상의 종말과 마라케시선언이 공동 발표되면서, 1995년 1월 1일 정식으로 출범하였다.

다시 말해서, 복합적인 학문분야로서의 무역학 또는 국제상학은 시대적 요구에 부합하는 학문적 정통성을 충분히 가질 수 있다고 확신한다.

국제상학에 관한 학문적 정통성을 가지기 위해서는 우선 관련된 연구의 시간적, 공간적 차원의 체계적인 데이터베이스가 구축되어야 하고, 각 연구자들이 자신의 분야에 대한 명확한 정체성을 가지고 있어야 한다.

2 국제상학의 학문적 지위

첫째, 국제상학은 개별거래적 차원에서 거래 당사자의 계약상 지위와 절차 및 거래규정 등을 관습적, 법리적, 실무적으로 파악하는 것으로 종합적인 이해가 필요하다.

그러나 일부에서 국제상학의 연구를 법적 접근 방법만으로 파악하거나 실무절차적 접근방법만으로 파악하려는 경향이 있기 때문에 국제상학의 학문적 정체성이 기존의 다른 학문분야의 아류로 생각하는 오류를 범할 수 있다.

국제상학에 대한 학문적 명칭은 국내에서는 무역실무, 무역상무, 국제상학 등 다양한 명칭으로 불리고 있다.

또한 한국의 연구재단에서는 국제상학이라는 명칭은 찾아볼 수 없다. 그러나 영국의 경우 대학교에서 개설된 교과목과 커리큘럼을 통해 국제상학에 관한 명칭을 대체로 'International Commercial Transaction'(국제상거래)란 용어로 통일되어 있다.

국제상학은 국제상거래와 관련된 제반 국제경제거래 현상을 개별거래적 관점에서 거래 당사자간의 권리·의무와 관련된 다양한 분야에 대한 연구를 대상으로 하는 학문이다.

이러한 점에서 우선, 국제상학은 국제상거래의 전반적인 이해과정에 대한 무역계약 당사자의 미시적인 관점의 성격을 띠게 된다.

둘째, 국가라는 특정집단의 관점을 무시할 수 없는 국제상거래의 특성상 수출입절차상의 개별거래 당사자와 국가의 관리집단과의 관계 및 절차상의 관점도 고려해야 한다.

셋째, 거래당사자 간의 권리·의무 관계에 관한 전통적인 상관습과 법적인 해석이 중요한 고려대상이 된다.

마지막으로, 국제상학은 국제상거래와 관련된 거래당사자의 실익을 중심으로 고려해야 한다.[2]

그러므로 국제상학은 국제간 개별 기업의 입장에서 매매계약의 성립, 이행, 종료에 따른 상

2) 최두수·이학승, "국제상학의 학문적 체제와 접근법에 관한 연구", 국제상학, 제11권 제2호, 한국국제상학회, 1996, p.31.

거래행위에 대하여 관습과 관례 및 법리에 바탕을 두고 국제상거래의 제 현상[3)]을 연구하는 학문이다.

3 국제상학의 연구주제 분류

국제상학의 학문 분류 체계는 아직까지 특정화되지 않고 여러 가지 세부적인 분야로 나누어져 있다. 국제상학과 관련된 학문의 분류체계는 교육과학기술부에서 공표한 국가 과학 기술 표준 분류에 의하면 인문사회분야의 대분류로서 경영/경제분야 속에 무역학을 중분류로 구분하고 있으며 소분류로서는 무역실무/경영, 무역계약/관습, 국제결제, 상사중재, 국제운송/물류, 국제상품/관세, 전자무역 등으로 나누어지고 있다. 이러한 학문분류를 감안할 때 국제상학을 무역학과 동일한 학문으로 판단된다.

4 국제상학의 연구방법

국제상학의 연구방법을 보면 문헌연구, 실증분석, 사례연구와 계량분석이 있다. 문헌연구의 경우 감소하는 추세이며, 설문조사에 의한 실증연구는 상대적으로 증가하는 경향을 보이고 있다. 또한 계량분석 역시 지속적으로 증가하고 있는 연구방법론으로 나타나고 있다.

연구 방법론은 학문적 특성 등을 반영하여 적용하기 때문에 제한적인 방법론만을 사용하기보다는 연구목적에 가장 적합한 다양한 방법론을 활용하는 것이 바람직할 것이다.

5 국제상학의 연구주제별 연구방법 분석

무역계약에서는 문헌연구가 가장 많으며, 다음으로 사례연구가 많다. 이와 유사하게 무역결제, 전자무역, 보험 및 중재의 경우에도 문헌연구가 가장 많으며, 그 다음으로 사례연구 방법론을 활용하고 있다.

국제운송 및 물류 분야에서는 설문조사에 의한 실증분석이 가장 많은 편이며, 문헌연구, 계량분석, 사례연구로 다양한 연구방법론을 사용하고 있다.

또한 통상 분야에서도 다양한 연구방법론을 사용하고 있다.

전체적으로 전통적인 국제상학의 학문영역이라고 할 수 있는 무역계약, 무역결제, 보험, 중재 등에서는 문헌연구가 절대적으로 많으며, 국제운송 및 물류와 국제통상 분야에서는 문헌연

3) 제 현상(諸 現象)은 여러 현상을 의미한다.

구, 설문조사 및 사례연구를 모두 활용하고 있고, 특히 계량분석은 국제운송 및 물류 분야에서 많이 이용하고 있다.

6 국제상학의 연구방법 개발

국제상학의 연구는 국제상거래 과정에서 나타나는 상관습과 계약법 이론의 종합적 연구를 필요로 하기 때문에 상학과 법학의 중간영역에 놓여 있다고 볼 수 있다.

즉, 국제상학은 실정법 위주의 법조문 연구와 더불어 국제상거래 과정에서 나타나는 상관습과 분쟁사례 등 영미법에서의 판례분석과 같은 연구방법이 병합적으로 요구되는 학문적 특성을 갖고 있다.

그러므로 국제상학의 연구는 실무적·법리적 연구가 병행되어야 하기 때문에 사례 분석방법을 포함하는 실무적 연구방법과 법합적 연구방법을 동시에 충족할 수 있는 독특한 국제상학적 연구방법을 개발하는 것이 시급하다고 할 수 있다.

이를 위해서는 기존의 국제상학분야의 연구에 매진하고 있는 연구자들은 법학적인 지식과 연구방법을 강화하고 활용할 필요성이 있다.

7 연구방법론의 다양화 및 특화

국제상학의 전통적인 연구 주체인 무역계약이나 결제, 중재, 보험 등은 문헌연구나 사례연구방법을 주로 사용하고 있으며, 국제운송이나 물류, 국제통상의 영역에서는 문헌연구 뿐만 아니라 설문조사를 이용한 실증분석과 계량분석방법을 적극 활용하고 있다. 획일적 연구방법을 지양하고, 연구 주체의 특성을 반영하여 문헌연구나 사례연구, 또는 설문조사, 계량분석(빅데이터 분석포함), 시스템 분석 등 다양한 양적·질적 연구방법론을 적절히 적용할 필요가 있다.

8 국제상학의 연구영역 확립

국제상학의 발전을 위해 국제상학을 연구하는 학자들은 교육과학기술부에서 공표한 국가과학기술표준분류에 의한 학문분류에 중분류로서 무역학이라고 분류되어있는 것을 국제상학으로 개명해야 한다고 본다.

현재의 분류체계는 인문사회분야의 대분류에서 경영/경제분야 속에 중분류로 무역학으로 소분류로서는 무역실무/경영, 무역계약/관습, 국제결제, 상사중재, 국제운송/물류, 국제상품/관세, 전자무역 등으로 나누어지고 있다. 이러한 학문분류를 감안할 때 국제상학을 무역학과 동일한 학문으로 판단된다.

그러나 이러한 명칭과 분류는 국제상학을 관습과 실무적인 접근방법으로 볼 때는 가능하지만, 법리적인 접근방법으로 볼 때는 만족할 수 없는 부분이 있다.

그러므로 다시 법학으로 분류되어있는 분야를 연계시켜야 국제상학이라는 학문의 연구영역이 완성될 수 있다.

기존 연구에서 한주섭 교수는 국제상학은 국제상거래를 촉진하기 위하여 이에 관련된 실무관행, 관습 및 법리에 대한 연구를 주류로 하고 국경을 초월하여 활동하는 국제기업의 관리와 전략을 연구하는 국제경영학 그리고 국가 간의 경제관계를 연구하는 국제경제학, 그리고 여기에 법률학 및 기타의 관련 학문 중에서 국제상거래에 필요한 부분을 추출, 집성한 직접과학임을 강조하고 있다.

그러므로 국제상학은 그 대상과 연구방법이 경제학이나 경영학과는 판이하게 다른 독립적이고 고유한 학문영역을 가지고 있다는 점과 학문의 분화발전의 역사의 관점에서 보면 경제학과 경영학이 본래 상학의 일 분야로 분화 발전되어 온 것임을 생각한다면, 단지 인접학문 영역이 체계 내에 포함되었다는 이유만으로 정체성이 시비의 대상이 되어서는 안될 것이라고 주장하고 있다.

이와 관련하여 자세한 방안을 제시하고 있는 강원진 교수는 2000년에 발표한 논문에서 국제상학의 연구는 매매 계약과 그 이행에 따른 운송·보험 결제 등의 관습 외에 업종별, 지역별 관습 및 국제 제정 법률 또는 국제상거래에 영향을 미치고 있는 특정국의 상거래법과 조화시켜 상학적·법리적 연구를 병행하면서 문헌연구 외에 국내외 상거래 법규, 법원의 판례 및 상사중재 판정을 분석도구로 하는 사례연구와 면담이나 설문지 등의 1차 자료를 근거로 통계처리에 의한 실증 연구방법을 이용할 것을 주장하고 있다.

오세창 교수도 국제상학의 연구는 국제상거래를 매매론적 입장에서 계약을 위한 협상과정을 포함하는 계약의 성립부분과 계약에 근거한 이행부분 그리고 각종 계약과 계약 이행 위반에 따른 사후관리부분을 국내무역법규와 공인된 국제무역관계법과 규칙을 제정하는 대표적 국제기구인 유엔무역법위원회(UNCITRAL)가 제정한 CISG와 국제상업회의소(ICC)가 제정한 Incoterms 등 각 분야의 협약과 관습을 무역창업과 업무의 이론적 기초로 하고 이러한 이론적 기초를 현실거래와 연계시킨 사례 중심의 연구를 강조하고 있어 신진연구자들에게 연구와 교육의 방향을 제시하고 있다.

9 외국어 및 지역의 문화적 이해력의 강화

국제상학의 연구영역은 결국 전세계적인 상관습과 관행 및 국제통일규범들에 대한 연구를 중심으로 한다. 그러므로 전세계적으로 다양하게 분포되어 있는 상관습들과 관행들에 대한 연구의 수행은 그 지역의 언어와 문화에 대한 이해력에 좌우될 수 있다.

지역별 상관습과 업종별 상관습 등에 보다 심층적인 연구는 그 지역 및 업종에서 현재 실체적으로 통용되고 있는 상관습을 면밀히 검토해야 가능할 것이다.

또한 각 국가의 상거래 관련 법규에 대한 심층적인 연구도 그 국가의 언어와 문화를 직접적으로 이해하지 못하면 곤란할 것이다. 그리고 국제통일상관습법들은 현재 대부분이 정부간 또는 비정부간 국제기구에서 제정되거나 발의되고 있다.

이러한 규범들의 발의나 제정과정 및 개정 등에 대한 연구를 위해서 국제공용어에 대한 이해력이 강화되어야 한다.

또한 한국의 상관습 나아가 동아시아의 상관습에 대한 국제적 인식을 제고시키기 위해서도 국제공용어의 능력은 필수불가결한 과제라 하지 않을 수 없다.

결국 이와 같은 전제 조건들을 조속히 충족시키기 위해서는 국제상학을 연구하는 학자들의 사명감을 토대로 관련 분야에 대한 끊임없는 연구를 통해 새로운 연구방법론을 개발하고 이에 대한 전방위적인 토론과 홍보가 필요하다.

또한 이를 계기로 지속적인 후속 연구자들을 육성하는 일에 전력을 기울여야 할 것이다.

10 국제상학 이용 편리성 및 인용율 제고

한국연구재단의 KCI 인용정보에 의하면 국제상학이 포함된 학문영역에서 최하위 등급에 처해 있다는 안타까운 사실을 냉정하게 인지해야 할 것이며, 그에 따른 개선 노력이 절실히 필요한 상황이다.

상당수의 연구자들은 국제상학에 게재된 논문을 확인하기 보다는 도서관, 학술논문 검색사이트 등에서 검색이 가능한 논문만을 활용하는 경향이 있다. 따라서 국제상학에 투고하고자 하는 연구자들이 국제상학에 이미 게재된 선행연구들을 면밀히 검토하도록 유도할 필요가 있다.

또한 웹 검색 기능을 강화하여 google, dbpia, paper search 등 전문적인 논문검색에서 우선적으로 노출될 수 있도록 해야 하며, 필요하다면 다운로드 시 무료로 이용할 수 있도록 전환하여 불특정 다수의 연구자들이 비용 지불 없이 자유롭게 활용할 수 있도록 하는 방안도 적극 고려해 볼 필요가 있을 것이다. 그리고 전문학술기관과의 제휴를 통해 국제상학의 논문이 다양한 루트와 매체를 통해 폭넓게 보급될 수 있도록 해야 할 것이다.

11 국제상학의 연구동향 시사점 및 제안

국제상거래분야의 연구에서 국제상학은 가장 핵심적 학문분야임은 제론의 여지가 없다. 국제상학은 국제상거래 당사자 즉 매도인과 매수인간의 매매계약체결의 준비단계, 성립단계, 이행단계, 사후관리단계로 구분할 수 있으며 그 핵심은 매매계약상의 급부와 반대급부인 계약물품의 인도와 대금지급이라 할 것이다.

국제상학의 연구방법은 전분야에서 공히 실무적·법리적 측면이 동시에 강조되어야 한다는 점을 간과해서는 안 될 것으로 보인다.

국제상학은 국제상거래의 관례(usages)[4], 관습(customs)[5], 법리(legal principles)[6]를 연구대상으로 하는 학문영역으로서 이의 학문적 원류는 상거래활동에서 출발하여 관례, 관습 및 법률적 영역으로 발전된다.

즉 국제상거래에서 상인들 간에 반복적으로 행하여지고 있는 상업적 행위(practice)들로서 국제상업사회에서 널리 인정되어 수락되어 온 것이라면 상거래당사자를 구속하고 사회규범으로 발전하여 상관습에 이르게 된다.

그러므로 국제상거래에서의 상관습이란 오랫동안 상인들 간에 인정되어 수행되어져 온 실무적 관행(trade practices)이라고 할 수 있으므로 상관습법의 경지에 접어든 것이 대부분이며 여기에 추가하여 국제규칙 등에 의하여 범세계적으로 상관습법적 확신이 설정된 것이라 할 것이다.

기존의 많은 상거래 관습과 규범들의 정립이 국제규칙과 협약으로 표출되어 온 것 같이 국제규범들에 대한 국제상학적 접근은 단일의 법학적 접근과는 차이가 있다.

법학적 접근은 법이론을 근저에 두고 연구하기 때문에 실무적 상황이나 이해의 부족으로 인해 국제상거래를 완벽히 설명하기에는 미흡한 부분이 있다.

또한 국제상학은 국제통상학 또는 무역학에서 국제경제학, 국제경영학, 법학 등 학문의 단순조합으로 보는 외부의 편견과 오해를 야기하고 있다.

그러므로 국제상학의 연구방향은 국제상거래 관습과 규범들의 종합적 연구를 중심으로 이루어져야 한다. 이런 점에서 볼 때, 국제상학은 상관습적 접근과 법적 접근의 단순 결합을 통한 연구가 아니라 상거래관행에 대한 실무적 접근과 상관습 및 법리적 접근에 추가적으로 상관습 및 법리의 역사적 고찰 등 종합적인 접근을 통한 연구방법을 활용함으로써 독자적인 학문분야

---

4) 관례는 전부터 해 내려오던 전례(前例)가 관습으로 굳어진 것이다.
5) 관습은 어떤 사회에서 오랫동안 지켜 내려와 그 사회 성원들이 널리 인정하는 질서나 풍습을 말한다.
6) 법리는 법률의 원리를 말한다.

로 명확하게 정립될 수 있다.

이에 대한 해답은 현재 영국과 미국 등에서의 국제상학과 관련된 연구방향을 통해 찾을 수 있을 것으로 본다. 영국과 미국 등에서의 국제상학과 관련된 연구방향은 전공분야에 따라 약간의 차이는 있겠지만 주로 크게 세 가지로 구분될 수 있다.

첫째, 매매계약, 결제, 운송, 분쟁 해결 등의 각 분야에 걸쳐져 있는 각각의 국제상거래규범에 관한 비교연구

둘째, 국제상거래 환경의 변화에 따른 기존의 규범과 새롭게 제정되는 규범들의 실무적 적용성에 관한 연구

셋째, 국제상거래 분쟁사례중심의 연구 등이다.[7)]

이와 같은 연구방향과 실무적, 관습 및 법리적, 그리고 역사적 관점을 통한 정량적, 정성적, 정태적 연구방법론을 활용한 종합적인 연구방법으로 접근함으로써 국제상학에 관한 연구가 보다 심층적인 연구로 발전할 수 있으며, 국제상학이라는 학문적 영역의 정립이 확고해 질 것으로 확신한다.

또한 지식이 폭발적으로 늘어나는 사회에서는 개인이거나 조직이거나 공히 인지적 지식 그 자체가 아니라 새로운 지식을 창출할 수 있는 창의력이 중요하다. 학문에 대한 철학적 기초는 그 학문이 궁극적으로 지향하고 있는 이상이나 이념, 가치체계를 기초로 하고 있어야 한다.

학문의 정체성은 그 학문의 역사와 사상 및 현상의 진화과정 등 철학적 기초에 의하여 확립하게 되는 것이다. 근래에 모든 학문에서 연구분야들이 전문화 및 세분화되어 가고 있는데, 이는 학문진화의 일반적 현상이며 동일 학문영역 내에서도 그러한 경향은 점차 강화되고 있다.

그러나 전문화 및 세분화와 함께 사상과 현상에 관한 역사적 고찰을 아우르는 종합적이고 창의적인 사고와 관점이 분명히 필요하다.

그러므로 국제상학은 아직까지 국가과학표준기술분류에서 보듯이 일반적인 명칭으로 분류되고 있는 무역학의 정통성을 확립하고 국제상거래와 관련된 연구분야의 통합원리를 제시할 수 있는 근원적인 분야가 되어야 한다.

---

7) 영국의 경우 런던대학교에 속해 있는 주요 칼리지 즉 LSE, UCL, King's college, Queen Mary college 등의 Law school과 미국의 경우 하버드대학교, 조지워싱턴대학교 등의 Law school에서의 커리큘럼과도 일치한다.

3

무역업의 창업

Chapter 3

무역업의 창업

제1절 무역업 창업

1 업종선정 및 기업설립

창업을 하려면 먼저 업종을 선정한 후 이에 대한 사업계획을 수립하여 해당 업종을 담당하는 관청에서 사업 인・허가를 받은 후 "개인" 또는 "법인" 형태로 사업주체를 결정하여 해당관청에 등록 또는 등기를 해야 한다.

개인기업의 설립절차는 법인에 비해 간단하여 사업장을 관할하는 세무서에 사업자등록 신청서를 제출하고 사업자등록증을 교부 받으면 되고, 주식회사 등 법인의 경우는 관할 지방법원이나 등기소에 설립등기를 한 후 관할 세무서에 법인설립신고를 하고 사업자등록증을 교부 받아야 한다.

공장설립이 필요한 때에는 먼저 사업계획 수립단계부터 다음 사항을 검토하여 자신이 설립하고자 하는 공장의 업종・규모 등에 대한 이해를 충분히 한 후에 관계법령에 맞추어 설립절차를 이행하여야 시행착오를 줄일 수 있다. 사업계획 수립단계에서 다음 사항을 검토 없이 추진하는 창업자가 공장설립 시 애로를 많이 겪는다. 따라서, 필수적으로 다음 사항을 검토해야 한다. 공장설립이 필요한 경우 사전검토를 위하여 관련 부처, 시・군・구청 또는 중소기업상담회사에 상담을 받는 것이 바람직하다.

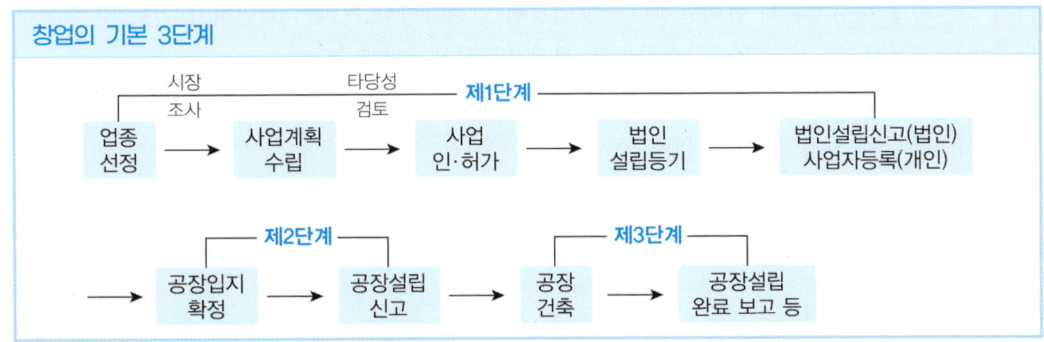

1) 사업개요

성장가능성이 있는 창업기업과 벤처기업을 지원하고 창업 중소기업의 신속한 공장설립을 지원하기 위해 관련 인・허가 사항을 [창업사업계획승인]으로 일괄처리(｛중소기업창업지원법｝ 제33조)하여 20일 내에 승인여부를 결정하는 제도

2) 지원대상

○ 창업일로부터 7년이 경과하지 아니한 중소기업자
○ 자기명의의 공장등록증이 없고 제조업종을 영위하기 위해 공장을 설립하고자 하는 자 (임대공장을 보유한 자도 대상에 포함)

3) 지원조건 및 내용

○ 창업자의 공장설립 관련 29개 법률에 의한 53개 인・허가 사항의 일괄의제처리
○ 창업사업계획승인신청서 작성 및 제출 대행 지원
- 중소기업청의 컨설팅 풀에 등록된 중소기업상담회사에 사업계획승인신청, 대행을 맡기는 경우 컨설팅 비용의 80%를 쿠폰방식으로 지원
- 쿠폰구입대금 중 업체부담금은 7%의 세액공제 혜택
※ 세부사항은 쿠폰제 경영컨설팅 지원사업 참조
○ 대체산림조성비 면제
- 창업 3년 이내에 (중소기업창업지원법) 제33조의 규정에 따라 사업계획의 승인을 받아 최초로 설립하는 공장

4) 지원절차

창업자(업체)(사업계획승인신청) → 시・군・구 창업민원실(소관 인허가사항 검토 및 다른 기관 소관사항 해당기관에 협의요청) → 창업관련 인허가사항 처리기관(인허가 검토 및 시・군・구에 결과통보 → 시・군・구(승인여부 결정 및 신청자에게 통보)
○ 사업계획승인신청 전에 창업자의 필요에 따라 사전협의 가능
○ 사업계획의 신청일로부터 20일 이내 처리

5) 신청방법 및 구비서류

사업계획승인신청서

부동산권리자의 사용동의서

6) 담당기관 및 문의처

중소벤처기업부 창업정책총괄과 042-481-4384

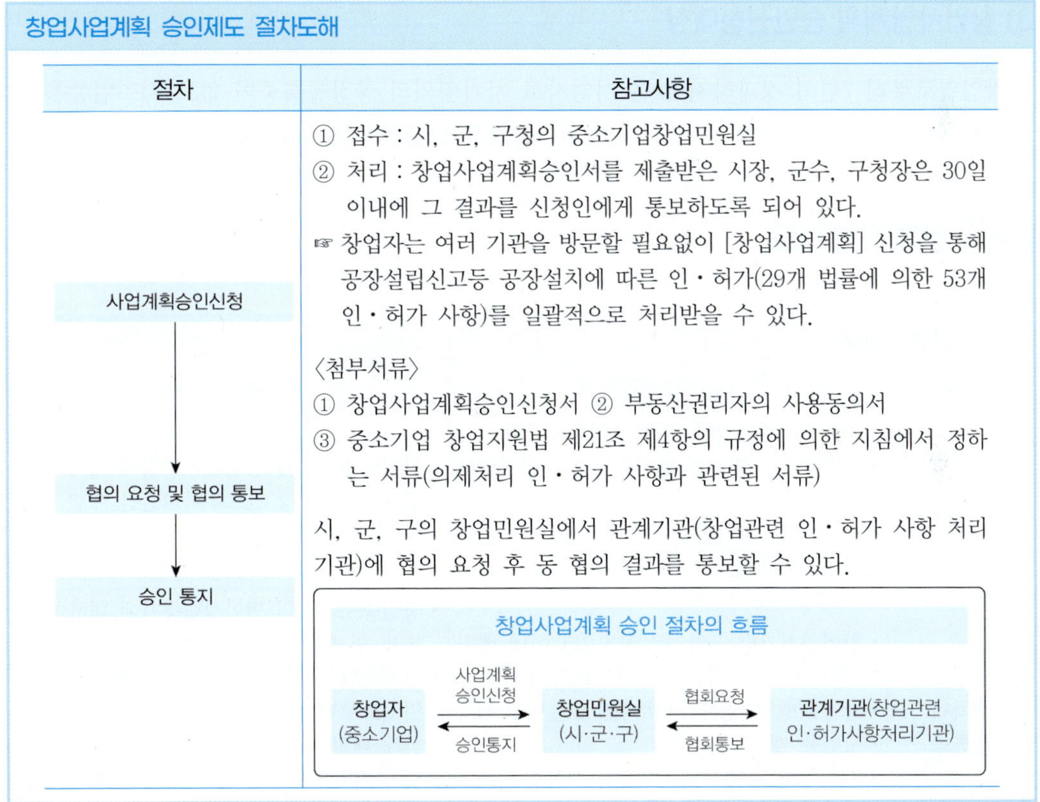

창업사업계획 승인제도 절차도해

절차	참고사항
사업계획승인신청	① 접수 : 시, 군, 구청의 중소기업창업민원실 ② 처리 : 창업사업계획승인서를 제출받은 시장, 군수, 구청장은 30일 이내에 그 결과를 신청인에게 통보하도록 되어 있다. ☞ 창업자는 여러 기관을 방문할 필요없이 [창업사업계획] 신청을 통해 공장설립신고등 공장설치에 따른 인・허가(29개 법률에 의한 53개 인・허가 사항)를 일괄적으로 처리받을 수 있다. 〈첨부서류〉 ① 창업사업계획승인신청서 ② 부동산권리자의 사용동의서 ③ 중소기업 창업지원법 제21조 제4항의 규정에 의한 지침에서 정하는 서류(의제처리 인・허가 사항과 관련된 서류)
협의 요청 및 협의 통보	시, 군, 구의 창업민원실에서 관계기관(창업관련 인・허가 사항 처리기관)에 협의 요청 후 동 협의 결과를 통보할 수 있다.
승인 통지	

2 중소기업 창업의 범위(창업지원법)

1) 중소기업 창업지원 대상업종

금융 및 보험업, 부동산업, 숙박 및 음식점업(호텔업, 휴양콘도 운영업 및 상시근로자 20인 이상의 법인인 음식점은 제외), 무도장 운영업, 골프장 및 스키장 운영업, 기타 갬블링 및 베팅업, 기타 개인서비스업(산업용 세탁업은 제외), 기타 제조업이 아닌 업종으로서 중소벤처기업부령이 정하는 업종

2) 창업지원법상 창업이 아닌 경우

타인의 기업을 승계하여 승계전과 동일한 기업인 경우
법인전환 또는 기업형태를 변경하여 변경전의 사업과 동종의 사업인 경우
폐업후 사업을 개시하여 폐업전의 사업과 동종의 사업을 계속하는 경우

3) 창업사업계획 승인신청대상

창업일로부터 7년이 경과하지 않은 사업자로 자기명의의 공장등록증이 없고 제조업종을 영위하기 위해 공장을 설립하고자 하는 자(임대공장을 보유한 자도 대상에 포함)

3 창업지원제도

세제지원 주요내용

구분	대상(감면요건)	조세감면범위
법인세 소득세	• 조세특례제한법에 의한 창업중소기업 • 창업후 2년 이내에 벤처기업으로 확인받은 기업 • 중소기업창업지원법에 의한 창업보육센터 사업자로 지정받은 내국인	• 창업중소기업과 창업벤처기업에 대하여 창업 후 소득발생 연도부터 4년간 매년 납부할 법인세(소득세)의 50% 감면
취득세 등록세	• 창업벤처기업(창업일로부터 2년 이내 벤처기업으로 확인받은 기업)에 해당될 것 • 창업일(벤처기업확인일)로부터 2년 이내 취득 • 사업용 재산 • 2년 이내 당해 사업에 직접 사용할 것 • 감면대상업종에 해당할 것	• 창업중소기업의 법인설립등기에 대하여 등록세 면제 • 당해사업을 영위하기 위하여 벤처기업 확인일로부터 2년 이내 취득하는 사업용 재산에 대한 취득세(등록세) 면제. 다만 취득일(등기일)로부터 2년 이내에 당해 재산을 정당한 사유없이 당해사업에 직접 사용하지 않는 경우는 면제세액을 추징
재산세 종합토지세	• 창업벤처기업(창업일로부터 2년 이내 벤처기업으로 확인받은 기업)에 해당될 것 • 감면대상업종에 해당할 것	• 당해 사업을 영위하기 위하여 소유하는 사업용 재산에 대하여 창업일로부터 5년간 재산세 및 종합토지세 50% 감면
인지세	• 중소기업창업지원법에 의한 창업자가 창업일로부터 2년 이내에 당해 사업과 관련하여 금융기관으로부터 융자를 받기 위하여 작성하는 증서, 통장, 계약서 등	• 중소기업이의 창업 후 2년 이내에 금융기관의 융자 관련 문서에 대한 인지세 면제

중소기업 주요 창업자금 지원 관련 기관

자금	지원기관
• 지방자치단체의 창업지원자금	• 지방자치단체
• 중소·벤처기업 창업 자금	• 중소벤처기업진흥공단, 기술신용보증기금
• 신기술창업 보육자금	• 한국산업기술평가원
• 소상공인 창업자금	• 소상공인 지원센터
• 우수발명시작품 제작지원자금	• 한국발명진흥회
• 지방중소기업 육성자금	• 시·도청
• 창업자금 융자	• 각 은행

제2절 무역업고유번호 신청

1 개요

산업통상자원부장관은 대외무역법 시행령 제21조 및 제22조의 규정에 의한 전산관리체제의 개발·운영을 위하여 무역거래자별 무역업 고유번호를 부여할 수 있다.

대외무역법 제2조 제1호의 규정에 의한 무역을 업으로 하고자 하는 자가 무역업고유번호를 부여받고자 하는 경우, 한국무역협회장에게 신청하여 한국무역협회장은 접수 즉시 신청자에게 무역업고유번호증을 발급하여야 한다.

2 무역업 고유번호 신청

① 신청장소: 한국무역협회 본·지부(업체의 소재지와 관계 없이 편리한 지역에서 신청 가능)
② 처리기간: 즉시

3 구비서류

① 무역업고유번호부여(신청)서 1부(소정양식) ② 사업자등록증 원본 1부

제3절 무역업 관련 세무

1 (개인)소득세와 법인(소득)세

소득세에는 엄밀하게는 두 가지 종류, 즉 법인(주식회사)사업자에게는 법인(소득)세, 개인사업자에게는 (개인)소득세가 있다.

세법에서는 이를 줄여서 법인세와 소득세라 한다. 둘 다 세전이익, 즉 소득금액에 대해서 과세하는 세금이며, 세금체계가 다소 다르지만 결국 소득에 대해 과세하는 본질은 동일하다.

1) 소득세 관련 용어

수입금액 : 매출액과 동일한 의미로 세법에서는 반드시 수입금액이라 한다.

소득금액 : 세금납부전 순이익과 같은 개념이다.

익금 : 경리회계에서는 수익이라 부르며 순재산을 늘리는 거래를 의미한다.

손금 : 경리회계에서는 비용이라 부르며 순재산을 줄이게 되는 지출을 의미한다.

과세표준 : 최종적으로 세금이 부과되는 기준금액을 말하며 줄여서 '과표'라고도 한다.

2) 세율

(1) 법인세(법인세법 제55조)

과세표준이 2억원 이하 → 10%

2억 원 초과 200억 원 이하 → 2,000만 원+2억 원 초과금액×20/100

200억 원 초과 3,000억 원 이하 → 39억 8,000만 원+200억 원 초과금액×22/100

3,000억 원 초과 → 655억 8,000만 원+3,000억 원 초과금액×25/100

※ 지방소득세(법인세액의 10%) 별도

(2) 소득세(소득세법 제55조, 2021.1.1.)

과세표준이 1,200만 원 이하 6%

1,200만 원 초과 4,600만 원 이하 → 72만 원+1,200만 원 초과금액×15%

4, 600만 원 초과 8,800만 원 이하 → 582만 원+4,600만 원 초과금액×24%

8,800만 원 초과 1억 5,000만 원 이하 → 1,590만 원+8,800만 원 초과금액×35%

1억 5,000만 원 초과 3억 원 이하 → 3,760만 원+1억 5,000만 원 초과금액×38%

3억 원 초과 5억 원 이하 → 9,460만 원+3억 원 초과금액×40%
5억 원 초과 10억 원 이하 → 1억 7,460만 원+5억 원 초과금액×42%
10억 원 초과 → 3억 8,460만 원+10억 원 초과금액×45%
※ 지방소득세(소득세액의 10%) 별도

세율을 단순히 비교해 보면 소득세 세율이 법인세율보다 훨씬 높아 보이나 법인은 세후이익을 배당으로 받아갈 때 다시 주주 개인의 배당금에 대한 소득세(Gross-up제도에 의하여 이중과세 방지)를 내야 하므로 반드시 높은 것이라고 볼 수는 없다.

3) 신고 및 납부기한

세금계산은 원칙적으로 1년을 기준으로 하나 세금납부는 납세자의 자금부담을 덜어주고 국가의 원활한 재정집행을 위해 1년에 두 번 '중간예납' 그리고 '확정신고' 형태로 납부한다. 중간예납은 별도의 신고절차는 없으며 전년에 납부한 세금의 절반을 과세당국이 고지서로 보내오면 납세자가 이를 납부하도록 되어 있다. 그러나 확정신고는 소정의 결산신고서류를 작성하여 과세당국에 신고하면서 자진해서 계산한 세금을 납부하여야 한다. 다만 전년도가 결손일 경우 '중간예납'의 경우에도 반기결산을 하여 신고해야 한다.

(1) 법인세

확정신고 및 중간예납은 각각 결산기일로부터 3월말, 반기기일로부터 2월말까지이며, 12월말 결산법인인 경우 확정신고는 익년도 3월말까지이며 중간예납은 당해연도 8월말까지이다. 법인의 경우 결산기일을 최초에 1월부터 12월까지중 임의로 선택 가능하다.

(2) 소득세

법인사업자와 달리 개인사업자는 소득세의 귀속기간을 임의로 선택할 수 없으며 확정신고기한은 5월말까지, 중간예납기한은 11월말까지이다.

4) 개인사업자와 법인사업자 선택

사업자형태를 선택하는 것은 세금문제만 가지고 판단할 일은 아니며 사업의 규모 및 중요성을 가지고 선택하는 것이 바람직하다. 일반적으로 개인사업자로 출발하여 외형과 수입금액이 어느 정도 커지는 경우 법인으로 전환하게 된다.

2 부가가치세

1) 개요

부가가치세는 재화나 용역이 생산, 유통되는 모든 단계에서 창출되는 부가가치에 대하여 과세하는 조세로서 세부담자와 세납부자가 동일한 소득세와는 달리 부가가치세는 세부담자와 세납부자가 서로 다르기 때문에 간접세라하며 세율은 10%이다.

2) 부가세 관련 용어

매입세액 : 구매자가 재화나 용역의 매입시 공급자에게 지불하는 세액
매출세액 : 공급자가 재화나 용역의 매출시 구매자에게 부과하여 영수하는 세액
부가가치세 납부세액 = 매출세액- 매입세액

3) 납부세액 계산

사업자가 부가가치를 창출하는 과정은 일반적으로 전단계에서 생산된 재화용역을 외부로부터 구입 사용하여 새로운 생산물을 창출한 후 매출하는 형태로 이루어지게 되는데, 이때 부가가치세는 매입하는 재화 등에 대해서는 사업자가 매입세액을 직접 부담하고, 매출하는 재화 등에 대해서는 구매자로부터 매출세액을 받아두는 형식이다.

이에 따라 기업이 최종적으로 납부할 부가가치세는 매출세액에서 매입세액을 차감공제한 부분만 납부하면 된다.

4) 영수증 등

대부분의 경우 세금계산서 형태로 교부하거나 교부받아서 보관하여야 하지만, 전화요금이나 전기요금등은 영수증으로 세금계산서를 대체하며 수출하는 재화 등에는 세금계산서 교부가 면제된다.

그밖에 비영업용 소형승용차 관련 매입세액, 접대비적 성격의 식대 및 유흥비 등 관련 매입세액은 공제되지 아니한다.

5) 영세율 제도

(1) 개요

정책적으로 수출 및 외화획득을 지원할 목적과 국제적 이중과세를 방지하기 위하여 수출하는 재화나 용역에 대하여는 영세율을 적용한다. 영세율이란 매출세율을 "0"으로 하기 때문에 자기가 부담한 매입세액을 전액 환급받게 되므로 수출을 주로 하는 사업자에게는 대단히 중요한 제도이다.

(2) 대상 재화와 용역

수출하는 재화(구매확인서나 내국신용장에 의하여 공급하는 재화를 포함한다)
국외에서 제공하는 용역
선박 또는 항공기의 외국 항행 용역
기타 외화획득사업

(3) 영세율 첨부서류

수출하는 재화에 대해서는 '수출실적명세서'만 제출(디스켓)하면 되나 내국신용장, 구매확인서에 의한 국내공급, 중계무역수출, 외국인도수출, 위탁가공무역방식수출 등 기타 형태의 수출거래에 대해서는 수출사실을 확인할 수 있는 수출계약서 사본이나 또는 수출대금의 획득사실을 입증할 수 있는 외화입금증명서 등을 첨부해야 한다.

6) 신고기한

부가가치세의 1과세기간은 각 6개월이나, 신고 및 납부방식은 매 분기별로 예정과 확정으로 나누어 한 과세기간에 두 번 신고하도록 다음과 같이 규정한다.
1월~ 3월까지는 1기 예정신고기간이며 신고기한은 4월 25일
4월~ 6월까지는 1기 확정신고기간이며 신고기한은 7월 25일
7월~ 9월까지는 2기 예정신고기간이며 신고기한은 10월 25일
10월~ 12월까지는 2기 확정신고기간이며 신고기한은 다음해 1월 25일
다만, 개인사업자의 경우 예정 신고기간에는 별도의 신고가 필요 없으며, 전기 납부액의 50% 금액이 고지된다.

예정고지로 납부된 금액은 확정신고 시점에 최종 정산된다. 단, 예정신고기간의 공급가액 또는 납부세액이 직전 과세기간의 공급가액 또는 납부세액의 1/3에 미달하는 자와 조기환급을 받고자하는 자는 예정신고를 할 수 있다.

7) 영세율 조기환급 제도

(1) 영세율 등 조기환급 기간

수출업을 영위하는 사업자는 예정신고기간 중 또는 과세기간 최종 3월 중 매월 또는 매 2월에 영세율 등 조기환급기간 종료일로부터 25일 내에 영세율 등 조기환급기간에 대한 과세표준과 환급세액을 정부에 신고하는 경우에는 영세율 등 조기환급기간에 대한 환급세액을 각 영세율 등 조기환급기간별로 당해 조기환급신고기한 경과 후 15일 이내에 환급받을 수 있다.

(2) 영세율 조기환급 신고시 첨부서류

영세율 등 조기 환급신고에 있어서는 다음의 사항을 기재한 영세율 등 조기환급 신고서에 당해 과세표준에 대한 영세율첨부 서류와 매출처별세금계산서합계표 및 매입처별세금계산서합계표를 첨부하여 제출하여야 한다.

① 사업자의 인적사항
② 과세표준과 환급세액 및 그 계산근거
③ 매출·매입처별세금계산서합계표 제출내용
④ 기타 참고사항

제4절 HS Code 및 관세율

1 의의

HS Code란 "국제통일상품분류제도"(The International Conventrion on the Harmonized Commodity Description And Coding System: 통일 상품 부호체계에 관한 국제협약으로 약칭 HS)에 따른 상품분류체계로 국제적으로 상위6단위까지는 동일하며, 하위 단위는 각 국별로 독자적으로 부여한다. (우리나라는 10단위를 사용) HS 코드에 따라 관세율이나 수출입요령이 정해지므로 그 분류가 중요하다.

2 우리나라 HS Code 및 관세율 찾기

우리나라 HS 코드를 HSK라하며 인터넷 검색 관세법령정보포털(unipass, customs.go.kr/clip) 품목분류를 정보를 이용하거나 관세청 고객지원센터(125)나 무역협회 Trade Call Center(1566-5114)로 전화 또는 인터넷 상담(www.kita.net)을 이용한다.

3 외국 관세율 찾기

외국관세율은 국가별로 HS Code와 관세율이 변경될 수 있으므로 해당 국가 세관 등에 문의하여야 할 것이다. EU 및 미국, 일본, 멕시코, 중국, 사우디아라비아, 오스트레일리아, 러시아, 브라질, 튀르키예 등 26개국의 관세율에 대해서는 관세법령정보포털(unipass.customs.go.kr/clip)에서 서비스 하고 있다.

또한 다른 국가들에 대해서는 KOTRA 홈페이지(www.kotra.or.kr) → 무역자료실 → 관세율 Fax 서비스를 이용할 수 있다.

(1) 관세청 홈페이지의 관세법령정보포털(unipass.customs.go.kr/clip) 이용

(2) KOTRA 무역자료실(www.kotra.or.kr:무역자료실 → 관세율 Fax 서비스) 및 각 국별 국가 정보(www.globalwindow.org) 중 관세제도에서 관세율 검색사이트로 이동하여 검색 가능하다.

(3) 무역협회 홈페이지 이용(www.kita.net) → FTA 활용지원단(okfta.kita.net:한국무역협회 FTA포탈 → 상대국의 수입관세율): 미국, EU, Asean 10개 국가, EFTA(유럽자유무역 연합 4개 국가), 칠레, 인도, 페루, 튀르키예 등의 관세율을 조회할 수 있다.

한편 2012. 1월 오픈한 통합무역정보서비스(www.tradenavi.or.kr)에서는 세계 주요 90개 국가의 관세율을 조회할 수 있다. 특히 EU 27개국, 미국, 인도, 아세안 10개국에 대해서는 협정세, 감면세, 내국세 등 세율정보와 인증, 수입요건 그리고 HS코드로 통합검색도 가능하다.

제5절 수출 · 수입 사전원가 계산

1 의의

수출입 원가는 크게 보아 물품대금, 수출입부대비용, 기타 원가항목으로 구성된다. 물품대금은 수출의 경우 물품 제조원가를 의미하며 수입은 선하증권을 수취하기 위해 은행에 결제하는 금액을 의미한다. 수출입 부대비용은 물류비용, 결제비용, 행정비용 등을 의미한다. 특히 수입원가 계산 시 이자항목과 여신 비용을 반드시 고려하여야 한다.

2 세부항목

수출원가	항목	수입원가
① 원자재투입비용(재료비) ② 노무비, 관리비, 세금 ③ 검사비용, 포장비용 ④ 제조자의 이익 등 ※ 제조원가	물품대금	B/L 결제대금
	수출입부대비용	
① 내륙운송비 ② 해상운송비 ③ 창고료, 보관료, THC 등 ④ 해상보험료 ⑤ 화재보험료 등	물류비용	① 해상운송비 ② 내륙운송비 ③ 입항료, 하역비, THC 등 ④ 창고료, 보관료, ⑤ 입출고비용 ⑥ 해상보험료 ⑦ 화재보험료 등
① 신용장통지 수수료 ② Local L/C 개설 수수료 ③ 환가료, Delay charge, Less charge 등 ④ 수출보험료 등 ※ 환차손익	결제비용	① 신용장개설수수료 ② L/G charge ③ Usance 이자 등 ※ 환차손익
① 수출추천, 인증비용(필요 시) ② 수출통관비용 ③ 허가비용, 제증명료 ④ 인지 대금 및 서류 확보비용 등	행정비용	① 수입제세(관세, 내국세) ② 수입추천, 인증비용(필요 시) ③ 수입통관비용 ④ 선적전 검사비용, 검정료 등

3 재고이자와 여신이자

재고이자	자금투입일 즉, B/L 대금 결제일로부터 판매일까지의 이자, 판매되지 않는 악성재고는 손실로 처리한다. 일반적인 완제품 수입 시 악성재고(Dead Stock)는 10%선으로 본다.
여신이자	수입물품 국내영업시에는 대부분의 경우 결제수단으로 어음을 이용하고 있음에 따라 수입물품 판매일로부터 어음대금이 현금화될 때까지 발생하는 이자, 이때에는 어음부도 등에 따른 어음사고발생율도 고려하여야 한다.

4 수입물품의 취득원가 산정

1) 취득원가의 계상시점

수입물품의 경우 미착상품(재고자산)으로 언제 계상할 것인가가 중요한 문제이다. 재고자산으로 계상하는 시점은 다음과 같은 시점에서 계상하는 것이 실무관행이다.

① 수출상의 B/L(선적일)일자로 계상하는 방법
② 수입상이 외국환은행으로부터의 선적서류 인수일자로 계상하는 방법
③ 수입물품 통관일자로 계상하는 방법
④ 수입상의 창고입고 일자로 계상하는 방법

기업회계기준에서는 운송 중에 있어 아직 도착하지 않은 미착상품은 법률적인 소유권(B/L과 상환으로 물품대금을 지급하는 때)의 유무에 따라서 재고자산 포함여부를 결정한다. 법률적인 소유권 유무는 매매계약상의 거래조건에 따라서 다르다. 선적지인도조건인 경우에는 상품이 선적된 시점에 소유권이 수입상에게 이전되기 때문에 미착상품은 수입상의 재고자산에 포함된다. 그러나 목적지인도조건인 경우에는 상품이 목적지에 도착하여 수입상이 인수한 시점에 소유권이 매입자에게 이전되기 때문에 수입상의 재고자산에 포함되지 않는다. 즉, 수입물품의 재고자산 계상시점은 인도조건에 따라 수입원가 계상시점을 정하여 한다. 예를 들어 인도조건이 수출상의 본선인도조건(FOB, CIF, CFR)인 경우에는 본선인도시점에서 수입상은 미착상품(미착원재료)으로 계상하고 창고입고시에 상품 또는 원재료계정으로 대체하여야 한다.

2) 취득원가의 범위

수입물품에 대한 취득원가는 매입가액에 운임, 하역료 및 보험료 등 취득과정에서 정상적으로 발생한 부대비용을 가산한 금액이다. 다만, 매입과 관련된 할인, 에누리, 기타 유사한 항목은 매입원가에서 차감한다.

(1) 연지급 수입이자의 처리

연지급수입에 있어서 취득가액과 구분하여 지급이자로 계상한 금액은 취득가액에 포함하지 않도록 하고 있다.

(2) 관세의 원가산입 여부

관세를 납부한 경우에는 수입원가에 포함하여 처리하였다가 수출하여 환급을 받는 경우 매출원가에서 차감한다.

(3) 무상으로 수입한 물품

① 소득세법

사업자가 사업과 관련하여 해외에서 무상으로 수입한 물품을 사업용으로 제공한 때에는 다음 각호와 같이 처리한다.

(가) 그 물품이 재산적 가치가 있는 경우 소득금액계산상 총수입금액에 산입한다. 이 경우 총수입 금액에 산입할 금액은 당해 물품의 관세과세표준금액으로 하며 관세 및 부대비용은 취득가액에 합산한다.

(나) 그 물품이 필요경비에 산입할 성질인 경우 관세 및 부대비용은 견본비, 소모품비 등 그 성질에 따라 필요경비에 산입한다.

② 법인세법

법인이 해외에서 물품을 무환으로 수입하는 경우에는 이를 각 사업연도의 소득금액계산상 익금으로 한다. 이 경우에 익금에 산입할 금액은 당해 물품의 통관시 관세 과세표준금액이 되는 감정가액으로 하며 관세 및 부대비용은 취득가액에 합산한다.

반환할 것이 약정된 무상수입자산의 통관비용 등은 그 효익이 미치는 기간에 안분하여 손금에 산입한다.

제6절 수출입 관련 부대비용

1 의의

수출입 화물의 통관 및 운송, 대금회수 및 지급 등과 관련하여 국내에서 발생되는 부대비용이며 주운임 및 보험료는 제외한다. 통관 및 운송비용 등은 화물의 특성 및 금액, 대행업체 등에 따라 달리할 수 있으며 수출입과 관련된 은행수수료도 은행에 따라 약간씩 달리한다.

2 항공화물

구분		비용·수수료항목	내용	징수주체	비고
세관 통관 비용		세금(관세, 부가가치세, 개별소비세, 농특세 등)	세금	세관	
		보세구역 외 장치허가 수수료	보세구역 외 장치허가 시	세관	
		검사수수료(파출검사료)	자가보세창고 검사에 한함	세관	
		임시개청료(보세운송, 수입, 수출)	세관의 개청시간 외(공무원 근무시간)통관절차·보세운송을 하고자 하는 경우	세관	
		물품취급시간 외 물품취급 수수료	물품취급시간 외 물품을 취급하는 때	세관	
기타 부대 비용	하역	조업료	항공기에서 하기장소까지 운송하여 브랙다운하기까지	조업사	
	보관	보관료	보세창고 보관	보세창고업자	
		터미널핸들링차지(THC)	화물조작료	보세창고업자	
		화물화재보험료	화재발생에 대비한 손보	대한손해 보험협회	보세창고가원천징수, 대한손해보험협회에 납부
	통관	B/L핸들링차지	B/L 발급비용	포워더	
		검역신청수수료	정부수입인지대	검역소	검역물품에 한함
		관세사 대행 수수료	관세사에 통관 의뢰한 경우	관세사	
	운송	시외운송료	하기장소 ⇒ 화주지정장소	운송회사	
		시내운송료	항공사 창고에서복운창고, 공항까지	운송회사	

3 해상화물

구분		비용·수수료항목	내용	징수주체	비고
세관 통관 비용		세금(관세, 부가가치세, 개별소비세, 농특세 등)	세금	세관	
		보세구역 외 장치허가 수수료	보세구역 외 장치허가 시	세관	
		검사수수료(파출검사료)	자가보세창고 검사에 한함	세관	
		임시개청료(보세운송, 수입, 수출)	세관의 개청시간 외(공무원 근무시간)통관절차·보세운송을 하고자 하는 경우	세관	
기타 부대 비용	입항	화물입항료 (WHG, Wharfage)	선박회사가 도착지 항구에 화주를 대신하여 납부	해양항만청	선박회사가원천징수, 해양수산청에 납부
		터미널핸들링차지(THC)	선박과 CY간 화물조작료	선박회사	선박회사에서 하역회사 지급
		DOC(Document Charge)	선사가 화주에게 제공하는 서류 비용을 보전키위함	선박회사	
	하역	하역료	본선에서 육상으로 하역	하역회사	-컨테이너는 하역료 무관 -벌크(Bulk)화물 발생 -화주가 창고배정 요청한 경우는 하역비 발생
		CFS조작비(하차료)	CFS에 반입할 시	하역회사	
		검수료	검수, 검량 필요할 시	검정회사	검수한 경우에 한함
	보관	보관료	보세창고 보관	보세창고업자	
		출고상차료	보세창고에서 출고때 화물에 적재 시 장비 등 사용	보세창고업자	
		화물 화재보험료	화재발생에 대비한 손보	대한손해 보험협회	보세창고가원천징수, 대한손해보험협회에 납부
	통관	검사료	세관검사를 위한 CY노무자인건비	CY업체	세관검사·관리대상 물품
		검역신청수수료	정부수입인지대	검역소	검역물품에 한함
		검역수수료	검역(소독 등)시 화주 대신 입회 하는 관세사·포딩회사직원 인건비	관세사 포딩회사	〃

		검역소독비	검역소 검역결과 소독명령 받은 때 소독하는 약품비용 등	보건복지부지정 검역기관	검역 후 소독명령을 받은 물품에 한함
		관세사 대행 수수료	관세사에 통관의뢰한 경우	관세사	
	운송	시외운송료	부두・보세창고⇒화주지정장소	운송회사	
		시내운송료	본선에서 보세창고까지		화주가 창고 배정 요청한 경우에 한함
	기타	Handling Charge	포워더에 화물취급 의뢰한 경우	포워더	

제7절 국내기업의 해외지사 설치

1 의의

해외지사(비금융기관 해외지사)는 지점, 지사, 출장소, 사무소, 지부, 주재소, 현지법인 등 여러 가지 명칭으로 호칭되고 있으나 외국환거래법에서는 국내업체가 외국에 설치, 운영하는 해외지사를 해외지점과 해외사무소로 구분하여 관리하고 있다.

2 해외지사의 활동범위

구분	해외지점	해외사무소
의의	독립채산제를 원칙으로 하여 외국에서 영업활동을 영위하는 해외지사(일정한도의 영업기금 보유) ☞ 현지법인 현지주재국의 법률에 따라 법인격을 갖춘 경우로 해외투자허가를 받아 합작법인을 설립하는 경우가 대부분이다.	직접 L/C개설 등 외국에서 영업 활동은 영위하지 못하고 업무연락, 시장조사, 연구개발활동 등 비영업적인 기능만 수행하거나 비영리 단체가 국외에서 당해 단체의 설립 목적에 부합하는 활동을 수행하기 위하여 설치하는 해외지사
활동범위	① 주재국의 법률에 따라 본・지사간의 독립채산제에 의거 해외 영업기금을 바탕으로 자유롭게 영업활동	직접적인 영업활동을 제외한 단순 세일즈업무, 시장조사, 본・지사간 업무연락 등

	② 본국으로부터 대리점수수료, 대행지급금, 기타 중계수수료 등을 지급받을 수 있다. ③ 본국의 외국환은행 및 본사의 지급보증에 의거 현지에서 금융지원(현지금융)을 받을 수 있다.	
사후관리	① 설치신고를 한 날로부터 6월 이내에 현지 법규에 의한 등록증 등 지사설치를 확인할 수 있는 서류를 첨부하여 지정 거래 외국환은행의 장에게 설치행위의 완료 내용을 보고하여야 한다. ② 부동산의 취득이나 처분 시 그 취득 또는 처분일부터 6월 이내에 취득 또는 처분내용을 지정거래 외국환은행의 장에게 보고하여야 한다. ③ 당해 해외지사의 연도별 영업활동상황(외화자금의 차입 및 대여명세표 포함)을 해당년도 종료일로부터 2월 이내에 지정거래 외국환은행의 장에게 제출하여야 한다. ④ 영업기금, 설치비, 유지활동비의 지급은 해외지사 설치 신고를 한 지정거래 외국환은행을 통하여야 한다. ⑤ 지정거래 외국환은행은 해외지사별 부동산 취득, 처분현황, 영업기금, 유지활동비 지급현황을 해당연도 종료일부터 3월 이내에 한국은행총재에게 보고하여야 한다.	좌 동

3 해외지사의 설치신고

구분	해외지점	해외사무소
의의	① 과거 1년간 외화획득실적이 미화 100만불 이상인 자 ② 한국무역협회장 또는 주무부장관이 외화 획득전망 등을 고려하여 해외지점의 설치가 필요하다고 인정하는 자 ☞ 한국무역협회회장 추천기준 무역업고유번호 부여업체이고 다음 조건에 해당하는 업체 ① 신청일 현재 과거 1년간 수출실적이 10만불 이상인 업체 ② 10만불 이상의 취소불능신용장 수취 또는 수출계약을 체결한 업체	① 과거 1년간 외화획득실적이 미화 30만불 이상인 자 ② 외화획득업자로서 외화획득실적이 미화 30만불에 미달하는 2인 이상이 공동으로 하나의 해외사무소를 설치하고자 하는 자 ③ 대외무역법에 의하여 무역업을 영위하는 법인으로서 설립 후 1년이 경과한 자 ④ 기타주무부장관 또는 한국무역협회장이 해외사무소의 설치가 불가피하다고 인정하는 자 ☞ 한국무역협회회장 추천기준 사업계획서를 검토하여 수출실적 유무, 수출경험, 수출의지 등을 종합적으로 감안하여 설치가 필요하다고 인정되는 경우

	③ 상기 등 두 가지 조건 가운데 한 가지 이상을 충족한 업체의 사업계획서를 검토하여 설치가 필요하다고 인정되는 경우(수출실적, 수출의지, 수출전망 등을 중점 평가) 〈구비서류〉 ① 추천서(소정양식) ② 수출실적(외화획득)증명서 또는 L/C 사본 ③ 사업계획서 ④ 법인등기부등본(개인은 사업자등록증) 사본	※ 수출입과 관련없는 업종은 업종관할 주무부장관 추천 〈구비서류〉 ① 추천서(소정양식) ② 외화획득증명서 또는 L/C 사본 ③ 사업계획서 ④ 법인등기부등본(개인은 사업자등록증) 사본 ☞ 무역업자 이외의 자에 대한 해외사무소 설치 허용대상 ① 정부투자기관 ② 금융감독원 ③ 과거 1년간 유치한 관광객 수가 8천명 이상인 국제여행 알선업자 ④ 외화획득업자나 수출품 또는 군납품 생산업자로 구성된 협회 또는 조합 등의 법인 ⑤ 중소기업협동조합 ⑥ 국내의 신문사·통신사 및 방송국 ⑦ 기술개발촉진법령에 의하여 교육과학기술부장관으로부터 국외에 기업부설연구소의 설치가 필요하다고 인정 받은 자

4 설치비 등 지급 인증

구분	해외지점	해외사무소
설치비, 영업기금 및 유지활동비	① 영업기금(해외지점의 설치비, 유지운영비 및 영업활동을 위한 운전자금을 포함하고 현지금융차입에 의한 자금 제외)을 지급하고자 할 경우 지정거래 외국환은행을 통하여 지급해야 한다. ② 해외지점 설치 신고 시 신고한 영업기금을 초과하여 영업기금을 송금할 경우에는 지정거래 외국환은행의 장에게 신고해야 한다. ③ 다음에 해당하는 자의 해외지점은 독립채산제를 적용하지 아니하며, 이 경우에는 영업기금을 지급할 수 없다. - 외항운송업자 및 원양어업자 - 해외건설 및 용역사업자	① 해외사무소의 설치비 및 유지활동비는 지정 거래 외국환은행을 통하여 지급해야 한다. ② 해외사무소의 확장에 따른 경비를 지급하고자 하는 경우에는 지정거래외국환은행의 장에게 신고해야 한다. ☞ 설치비의 사전 개산지급 설치비 지급 시 증빙서류에 의한 지급이 곤란한 경우, 설치계획서에 의거 사전 계산지급할 수 있으며 설치 신고일로부터 1년 이내에 증빙서류를 제출, 정산하여야 한다. 이때 미사용 잔액은 유지활동비로 전용이 가능하며, 그 전용금액은 유지활동비, 지급총액에 합산하여 관리해야 한다.

제 8 절 외국기업의 국내지사 설치

1 의의

외국기업이라 함은 설립준거법주의에 의거 외국법에 의해 설립된 기업을 말하며 외국기업의 국내지사란 외국기업이 국내에서 영업활동을 영위하기 위하여 설치하는 영업소로서 그 형태는 법인, 자연인, 지사, 지점, 사무소, 출장소 등이 있다.

- 지점 : 국내에서 수익을 발생시키는 영업활동을 영위하는 외국기업의 국내지사
- 사무소 : 국내에서 수익을 발생시키는 영업활동을 영위하지 아니하고 업무연락, 시장조사, 연구개발활동 등 비영업적 기능만을 수행하는 외국기업의 국내지사

※ 대외교역 증대 및 개방화에 따라 외국기업의 진출이 확대됨에 따라 이를 효율적으로 관리하기 위해 외국기업의 국내지사 설치, 영업자금의 도입, 영업활동 등에 대한 관리를 실시한다.

제 9 절 외국인 국내투자

1 의의

외국인 투자란 외국인이 주식인수와 함께 경영에 직접 참여하는 형태로 현금, 자본재 또는 공업 소유권 등 자본적 가치물을 납입하고 그에 따라 국내법상의 경영활동을 하는 것을 의미한다.

차관과 같은 간접적 자본이동과 달리 외국인투자는 대부분의 경우 현금 및 자본재 외에 생산기술의 이전을 수반하여 외국인투자자가 소유와 경영에 참여하여 기업에 대한 지배력을 갖게 된다.

4

해외시장조사와 거래처 발굴

Chapter 4
해외시장조사와 거래처 발굴

제 1 절 해외시장조사

1 해외시장조사의 개념

시장조사는 상품을 그 생산자로부터 소비자에게로 유통·판매함에 관련된 문제에 대한 모든 사실을 수집·기록·분석하는 활동을 말한다. 무역기업이 해외에 수출하고자 할 때 먼저 수출하고자 하는 자사의 상품을 대상으로 목적 시 선정된 시장에 대한 수출마케팅플랜을 작성하기 위하여 먼저 해외시장조사를 실시하여야 한다. 따라서 해외시장조사는 수출입절차의 최초의 단계라고 할 수 있다.

해외시장조사는 기업의 국제 마케팅 활동과 관련된 광범위한 영역의 의사결정에 필요한 해외시장의 정보나 자료를 체계적이고 과학적인 방법으로 수집, 정리, 분석하는 과정을 말한다. 대상 국가를 선정하기 위해서 각국의 정치, 경제, 사회적 여건을 조사하고, 거래 상대방을 선정하기 위하여 품질, 가격 및 인도기일 등의 적응력을 조사한다. 해외시장조사를 통해서 목적 상품을 가장 효율적으로 수출입할 수 있는 시장을 탐색할 수 있다.

1) 해외시장조사의 목표

해외시장은 법부터 문화, 개인적인 성향 등 어느 하나 동일한 것이 없다. 일단 해외시장조사는 어느 나라에 판매할 것인지 우선적으로 선정해야한다. 따라서 해외시장조사에는 국내 시장조사와 같은 소비자에 대한 사항과 더불어서 목표 국가의 전반적인 현상에 대한 조사를 하고 목표 국가의 상업 활동에 대해 조사하고 경쟁사에 대한 분석이 필요하다.

그리고 목표시장에 진입 가능성을 파악한 후 목표시장에 진입하기 위한 전략을 수립해야한다. 또한 자사 제품을 현지시장에 적절한 사항으로 개선 후 도출해야 하고, 목표시장에 대해서 최신 정보를 수집하고, 경쟁업체들의 전략을 벤치마킹하는 자세를 가져야한다.

2) 해외시장조사의 장점

해외시장조사를 보다 더 쉽게 설명하자면, 수출자의 경우 상품을 어떻게 하면 ① 가장 많이 팔 수 있고 ② 가장 비싼 값에 팔 수 있으며 ③ 유통·분배비용을 가장 적게 할 수 있고 ④ 언제 팔 것이며 ⑤ 어디에 팔 것이냐 하는 것 등을 조사·연구·분석하는 것을 주요 임무로 하는 마케팅 활동이라고 할 수 있다.

3) 해외시장조사를 할 때 주의점

해외시장조사에서 조사목적에 부합되는 자료들을 획득하는 데는 그 효용성과 비용 등을 고려하여 수집·정리하여야 한다. 해외시장조사는 국내시장조사와 원칙적으로 큰 차이는 없으나 조사대상이 외국이기 때문에 제기되는 여러 가지 문화적, 기술적, 경제적 문제가 발생하게 된다. 따라서 해외시장 조사자는 조사대상 지역의 문화에 대한 깊은 이해력과 창조적 재능을 갖추어야 하며, 항상 회의적 자세를 갖고 조사대상 자료를 검토·분석하여야 한다.

4) 해외시장조사의 필요성

① 새로운 시장에 대한 기회를 미리 파악할 수 있다. ② 적절한 영업방식, 시장 진입방법을 결정하는데 도움을 준다. ③ 적절한 마케팅믹스 전략을 수립할 수 있다. ④ 변화하는 환경에 적절히 대응할 수 있다.

2 해외시장조사의 내용

해외시장조사의 단계는 일반시장조사 단계를 거치고, 일반시장조사를 거치고 난 후에 보다 세부적이고 심층화된 시장조사를 위해서 특수 시장조사를 한다. 그리고 이러한 시장조사의 결과의 가설을 세우고 분석하고 이것을 검증하는 실험적 조사를 한다.

1) 일반 시장조사

여러 국가 또는 여러 지역을 비교 검토함으로서, 어느 지역 어느 국가가 상대적으로 나에게 바람직한 지역인지 파악하는 활동이다.

① 지리적 조건

국토의 면적, 지형, 기후, 계절, 도시화의 정도 등을 조사해야 한다.

② 정치 · 경제적 조건

자원의 분포상황, 경제 · 재정 · 금융 사정, 산업보호정책, 국내외 투자관계 등을 조사해야 한다.

③ 사회적 조건

생활상황, 생활 풍습 및 관습, 인구, 인종, 언어, 종교, 문화적 개방도, 인터넷의 보급 정도 등을 조사해야한다.

2) 특수 시장조사

일반 시장조사에서 어떤 특정 지역으로 압축을 한 후, 해당 지역과 실제로 거래를 했을 때 얼마만큼 판매 능률이 좋을지의 판매 효과를 조사하기 위하여 사례조사와 통계적 기법을 사용한다. 특수 시장조사 시 고려해야할 항목은 5가지가 있다.

① 품질 적응성

사용능률 및 편리성, 크기, 모양, 중량, 끝마무리, 상표, 색상, 포장 등 즉, 상품화 계획의 적응성에 관해서 조사해야 한다.

② 가격 적응성

목적시장까지의 단계별로 소요되는 요소비용(price at each stage)을 조사한다. 운임, 보험료, 수입관세, 조세, 창고료 등을 고려해야 한다. 이를 통해서 경쟁회사와 비교를 하며 가격경쟁력의 유무를 알 수 있다. 예를 들면 거리가 지나치게 멀 경우에는 운임이 많이 들어가고 보험료도 많이 들어가는 경우가 있다.

③ 납기 적응성

취미, 기호, 기후, 풍습이 다르기 때문에 미리 물품을 만들어 놓을 시, 남는 재고가 생기지 않게 하기 위해서 특정 지역의 특성에 맞추어 적절한 시기에 물품이 납품이 가능한가의 여부를 고려해야 한다. 예를 들면 할로윈, 크리스마스가 있는 시기에 기념일이 지나기 전에 현지 시장에 물품이 도착할 수 있는가에 대한 상황을 말한다.

④ 결제방식 적응성

어떤 결제방식을 선택하느냐에 따라서 거래의 결과가 달라질 수 있으므로 객관적인 입장에서 목적시장의 관습이나 경쟁자의 방법 등을 검토하여 가장 적절한 결제방식을 선택해야 한다.

⑤ 배급방식 적응성

배급경로에는 직접 거래, 대리점, 판매점, 특약점, 프랜차이징 등이 있는데 이를 통해 목적시장에 있어서 최종 소비자까지의 수급경로를 검토하고 분석해야 한다. 수출업자가 이러한 배급경로를 파악하는 것은 바이어 발굴을 위한 마케팅 전략을 수립하거나 해외시장에서의 유통비용을 파악할 때에 반드시 필요한 정보라고 할 수 있다. 일본과 같은 경우 유통채널이 아주 복잡하고 폐쇄적이다. 이러한 경우를 대비하기 위해서 배급경로를 잘 조사해둬야 한다.

3) 실험적 조사

일반 시장조사와 특수 시장조사에서 조사한 결과로 가설을 정하고 실증하는 조사를 말한다.

3 해외시장조사의 방법

해외시장조사의 방법에는 직접조사, 간접조사, 위탁조사 등이 있다.

1) 직접조사

그 거래를 하는 주체, 판매자 또는 구매자가 되는 주체가 직접 해외에 나가서 조사를 하는 방법으로 시간과 비용이 많이 소요된다는 단점이 있음에도 가장 직접적이고, 생생한 정보를 얻을 수 있다.

(1) 해외지점, 출장소, 주재소, 사무소 조사

해외지점이나 출장소를 갖고 있는 경우 주재국의 매스컴 등에서 정보를 입수할 수 있고, 거래상대방과 꾸준히 접촉하여 신속하고 기밀한 정보를 획득할 수 있다. 해외지점이나 출장소, 주재소 등에 의한 시장조사는 지속적이고도 안정적인 조사가 가능하다. 그리고 어떤 특별한 이벤트, 또는 어떤 사건만이 아니라 평소의 분위기, 또 일상적인 여러 가지 잔잔한 정보들, 이런 세세한 것들까지도 다 조사할 수가 있다.

(2) 출장조사

거래하는 그 지역에 직접 출장을 가서 조사하는 방법으로 주관적이고 감각적인 시장정보 획득을 위해서는 가장 바람직하다. 출장조사에는 단독출장조사, 공동출장조사, 국제무역박람회 참가 등을 통한 조사방법이 있다. 그리고 현지 공관 및 무역관 등의 협조 및 대상국의 상업회의소 및 유관기관 협조를 받는 방법도 있다. 그리고 해외전시회를 참가하면 거래하고자하는 물품과 관련 있는 사람들과 직접 만날 수 있기 때문에 정보를 많이 얻을 수 있다. 하지만 출장조사는 조사비용이 많이 든다는 단점이 있다.

(3) 거래처 조사

거래처 조사는 일방적인 수집은 안 되기에 서로 정보를 교환해야 한다. 그리고 필요할 때만 연락하는 관계가 아닌 상시 연락을 하는 관계를 유지해야 한다.

2) 간접조사

가장 쉽고, 경제적으로 저렴한 조사방법으로 자기가 직접 조사하러 가는게 아닌 누군가를 경유해서 하는 방법과 공적 ·사적 기관의 발행 자료를 활용하는 조사를 말한다.

① 한국에 있는 외국의 대사관·영사관, 해외에 있는 우리나라의 공관을 통해서 조사한다.
② 외국의 상업회의소 또는 KITA(한국무역협회), KOTRA(대한무역투자진흥공사) 등을 통해서 조사한다.
③ 해외의 광고대리점을 통해서 조사한다.
④ UN이나 여러 국가의 인터넷 자료나 통계자료를 활용하여 조사한다. 미국의 CIA와 같은 정보기관을 통해서 특정 국가의 여러 가지 정보들을 조사한다.

3) 위탁조사

전문조사기관에게 의뢰하여 시장조사를 한다. 외국의 전문조사기관에는 D&B, Booz Allen & Hamilton, Mckinsey & Company 등이 있다.

인터넷, SNS 등을 통해서 해당 지역에 대한 정보나 정부기관 사이트, 기업의 웹사이트 등을 통해서 정보를 입수하면서 조사한다.

4 해외시장조사의 문제점

해외시장조사의 진행에서 조사자가 필요한 정보를 얻어 가는데 있어서는 조사대상 시장이 해외국가이기 때문에 자료의 수집과 시장조사활동에서 여러 가지 문제점들이 발생하며, 이러한 문제점은 문화적, 기술적 문제와 자료에 대한 문제, 경제적인 문제로 나눠진다.

1) 문화적 문제점

거의 대다수의 시장조사에서 필요로 하는 정보는 최종적으로 개인이 느끼는 상품에 대한 태도, 선호도 등 사람의 의식에 대한 조사이고 각 개인이 느끼는 감정적인 사고는 각국, 지역마다 상이한 문화적 특성과 정보이기 때문에 해외시장조사에서는 각각의 국가나 지역마다 문화적 차이를 명확히 인식하고 이에 대응하여야 한다. 언어는 가장 기본적인 문화차이를 보여준다. 언어는 단순한 단어들의 집합이 아니라 언어를 통해 지역의 문화자체를 투영하기 때문에 활발한 의사소통을 위해 언어의 의미를 잘 이해해야 한다.

또한 소비자의 행동에 대한 통찰이 필요한 조사자들이 맞게 되는 문제로 사회 조직의 차이가 있으며, 이는 의사결정권자와 영향력을 가진 자와의 관계를 확인하는 데 중요한 역할을 하게 되며, 가장 대표적인 사회조직의 차이가 바로 가족제도이다. 대가족과 핵가족 간에는 의사결정권자와 영향력을 가진 자 외에도 가족의 구성원이 수행하는 역할에서도 큰 차이를 보이게 된다.

2) 기술적 문제점

해외시장조사를 실시하는 경우에는 국내시장조사에서 문제되지 않던 여러 가지 기술적인 문제에 봉착하는 경우가 많으며, 이는 특히 후진국일수록 경제 및 상업의 하부구조 취약으로 인해 발생한다. 즉 문맹률이 높고 우편서비스가 불충분하며, 도로사정이 열악하며 전화의 보급률이 낮은 것 등이 경제하부구조의 취약사유가 되기도 하고, 상업하부구조의 취약사유는 시장조사 전문요원이나 시장조사기관의 부족, 기존자료의 이용이 불가능한 경우가 있다.

3) 자료의 문제점

자료를 얻을 때 발생하는 문제점은 정부기관이나 기타 이익집단들에 의한 자료의 왜곡, 자료의 미발표가 있다. 해외시장조사는 주로 2차적 자료를 활용하게 되는데, 이러한 2차적 자료를 제공하는 기관의 미비한 구조 및 2차적 자료의 부정확성은 시장조사를 어렵게 하는 요소이다. 1인당 국민소득이 적은 후진국일수록 통계의 미비 및 부정확성으로 2차적 자료의 부족에 직면하게 되며, 특히 여러 나라의 통계자료를 비교·검토하고자 할 때 자료의 불일치는 심각한 문제를 야기한다.

또한 다양한 자료들 간의 차이 또한 해결이 쉽지 않은 것으로 이는 각 국가마다 용어가 통일되어 있지 않음에 기인하는 것으로 전체적으로 보면 통계의 불일치는 매우 빈번하게 접하게 되는 현상이다.

4) 경제적 문제점

해외시장조사에 사용되는 비용은 시장조사의 성과에 연동하여 효과분석이 되어야하지만 조사이전의 경비추정문제는 조사가 시행되는 각 지역의 차이로 인해 쉽지 않으며, 또한 시장조사를 시행하였으나 시장규모의 문제로 성과가 나타나지 않을 경우에는 경제적 문제가 더 커질 것이다. 그러므로 해외시장조사를 진행하는 조사자는 해외시장조사에 투입될 비용과 수행 방법을 먼저 세밀하게 검토해야 한다. 특히 시장 규모가 작은 시장의 경우 시장조사의 경제적 문제가 더 중요해지는 바, 이런 경우 경제적 문제를 돌아갈 수 있는 방법 중의 하나가 시장조사를 수행하기 전에 1~2건의 제품을 대상으로 실험적인 수출을 진행하는 것이다. 즉, 실험적인 수출에 대한 판매과정을 세밀하게 확인하여 그 결과를 기반으로 본격적인 수출 전략을 구상할 수 있다면 조사비용의 지출을 최소화하여 의미 있는 결과를 획득할 수 있게 될 것이다.

5 해외시장조사의 문제점을 해결하기 위한 방안

위와 같은 문제점들을 해결하기 위해서 시장조사기관은 아래와 같은 자질이 필요하다.

① 시장조사를 시행하는 지역의 문화에 대한 이해를 높임으로써 목표시장의 관습과 언어의 의미, 가치관과 최신의 사회동향 등 시장조사 결과의 분석에 정확성을 부여할 수 있다.
② 시장조사 결과를 창조적으로 응용하는 재능을 가져야 한다. 즉, 독자적으로 행한 시장조사의 결과가 대다수의 의견 및 이전의 가설들과 충돌할 경우 인내와 의지로 해결할 수 있는 의지를 조사자가 가져야 한다.
③ 1차적 자료와 2차적 자료를 분석하면서 회의적인 시각을 유지해야 한다. 이는 최근의 시장동향을 잘 파악하기 위해 신문, 잡지 및 정기간행물을 지속적으로 참고해야 하며, 필요에 따라 2차적 자료들이 과대평가되거나 과소평가되어 있는 경우가 많이 발생하므로 자료취급 시 보다 신중한 접근이 필요하다.

6 해외시장조사의 주요 항목

최근 해외시장조사 전문 기관에 의한 해외시장조사의 항목 및 내용은 서비스 제공기관별로 약간의 용어와 항목을 달리하고 있는데 이에 대한 내용을 국내 대표적인 기관별로 정리해 보면 다음과 같다.

한국 옐로우페이지 시장조사내용 정리 표

수출유망 국가선정	• 수용 산업 규모, 시장 규모, 기업환경평가 • 한국제품 점유율, 진입장벽, 바이어 구매 의향 분석 • 후보국간 세부평가, 수출유망국 선정 및 프로모션
현지 진출 경로 파악	• 유통채널분석 • 바이어의 제품관심도, 구매요인 분석 • 진출 경로, 채널, 공략기업 유형 도출
경쟁우위	• 현지 경쟁기업 다각적 분석
전략도출	• 매출액, 시장선호도, 진출산업유형, 제품공급처, 제품 사양, 가격 • 경쟁우위전략 : 제품 경쟁력 부각하기 위한 홍보전략 수립, 제품 R&D 제안
현지영업 채널개발	• 바이어 발굴 및 바이어 등급 분류 • 바이어 기본 정보 및 구매관련 핵심 정보 파악 • 바이어 현지 미팅 주선
수출상품화 컨설팅	• 산업 및 시장 트랜드, 품목이슈, 정책 등 시장동향 파악 • 현지 소비자 및 바이어 핵심 구매요인, 제품관심도 등 • 다각도의 수출 상품 기획
해외진출 로드맵 수립	• 기업 및 제품분석, 요구사항 파악 • 제품 수요가 있는 국가 선정 • 현지 진출을 위한 최적의 유통경로 및 채널 도출 • 현지 진출을 위한 차별적 경쟁 및 전략 도출 • 홍보 인프라 현지화 • 현지 진출을 위한 협력한 바이어(파트너사) 발굴 • 지속 성장 계획 수립 관련 컨설팅 지원

EC21 시장조사내용

사업파트너 연결지원	• 기업 제품에 관심을 보인 해외 수입업체 조사 • 발굴 해외 수입업체와의 거래 교신
맞춤형 시장조사	• 수요동향, 수입동향/관세율, 수출동향, 경쟁동향 • 소매가격동향/유통구조, 품질인증제도, 생산동향 등
해외바이어 정보 확인	• 기업의 실재여부, 대표자 연락처 확인
원부자재 공급선 조사	• 조사를 요청한 기업의 수출에 필요한 완제품 가공 및 제조에 필요한 원부자재 공급업체 발굴

코트라 해외시장조사	
시장동향 분석	• 해외 시장수요, 규모, 트랜드 분석
경쟁동향 분석	• 현지 경쟁사 및 제품 분석을 통한 경쟁사 대비 차별점 도출
유통정보 분석	• 현지 유통채널 현황 파악 및 채널별 반응 분석
진입 장벽 분석	• 필수 인증, 관세, 규제 등 장벽 분석
현지 관심 바이어 현황	• 현지 관심 바이어 정보 • 현지 바이어의 구매패턴 조사
잠재 바이어 인터뷰	• 현지 산업관계자 인터뷰/설문조사 • 현지 바이어 체험단 설문 • 제품반응, 구매의향, 제품수명주기, 기술 및 가격, 평가, 디자인 평가
현지 홍보 매체 조사	• 품목별 유망 전시회, 전문 잡지 등 홍보 마케팅 채널 분석
진출 가능성 종합 평가 및 마케팅 전략 수립	• 분석자료 종합 평가 후 진입 전략 도출

1) 해외시장조사의 구성

해외시장조사는 ① 구매자 발굴에 필요한 바이어 조사, ② 원재료, 소재 등의 공급에 필요한 공급자 발굴 조사, ③ 제품가격, 경쟁현황, 유통시스템 등을 조사하는 시장 동향 조사, ④ 해외투자에 필요한 정보를 얻기 위한 사전 정보조사, ⑤ 해외시장 진출 시 겪게 되는 해외진출 애로사항 조사, ⑥ 해외 바이어를 발굴한 후에 이루어지는 대금결제 등에 필요한 바이어 신용조사 등으로 나눠진다.

목표시장에 대한 동향 조사는 시장에 대한 전반적인 시장의 수요와 시장의 동향에 대한 조사이다. 이에 따라 중요한 조사항목은 상품에 대한 수요현황, 경쟁업체 현황, 생산에 관한 정보, 가격, 유통구조 및 수출입에 대한 현황과 함께 수출입관리제도 등에 대한 정보조사가 이루어진다.

(1) 시장규모

시장 규모는 목표로 하는 시장의 규모로 주요 항목은 시장에 속한 업체의 숫자, 종업원의 규모, 생산현황 및 생산능력 등을 말한다. 시장규모는 세부적으로 전체의 규모, 제품별 규모, 기업별 규모 등 목적에 따라 다양한 조사가 이루어진다. 이와 함께 해당 제품을 가장 많이 구매하는 층이 누구인지를 확인하는 주요 수요처에 대한 조사를 병행할 수 있다.

(2) 수입시장 동향

수입시장에 대한 현황은 해외시장에 진출하려는 제품이 타깃시장에 얼마나 수입이 이루어지는가를 알아보기 위한 것이다. 수입 제품의 현황 및 변화, 즉 최근에 제품수입의 증가, 감소, 그리고 어느 나라의 어떤 제품이 많이 수입되고 있는지를 확인한다.

(3) 한국 제품의 수입 현황 및 전망

우리나라 제품의 수입 현황은 해외 현지시장에 우리나라 제품이 얼마 정도 수입되는지를 확인하는 것으로 시장 전체의 수입수량에서 우리나라 제품이 차지하는 비중을 조사한다. 즉 한국의 자동차 부품이 현지시장에서 어떤 위상을 갖고 있는지를 조사를 통하여 알 수 있다. 이 조사에서는 한국 자동차 부품이 현지시장에서 강세인지 약세인지 아니면 보합세를 보이는지 확인하고 원인을 분석한다.

(4) 시장 특성 및 전망

현지시장의 특성은 시장의 형태, 최근에 발생한 외부적 상황에 대한 반응, 환율의 변동 추세 등이 내수시장에 미치는 영향을 조사한다. 시장형태는 하나의 기업만이 있는 독점체제인지, 2개의 업체가 시장을 주도하는 과점체제인지, 아니면 유사기업들이 많은 경쟁적 독점인지를 확인해본다. 외부충격에 대한 시장의 영향이 큰지 아닌지에 대한 것도 단기적으로 시장에 대한 전망을 분석한다. 또한 환율변동 등에 대해 현지시장이 영향을 받는 정도를 조사하며, 환율변동, 외부충격 등이 가격의 결정에 영향을 미치는 시장의 가격 탄력성도 조사한다. 이러한 조사는 결과적으로 중·단기 시장전망으로 이어져야한다.

2) 경쟁업체 동향

목표시장에 우리 제품이 진출했을 때 가장 중요한 경쟁자가 어떤 기업인지를 먼저 조사해야 한다. 특히 시장에서의 경쟁구조가 어떤 형태로 되어있는지를 명확히 조사해야 한다. 목표시장에 진출하려는 품목에 대해서는 시장을 가장 많이 점유하고 있는 브랜드가 어떤 브랜드인지 확인해야 한다. 시장 점유율에 있어 상위 5위 내에 있는 5대 브랜드의 시장 점유율을 조사한다. 특히 브랜드별로 점유율 변화를 조사하여 어떤 브랜드가 현지시장에서 강세를 보이는지를 확인한다. 즉 특정 브랜드가 강세를 보인다면 매우 명확하게 시장에서 소비자들의 선호를 확인할 수 있다. 또한 해당 브랜드의 시장 점유율에 변화가 있다면 변화를 일으키는 요인이 무엇인지 확인해야 한다.

제2절 거래처의 발굴과 신용조회

1 거래선의 발굴

거래선 발굴은 국내기업이 대상 지역의 해외기업과 거래를 하기 위해 가장 먼저 해야 할 일로 거래를 희망하거나 거래를 할 수 있는 상대 업체를 찾아내는 것이다. 거래선을 발굴하기 위한 방법으로는 OFF-LINE 활용, ON-LINE 활용이 있다.

1) OFF-LINE 활용

(1) 무역업자 명부(Business directory) 활용

전통적인 방법으로 해당 품목의 수입 또는 취급업체 명단을 입수하여 잠재적인 거래처 후보를 내정 후 홍보물을 발송하거나 거래제의를 함으로써 세계 각 나라마다 간행되는 상공인명부에서 거래처 후보사를 선정하여 거래 제의를 할 수 있다. 상공인명부에는 세계 각국의 유명한 무역상사, 제조업자, 해운업자, 보험업자 및 이름, 주소 등이 수록되어 있다. 우리나라에는 대한무역투자진흥공사, 한국무역협회 등이 세계 각국의 상공인명부를 보유하고 있다. 먼저 자기 상품의 가능 거래선 명단을 확보하는 것부터 시작하되, 자료의 최신성과 정확도에서 먼저 선별해야 하므로 발행일로부터 1년이 지나지 않은 출판물의 상공인명부나 전화번호부 광고(Yellow Page)를 이용한다. 대부분 해당 국가의 수출유관기관이나 협회, 단체 등에서 무료로 제공하고 있으며 정보제공 대상이 제조업이나 수출업체 위주로 구성되어 있다. 품목별 유통업자나 수입업자 등의 바이어 정보는 대부분 사기업에서 유료로 운영되고 있는 곳이 많으며 'Kompass'가 대표적이다. 그 외에도 국가별, 품목별, 종업원별, 매출액별 등 다양한 검색기분을 이용하여 희망하는 업체를 찾을 수 있는 무역협회에서는 'Kompass', 'Dialog' 이외에 해외 무역 유관기관을 통해 구입한 시디 롬 디렉토리를 비치하여 서비스를 제공하고 있다.

(2) 해외 전시회 및 박람회 참가

산업자원부, 중소기업청 등 무역유관기관의 정부지원 해외전시회 뿐만 아니라 무역협회에서 주관하는 해외전시회에 신청하여 참여할 수 있다. 부스 임차비, 장치비 등을 지원 받을 수 있다.

한국무역협회나 대한무역투자진흥공사(KOTRA)에서 전시회 및 박람회 정보를 확인한 후 참가하는 방법이 있다. 해외 전시회 및 박람회 참가 시에는 기획 단계부터 사후 관리까지 철저히 준비를 해야 실효성을 거둘 수 있으므로 참가방법 및 마케팅 방법 등을 확인한 후 결정하는 것이 좋다.

(3) 직접 방문을 통한 홍보 및 발굴

해외출장 시 호텔이나 현지 무역유관기관에 비치된 'Yellow pages' 나 업종별 디렉토리를 보고 전화한 후 직접 찾아가는 방법으로 출장 전 사전준비가 매우 중요하다. 무역관계 기관, 상공인명부 등을 통해 거래를 하고 싶은 거래선에 대한 기본 정보를 확인한 후 직접 회사 등을 방문해 자신과 물건에 대해 홍보를 하여 거래를 성사시키는 방법이다. 경비 등의 문제가 있지만 서로 눈으로 확인한 후에 이루어지는 거래인만큼 안전도는 높다.

2) ON-LINE 활용

(1) HS(Harmonized Commodity Description and Coding System)코드 활용

대외무역 거래 시 국가 간 상품 분류 체계를 통일하고 원활하고 일관성 있는 관세율을 부과하기 위한 통일 규칙으로 국가에서 수출 및 수입되는 모든 상품은 'HS코드'를 통해 관세를 지불하게 된다. 한국무역협회 홈페이지를 통해 무역협회에 가입한 회원사라면 누구든지 특정 코드로 각 국가에서 수출한 수출자의 업체 명 및 연락처 리스트를 확인할 수 있다. 동일 'HS코드'로 수출한 모든 중계 무역 수출자 명단을 확인함으로써 경쟁업체를 한 눈에 볼 수 있다. 비록 리스트에 나와 있는 업체들의 성격을 파악하기엔 번거로움이 있지만, 생각보다 제품을 해외시장에 판매하고 싶어 하는 무역상을 찾을 수 있으며, 해외 시장 정보나 관련 전시회에 대한 정보도 얻을 수 있다. 무역협회 회원이 됨으로서 출장을 가는 비용보다 상대적으로 저렴한 가격에 효과적인 시장조사 및 신규 시장을 개척할 수 있는 도구다.

(2) 웹사이트 배너광고

현수막처럼 이미지와 텍스트를 고객들에게 노출시켜 홈페이지로 바로 유입시키는 광고로 각종 홈페이지에 등장시켜 바이어에게 자신을 홍보하는 수단으로 쓰여 진다. 사이트에 접속했던 사람을 따라다니며 배너를 노출하는 '리타겟팅(re-targeting)'배너광고, 소비자 연령대 및 성별을 설정하여 노출하는 '유저 타게팅(User targeting)'배너광고, 각종 사이트에 타임배너 및 롤링배너 등 불특정 다수에게 보이는 배너광고가 있다. 바이어들은 즉시 구매하지 않기에 여러 영역에서 광고로 간접적으로 보이면서 선택하게끔 만들어 최종선택을 할 수 있게 만든다.

(3) 메일링 리스트(mailing list)

관심분야가 같은 그룹 내에서 정보를 교환하는 구조로 관심 주제에 따라 전자우편 주소를 등록해 놓으면 자동으로 주소로 배달이 되는 시스템이다. 사용자는 자신의 관심 분야에 대한 뉴스 등을 전자우편을 통해 받아 볼 수 있는 편리함이 있다.

한 사람이 보낸 편지를 메일링 리스트에 가입한 모든 사람들이 읽을 수 있기에 전 세계 사람들과 편지를 쓰고 답장을 받는 쌍방향 소통이 가능하고, 관심 분야의 최신 보고서 및 컨퍼런스 정보를 이메일(e-mail)로 받을 수 있다. '글로벌 인포메이션(Global Information, Inc)'에서는 고객 요구에 맞춘 시스템으로 메일링 서비스를 사용할 수 있다.

(4) 거래알선

거래알선 사이트 'EC21'는 국내 1위의 e-마켓플레이스로서 250만 바이어 DB를 보유하고 있으며 현실을 반영한 카테고리 분류 체계가 특징이다. 오퍼 등록 전 사전검수, 블랙리스트 수집 및 공유 등 오퍼 및 바이어 정보의 신뢰성 확보를 위해 노력하고 있다. 한국무역협회는 무역정보 게시판 및 무역통계 게시판에서 검색하여 무역정보를 얻을 수 있으며 'K-stat', 'trade Korea' 등 운영 사이트를 통해 통계정보 및 해외 바이어 정보를 얻을 수 있다. 대한무역투자진흥공사는 'KOTRA' 웹사이트나 'Buy KOREA'를 이용하여 바이어 및 방한바이어 정보를 검색할 수 있으며 무역자료실을 통해 오프라인 정보를 얻을 수 있다. 또한, 수출입 대행업체를 통해 통역과 번역 및 다양한 무역서식 거래개설 희망양식을 다운로드를 하여 국별 거래선 발굴에 매우 유용하게 사용가능하며 'KOBO'에서 해외 무역관 입수 바이어의 명단을 제공받을 수 있다. 'Tpage'에서는 바이어 통합 검색 등 각종 무역서비스를 제공한다.

'고비즈코리아' 온라인을 통한 중소기업 제품의 해외홍보를 지원하기위해 1996년 출범한 인터넷 중소기업관이다. 'EC21' 80여만 바이어 DB를 보유한 한국 e-마켓플레이스이다. 'ECPlaza' KTNET 자회사로 40만개의 회원사를 보유(영, 일, 중, 한 4개국어 사이트 운영)하고 있다.

'IEBBS(Import-Export Bulletin Board System)' 또는 '트레이드리드(Trade Lead)'로 알려져 있는 이마켓플레이스는 대부분 게시판 형태로 제공되며, 구매 및 수입(Buying Lead), 수출(Selling Lead) 정보를 열람할 수 있다. 이러한 정보를 제공하는 게시판은 전세계 1,000여 개 이상 있으며 규모가 크고 인지도가 높은 곳이 상대적으로 많은 정보가 등록(Posting)되어 있으므로 활용에 유용할 것이다.

인터넷을 통해 수출입을 알선하는 '카오스트레이드'는 일정 양식에 따라 제품 정보를 입력해 두면 추후 조건이 맞는 해외 바이어나 수출업체를 찾아 서로 연결해주는 방식으로 무역거래를 알선하고 있다.

2 거래 제의

해외시장조사를 통해 일반적인 시장 상황을 알고 나면 유망한 거래처에 자신의 상품을 구체적으로 소개하면서 거래를 제의하는데 주로 다음과 같은 방법을 이용한다.

1) 권유장 이용

장차 거래관계를 맺을 수 있는 거래처에 자기 회사와 상품을 소개하는 권유장(circular letter)을 발송하여 거래를 제의한다. 권유장은 남발하는 것보다 특정 지역의 몇몇 거래처 앞으로 보내는 것이 효과적이며 시차를 두는 것도 바람직하다. 거래처의 명단은 상공인명부를 통해서 입수할 수 있는데 대부분 인터넷에서 검색이 가능하다. 해외에 있는 유력한 거래선에 개별적으로 권유장을 송부하기 위해 작성 시 반드시 첨부해야 할 내용으로 기본적으로 5가지가 있다.

- 상대방 회사명과 주소를 알게 된 경위
- 거래제의 업체의 업종, 취급상품 및 거래국가
- 거래제의 업체의 자국 내에서의 지위, 경험 및 생산규모
- 품목 수량, 가격 등 거래조건
- 자사의 신용 조회처 및 offer sheet와 샘플, 카탈로그 첨부

2) 공공기관 활용

각국의 상공회의소를 경유하거나 'WTCA(world trade center association)'체인을 통하여 거래알선을 의뢰할 수 있다. 그리고 한국무역협회나 대한무역투자진흥공사에서 시행하고 있는 거래알선 서비스를 이용할 수 있다.

3) 홍보 및 해외광고의 활용

거래처를 물색하기 위해서 해외 홍보용 카탈로그를 제작하여 예상 거래처에게 배포하거나 국내외의 광고 매체를 활용할 수 있다. 홍보용 카탈로그와 광고는 종합광고 대행사나 광고기획사 등 전문가에게 의뢰하여 영문과 대상지역의 언어로 제작하는 것이 바람직하다.

4) 해외출장 및 각종 행사 이용

무역유관기관에서 주선 및 파견하는 각종 민간무역사절단, 박람회, 전시회 등에 참가하여 유망한 거래처를 물색하여 거래 제의를 한다. 특히 한국무역협회에서 총괄하여 파견하는 민간무역사절단이나 대한무역투자진흥공사에서 주최하는 각종 박람회, 전시회 등에 참여하면 각종 경비의 지원뿐만 아니라 사전 홍보를 통해 예상 거래처와의 상담을 주선해 주기도 한다. 국제박람회에 출연한다는 것은 자사 제품의 품질을 공식적으로 인정받는 것이나 마찬가지이므로 거래처에 좋은 인상을 줄 수 있다.

5) 인터넷에 의한 거래 제의

인터넷에 의한 거래 제의는 수출업자가 인터넷을 이용하여 자기 회사 및 상품을 전 세계 바이어에게 홍보하고 무역 사이트에 등록된 정보를 검색하여 거래를 제의하는 방식이다. 인터넷을 이용하여 거래처를 물색하고 거래를 제의하기 때문에 간행물, 우편, 팩스 등을 이용한 전통적 방식에 비해 시간과 비용을 절감할 수 있고 실시간으로 정보를 얻을 수 있다.

현재 한국무역협회는 세계적인 거래알선 전문 사이트와 협약을 맺고 다양한 거래알선 서비스를 제공하고 있다. 그리고 대한무역투자진흥공사에서 운영하는 'KOBO'는 무역거래 알선 사이트로서, 이 사이트는 우리나라 중소기업의 인터넷 수출을 지원하기 위해 만든 것으로 해외시장동향과 바이어 정보를 검색할 수 있고 제품 홍보도 가능하다. 이 밖에 한국무역정보통신의 'ECKorea'를 이용하여 무역거래 알선서비스를 받을 수 있다. 또한 우리나라는 정보통신강국으로 세계적으로 널리 알려져 있어 인터넷을 통해 우리나라 기업과 상품을 검색하는 외국 기업들이 많기 때문에 정보통신망을 이용하여 자기 회사와 수출상품을 홍보하는 것도 좋은 효과를 얻을 수 있다.

3 조회

거래관계의 권유를 받은 자가 그 권유에 관심이 있거나 물품을 구매할 의사가 있을 때 이에 대해서 구체적으로 문의하는 것을 '조회(inquiry)'라고 한다. 따라서 조회는 수입업자가 최초로 물품의 구매와 관련하여 자기의사를 나타내는 것이라 할 수 있다.

조회는 우편, 팩스, 인터넷 등으로 할 수 있는데 가격변동이 심한 물품이나 계절적 상품 등은 빠른 통신수단을 이용한다. 그리고 조회를 할 때에는 가격표, 오퍼 또는 견본 등을 동시에 요청하는 경우가 많다. 조회를 보내는 상대방은 앞으로 거래관계를 맺을 수 있는 거래처이기 때문에 성의를 갖고 신속하게 최선을 다해야 한다. 그리고 조회에서 요청한 가격표, 오퍼 등은 반드시 회신에 동봉하고, 무료 견본은 별도로 송부한다. 조회의 내용은 물품가격 및 수량, 선적시기, 포장방법, 보험조건 등을 포함한다.

1) 오퍼의 발행

수출업자의 거래제의에 대해서 수입업자가 관심을 가지고 구체적인 거래조건을 문의해 오면 수출업자는 대부분 '오퍼(offer)'를 발행한다. 오퍼는 수출업자와 수입업자간 일정한 조건으로 계약을 체결하고 싶다는 의사표시로서, 수출업자가 수입업자에게 특정 물품을 일정한 조건으로 판매하겠다는 의사표시 또는 수입업자가 수출업자에게 일정한 조건으로 물품을 구매하고 싶다는 의사표시다. 오퍼는 구두로 행하여도 무방하지만 무역거래에서는 일정한 서식을 갖춘 '오퍼장(offer sheet)'을 사용한다. 그리고 오퍼는 매매조건을 구체적으로 제시하는 것이기 때문에 특정 상품의 매매와 관련되는 모든 사항이 오퍼장에 기재된다.

2) 오퍼의 승낙

오퍼를 받은 업자는 상대방이 발행한 오퍼의 내용에 자기 나름대로의 조건을 첨가하여 반대오퍼를 보내기도 한다. 반대오퍼는 원래의 오퍼에 대하여 조건의 변경을 요구하는 식으로 자기의 수정의사를 표시하는 것이다. 일단 반대오퍼가 제기되면 이전의 오퍼는 무효가 된다. 이와 같이 오퍼와 반대오퍼를 상호 몇 차례 보낸 후 최종적으로 오퍼가 승낙되면 곧 무역계약이 체결된다.

오퍼의 승낙은 상대방의 오퍼에 대한 수락의 의사표시를 말한다. 승낙은 원칙적으로 오퍼의 모든 사항에 대해 무조건으로 동의하는 것이어야 하며, 새로운 사항을 추가하거나 오퍼의 내용을 제한 및 변경하는 것은 승낙으로 간주되지 않는다. 그리고 승낙은 오퍼의 유효기간 이내에 이루어져야 하고 만약 오퍼장에 승낙방법이 별도로 명시되어 있으면 그 방법에 따라야 한다.

4 오퍼의 종류

1) 판매오퍼와 구매오퍼

수출업자가 판매조건을 제시하는 경우에는 '판매오퍼(selling offer)'이며, 수입업자가 먼저 구매조건을 제시하여 수입의사를 표시하는 경우에는 '구매오퍼(buying offer)'이다. 국제거래에서 오퍼라고 하면 대부분 판매오퍼이며, 구매오퍼는 주문생산으로 가능한 특수 기계의 수입이나 건설공사의 입찰 등에서 주로 이용되고 있다.

2) 확정오퍼와 미확정오퍼

'확정오퍼(firm offer)'는 오퍼의 유효기간이 명시되어 있고 그 기간 내에 수락할 것을 조건으로 하는 '취소불능오퍼(irrevocable offer)'이다. 확정오퍼를 발행하는 청약자는 유효기간 내에 일방적으로 오퍼를 철회하거나 오퍼의 내용을 변경할 수 없으며, 만약 상대방으로부터 승낙의 통지가 있으면 오퍼의 내용대로 계약이 성립된다.

'미확정오퍼(free offer)'는 유효기간 내의 승낙을 조건으로 하지 않거나 오퍼의 내용이 확정적 또는 취소불능이라는 표현이 없는 오퍼이다. 청약자는 유효기간 내에 일방적으로 오퍼를 철회하거나 그 내용을 변경할 수 있다. 미확정오퍼는 여러 가지 오퍼 중에서 제일 많이 사용되며 실무적으로 권유장과 함께 보내어져서 상대방에게 가격, 선적일자 등을 사전에 알려주는 수단으로 사용된다.

5 회신

조회에 대한 감사 표시로 조회의 주요 내용을 간결하고 명료하게 표현해야 한다. '카탈로그(katalog)'나 '가격표(price list)', '견본(sample)송부서' 등 중요사항을 설명함으로써 구매의사를 자극시킨다. 지나친 과장을 하지 않고 간결하게 특징을 설명하는 것이 좋으며, 신속한 주문이 유리하다는 점을 강조함과 동시에 조속한 시일 내에 주문이 있기를 희망하는 말을 언급하는 것도 좋다.

6 신용조사의 의의

신용조사란 새로 거래를 개시하기 전에 상대방의 신용 상태를 조사하는 일로 기업의 신용도와 신용거래능력 등에 대한 판단을 위하여 필요로 하는 신용정보를 조사, 분석, 보고하는 것을 말한다. 금융기관, 기업 등이 특정기업을 대상으로 보증, 대출, 신용거래 등 신용을 공여하기 위해 그 기업을 구성하고 있는 인적요소, 물적요소, 재무적요소 등 기업내용 전반과 그 기업의 외부환경 등을 조사 검토하고 이것을 종합 판단하여 대상기업의 실태와 장래성을 파악하는 것이다.

금융기관이 일반적으로 어떤 기업이나 개인에 대하여 대부를 할 경우, 또는 기업이 국내외에서 새로 거래를 시작할 경우에 행하여진다. 신용조사는 상대방의 지불능력의 조사가 중심이지만, 거래는 장기계속성을 전제로 하고 있으므로 거래선의 수익성(收益性) · 안전성 · 경영상태(자산 · 부채 내용) · 연혁 · 경영자 등에 대하여 경영면과 재무면의 양 측면에서 조사하게 된다.
경영면에서 기업의 신용상태를 볼 경우에는 경영진의 인격 · 식견(識見) · 수완과 종업원의 구성형태 · 급여체계 등이 중요시된다.

자금관계로는 거래관계로부터의 차입상황, 자본관계로는 계열회사의 유무, 파견되어 있는 임직원 등이 조사대상이 된다. 생산품의 특질 · 생산량 · 매출액 등과 그 기업이 속하는 업계의 현황이나 장래성에 대한 추측도 행하여진다. 재정적인 면에서는 재무상태표와 손익계산서 등의 재무제표에 관한 경영분석에 의하여 거래선의 신용상태를 파악하려는 시도가 보급되고 있다. 신용조사는 기업 내부에 전문부서를 두고 하는 경우와 외부기관을 이용하는 경우가 있다.

7 신용조사의 필요성

① 금융거래 등 상거래와 관련하여 발생한 연체, 부도 또는 부정한 방법에 의한 신용질서 문란행위에 대한 피해 방지
② 금융거래 및 상거래 상에서 발생되는 부실채권에 대한 조기회수 및 사전방지
③ 금융거래, 주식 또는 지분 보유현황 변동, 회사의 근황, 판매 내역, 수주 실적, 경영상의 주요 계약 등 사업의 주요 내용 파악
④ 국내거래와 비교할 수 없는 큰 신용위험 존재
⑤ sample merchant : 견본 수집 후 생계수단으로 삼는 기업 존재
⑥ claim merchant : 고의적으로 클레임 제기할 것을 계획하는 기업 존재

8 신용조사 항목

거래상대방의 신용조사사항으로는 기본적으로 Character(상도덕), Capital(거래능력), Capacity(대금지불능력)의 3'C를 들 수 있다. 그러나 이러한 3'C 이외에도 Condition(거래조건), Collateral(담보능력), Currency(거래통화), Country(소속국가) 가운데 두 가지를 추가하여 5'C를 주장하기도 한다.

1) Character(상도덕)

상도덕(Character)은 업체의 개성(personality), 성실성(integrity), 평판(reputation), 영업태도(attitude toward business), 채무변제이행열의(willingness to meet obligation) 및 기업윤리 기업의 사회적 책임 등을 확인하는 것이다. 특히 대금결제에 대한 성의는 상대방의 자금상태나 영업실적보다 경영진의 도덕성과 성실성에 의존하는 경우가 많으므로 신용조사에서 특히 이 항목에 중점을 두어야 한다. 수출무역의 경우 빈번한 Market Claim도 악의적인 상도덕에서 비롯되기 때문에 신용조사 항목 가운데 가장 중요한 항목이다.

2) Capital(거래능력)

재정상태(financial status), 자본과 부채율의 비율, 영업결과에 따른 이익과 손실 등을 점검하는 항목이다. 이를 조사하기 위하여 일반적으로 상대방의 재무재표(financial statement)를 검토하게 되며, 그 대표적인 것이 대차대조표(balance sheet)와 손익계산서(income statement)이다. 경우에 따라서는 이러한 자금의 입수가 곤란한 경우도 있으며, 또한 자금 자체의 신빙성

이 문제가 될 수 있다.

3) Capacity(대금지불능력)

연간매출액(turn-over), 회사의 형태 연혁(historical background), 경력(career), 영업권(good will), 취급업종 장래성 등에 관한 항목이다. 비록 건실하고 양호한 재정 상태라 하더라도 장래성이 없는 업종이나 경영자의 경영능력이 없다면 장기적인 전망이 밝다고 할 수 없다. 해당 업체의 대차대조표(B/S)와 관련되는 사항을 조사해야 한다.

9 신용조사 방법

1) 거래은행을 통한 조사(Bank Reference)

외국환거래를 하기 위해서는 한 나라의 외환은행은 해외의 타 은행과 환거래에 관한 계약을 미리 체결해 두어야 한다. 이 계약을 코레스계약(correspondent arrangement, agency arrangement)이라고 하며, 그 상대은행을 correspondent 또는 correspondent bank라 한다. 이 거래은행 중에서 예치금 계정을 설치하여 환자금을 예치하고 있는 거래은행을 예치 환거래은행(depository correspondent), 계정설치 없이 거래계약만 체결한 은행을 무예치 환거래은행(non-depository correspondent)이라고 한다.

2) 동업자를 통한 조사(Trade Reference)

여러 해 동안 거래관계가 있는 단골 외국거래처에 의뢰하여 조사대상회사의 신용상태를 조사 보고하게 하는 신용조회처를 일반적으로 「레퍼런스」(Reference) 또는 동업자 조회처(Trade Reference)라고 부르며 외국에서 많이 사용되고 있다. 그 단골거래처가 새로이 선정하려는 목적시장에서 상당한 거래관계를 가지고 있고, 또한 당사에게 충분한 호의를 가지고 있다면 유효하고도 확실한 신용보고를 얻을 수가 있다. 이런 의미에서의 Reference는 제3자인 특정 상인의 영업사의 지위, 시장에 있어서의 신용정도, 재산의 정도, 경영자의 성격 및 명망 등을 단골거래처로부터 조회를 의뢰받았을 때, 그 회답으로 발송하는 참고서장을 말한다.

3) 해외지사나 사무소를 통한 조사

4) 세계적인 상업신용소를 통한 조사

(1) 영국 : Bradstreet British Ltd. ii) 미국 : Dun & Bradstreet Inc. iii) 일본 : Tokyo Mercantile Agency iv) 독일 : Auskunft W. Schimmelpfung. Dun & Bradsteet의 한국서비스는 NICE D&B Global Service임. (02-2122-2511이나 이메일 dnb1@nicednb.com)

상업신용소는 수요자의 의뢰에 따라 기업 등의 신용 상태 등을 조사해 그 결과에 대한 보고를 전문적으로 행하는 기관이다. 조사 내용은 성실성, 평판, 재정상태, 영업능력, 영업실적 또는 조사대상 회사를 둘러 싼 객관적 조건들에 대한 것이다. 미국의 던 앤 브래드스트리트(Dun & Bradstreet)가 국제적으로 가장 유명하다.

5) 국내신용조사 전문기관을 통한 조사

(1) 한국 : 수출보험공사 수출신용정보센터 ii) 대한무역진흥공사 종합상담실 iii) 신용보증기금 신용조사부

한국의 경우 신용보증기금, 대한무역투자진흥공사 해외무역관, 한국수출입은행의 수출신용정보센터, 한국수출보험공사 등에서 이러한 상업신용소의 기능을 수행한다. 한국수출보험공사나 신용보증기금은 국제적인 상업흥신소와 제휴를 맺고 있어 해외업자에 대한 신용상태를 알고자 할 경우에는 대개 이들 기관의 협력을 받는다. 던 앤 브래드스트리트 사는 최초의 상업신용소로, 1841년 뉴욕에 세워졌다. 당시 상업흥신소는 종전까지 한 지역 내에 국한되었던 사업영역이 전국적 규모로 확장됨에 따라 먼 거리에 있는 잠재고객의 신용가치를 파악할 수 없는 한계로 인해 손실을 입는 경우가 잦아지면서 이를 예방할 필요성이 대두되어 설립되었다. 상업흥신소의 유형은 크게 두 가지로 구분되는데, 모든 유형의 기업에 대한 정보를 제공하는 일반적인 성격의 신용소와 특정한 분야나 일정한 지역의 기업만을 대상으로 활동을 전문화 하는 흥신소가 있다.

5

무역계약의 성립

Chapter 5
무역계약의 성립

제1절 무역계약의 개념

무역계약은 국가 간에 이루어지는 물품매매계약(contract of sale of goods)의 일종이다. 영국 물품매매법(Sales of Goods Act, 1979, Ⅱ-2.1)에 의하면 무역계약은 매도인이 대금을 받고 매수인에게 물품의 소유권을 이전하거나 또는 이전하기로 약정하는 계약을 말한다. 즉 무역계약이란 수출업자와 수입업자가 자기의 의사에 따라 물품을 사고팔기 위해 법적으로 구속력 있는 합의를 하는 것이다.

무역계약의 대상이 되는 물품은 일반적인 상품과 같은 유체물만 의미하는 것이 아니라 서비스, 소프트웨어 등과 같이 눈에 보이지 않는 무체물도 포함한다. 무역계약이 성립되면 매도인은 계약물품을 인도해야 하고 매수인은 그에 상응한 대금을 지불해야 할 의무가 생긴다.

무역계약을 체결하는 것은 매매 당사자들이 상호 의도하는 바를 법률적으로 명확히 하고, 당사자들을 구속하는 규칙을 설정해서 불필요한 분쟁을 사전에 방지하기 위해서이다. 따라서 국제무역거래에서 무역 계약서의 작성은 반드시 지켜져야 할 업무이다.

제2절 무역계약의 법적 성격

1 낙성계약

무역계약은 매매당사자 쌍방의 의사표시 합치만으로 성립하고 계약 성립을 위하여 당사자 간에 아무런 급여를 요하지 않는 낙성계약이다. 무역계약이 성립되기 위해서는 당사자 일방의 청약(offer)과 이에 대한 상대방의 승낙(acceptance)만 있으면 된다. 매도인이 물품을 일정 조건으로 판매하고 싶다는 의사표시를 하고 매수인이 이를 승낙하면 무역계약은 성립된다.

2 쌍무계약

쌍무계약은 계약의 결과로 계약 당사자들이 동시에 서로 채무를 부담하는 계약을 의미한다. 이에 반해 편무계약은 당사자 일방만이 급부를 하고 상대방은 이에 대응하는 반대급부를 하지 않는 계약을 말한다. 무역계약에서 매도인은 물품 인도 의무를 부담하고 매수인은 대금 지급 의무를 부담하므로 무역계약은 쌍무계약에 해당된다.

3 유상계약

유상계약은 계약 당사자가 서로 가치 있는 대가교환을 목적으로 하는 계약을 말한다. 무역계약은 유상계약에 해당하므로 매도인은 물품을 인도하고 매수인은 그에 따른 대금을 지급함으로써 계약이 성립된다.

4 불요식계약

무역계약은 그 성립을 위하여 당사자 간의 합의 외에는 다른 특별한 방식을 필요로 하지 않는 불요식계약이다. 이에 반해 요식계약이란 서류로 작성되어야 하는 계약이다. 무역계약에서는 법률행위인 요소인 의사표시를 일정한 방식에 의해 행할 것을 필요로 하지 않는다.

따라서 무역계약은 문서뿐만 아니라 구두에 의해서도 성립된다. 이와 같이 무역계약에서는 계약을 매매당사자의 자유의사에 맡겨 당사자 간의 합의를 최우선으로 존중하는 계약 자유의 원칙이 적용된다.

제3절 무역계약의 대상

1 현물(Existing Goods)

현물이란 매매계약 당시 이미 매도인이 소유 또는 점유하고 있는 물품을 의미한다. 대표적으로 국내매매에서와 같은 점두매매[1)]는 물품의 인도와 대금의 결제가 동시에 일어나고 계약의 성립과 이행이 동시에 발생한다. 이러한 매매를 현물매매라고 한다.

2 선물(Future Goods)

무역거래 시 매매 당사자가 매매 교섭 단계일 경우 또는 계약 시에도 당해 물품을 현물로서 소유하지 않고 있는 것이 일반적이며, 선물이란 현물의 반대개념으로서 매매계약 체결 후 매도인이 장차 제조 또는 취득하여 매수인에게 인도하는 물품을 말한다.

3 특정물품과 불특정물품

특정물품(ascertained goods, specific goods)이란 매매계약의 성립 시에 동일성이 인식되어 합의된 물품을 의미하며, 매매계약의 목적물로서 선택된 현물을 의미한다. 따라서 특정물품은 모두 현물이나 현물은 모두 특정물품이 아님에 유의하여야 한다. 현물 가운데에 대체성이 없는 것만 특정물이며 대체성이 있으면 불특정물이 된다. 특수한 경우를 제외하고는 특정물의 매매는 발생하지 않는다.

불특정물품(unascertained goods)이란 매매계약의 목적물로서 선택되지 않고 단지 동종, 동질의 일정한 명세를 갖춘 물품으로서 일반적으로 무역 거래 매매 시에는 이러한 물품을 특정하지 않은 상태로 계약하는 것을 의미한다. 따라서 현물은 특정물품도 불특정물품도 될 수 있으나, 선물은 당연히 불특정물품이 되며, 무역거래에 있어서는 거의 모든 경우가 불특정 물품의 매매이다.

---

1) 점두매매는 장외 거래(증권 거래소 밖에서 이루어지는 주식이나 채권의 거래)를 말한다.

제4절 무역계약 성립요건

1 당사자의 의사 합치

계약 성립의 가장 중요한 요소는 계약 당사자 간의 '의사의 합치(meeting of the minds)이다. 이러한 의사표시는 시간적으로 순차적이어야 한다. 이 경우 앞의 의사표시는 청약(offer)이 되고 뒤의 의사표시는 승인(acceptance)이 된다.

1) 복수의 의사표시

계약이 성립되기 위해서는 먼저 복수의 의사표시가 있어야 한다. 이러한 의사표시의 내용이 일치하여야 하며, 2개의 의사표시는 당사자 간에 교환적으로 대립되어 있을 것을 필요로 한다. 당사자 간의 의사표시가 시간적으로 순차적이 아닌 동시적인 경우, 즉 교차청약[2])으로 계약이 성립되느냐가 문제가 될 수 있다.

2) 의사의 실현

무역계약은 의사의 표시가 아닌 의사의 실현에 의해서도 성립된다. 이 경우에는 청약자가 승낙의 통지를 필요로 하지 않는다는 뜻을 표시하였을 경우이다.

예를 들면 청약과 함께 송부되어 온 물품을 소비하거나 사용한 경우(계약에 의하여 취득한 권리의 실행해위), 또는 손님으로부터 객실의 예약신청을 접수한 호텔이 객실을 준비하는 경우와 같이 어떤 행위가 승낙을 전제로 하여 행하여지는 것으로 보여 질 때 계약은 성립된 것으로 본다.

2 계약의 유효성

당사자 간의 의사의 합치로 계약이 성립되지만 계약이 유효하기 위해서는 공법상, 민법상 및 계약법상의 제한을 받지 않아야 한다.

---

2) 교차청약은 거래 당사자 간의 청약이 서로 일치하는 것을 말한다.

1) 공법상의 제한

공법상의 제한은 가장 강력한 제한으로 대표적인 것은 수출입허가나 제한 및 외환통제에 관한 법률이다. 이러한 법률은 관련 국가의 정책과 관계되기 때문에 당사자 간의 합의도 여기에 제한을 받게 된다. 이러한 공법은 강행법규(mandatory rules)로 당사자 간의 합의보다 우선한다.

2) 민법상의 제한

민법상 제한은 계약법에서 제외하거나 규정이 없는 경우에 적용된다. 대표적인 것은 '계약당사자의 행위능력'(capacity of the parties)에 관한 것으로 대부분의 국내법이 무능력(incompetence), 무 권한(lack of authority) 및 부도덕(immorality) 또는 불법(illegality) 등에 의한 계약은 무효로 규정하고 있다. 또한 대리인의 권한도 여기에 포함된다.

3) 계약법상의 규정

계약당사자의 의사표시의 진의 또는 하자에 관한 문제이다. 의사표시의 진의를 해하는 원인으로 착오(mistake), 사기(fraud), 강박(threat), 및 현저한 불공정(gross disparity) 등이 입증되면 대부분의 경우 상대방은 계약을 취소할 수 있다.

4) 국제적으로 통일된 계약법(UN통일매매법)

'계약이나 그 어떠한 조항 또는 어떤 관형의 유효성'에 관여하지 않는다고 규정하면서 이러한 문제는 법정지의 국제사법규칙에 따라 결정되는 국내법에 위임하고 있다. 이것은 UNCITRAL[3]에서 UN통일 매매법을 재정하면서 각 국가 간에 조정과 타협이 어려운 계약의 유효성 문제를 국내법에 위임한 결과이다.

5) 약인(consideration)

약속자가 받는 권리, 이익, 편의 또는 약속을 받는 자가 부담하는 부작위, 불이익, 손실, 의무와 같은 대가성 있는 교환을 의미한다. 영미법계에서는 단순합의만으로는 계약이 성립되지 않는다.

---

3) 국제상거래법위원회(UNCITRAL: United Nations Commission on International Trade Law): 국제간에 거래되는 무역과 거래에 관한 상법을 제정하는 국제연합(United Nations: UN) 총회의 보조기관이다.

① 불요식계약

당사자 간의 합의 + 약인이 있어야 계약이 성립된다.

② 요식 계약

당사자 간에 날인증서 형태로 합의가 이루어져야 계약이 성립된다.

제 5 절 무역계약의 성립단계

1 수출절차

1) 개요

수출입 대금 결제방식에는 송금방식, 추심방식, 신용장방식, 혼합방식 등이 있는데 이중에서 어떠한 방식으로 결제하느냐에 따라서 그 절차도 달라진다. 신용장방식에 의한 수출절차는 아래와 같다.

신용장방식에 의한 수출절차

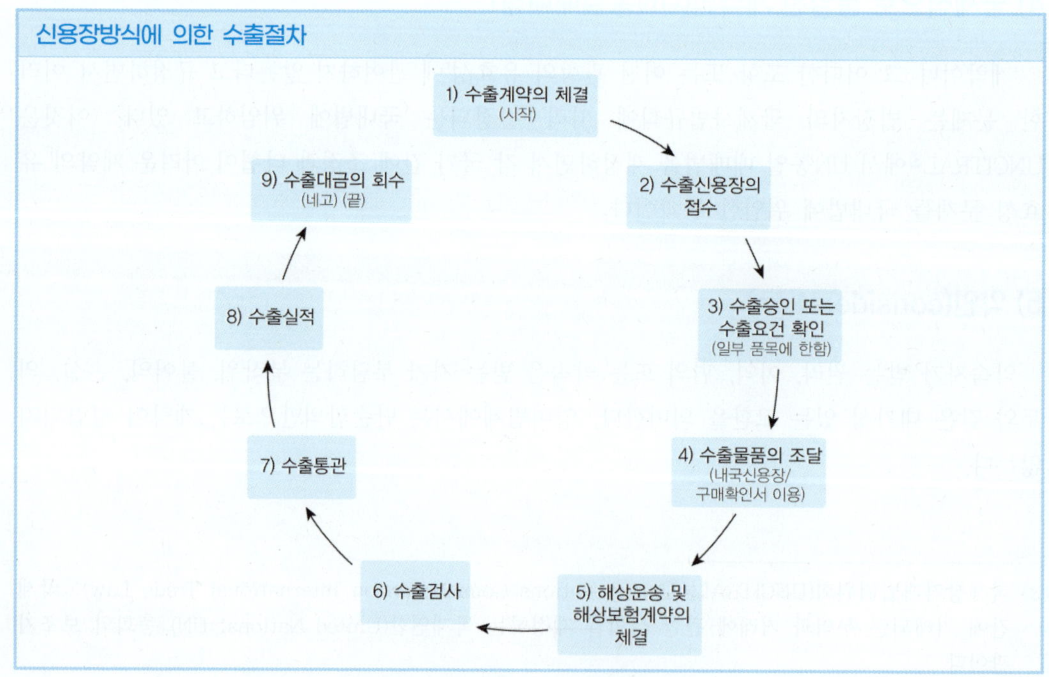

2) 바이어 선정 및 수출계약의 체결

수출을 이행하기 위해서는 우선 목표시장을 설정하여 시장조사를 한 다음 적합한 바이어를 선정하여 상담의 과정을 통하여(offer and acceptance) 수출계약을 체결한다.

3) 수출신용장의 접수

수출계약이 신용장 결제방식인 경우에는 수입상이 개설한 신용장이 도착하면 통지은행을 통하여 이를 입수하여 아래와 같은 사항들을 검토하여 수정(Amend)을 요구한다.

특히 신용장의 개설 전, 수입상으로부터 신용장 개설신청서(Draft)를 요구하여 검토하는 것이 보다 안전할 것이다.

① 수출계약 내용과의 일치여부
② 취소불능신용장인지의 여부
③ 개설은행의 신용상태를 은행, 무역보험공사 등에 조회하여 필요한 경우 확인신용장 요구
④ 특수조건 및 이행에 지장을 초래할 수 있는 내용 및 서류요구 사항 검토
⑤ 지급확약문구
⑥ 오자, 탈자의 존재여부, 단가와 합계의 정확여부 등

4) 수출승인이나 수출요건확인(일부 품목에 한함)

수출대상 물품이 대외무역법의 수출입공고상으로 수출제한 품목일 경우에는 해당기관이나 단체로부터 수출승인(E/L)을 받아야 수출할 수 있으며, 통합공고 상으로 수출이 규제되고 있는 품목인 경우에는 해당 기관으로부터 수출요건 확인을 받는다.

해당 물품이 2개 이상의 법령에 관련되어 요건기관이 2개 이상이면 요건기관마다 확인을 다 받아야 수출할 수 있다.

수출입 공고나 통합 공고에 의한 제한이나 규제 대상 품목이 아닌 대부분의 품목들은 수출승인이나 수출요건 확인이 필요 없다.

〈수출승인신청 시 구비서류〉

① 수출승인신청서 2부
② 수출신용장 또는 계약서 사본 1부
③ 기타 수출승인기관에서 요구하는 서류

5) 수출물품의 조달 및 무역금융의 이용

수출물품을 자체생산하거나 구매하여 수출물품을 조달해야 하는데 내국신용장 또는 구매확인서 등에 의해 조달할 수 있으며 이와 관련된 무역금융을 거래은행에서 받게 된다.

6) 수출검사와 포장

수출물품을 수출자가 스스로 검사하는(Exporter's inspection is final) 것이 가장 간편한 방법이다. 계약서나 신용장에서 아래와 같이 규정하고 있는 경우에는 그에 따라야 한다.

① 수입자가 직접 검사하는 경우

② 수입자의 대리인(the representative of buyer)이 검사하는 경우

③ 수입자가 지정하는 검사기간에 검사하는 경우

7) 해상운송 및 해상보험 계약의 체결

수출검사가 끝나면 수출통관 준비와 함께 선적할 선박을 수배하여 선박회사(또는 포워더, Forwarder)와 해상운송계약을 체결하고 가격조건이 CIF나 CIP인 경우에는 수출품에 대하여 해상보험회사(손해보험사)와 해상보험계약도 체결하여야 한다.

8) 수출통관

수출품에 대하여 세관에 수출신고를 하고(대부분의 경우 관세사 경유) 수출신고필증을 받는다. 수출신고 시 구비서류는 아래와 같다.

① 수출신고서

② 수출승인서(해당되는 경우에만)

③ 상업송장 및 포장명세서

④ 기타 수출통관에 필요한 서류

9) 수출실적

수출신고수리일로부터 30일 이내에 선박에 수출품을 선적하고 선박회사로부터 선하증권(B/L)을 발급받는다.

10) 수출대금의 회수

수출자가 신용장 조건에 기재되어 있는 선적서류들을 구비하고 환어음을 발행하여 수출신고필증과 수출환어음매입신청서를 첨부하여 수출자의 거래은행에 제시하면 은행은 서류가 신용장 조건과 일치하는지의 여부를 조사하고 이상이 없으면 이들 서류를 매입하고 수출대금을 선지급한다. 이를 매입(Negotiation : Nego)이라 한다.

만약 수출자가 무역금융을 받은 경우에는 이를 공제하고 지급한다. 이로써 수출자는 수출대금을 회수하게 되며 수출자의 서류를 매입한 수출자의 거래은행은 매입은행이 된다.

11) 관세환급

수출자가 수출품 제조용 원자재를 해외에서 수입하여 그 수입신고수리일로부터 2년 이내에 수출한 경우에는 그 원자재 수입 시에 납부한 관세를 정액 또는 개별환급 방법으로 수출신고수리일로부터 5년(2023년 개정) 이내에 세관에 신청하여 환급받을 수 있다. 그리고 부가가치세는 이와는 별도로 관할 세무서로부터 부가가치세 예정신고 기한 경과 후 15일 이내에 환급받는다.

12) 기타

① 수출물품에 대한 클레임 해결

수출물품과 관련하여 수입자가 클레임을 제기해오면 계약서 상의 조항에 의거하여 원만하게 클레임을 해결해야 하는데 이를 해결하는 방법으로 당사자 간 화해, 알선, 조정, 중재 및 재판이 있다.

② 수입자에 대한 독점권 부여 여부 결정

수입자가 자기나라에서 독점적으로 수입하도록 요구해오는 경우 상대방에 대한 철저한 신용조사와 영업능력 등의 조사를 통해 독점권의 부여 여부와 기간, 지역, 내용 등을 결정하여야 한다.

2 수입절차

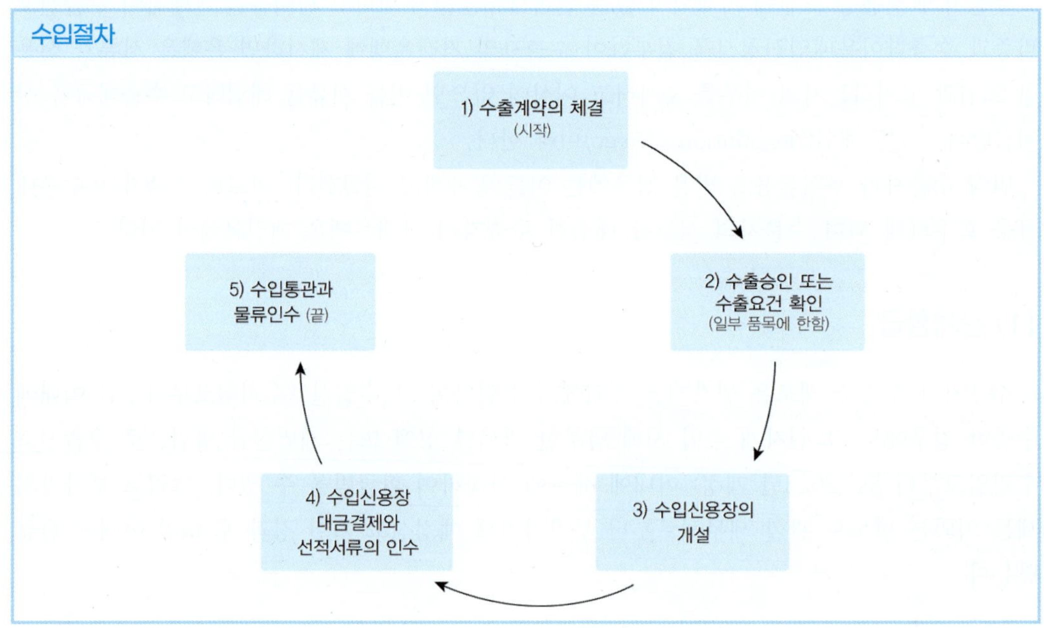

1) 수입계약의 체결

수입시장조사 후 적절한 외국 수출자를 찾아내서 수입제의를 한 다음 외국의 수출자로부터 직접 혹은 그의 국내 대리점을 통하여 간접으로 전달받은 오퍼(물품매도확약서)를 잘 검토하여 이상이 없으면 그것을 수락하여 수입계약을 성립시킨다. 그리고 그러한 계약 내용을 확인하기 위한 목적으로 별도로 정식 수입계약서를 작성하여 상호 서명한다.

2) 수입승인 또는 수입요건 품목 확인 : 일부품목에 한함

수입하고자 하는 물품이 대외무역법에 의한 수출입공고상으로 수입제한 품목이면 수출입공고상의 해당 수입요령에 규정되어 있는 기관, 단체의 장으로부터 수입승인(I/L)을 받아야 하며, 수입하고자 하는 물품이 통합공고상으로 수입요건확인품목으로 되어 있으면 통합공고상의 요건확인 기관에 수입요건 확인신청을 하여 수입요건 확인서를 발급받아야 한다. 해당물품이 2개 이상의 법령에 관련되어 요건기관이 2개 이상이면 요건기관마다 확인을 다 받아야 수입할 수 있다. 수입승인의 유효기관은 1년이다. 대부분의 품목은 이와 같은 수입승인이나 수입요건 확인의 대상으로 규정되어 있지 않아 수입승인이나 수입요건 확인 절차가 필요없다.

〈수입승인신청 시 구비서류〉

① 수입승인신청서

② 수입계약서 또는 물품매도확약서

③ 수입대행계약서(필요한 경우)

④ 기타 수출입공고등에서 규정한 요건을 충족하는 서류

3) 수입신용장의 개설

신용장 결제방식으로 계약한 경우, 수입계약서의 내용과 일치하도록 수입신용장 개설신청서를 작성하여 자신의 거래은행(외환거래약정을 체결한 은행)에 아래의 서류를 구비하여 수입신용장 개설신청을 하여야 한다.

① 수입신용장 개설신청서

② 외국환거래 약정서

③ 수입승인서(필요시)

④ 물품매도확약서(offer) 또는 수입계약서

⑤ 기타 필요한 서류 : 담보제공증서 등

이와 같이 수입자가 수입신용장 개설신청을 하면 거래은행은 신용장을 개설하여 자행의 해외 환거래은행(환거래계약을 체결한 외국은행)을 통하여 신용장을 수출자에게 통지해준다. 이로써 수입자의 거래은행은 개설은행이 되고 개설은행의 해외 환거래은행은 통지은행이 된다.

4) 수입신용장 대금결제와 선적서류의 인수

수출자로부터 환어음과 선적서류를 매입한 수출자의 거래은행(매입은행)이 개설은행에 환어음과 선적서류를 보내오면 개설은행은 도착한 서류가 신용장 조건과 일치하는가의 여부를 심사하고 일치하면 수입자에게 서류도착 사실을 통지해준다.

수입자는 서류를 검토하여 이상이 없으면 개설은행에 대금을 결제하고 서류를 인수한다.

5) 수입통관과 물품인수

수입자는 개설은행으로부터 받은 서류 중에서 선하증권 원본을 선박회사에 제출하고 선박회사로부터 화물인도지시서(Delivery Order : D/O)를 받는다.

이와 함께 관세사 등에게 수입통관을 의뢰하여 보세구역 반입 후 30일 이내에 세관에 수입신고를 한 다음 관세를 납부하고 세관으로부터 수입신고필증을 교부받는다.

→ 수입신고 시 필요서류

① 수입신고서
② 수입승인서(필요시)
③ 가격신고서(송장포함)
④ 선하증권 사본
⑤ 기타 필요서류(C/O, 수입물품 명세확인서 등)

수입자는 선박회사의 화물인도지시서(D/O)와 세관의 수입신고필증을 수입물품이 보관되어 있는 보세장치장에 제시하고 수입물품을 인수한다.

만약 인수한 수입물품에 손상과 수량부족 등의 문제가 발견되면 그 원인을 조사하여 그 결과에 따라서 선사 보험회사, 수출자 중 하나에게 클레임을 제기한다.
그리고 수입물품의 국내 판매가 잘되면 외국의 수출자와 독점 판매점 계약을 추진한다.

제 6 절 무역계약의 약정사항

1 품질조건

무역거래에서 수입업자가 제기하는 클레임은 대부분 품질불량, 품질상이 등 주로 상품의 품질과 관련될 정도로 품질은 중요한 약정사항이다.

1) 품질의 결정방법

(1) 견본매매

견본(sample)에 의해 상품의 품질을 결정하는 방법으로 무역거래에서 가장 많이 이용되고 있는 방법이다. 견본매매에서는 대부분 매도인이 견본을 만들어 매수인에게 보내는 매도인 견본이지만 매수인이 희망하는 품질을 나타내기 위해 자신의 견본을 먼저 보내는 매수인 견본이 있기도 하다.

(2) 상표매매

샤넬, 구치, 버버리 등과 같은 유명상표는 상표 자체로 품질을 인정받게 된다. 이처럼 상표(brand, trade mark)만을 가지고 품질을 결정하는 거래를 상표매매라 한다.

(3) 규격매매

상품의 규격이 국제적으로 정해져 있거나 수출국에서 공식적으로 인정 하는 것일 경우 규격이나 등급으로 품질을 결정하는 방법이다. 우리나라의 KS, 국제표준기구 ISO, 영국의 BSS등이 있다.

(4) 명세서매매

상품의 재료, 구조, 성능 등을 자세히 설명한 명세서, 설명서, 청사진 등에 의해서 품질을 결정하는 방법이다.

(5) 점검매매

선적지에서 매수인이 물품을 점검하여 품질을 결정하는 방법으로 보세창고도거래, 현물상환도지급 방식 등에서 주로 이용된다.

(6) 표준품매매

농·수산품 등 1차 상품의 품질은 해당 연도의 표준 품에 의해서 결정되는데, 이에는 평균중등품질조건, 판매적격품질조건, 보통품질조건이 있다.

① 평균중등품질조건(fair average quality: FAQ)

선적지에서 출하된 수확물 중에서 평균적인 중등의 품질을 선정하여 품질의 기준으로 선정하는 방법으로 주로 면화, 곡물, 차 등의 품질을 결정할 때 많이 사용된다.

② 판매적격품질조건(good merchantable quality: GMQ)

외관상으로 품질을 결정하기 어려운 목재나 냉동물품 등의 거래에서는 수입지에서 판매 가능성을 전제조건으로 하여 품질을 결정한다. 수입된 목재를 절단하여 보니 내부가 부패되어 있어 판매가 부적격하면 매도인에게 변상요구를 할 수 있다.

③ 보통품질조건(usual standard quality: USQ)

공인검사기관 또는 공인표준에 의해 정해진 보통품질을 표준품의 품질로 결정하는 방법인데 주로 원사거래에서 많이 이용된다.

2) 품질의 결정시기

(1) 선적품질조건

선적품질조건(shipped quality terms)은 선적 완료 시점에서의 품질을 기준으로 하는 방법이며 공산품의 거래에 많이 이용된다. 수출업자는 운송 도중의 변질에 대해서 책임지지 않는다.

곡물 거래 시 TQ(tale quale)는 선적품질조건을 의미, SD(sea damage)은 조건부 선적품질조건으로 바닷물, 수증기, 담수 등으로 인하여 발생한 손해에 대해선 매도인이 책임지는 조건이다.

(2) 양륙품질조건

양륙품질조건(landed quality terms)은 양륙 시점의 품질을 기준으로 하는 방법이며 운송과정에서 변질된 부분에 대해서 수출업자가 책임을 져야 한다.

호밀 거래에서 사용되던 R.T.(rye terms)는 호밀거래에서 쓰였으나 런던시장에서 곡물류 거래에 사용하는 양륙품질조건의 매매를 말한다.

2 수량조건

1) 수량의 단위

수량(Quantity)은 길이, 부피, 넓이, 중량 등을 의미하며 국제물품매매거래에서 2번째로 분쟁이 많이 일어나는 조건이다.

(1) 중량

중량의 단위는 국가마다 다소 차이가 있는데 무역거래에서는 주로 English Ton, American Ton, Kilo Ton의 단위가 기준이 되고 있다. 중량의 측정 방법에는 총중량, 순중량 및 법적중량 등이 있다.

① 총 중량(gross weight)

상품을 포장한 채로의 중량, 즉 상품의 무게와 포장의 무게(ware and tare)를 합한 총무게를 말한다.

② 순 중량(net weight)

수입물품의 국내 판매가 잘되면 외국의 수출자와 독점 판매점 계약을 추진한다. 포장무게를 제외한 순상품의 무게를 말한다.

③ 법적 중량(legal weight)

상품의 무게와 법적으로 인정되는 포장무게를 합한 중량을 말한다. 법적으로 인정되는 포장무게는 비누, 치약 등과 같은 상품이 소매로 판매될 때 사용되는 포장의 무게를 의미한다.

(2) 길이

생사, 직물 등 섬유제품이나 전선 등의 거래에는 meter, yard, foot, inch 등의 길이 단위가 사용된다.

(3) 용적

석유 등 액체에는 barrel, gallon, liter, 곡물에는 bushel, 목재에는 cubic meter, cubic feet(cft), super feet(SF) 등의 용적 단위가 사용된다.

(4) 개수

전자제품 등과 같은 일반 상품의 개수는 piece, set, 연필, 양말 등은 dozen, 핀, 조화 등 값싼 잡화제품은 gross를 단위로 한다. 이들 단위의 관계는 아래와 같다.

1 dozen = 12 piece
1 gross = 12 dozen(12×12 pieces)
1 small gross = 10 dozen(12×10 pieces)
1 great gross = 12 gross(12×12×12 pieces)

(5) 포장단위

면화, 밀가루, 시멘트, 비료, 통조림, 유제품 등의 거래에는 bale, bag, case, can, drum 등의 포장용기가 단위로 사용된다.

2) 과부족 용인조건

계약물품의 수량이 포장단위나 개별 품목의 개수로 명시되어 있는 경우에는 정확한 수량을 측정할 수 있다. 그러나 곡물, 광산물 등과 같은 것은 일시에 대량 거래를 하고 포장화물이 아닌 벌크(bulk)화물이기 때문에 정확한 양을 측정하는 것이 어렵다.

유류와 같은 휘발성 제품은 장기간의 운송으로 도중 감량이 예상될 수도 있다. 따라서 이런 물품을 거래할 때는 약간의 과부족을 허용하는 것이 일반적이다.

과부족용인조건(more or less clause: MOL clause)을 활용할 때는 허용비율과 선태권자를 계약서에 명시해야 한다. 예를 들어 'more or less 5% at seller's option'으로 매매계약을 체결하면 매도인의 선택에 따라 5%의 과부족을 인정받을 수 있다.

3 거래조건

무역거래에서 상품의 가격을 결정할 때는 운송비, 보험료, 통관비 등 부대비용과 위험을 누가, 어디까지 부담할 것인가를 동시에 결정해야 한다. 이에 따라 계약서에는 매매 당사자들의 비용부담과 책임한계를 함축하고 있는 FOB[4), CIF[5) 등과 같은 거래조건이 금액과 함께 표시된다.

4 선적조건

대부분의 화물은 해상운송 되지만 소량의 고가 제품, 유행성 제품 등은 항공운송을 이용하기도 한다. 그리고 컨테이너를 이용하여 송화인의 문에서 수화인의 문(door to door)까지 일관운송하는 복합운송도 많이 이용되고 있다.

따라서 오늘날 선적(shipment)의 의미는 계약물품을 선적항의 지정 선박에 적재하는 것뿐만 아니라 항공기에 적재하거나 운송인(carrier)에게 인도하는 것까지 포함한다.

1) 선적시기

선적시기를 결정할 때는 선적일을 확정하지 않고 보통 최종 선적일 또는 선적월을 정한다. 선적월을 정할 경우에는 수출업자가 임의로 선적시기를 선택해서 정해진 달 내에 선적을 하면 된다.

그러나 선적시기를 표시할 때 신속히(prompt), 즉시(immediately), 가능한 한 빨리(as soon as possible) 등과 같은 막연한 표현을 사용해서는 안 되며, 이러한 표현이 사용되었을 경우 은행은 이를 무시한다. 선적이 완료되면 운송서류가 발급되는데 운송서류의 발급일자는 선적일자의 기준이 된다.

---

4) FOB(Free On Board) : 무역거래조건의 하나로 계약상품의 인도가 수출항의 본선 선상에서 이루어지는 계약

5) CIF(Cost Insurance and Freight) : 수출업자가 화물을 선적하고 운임료와 보험료도 부담하는 무역거래조건을 말한다.

2) 분할선적 및 환적

분할선적(partial shipment)은 계약물품을 일회에 전량 선적하지 않고 2회 이상 나누어서 선적하는 경우를 말한다. 계약서상에 분할선적을 금지한다는 문언이 없을 경우에는 일반적으로 분할선적은 허용하는 것으로 간주된다. 따라서 상품을 일시에 수입하고자 할 경우에는 분할선적금지를 계약서에 분명히 명시하도록 한다.

환적(transshipment)은 운송 도중 다른 선박이나 운송기간에 옮겨 싣는 경우를 말하는데 환적을 하게 되면 그만큼 운송시간이 많이 소요되고 파손, 분실 등의 위험이 발생할 수 있다. 따라서 목적항까지 직접 가는 선편이 없을 경우나 여러 운송수단을 동시에 사용하는 복합운송인 경우에만 환적을 허용한다.

환적을 금지할 경우에는 이러한 사실을 "transshipment is prohibited" 또는 "transshipment is not allowed"라고 계약서에 분명히 해 두어야 한다.

5 보험조건

국제운송에 따른 보험은 운송방식에 따라 해상보험, 육상보험, 항공보험 등으로 구분되지만 무역거래에서는 주로 이용되는 것은 해상보험이다. 해상보험은 특약이나 상관습에 의해 해상운송에 수반되는 내수로 운송 혹은 육상운송에서의 위험도 담보한다. 그리고 항공화물도 관례에 따라 해상보험으로 담보하여 해상보험의 법률과 원칙을 적용한다. 따라서 사실상 해상보험이 무역거래의 모든 운송에 따른 보험으로 이용되고 있다.

① ICC 1963(구약관)의 FPA와 ICC 1982(신약관)의 ICC(C)
② ICC 1963(구약관)의 WA와 ICC 1982(신약관)의 ICC(B)
③ ICC 1963(구약관)의 A/R과 ICC 1982(신약관)의 ICC(A)

6 결제조건

이 조건에서는 수출대금의 결제방법과 결제시기를 주로 합의하는 데 무역거래에서는 수출대금회수불능의 위험이 발생할 수 있으므로 수출업자는 대금결제조건을 가장 신중히 다루어야 한다.

1) 결제방식의 종류

(1) 신용장 방식

수입업자를 대신해서 개설은행이 수출업자에게 일정한 조건을 갖출 경우 대금을 지급하는 방식이다. 수출업자는 신용장상에서 요구하는 운송서류만 구비하면 개설은행으로부터 무조건 대금을 받을 수 있기 때문에 수출업자들이 가장 선호하는 방식이다.

(2) 화환어음추심 방식

수출업자가 계약물품을 선적한 후 화환어음을 수입업자 앞으로 발행하여 추심함으로써 대금을 찾는 방식인데 지급도 조건과 인수도 조건으로 구분된다. 이 방식은 은행의 지급확약 없이 전적으로 수입업자의 신용을 토대로 결제가 이루어지기 때문에 본・지사간의 거래나 서로 믿을 수 있는 단골 거래처 간에 많이 이루어진다.

(3) 송금 방식

수입업자가 수출업자에게 직접 대금을 송금해 주는 것을 말하는데 주로 송금수표, 우편송금환, 전신송금환 등이 이용된다. 송금수표를 우송할 경우에는 분실 위험이 있기 때문에 소액 거래에서 이용된다. 그리고 송금환은 수취인에게 일정 금액을 지급해 줄 것을 은행에게 위탁하는 지급지시서인데 우편으로 전달되는 것을 우편송금환, 전신으로 통지되는 것을 전신환이라고 한다.

2) 대금결제시기

(1) 선지급

주문과 동시에 대금 전부를 송금하는 방식으로 주문도방식(CWO : cash with order), 선대신용장 등이 있다. 소량의 견본 대금을 지급할 경우나 특별 주문 시 이용된다. 그리고 수입업자가 주문과 동시에 대금의 20 ~ 30%를 지급하고 나머지 잔금은 선적이 끝난 후 지급하는 일부 선불방식도 있다.

(2) 동시지급

대금교환도 조건이라고 하는데 서류상환지급(CAD : cash against document)과 현물상환지급(COD : cash on delivery)이 있다. 서류상환지급은 수출업자가 물품의 선적을 증명하는 운송서류를 수출지에 있는 수입업자의 대리점이나 거래은행에 제시하여 운송서류와 상환하여 수출대금을 찾는 방법이다. 현물상환지급은 수입지에서 상품과 대금을 서로 교환하는 현금결제방식으로 수입지에 수출업자의 대리인이 있는 경우 이용될 수 있다.

(3) 후지급

물품이 선적된 후 또는 목적지에 도착한 후 일정 기간이 지나서 결제하는 방식이다. 그리고 중장기 연불수출 시에는 대금을 계약시점, 선적시점, 도착시점 등 일정 기간으로 분할 지급하는 방식이 이용된다.

지급자가 매수인인 인수인도(D/A : document against acceptance)와 지급자가 매수인의 거래은행인 기한부신용장(Uusance L/C)가 있다.

7 포장조건

개품화물의 경우 물품을 안전하게 보관하고 상품으로서의 가치를 유지하기 위해 포장(packing)은 반드시 필요하다. 수출화물의 포장은 가볍고 튼튼해야 하며 포장비용도 저렴해야 한다. 그리고 계약물품임을 쉽게 확인할 수 있도록 외관상 식별이 명확해야 한다. 포장조건에서는 포장방법, 포장의 종류, 화인 등을 약정한다.

1) 포장방법

포장방법은 개장, 내장, 외장으로 구분할 수 있다.

물품의 최소 소매단위를 하나하나 개별적으로 포장하는 개장(unitary packing), 개장된 물품을 취급하기에 편리하도록 일정한 양을 묶어 한번 포장하는 내장(interior packing)이 있다.

운송도중 파손이나 도난을 방지하고 하역작업에 편리하도록 몇 개의 내장을 목재나 카톤(carton)등으로 된 상자에 다시 포장하는 외장(outer packing) 이 있다. 무역계약에서는 보통 내장은 어떠한 방법으로 할 것인지, 모두 몇 개씩을 담아 외장을 할 것인지에 대해 약정한다.

2) 화인

운송관계자나 수입업자가 쉽게 식별할 수 있도록 포장의 외장에 기호, 번호 등으로 계약물품을 표시하는데 이를 통틀어 화인(shipping marks)이라 한다. 대부분 수입업자가 화인의 모양을 지시하며 수출업자는 지시내용대로 화인을 표시해야 한다. 그러나 수입업자의 별도 요청이 없을 경우에는 수출업자의 임의대로 화인을 하면 된다.

3) 포장의 종류

수출화물의 가장 일반적인 포장은 상자(case)이지만 화물의 성질에 따라 여러 가지의 포장이 사용된다. 다음의 표와 같다.

<table>
<tr><th>구분</th><th>포장종류</th><th>재질</th><th>포장명</th><th>약호</th><th>포장대상물품</th></tr>
<tr><td rowspan="19">용기
포장</td><td rowspan="4">상자</td><td>나무</td><td>wooden box: case:</td><td>W/B :</td><td rowspan="4">식료품, 손상되기 쉬운 잡화, 홍차, 가벼운 일반잡화, 통조림</td></tr>
<tr><td>종이</td><td>chest carton</td><td>C/S :CST</td></tr>
<tr><td>금속지</td><td>tin-lined case</td><td>C/ :CTN</td></tr>
<tr><td>투시상자</td><td>crate skeleton case</td><td>CRT</td></tr>
<tr><td rowspan="3">베일
(bale)</td><td>마</td><td>burtap: hessian cloth</td><td rowspan="3">BL.</td><td>면사, 원모</td></tr>
<tr><td>압축베일</td><td>pressed bale</td><td>원면</td></tr>
<tr><td>가마니</td><td>straw mat</td><td>쌀</td></tr>
<tr><td rowspan="4">부대
(bag)</td><td>마대</td><td>gunny bag</td><td>BG</td><td>미곡, 잡곡</td></tr>
<tr><td>면대</td><td>Sack</td><td>SK</td><td>소맥</td></tr>
<tr><td>지대</td><td>paper made bag</td><td>BT</td><td>시멘트, 석회</td></tr>
<tr><td>폴리에틸렌</td><td>polyethylene bag</td><td>BG</td><td>소금, 사료, 분말약품</td></tr>
<tr><td rowspan="3">통</td><td>나무통(대)</td><td>Barrel</td><td>BRL</td><td>술, 간장</td></tr>
<tr><td>나무통(중)</td><td>Cask</td><td>CSK</td><td>염료</td></tr>
<tr><td>나무통(소)</td><td>Keg</td><td>KG</td><td>못, 볼트</td></tr>
<tr><td rowspan="5">특수용기</td><td>드럼관</td><td>drum</td><td>–</td><td>화공약품, 유지</td></tr>
<tr><td>양철관</td><td>tin: can</td><td>DR</td><td>석유, 통조림</td></tr>
<tr><td>용기, 유리</td><td>jar: pot: carboy</td><td>–</td><td>유산, 음료수</td></tr>
<tr><td>대나무</td><td>basket: hamper</td><td>BKT</td><td>과일</td></tr>
<tr><td>철제원통</td><td>cylinder: iron flask</td><td>–</td><td>탄소</td></tr>
<tr><td rowspan="3">무용기
포장</td><td rowspan="3">두루마리
다발궤</td><td rowspan="3"></td><td>roll: coil:</td><td>BL : CL</td><td>철관, 신문지, 철사</td></tr>
<tr><td>Bundle</td><td>BDL</td><td>철근</td></tr>
<tr><td>Ingot</td><td>–</td><td>철강, 알루미늄</td></tr>
</table>

8 무역거래 일반조건

1) 일반거래조건의 의의

당사자 간에 무역거래가 이루어지면 무역계약을 체결하기에 앞서 거래의 일반적 기준이 될 조건들을 협정하는데 이를 일반거래조건(general terms and conditions)이라 한다.

별도의 일반거래조건협정서를 작성할 수도 있지만 대부분의 무역거래에서는 무역계약서 전면을 개별약정사항 등을 명시한 계약서 형식으로 하고, 그 뒷면에 일반거래조건을 인쇄하여 사용한다. 뒷면에 인쇄되어 있는 일반거래조건은 전면의 개별적 계약의 조건을 보충 설명하는 것이 된다. 만약 개별거래약정사항과 일반거래조건이 상호 모순되면 개별약정사항을 우선 적용한다.

무역거래에서 사용되는 일반거래조건은 본 매매계약이 본인 대 본인 계약이라는 점과 품질, 수량, 가격, 선적 등 개별약정사항을 해석하는 기준도 마련되어 있다. 그리고 천재지변 등으로 인한 계약불이행에 따른 면책조항, 클레임조항, 중재조항, 준거법조항 등이 있다.

2) 일반거래조건의 주요 조항

① 본인 대 본인 계약조항

본인 대 본인계약(principal to principal contract)조항은 거래당사자 모두 자신의 명의와 계산으로 직접 거래를 하고 계약을 체결하는 것을 나타내는 것이다. 무역거래는 판매대리인이나 구매대리인을 통해 거래가 이루어질 수 있기 때문에 계약을 체결할 때 수출업자와 수입업자 본인들이 직접 계약을 체결한 것을 협정해야만 사후 중개수수료 등의 문제가 제기되지 않는다.

② 거래상품에 관한 조항

거래상품에 대해서는 개별계약서에 구체적으로 정해진다. 그러나 거래 상품에 관한 일반적 사항에 대해서는 일반거래조건에서 정해지는데 여기에는 수량, 선적, 지급, 검사, 포장, 보험, 추가비용, 가격 등에 관한 조항들이 협정된다.

③ 클레임조항 및 중재조항

클레임조항에는 보통 클레임의 제기 시기와 방법이 약정되어 있다. 클레임은 거래상품이 목적지에 도착한 후 일정 기일 이내 먼저 빠른 전신수단으로 클레임을 제기하겠다는 사실을 통지하고 그 후 일정 기간 내 공인된 감정인의 보고서(surveyor's report)를 첨부하여 정식으로 제기하도록 한다.

④ 불가항력조항

수출업자의 고의, 과실, 태만 등으로 인한 계약불이행에 대해서는 수출업자가 책임을 져야 하나 천재지변, 전쟁 등과 같은 불가항력에 의한 계약불이행은 면책될 수 있다. 그러나 어떠한 경우가 불가항력에 해당하는가를 구체적으로 단정하기가 어렵기 때문에 이의 범위를 계약서에 명시해 두는 것이 바람직하다.

⑤ 준거법조항

무역계약의 당사자들은 서로 법률이 다른 국가에 속하므로 계약의 성립, 이행 및 해석을 위한 준거법(governing law)을 결정해야 한다. 최근의 무역거래에서는 1980년 비엔나회의에서 확정된 UN 국제물품매매에 관한 조약(비엔나협약)이 준거법으로 이용되고 있다.

9 불가항력(force majeure)

매매당사자의 귀책사유가 아닌 불가항력으로 인하여 약정된 선적기일 내지 인도기일 이내에 선적 또는 인도를 하지 못한 경우 등과 같이 계약내용을 이행하지 못한 경우에는 이를 계약불이행으로 보지 않고 그 당사자는 면책된다는 것과 불가항력의 정의 또는 예시 및 면책 받기 위하여 그 당사자가 해야 하는 조치 등을 그 내용으로 한다.

여기서의 불가항력은 매도인이 통제할 수 없는 우발적 사태나 사고(contingencies or accidents beyond seller's control)를 말하는 바, 그러는 것에는 자연적인 불가항력 즉 acts of God (천재지변)과 인위적인 불가항력이 있다.

10 클레임 및 중재조항

① 클레임조항 : 클레임 제기기간, 제기방법(서면), 제기조건(공인검사기관의 Survey Report 첨부) 등

② 중재조항 : 중재기관, 중재 장소, 준거법(Governing Law)

제7절 청약

1 청약의 의의

청약(Offer)이란 청약자(offeror)가 피청약자(offeree)에게 일정한 조건으로 계약을 체결하고 싶다는 명시적이고 묵시적인 의사표시이다. 따라서 청약은 일방적인 의사표시이며, 승낙과 함께 일정한 계약을 성립시킨다는 확정성이 있으며, 즉시 청약자를 구속하는 법적 구속성이 있으며, 구두 또는 행위에 의해서도 할 수 있는 불요식성이 있다. 또한 청약은 실현가능한 의사표시이어야 하며, 계약의 내용을 결정할 수 있는 필수요소(물품명 및 품질조건, 수량조건, 가격조건, 인도조건, 지급조건, 보험조건, 포장조건, 클레임해결조건 등)들이 포함되어 있어야 한다.

2 청약의 종류

청약의 종류는 청약의 발행주체에 따른 분류, 발행지를 기준으로 한 분류, 효력을 기준으로 한 분류 등으로 살펴볼 수 있다.

1) 청약의 발행주체에 따른 분류

(1) 매도청약

매도청약(selling offer)은 매도인이 발행한 청약으로 판매청약 이라고도 하며 이는 매도인측이 특정상품에 관해서 품질, 수량 및 기타 구체적인 매매조건과 함께 어떤 가격으로 판매하고 싶다는 의사표시이다.

(2) 매입청약

매입청약(buying offer)은 매수인의 매입의사를 말하는 것으로 구매청약이라고도 하며, 매입주문서(Purchasing order) 등의 형식으로 이루어진다.

2) 발행지를 기준으로 한 분류

(1) 국내발행청약

국내발행청약은 청약의 주체가 거래상대국의 물품공급업자 및 본사를 대리하여 국내에서 발행 또는 의사 표시한 청약으로 갑류무역대리업자(오퍼상)가 발행하는 물품매도확약서(offer sheet)가 여기에 해당된다.

(2) 국외발행청약

국외발행청약은 거래상대국의 물품공급업자 또는 제3자가 국외에서 발행 또는 의사표시를 한 매도청약을 의미한다.

3) 효력을 기준으로 한 분류

(1) 확정청약

확정청약은 청약의 유효기간을 정하고 그 기간 내에 피청약자가 승낙하면 계약이 성립되는 청약을 뜻하고 기한부청약이라고도 한다. 대부분의 청약은 유효기간이 정해져 있지만 유효기간이 없는 경우라도 청약이 확정적 또는 취소불능이라는 표시가 있으면 확정청약으로 간주하도록 되어 있다.

(2) 불확정청약

불확정청약은 유효기간이 명시되어 있지 않거나 확정적 또는 취소불능이라는 표현이 명시되어 있지 않은 청약으로 피청약자에 대한 승낙으로 계약은 성립되나, 청약자가 계약 성립 전에 취소나 조건 변경이 가능한 청약을 말한다. 피청약자가 승낙을 하여도 청약자의 재확인이 필요하고 청약자의 자유의사에 따라 언제든지 취소가 가능한 청약이다.

(3) 반대청약

청약자의 청약에 대해 피청약자가 청약내용 중의 일부추가(additions) 또는 제한(limitations) 및 변경(modifications) 등 새로운 조건을 제의해 오는 청약을 뜻한다. 이러한 반대청약은 원래의 청약에 대한 거절임과 동시에 새로운 확정청약으로 간주되기 때문에 청약에 대한 반대청약으로는 계약이 성립되지 않는다.

4) 조건부청약

(1) 최종확인 조건부청약

피청약자가 승낙하더라도 청약자의 최종확인이 있어야 계약이 성립한다는 조건이 붙은 청약이다. 최종확인 조건부 청약은 피청약자가 승낙을 해도 청약자의 최종확인이 없으면 계약이 성립하지 않기 때문에 본래 의미의 청약이라 볼 수 없으며 청약의 유인이라고 봐야한다.

(2) 재고잔류 조건부청약

피청약자의 승낙만으로 계약이 성립되지 않고 당해 물품의 재고가 남아 있을 경우에 한하여 계약이 성립되는 불확정청약의 하나이다.

(3) 선착순매매 조건부청약

피청약자의 승낙만으로 계약이 성립되지 않고 재고 물량의 범위 내에서 청약의 우선순위에 따라 계약이 성립되는 조건부청약이다.

(4) 점검매매 조건부청약

청약과 함께 견본을 보내면서 피청약자가 그 견본을 사용해 본 후 만족하면 승낙을 할 것을 조건으로 하는 청약이다. 피청약자의 대금지급은 승낙의 의사표시임과 동시에 대금지급의무의 이행이다.

(5) 반품허용 조건부청약

청약과 함께 다량의 현물을 송부하고 피청약자가 일정기간 판매 후 남은 잔량은 반품할 수 있다는 조건으로 하는 청약이다.

(6) 무확약청약

offer에 표시된 가격이 확정되지 않은 것이라서 시세변동에 따라 변경될 수 있다는 조건을 붙인 청약이다.

3 청약의 유인

청약의 유인은 상대방으로 하여금 자신에게 청약을 하도록 만드는 것을 뜻하는데 각종 광고가 이에 해당하는 바이다. 사람들이 광고를 보고 청약을 하더라도 광고자가 반드시 승낙을 해야 하는 것은 아니다. 청약 내용을 구체적으로 검토한 뒤 자신이 원하는 조건이 충족된다면 승낙을 하게 된다. 예컨대, 대기업이 채용공고를 하면 보통 수십 대 일의 경쟁률을 보이는데, 이에 응하는 사람을 모두 채용하지는 않는다. 그 밖에 채용, 주택임대광고 등 각종 광고는 원칙적으로 청약의 유인에 불과하며 상품의 진열, 상품 목록의 배부 등도 청약의 유인행위이다.

4 청약의 효력발생

CISG는 "청약은 피청약자에게 도달할 때 효력을 발생한다."라고 규정하여 도달주의[6]를 채택하고 있다. 여기서 도달이라는 것은 청약, 승낙의 선언 또는 기타의 의사표시는 그것이 수신인에게 구두로 전해지거나 수신인의 주소에 전달되는 것을 의미하는 바이다. 청약은 실무적으로 효력발생기간을 구체적으로 명시하는 것이 좋은 방법이다.

5 청약의 효력소멸

1) 상대방의 승낙

청약은 상대방의 승낙에 의해 계약이 성립되며, 청약은 그 효력을 상실한다.

2) 당사자의 사망

청약이 승낙되기 이전에 어느 당사자가 사망할 시 청약이나 대응청약의 효력을 상실하게 된다. 의사를 중시하는 대륙법계는 청약의 승계로 청약이 지속 가능하고, 형식과 절차를 중시하는 영미법계는 사망으로 인해 청약의 효력이 소멸된다.

3) 이행불능

계약 성립 이후에 양 당사자의 과실에 의하지 않고, 계약이 법적으로 이행불능이 되거나 이행할 가치가 없게 된 경우를 말한다. 목적물의 멸실, 후발적 위법, 사정의 본질적 변화 그리고 위와 같은 당사자가 사망하는 경우가 이에 해당한다.

① 원시적 이행불능 – 계약 자체가 무효. 계약 체결 시 이미 계약의 이행 불능이 된 경우나 계약 목적물이 소멸된 경우

② 후발적 이행불능 – 계약이 소멸계약 체결 이후에 후발적 사태에 의해서 이행불능하여 계약 목적을 달성할 수 없는 경우

6) 승낙의 효력발생 시기 : 한국법, 영국법(대화자 : 도달주의, 격지자 : 발신주의), CISG(도달주의), 독일법(도달주의), 미국법(발신주의)

4) 청약의 거절과 대응청약

피 청약자가 청약을 거절하면 청약의 효력은 소멸되고 청약 내용에 조건을 붙이거나 일부만 승낙 한다는 것은 대응청약이 된다. 이것은 최초의 청약에 대하여 거절하는 효과를 가지게 됨과 동시에 새로운 청약이 되는 것이기 때문에 최초에 생겼던 청약은 효력을 상실하게 된다.

5) 청약의 취소

청약의 취소는 청약의 효력이 발생한 뒤에 그 효력을 소멸시키는 것으로 반드시 상대방에게 통지를 해주어야 하며 그 통지는 상대방의 청약에 대한 승낙이 발송되기 전에 상대방에게 도달하여야 한다. 청약에서 승낙을 위해 지정된 기간을 명시하거나 또는 기타의 방법으로 그것이 취소불능임을 표시한 경우, 피청약자가 청약을 취소불능이라고 믿고 신뢰하는 것이 합리적이고 피청약자가 청약을 신뢰하여 행동한 경우(신뢰보호 원칙)에는 청약이 취소될 수 없다(CISG[7] 第16조 제2항[8]).

청약의 취소(revocation)와 철회(withdrawal)는 구분되어야 한다. 청약의 취소는 청약의 효력발생 후에 효력을 소멸시키고, 철회는 청약의 효력이 발생되기 전에 그 효력을 중지시키는 것으로 비록 청약이 취소불능이라도 청약의 의사표시가 상대방에 도달하기 전에 또는 도달과 동시에 철회의 의사표시가 피청약자에게 도달한 때에는 철회가 가능하다(CISG 第15조[9]).

6 청약의 유효기간

1) 격지자간 청약(전보, 편지 등)

격지자란 의사표시의 인지에 시간적 텀이 있는 당사자들을 말한다. 격지자 간에 어울리는 통신 수단은 전보나 편지 등의 서신이 대표적이다. 이러한 통신수단은 발신부터 도달에 이르기까지 일정한 시간이 요구되기 때문이다. 청약자가 기산 시점을 정한 경우에는 그 시점을 기준으로 유효기간이 정해진다. 하지만 청약자가 기산 시점을 정하지 않은 경우에는 전보가 발송을

---

7) CISG : UN통일 매매법이라고도 하며, 국제물품매매계약에 관한 UN협약이다.

8) CISG 第16조 제2항: (a) if it indicates, whether by stating a fixed time for acceptance or other-wise, that it is irrevocable; or (b) if it was reasonable for the offeree to rely on the offer as being irrevocable and the offereehas acted in reliance on the offer.

9) CISG 第15조: An offer, even if it is irrevocable, may be withdrawn if the withdrawal reaches the offeree before or at the same time as the offer.

위해 교부된 시점 또는 서신에 표시되어 있는 일자, 서신에 일자가 표시되지 않은 경우에는 계약의 준거법에 따라 청약의 발신시기 또는 도달시기를 기준으로 결정하면 된다. CISG는 도달한 때로 규정하고 있다.

2) 대화자간 청약(전화, 텔렉스 등 동시적 통신수단)

대화자는 의사표시를 곧바로 알 수 있는 위치에 존재하는 당사자를 말한다. 격지자와는 달리 의사표시의 요지에 시간적 갭이 존재하지 않는다. 따라서 대화자간에 사용되는 통신수단은 전화나 텔렉스와 같은 동시적 통신수단이 대표적이다. 대화자간의 청약은 청약이 피청약자에게 도달한 시점으로부터 기산한다.

청약의 유효기간 중에 공휴일이나 비영업일이 있어도 기간의 계산에 포함해야한다. 하지만 유효기간의 마지막 날이 공휴일 등에 해당되어 승낙이 청약자에게 도달될 수 없는 경우에는 그 유효기간이 다음 최초 영업일까지 연장된다.

제8절 승낙

1 승낙의 의의

승낙(acceptance)은 피청약자가 청약자의 청약에 대해 계약을 체결시킬 목적으로 청약자에게 행하는 의사표시를 말한다. 청약에 대한 승낙이 있는 경우에는 계약이 체결된다. 청약이 그렇듯 승낙도 일정한 요건이 있다. 유효한 승낙이 되려면 4가지의 요건을 갖춰야 한다.

① 경상의 원칙[10]
② 피청약자가 승낙할 것
③ 청약의 유효기간 내에 승낙할 것
④ 승낙의 의사를 표시할 것

---

10) 경상의 원칙이란 청약의 내용과 조건 그대로 승낙해야 한다는 것이다. 피청약자가 청약의 조건을 일부 변경해서 승낙한다면 이것은 승낙이 아닌 반대 청약 또는 대응 청약에 해당한다. 경상의 원칙은 대원칙이며 예외가 존재하기도 한다.

2 승낙의 방법

평범한 의사표시뿐만 아니라 어떠한 행위도 승낙이 될 수 있다. 대개 우리가 생각하는 의사표시는 편지나 전화, 이메일 등의 통신수단을 통한 진술일 것이다. 그러나 CISG는 이에 국한되지 않고, 대금의 지급이나 물품의 인도 등 청약자의 청약 조건에 맞는 피청약자의 구체적인 행위를 승낙의 범위에 포함시켰다. 이런 행위에는 청약자에 대한 피청약자의 암묵적인 동의가 있다고 보는 것이다.

그러나 피 청약자가 청약에 대한 무반응 즉, 침묵으로 일관하거나 어떤 행위도 하지 않는 경우에는 승낙의 의사표시가 있다고 보지 않는다. 다만, 침묵이나 부작위에 대해 당사자 간 암묵적인 동의로 볼 수 있는 명백한 증거가 있는 경우에는 침묵이나 부작위도 승낙으로 간주될 수 있다. 그래도 원칙적으로는 CISG에서 승낙의 범위에 포함되지 않는다.[11)]

3 승낙의 효력발생

승낙의 효력발생 시기는 승낙의 철회 가능성과 관련되고, 승낙의 효력발생 시점이 바로 계약의 성립시점이다. 그리고 승낙의 효력발생 장소가 계약의 성립장소가 된다는 점이 중요하다.[12)] 승낙이 유효하게 효력이 발생하려면 전제 조건이 있다. 바로 승낙이 청약의 유효기간 내에 이루어져야 한다는 것이다. 청약의 유효기간 내에 승낙이 이루어졌을 때만 승낙의 효력발생 시기를 얘기할 수 있다.

CISG 제 18조 2항, 3항에 따르면

① 청약의 유효기간이 있는 경우 : 해당 기간 내에 승낙해야 한다.
② 청약의 유효기간이 없는 경우 : 합리적인 기간 내에 승낙해야 한다.
③ 구두 청약의 경우 : 즉시 승낙해야 한다.

이 기간 내에 피청약자의 승낙이 있게 되면 승낙의 효력발생시기를 따질 수가 있다.

① 진술에 의한 승낙 : 동의의 의사표시가 청약자에게 도달하는 시점(도달주의)
② 행위에 의한 승낙 : 동의로 볼 수 있는 행위가 이루어진 시점

---

11) CISG 제18조 (1) : "A statement made by or other conduct of the offeree indicating assent to an offer is an acceptance. Silence or inactivity does not in itself amount to acceptance."

12) CISG 제23조 : "A contract is concluded at the moment when an acceptance of an offer becomes effective in accordance with the provisions of this Convention."

승낙도 의사표시의 대원칙은 도달주의를 따르고 있다. 구두 청약의 경우 청약의 유효기간이 청약이 있는 바로 그 즉시이므로, 이 경우에는 청약과 동시에 승낙의 의사표시를 진술하거나 대금을 지급하는 등의 행위를 하면 그 시점에 승낙의 효력이 발생하게 된다.

4 승낙의 효력소멸

일반 원칙으로는 승낙은 승낙의 의사표시가 청약자에게 도달하기 전까지는 언제든지 철회할 수 있다. 반면에 승낙의 의사표시가 청약자에게 도달한 후에는 이를 소멸시킬 수 없다. 이는 승낙의 도달은 곧 계약 성립을 의미하기 때문이다.

1) 유효하지 않은 승낙

(1) 변경된 승낙

승낙을 의도하지만 추가, 제한 또는 변경조건을 포함하는 경우에는 승낙의 효력이 없고 변경된 승낙이 청약의 조건을 실질적으로 변경하지 않는 경우에는 청약자가 반대의사를 표시하지 않는 한 승낙으로 본다. 여기서 실질적 조건변경의 기준으로는 물품의 품질과 수량, 대금 및 대금지급방법, 인도의 장소 및 시기, 책임의 범위, 분쟁해결에 대한 부가적 조건 또는 상이한 조건 등이 포함된다.

(2) 지연된 승낙

원칙적으로 지연된 승낙은 효력이 없다. 지연된 승낙은 유효기간 내에 피청약자의 승낙의 의사표시가 청약자에게 도달하지 못했기 때문인데, CISG에서는 지연된 승낙을 예외적으로 인정하고 있다. 유효한 승낙이 되기까지에는 일정 조건이 필요하다.

① 일반적인 연착

연착된 승낙은 청약자가 상대방에게 지체 없이 승낙으로서 효력을 가진다는 취지를 구두로 통고하거나 그러한 취지의 통지를 발송하는 경우에는 승낙으로서의 효력을 갖게 된다(CISG 제21조 1항).

② 피청약자의 책임 없는 연착

연착된 승낙이 포함된 서신 또는 그 밖의 서면에 의하여, 전달이 정상적이었다면 기간 내에 청약자에게 도달되었을 상황에서 승낙이 발송되었다고 인정되는 경우에는 그 연착된 승낙은 승낙으로서의 효력이 발생하게 된다. 다만, 청약자가 상대방에게 지체 없이 청약이 실효되었다는 취지를 구두로 통보하거나 그러한 취지의 통지를 발송하는 경우에는 그러지 않는다.

일반적인 연착과는 반대 상황으로, 일반적인 연착의 경우에는 청약자에게 계약을 체결할 수 있도록 재량권을 부여하는데 피청약자의 책임없는 사유로 인한 연착에서는 청약자가 계약체결을 막을 수 있도록 재량권을 부여한 것이다. 하지만 재량권에는 '지체없이' 라는 제한을 두어 피 청약자가 승낙이 유효하게 되거나 또는 실효되는 사실을 바로 인지할 수 있도록 했다(CISG 제 21조 2항).

(3) 최후발포이론

서식논쟁의 상황 하에서 이행이 이루어지고 나중에 분쟁이 생긴 경우에는 최후에 보내진 서식을 우선한다는 이론이다. 전쟁에서 최후에 발포한 자가 승리한다는 격언과 연계되며 계약 성립 이후 계약이행행위는 최후 서식에 대한 동의를 표시하는 것으로 해석되기 때문이다.

6

무역계약의 기본조건

Chapter 6
무역계약의 기본조건

제1절 무역계약조건에 관한 협정

무역 계약이란 넓게는 무역 거래와 관련하여 체결되는 일체의 계약을 뜻하나 보통은 물품의 수출입시 매도인과 매수인 간에 체결되는 계약을 말한다. 무역계약서는 통일된 양식이나 형식이 없다. 그리고 계약체결 방법도 서면이나 구두 방식 등 어느 것을 채택하여도 무방하며 정해진 절차가 있는 것도 아니다. 그러나 후일 분쟁 발생 시 입증의 편의를 위해 서면, 전자메일 등을 주로 사용한다.

무역 계약은 불요식계약, 유상계약, 쌍무계약, 매도인(Seller)의 청약(Offer)과 매수인(Buyer)의 승낙(Acceptance) 또는 매수인(Buyer)의 주문(Order)와 매도인(Seller)의 접수통지(Acknowledgement)가 결합하는 낙성계약이라는 법률적 특성을 갖는다.

무역 계약에 있어서 계약을 이루는 중심이 되는 사항은 계약 물품의 특정, 품질, 수량, 가격 및 포장조건과 관련된 사항이고, 그러한 계약의 이행조건 중심이 되는 사항은 선적, 결제, 보험, 검사 및 클레임에 대한 사항 등이다.

무역 거래 시 거래당사자 간의 물품 인도, 비용부담, 위험 이전, 운송 및 보험계약 체결책임 등에 관한 기준인 Incoterms®2020의 각 규칙의 내용도 알아볼 것이다.[1)]

---

1) 한국무역협회, https://www.kita.net/

제2절 무역계약의 기본조건

1 무역거래조건에 관한 협정

1) Incoterms®2020

(1) Incoterms의 개념

인코텀즈(Incoterms)는 국제물품매매에서 매매당사자 간의 의무에 대한 불확실성을 해소하기 위하여 국제상업회의소(International Chamber of Commerce: ICC)가 마련한 표준관습인 「국내 및 국제 거래조건의 사용에 관한 ICC 규칙」을 말한다.

"Incoterms"는 "International Commercial Terms"를 조합한 합성어이며, 과거의 Incoterms를 『무역 거래조건의 해석에 관한 국제규칙』(International Rules for the Interpretation of Trade Terms)이라고 불렀으나 Incoterms® 2010[2] 규칙부터 공식 명칭이 「국내 및 국제 거래조건의 사용에 관한 ICC규칙」으로 변경되어 사용되고 있다. 인코텀즈는 강행법규가 아님에도 불구하고 오늘날 무역 거래에서 범세계적으로 널리 활용되고 있는 정형화된 거래 규칙이다.

"정형거래조건"(trade terms)이란 물품이 매도인으로부터 매수인에게 이르기까지 운송과 수출입통관을 비롯하여 여러 비용과 위험부담의 당사자를 구분해주는 정형화된 거래요소를 말한다. 그런데 이러한 정형거래조건도 당사자들의 국가나 지역별로 상관습과 법체계가 달라 그 해석상의 오해와 분쟁이 야기되었다.[3]

Incoterms 2020의 주요 내용을 보면 다음과 같다.

① 소개문(Introduction to Incoterms 2020)의 내용이 확대되었는데, 특히 Incoterms의 적용사항과 미적용사항을 제시함으로써 Incoterms의 적용범위를 명확히 하였다.

② 터미널인도(DAT)를 도착지양하인도(DPU)로 변경하였으며, 각 규칙 내의 10개 조항(A1 ~ A10, B1 ~ B10)의 순서와 조문 표제를 일부 변경하였다.

③ CIP와 CIF의 적하보험 부보수준을 차별화하여 CIP에서는 ICC(A)조건으로 부보수준을 강화하였고, CIF에서는 ICC(C)조건을 유지하였다.

---

2) Incoterms® 2010 Rules은 ICC의 상표등록에 따라 "Incoterms"가 보통명사가 아니라 Incoterms® 2010을 새겨 넣으면서 고유명사화 되었음. 그러나 Incoterms® 2020 Rule은 매매계약에 기입할 때 상표까지 표시할 필요가 없다고 밝히고 있음(Introduction to Incoterms® 2020, para 15.).

3) 김종칠, 『무역실무』,(박영사, 2020), p.137.

④ FCA, DAP, DPU 및 DDP에서 매도인 또는 매수인 자신의 운송수단에 의한 운송을 허용하였다. 운송의무 및 비용 조항에 보안관련요건을 포함시켰고, FCA에서 당사자의 합의로 '본선적재표시가 있는 선하증권'을 요구할 수 있도록 하였다.

⑤ 모든 운송방식용 규칙(Rules for any Mode of Transport)에서는 EXW, FCA, CPT, CIP, DAP, DPU, DDP 7개의 규칙을 규정하고, "해상 및 내수로 운송방식용 규칙(Rules for Sea and Inland Waterway Transport)"에서는 FAS, FOB, CFR, CIF 4개의 규칙으로 하였다.

⑥ 각 11개 규칙의 시작 부분에 사용자를 위한 설명문(Explanatory Note for Users)을 두고, 그 후로 매도인의 의무 10개 항목(A1~A10)과 매수인의 의무 10개 항목(B1~B10)을 대칭적으로 규정하고 있다. 모든 운송방식용 규칙(EXW, FCA, CPT, CIP, DAP, DPU, DDP)은 운송수단에 관계없이 사용될 수 있고, 둘 이상의 운송방식이 이용되는 경우에도 사용될 수 있다(즉 복합운송방식에도 사용 가능). 그러나 해상 및 내수로 운송방식용 규칙(FAS, FOB, CFR, CIF)은 해상운송이나 해수로운송에만 사용될 수 있다.

Incoterms 2020 개정에서 눈에 띄는 점은 우선 각 정형거래조건 내부조항들의 순서를 중요성에 따라 먼저 배치함으로써 인코텀즈에 대한 정확한 이해를 돕는데 우선을 두었다.

당사자들이 Incoterms 2020 규칙이 계약에 적용되도록 하고자 하는 경우에 가장 안전한 방법은 계약에서 다음과 같은 문구를 통하여 그러한 의사를 명백하게 표현하는 것이다.

("[선택된 인코텀즈규칙] [지정항구, 장소 또는 지점] Incoterms 2020".)

CIF Los Angeles Incoterms 200 또는 DAP No 123, ABC Street, Importland(주소로 인도장소 기재 가능) Incoterms 2020.

→ Trade Terms : Unless otherwise stated, the trade terms under this contract shall be governed and interpreted by the Incoterms 2020.

앞에서 언급하였듯이 Version을 빠뜨리면 해결하기 어려운 문제가 발생할수 있다. 즉 Incoterms 적용에 대한 이견으로 분쟁이 발생했을 때 당사자, 또는 중재인, 판사가 어떤 Version의 Incoterms 규칙이 계약에 적용되는지 결정해야 하기 때문이다.

선택된 Incoterms 규칙 바로 다음에 기명되는 장소는 더 중요하다.

C규칙을 제외한 모든 인코텀즈 규칙에서 그러한 지정장소는 물품이 어디서 "인도"되는지, 즉 위험이 어디서 매도인으로부터 매수인에게 이전하는지를 표시한다.

D규칙에서 지정장소는 인도장소이자 목적지이고 매도인은 그 지점까지 운송을 마련하여야 한다.

C규칙에서 지정장소는 매도인이 그 운송을 마련하고 그 비용을 부담하여야 하는 물품운송의 목적지이지만 인도장소나 인도항구는 아니다.

(2) Incoterms의 목적

무역 거래에 있어서 계약 당사자는 거래 상대방 국가의 법률과 관습을 잘 모르기 때문에 거래조건의 해석에 관하여 당사자 간에 각종의 오해와 분쟁이 야기될 수 있으며, 나아가 법적 소송이 발생할 수 있다.

이러한 이유에서 ICC는 국제무역의 거래조건과 상관습을 통일 시켜 무역 거래에 있어서 계약 당사자들 사이에 발생할 수 있는 무역 분쟁을 예방하고 특정 거래조건에 대한 서로 다른 해석으로 인한 불확실성을 제거하거나 최소화시켜 무역 확대를 촉진시켜 나가겠다는 목적에서 인코텀즈를 제정하게 되었다.

따라서 인코텀즈의 제정목적은 거래 당사자들에게 공통적으로 적용될 수 있도록 중립적이고 합리적인 해석규칙을 제공함으로써 정형거래조건에 대한 상이한 해석으로 인한 오해와 마찰, 기타 예견치 못한 위험요인을 제거 또는 경감하여 궁극적으로는 시간과 금전상의 낭비를 방지해 나가는 데 있다.[4)]

(3) Incoterms® 2020 규칙의 구성체계

가) Incoterms® 2020 Rule의 분류

Incoterms® 2020 Rules에 규정된 정형거래조건은 모두 11가지이며, 이들 거래조건은 실무적으로 이해하기 쉽게 운송방식에 따라 2개의 그룹으로 분류하고 있다.

Incoterms® 2020 Rule의 분류

적합한 운송방식	약어
Rules for Any Mode or Modes of Transport (단수 또는 모든 운송방식)	EXW(Ex Works)
	FCA(Free Carrier)
	CPT(Carriage Paid To)
	CIP(Carriage and Insurance Paid To)
	DAP(Delivered At Place)
	DPU(Delivered at Place Unloaded)
	DDP(Delivered Duty Paid)
Rules for Sea and Inland Waterway Transport (해상 및 내륙수로 운송)	FAS(Free Alongside Ship)
	FOB(Free On Board)
	CFR(Cost and Freight)
	CIF(Cost Insurance and Freight)

4) 김종칠, 전게서, p.138.

① 모든 운송방식에 적용되는 규칙

채택된 운송방식에 관계없이 사용될 수 있으며, 또한 운송방식이 하나 또는 그 이상이든 관계없이 사용될 수 있다. 여기에 해당되는 7개 규칙은 해상운송이 전혀 사용되지 않을 경우에 사용되지만, 복합운송의 일부 과정에서는 선박이 사용될 수 있다.

② 해상운송과 내륙수로 운송에 적용되는 규칙

매도인에게 인도지점 및 위험의 이전 장소가 모두 항구이므로 "해상 및 내륙수로" 규칙으로 명명되었다. 이들 그룹은 매도인이 물품을 바다나 강의 항구에서 선박에 적재하는 경우에 사용되는 규칙이다.

나) 전통적 방법에 의한 Incoterms® 2020의 분류

Incoterms® 2020 규칙은 매도인의 책임이 증가하는 인도지점(delivery points)의 순서대로 나열하면 전통적인 4개의 카테고리라고 할 수 있는 E그룹, F그룹, C그룹, D그룹으로 분류할 수 있다.

① "그룹 E"는 출발지 조건(departure)군으로 현장에서 물품을 인도하는 공장인도((Ex Works: EXW) 규칙이 있다.

② "그룹 F"는 주운임 미지급조건(main carriage unpaid) 군으로 운송인 인도(Free Carrier : FCA)규칙, 선측인도(Free Alongside Ship: FAS)규칙, 본선인도(Free On Board: FOB) 규칙 총 3개가 있다. 본 그룹에서 매도인은 매수인이 지정한 운송인에게 선적지에서 물품을 인도하지만, 목적지까지의 주 운송비를 지급하지 아니하는 공통점이 있다. 그리고 운임이 후지급(freight collect) 조건 군에 속한다.

③ "그룹C"는 주운임 지급인도(main carriage paid)군으로 매도인은 기본적으로 지정된 목적지까지 운송 또는 보험계약을 체결하고 주 운송비를 지급하지만, 지정된 목적지는 매도인이 물품을 인도해야 하는 장소나 항구는 아니다. 또한 "그룹 C"에서 매도인은 물품을 인도한 후의 위험과 추가 비용을 부담하지 아니하는 것이다. 여기에는 운임포함인도(Cost and Freight: CFR) 규칙, 운임·보험료포함인도(Cost, Insurance and Freight; CIF)규칙, 운송비지급인도(Carriage Paid To: CPT) 규칙, 운송비·보험료지급인도(Carriage and Insurance Paid To: CIP)규칙이 있다.

④ "그룹D"는 도착지조건(arrival)군으로서 매도인은 목적지까지 물품을 운반하는데 필요한 모든 비용과 위험을 부담하여 매수인에게 물품을 인도하는 것이다. 여기에는 도착지인도(Delivered At Place: DAP)규칙, 도착지양하인도(Delivered at Place Unloaded: DPU)규칙, 관

세지급인도(Delivered Duty Paid: DDP)규칙이 있다.[5)]

(4) 매도인과 매수인의 의무

거래규칙별 당사자 의무조항

A. 매도인 의무	B. 매수인의무
A1. 일반적 의무	B.1 일반적 의무
A2. 인도	B.2 인수
A3. 위험의 이전	B.3 위험의 이전
A4. 운송	B.4 운송
A5. 보험	B.5 보험
A6. 인도/운송서류	B.6 인도/운송서류
A7. 수출/수입통관	B.7 수출/수입통관
A8. 점검 · 포장 · 화인	B.8 점검 · 포장 · 화인
A9. 비용분담	B.9 비용분담
A10. 통지	B.10 통지

Incoterms® 2020 Rules은 각 11개 조건별로 매도인과 매수인에 대한 의무사항을 다음 표와 같이 10개 조항으로 대칭되게 분류하여 배열하고 있다.

(5) Incoterms® 2020의 각론

가) 공장인도(Ex Works: EXW)

EXW(insert named place of delivery) Incoterms® 2020

① 정의

공장인도(EXW) 규칙은 매도인이 자신의 공장이나 창고와 같은 지정장소에서 약정된 기간 내에 계약 물품을 매수인의 임의 처분 상태에 둘 때[6)] 매도인의 인도 의무가 완료되는 조건이다.

이 규칙은 물품의 생산 장소뿐만 아니라 상품의 유통단계에서 처음으로 상거래가 이루어지는 원산지를 기준으로 하고 있으므로 일종의 수출국내의 생산지 및 공급지 등에서 이루어지는 국내매매조건이라고 할 수 있다.

EXW는 인코텀즈 상의 11가지 정형거래조건 중에서 매도인에 대하여는 최소한의 의무를, 매수인에 대하여는 최대한의 의무를 나타내는 것이다.

---

5) 김종칠, 전게서, pp.141-143.

6) '매수인의 임의 처분 상태에 둔다'는 말은 매수인이 물품을 수령할 수 있는 상태로 물품을 특정하고 포장을 완료한 상태에서 인도준비가 완료된 상태를 의미한다.

② 물품의 인도

EXW는 매도인이 자신의 공장이나 창고와 같은 지정장소에서 물품을 인도하는 현실적 실물인도조건이다. 그러므로 매도인의 입장에서는 국내거래와 동일한 것이다. 매도인은 수출통관이 되지 않는 물품을 수취용 차량에 적재되지 않은 상태로 인도한다는 의미이다.

③ 위험의 이전

매도인이 자신의 구내 또는 지정된 장소(작업장, 공장, 창고)에서 물품을 인도할 때까지 물품에 발생되는 손해에 대한 위험을 부담하게 된다.

④ 비용의 이전

매도인은 물품이 자신의 구내 또는 지정된 장소에서 인도 가능한 상태에 놓일 때까지 물품에 대한 비용을 부담하고 그 이후는 매수인이 비용을 부담한다. 여기서 '인도 가능한 상태'란 매수인이 물품을 인수하도록 임의 처분 상태로 준비하는 경우를 의미한다.

⑤ 수출통관 및 수입통관 의무

수출통관은 매도인이 수입통관은 매수인이 하는 것이 원칙이나 공장인도규칙에서 매도인은 자신의 창고에서 인도하므로 매수인이 수출통관 및 수입통관을 이행하게 된다. EXW 규칙 하에서는 매수인은 수출승인 또는 공적승인뿐만 아니라 수입승인을 취득하여야 하며 매도인은 매수인의 비용부담으로 이를 취득하는 데 필요한 협조를 다 하여야 한다. 그러므로 매수인은 수출통관의 의무를 수용하기 전에 수출국가의 법령에 따라 외국인에 의한 수출승인이나 수출통관이 가능한지의 여부를 확인할 필요가 있다.

매수인이 수출통관 의무를 피하고자 할 때는 EXW 규칙 뒤에 "cleared for export"(수출통관필)라는 문언을 추가하거나 FCA 규칙을 사용하여야 할 것이다.[7]

나) 운송인인도(Free Carrier: FCA)

FCA(insert named place of delivery) Incoterms® 2020

① 정의

Free Carrier(운송인인도, FCA) 규칙은 매도인이 수출통관을 이행한 물품을 지정 인도 장소에서 매수인이 지정한 운송인 또는 제3자에게 인도하거나 그렇게 인도된 물품을 조달하여 인도해야 함을 의미한다. 매도인이 지정된 장소에서 물품이 인도될 때 매수인에게 위험이 이전된다.

FCA는 적용이 가능한 경우 매도인이 물품의 수출통관을 이행하도록 요구한다. 그러나 매도인은 수입통관에 대한 의무는 없으며, 일체의 수입관세를 지급하거나 또는 일체의 수입통관절차를 이행할 의무도 없다.

7) 김종칠, 전게서, pp.151-155.

본 규칙은 철도, 육로, 내륙수로, 해상, 항공 등의 어떠한 운송방식이 선택되는지를 불문하고 사용할 수 있고, 2가지 이상의 운송방식이 채택된 복합운송의 경우에도 사용될 수 있다.

② 물품의 인도

FCA에서 매도인은 합의된 지점에서 매수인이 지정한 운송인 또는 제3자에게 물품을 인도하거나 그렇게 인도된 물품을 조달하여 인도하면 그의 책임이 종료되는 현실적 실물 인도 조건이다.

FCA 규칙에서 매도인은 물품을 매수인에게 다음 2가지 방법 중 하나로 인도하는 것을 의미한다. ① 지정장소가 매도인의 영업 구내인 경우, 물품이 매수인이 제공하는 운송수단에 적재되었을 때, ② 지정장소가 매도인의 영업 구내가 아닌 다른 장소인 경우, 물품이 매도인의 운송수단에서 적재되어 지정장소에 도착하고, 매도인의 운송수단에서 양하(unloading)[8]를 위해 준비된 상태로 매수인이 지정한 운송인 또는 다른 자에게 임의처분 상태로 둘 때 인도 의무가 완료된다. 따라서 두 장소 중에서 인도 장소가 ①의 경우 매도인의 영업 구내에서 위험이 매수인에게 이전되며, ②의 경우 그 지정장소에서 위험이 매수인에게 이전되며, 이 장소가 매수인이 비용을 부담하기 시작하는 시점이 된다.

물품의 인도 장소는 매수인이 지정하는 것이 원칙이지만 만약 정확한 인도지점이 지정되지 않은 경우에 매도인은 '자신의 목적에 가장 적합한 지점'을 선택할 권리를 갖는다.

물품의 인도 장소는 통상 철도터미널, 화물터미널, 컨테이너 터미널, ICD, 하치장 등에서 이루어진다. 본 규칙은 모든 운송방식에 사용될 수 있으며 해상・내수로・항공・철도・도로 또는 복합운송의 운송방식에 따라 운송서류가 다를 수 있다.

③ 위험의 이전

FCA 규칙에서 매도인은 물품을 매수인이 지정한 운송인에게 인도할 때까지 물품에 대한 위험을 부담한다. 다만 물품의 인도 장소가 매도인의 영업 구내인 경우 운송인의 집화 차량에 적재하여 인도할 때 위험이 이전되며, 그 외의 장소인 경우 매도인의 차량 지정장소에 도착하여 양하 되지 않은 채 운송인에게 임의 처분 상태로 둘 때 위험이 이전된다.

④ 비용의 이전

FCA 규칙에서 비용의 분기점은 위험의 분기점과 동일하다. 따라서 FCA 규칙에서 비용의 이전 시점은 매도인이 물품을 운송인에게 인도할 때까지 물품에 대하여 발생되는 비용을 부담하여야 한다. 인도 장소가 매도인의 영업 구내인 경우 운송인의 집화 차량에 적재하여 인도할 때까지 매도인이 비용을 부담하며, 그 외의 장소인 경우 매도인의 차량이 지정장소에 도착하여 양하 되지 않은 채 운송인에게 임의 처분 상태에 놓일 때까지 매도인이 비용을 부담하여야 한다.

---

8) 양하(揚貨, unloading)란 운송수단에서 화물을 부두나 터미널 등에 내려놓는 것을 말한다.

⑤ 수출통관 및 수입통관 의무

FCA 규칙에서의 매도인은 수출통관을 이행하여야 하며, 매수인이 수입통관을 이행하는 것이 원칙이다. 따라서 매도인은 수출승인과 수출통관 절차를 완료하여 매수인이 지정한 운송인 또는 제3자에게 물품을 인도하고, 매수인은 수입지에서 수입통관 수속 절차를 완료하여 수입관세를 부담한다.

⑥ 본선 적재 표기 선하증권의 제공

FCA 규칙에서의 매도인은 통상 물품을 운송인에게 인도한 후 그 증거 서류로써 사용되는 운송에 따라 다양한 서류가 제공될 수 있다. 특히 FCA는 물품이 해상으로 운송되는 경우에 본선 적재하기 전에 물품이 운송인에게 인도가 이루어져서 본선 적재 선하증권을 매도인이 제공할 수 없음에도 불구하고 본선 적재 선하증권을 사용할 수 있도록 규칙을 개정하였다. 즉 "당사자들이 합의한 경우에 매수인은 물품이 본선에 적재되었음을 기재한 선하증권을 자신의 위험과 비용으로 매도인에게 발행하도록 운송인에게 지시하여야 하고, 매도인은 그러한 경우 매수인에게 제공하여야 한다."고 명시하고 있다. 따라서 FCA에서 매도인은 신용장 결제방식에서 본선 적재 선하증권을 요구하는 경우에 인도 증거서류로써 제공할 수 있게 되었으며, 기존의 FCA에서 운송인이 화물의 수취를 증명하는 운송서류를 제공할 수 있도록 두 가지 선택적 대안을 두고 있다는 점에 유의할 필요가 있다.

다) 운송비 지급인도(Carriage Paid To: CPT)

CPT(insert named place of destination) Incoterms® 2020

① 정의

"운송비 지급인도(CPT)" 규칙은 매도인이 합의된 인도 장소에서 매도인 자신이 운송계약을 체결한 운송인[9]에게 물품을 인도하거나 그렇게 인도된 물품을 조달함으로써 매수인에게 인도하는 것을 의미한다. 또한, 이와 같이 물품이 운송인에게 인도되면 위험은 매도인으로부터 매수인에게 이전된다. 매도인은 합의된 목적지까지 운송계약을 체결하여야 하고 목적지까지 물품을 운반하는데 필요한 운송비[10]를 지급해야 함을 의미한다.

CPT 규칙에서 매도인은 물품 인도 후에 발생하는 운송비 이외의 모든 비용과 위험은 매수인이 부담하여야 한다. CPT 또는 CIP 규칙이 사용된 경우, 매도인은 물품이 목적지에 도착할 때

---

9) 운송인(Carrier)이란 운송계약에서 철도, 도로, 항공, 해상, 내륙수로 또는 이들 복합운송방식에 의하여 운송을 이행하거나 또는 그 이행을 주선할 것을 약정하는 자를 의미한다.

10) 운송비(Carriage)는 단순한 해상운임, 내륙수로운임, 육로운임, 철도운임, 항공운임, 또는 복합운송비 등을 포괄하는 의미로 "운송비"라고 한다. 따라서 복합운송조건인 CPT, CIP, DAP, DPU, DDP 등에서 사용된다.

가 아니라 물품이 운송인에게 물리적으로 점유권이 이전될 때 그 인도 의무가 이행된다.

CPT 규칙은 위험의 이전과 비용의 이전이 다른 장소에서 발생되기 때문에 2가지 분기점을 가진다. 매매당사자들은 매매계약에서 합의된 목적지 내의 지점을 가급적 정확하게 지정하는 것이 좋다. 매도인은 그 지점까지 운송계약을 체결하고 운송비를 부담하기 때문이다

목적지에서의 양하 비용과 관련하여 만약 매도인이 그 관련된 비용을 부담한 경우, 매도인은 매수인으로부터 그러한 비용을 상환 받을 권리가 없다. CPT는 매도인이 물품에 대한 수출통관을 이행하도록 요구한다. 본 규칙은 모든 운송방식에 사용될 수 있으며, 둘 이상의 운송방식이 채택된 경우에도 사용될 수 있다.

② 물품의 인도

CPT 규칙은 매도인이 자신이 지정한 운송인 또는 복수의 운송인이 참여하게 되는 경우에는 첫 번째 운송인에게 물품을 인도할 때, 매도인의 인도 의무가 완료된다. 또한, 수차례 걸쳐 연속적으로 이루어지는 연속매매인 경우에는 그렇게 인도된 물품을 조달하였을 때 매도인의 인도 의무가 완료된다.

③ 위험의 이전

CPT 규칙에서 매도인은 합의된 인도 장소에서 자신이 체결한 운송인에게 인도하였을 경우 또는 그렇게 인도된 물품을 조달하여 매수인에게 인도하였을 때, 물품의 멸실이나 손상에 대한 위험이 매수인에게 이전하게 된다. 만약 여러 운송인이 합의된 목적지까지 참여하게 되고, 당사자가 구체적인 인도 장소를 합의하지 않은 경우에 최초 운송인에게 인도되었을 때 위험이 이전된다.

④ 비용의 이전

CPT 규칙에서 물품의 인도 장소와 물품의 목적지를 구분해야 한다.[11] 물품에 대한 위험의 이전 시점은 선적지의 인도 장소이지만, 비용의 분기점은 지정 목적지이므로 매도인이 목적지까지 운송비를 지급하여야 한다. 그러나 목적지까지의 운송 도중에 발생하는 일체의 비용은 물론, 첫 번째 운송인에게 인도된 이후에는 모두 매수인의 비용부담이다.

---

11) EXPLANATORY NOTES FOR USERS (CPT)

3. Places (or points) of delivery and destination – In CPT, two locations are important: the place or point (if any) at which the goods are delivered (for the transfer of risk) and the place or point agreed as the destination of the goods (as the point to which the seller promises to contract for carriage).

라) 운송비·보험료 지급인도(Carriage and Insurance Paid To: CIP)

CIP(insert named place of destination) Incoterms® 2020

① 정의

"운송비·보험료 지급인도" 규칙은 매도인이 합의된 인도 장소에서 매도인 자신이 운송계약을 체결한 운송인에게 물품을 인도하거나 그렇게 인도된 물품을 조달함으로써 매수인에게 인도하는 것을 의미한다. 매도인은 목적지까지 물품을 운반하는데 필요한 운송계약을 체결하고 운송비를 지급해야 하며, 운송 중 물품의 멸실 또는 손상에 대한 매수인의 위험에 대하여 보험계약을 체결하여야 한다. CIP 규칙은 기본적으로 CPT와 동일하지만, 매도인이 운송 도중 물품의 멸실 또는 손상에 대한 위험을 담보하는 보험계약을 체결하고 보험서류를 제공해야 하는 점만 다르다.

CIP 규칙에서 매도인이 ICC(A) 또는 그와 유사한 약관에 상응하는 광범위한 담보조건으로 부보할 것을 요구하고 있다는 사실에 매수인은 유의하여야 한다. 그러나 당사자들이 더 낮은 담보조건을 부보하기로 합의할 수 있다.

CIP 규칙은 다른 장소에서 위험이 이전되고 비용이 이전되기 때문에 2가지 분기점을 가진다. 매매당사자들은 매매계약서에 합의된 목적지 내의 지점을 가급적 정확하게 지정하는 것이 좋다. 매도인은 그 지점까지 운송계약과 보험계약을 체결해야 하고, 그 지점까지 발생하는 운송비용과 보험비용을 부담하기 때문이다. 만약 매도인이 지정된 목적지에서 양하와 관련된 운송계약에 의거하여 비용을 부담한 경우, 매도인은 매수인으로부터 그러한 비용을 회수할 자격이 없다. CIP는 매도인이 물품의 수출통관을 이행하도록 요구한다. 그러나 매도인은 물품의 수입통관은 의무가 없으며 일체의 수입관세를 지급하거나 또는 일체의 수입통관 절차를 이행할 의무가 없다.

② 물품의 인도

CIP 규칙은 매도인이 자신이 지정한 운송인 또는 복수의 운송인이 참여하게 되는 경우 첫 번째 운송인에게 물품을 인도할 때 매도인의 인도 의무가 완료된다. 또한, 수차례에 걸쳐 연속적으로 이루어지는 연속매매인 경우에는 그렇게 인도된 물품을 조달하였을 때 매도인의 인도 의무가 완료된다.

③ 위험의 이전

CIP 규칙에서 매도인은 합의된 인도 장소에서 계약물품을 자신이 체결한 운송인에게 인도하였을 때, 또는 그렇게 인도된 물품을 조달하여 매수인에게 인도하였을 때, 물품의 멸실이나 손상에 대한 위험이 매수인에게 이전하게 된다. 만약 여러 운송인이 합의된 목적지까지 참여하게 되고, 당사자가 구체적인 인도 장소를 합의하지 않은 경우에 최초의 운송인에게 인도되었을 때 위험이 이전된다.

④ 비용의 이전

매도인은 지정된 목적지까지 운송비 및 운송보험료를 부담하여야 한다. 주의할 것은 매도인이 지정된 목적지까지의 모든 비용을 부담한다는 의미로 해석해서는 안된다. 매도인은 물품을 운송인에게 인도하기까지 일체의 수출비용, 물품의 선적비를 포함하여 목적지까지의 운송계약 체결에 따른 비용과 운송비, 그리고 운송계약 시에 부과되는 목적지에서의 양하비 등을 부담한다. 그 외 운송인에게 인도된 이후의 일체의 추가비용은 매수인이 부담한다.

마) 도착지인도(Delivered At Place: DAP)

DAP(insert named place of destination) Incoterms® 2020

① 정의

"DAP" 규칙은 매도인이 물품을 지정된 목적지에서 도착하는 운송수단에 실어둔 채 '양하를 위해 준비된 상태'(ready for unloading)로 매수인의 임의 처분 상태로 둘 때 매수인에게 인도하게 됨을 의미한다. 매도인은 지정목적지까지 물품을 가져가는데 수반되는 모든 위험을 부담한다.

이 규칙은 합의된 목적지 내의 지점이 물품의 인도 장소이자 위험부담의 분기점이 되므로 계약 당사자는 그 지점을 명확하게 명시하는 것이 바람직하다. 또한, 매도인은 지정목적지까지 운송하는 운송계약을 체결하거나 그러한 운송을 마련하여야 한다.

매도인은 도착하는 운송수단으로부터 물품을 양하할 필요가 없다. 그러나 매도인이 자신의 운송계약상 인도 장소/ 목적지에서 양하에 관한 비용이 발생한 경우에 그러한 비용을 매수인으로부터 상환받을 권리가 없다.

DAP에서 매도인은 해당되는 경우 물품의 수출통관을 이행하여야 한다. 그러나 매도인은 수입을 위한 물품을 통관하고, 수입관세를 납부하거나 일체의 수입통관절차를 이행할 의무가 없다. 만약 매도인이 수입통관을 이행하고 일체의 수입관세를 지급하기를 의도한 경우에는 당사자는 DDP를 사용하는 것을 고려하여야 한다. 이 규칙은 선택된 운송방식에 관계없이 사용될 수 있으며, 운송방식이 2가지 이상 채택된 경우에도 사용될 수 있다.

② 물품의 인도

매도인이 지정목적지에서 실물을 인도하는 현물인도조건이다. 따라서 매도인은 목적지 지정장소에서 도착하는 운송수단에 물품을 실어둔 채 양하를 위해 준비 상태로 매수인에게 임의 처분 상태로 두거나 그렇게 인도된 물품을 조달함으로써 인도하여야 한다.

DAP 규칙은 모든 운송방식에 사용될 수 있으므로, 매도인은 매수인이 물품을 수령하는 데 필요한 인도 지시서 또는 통상적인 운송서류인 유통성 선하증권, 비 유통성 해상화물운송장, 내수로 운송서류 또는 복합운송서류 등의 서류제공이 가능하다.

③ 위험 및 비용의 이전

D그룹은 DAP 규칙을 포함하여 물품의 인도지점, 위험의 이전 시점, 비용부담의 분기점이 동일하다. 즉 DAP 규칙에서 물품에 대한 위험과 비용부담의 분기점은 물품이 지정된 목적지에서 도착하는 운송수단으로부터 양하 되지 아니하고, 양하 준비 상태로 매수인의 임의 처분 상태로 둘 때까지이다. 따라서 매도인은 매수인에게 임의 처분 상태로 준비할 때까지 물품을 운반하는데 수반되는 모든 위험과 비용을 부담한다.

매도인은 선적항에서의 수출승인 및 수출통관비, 목적지 지정장소까지의 운송비, 매도인이 필요한 경우 보험료를 부담해야 하지만 목적지에서의 양하비는 별도로 합의가 없는 한 부담하지 아니한다. 만약 매도인이 목적지에서 양하와 관련된 비용을 부담한 경우에는 당사자 간에 별도의 합의가 없는 한 매도인은 그러한 비용을 매수인으로부터 상환받을 권리가 없다.

매수인은 목적지에서의 수입승인, 수입통관비, 매수인에게 임의 처분하에 인도된 물품의 부두사용료, 각종 터미널에서의 부대비용 및 목적지 운송수단에서의 양하비, 목적지 지정장소로부터의 반입운송비, 수입 당국이 요구하는 선적 전 검사비용 등을 부담하여야 한다.

바) 도착지 양하인도(Delivered at Place Unloaded: DPU)

DPU(insert named place of destination) Incoterms® 2020

① 정의

"도착지 양하 인도" 규칙은 매도인이 물품을 지정목적지에서 도착하는 운송수단으로부터 일단 양하된(unloaded) 상태로 매수인의 임의처분 상태로 둘 때 매수인에게 인도하고 위험이 이전되는 것을 의미한다. 매도인은 지정목적지까지 물품을 운송하기 위한 운송계약을 체결하고 그 장소에서 양하하는 데 수반되는 모든 위험을 부담한다.

매도인은 목적지 지정장소에서 양하를 할 수 없는 경우나 당사자들이 매도인으로 하여금 양하의 위험과 비용을 부담하기를 원하지 않는 경우에는 DPU의 사용이 바람직하지 않으며, 그 대신 DAP 규칙의 사용이 바람직하다. DPU는 물품의 인도지와 목적지의 도착이 같은 곳이며, 매도인이 목적지에서 물품을 양하 하는 유일한 의무를 지니고 있다.

DPU 규칙에서 수출통관은 매도인이 이행하도록 요구하고 있지만, 수입통관 및 일체의 수입관세를 납부하거나 수입통관 절차를 이행할 의무는 매수인에게 있다. 본 규칙은 선택된 운송방식에 관계없이 사용될 수 있으며 운송방식이 둘 이상 채택된 경우에도 사용될 수 있다.

② 물품의 인도

본 규칙은 현실적 실물인도로써 매도인은 수출통관을 완료하여 지정된 목적지에서 도착하는 운송수단으로부터 양하된 물품을 매수인의 임의 처분 상태로 두거나 그렇게 인도된 물품을 조달함으로써 인도하여야 한다.

여기서의 목적지는 물품의 멸실 또는 손상의 위험이 매도인으로부터 매수인에게 이전하는 지점이 되며, 매도인이 비용을 부담하고 그 이후의 비용은 매수인이 부담하는 분기점이 된다. 또한, 매도인이 운송계약을 체결하거나 그러한 운송을 마련하여야 하는 지점이 된다.

DPU 규칙은 모든 운송방식에 사용될 수 있으므로, 매도인은 운송방식에 따라 매수인이 물품을 수령하는데 필요한 인도 지시서 또는 통상적인 운송서류인 유통성 선하증권, 비유통성 해상화물운송장, 내수로 운송서류 또는 복합운송서류뿐만 아니라 항공화물운송장, 철도화물탁송장 또는 도로화물탁송장 등의 서류 제공이 가능하다.

③ 위험 및 비용의 이전

매도인은 목적지의 지정장소에 도착하는 운송수단으로부터 양하하여 매수인에게 인도할 때까지 물품의 멸실 또는 손상에 대한 일체의 위험과 비용을 부담하며, 그 이후 발생하는 위험과 비용은 매수인이 부담하여야 한다.

매도인은 선적항에서의 수출승인 및 수출통관비, 선적비용, 목적지 지정장소까지의 운송비와 보험료, 목적지에서의 양하비를 부담하여야 한다. 한편 매수인은 수입지에서 발생하는 수입승인 및 수입통관비, 목적지에서 발생하는 부대 운임 등을 부담하여야 한다.

사) 관세지급인도(Delivered Duty Paid: DDP)

DDP(insert named place of destination) Incoterms® 2020

① 정의

관세지급인도 규칙은 매도인이 수입지에서 물품을 수입통관하고, 지정된 목적지에서 도착하는 운송수단으로부터 양하 준비된 상태로 매수인에게 임의 처분 상태로 둘 때 매도인의 인도의무가 완료되는 조건을 말한다.

매도인은 목적지까지 운송계약을 체결하거나 그러한 운송을 마련하여야 하며, 목적지까지 물품을 운반하는데 운송비를 포함한 모든 비용과 위험을 부담한다. 또한, 매도인이 물품의 수출통관 및 수입통관의 이행의무를 지니며, 수입관세를 납부하고 모든 통관 수속 절차를 이행할 의무를 지닌다.

DDP 규칙은 매도인이 수입지에서 직접 또는 간접적으로 물품의 수입통관절차를 이행할 수 없는 경우에는 사용하는 것이 바람직하지 않으며, 수입지에 매도인의 지점이나 수입대리점이 있을 경우에 사용하기 적합하다. 만약 매도인이 수입통관을 이행할 수 없어서 매수인에게 맡기고자 할 경우에는 인도가 목적지에서 일어나지만, 수입통관은 매수인이 이행하는 DAP나 DPU를 사용하는 것을 고려할 필요가 있다.

DDP 규칙은 인도가 도착지에서 일어나고 수입관세와 세금의 납부책임을 지니므로 매도인에게 최고 수준의 의무를 부과하는 규칙이다. 본 규칙은 어떠한 운송방식이 선택되든 불문하고 둘 이상의 운송방식에 이용되는 경우에 사용할 수 있다.

② 물품의 인도

매도인이 수입 통관된 물품을 지정목적지에서 인도하는 현물인도 방식이다. 매도인이 지정된 목적지에서 도착하는 운송수단에서 양하 준비된 상태로 매수인에게 임의 처분 상태로 두거나 그렇게 인도된 물품을 조달함으로써 인도하는 방식이다.

③ 위험 및 비용의 이전

DDP 규칙에서 위험은 수입국 내 지정된 지점에 물품을 반입하여 운송수단에서 양하하지 않은 상태로 매수인에게 임의 처분 상태로 준비했을 때 이전된다. 따라서 매수인은 그 이후의 모든 위험과 비용을 부담하여야 한다.

다만, 매도인은 목적지에서 양하와 관련된 비용을 부담할 의무가 없으며 만약 양하와 관련된 비용을 부담한 경우에는 당사자 간에 별도의 합의가 없는 한 매도인은 그러한 비용을 매수인으로부터 상환받을 권리가 없다.

DDP 규칙에서 매도인은 수출국에서 수출통관비를 포함하여 지정목적지까지 물품을 운송하는 운송비와 그 이외의 수입국에서의 수입승인과 수입통관비, 수입관세, 조세 및 기타부과금을 부담하여야 한다. 다만 목적지에서의 양하비는 매도인이 부담하지 아니한다.

한편 매수인은 목적지에서의 수입승인과 수입통관비, 자신에게 임의 처분하에 인도된 물품을 수령하고 각종 터미널에서의 부대비용 및 목적지 운송수단에서의 양하비, 수입국 당국이 요구하는 선적전검사(PSI)의 비용 등을 부담하여야 한다.

아) 선측인도(Free Alongside Ship: FAS)

FAS(insert named port of shipment) Incoterms® 2020

① 정의

FAS(선측인도) 규칙은 매도인이 약정된 물품에 대한 수출통관을 완료하여 지정 선적항에서 매수인이 지정한 선박의 선측에 인도할 때 또는 이미 그렇게 인도된 물품을 조달한 때 그의 인도 의무가 완료되는 조건이다. 이 선측(alongside ship) 지점으로부터 물품에 대한 모든 비용과 위험이 매수인에게 이전된다.

물품의 인도 장소인 선측은 선박이 부두에 접안하고 있든 외항에 정박하고 있든 이를 불문하고 본선의 양하기가 닿을 수 있는 지점을 의미한다. 여기서 선측은 선박이 정박하여 화물을 적재하거나 양하하기 위하여 지정된 선석을 의미하며, 선박이 외항에 정박한 경우에는 본선 상의 선측을 의미하고 이 지점에서 물품이 인도되어야 한다. 결과적으로 선측은 물품인도의 이행장소이자 당사자의 책임 분기점이 되는 지점이다. 본선이 외항에 정박하고 있을 때에는 매도인은 본선이 있는 곳까지의 부선료를 부담하여야 한다.

본 규칙은 당사자들이 물품을 선측에 둠으로써 인도되기 때문에 해상 또는 내륙수로 운송에 사용되는 조건이다. 따라서 FAS 규칙은 물품이 선측에 놓이기 전에 운송인에게 인도되는 경우, 가령 물품에 컨테이너 터미널에서 운송인에게 인도되는 경우에 사용하는 것은 적절하지 않다.

② 물품의 인도

FAS 규칙은 매수인이 지정한 선박의 선측에 물품을 인도하면 매도인의 책임이 종료되는 현실적 실물인도조건이다. 인도 장소는 선박이 부두에 접안할 수 있는 경우는 부두가 될 것이며, 외항에 정박하고 있는 경우에는 부선을 이용하여 본선까지의 선측이 될 것이다.

매도인은 물품을 선측에 인도하든지 또는 연속매매 과정에서의 중간 매도인은 선적을 위해 이미 인도된 물품을 조달하여 인도할 의무가 있다. 여기서 "조달하다"의 의미는 일차산품 거래에서 통상적으로 수차례에 걸쳐 연속적으로 이루어지는 매매에 대응하기 위한 것이다.

FAS 규칙에서 매도인은 물품 인도 증거서류로서 선측인도를 증명할 수 있는 부두수령증, 본선수령증 또는 이와 동등한 전자통신문을 제공하여야 한다.

③ 위험의 이전

매도인은 매수인이 지정한 선박의 선측에 물품을 인도할 때까지 물품에 대한 위험을 부담한다. 따라서 위험부담 장소는 선박이 부두에 접안될 경우는 양하기 등 하역기기가 도달할 수 있는 부두가 되며, 외항 또는 해상에 정박해 있는 경우에는 부선 내(lighters or barge)가 된다.

④ 비용의 이전

매도인이 물품을 선측에서 인도할 때까지 소요되는 비용을 부담한다. 지정 선적항의 적재지점까지 비용이 매도인의 부담이 되며, 이들 비용과 관련 처리비용은 항구의 관습에 따라 다양할 수 있으므로 당사자는 지정 선적항의 적재지점을 가능한 명확하게 명시하는 것이 바람직하다.

매도인은 수출승인, 수출통관비, 선적항까지의 내륙운송비, 부두사용료, 부선 사용료 및 이와 유사한 비용을 부담하여야 한다. 한편 매수인은 물품을 선박에 적재할 의무가 있으므로 적재비용을 부담하여야 한다. 그러나 통상적으로 정기선 운송조건의 경우 선적 및 양하 비용이 운임에 포함되어 있으므로 결과적으로 매수인이 부담하게 된다.

자) 본선인도(Free On Board: FOB)

FOB(insert named port of shipment) Incoterms® 2020

① 정의

FOB 규칙은 매도인이 약정된 물품을 지정 선적항에서 매수인이 지정한 본선에 적재하거나 연속매매가 있는 경우 전매 중간과정의 매도인은 이미 물품이 선적되었으므로 인도된 물품을 조달(procure)할 때 그의 의무가 완료되는 조건이다. 이 시점에서 물품에 대한 모든 비용과 위험이 매도인으로부터 매수인에게 이전된다.

본 규칙은 당사자들이 물품을 본선에 인도하는 해상 또는 내륙수로 운송에만 사용되는 조건이다. 따라서 FOB 규칙은 물품이 본선 상 적재되기 전 운송인에게 인도되는 경우 물품이 컨테이너 터미널에서 운송인에게 인도되는 경우에는 적절하지 않다. 이러한 경우에 당사자들은 FOB 규칙 대신에 FCA 규칙을 사용하는 것을 고려하여야 한다.

FOB 규칙은 매도인이 물품의 수출통관을 이행하도록 요구하고 있다. 그러나 매도인은 물품의 수입 또는 제3국 통과를 위한 통관을 하거나 수입관세를 지급하거나 수입통관절차를 이행할 의무가 없다.

② 물품의 인도

FOB에서 물품의 인도는 매도인이 지정된 선적항에서 매수인이 지정한 선박의 본선상에 물품을 인도하거나, 연속매매 과정의 매도인은 선적을 위하여 이미 인도된 물품을 조달하여 인도하는 것을 의미한다. 매도인은 계약에서 약정한 물품을 본선에 적재하고 대금을 회수하는 실물인도조건이다.

③ 위험의 이전

FOB에서 매도인은 매수인이 지정한 선박의 본선에 물품을 적재할 때까지 물품의 멸실이나 손상에 대한 위험을 부담하며, 그 순간 이후 매도인으로부터 매수인에게 위험이 이전된다.

이전의 Incoterms 2000에서는 본선 난간이 위험과 비용의 분기점으로써 법률적으로나 실무적으로 매우 중요시되는 경계선이었으나 Incoterms® 2010부터는 이것이 의미가 없게 되었다. 즉, 본선 난간이 아닌 본선 적재는 당사자 간의 별다른 약정이 없는 한 물품의 인도, 비용 및 위험의 이전이 이루어지는 분기점이 된다.

④ 비용의 이전

FOB 규칙은 물품에 대한 위험 이전의 분기점과 비용의 분기점이 동일하다. 매도인은 물품을 본선에 인도할 때까지 물품에 대한 비용을 부담한다. 매도인은 그 외에도 부두사용료, 부선사용료 및 적재비용을 부담하여야 한다. 그러나 물품이 본선에 적재된 이후의 모든 비용은 매수인이 부담하게 된다. 매수인은 본선 적재 후 선박에서의 적부 비용, 최종 목적지항까지의 해상운송비, 해상보험료 등을 부담하여야 한다. 다만 정기선 운송의 경우 선적 및 양하 비용은 별도로 징수하지 않고 운임에 포함되어 있기 때문에 선적비용은 매수인이 부담하게 된다.

차) 운임포함인도(Cost and Freight: CFR)

CFR(insert named port of destination) Incoterms® 2020

① 정의

"CFR" 규칙이라 함은 매도인이 목적지 항까지 물품을 운반하는데 필요한 운임을 지급하되,

물품에 대한 모든 위험과 추가적인 비용은 물품이 선적항에서 본선상에 인도할 때에 매도인으로부터 매수인에게 이전되는 거래 조건을 말한다. CFR 규칙은 매도인이 물품을 선박의 본선상에 인도하거나 연속매매가 있는 경우에는 이미 본선상에 인도된 물품을 조달하여 인도하는 것을 의미한다.

물품의 멸실 또는 손상의 위험은 물품이 선박 본선상에 놓여 있을 때 매도인으로부터 매수인에게 이전되고, 매도인은 명시된 수량의 물품이 실제로 목적지에 양호한 상태로 도착하였는지를 불문하고 또는 물품이 전혀 도착하지 않더라도 그의 물품 인도 의무를 이행한 것으로 된다. 해상운송 구간을 담당하는 복수의 운송인이 운송을 담당하는 경우 위험은 물품이 첫 번째 운송인에게 인도된 때 이전된다. 한편, 본 규칙에서 매도인은 물품의 인도항[12]부터 합의된 목적지항까지 운송계약을 체결하고 물품을 운반하는 데 필요한 비용 및 운임을 지급해야 한다.

CFR 규칙은 해상운송 또는 내륙수로 운송에만 사용될 수 있다. 물품이 컨테이너 터미널에서 운송인에게 인도되는 경우나 두 가지 이상의 운송방식이 사용되는 복합운송의 경우에 적절한 규칙은 CFR 아니라 CPT가 사용되어야 한다.

CFR는 매도인이 물품의 수출통관을 이행하도록 요구한다. 그러나 매도인은 물품의 수입통관의 의무가 없으며, 일체의 수입관세를 지급하거나 또는 일체의 수입통관절차를 이행할 의무가 없다.

② 물품의 인도

CFR 규칙은 매도인이 물품을 매도인이 지정한 선적항의 본선 상에 인도하거나 또는 이미 그렇게 인도된 물품을 조달함으로써 인도하여야 한다. 물품의 인도 장소는 선적항의 선박의 본선이 된다. CFR 규칙에서 매도인은 물품의 인도가 물품이 도착지에 도착할 때가 아니라 선적항의 본선에 적재될 때 인도 의무가 이행된다.

③ 위험의 이전

CFR 규칙은 위험의 이전과 비용의 이전 장소가 다르기 때문에 2가지 분기점을 가진다. 즉, CFR 규칙에서의 위험은 선적항의 본선에 적재되었을 때 매도인으로부터 매수인에게 이전되며, 비용의 분기점은 목적지 항이 된다. CFR 규칙하에서 매도인은 물품이 지정된 선적항에서 본선에 적재될 때까지 물품의 멸실 또는 손상의 모든 위험을 부담하기 때문에, 위험부담의 분기점은 선적항에서 물품이 본선에 적재된 때가 된다. 그러므로 당사자는 계약에서 가능한 선적항과 목적지 항을 상세하게 명시하는 것이 바람직하다.

---

12) 통상 인도항(port of delivery)은 선적항(shipment port)과 동일하므로 선적항으로 이해하는 것이 쉬운데, EXPLANATORY NOTES FOR USERS(CFR)에서 인도항(port of delivery)이라는 용어를 사용하여 그대로 옮겼다.

④ 비용의 분기점

CFR 규칙에서 매도인은 선적항에서 물품을 본선에 인도할 때까지의 모든 비용과 목적지 항까지의 운임을 추가하여 부담하여야 한다. 그러나 물품 인도 이후에 발생하는 모든 추가 비용은 매수인이 부담한다. 그 외 매도인이 목적지항의 명시된 지점에서 운송계약에 의거하여 양하와 관련된 비용을 부담한 경우, 당사자 간에 별도의 합의가 없는 한 그러한 비용을 매수인으로부터 상환받을 관리가 없다.

CFR에서 매도인이 부담하는 비용은 본선에 인도하기까지의 모든 비용, 물품 선적비용, 운송관련 보안비용, 운송계약 상 매도인이 양하항에서 부담하기로 약정한 비용, 수출통관에 관한 관세, 세금 및 그 밖의 비용 등이 있다.

카) 운임・보험료포함인도(Cost, Insurance And Freight: CIF)

CIF(insert named port of destination) Incoterms® 2020

① 개념

“운임・보험료포함인도(CIF)”규칙은 매도인이 선적항에서 약정 물품의 수출원가(cost), 목적항까지 물품을 운반하는데 필요한 해상운임(ocean freight)[13]과 해상보험료(marine insurance premium)를 지급하는 복합가격에 의한 매매조건이다. CIF 규칙은 매도인이 약정된 물품을 선적항의 본선에 적재할 때 인도하는 것을 의미하며, 연속매매가 있을 경우에는 본선 상에 인도된 물품을 조달하여 인도하는 것을 의미한다.

물품의 멸실 또는 손상에 대한 위험은 물품이 선박 본선 상에 놓여 있을 때 매도인으로부터 매수인에게 이전된다. 따라서 매도인은 명시된 수량의 물품이 실제로 목적지에 양호한 상태로 도착하는지를 불문하고 또는 물품이 전혀 도착하지 않더라도 그의 물품 인도 의무를 이행한 것으로 간주된다. 해상운송구간을 담당하는 복수의 운송인이 운송을 담당하는 경우 위험은 물품이 첫 번째 운송인에게 인도된 때 이전된다.

본 규칙에서 매도인은 물품의 인도 항부터 합의된 목적지 항까지 운송계약을 체결하고 물품을 운반하는 데 필요한 비용 및 운임을 지급해야 한다. 또한, 매도인은 운송 중 물품의 멸실 또는 손상에 대한 매수인의 위험에 대해 보험계약을 체결해야 한다. 매수인은 CIF 규칙에서 매도인은 ICC(C)나 그와 유사한 약관에 따른 제한적인 담보조건으로 부보하여야 한다는 사실에 유의하여야 한다. 매수인이 더 큰 담보조건으로 보호를 받고자 원하는 경우에는, 매수인은 매도인과 명시적인 보상 정도를 합의하거나 또는 스스로 추가 보험 약정을 체결할 수 있다. 따라서 매도인은 자신의 위험과 비용으로 물품을 선적하고 운송서류를 완비하여 매수인에게 제시하면

13) Freight(해상운임)는 FAS, FOB, CFR, CIF과 같이 해상운송조건에서의 “해상운임”을 의미한다.

매수인은 선적 이후의 위험을 부담하고 그 운송서류와 상환으로 대금을 지급하는 것으로 자신의 의무가 이행된다.

본 규칙은 해상 또는 내륙수로 운송에만 사용된다. 따라서 CIF 규칙은 물품이 컨테이너 터미널에서 운송인에게 인도되는 경우나 두 가지 이상의 운송방식이 사용되는 복합운송의 경우에는 CIF보다 CIP가 적절하다. 이 규칙은 적용이 가능한 경우 매도인이 물품을 수출통관을 이행하도록 요구한다. 그러나 매도인은 물품의 수입통관의 의무가 없으며 일체의 수입관세를 지급하거나 또는 일체의 수입통관 절차를 이행할 의무가 없다.

② 물품의 인도

CIF 규칙에서의 물품의 인도는 현실적 실물인도조건이 아닌 물품이 화체화(embodied)된 서류를 이전하는 상징적 인도 형태이다. 물품의 인도 장소는 선적항에서 본선에 적재되어 인도하게 되므로 선박의 본선이다.

③ 위험의 이전

CIF 규칙에서 위험은 매도인이 물품을 선적항의 선박의 본선에 적재하거나 연속매매의 경우 매도인은 그렇게 인도된 물품을 조달함으로써 인도한 때 매수인에게 이전된다.

매도인은 물품이 지정된 선적항에서 본선에 적재할 때까지 물품의 멸실 또는 손상의 모든 위험을 부담하고 그 이후부터 물품에 대한 모든 위험은 매수인이 부담하여야 한다. 따라서 위험부담의 분기점은 선적항에서 물품이 본선에 적재된 때가 된다.

④ 비용의 이전

CIF 규칙에서 매도인은 선적항에서 물품을 본선 상에 인도할 때까지 그 물품에 관련된 모든 비용과 목적지 항까지의 운임과 보험료를 추가하여 부담하여야 한다. 그러나 매수인은 목적지 항까지의 해상운임과 보험료를 제외하고, 물품이 선적항의 본선에 인도된 때부터 그 물품에 관련된 기타 추가적인 비용은 매수인에게 이전된다는 점에 유의하여야 한다.

그러므로 CIF 규칙에 있어서 비용부담의 분기점은 장소적인 측면에서 보면 선적항에서 물품이 본선에 인도된 때가 되지만, 매도인의 비용부담 한도는 FOB 규칙에서 모든 비용과 목적지 항까지의 운임과 보험료를 합산한 금액이 된다.

2) 일반거래조건협정서

(1) 일반거래조건협정서의 의의

일반거래조건협정서(Agreement on General Terms and conditions of Business)란 무역 거래에서 일반적으로 적용되는 기본적인 거래 조건을 당사자 간에 합의하여 정한 내용을 명시한 협정서이다. 이 일반거래조건협정서에는 당사자 간에 구체적으로 약정해야 하는 사항들은 제외하고 어느 경우에도 공통으로 적용되는 사항들을 다루는데, 거래의 기본조건, 상품에 관한 기본조건, 매매계약에 관한 조건, 무역분쟁의 해결에 관한 조건 등을 주된 내용으로 한다.

무역 계약이 성립되고 본격적인 거래가 이루어지게 되면 일회성이 아닌 지속적이고 반복적인 거래 관계가 형성되는 경우가 많다. 이러한 경우에 매매 당사자 간에 계약의 일반적이고 기본적 사항을 합의하여 문서화하여 서로 서명하고 교환한다면 업무를 간소화하고 효율화할 수 있다. 또한, 장차 발생할 수 있는 무역분쟁을 예방하는데 도움되기 위해서 필요한 것이 일반거래조건협정서이다.[14)]

(2) 일반거래조건협정서 주요 내용

가) 거래형태에 관한 조건을 들 수 있는데, 거래형태는 당사자 간의 거래라 할 수 있는 본인 대 본인(principal to principal)의 거래인지, 본인과 대리인(principal to agent)의 거래인지 아니면 대리인 간(agent to agent)의 거래인지를 명시한다.

나) 계약성립에 관한 조건을 들 수 있는데, 계약은 일반적으로 청약에 대한 승낙으로 계약이 성립하게 된다. 이러한 경우 비엔나협약[15)]의 규정을 준용하는 경우도 있고, 당사자 간의 합의에 의하여 청약과 승낙에 관한 사항을 별도로 명시할 수 있다.

다) 계약 물품에 관한 조건을 들 수 있는데, 약정 물품의 품질, 가격에 관한 일반적인 사항을 정하는 것으로 수입상은 주로 물품의 품질에 대한 관심이 상대적으로 높으므로 수입상의 의견이 까다롭게 제시되는 경우도 있다.

라) 계약이행에 관한 조건을 들 수 있는데, 계약이행은 대상 물품을 선적하고 그에 대한 대가로 대금을 수령하는 일련의 과정을 말한다. 여기에는 선적에 관한 사항, 대금 지급에 관한 사항, 보험 및 포장 등에 관한 기본적 사항을 명시하게 된다.

마) 분쟁 해결에 관한 조건을 들 수 있는데, 당사자 간에 클레임이 발생하거나 무역분쟁이 발생하였을 때 이를 해결하기 위한 내용, 방법, 형식, 절차 등에 관한 사항을 명시하게 된다.

바) 기타의 조건으로 보편적인 내용이 아니라 할지라도 수입상과 수출상의 거래방식이 한쪽에서는 일반적으로 보편화되어 있는 경우에 그 내용을 명시함으로써 장기적 반복적으로 동일

---

14) 이우영 · 김철호, 「무역계약론」, (삼영사, 2018), pp.81-82.

15) 국제물품매매계약에 관한 통일법으로 "국제물품매매계약에 관한 UN협약"(United Nations Convention on Contracts for the International Sales of Goods, 1980: Vienna Convention: 비엔나 협약: 이하에서는 비엔나협약이라 한다.) 이 1988년 1월1일부터 발효되고 적용되고 있다.

한 효과를 발생하게 하는 것을 말한다.

(3) 일반거래조건 협정서의 예

Agreement on General Terms and Conditions of Business
일반거래조건협정서

This Agreement entered into between GNTECH CO., Ltd., JinJu, Korea, (hereinafter called the Seller) and ABC Corp., New York, USA (hereinafter called the Buyer), witness as follows;
본 협정서는 한국 진주시의 GNTECH주식회사(이하 매도인이라 칭함) 및 미국 뉴욕의 ABC상사(이하 매수인이라 칭함)간에 다음과 같은 사항을 정한다.

Business: Both Seller and Buyer act as Principals and not as Agent.
거래: 매도인·매수인의 쌍방은 본인으로서 거래하며 대리인으로서 행동하는 것이 아니다.

Goods: Goods in business, their unit to be quoted, and their mode of packing shall be stated in the attached list.
물품: 거래 물품, 제시 단위 및 포장형태를 별첨목록에 기재한다.

Quotations and Offers: Unless otherwise specified in e-mails or letters, all quotations and offers submitted by either party to this Agreement shall be in U.S. Dollars on CIF New York basis.
견적 및 청약: 전자우편 또는 서신에 별도의 규정이 없는 한 본 협정 당사자에 의한 견적 및 청약은 모두 뉴욕항 운임·보험료 포함 인도조건에 의한 미화를 기준으로 한다.

Firm Offers: All offers shall be subjected to a reply within the period stated in respective e-mail. When 'immediately reply' is used, it shall mean that a reply is to be received within three days in either case, however, sundays and all official holidays are expected.
확정청약: 확정청약은 모두 개개의 전자우편에 제시되어 있는 기간 내의 회답을 조건으로 간주한다. '즉답'이라는 용어를 사용하였을 때에는 회답이 3일 이내에 도착한다는 것을 의미한다. 다만 어떠한 경우에도 일요일 및 공휴일은 제외한다.

Orders: Any business closed by e-mail shall be confirmed in writing without delay, and orders thus confirmed shall not be cancelled unless by mutual consent.

주문: 전자우편에 의하여 결정된 거래는 지체 없이 서면에 의해 확인하는 것으로 하고 이렇게 확인된 주문은 당사자 쌍방의 동의에 의하지 않는 한 취소할 수 없는 것으로 한다.

Credit: Banker;'s irrevocable Letter of Credit Shall be issued in favor of the seller within ten(10) days from the date of contract, Credit shall be made available twenty-one(21) days beyond shipping promises in order to provide for unavoidable delays of shipment.

신용장: 계약체결 일자로부터 10일 이내에 은행취소불능신용장이 매도인 앞으로 발행되도록 한다. 신용장은 부득이한 선적 지연에 대비하기 위하여 그 유효기간을 선적약정기일보다 21일간 길게 한다.

Payment: Drafts shall be drawn under irrevocable Letter of Credit at sight for full invoice value.

대금결제: 환어음은 신용장에 의거하여 일람출급으로 하고 송장금액 전액에 대하여 발행되는 것으로 한다.

Shipment: All goods sold in accordance with this Agreement shall be shipped within the stipulated time. The date of Bill of Lading shall be taken as conclusive proof of the date of shipment. Unless expressly agreed upon, the port of shipment shall be at the Seller's option.

선적: 본 협정에 의하여 매매되는 물품은 모두 약정기간 내에 선적되는 것으로 한다. 선하증권의 일자는 선적일을 최종적으로 입증하는 것으로 간주한다. 별도의 약정이 없는 한 선적항은 매도인이 자유로이 선정한다.

Marine Insurance: All shipments shall be covered ICC(A) Clause for a sun equal to the amount of the invoice plus ten(10) percent, if no other conditions are particularly agreed upon. All policies shall be made out in U.S. Dollars and payable in New York.

해상보험[16]: 특히 다른 조건을 약정하지 않는 한 모든 화물은 송장 금액에 10%를 가산한 것에 ICC(A) 조건의 보험을 부보하는 것으로 한다. 모든 보험증권은 미화로써 표시되며 또한 뉴

16) 해상보험은 해상에서 발생하는 손해를 보상해주는 보험이지만, 해상구간 뿐만 아니라 육상운송 심지어 항공운송에서 발생하는 손해까지도 보상하고 있어 무역 거래에서 주로 이용되고 있는 보험은 해상보험이라 할 수 있다.

욕에서 지급되는 것으로 한다.

Quality: the seller shall guarantee all shipment to confirm to samples, types, or descriptions, with regard to quality and condition.

품질: 매도인은 모든 선적화물의 품질 및 상태에 관하여 견본, 규격 혹은 명세와 일치할 것을 보증한다.

Damage in Transit: The seller shall be all goods in good condition, and the buyer shall assume all risks of damage, deterioration or breakage during transportation.

운송 중의 손상: 매도인은 모든 물품을 양호한 상태로 선적하고 매수인은 운송 도중 손상·변질 혹은 파손에 관한 모든 위험을 부담하는 것으로 한다.

Claims: Claims, if any, shall be e-mail within fourteen(14) days after arrival of goods at destination. Certificates recognized by surveyors shall be sent by mail without delay. All claims which can not be amicably settled between Seller and Buyer shall be submitted to Arbitration in Seoul. The arbitrators are consisted of three members. The decision of the arbitrators shall be final, and the losing party shall bear expenses thereof.

클레임: 클레임이 있을 때에는 물품이 목적지에 도착한 후 14일 이내에 전자우편으로써 행하고 검사인이 확증한 증명서를 지체 없이 우편으로 제시토록 한다. 매도인과 매수인 간에서 화해할 수 없는 클레임은 모두 서울에서 중재에 붙여지고 그 중재인은 3명으로 구성된다. 중재인들의 결정은 최종적이며 패소자는 그 중재비용을 부담토록 한다.

Force Majeure: The Seller shall not be responsible for the delay of shipment in all cases of force majeure, including mobilization, war, riots, civil commotion, hostilities, blockade, requisition of vessels, prohibition of export, fires, floods earthquakes, tempest, and any other contingencies, which prevent shipment within the stipulated period. In the event of any of the aforesaid causes rising, documents proving its occurrence or shall be sent by the Seller to the Buyer without delay.

불가항력: 약정기간 내에 선적을 방해하는 동원, 전쟁, 소요, 폭동, 적대행위, 항만봉쇄, 선박징발, 수출금지, 화재, 홍수, 지진, 폭풍, 기타 예측하기 어려운 사건 등의 불가항력적인 사건이 발생했을 경우에는 매도인은 선적지연에 대하여 책임을 지지 않는다. 전기한 제 요인이 발생했을 때에는 매도인은 이것의 발생, 혹은 존재를 증명하는 서류를 지체 없이 매수인에게 송부하여야 한다.

Delayed Shipment: In all cases of force majeur provided in Article 13, the period of shipment stipulated shall be extended for a period of twenty-one(21) days. In case shipment within the extended period should still be prevented by a continuance of the causes mentioned in Article 13 or the consequences of any of them, it shall be at the Buyer's option either to allow the last shipment of goods or to cancel the order by giving the Seller the notice of cancellation by e-mail.

선적지연: 본 협정서 제13조에 규정한 불가항력일 경우에는 약정된 선적 기간을 21일간 연장하는 것으로 한다. 유예기간 내의 선적이 제 13조에 기재된 제 요인이 계속 혹은 그 결과에 의하여 아직 방해되고 있을 경우에는 지연화물의 선적을 용인하든가 아니면 전자우편으로서 해약통지를 매도인에게 행함으로써 주문을 취소할 것인가 하는 것은 매수인이 자유로이 결정토록 한다.

Shipping Notice: shipment effected against the contract of sale shall be immediately e-mailed.

선적통지: 매매계약에 대하여 행한 선적은 즉시 전자우편으로 통지한다.

Shipping Samples: In case shipment samples be required, the Seller shall forward them to the Buyer prior to shipment.

적송품 견본: 적송품의 견본을 필요로 할 때에는 매도인은 그와 같은 견본을 선적 전에 매수인에게 송부토록 한다.

Marking: All shipments shall be marked as arranged otherwise.

화인: 모든 선적화물에는 별도로 약정한대로 화인을 표시한다.

Teletransmission Expenses: Expenses relating to teletransmission shall be borne by the respective senders.

전보료: 전송료는 각각의 발신인이 이를 부담한다.

In witness whereof, GNTECH Co., Ltd., has hereunto set their hand on the 20th of May 20xx, and ABC Corp., has hereto set their hand on 30th of May 20xx. This Agreement shall be valid on and from the 1st of June 20xx, and any of the Articles in the Agreement shall not be changed or modified unless by mutual consent.

상기 사항의 증거로서 GNTECH 주식회사는 20xx년 5월 20일에 서명하고 또 ABC상사는

20xx년 5월 30일에 서명하였다. 본 협정서는 20xx년 6월 1일부터 효력을 발생하며 본 협정서의 조항 어느 것이든 당사자 쌍방의 의견이 일치하지 않는 한 변경 혹은 수정되지 아니한다.

(Buyer) ABC Corp	(Seller) GNTECH Co., Ltd.
(매수인) ABC 상사	(매도인) GNTECH 주식회사
(signed)	(signed)
(서명)	(서명)
President	President
대표이사	대표이사

제3절 무역계약의 8대 기본조건

1 품질조건

매도인과 매수인 간에 분쟁이 발생하는 여러 가지 원인 중에는 품질의 적합성 여부에 관한 사항이 비교적 많다. 무역 거래에서 품질조건은 당사자 간에 명확한 합의가 있어야 하는데 여기서는 품질결정방법, 품질결정시기, 품질 결정에 관한 유의사항이 있다.

1) 품질결정방법

(1) 견본매매(sale by sample)

견본에 의해 상품의 품질을 결정하는 방법으로 무역거래에서 가장 많이 이용되고 있다. 견본매매에서는 대부분 매도인이 견본을 만들어 매수인에게 보내는 매도인 견본(seller's sample)이 가장 많이 이용되며, 매수인이 희망하는 품질을 나타내기 위해 자신의 견본을 먼저 보내는 매수인 견본(buyer's sample) 그리고 상대방이 보낸 원 견본의 색상이나 부피 등을 수정한 반대견본(counter sample)을 이용하기도 한다.

(2) 상표매매(sale by trade mark or brand)

샤넬(Chanel), 구찌(Gucci), 버버리(Burberry) 등과 같은 유명상표의 경우 상표 자체로 품질을 인정받게 된다. 이처럼 상표만을 가지고 품질을 인정받아 계약이 이뤄지는 방법을 상표매매라고 한다.

(3) 규격매매(sale by grades)

상품의 규격이 국제적으로 정해져 있거나 수출국에서 공식적으로 인정하는 것일 경우 규격이나 등급으로 품질을 결정하는 방법이다. 예를 들어 국제표준화기구(international organization for standardization: ISO), 우리나라의 KS(korean standards) 등과 같은 규격을 이용한다.

(4) 명세서매매(sale by specification of dimensions)

상품의 재료・구조・성능 등을 자세히 설명한 명세서, 설명서, 청사진 등에 의해서 품질을 결정하는 방법이다. 주로 견본이 곤란한 선박, 철도차량, 기계류, 의료기구 등 고가상품의 거래에서 많이 이용된다.

(5) 점검매매(sale by inspection)

수입업자가 실제로 상품을 살펴보고 품질을 확인한 후 매매계약을 체결하는 방법으로 수입업자의 대리인이 수출국에 상주할 경우 가능하다, 보세창고도거래(BWT: bonded warehouse transaction) 에서는 수입업자가 보세창고에서 상품의 품질을 확인할 수 있다.

(6) 표준품매매(sale by standard)

농・수산품 등 1차 산품의 품질은 해당 연도의 표준품에 의해서 결정되는데, 이에는 평균중등품질조건, 판매적격품질조건, 보통품질조건이 있다.

① 평균중등품질조건(FAQ: fair average quality)

주로 곡물이나 과일과 같은 농산물과 광산물 등의 매매에 이용되며 표준품은 법규에 의하여 공공기관이 정한다. 표준품은 동종물품의 평균적인 중등 품질을 선정하여 표준품의 대표품질로 한다.

② 판매적격품질조건(GMQ: good merchantable quality)

외관상으로 품질을 결정하기 어려운 냉동물품 등의 거래에서는 수입지에서 판매 가능성을 전제조건으로 하여 품질을 결정한다. 수입된 물품이 판매가 부적격하면 매도인에게 변상요구를 할 수 있다.

③ 보통품질조건(USQ: usual standard quality)

공인검사기관 또는 공인표준에 의해 정해진 보통품질을 표준품의 품질로 결정하는 방법인데, 주로 원사거래에서 많이 이용된다.[17)]

2) 품질결정시기

무역 거래에서 상품은 보통 장기간에 걸쳐서 운송되기 때문에 상품의 종류나 성질에 따라서 선적지에서의 품질과 도착지에서의 품질이 다를 가능성이 있다. 그러므로 상품의 품질을 선적 시에 결정하느냐 아니면 양륙 시로 결정하느냐에 따라 당사자의 책임이 달라진다.

(1) 선적품질조건(shipped quality terms)

선적품질조건은 약정된 물품이 선적 시의 품질과 일치할 것을 조건으로 결정하는 방법이다. 이 조건에서는 수출업자가 운송 중에 상품이 변질된 경우에 책임을 지지 않는다. 이때 수출업자는 약정한 품질과 동일하다는 것을 입증하기 위하여 권위있는 검사기관(surveyor)의 품질증명서(certificate of quality) 또는 검사 증명서(certificate of inspection)를 수입업자에 제공하여야 한다.

주로 인코텀즈(Incoterms)에서 FOB, CFR, CIF와 같은 선적지 조건(F group, C group)에서 널리 이용되며 표준품 매매의 FAQ조건도 선적품질조건에 해당된다.

(2) 양륙품질조건(landed quality terms)

양륙품질조건은 약정된 물품이 목적지에 도착하여 품질에 적합할 것을 조건으로 결정하는 방법이다. 이 조건에서 수출업자는 운송 도중에 발생하는 상품의 변질에 대해서 모든 책임을 지고 보상을 하여야 한다. 그리고 수입업자는 수입상품의 품질이 불량하거나 계약 물품과의 불일치가 발견되면 이를 입증하기 위해 수입지의 검사기관에 품질 감정을 의뢰하고 공인 감정보고서(survey report)를 발급받아 수출업자를 상대로 손해배상을 청구한다.

주로 Incoterms의 도착지 조건군(D group: DAP, DPU, DDP)에 속하는 조건들이 양륙품질조건으로 볼 수 있으며 표준매매의 판매적격품질조건(GMQ: good merchantable quality)도 여기에 해당된다.

(3) 국제 곡물 거래에서의 품질결정시기

곡물 거래에서 선적 시와 양륙 시의 품질 결정방법에 대하여 수출업자와 수입업자 간에 누가 책임을 부담하느냐에 따라 영국 런던곡물시장을 중심으로 형성된 특수한 조건 3가지가 있다.

---

17) 박대위・구종순, 『무역개론』, (유원북스, 2015), pp.289-290.

① Tale Quale Terms(TQ)

영어의 "such as it is", "just as it comes"의 뜻을 지닌 프랑스어로 매도인이 약정한 물품의 품질을 선적할 때까지 책임지는 선적품질조건이다.

② Rye Terms(RT)

이 조건은 러시아산 호밀(rye)거래에 사용되어오던 관행에서 비롯된 것으로 양륙품질조건이다.

③ Sea Damaged(SD) Terms

이 조건은 기본적으로 선적품질조건에 해당되나, 해상운송 도중에 발생한 해수(sea water), 우수(rain water), 담수(fresh water), 증기(vapour), 습기(moisture) 및 이에 기인하는 손해에 대하여 매도인이 부담하는 조건이다.

3) 품질조건에 관한 유의사항

품질조건에 관하여 당사자가 약정할 때 품질 표시와 품질 상위가 발생할 때 처리사항에 대한 몇 가지 유의사항이 있다.

(1) 정확한 품질 표시

매도인은 품질을 표시할 때 상품의 성질을 고려하여 표시하여야 한다.

예를 들어, 품질을 표시하는 용어사용에 "견본과 일치할 것"("same as sample", "up to sample")은 엄격한 제조공정을 거쳐 대량 생산되는 규격품에 한하여 사용되어야 한다. 농산물, 임산물, 수산물 등의 1차 산품 같은 경우는 "견본과 완전히 일치할 것"이라는 표현보다는 완곡한 표현("be about equal to sample or similar to sample)이 좋다.

(2) 품질 불량 시 공인 검사증명서 제출

품질이 불량할 경우 매수인은 품질 불량을 증명할 수 있도록 국제적으로 권위있는 공인검사기관의 증명을 받아서 제출할 필요가 있다. 권위 있는 검사기관으로는 Lloyd's surveyor[18], Lloyd's agent[19], SGS[20] 등이 있다.

---

18) Lloyd's surveyor는 로이즈 보험업자협회에 소속된 해상 검정인으로 주로 선급을 메기기 위한 검사를 하고 기타 선체에 손해가 발생하였을 때 검사하고 검정보고서를 작성하는 것을 직업으로 하고 있다.

19) Lloyd's agent는 영국의 로이즈가 임명한 대리점으로서 각 지역 내에서 발생한 해상사고를 로이즈에 보고하고 하주나 선주의 의뢰에 따라 검정인을 사용하여 손상화물을 검정하는 것을 직무로 하고 있다.

(3) 불량품의 처리사항

물품이 검사기관에 의해 불량으로 증명되어 매수인이 정당하게 인수거절하였을 경우 불량품을 반송하든지 다른 처리방법을 강구하여야 할 것이다. 그러나 불량품의 반송에는 반송비가 많이 소요되어 현명한 방법은 아니므로 가격을 조정하거나 위탁품으로 처분하는 방법 등도 모색할 필요가 있다.

2 수량조건

수량조건은 품질조건과 결제조건 다음으로 무역분쟁이 빈번히 일어나는 분야이며 수량은 가격 산출의 기초가 되기 때문에 계약당사자 간에 중요한 조건이 된다. 수량조건에서는 수량의 단위, 수량의 결정 시기, 계량측정방법, 수량의 증명방법, 과부족 용인조항 등에 대하여 명확히 약정하여야 한다.

1) 수량의 단위

(1) 의의

수량 단위는 상품의 성질과 형상에 따라 중량(weight), 용적(measurement), 개수(piece), 길이(length), 포장단위(package), 면적(square) 등의 표기 단위가 각기 다르며, 심지어 동일한 단위라도 국가마다 달리 해석하고 있다.

(2) 수량 단위의 표시

① 중량

중량 단위는 kg, lb(pound), ton 등이 단위로 사용된다. Ton에는 'English ton'과 'American ton', 'Metric ton'이 있는데 각기 중량이 다르다. 따라서 수출계약 체결 시에 수량을 ton으로 표시하려면 반드시 위의 세 가지 가운데 어느 것인가를 분명히 표기해야 한다.

Long Ton(L/T)= 1,016kgs= Gross Ton= 2,240lbs= English Ton
Short Ton(S/T)= 907kgs= Net Ton= 2,000lbs= American Ton
Metric Ton(M/T)= 1,000kgs= Kilo Ton= 2,204lbs= French Ton

---

20) SGS는 Societe Generale de Surveillance Group or It's Affiliates(SGS 그룹 또는 자회사)는 전 세계적인 선적전검사기관으로서, 1965년 수입국정부대행 선적전검사업무를 최초로 시작하였다.

② 길이

생사・직물 등 섬유제품이나 전선 등의 거래에는 meter, yard, foot, inch 등의 길이 단위가 사용된다.

③ 용적

석유 등 액체에는 barrel・gallon・liter, 곡물에는 bushel, 목재에는 cubic meter(M^3; CBM)[21]・cubic feet(cft)・super feet(SF) 등의 용적 단위가 사용된다.

④ 개수

전자제품 등과 같은 일반 상품의 개수는 piece・set, 연필・양말 등은 dozen, 핀・조화 등 값싼 잡화제품은 gross를 단위로 한다. 이들 단위의 관계는 아래와 같다.

1dozen = 12pieces
1gross = 12dozen
1small gross = 10dozen
1great gross = 12gross

⑤ 포장단위

면화, 밀가루, 시멘트, 비료, 통조림, 유제품 등의 거래에는 bale, bag, case, can, drum 등과 TEU(twenty feet equivalent Unit), FEU(forty feet equivalent Units) 등의 포장 용기가 단위로 사용된다. 무용기 포장물에는 bundle, coil 등이 단위로 사용된다.[22]

⑥ 면적(square)

면적의 단위는 square foot(sft) 등으로 유리, 합판, 타일 등에 사용된다.[23]

2) 수량결정시기

수량이 어느 시점에서 계약 수량에 적합해야 하는지 결정해야 하는데 여기에는 선적수량조건과 양륙수량조건이 있다.

(1) 선적수량조건(shipped quantity terms)

선적할 때의 계량된 수량이 계약에서 약정된 수량과 일치하는 한 매도인은 이에 대하여 아

21) 대체로 화물 운송에서 운임의 단위로 용적 단위를 널리 사용한다. CBM은 가로 1m×세로 1m×높이 1m를 부피를 말한다.
22) 박대위・구종순, 전게서, pp.291-292.
23) 이우영・김철호, 전게서, pp.128-129.

무런 책임을 부담하지 아니하는 조건이다. 일반적으로 FOB, CIF 조건과 같이 선적지 조건에 널리 이용된다.

(2) 양륙수량조건(landed quantity terms)

양륙 시의 계량된 수량이 계약에서 약정된 수량과 일치하여야 하는 조건이다. 따라서 양륙지에서의 수량을 최종적인 것으로 보고 운송 중의 감량을 전적으로 매도인이 부담하는 조건이다. 일반적으로 DAP 조건이나 DPU 및 DDP 조건과 같이 D group 조건에서 이용된다.

3) 중량의 측정방법

중량의 측정방법에는 총중량, 순중량 및 법적 중량 등이 있다.

(1) 총중량(gross weight)

상품을 포장한 채로의 중량, 즉 상품의 무게와 포장의 무게를 합한 총무게를 말한다.

(2) 순중량(net weight)

포장 무게를 제외한 순 상품의 무게를 말한다.

(3) 법적 중량(legal weight)

상품의 무게와 법적으로 인정되는 포장무게를 합한 중량을 말한다, 법적으로 인정되는 포장무게는 비누·치약 등과 같은 상품이 소매로 판매될 때 사용되는 포장의 무게를 의미한다.[24)]

4) 수량의 증명방법

선적수량조건은 매도인에게 유리하지만, 매수인에게는 다소 불리한 조건이다. 따라서 선적수량조건인 경우 매도인은 선적 시 수량에 대하여 SGS와 같은 전문검증기관(surveyor)이나 공인검량인(public weighter)으로부터 검량을 받아 작성되는 중량용적증명서(certificate of weight and/or measurement)를 발급받아 매수인에게 제공하여야 한다. 양륙수량조건을 채택한 경우에도 매도인은 원칙적으로 전문검증기관이나 공인검량인이 발행한 중량용적증명서를 매수인에게 제공함으로써 수량에 대한 문제를 명확히 해결하고 또한 수입국에서 세관검사를 통하여 수량을 입증할 수도 있다.

---

24) 박대위·구종순, 전게서, p.291.

5) 과부족 용인조항

과부족용인조항(more or less clause: MOL clause)이란 일정한 수량의 용인 한도 내에서는 과부족이 발생하더라도 계약의 위반으로 간주하지 아니하고 클레임을 제기하지 않는다는 수량조건에 대한 계약상의 명시조항을 말한다. 가스와 같이 누손 또는 휘발성이 있는 화물이나 석탄, 곡물, 광물 등과 같이 살화물(bulk cargo)[25] 운송을 일반적으로 하는 화물 그리고 분류(가루)나 설탕과 같이 자연 감량이 발생하기 쉬운 대량 운송화물의 경우, 화물의 성질상 정확히 계약된 수량을 인도하는 것이 불가능하므로 일정한 범위 내에서 수량의 과부족을 용인하는 조항을 명시함으로써 매도인의 책임을 면해주는 조항이다.

그러나 계약상에 명시된 수량이 포장단위 또는 개별품목의 개수로 명시된 경우에는 과부족용인조항이 적용되지 아니한다.

3 가격조건

가격조건은 매매계약의 대상이 되는 물품 가격에 관한 사항에 대해 약정하는 거래조건으로, 이와 관련한 주요 내용은 매매가격의 산정기준(basis of price), 가격표시통화(currency) 등에 관한 내용을 들 수 있다.

1) 가격의 산정기준

매매가격을 결정하여 상대방에게 제시할 때 제조원가와 희망이익 이외에 어떠한 비용 요소를 포함하느냐에 따라 가격에 많은 차이가 발생할 수 있다. 일반적으로 상품의 수출입 가격에는 제조원가와 이윤 외에 포장비, 검사비, 수출승인이나 기타 정부기관 등에서의 승인을 받기 위한 비용, 상품의 소재지부터 선적항까지 내륙수송비, 수출신고를 포함한 수출통관비용, 선적, 적재 및 적부비용, 해상운임이나 항공운임, 해상적하보험이나 운송보험에 부보 시 소요되는 보험료, 도착항에서의 양하비, 창고료 등이 포함된다.

이 비용들의 포함정도에 따라 FOB나 CIF와 같이 여러 가지 가격조건을 정형화하여 매매 당사자의 선택에 따라 사용하고 있다.[26]

---

25) 살화물(bulk cargo)이란 불가산물품(uncountable goods)으로서 비포장상태로 거래되는 대량물품을 의미한다. 가령, bulk cement, 석탄, 광석, 곡물, 모래, 자갈 등을 의미한다.

26) 이우영・김철호, 전게서, p.125.

2) 가격의 표시통화

가격의 표시통화는 국가마다 통화가 다르기 때문에 무역 계약당사자는 어느 국가의 통화를 사용할 것인지에 대하여 약정하여야 한다. 통화의 결정은 수출국의 통화, 수입국의 통화, 제3국의 통화를 선택하여도 무방하지만, 국제적으로 안정된 통화와 국제유동성이 높으며 환위험이 적은 통화를 선택하는 것이 중요하다.

그리고 통화의 표시에서도 단지 ○○달러(Dollar)라고 할 것이 아니라 구체적으로 US ○○$로 표시하여야 한다. 달러에는 US$(미국), HK$(홍콩), C$(캐나다), S$(싱가포르), NZ$(뉴질랜드)등이 있으므로 표기 시 주의하여야 한다.

4 선적조건

1) 인도의 의의

물품 인도는 물품의 점유권과 소유권을 어느 특정인이 타인에게 임의적으로 이전하는 것으로, 무역 거래에서는 곧 선적(shipment)을 의미한다. 선적은 상품의 인도(delivery) 그 자체이거나 인도의 한 방법으로써 단지 해상운송에서의 선박에의 적재(loading on board)뿐만 아니라 항공기나 철도화차 등 모든 운송수단에의 적재(loading) 및 발송(dispatching), 복합운송인 경우 수탁(taking in charge), 우편에서의 발송(dispatching)등을 포괄하는 의미이다.

2) 선적시기

무역 계약의 체결에 있어 선적시기의 규정은 '단월조항', '연월조항', '특정일' 이전 또는 이후 '선적조항' 등으로 무역계약서에 규정된다.

(1) 단월조항

"Shipment shall be made during September, 2017"는 2017년 9월 중 선적하라는 의미로서, 만약 '9월 중 선적'이라고 합의하면 2017년 9월 1일부터 9월 30일까지 선적해야 하고, 특약이 없는 한 1회에 전량을 선적해야 하나 정당한 이유나 사정이 있으면 2회 이상 분할하여 선적할 수 있다.

(2) 연월조항

"shipment shall be made during June and July, 2017"는 2017년 6~7월 선적하라는 의미로서, '6-7월 선적'으로 합의한 경우에는 2017년 6월 1일부터 7월 31일까지 선적해야 하고 계약된

수량의 전부를 일시에 적재하거나 또는, 분할 선적할 수 있다.

(3) 특정일 전후조항

① "Shipment shall be made till September 15, 2017"는 2017년 9월 15일까지 선적하라는 의미로서, '9월 15일까지 선적'이라고 합의하면 2017년 9월 15일까지 선적하면 된다.

② "Shipment shall be made within 30 days after receipt L/C"는 L/C 수취일로부터 30일 이내라는 의미로서, L/C를 수취한 다음 날로부터 30일 이내에 선적하면 된다.

③ "Shipment shall be made by May 10, 2017"는 2017년 5월 10일이 최종 선적일이라는 의미로서, 2017년 5월 10일까지 최종적으로 선적하면 된다.[27)]

(4) 즉시 선적

선적 시기를 특정 월이나 기간으로 명시하지 않고, "immediate shipment" 등과 같이 표현하는 것인데 이러한 표현은 시기가 불명확하므로 매매 당사자 간에 분쟁이 야기되기 쉽다. 따라서 이러한 표현은 사용하지 않는 것이 좋으며. 만일 이러한 용어가 사용되었을 경우 은행은 이를 무시하는 것으로 규정하고 있다.[28)]

3) 분할선적 및 환적

(1) 분할선적

분할선적(partial shipment)은 계약 물품을 일회에 전량 선적하지 않고 2회 이상 나누어서 선적하는 경우를 말한다. 계약서상에 분할선적을 금지한다는 문언이 없을 경우에는 일반적으로 분할선적은 허용하는 것으로 간주된다. 따라서 상품을 일시에 수입하고자 할 경우에는 분할선적금지를 계약서에 분명히 명시하도록 한다. 다음은 분할선적 금지문언의 예이다.

Partial shipments are not allowed or partial shipments are prohibited.

(2) 할부선적

할부선적(shipment by installment)은 분할선적의 일종으로 특정 기간 동안 일정량의 화물을 수회에 걸쳐서 선적하는 것이다. 할부선적은 분할선적과 달리 선적될 수량 및 금액과 선적일을 미리 지정해 두고 그 기간 이내에 일정한 할부선적 분을 반드시 이행하고 어음을 발행하여야 하는 것이다.[29)] 할부선적의 경우 지정된 기간 내에 지정된 수량이 선적되지 아니할 경우 별도

---

27) 이우영 · 김철호, 전게서, pp.132-133.

28) UPC 600, 제3조.

29) UPC 600, 제31조 b.

의 약정이 없는 한 차기에 이월되지 아니하고 당해 분은 물론 그 후의 모든 할부 분에 대해서도 모두 무효가 된다.[30)]

(3) 환적

환적(transhipment)은 운송 도중 다른 선박이나 운송기관에 옮겨 싣는 경우를 말하는데, 환적을 하게 되면 그만큼 운송시간이 많이 소요되고 파손, 분실 등의 위험이 발생할 수 있다. 따라서 목적항구까지 직접 가는 선편이 없을 경우나 여러 운송수단을 동시에 사용하는 복합 운송인 경우에만 환적을 허용한다. 환적을 금지할 경우에도 이러한 사실을 계약서에 분명히 해두어야 한다. 다음은 환적금지문언의 예이다.

Transhipments are not allowed or transhipments are prohibited.[31)]

4) 선적일자의 해석

(1) 선적일자의 해석방법

선적선하증권(shipped bill of lading) 또는 선적 필 운송서류의 경우는 선적의 일부일(日附日)을 기준으로 한다. 수취선하증권(received bill of lading) 또는 선적이나 적재를 위하여 화물을 수취하였음을 나타내는 운송서류의 경우에는 후일 선적이 완료되었음을 나타내는 문언을 해당 선하증권이나 운송서류에 운송인 또는 그 대리인이 선적 부기(on board notation)하고 기입하는 날짜로 간주한다.

선적 일자의 해석기준

개념	해석의 의미
~경에(on or about) or similar	지정일 포함 ±5일(총11일)
~까지(to, until, till), ~부터(from), ~사이(between)	지정일자 포함
~이전(before), ~이후(after)	지정일자 제외
~부터(from) ~이후(after)	만기일 산정시에 사용될 경우 지정일자 제외

30) UPC 600, 제32조.
31) 박대위・구종순, 전게서, p.293.

전반(first half) 후반(second half)	전반: 1일부터 15일까지 후반: 16일부터 말일까지
상순(beginning), 중순(middle), 하순(end)	상순: 1일부터 10일까지 중순: 11일부터 20일까지 하순: 21일부터 말일까지

(2) 선적 일자의 해석기준

5 보험조건

1) 보험조건의 의의

무역 거래에서는 계약 물품을 인도하는데 있어 장기간 · 원거리 운송이 불가피하기 때문에 물품의 멸실이나 손상 등의 손해가 발생할 위험이 있다. 따라서 이러한 위험을 담보하기 위하여 적하보험(Cargo Insurance)에 가입해야 한다.

무역계약 체결 시 보험조건에 포함해야 할 내용으로는 보험계약자, 사고 발생 시 보험금을 받게 될 피보험자, 보험금액, 담보위험, 손해배상 범위 등이 있다.

2) 보험계약자[32]와 피보험자[33]

매도인과 매수인 중 어느 당사자가 보험계약을 체결하며, 보험금을 지급받는지는 일반적으로 정형거래조건에 따라 결정된다. 정형거래조건은 보험계약체결 의무가 누구에게 있는지와 위험의 이전 시기를 규정하고 있어 피보험이익(Insurable interest)이 누구에게 귀속되는지 알 수 있다. 통상 위험을 부담하는 자가 보험계약을 체결하지만, 매수인이 위험부담자인 CIF 와 CIP 조건에서는 비용을 책임지는 매도인에게 보험계약체결 및 보험료 지급의 의무가 있다.[34]

3) 보험금액 결정

보험금액(Insured Amount)은 피보험자가 받을 수 있는 보험금 최고한도액으로 보험계약을

---

32) 보험계약자(policy holder)는 보험자와 보험계약을 체결하고 보험료를 지급할 의무를 갖는 자를 말한다.

33) 피보험자(assured)는 피보험이익이 귀속되는 주체로서 보험사고의 발생에 의하여 손해를 입는 경우 보험자에게 직접 손해 보상을 청구할 수 있는 자를 의미한다.

34) 김진환 · 유광현, 『무역실무』, 한국방송통신대학교출판문화원, 2017.

체결할 때 당사자 사이의 약정에 의해 정해진다. 매매계약에 따라 계약 물품에 대해 위험을 부담하는 당사자가 보험자(보험회사)와 보험계약을 체결하는 경우 그 보험금액과 부보의 범위를 결정하면 된다.

그러나 CIF, CIP 조건과 같이 보험계약자와 피보험자가 상이한 경우에는 부보금액에 대한 별도의 약정이 필요할 수도 있다. 만약 별도의 약정이 없다면 CIF 조건인 경우 '110 percent of the CIF invoice value(CIF 송장 값의 110%)'와 같이 송장 가액에 10%를 부가한 금액을 부보하게 되며 이러한 가산비율에 따라 보험료(insurance permium)도 달라지므로 보통 송장 금액에 10%를 가산한 최소 부보금액을 약정한다.

4) 담보위험과 담보 구간

보험계약은 보험자가 제시하는 약관을 보험계약자가 선택해 체결하는 부합계약(contract of adhesion) 형식을 따르고 있다. 따라서 보험계약자는 담보위험(perils covered)에 관해 제시된 담보조건 중 하나를 선택한다.

적하보험 중 현재 국제적으로 널리 이용되고 있는 보험약관은 1912년 런던보험업자협회(ILU)가 제정한 협회적하약관(ICC)이다. 협회적하약관에는 구약관(1963)과 신약관(1982)이 있으며, 구약관의 부보조건에는 전위험담보(A/R), 분손담보(WA), 분손부담보(FPA)가 있으며, 신약관의 부보 조건에는 ICC(A), ICC(B), ICC(C)가 있다.

6 대금결제조건

1) 결제조건의 의의

무역 거래는 수출업자의 물품 인도와 수입업자의 대금결제로 이루어지는 쌍무계약(bilateral obligation contract)이기 때문에 무역 계약에서 가장 중요한 핵심이라고 할 수 있다.

수출업자는 선적에 앞서 미리 대금을 확보하기를 원하지만, 수입업자는 대금 지급에 앞서 물품을 확보하기를 원한다. 이러한 사전 또는 사후 결제방식은 수출업자 또는 수입업자 일방에게만 유리한 조건이기 때문에 사전, 사후 송금방식 사이에는 신용장, 추심방식, 혼합방식 등이 존재한다.

2) 무역 대금결제의 통화

통화(currency)는 국가마다 고유의 통화를 사용하기 때문에 무역 거래에서는 매매 당사자들이 어느 나라의 어떤 통화를 사용할 것인지를 결제조건에 약정해야 한다.

무역 대금의 결제통화에서 거래통화의 종류는 동일하지만, 그 화폐의 가치가 다른 것이 존재한다. 이러한 경우에는 국가별 통화 단위를 명확히 표시해야 한다. 무역 거래에서 사용할 통화를 결정할 때는 안정성(stability), 교환성(convertibility), 유동성(liquidity) 등을 고려해야 한다.[35)]

3) 무역대금 결제시기

(1) 선지급(advanced payment)

선지급은 수입업자가 물품이 선적 또는 인도되기 전에 수출업자에게 송금 등에 의해 미리 지급하는 방식을 말한다. 이 경우 수출업자는 물품을 선적해 인도하기 전 수출대금을 확보할 수 있어 유리한 반면, 수입업자는 물품을 인도받기 전에 대금을 지급하게 되어 물품인수불능위험을 부담하기 때문에 불리하다.

선지급의 종류에는 물품구매 주문과 함께 현금결제가 되는 주문 시 현금지급(CWO : Cash with Order), 주문과 함께 전신환(T/T) 등에 의해 송금하는 단순송금방식(remittance basis), 신용장의 수익자인 매도인이 신용장 수취와 더불어 대금부터 미리 결제받을 수 있는 선대신용장(L/C)방식 등이 있다.

(2) 동시지급(concurrent payment)

동시지급은 수출업자가 물품을 인도하고 동시에 수입업자는 대금을 지급하는 방식을 말한다. 무역 거래에서는 물품과 대금 장소에서 동시에 교환되는 경우가 드물기 때문에 물품과 동일시되는 운송서류(선하증권)와 상환으로 대금 지급이 이루어진다.

동시지급의 종류에는 물품 인도와 동시에 현금을 지급하는 현품인도지급(COD : Cash on Delivery)방식과 선적 후 선적서류와 교환으로 현금을 지급하는 서류상환지급(CAD : Cash against Documents)방식 또는 선적지급(cash on Shipment)방식 등이 있다.

(3) 후지급(deferred payment)

후지급은 수입업자가 물품을 인수하고 일정 기간이 경과한 후 대금을 지급하는 기한부거래, 즉 외상 거래방식을 말한다. 이 방식은 수입업자 입장에서 수입자금 없이 수입할 수 있는 장점이 있지만, 수출업자 입장에서는 대금회수불능의 위험이 크기 때문에 불리하다.

후지급에는 지급자가 매수인의 거래은행인 기한부신용장(usance)방식에 의한 대금 지급이나 지급자가 매수인인 인수인도(D/A : Document against Acceptance)방식과 같이 보통 물품인도

35) 김진환 · 유광현, 상게서.

후 1년 이내 지급이 이루어지는 단기연지급과 1년 이상 지급이 지연되는 중장기지연지급이 있다.

(4) 혼합지급(mixed payment)

혼합지급은 선지급, 동시지급, 후지급 방식을 혼합하여 결제하는 방식을 말한다. 혼합지급에는 플랜트, 조선 등 대형거래에 이용되는 중장기 연불수출입방식에서 주로 사용하는 누진지급(progressive payment)방식이 있다.

누진지급방식은 물품대금을 일시에 지불하지 않고 계약체결 시점, 선적 완료 시점, 도착 완료 시점 등으로 구분하여 일정 금액을 결제하거나 공정 진행도에 따라 분할해서 지급하는 방식으로 분할지급의 형태를 취하는 것을 말한다.[36]

4) 대금결제의 유형

(1) 송금방식

송금방식에 의한 결제는 계약 물품을 선적하기 전에 수입업자가 수출업자 앞으로 대금을 송금해주는 방식을 말한다. 이 방식은 수출업자 입장에서는 대금결제에 대한 위험을 줄일 수 있지만, 수입업자는 물품을 인도받기 전 대금 전액을 송금하므로 금융 비용부담 등 자금부담 면에서 상대적으로 불리하다.

송금방식으로는 송금수표, 우편송금환, 전신송금환 등과 같이 지급수단이 이용되고 있다. 또한, 수입지에서 물품과 대금을 교환하는 현품인도지급(COD)방식과 수출지에서 선적서류와 교환해 대금을 지급하는 서류상환지급(CAD)방식이 있다.

(2) 추심방식

추심방식에 의한 결제는 은행의 조건부 대금지급확약인 신용장이 없이 오직 수입업자의 신용장에만 의거해 수출업자가 물품을 선적한 후 관련 서류를 첨부한 화환어음을 수입업자에게 제시하면 수입업자는 그 어음에 대한 지급 또는 인수를 하여 결제하는 방식을 말한다.

추심방식에는 화환어음이 첨부되는 선적서류가 지급인(수입업자)에게 인도되는 방법에 따라 지급인도(D/P)방식과 인수인도(D/A)방식이 있다. 지급인도방식은 화환어음의 지급인인 수입업자가 어음대금을 지급하면 서류를 인도하는 방식을 말한다.

반면 인수인도방식은 어음의 지급인인 수입업자가 어음을 인수하면 서류를 인도하는 방식을 말한다. 이 방식은 매매 당사자 사이에 매매계약에 의해 대금결제가 이루어지는 순수 외상거래 방식이므로 신용장방식에 의해 수출업자의 대금회수불능위험이 상대적으로 높기 때문에 신용

---

36) 김진환 · 유광현, 『무역실무』, (상게서)

이 두터운 거래당사자들 사이 또는 본사와 해외 자회사 간의 거래에서 주로 사용되고 있다.

(3) 신용장방식

신용장방식은 수입업자의 요청과 지시에 따라 수입업자의 거래은행인 발행은행이 수출업자에게 조건부지급확약(conditional undertaking of payment)인 신용장을 발행해 주고 수출업자가 그 신용장 조건과 엄밀하게 일치하는 선적서류를 제시하면 대금을 지급하는 결제방식을 말한다.

7 포장조건

1) 포장조건의 의의

무역 거래에서 수출화물의 포장(packing)은 중요하다. 포장의 하자나 불완전으로 인한 손해의 경우 운송인과 보험회사는 면책이 되기 때문이다. 먼저 어떠한 포장을 할 것인가는 일반적으로 계약서에 정해놓는 경우가 많으나 무역 물품은 기후, 온도의 차이가 있는 원거리 지역에 운송되고 때로는 환적이 되기 때문에 화물을 취급할 때 파손에 대한 클레임을 고려하여 전문적인 포장이 필요하다.

2) 포장의 종류

(1) 외장(outer packing)

외장은 운송 중에 발생할 수 있는 물품의 변질이나 파손 또는 유실 등의 위험을 미연에 방지하고 화물의 취급이 편리하도록 수 개의 내장을 합쳐 큰 단위로 포장하는 것을 말한다. 외장에서는 화물의 단위 화(unitization)를 고려해야 하는데 해상운송에서는 팔레트와 컨테이너를, 항공운송에서는 ULD(Unit Load Device)를 사용한다.

(2) 내장(interior or inner packing)

내장은 개장 물품의 수송이나 취급이 편리하도록 수 개의 개장 물품을 모아서 포장하는 것이다. 물품의 보호를 위해 물품이 영향을 받을 수도 있는 수분, 열, 충격을 고려한 보호적 내장(inner protection)도 있다.

(3) 개장(unitary packing)

개장은 상자 및 곤포 등 1개의 수송 용기에 넣을 때 개개의 물품을 보호하기 위해 이에 적절한 용기 또는 재료를 시공하는 소포장을 말하는 것으로, 소비자의 구매 의욕을 자극하기 위한 기능도 한다.

3) 화인

수출품목을 포장한 후에는 그 외장에다 각종 사항을 화인(cargo mark)으로 표시하게 된다. 화인을 하는 목적은 다른 화물과의 식별을 용이하게 하고, 그 화물의 내용을 표시하는 데 있다. 화인은 선하증권이나 포장명세서 등에 그대로 나타나기 때문에 화물과 서류의 대조가 가능하다. 화인이 표시되지 않을 경우 도착항에서 화물이 하역되지 않거나 취급 주의사항이 기재되어있지 않았을 경우에는 작업 중 손실이 발생할 수도 있다.

화인을 표시할 때 주화인, 항구표시, 포장번호는 반드시 표시해야 하는 필수사항이다. 필수화인 표시가 누락된 화물을 무인화물(NM cargo: no mark cargo)이라고 하며 [Hague Rules(1924)] 제 4조에서는 중요 화인이 누락된 화물에 대해서는 운송인의 면책을 규정하고 있다.

화인의 표시

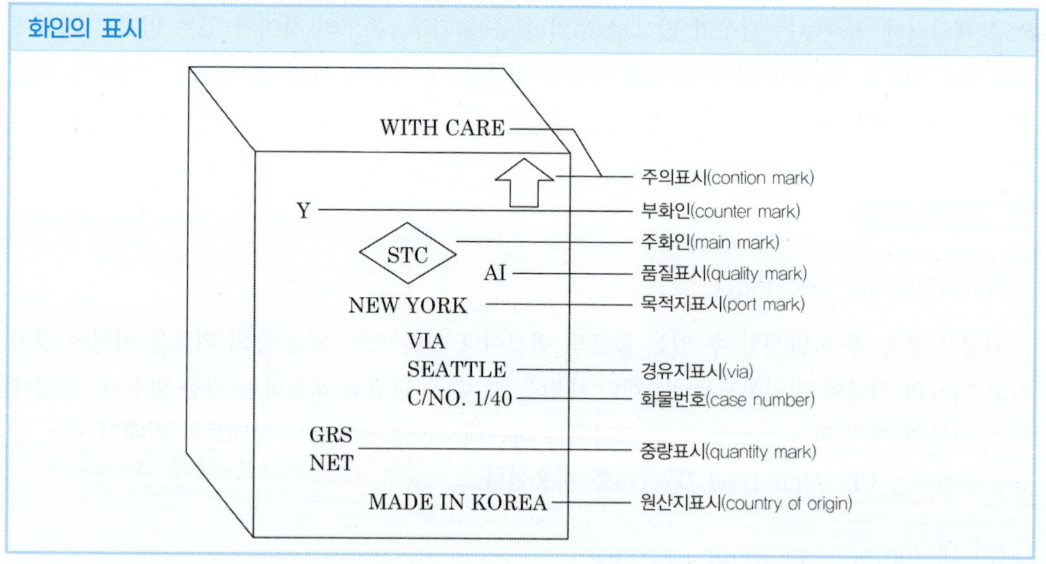

(1) 화인의 표시

① 주화인(main mark)

다른 화물의 식별을 용이하게 하기 위해 외장에 특정 기호를 표시하고 그 안에 수입업자의 상호 등의 약자를 표시한다.

② 부화인(counter mark)

주화인 만으로 다른 화물과의 식별이 어려울 경우 생산자 또는 공급자의 약자를 보조적으로 표시한다.

③ 포장번호(case number)[37)]

송장(invoice), 포장명세서(packing list), 기타 운송서류와 대조해 식별 · 확인하기 위해 포장마다 일련번호를 부여해 표시한다.

④ 항구표시(port mark)

한 선박에 여러 나라로 운송되는 화물이 함께 선적되기 때문에 화물의 선적과 양하 작업시 용이하도록 또는 배달 사고가 없도록 도착항이나 경유항을 표시한다.

⑤ 품질 또는 중량 표시(quality or weight mark)

내용물의 품질 또는 등급을 기호로 표시하며, 검사의 합격표시도 한다. 또한, 운임계산, 통관, 하역작업 등을 용이하게 할 수 있도록 순중량과 총중량으로 표시한다.

⑥ 원산지표시(origin mark)

해당 물품의 생산국을 외장의 맨 아래에 표시한다.

⑦ 주의표시(care mark, caution mark)

화물을 취급할 때 특별히 주의할 점 등은 통상 외장의 측면에 표시하며 측면에 표기하기 때문에 side mark라고도 한다.[38)]

8 클레임 해결조건

무역 거래를 이행하는 가운데 계약위반이나 불이행으로 인하여 무역 거래 당사자 간에 분쟁이 발생하는 경우가 종종 있다. 거래 당사자는 계약 불이행에 따른 분쟁에 대비하여 미리 분쟁해결에 관한 약정, 즉 계약위반의 구제조항으로서 불가항력 조항, 클레임 조항, 중재조항, 준거법 조항 등을 계약서상에 명시해 둘 필요가 있다.

또한, 무역 클레임 중에는 여러 가지 이유로 중재에 의한 해결이 불가능한 경우에는 부득이 소송을 제기할 수밖에 없다. 이러한 소송을 대비하여 재판관할권 조항 및 준거법 조항 등을 계약에 삽입해 두어야 한다.[39)]

---

37) 무역 계약을 체결할 때 shipping marks 상에 case number는 미확정되어 기재하기 곤란하기 때문에 이 경우 “C/No.1-up”과 같이 표기하면 “1,2,3 · · · ” 순으로 연속번호가 부여된다.

38) 사진자료, 네이버 블로그, https://blog.naver.com/wtradecampus/220500169765

1) 클레임 조항

(1) 무역 클레임

클레임(claim)은 '권리의 요구'라는 의미로 청구자가 피청구자에게 자신이 입은 손해배상을 청구하거나 계약의 이행을 요구하는 것을 말한다. 무역 클레임(trade claim)이란 무역 거래 과정에서 당사자 간에 계약 내용의 이행 여부와 관련한 무역분쟁이 발생될 수 있는데, 단순한 불평을 넘어서 손해배상과 같은 구체적인 청구를 수반할 경우를 말한다. 무역 거래에서의 클레임은 대부분 계약불이행, 계약위반, 품질 불량, 대금 미지급, 선적지연이나 도착지연등의 사유로 발생한다.

클레임은 합의된 기간 내에서 적법한 절차에 따라 제기되어야만 법적 효력을 보장받을 수 있다. 따라서 무역 계약을 체결할 때 클레임의 해결에 관한 사항을 명확히 합의해 두는 것이 바람직하다. 무역 클레임의 해결방법으로는 청구권 포기, 매매당사자 간의 타협 및 화해, 제3자에 의한 알선, 조정 및 중재, 국제사법에 의한 소송이 있다. 무역분쟁은 법률적 소송보다는 중재로 해결하는 것이 시간적으로나 비용적으로 유리하며, 중재보다는 조정이, 조정보다는 분쟁의 예방이 거래당사자 모두에게 유리하다.

(2) 클레임 조항

클레임 조항(claim clause)은 대개 클레임의 제기 기간, 클레임 제기 근거, 클레임 제기방법 등을 계약서상에 약정해 두는 것으로서, 이는 수입상의 시장 악화, 판매 부진 등에 따른 악성 클레임의 제기를 사전에 방지하는 효과가 있다. 클레임의 제기방법과 제기시한에 대해서는 다음과 같이 계약서상에 약정한다.

Claim Clause

: Claim shall be filed by cable within fourteen(14) days from the date of final discharge of the goods at destination. Claims after the elapse of fourteen days shall be considered as null and void.

분쟁이 있으면 목적지에서 화물을 양륙한 최종일로부터 14일 이내에 전신으로 제기한다. 14일 경과 후의 분쟁 제기는 무효로 한다.

2) 권리침해조항

권리침해조항(infringement clause)은 매도인이 특허권 · 실용신안권 · 디자인권 · 상표권 등

39) 윤광운, 『무역계약론』 (탑북스, 2014), p.204.

의 지적재산권 등의 내용에 대한 사전정보 없이 매수인의 주문에 의하여 물품을 제조함으로써 발생할 수 있는 지적재산권의 침해와 관련된 모든 책임으로부터 매도인을 면책으로 하는 면책조항으로서, 매수인이 이와 관련된 책임을 부담하겠다고 하는 조항을 말한다.

즉, 이 조항이 있는 경우에는 매수인은 제3자로부터 지적재산권의 침해를 받았다는 이유로 매도인에게 클레임을 제기할 수 없다. 따라서 미국 등의 선진국에 물품을 수출하는 경우에는 이 조항을 계약서에 삽입시킴으로써 매도인은 권리침해와 관련된 책임을 면할 수 있다.

Patents, Trademarks, ect Clause

: The Seller shall not be responsible to the Buyer for any infringement, alleged or otherwise, of patent, utility model, design, trademark, or any other industrial property right or copyright, in connection with the products, except for infringement of any Korean patent, utility model, design, trademark or copyright. The Buyer shall, however, hold the Seller harmless from any such infringement of the said Korean rights arising from or in connection with any instruction given by the Buyer to the Seller regarding design, copyright, pattern or specification.

매도인은 한국의 특허, 실용신안, 디자인, 상표 또는 저작권 등의 침해가 있을 경우를 제외하고는 대상 상품에 관한 특허, 실용신안, 디자인, 기타 공업소유권 또는 저작권의 침해에 대해 매수인에게 일체 책임을 부담하지 않는다. 그러나 디자인, 저작권, 도안 또는 규격 등에 관해 매도인에게 매수인에 의한 지시에 기인하거나 관련된 상기 한국법상의 제 권리의 침해에 대해서는 매수인은 매도인에게 일체 피해를 입혀서는 안된다.

3) 완전합의 조항

완전합의 조항(entire agreement clause)은 본 계약서만이 유일한 합의서이며 그 이전의 각종 문서인 제안서, 회의록, 의향서, 양해각서, 가계약, 이면계약 등은 모두 인정하지 않는다는 조항이다. 그러므로 이 조항은 양 당사자 간의 합의 내용을 완결하는 것이며 이 계약과 관련된 이전의 협상, 의사표명, 양해, 약정 등을 본 계약서로 대체하고 계약의 혼란을 방지하기 위한 것이다.

Entire Agreement Clause

: This agreement constitutes the entire and only agreement between the parties with respect to the subject matter hereof and supersedes, cancels and annuls all prior or contemporaneous negotiations or communication.

본 협정서는 계약목적물과 관련하여 당사자가 합의한 전부이자 유일한 것이며, 종전의 모두 또는 동시 협상 또는 의견 교환 사항을 폐지, 취소, 무효로 한다.

4) 불가항력 조항

불가항력 조항(force majeure clause)은 계약당사자의 귀책 사유가 아닌 불가항력으로 인하여 계약 내용을 이행하지 못할 경우 이러한 불이행에 대하여 당사자의 면책을 규정하고 있는 조항을 말한다.

여기서 불가항력은 어느 일방이 통제할 수 없는 우발적 사태나 사고를 말하는데, 천재지변(Acts of God)과 인위적인 불가항력이 있다. 전자는 주로 낙뢰, 폭풍우, 지진, 해일 등의 자연적인 사태를 의미하며, 후자는 전쟁, 동맹, 파업(strike), 공장폐쇄(lockout), 폭동(riot), 내란(insurrection), 소요(civil commotion), 테러행위 등 인위적 사태 등을 포함하고 있다.

매도인은 불가항력의 사태가 발생하여 계약의 이행이 불가능하게 되면 책임을 면제받는 불가항력 조항을 계약서에 명시하는 것이 좋다. 영국과 미국은 계약의 당사자가 통제 불가능한 사태의 발생으로 인하여 계약의 이행이 불가능하게 되면 그 의무를 면제하는 계약의 목적달성 불능(frustration)의 원리를 발전시켰다.

Force Majeure Clause

: Except for the payments due for the Goods delivered by the seller, any party hereto shall not be responsible to the other party for non-performance (either in whole or in part) or delay in performance of the terms and conditions of the Agreement, due to war, warlike operation, Acts of God, riot, strikes, sabotage or other labor troubles or disturbances in the manufacturing plant; lockout of the manufacturing plant; epidemics, floods, earthquake, typhoon, embargoes, act of terrorism, laws and regulations of the Buyer's country or seller's country; or any other causes beyond the control of the parties. In case of any such event the terms of this agreement relation to time and performance shall be suspended during the continuance of the event.

매도인이 인도한 물품 대금의 지급을 제외하고, 어느 당사자도 전쟁, 준 전시상태, 천재지변, 폭동, 동맹파업, 태업 또는 기타 노동쟁의, 공장폐쇄. 전염병, 홍수, 지진, 폭풍, 수출금지. 테러행위, 매수인 또는 매도인인 국가의 법규, 기타 당사자가 통제할 수 없는 사유로 계약조건을 불이행(전부 또는 일부)하거나 이행을 지연한 경우에는 상대방에 대하여 그로 인한 책임을 부담하지 아니한다. 이러한 경우 기간 및 이행에 관한 이 계약의 조건은 불가항력 사유가 지속되는 동안만큼 연장된다.

5) 이행곤란조항

이행곤란조항(Hardship clause)는 계약체결 후 예상치 못한 정치적, 사회적, 경제적 사정의 변화로 인하여 계약의 이행이 곤란하거나 현실적으로 계약을 이행한 경우 상거래에서의 불합리한 결과를 가져오게 될 경우 양 당사자가 서로 성의를 갖고 가격 조정이나 선적 기간의 연장 등의 계약 내용의 변경에 응하도록 명시하는 조항이다.

본 조항은 주로 산업설비이나 대형선박 등 그 제작에 장기간이 소요되는 경우에 계약 금액의 변경이나 인도 기일의 연장, 사양이나 규격의 변경을 위하여 명시하게 된다.

Hardship Clause

: In the event a material change in circumstances would impose hardship upon a party in performing its obligations hereunder, the parties shall confer in good faith with a view to revising the terms of this agreement.

상황의 중요한 변화로 인하여 그 의무를 이행하는데 일방이 이행 곤경에 처한 경우에, 당사자는 이 협정서의 조건을 수정하는데 관하여 선의를 갖고 협의하여야 한다.

6) 중재조항

(1) 중재의 의의

중재(arbitration)란 당사자 간의 중재계약에 의하여 현존하거나 또는 장래에 발생할 사법상(私法)의 분쟁을 법원의 판결에 의하지 아니하고 사인(私人)인 제3자를 중재인으로 선임하여 판정함으로써 최종적으로 해결하는 제도이다.

(2) 중재의 장점

상사중재는 단심제이므로 신속히 분쟁을 해결할 수 있고, 비용이 저렴하여 경제적이며, 각 분야의 전문가인 중재인의 판정으로 합리적인 해결을 할 수 있다. 또한, 상사중재는 중재 심리가 비공개되므로 기업의 비밀이 보장되며 중재판정의 결과는 뉴욕협약(New York Convention)[40]에

40) 뉴욕협약이란 UN경제사회이사회에서 1958년에 채택한 「외국중재판정의 승인 및 집행에 관한 UN 협약」(United Nations Convention on the Recognition and Enforcement of Foreign Arbitral

의해 국제적으로 보장된다.

(3) 중재계약(합의)

중재는 분쟁당사자들이 합의한 중재 합의(arbitration agreement)에 의하여 성립된다. 중재 합의는 법정소송을 배제하고 중재에 의하여 분쟁을 해결하도록 당사자 간에 합의하는 중재계약을 말한다. 즉 분쟁을 중재로 해결하려면 반드시 중재 합의가 있어야 하며, 이를 근거로 당사자의 일방이 중재를 신청할 수 있는 것이다.

(4) 중재계약의 요건

중재계약의 성립요건은 사법상의 계약 성립요건을 의미한다. 당사자의 권리능력 또는 행위가 있어야 하고, 중재 의사에 하자가 없으며, 계약 내용이 적법하고 사회적 타당성이 있어야 한다. 중재계약이 적법하게 효력을 발휘하기 위해서는 중재계약의 3요소가 모두 명시되어야 한다. 일반적으로 중재계약의 3요소는 중재지, 중재 기관, 준거법 등이 명시되어야 한다.

중재계약의 형식적 성립요건은 서면을 요건으로 한다. 따라서 매매 계약서와 별도의 중재 합의서를 작성하거나 계약서에 중재조항을 설정함으로써 중재계약을 약정하여야 한다.

(5) 중재조항

중재조항(arbitration clause)은 당사자 사이의 관계하는 계약상의 분쟁을 국가 재판소의 재판에 의하여 해결하지 아니하고, 사인(私人)에 의하여 행하여지는 중재판정에 의하여 해결하기로 하는 당사자 간의 합의사항을 기재한 조항이다. 중재조항에는 중재에 붙일 사항, 중재 장소, 중재 기관, 중재절차 등을 명기하여 둘 필요가 있다.[41)]

분쟁이 발생한 후에는 중재 합의가 쉽지 않을 수 있으므로 매매 계약서에 표준 중재조항을(standard arbitration clause)을 삽입하는 것도 효율적인 대비 방법이 될 수 있다. 각국의 상설 중재 기관에서는 중재의 효율성을 높이고, 신속한 중재절차의 진행을 위하여 당사자들이 중재계약을 체결할 때 쉽게 이용할 수 있도록 표준 중재조항을 마련해 놓고 있다. 계약서에 이러한 표준중재조항을 삽입하면 중재 합의에 관한 분쟁없이 중재를 진행할 수 있다. 대한상사중재원에서 권고하는 '표준중재조항'은 다음과 같다.[42)]

Awards)으로 1959년 7월 7일부터 시행되었고 우리나라는 1972년 5월 9일 42번째 회원국으로 가입하였다. 이 협약에 따라 회원국 간에는 국내외 중재판정의 상호집행의 보장을 받게 된다.

41) 이우영 · 김철호, 전게서, p.158.

42) 대한상사중재원, http://www.kcab.or.kr/servlet/main/1000

일반절차

"Any disputes arising out of or in connection with this contract shall be finally settled by arbitration in accordance with the International Arbitration Rules of the Korean Commercial Arbitration Board."

The number of arbitrators shall be [one / three]

The seat, or legal place, of arbitral proceedings shall be [Seoul / South Korea]

The language to be used in the arbitral proceedings shall be [language]

이 계약으로부터 발생되는 모든 분쟁은 대한상사중재원에서 국제중재규칙에 따라 중재로 해결한다. 중재인의 수 [1/3], 중재지 [서울/대한민국], 중재에 사용될 언어 [언어]

중재인을 당사자가 직접 선정하는 방식

① 단독중재인의 경우

"All disputes which may arise between the parties, in relation to this contract, shall be finally settled by arbitration in Seoul, Korea in accordance with the Domestic(International) Arbitration Rules of the Korean Commercial Arbitration Board and under the Law of Korea. The dispute shall be decided by a sole arbitrator appointed by agreement of both parties."

이 계약과 관련하여 당사자 간에 발생하는 모든 분쟁은 대한민국 서울에서 대한상사중재원의 국내(국제)중재규칙과 대한민국 법에 따라 중재에 의하여 최종적으로 해결한다. 중재판정부는 양 당사자들의 합의에 따라 1인으로 구성한다.

② 3인 판정부의 경우

"All disputes which may arise between the parties, in relation to this contract, shall be finally settled by arbitration in Seoul, Korea in accordance with the Domestic(International) Arbitration Rules of the Korean Commercial Arbitration Board and under the Law of Korea. The arbitral tribunal consists of three arbitrators, each party shall appoint one arbitrator and two arbitrators chosen by them shall appoint a third arbitrator, as a presiding arbitrator."

이 계약과 관련하여 당사자 간에 발생하는 모든 분쟁은 대한민국 서울에서 대한상사중재원의 국내(국제)중재규칙과 대한민국 법에 따라 중재에 의하여 최종적으로 해결한다. 중재판정부는 3인으로 구성하되 각 당사자는 각자 1인의 중재인을 선정하고, 이에 따라 선정된 2인의 중재인들이 합의하여 의장중재인을 선정한다.

신속 절차

"All disputes which may arise between the parties, in relation to this contract, shall be finally settled by arbitration in Seoul, Korea in accordance with the Expedited Procedures in International Arbitration Rules of the Korean Commercial Arbitration Board and under the Law of Korea."

이 계약과 관련하여 당사자 간에 발생하는 모든 분쟁은 대한민국 서울에서 대한상사중재원 국제중재규칙의 신속 절차 및 대한민국 법에 따라 중재에 의하여 최종적으로 해결한다.[43)]

7) 재판관할권 조항

재판관할권 조항(jurisdiction clause)이란 만약 당사 간의 화해나 중재 합의가 이루어지지 못해 소송을 제기해야 할 경우에 어느 국가의 법원을 관할법원으로 할 것인가에 관하여 약정하는 조항을 말한다.

만약 계약 중에 중재조항을 규정하지 않은 경우에는 그 계약을 둘러싼 분쟁은 최종적으로 국가가 행하는 재판으로 해결하게 된다. 또한, 중재조항이 존재하더라도 중재에 붙일 범위 외의 사항에 대하여는 마찬가지로 재판에 의하게 된다. 그 경우에 소송을 제기할 재판소를 당사자 간에 미리 약정하여 놓은 것이 재판관할에 관한 조항이다. 재판관할의 합의가 있는 경우에도 이러한 합의가 관계 당사국에서 유효한지 또는 선정된 재판소가 외국인(또는 외국법인)의 출소권을 인정하는지 또는 선정된 재판소는 판결의 집행을 처리하기에 적당한지 등을 검토할 필요가 있다.

한편 재판소의 지정을 막연히 한국 재판소 또는 미국 재판소라고 규정하는 것은 장래 한국 또는 미국의 어느 지방 재판소라는 뜻인가의 문제가 생길 소지가 있으므로 이러한 규정방법은 피하고 런던, 뉴욕 등의 특정지의 재판소를 지정하여야 한다.

Jurisdiction Clause

: The Courts the Republic of Korea shall have jurisdiction over all dispute which may arise between the parties with respect to the execution, interpretation and performance of this contract.

대한민국 법원은 이 계약의 집행 해석 이행과 관련하여 당사자 간에 발생할 수 있는 모든 분쟁에 대한 관할권을 가진다.

---

43) 대한상사중재원, http://www.kcab.or.kr/servlet/main/1000

8) 준거법 조항

준거법 조항(governing law clause)은 계약의 해석과 관련하여 어느 국가의 법률을 적용하는가의 문제를 약정한 조항이다. 무역 계약은 법령의 효력이 미치는 지역적 범위를 달리하는 당사자 간에 이루어지는 국제거래법적 성격을 지니고 있기 때문에 여러 국가의 법이 개입되게 된다. 계약의 성립, 이행 및 해석에 대하여 어느 국가의 법을 준거법으로 결정할 것인지 계약서 작성 시 명시할 필요가 있다.

Governing Law Clause

: This agreement shall be governed, construed and performed by the laws of the Republic of Korea

이 협정서는 대한민국의 법률에 의하여 적용되고 해석되며, 이행되어야 한다.

9 결론

무역거래조건에 관한 협정에는 매매 당사자들의 비용부담 및 책임 한계가 어느 정도 표준화된 정형 거래조건이 있다. 정형 거래조건은 국가마다 해석상의 차이로 인해 분쟁이 초래되었고 이에 따라 국제상업회의소가 무역 거래조건의 해석에 관한 국제규칙 즉, 인코텀즈를 제정하게 되었다. Incoterms®2020 규칙은 E그룹, F그룹, C그룹, D그룹으로 분류할 수 있다. E그룹은 EXW규칙이 있고 F그룹은 FCA, FAS, FOB 규칙이 있으며, 그룹C는 CFR, CIF, CPT, CIP 규칙이 있고 그룹D는 DAP, DPU, DDP 규칙이 있다.

Incoterms의 규칙마다 매도인과 매수인의 위험 및 비용부담 그리고 의무사항이 다르므로 무역 계약 시 이를 정확히 이해하는 것이 중요하다.

무역 거래의 주요 내용이 되는 계약상품과 관련한 조건으로는 품질조건, 수량조건, 가격조건 및 포장조건 등이 있다. 품질조건은 품질 결정방법과 품질 결정 시기를 약정한다. 품질 결정방법에는 견본매매, 표준품 매매, 규격매매, 상표매매, 명세서매매, 점검매매가 있으며 품질 결정 시기는 선적품질조건과 양륙품질조건이 있다. 수량조건은 수량 약정방법을 정하는 것이며 검량의 기준시기에는 선적수량조건과 양륙수량조건이 있다. 가격조건은 무역 거래에서 상품의 가격을 결정할 때 부대비용과 위험을 누가 어디까지 부담할 것인지 결정해야 하는 데 Incoterms를 사용하여 결정한다.

계약이행에 관한 조건으로는 선적조항, 보험조건, 대금결제조건이 있다. 선적조건에는 선적시기를 단월조항, 연월조항, 특정일 전후조항, 즉시 선적 중 어느 조항으로 할 것인지를 정해야 하며, 물품을 선적하는 방법에는 약정된 물품을 2회 이상 나누어 선적하는 분할선적과 선적한 상품을 내려 동일하거나 다른 운송수단에 옮겨 싣는 환적이 있다. 보험조건에는 보험계약자와 피보험자, 보험금액, 담보위험과 담보 구간을 결정한다. 대금결제조건에는 어떤 방식으로 대금결제를 할 것인지 합의하는 조건으로 결제 시기와 결제유형에 따라 나뉠 수 있다. 결제시기에 의한 분류에는 선지급, 동시 지급, 후지급 및 혼합지급이 있으며, 결제방법에 따른 분류에는 송금방식, 추심방식, 신용장 방식이 있다. 포장조건에는 어떠한 방법으로 포장을 하고, 화인을 표시할 것인지에 대하여 약정하는 조건으로 포장방법에는 외장, 내장, 개장이 있다. 이러한 조건들을 명확하게 명시하지 않으면 분쟁이 일어날 수 있으므로 각 조건의 명확하게 명시하여야 한다.

계약당사자는 계약불이행 등 분쟁에 대비하여 미리 분쟁 해결에 관련한 사항을 약정해 두어야 하는데 분쟁 해결조항에는 여러 가지가 있다. 먼저 클레임 조항은 클레임 제기 기간, 클레임 제기방법 등을 약정하는 조항을 말한다. 중재조항은 중재판정에 의하여 해결하기로 하는 당사자 간의 합의사항을 기재한 조항이고 권리침해 조항은 매도인이 물품을 공급한 후 예기치 않은 특허침해 문제에 대해 책임을 면제하도록 규정한 조항이다. 완전합의 조항은 계약서만이 유일한 합의서이며 그 이전의 문서들은 인정하지 않는다는 조항이며 불가항력 조항은 불가항력으로 인하여 계약 내용을 이행하지 못하면 이러한 불이행에 대하여 당사자의 면책을 규정하고 있는 조항이다. 이행 곤란 조항은 계약체결 후 사회적 경제적 사정의 변화로 인해 계약이행이 곤란한 경우 계약 내용의 변경에 응하도록 명시하는 조항이고 재판관할권 조항은 소송을 제기해야 할 경우에 어느 국가의 법원을 관할법원으로 할 것인가에 관하여 약정하는 조항이다. 준거법 조항은 계약의 해석과 관련하여 어느 국가의 법률을 적용하는가의 문제를 약정한 조항이다. 따라서 계약위반이나 계약불이행으로 인해 분쟁이 발생할 때를 대비하여 분쟁 해결조항을 당사자 간에 약정해 두는 것이 바람직하다.

7

국제상관습과 정형거래규칙

Chapter 7

국제상관습과 정형거래규칙

제1절 국제상관습

1 국제상관습의 의의

1) 관습

특정집단에 속한 사람들이 오랜 기간 동안 일정행위를 그 행동양식으로 널리 승인 된 사실적인 행위이다.

2) 상관습

관습에서 상거래와 관련된 행위양식 즉, 상업에 종사하는 많은 사람들이 승인하고 준수하려고 하는 거래관습이다.

3) 국제상관습

무역거래에 관용되고 있는 상관습을 말하며 국제무역관습이라고도 한다.

(1) 광의의 국제상관습

상업의 개념을 말하며 상인이 자기의 영업을 위하여 하는 모든 행위로 이해하여, 일반적으로 무역에 종사하는 상인들이 매일 반복하여 행하는 영리활동에 관한 관행 또는 관습이다.

(2) 협의의 국제상관습

상업의 개념을 경제학이나 상학상의 분류에서 흔히 볼 수 있는 바와 같은 협의로 즉, 고유의 상업인 물품의 매매로 이해하여 물품의 국제매매거래에 적용되는 매매관습 또는 거래관습에 한정되어 있다.

2 국제상관습[1]의 기능과 종류

1) 국제상관습의 기능

(1) 무역계약의 보완적 기능

무역계약의 중요조건(상품조건, 이행조건, 불이행조건)은 무역계약서에 포함할 수 있지만 계약서 내용에 미처 포함되지 않은 조건의 경우 국제관습에 따른다.

(2) 무역계약의 통일된 해석기능

무역거래는 다양한 국내법과 국제법규를 적용하지만 국가 간 법규의 차이로 인해 충돌이 발생한 경우 국제관습인 정형거래조건을 사용하여 문제를 해결한다.

(3) 국가 간의 물품매매과정에서 발생하는 문제를 해결하기 위해 정형화 된 국제상관습 적용한다.

(4) 나라마다 상이한 상관습으로 인한 분쟁의 소지가 생길 우려가 있으므로 정형화된 국제상관습을 채택하여 계약을 이행한다.

2) 국제상관습의 효력(CISG 제 9조)

(1) 당사자는 그들이 합의한 모든 관생과 당사자 간에 확립되어 있는 모든 관례에 구속된다.

(2) 별도의 합의가 없는 한 당사자가 알았거나 당연히 알아야 하는 관행으로서 국제무역에서 해당되는 특정무역에 관련된 종류의 계약 당사자에게 널리 알려져 있고 통상적으로 준수되고 있는 관행은 당사자가 이를 그들의 계약 또는 계약 성립에 묵시적으로 적용하는 것으로 본다.

3) 국제상관습의 종류

대표적으로 국제상업회의소(ICC)에서 제정한 전형거래조건(incoterms 2020)이 있다.

1) https://slidesplayer.org/slide/11944727/

(1) 무역계약성립[2)]

① SGA(Sale of Goods Act, 영국 물품매매법)

영국 물품매매법은 무역관습의 대표적인 성문법을 말한다. 이는 1893년에 제정된 동산매매 및 그에 부수되는 사항에 관한 성문법인데 계약법의 일부분을 구성하는 것이므로 불완전한 내용에 관하여는 계약에 관한 관습법과 판례에 의해 보충되고 있다.

② UCC(Uniform Commerical Code, 미국 통일상법전)

미국의 상법은 주마다 고유한데 주간 상거래를 원활히 하기 위해 미국통일상법전 혹은 영방통일상법전을 1952년 미국법률협회와 통일주법전국위원회에서 공포했다.

③ CISG(UN Convention on Contract for International Sale of Goods)

국제물품매매계약에 관한 유엔협약으로 무역계약의 성립과 매매에 관한 준거법 채택의 불확실성을 해소시킨다. 국제무역법위원회에서 국제물품매매에 대한 통일법규를 제정하기 위해서 협약안을 입안한 다음 1980년 비엔나 외교회의에서 채택되었다.

(2) 무역계약의 이행

① INCOTERMS(International Commercial Terms)

정형거래조건으로 국제매매계약에서 이용되고 있는 전형적인 무역조건, CIF(운임, 보험료를 포함한 인도조건), FOB(본선인도조건) 등 무역용어의 해석을 통일하기 위하여 국제상공회의소((ICC : International Chamber of Commerce)에서 정한 규칙이다.

② CISG(UN Convention on Contract for International Sale of Goods)

(3) 운송

① HAGUE RULES(선하증권에 관한 통일조약)

1924년 브뤼셀 외교회의에서 성립된 선하증권에 관한 각 국법의 통일을 목적으로 한 조약으로 대체로 미국의 하터법(Harter Act)[3)]에 따르고 있다. 이 통일조약에 따르면 해상운송인의 책임을 상업상 과실과 항해상 과실 두 가지로 나누어 전자의 경우 행상운송인이 엄격한 책임을 지지만 후자의 경우 책임을 면하게 된다. 이 규정에 반한 면책약관은 그 효력을 인정하지 않으며 동조약은 더욱 수취선하증권의 효력, 선하증권상에 기재된 증거력 등에 과하여도 규정하고

---

2) https://blog.naver.com/rolenhuman/60194002459

3) 1893년 미국에서 운송인들의 면책사항을 제한하기 위한 법으로써 해상운송의 역사를 살펴볼 때 운송인들은 자신들의 권리를 보호하기 위하여 선하증권의 면책약관을 삽입해왔는데, 이를 견제하기 위하여 제정된 법이다.

있다.

② HAGUE-VISBY RULES(헤이그비스비규칙)

운송인과 운송인의 사용인의 책임을 규정한 국제규칙으로 1963년 스톡홀름에서 열린 국제해사법회 회의에서 처음 상정되고 비스비에서 논의되어 1968년 2월 브뤼셀에서 채택되었다. 이 규칙은 화물손해배상의 산정을 도착지 가격기준으로 할 것을 규정하였으며, 운송인의 고의나 미리 알고 있는 과실이 있는 경우에는 책임한도액 규정의 이익을 받지 못하도록 하였다. 한편 운송인의 사용이나 대리인도 운송인에게 인정되는 면책이 있음을 규정하였으나 선내하역업자와 같은 운송인 하청업자는 독립된 계약주체이므로 적용되지 않는다고 규정하고 있다.

③ HAMBURG RULES(함부르크룰)

정식명칭은 해상물품운송에 관한 국제연합으로 함부르크에서 1978년 3월 31일에 채택되어 1992년 11월 1일에 발효되었다. 조약은 제1부 일반규정, 제2부 운송인의 책임, 제3부 하송인의 책임, 제4부 운송증권, 제5부 청구와 소송, 제6부 보충규정으로 구분되어 있다. 비스비 룰(Visby Rules)[4]과 비교하여 하주 측의 이익에 대한 배려를 많이 한다는 것이 특징이다.

(4) 대금결제

① UCP 600(uniform customs and practice for documentary credits, 신용장통일규칙)

무역거래에서 신용장 업무를 취급할 때의 준수사항과 해석기준을 정한 국제적인 통일규칙이다. 국가마다 다른 제도와 상관습, 교통과 통신의 취약성, 환거래를 위한 금융기관 여건의 미조성 등으로 인하여 초래되던 국제상거래의 혼란을 막기 위하여 신용장을 통일시킨 규칙으로 간략히 UCP라고도 한다. 강제성은 없으므로 거래 당사자가 사전에 합의해야 적용되며, 해당국의 법규와 다른 경우에는 법규가 우선 적용되고, 거래 당사자 간에 일부 규정을 배제하거나 변경하여 적용할 수도 있다는 특징이 있다.

② ISBP 748(International Standard banking Practice, 국제표준은행관습)

신용장에 의해 제시된 서류를 은행에서 심사할 경우 기준을 정해놓은 것으로 UCC 500에서 처음 도입된 개념으로서 '서류를 심사하는 데 있어서 은행은 신용장 상의 규정된 모든 서류가 문면 상 신용장 조건과 일치하고 있는가의 여부를 확인하기 위하여 상당한 주의를 기울여 심사하여야 하며, 규정된 서류의 문면 상 신용장의 모든 조건과의 일치성은 국제표준은행관습에 따라 결정되어야 한다.'고 규정하고 있다.

---

4) 1924년 8월 25일에 브뤼셀에서 서명된 '선하증권에 관한 일부규칙의 통일을 위한 국제조약'을 개정한 의정서로, 1968년 2월 23일 채택, 1977년 6월 23일 발효되었다.

③ URC 522(Uniform Rules for Collections, 추심통일규칙)

화환어음의 추심에 관한 국제정형규칙으로 무역거래의 대표적인 결제방식인 환어음결제는 은행을 이용한 추심방식으로 이루어지게 되는데 국제상업회의소는 환어음의 추심에 관한 국제적인 통일규칙을 제정하고 무역거래자들의 환어음추심에 의한 결제 시에 적용할 수 있도록 하였다.

(5) 해상보험

① MIA(Marine Insurance Act, 해상보험법)

1906년에 제정된 영국해상보험법으로서 해상보험의 원리, 원칙의 대부분을 포함하고 있다. 이 성문법과 그 이후의 판례 및 이것에 의거하여 제정된 해상보험증권이 영국에 있어서의 해상보험체계를 구성하고 있다.

② ICC(International Chamber of Commerce, 국제상공회의소)

은행·항공·육상운송 및 해상운송·컴퓨터·장거리 통신·정보 정책·상거래 관행·금융 서비스·보험 등 전자상거래에 관한 국제적이고 다방면에 걸친 연구 및 활성화를 목표로 설립된 국제기구이며 세계 각국의 상공회의소가 가입되어 있는 국제협력기구이다. 전자상거래의 법률적 측면과 인증기관의 설립에 관한 국제적 가이드 라인이 있어야 한다는 원칙을 세우고 '디지털로 보장되는 국제상거래의 일반관례(GUIDEC[5) : General Usage for International Digitally Ensured Commerce)'를 제정하였다.

③ YAR(York Antwerp Rules)

공동해손의 성립과 범위 및 정산에 관하여 국제적으로 통일을 기하고자 하는 의도에 의해 재정되었다. 공동해손을 구성하는 손해 및 비용에 관한 국제적인 통일규칙으로서 이해관계자가 공동해손에 관하여 이 규칙을 적용하기로 합의한 경우에는 각국의 법률 및 관습에 우선하여 이 규칙을 적용된다.

④ 클레임(Claim)

무역거래에서 수출상 또는 수입상이 매매계약 조항에 대한 위반행위에 발생하는 불평이나 불만 또는 의견차이 등을 상대방에게 제기하는 것을 말한다. 클레임에는 두 가지 종류가 있는데 운송중인 화물이 사고에 의하여 입은 손해에 대하여 피해자가 선박회사, 보험회사 등에 대

---

5) 안전하게 전자상거래를 할 수 있는 국제적인 거래여건 조성, 신뢰할 수 있는 전자보장 및 증명방법에 대한 법률상의 원칙 확립, 믿을 수 있는 보장 시스템의 개발 촉진, 기존의 정책·법률·관습·관행 등과 보장기술 간의 조화, 보장 시스템에 있어서 참가자의 책임 명확화, 보장기술의 개발과 안전한 전자상거래와의 관련성 홍보 등을 기본 방침으로 하고 있는 관례이다.

하여 손해배상을 청구하는 운송화물에 관한 클레임과 수출업자와 수입업자 중 어느 한 쪽이 매매계약의 내용에 따른 이행을 하지 않았을 때 그로 인하여 입은 손해를 당사자가 상대방에게 손해배상을 청구하는 무역거래상의 클레임이 있다.

(6) 중재

① CISG(UN Convention on Contract for International Sale of Goods)

② 뉴욕협약(New York Convention)

뉴욕에서 채택된 협약으로 외국에서 내려진 중재판정을 승인하고 집행할 수 있도록 제도적 필요성을 대두하게 된 국제협약이다. 이는 중재판정의 승인 및 집행의 요구를 받은 국가이외의 국가의 영토 내에 내려진 판정으로서 자연인 또는 법인간의 분쟁으로부터 발생하는 중재판정을 승인 및 집행에 적용되며 중재판정의 승인 및 집행의 요구를 받는 국가에서 내국판정이라고 인정되지 않은 중재판정에도 적용이 된다.

제 2 절 정형거래규칙

1 정형거래조건(Trade Terms) 의의

국내거래에서의 상품가격은 생산비용에다 매도인의 적정한 이윤을 합한 것이다.

그러나 무역거래에서는 수출국 내에서의 운송비, 수출통관 비용, 목적지까지의 운송비 및 보험료, 수입통관비 및 수입관세, 수입국내에서의 운송비 등 부차적으로 고려해야 할 가격요소가 많다. 따라서 이러한 수출입비용 중 어느 정도를 가격에 포함시켜야 하는가를 결정해야한다.

막연하게 일정 금액으로만 상품가격을 표시하게 되면 양 당사자들은 자기들한테 유리한 방향으로 해석하기 쉽다. 그리고 국가 간의 거래는 매매당사자가 멀리 떨어져 있고 나라마다 상관습이 다르기 때문에 매도인과 매수인의 책임한계를 특정 지점으로 미리 합의 해야 한다.

무역거래에서는 매매당사자들이 상품의 가격을 약정할 때 그 가격에 어떠한 수출입 부대비용을 포함시킬 것인가 그리고 당사들의 책임은 어느 지점에서 이전되는 가를 동시에 결정해야 한다.

무역거래에서는 오래전부터 매매당사자들의 비용부담 및 책임한계가 어느 정도 표준화 된 FOB CIF등과 같은 용어들이 사용되어 왔는데 이를 정형거래 조건이라 한다.

2 Incoterms

Incoterms는 International Commercial Terms의 약칭으로 국내 및 국제정형거래조건의 사용에 관한 국제상업회의소(ICC, International Chamber of Commerce)규칙이다.

Incoterms는 무역계약의 내용을 구성하는 정형거래조건에 대한 표준화된 거래규칙을 말한다.

1) Incoterms의 제정배경

무역계약은 매도인과 매수인의 다양한 의무를 발생시키고 이를 계약할 때마다 일일이 계약서에 나열하는 것은 상당히 번거로운 일이다. 또한 각 국가마다 상관습이 다르므로 같은 무역계약을 해석하는데 있어서도 국가마다 해석이 달라 무역분쟁이 발생할 가능성이 높다.

Incoterms는 이러한 계약체결상의 번거로움을 없애고 국가 간 해석상의 차이에서 오는 무역분쟁을 사전에 예방하기 위해 정형거래조건의 표준화 내지 통일화된 규칙을 제공할 목적으로 제정되었다.

2) Incoterms의 제정 및 개정

Incoterms는 국제상업회의소(ICC, International Chamber of Commerce)가 1936년에 처음 제정하였고 현재 시행되고 있는 Incoterms2020을 포함하여 총 8차례 개정이 이루어졌다.

Incoterms 2020의 적용범위

Incoterms는 유형의 물품인도계약에 한하여 적용되며 서비스, 기술, 전자매체를 통한 무체물 전송등 무형의 매매거래에는 적용되지 않는다.

Incoterms는 매매당사자에게 부과되는 각종 의무 중 주로 물품인도와 관계된 위험이전 비용부담 이외에도 수출 및 수입의 통관의무 운송 및 보험계약 체결의무 등을 규정하고 있다.

Incoterms2020은 강행규정이 아니므로 당사자들이 이를 적용하기로 합의한 경우에만 적용된다.

현재 Incoterms2020이 사용되고 있으나 Incoterms2010과 같은 이전 규칙이 더 현실적이고 명확하다고 생각할 경우 이전 버전의 규칙을 사용할 수 있으며 이를 준거문구로 명확히 기재해야 한다.

3 Incoterms2020

1) Incoterms2020의 구조

(1) 소개문(introduction)

인코텀즈 2020의 역할/편입 방법/사용과 기본원칙/올바른 인코텀즈 규칙의 선택방법/인코텀즈2020과의 주요한 변경사항 소개문의 견해들은 인코텀즈 2020 규칙 자체의 일부를 구성하지 않는다.

(2) 사용자를 위한 설명문(Explanatory Notes for Users)

각 규칙이 어떤 경우에 사용되어야 하는지/위험이전/비용 분담 등 개별 규칙의 기초를 설명한다.

적합한 인코텀즈 규칙을 정확하고 효율적으로 찾도록 돕기 위함과 동 규칙이 적용된 계약상의 분쟁해결 등에 대한 해석 지침의 제공이 목적이다.

(3) 본문

매도인의 의무A1~A10
매수인의 의무B1~B10

2) Incoterms2020

(1) 소개문의 목적

① 인코텀즈 2020 규칙이 무슨 역할을 하고 또 하지 않는지 그리고 어떻게 인코텀즈 규칙을 가장 잘 편입시킬 수 있는지를 설명하는 것.
② 매도인과 매수인의 기본적인 역할과 책임 인도 위험 및 인코텀즈 규칙과 계약들(전형적인 수출 수입매매계약 및 해당되는 경우 국내 매매계약을 둘러싼 계약들)사이의 관계와 같은 인코텀즈 규칙의 중요한 기초들을 기술하는 것.
③ 어떻게 당해 매매계약에 올바른 인코텀즈 규칙을 가장 잘 선택할지를 설명하는 것.
④ 인코텀즈 2010과 인코텀즈 2020의 주요한 변경사항들을 기술하는 것.

소개문은 인코텀즈 2020 규칙의 사용과 그 기본원칙에 관한 지침을 제공한다.

(2) 인코텀즈 규칙의 역할

인코텀즈 규칙은 CIF, DAP 등과 같이 가장 일반적으로 사용되는 세 글자로 이루어지고 물품매매 계약상 기업간 거래관행(Business-to-Business Practice)을 반영하는 11개의 거래조건(Trade Term)을 설명 한다.

인코텀즈 규칙은 매도인과 매수인 사이의 의무 위험 비용에 대해 다룬다. 그러나 인코텀즈 규칙 그 자체는 매매계약이 아니며 매매계약을 대체하지도 않는다.

인코텀즈 규칙은 어떤 특정한 종류의 물품이 아니라 모든 종류의 물품에 관한 거래관행을 반영하도록 고안 되어있다. 즉 인코텀즈 규칙은 벌크화물형태의 철광석 거래에도 적용될 수 있고 5개의 전자장비 컨테이너 또는 항공운송되는 5개의 생화 팔레트의 거래에도 적용될 수 있다.

- 계약의 존부
- 대금지급의 시기, 장소, 방법, 또는 통화
- 계약상 의무이행의 지체 및 그 밖의 위반의 효과
- 관세부과(Imposition of Tariffs)
- 불가항력 또는 이행가혹
- 의무위반의 경우 분쟁해결의 방법 장소 또는 준거법
- 매매물품의 소유권 물권의 이전
- 매매물품의 성상
- 매매계약 위반에 대하여 구할 수 있는 구제수단
- 제재의 효력
- 수출 또는 수입의 금지
- 지식재산권

인코텀즈 규칙은 다음의 사항을 다루지 않는다.
위와 같은 사항들은 당사들이 매매계약에서 구체적으로 규정할 필요가 있다.
인코텀즈 규칙은 매매계약의 준거법을 정하지도 않는다.

인코텀즈2020규칙 내 조항의 순서

A1/B1	General Obligations(일반의무)
A2/B2	Delivery/Taking Delivery(인도/인도수령)
A3/B3	Transfer of Risks(위험의 이전)
A4/B4	Carriage(운송)
A5/B5	Insurance(보험)
A6/B6	Delivery/Transport Document(인도/운송서류)
A7/B7	Export/Import Clearance(수출/수입통관)
A8/B8	Checking/packaging/marking(점검/포장/하인표시)
A9/B9	Allocation of costs(비용분담)
A10/B10	Notices(통지)

A조항은 매도인의 의무 B조항은 매수인의 의무

1. 매도인과 매수인의 일반의무

A1 매도인의 일반의무	B1 매수인의 일반의무
매도인은 매매계약에 일치하는 물품 및 상업송장과 그 밖에 계약에서 요구될 수 있는 일치성에 관한 증거를 제공하여야 한다. 매도인이 제공하여야 하는 서류는 합의에 따라 합의가 없는 경우에는 관행에 따라 종이서류 또는 전자적 방식으로 제공될 수 있다.	매수인은 매매계약에 규정된 바에 따라 물품의 대금을 지급하여야 한다. 매수인이 제공하여야 하는 서류는 합의에 따라 합의가 없는 경우에는 관행에 따라 종이서류 또는 전자적 방식으로 제공될 수 있다.

2. 인도 및 인도의 수령

구분	A2 인도	B2 인도의 수령
EXW	매도인은 지정인도 장소에서 그 지정 장소에 합의된 지점이 있는 경우에는 그 지점에서 물품을 수취용 차량에 적재하지 않은 채로 매수인의 처분하에 둠으로써 인도하여야 한다. 지정인도장소 내에 합의된 특정한 지점이 없는 경우에 그리고 이용가능한 복수의 지점이 있는 경우에 매도인은 그의 목적에 가장 적합한 지점을 선택할 수 있다.	매수인은 물품이 A2에 따라 인도되고 A10에 따른 통지가 있는 때에 그 물품의 인도를 수령하여야 한다.

	매도인은 합의된 기일에 또는 합의된 기간 내에 물품을 인도하여야 한다.	
FCA	매도인은 물품을 지정장소에서 그 지정장소에 지정된 지점이 있는 경우에는 그 지점에서 매수인이 지정한 운송인 또는 제3자에게 인도하거나 그렇게 인도된 물품을 조달하여야 한다. 합의된 기일 또는 매수인으로부터 통지받은 합의된 기간 중의 어느 시기 또는 그런 시기가 통지되지 않은 경우에는 합의된 기간의 만료일에 인도하여야 한다. 지정장소가 매도인의 영업구내인 경우에는 물품이 매수인이 제공한 운송수단에 적재되는 때 또는 그 밖의 경우에는 물품이 매도인의 운송수단에 실린채 양하준비 된 상태로 매수인이 지정한 운송인 또는 제3자의 처분하에 놓인 때에 인도가 완료된다. 지정인도장소 내에 매수인이 B10에 따라 통지한 특정한 지점이 없고 또한 이용 가능한 복수의 지점이 있는 경우에 매도인은 그의 목적에 가장 적합한 지점을 선택할 수 있다.	매수인은 물품이 A2에 따라 인도된 때에 그 물품의 인도를 수령하여야 한다.
FAS FOB	매도인은 물품을 지정선적항에서 그 지정선적항에 매수인이 표시하는 적재지점이 있는 경우에는 그 지점에서 매수인이 지정하는 FAS:선박의 선측에 두거나 FOB:선박에 적재하거나 그렇게 인도된 물품을 조달함으로써 인도하여야 한다. 합의된 기일에 또는 매수인으로부터 통지 받은 합의된 기간 중의 어느 시기에 또는 그러한 시기의 통지가 없는 경우에는 합의된 기간의 만료일에 그리고 그 항구에서 관행적인 방법으로 인도하여야 한다. 매수인이 특정한 적재지점을 표시하지 않은 경우에 매도인은 지정선적항 내에서 목적에 가장 적합한 지점을 선택할 수 있다.	매수인은 물품이 A2에 따라 인도된 때에 그 물품의 인도를 수령하여야 한다.

CPT CIP	매도인은 물품을 A4에 따라 운송계약을 체결한 운송인에게 교부하거나 그렇게 인도된 물품을 조달함으로써 인도하여야 한다. 각각의 경우에 매도인은 합의된 기일에 또는 합의된 기간 내에 인도하여야 한다.	매수인은 물품이 A2에 따라 인도된 때에 그 물품의 인도를 수령하여야 하고 지정 목적지에서 또는 합의된 경우에는 지정 목적지 내의 지점에서 운송인으로부터 물품을 수령하여야 한다.
CFR CIF	매도인은 물품을 선박에 적재하거나 또는 그렇게 인도된 물품을 조달함으로써 인도하여야 한다. 각각의 경우에 매도인은 합의된 기일에 또는 합의된 기간 내에 당해항구에서 관행적인 방법으로 물품을 인도하여야 한다.	매수인은 물품이 A2에 따라 인도된 때에 그 물품의 인도를 수령하여야 하고 지정목적항에서 운송인으로부터 물품을 수령하여야 한다.
DAP DAU DDP	매도인은 물품을 [DPU: 도착운송수단으로부터 양하하여야 하고 또한 물품을]지정 목적지에서 그 지정 목적지에 합의된 지점이 있는 때에는 그 지점에서[DAP/DDP:도착운송수단에 실어둔 채 양하 준비 상태로] 매수인의 처분하에 두거나 그렇게 인도된 물품을 조달함으로써 인도하여야 한다.	매수인은 물품이 A2에 따라 인도된 때에 그 물품의 인도를 수령하여야 한다.

3. 위험의 이전

구분	A3 위험의 이전	B3 위험의 이전
EXW	매도인은 물품이 A2에 따라 인도된 때까지 물품의 멸실 또는 훼손의 모든 위험을 부담한다. 단 B3에 규정된 상황에서 발생하는 멸실 또는 훼손은 예외로 한다. (위험의 조기이전)	매수인은 물품이 A2에 따라 인도된 때부터 물품의 멸실 또는 훼손의 모든 위험을 부담한(EXW~DDP) 매수인이 B10에 따른 통지를 하지 않은 경우에 매수인은 합의된 인도기일 또는 합의된 인도기간의 만료일로부터 물품의 멸실 또는 훼손의 모든 위험을 부담하되 다만 물품은 계약물품으로 명확히 특정되어 있어야한다.
FCA		매수인이 A2상의 운송인이나 제3자를 지정하지 않거나 B10에 통지하지 않는 경우 또는 매수인이 지정한 운송인이나 제3자가 물품을 수령하지 않은 경우 매수인은 물품의 멸실 또는 훼손의 모든 위험을 부담한다. 다만 물품은 계약물품으로 명확히 특정되어 있어야 한다.
FAS FOB		만약 매수인이 B10에 따른 통지를 하지 않는 경우 또는 매수인이 지정한 선박이 매도인이 A2를 준수 할 수 있도록 정시에 도착하지 않거나 일찍 선적을 마감하는 경우 매

		수인은 물품의 멸실 또는 훼손의 모든 위험을 부담한다. 다만 물품은 계약물품으로 명확히 특정되어 있어야한다.
CPT CIP		매수인이 B10에 따른 통지를 하지 않은 경우에 매수인은 물품의 멸실 또는 훼손의 모든 위험을 부담하여야 하되 다만 물품은 계약물품으로 명확히 특정되어 있어야한다.
CFR CIF		만약 매수인이 B10에 따른 통지를 하지 않는 경우 또는 매수인이 지정한 선박이 정시에 도착하지 않거나 물품을 수령하지 않거나 일찍 선적을 마감하는 경우 매수인은 물품의 멸실 또는 훼손의 모든 위험을 부담한다. 다만 물품은 계약물품으로 명확히 특정되어야 한다.
DAP DPU DDP		만약 매수인이 B7에 따른 의무(수입통관 또는 조력)을 이행하지 않는 경우 또는 매수인이 B10에 따른 통지를 하지 않은 경우에 매수인은 물품의 멸실 또는 훼손의 모든 위험을 부담한다. 다만 물품은 계약물품으로 특정되어 있어야 한다.

4. 운송

구분	A4운송	B4운송
EXW	매도인은 매수인에 대하여 운송계약을 체결할 의무가 없다. 매도인은 매수인의 요청에 따라 매수인의 위험과 비용으로 운송 관련 보안요건을 포함하여 매수인이 운송을 마련하기 위하여 필요로 하는 정보로써 매도인 자신이 가지고 있는 정보를 매수인에게 제공하여야 한다 .	자신의 비용으로 물품을 지정인도장소로부터 운송하는 계약을 체결하거나 그러한 운송을 마련한 것은 매수인의 몫이다. (Up to the buyer)
FCA	매도인은 매수인에 대하여 운송계약을 체결할 의무가 없다. 매도인은 매수인의 요청에 따라 매수인의 위험과 비용으로 운송 관련 보안 요건을 포함하여 매수인이 운송을 마련하기 위하여 필요로 하는 정보로써 매도인 자신이 가지고 있는 정보를 매수인에게 제공하여야 한다.	매수인은 자신의 비용으로 물품을 지정인도장소로부터 운송하는 계약을 체결하거나 그러한 운송을 마련하여야 한다. 다만 A4에 규정된 바에 따라 매도인이 운송계약을 체결하는 경우에는 예외이다.
FAS FOB	합의가 있는 경우에 매도인은 매수인의 위험과 비용으로 통상적인 조건으로 운송계약을 체결하여야 한다. (운송특약부 조건) 매도인은 인도가 있을 때까지 운송 관련 보안 요건을 준수하여야 한다.	
CPT CIP	매도인은 인도장소로부터 그 인도장소에 합의된 인도지점이 있는 때에는 그 지점으로부터 지정목적지까지 또는 합	매수인은 매도인에 대하여 운송계약을 체결할 의무가 없다.

	의가 있는 때에 그 지정목적지의 어느 지점까지 물품을 운송하는 계약을 체결하거나 조달하여야한다. 운송계약은 매도인의 비용을 통상적인 조건으로 체결되어야 한다.	
CFR CIF	[CPT/CIP]매매물품과 같은 종류의 물품을 운송하는 데 사용되는 통상적인 항로로 관행적인 방법으로 운송하는 내용이어야 한다. [CFR/CIF]매매물품과 같은 종류의 물품을 운송하는데 통상적으로 사용되는 종류의 선박으로 통상적인 항로로 운송하는 내용이어야 한다. 특정한 지점이 합의되지 않거나 관례에 의하여 결정되지 않는 경우에 매도인은 그의 목적에 가장 적합한 인도지점 및 지정목적지의 지점을 선택할 수 있다. 매도인은 목적지까지 운송하는 데 요구되는 운송 관련 보안요건을 준수하여야 한다.	
DAP DPU DDP	매도인은 인도장소로부터 그 인도 장소에 합의된 인도지점이 있는 때에는 그 지점으로부터 지정목적지까지 또는 합의가 있는 때에 그 지정목적지의 어느 지점까지 물품을 운송하는 계약을 체결하거나 조달하여야 한다. 특정한 지점이 합의되지 않거나 관례에 의하여 결정되지 않는 경우에 매도인은 그의 목적에 가장 적합한 인도지점 및 지정목적지의 지점을 선택할 수 있다. 매도인은 목적지까지 운송하는 데 요구되는 운송 관련 보안요건을 준수하여야 한다.	

5. 보험

구분	A5보험	B5보험
EXW FCA FAS FOB CPT CFR	매도인은 매수인에게 대하여 보험계약을 체결할 의무가 없다. 그러나 매도인은 매수인의 요청에 따라 매수인의 위험과 비용으로 매수인이 부보하는 데 필요한 정보로써 매도인 자신이 가지고 있는 정보를 매수인에게 제공하여야 한다.	매수인은 매도인에 대하여 보험계약을 체결할 의무가 없다.
CIP	특정한 거래에서 다른 합의나 관행이 없는 경우에 매도인	매수인은 매도인에 대하여 보험계

CIF	은 자신의 비용으로 사용되는 당해 운송수단에 적절한 협회적하약관이나 그와 유사한 약관의[CIP:(A)] [CIF:(C)] 약관에서 제공하는 담보조건에 따른 적하보험을 취득하여야 한다. 보험계약은 평판이 양호한 보험인수업자나 보험회사와 체결하여야하고 보험은 매수인이나 물품에 피보험이익을 가지는 제3자가 보험자에 대하여 직접 청구할 수 있도록 하는 것이어야 한다. 매수의 요청인이 있는 경우에 매도인은 그가 요청하는 필요한 정보를 매수인이 제공하는 것을 조건으로 매수인의 비용으로 가능하다면 협회전쟁약관(IWC) or 협회동맹파업약관(ISC) 그 밖에 그와 유사한 약관에 의한 담보조건과 같은 추가보험을 제공하여야 한다. 보험금액은 최소한 매매계약에 규정된 대금 10%를 더한 금액(매매금액의 110%)이어야 하고 보험의 통화는 매매계약의 통화와 같아야 한다. 보험은 A2에 규정된 인도지점부터 적어도 [CIP:지정 목적지] [CIF:지정 목적항]까지 부보되어야 한다. 매도인은 매수인에게 보험증권이나 보험증명서 그 밖의 부보의 증거를 제공하여야 한다. 또한 매도인은 매수인에게 매수인의 요청에 따라 매수인의 위험과 비용으로 매수인이 추가보험을 조달하는데 필요한 정보를 제공하여야 한다.	약을 체결할 의무가 없다. 그러나 매수인은 요청이 있는 때에는 매도인이 A5에 따라 매수인이 요청한 추가보험을 조달하는데 필요한 정보를 제공하여야 한다.
DAP DPU DDP	매도인은 매수인에 대하여 보험계약을 체결할 의무가 없다.	매수인은 매도인에 대하여 보험계약을 체결할 의무가 없다. 그러나 매수인은 매도인의 요청에 따라 매도인의 위험과 비용으로 매도인이 부보하는데 필요한 정보를 매도인에게 제공하여야 한다.

6. 인도

구분	A6 인도/운송서류	B6 인도/운송서류
EXW	매도인은 매수인에 대하여 의무가 없다.	매수인은 매도인에게 인도를 수령하였다는 적절한 증거를 제공하여야 한다.
FCA	매도인은 자신의 비용으로 매수인에게 물품이 A2에 따라 인도되었다는 통상적인 증거를 제공하여야한다. 매도인은 매수인의 요청에 따라 매수인의 위험과 비용으로 매수인이 운송서류를 취득하는데 협력을 제공해야 한다. 매수인 B6에 따라 매도인에게 운송서류를 발행하도록 운송인에게 지시한 경우에 매도인은 그러한 서류를 매수인에게 제공하여야 한다.	매수인은 물품이 A2에 일치하게 인도되었다는 증거를 인수하여야 한다. 당사자들이 합의한 경우에 매수인은 물품이 적재되었음을 기재한 운송서류(ex 본선적재표기가 있는 선하증권)를 자신의 비용과 위험으로 매도인에게 발행하도록 운송인에게 지시하여야 한다.
FAS FOB	매도인은 자신의 비용으로 매수인에게 물품이 A2에 따라 인도되었다는 통상적인 증거를 제공하여야 한다. 이러한 증거가 운송서류가 아닌 경우에 매도인은 매수인의 요청에 따라 매수인의 위험과 비용으로 매수인이 운송서류를 취득하는데 필요한 협력을 제공하여야 한다.	매수인은 A6에 따라 제공된 서류를 인수하여야 한다.
CPT CIP CFR CIF	[CPT/CIP:관행이 있거나 매수인의 요청이 있는 경우에] 매도인은 자신의 비용으로 매수인에게 운송에 관한 통상적인 운송서류들을 제공하여야 한다. 이 운송서류는 계약물품에 관한 것이어야 하고 합의된 선적기간 이내로 일부되어야 한다. [CPT/CIP:합의나 관행이 있는 경우]그 운송서류는 매수인이 지정목적지에서 운송인에 대하여 물품의 인도를 청구할 수 있도록 하는 것이어야 하고 또한 매수인이 후속 매수인에게 운송서류를 양도함으로써 또는 운송인에 대한 통지로써 운송 중에 물품을 매각할 수 있도록 하는 것이어야 한다. 그러한 운송서류가 유통가능한 형식으로 복수의 원본으로 발행된 경우 그 원본의 전통이 매수인에게 제공되어야 한다.	매수인은 A6에 따라 제공된 운송서류가 계약에 일치하는 때에는 이를 인수하여야 한다.
DAP DPU DDP	매도인은 자신의 비용으로 매수인이 물품을 수령할 수 있도록 하는 데 필요한 서류를 제공하여야 한다.	매수인은 A6에 따라 제공된 서류를 인수하여야 한다.

7. 수출 수입 통관

구분	A7수출/수입통관	B7수출/수입통관
EXW	해당되는 경우에 매도인은 매수인의 요청에 따라 매수인의 위험과 비용으로 다음과 같은 수출국/통과국/수입국에 의하여 부과되는 모든 수출/통과 수입통관절차에 관한 서류 및 정보를 취득하는 데 매수인에게 협력하여야 한다. → 수출/통과/수입허가 → 수출/통과/수입을 위한 보안통관 → 선적 전 검사 → 그 밖의 공적 인가	해당되는 경우에 다음과 같은 수출국/통과국/수입국에 의하여 부과되는 모든 수출/통과 수입통관절차를 수행하고 그에 관한 비용을 부담하는 것은 매수인의 몫이다. → 수출/통과/수입허가 → 수출/통과/수입을 위한 보안통관 → 선적 전 검사 및 그 밖의 공적 인가
FCA FAS FOB CPT CIP CFR CIF	-수출통관 해당되는 경우에 매도인은 다음과 같은 수출국에 의하여 부과되는 모든 수출통관절차를 수행하고 그에 관한 비용을 부담하여야 한다. → 수출허가 → 수출을 위한 보안통관 → 선적전검사 및 그 밖의 공적인가 -수입통관에 관한 협력 해당되는 경우에 매도인은 매수인의 요청에 따라 매수인의 위험과 비용으로 보안요건 및 선적전검사를 포함하여 통과국 또는 수입국에 의하여 필요한 모든 통과/수입통관절차에 관한 서류 및 정보를 취득하는 데 매수인에게 협력하여야 한다.	-수출통관에 관한 협력 해당되는 경우에 매수인은 매도인의 요청에 따라 매도인의 위험과 비용으로 보안요건 및 선적전검사를 포함하여 수출국에 의하여 필요한 모든 수출통관절차에 관한 서류 및 정보를 취득하는데 매도인에게 협력하여야 한다. -수입통관 해당되는 경우에 매수인은 다음과 같은 통과국 및 수입국에 의하여 부과되는 모든 절차를 수행하고 그에 관한 비용을 부담하여야 한다. → 수입허가 및 통과를 위하여 필요한 허가 → 수입과 통과를 위한 보안통관 → 선적전검사 및 그 밖의 공적 인가
DAP DPU	-수출통관 해당되는 경우에 매도인은 다음과 같은 수출국과 통과국에 의하여 부과되는 모든 수출통관 및 통과통관절차를 수행하고 그에 관한 비용을 부담하여야 한다. → 수출/통관허가 → 수출을 위한 보안통관 → 선적전검사 및 그 밖의 공적인가 -수입통관에 관한 협력 해당되는 경우에 매도인은 매수인의 요청에 따라 매수인의 위험과 비용으로 보안요건 및 선적전검사를 포함하여 수입국에 의하여 필요한 모든 수입통관절차에 관한 서류 및 정보를 취득하는 데 매수인에게 협력하여야 한다.	-수출통관 해당되는 경우에 매수인은 매도인의 요청에 따라 매도인의 위험과 비용으로 보안요건 및 선적전검사를 포함하여 수출국과 통과국에 의하여 필요한 모든 수출/통과통관절차에 관한 서류 및 정보를 취득하는데 매도인에게 협력하여야 한다. -수입통관 해당되는 경우에 매수인은 다음과 같은 수입국에 의하여 부과되는 모든 절차를 수행하고 그에 관한 비용을 부담하여야 한다. → 수입허가 → 수입을 위한 보안통관 → 선적전검사 및 그 밖의 공적인가

DDP	해당되는 경우에 매도인은 다음과 같은 수출국 통과국 및 수입국에 의하여 부과되는 모든 수출/통과/수입통관절차를 이행하고 그에 관한 비용을 부담하여야 한다. → 수출/통과 수입허가 → 수출/통과/수입을 위한 보안통관 → 선적전검사 및 그 밖의 공적인가	해당되는 경우에 매수인은 매도인의 요청에 따라 매도인의 위험과 비용으로 다음과 같은 수출국/통과국/수입국에 의하여 부과되는 모든 수출/통과/수입 통관절차에 관한 서류 및 정보를 취득하는 데 매도인에게 협력하여야 한다. → 수입/통과 수입허가 → 수출/통과/수입을 위한 보안통관 → 선적전검사 및 그 밖의 공적 인가

8. 점검/포장/하인 표시

A8 점검/포장/하인표시	B8 점검/포장/하인표시
매도인은 물품을 인도하기 위한 목적에서 필요한 점검작업 (품질점검, 용적측량, 중량측정, 수량계수)에 드는 비용을 부담하여야 한다. 매도인은 자신의 비용으로 물품을 포장하여야 하되 다만 특정한 거래에서 통상적으로 포장되지 않은 채 매매되어 운송되는 형태의 물품인 경우에는 그러하지 아니한다. 매도인은 당해 운송에 적절한 방법으로 물품을 포장하고 하인을 표시하여야 하되 다만 당사자들이 특정한 포장요건이나 하인요건에 합의한 경우에는 그러하지 아니한다.	매수인은 매도인에 대하여 의무가 없다.

9. 비용 부담

구분	A9 비용부담	B9 비용부담
EXW	매도인은 B9에 따라 매수인이 부담하는 비용은 제외하고 물품이 인도된 때까지 물품에 관한 모든 비용을 부담하여야 한다.	매수인은 물품이 인도된 때부터 물품에 관한 모든 비용을 부담하여야 한다. 서류와 정보를 취득하는데 협력을 제공하는 것과 관련하여 매도인에게 발생한 모든 비용을 상환하여야 한다. 해당되는 경우에 물품의 수출에 부과되는 모든 관세 세금 기타 공과금 및 수출통관절차를 수행하는 비용을 부담하여야 한다. 물품이 자신의 처분 하에 놓인 때에 물품의 인도를 수령하지 않거나 B10에 따른 적절한 통지

<table>
<tr><td></td><td></td><td>를 않음으로써 발생하는 추가비용을 부담하여야 한다. 다만 물품은 계약물품으로 명확히 특정되어 있어야 한다.</td></tr>
<tr><td>FCA</td><td rowspan="2">매도인은 다음의 비용을 부담하여야 한다.

물품이 인도된 때까지 물품에 관한 모든 비용 다만 B9에 따라 매수인이 부담하는 비용은 제외한다.

물품이 인도되었다는 통상적인 증거를 매수인에게 제공하는 데 드는 비용이다.

해당되는 경우에 따른 수출통관에 관한 관세 세금 그 밖의 비용이다.

서류와 정보를 취득하는 데 매수인이 협력을 제공하는 것과 관련한 모든 비용이다.</td><td rowspan="2">매수인은 다음의 비용을 부담하여야 한다.

물품이 인도된 때부터 물품에 관한 모든 비용 다만 A9에 따라 매도인이 부담하는 비용은 제외한다.

서류와 정보를 취득하는데 매도인이 협력을 제공하는 것과 관련한 모든 비용이다.

해당되는 경우에 통과통관 또는 수입통관에 관한 관세 세금 그 밖의 비용이다.

다음의 경우에 발생하는 추가비용

매수인이 B10에 따른 운송인이나 제3자를 지정하지 않는 경우
[FCA]B10에 따라 매수인이 지정한 운송인이나 제3자가 물품을 수령하지 않는 경우
[FAS/FOB]B10에 따라 매수인이 지정한 선박이 정시에 도착하지 않거나 물품을 수령하지 않거나 일찍 선적을 마감하는 경우 다만 물품은 계약물품으로 명확히 특정되어 있어야 한다.</td></tr>
<tr><td>FAS
FOB</td></tr>
<tr><td>CPT
CIP</td><td>매도인은 다음의 비용을 부담하여야 한다.
물품이 인도된 때까지 물품에 관한 모든 비용 다만 B9에 따라 매수인이 부담하는 비용은 제외한다.

물품적재비용과 운송관련 보안비용을 포함하여 운송비용 및 그 밖의 모든 비용이다.

합의된 목적지의 양하비용 중에서 운송계약상 매도인이 부담하기로 된 비용이다.

운송계약상 매도인이 부담하기로 된 통과비용이다.

물품이 인도되었다는 통상적인 증거를 매수인</td><td>매수인은 다음의 비용을 부담하여야 한다.
물품이 인도된 때부터 물품에 관한 모든 비용 다만 A9에 따라 매도인이 부담하는 비용은 제외한다.

통과비용 다만 그러한 비용이 운송계약상 매도인이 부담하는 것으로 된 경우는 제외한다.

[CIF 부선료와 부두사용료를 포함한]양하비용 다만 그러한 비용이 운송계약상 매도인이 부담하는 것으로 된 경우는 제외한다.

서류와 정보를 취득하는데 매도인이 협력을 제공하는 것과 관련한 모든 비용이다.</td></tr>
</table>

CFR CIF	에게 제공하는 데 드는 비용이다. 해당되는 경우에 수출통관에 관한 관세 세금 그 밖의 비용 및 서류와 정보를 취득하는 데 매수인이 협력을 제공하는 것과 관련한 모든 비용이다. [CIP/CIF]보험비용	해당되는 경우에 통과통관 또는 수입통관에 관한 관세 세금 그 밖의 비용 및 매수인이 B10에 따른 통지를 하지 않는 경우에 발생하는 추가 비용 다만 물품은 계약 물품으로 명확히 특정되어 있어야 한다. [CIP/CIF]매수인의 요청에 따라 조달된 추가 보험에 드는 비용
DAP DPU DDP	매도인은 다음의 비용을 부담하여야 한다. 물품이 [DPU:양하되어]인도된 때까지 물품과 그 물품의 운송에 관한 모든 비용 다만 B9에 따라 매수인이 부담하는 비용은 제외한다. [DAP/DDP]목적지의 양하비용 중에서 운송계약상 매도인이 부담하기로 된 비용이다. 인도/운송서류를 제공하는 데 드는 비용이다. 해당되는 경우에 수출통관 및 통과[DDP: 및 수입]통관에 관한 관세 세금 그 밖의 비용이다. 서류와 정보를 취득하는데 매수인이 협력을 제공하는 것과 관련한 모든 비용이다.	매수인은 다음의 비용을 부담하여야 한다. 물품이 인도된 때부터 물품에 관한 모든 비용이다. [DAP/DDP]지정목적지에 도착운송수단으로부터 물품의 인도를 수령하는 데 필요한 모든 양하비용 다만 그런한 비용을 운송계약상 매도인이 부담하기로 한 경우는 제외한다. [DAP/DPU]서류와 정보를 취득하는데 매도인이 협력을 제공하는 것과 관련한 모든 비용이다. [DAP/DPU]해당되는 경우에 수입통관에 관한 관세 세금 그 밖의 비용 및 매수인이 수입통관/협조 의무를 이행하지 않거나 B10에 따른 통지를 하지 않는 경우에 매도인에게 발생하는 추가비용 다만 물품은 계약물품으로 명확히 특정되어 있어야 한다.

10. 통지

구분	A10 통지	B10 통지
EXW	매도인은 매수인이 물품의 인도를 수령할 수 있도록 하는 데 필요한 통지를 하여야 한다.	매수인은 자신이 합의된 기간 중의 어느 시기 및 지정장소 내에 인도를 수령할 지점을 결정할 권리를 가지는 것으로 합의된 경우 매도인에게 충분한 통지를 하여야 한다.
FCA	매도인은 물품이 인도된 사실 또는 매수인이 지정한 운송인 또는 제3자가 합의된 시기 내에 물품을 수령하지 않은 사실을 매수인에게 충분히 통지하여야 한다.	매수인은 매도인에게 다음을 통지하여야 한다. 지정된 운송인 또는 제3자의 이름 이는 매도인이 물품을 인도할 수 있도록 하는 정도의 충분한 기간 전에 통지되어야 한다.

<table>
<tr><td></td><td></td><td>운송관련 보안요건을 포함하여 지정된 운송인 또는 제3자가 사용할 운송방식 및 지정인도장소 내에서 물품을 수령할 지점

합의된 인도기간 내에서 운송인이나 제3자가 물품을 수령할 것으로 선택된 시기가 있는 경우 그 선택된 시기</td></tr>
<tr><td>FAS
FOB</td><td>매도인은 물품이 인도된 사실 또는 매수인이 지정한 선박이 합의된 시기 내에 물품을 수령하지 않은 사실을 매수인에게 충분히 통지하여야 한다.</td><td>매수인은 매도인에게 운송관련 보안요건 선박명적재지점 및 합의된 인도기간 내에서 인도일자가 있는 경우 그 일자를 충분히 통지하여야 한다.</td></tr>
<tr><td>CPT
CIP</td><td>매도인은 매수인에게 물품이 인도되었음을 통지하여야 한다.</td><td rowspan="2">매수인은 자신이 물품의 발송시기 및 [CPT/CIP:지정목적지] [CFR/CIF:지정목적항]내에 물품을 수령할 지점을 결정할 권리를 갖는 것으로 합의된 경우 매도인에게 충분한 통지를 하여야 한다.</td></tr>
<tr><td>CFR
CIF</td><td>매도인은 매수인에게 매수인이 물품을 수령할 수 있도록 하는데 필요한 통지를 하여야 한다.</td></tr>
<tr><td>DAP
DPU
DDP</td><td>매도인은 매수인에게 매수인이 물품을 수령할 수 있도록 하는데 필요한 통지를 하여야 한다.</td><td>매수인은 자신이 물품의 발송시기 및 지정목적지 내에 물품을 수령할 지점을 결정할 권리를 갖는 것으로 합의된 경우 매도인에게 충분한 통지를 하여야 한다.</td></tr>
</table>

4 인코텀즈 2010과 인코텀즈2020의 차이점

① 인코텀즈 2020 규칙 개정의 가장 중요한 동기는 사용자들로 하여금 매매계약에서 올바른 인코텀즈 규칙을 사용을 유도하는 것을 목적으로 한다.

> 본 소개문(Introduction)에서 올바른 인코텀즈 규칙의 선택을 더욱 강조하는 것이다.
> 매매계약과 부수계약 사이의 구분과 연결을 더 명확하게 설명하는 것이다.
> 각 인코텀즈 규칙에 대한 기존의 사용지침(Gudience Note)을 개선하여 현재의 설명문(Explanatory Note)을 제시하는 것이다.
> 개별 인코텀즈 규칙 내에서 조항의 순서를 변경하여 인도와 위험을 더욱 두드러지게 하는 것이다.

② 인코텀즈 2020에서는 검증 총중량(VGM)을 언급하지 않는다. 2010년 이후 검증총중량 거래관행의 특정한 발전이 있었지만 ICC에서는 총중량 때문에 인코텀즈 2020 규칙을 개정하여야 하는 것은 아니라고 결정하였기 때문에 인코텀즈 2020에서는 다루지 않는다.

1) 인코텀즈 2020 규칙에서의 변경 사항

(1) 본선적재표기가 있는 선하증권과 인코텀즈 FCA 규칙

물품이 FCA규칙으로 매매되고 해상운송 되는 경우 매도인 또는 매수인은 본선적재표기가 있는 선하증권을 원할 수 있다. 그러나 FCA규칙에서 인도는 물품의 본선적재 전에 완료가 된다. 그러므로 운송인은 자신의 운송계약 물품이 실제로 선적된 후 에야만 비로소 선적선하증권을 발행할 의무와 권리가 있다.

매수인과 매도인은 매수인이 선적 후에 선적선하증권을 매도인에게 발행하도록 그의 운송인에게 지시할 것을 합의 할 수 있고 매도인은 전형적으로 은행들을 통하여 매수인에게 선적선하증권을 제공할 의무가 있다. 그러나 이러한 경우에도 매도인은 운송계약조건에 관하여 매수인에 대하여 어떠한 의무도 없다는 것을 강조한다.

인코텀즈 2020 규칙에서 달라진 것은 매도인이 본선적재표기가 있는 선하증권을 원하거나 필요로 하는 경우에 위와 같은 FCA조건 A6/B6상의 새로운 추가적 옵션이 곧 그러한 서류에 관한 규정으로 작용한다는 것이다.

(2) 비용의 규정

인코텀즈 2020 규칙들 내의 새로운 조항순서에 따라 비용은 각 인코텀즈 규칙의 A9/B9에 나타난다. 이전의 인코텀즈 규칙에서는 여러 조항에 의하여 각 당사자에게 할당되는 다양한 비용이 전통적으로 개별 인코텀즈 규칙의 여러 부분에 나뉘어 규정되었다.

인코텀즈 2020에서는 A6/B6와 같이 여러 부분에 나뉘어 규정되어있던 조항들을 A9/B9에서 인코텀즈 규칙상의 분담비용을 모두 열거하였다. 따라서 인코텀즈 2020규칙의 A9/B9은 인코텀즈 2010규칙의 A6/B6보다 더 길다.

개정됨으로써 사용자들에게 비용에 관한 일람표를 제공할 수 있게 되었으며 매도인과 매수인은 당해 인코텀즈 규칙상 자신이 부담하는 모든 비용을 한 곳에서 찾아볼 수 있다.

(3) CIF와 CIP 간 부보 수준의 차별화

협회적하약관의 (C)약관은 항목별 면책위험(Itemised Exclusions)의 제한을 받는 다수의 담보위험을 열거한다. 협회적하약관 (A)약관은 항목별 면책위험의 제한 하에 "모든 위험(All Risks)"을 담보한다.

인코텀즈 2010 규칙에서는 CIF 및 CIP의 A3에서 매도인에게 "자신의 비용으로(로이즈시장협회/국제보험업협회의)협회적하약관이나 그와 유사한 약관의(C)약관에서 제공하는 최소담보조건에 따른 적하보험을 취득할 의무를 부과하였다.

개정된 인코텀즈 2020 규칙은 CIF 인코텀즈 규칙과 CIP 인코텀즈 규칙에서 최소부보에 관하여 다르게 규정하였다.

CIF규칙은 일차산품의 해상무역에서 사용될 가능성이 매우 높으므로 (C)약관의 원칙을 계속 유지하되 당사들이 높은 수준의 부보를 하기로 달리 합의 할 수 있도록 길을 열어두었으며 CIP 규칙의 경우 매도인은 (A)약관에 따른 부보를 취득해야한다. 그러나 당사자들이 원한다면 보다 낮은 수준의 부보를 하기로 합의할 수 있다.

(4) FCA, DPU, DAP, DDP에서 매도인 또는 매수인 자신의 운송수단에 의한 운송 허용

인코텀즈 2010 규칙에서는 물품이 매도인으로부터 매수인에게 운송되는 경우 사용된 당해 인코텀즈 규칙에 따라 매도인 또는 매수인이 운송을 위하여 사용하는 제3자 운송인(Third-party Carrier)이 물품을 운송하는 것으로 전반적으로 가정되었다

인코텀즈 2020에서는 FCA, DPU, DAP, DDP에서 매도인 또는 매수인 자신의 운송수단에 의한 운송을 허용함으로써 제3자 운송인의 개입이 전혀 없이 운송될 수도 있는 경우가 있다는 것이 명확해진다. D규칙에서 매도인이 운송을 제3자에게 아웃소싱하지 않고 자신의 운송수단을 사용하여 운송하는 것을 허용한다.

(5) DAT(Delivered At Terminal)에서 DPU(Delivered at Place Unloaded)로의 명칭 변경

인코텀즈 2010 규칙에서 DAT와 DAP의 유일한 차이점은 DAT의 경우에 매도인은 목적지에서 물품을 도착 운송수단으로부터 양하한 후 터미널에 두어 인도하여야 하였고 DAP의 경우에 매도인은 물품을 도착 운송수단에 실어둔 채 양하 준비 상태에서 매수인의 처분하에 두었을 때 인도를 한 것으로 되었다는 점이다.

인코텀즈 2020 규칙에서는 터미널뿐 아니라 어떤 장소든지 목적지가 될 수 있는 현실을 강조하기 위해 DAT 규칙의 명칭이 DPU(Delivered at Place Unloaded)로 변경되었고, DAP와 DPU의 등장 순서가 서로 바뀌어 양하 전에 인도가 일어나는 DAP가 DPU 앞에 온다.

(6) 운송의무 및 비용조항에 보안관련요건(Securityrelated Requirmenrs)의 삽입

보안 관련 의무의 명시적 할당이 개별 인코텀즈 규칙의 A4와 A7에 추가되었으며 비용조항 A9/B9에 규정되어있다.

(7) 사용자를 위한 설명문의 명칭 변경

사용자지침(Guidance Note)에서 사용자를 위한 설명문(Explanatory Notes for Users)으로 변경되었다.

2) 인코텀즈규칙 변용시 유의점

거래 당사자들은 인코텀즈 규칙을 조금 고쳐서 사용하길 원한다. 인코텀즈 2020규칙에서 변경을 금지하지 않으나 위험이 따른다.

위험을 방지하기 위하여 거래 당사자들은 변경으로 인하여 의도하는 효과를 계약에서 매우 분명하게 표시해야 한다. 예를들어 인코텀즈 2020 규칙상의 비용분담을 계약에서 변경하는 경우에 당사들은 또한 인도가 이루어지고 위험이 매수인에게 이전하는 지점까지도 바꾸기로 의도하는 것인지 여부를 명백하게 기술하여야 한다.

3) Incoterms 2020에 규정된 정형거래규칙[6)]

- 단일 또는 복수의 모든 운송방식을 위한 규칙

인코텀즈 2020 소개문에서는 10개 항목을 기술하고 있고 모든 운송방식용 규칙에서는 EXW, FCA, CPT, CIP, DAP, DPU, DDP 등7개의 규칙을 규정하고 있으며 해상 및 내수로 운송방식용 규칙에서는 FAS, FOB, CFR, CIF 등 4개의 규칙을 규정하고 있다. 각 11개 규칙의 시작 부분에 사용자를 위한 설명문을 둔다.

모든 운송방식용 규칙(EXW, FCA, CPT, CIP, DAP, DPU, DDP)은 운송수단에 관계없이 사용될 수 있고, 둘 이상의 운송방식이 이용되는 경우에도 사용될 수 있다. 즉, 복합운송방식에서도 사용 가능 하다고 볼 수 있다. 하지만 해상 및 내수로 운송방식용 규칙(FAS, FOB, CFR, CIF)은 해상운송, 내수로운송에서만 사용가능하다.

- 모든운송방식용 규칙

(1) EXW : Ex Works(공장인도) - 지정인도장소 기입

EXW는 매도인이 다음과 같이 한때 매수인에게 물품을 인도하는 것을 의미한다.

① 매도인이 물품을 공장이나 창고와 같은 지정장소에서 매수인의 처분 하에 두는 때와 그 지정장소는 매도인의 영업구내일 수도 있고 아닐 수도 있다.

② 인도가 일어나기 위하여 매도인은 물품을 수취용 차량에 적재하지 않아도 되고, 물품의 수출통관이 요구되더라도 이를 수행할 필요가 없다.

③ EXW는 매도인에게 최소의 일련의 의무를 지우는 인코텀즈 규칙이다. 따라서 매수인의 관점에서 이 규칙은 아래와 같은 여러 가지 이유로 조심스럽게 사용하여야 한다.

④ EXW 공장인도에서는 매도인은 지정인도장소에서 물품을 수취용 차량에 적재하지 않은 채로 매수인의 처분 하에 둠으로써 인도하여야 한다. 물품이 인도된 때로부터 물품의 멸

6) 인코텀즈 2020 (Incoterms® 2020)

실 또는 훼손의 모든 위험은 매수인이 부담한다.

(2) FCA : Free carrier(운송인인도) - 지정인도장소 기입

① FCA는 매도인이 물품을 매수인에게 다음 두 가지 방법 중 하나로 인도하는 것을 의미한다.

첫째, 지정장소가 매도인의 영업구내인 경우 물품은 물품이 매수인이 마련한 운송수단에 적재된 때 인도된다.

둘째, 지정장소가 그 밖의 장소인 경우 물품은 매도인의 운송수단에 적재되어 지정장소에 도착하고 매도인의 운송수단에 실린 채 양하 준비된 상태로 매수인이 지정한 운송인이나 제 3자의 처분 하에 놓인 때 인도된다.

② 두 장소 중에서 인도장소로 선택되는 장소가 위험이 매수인에게 이전하는 곳이자 또한 매수인이 비용을 부담하기 시작하는 시점이 된다.

③ 운송인 인도에서는 매도인은 물품을 지정인도장소에서 매수인이 지정한 운송인에게 인도하거나 그렇게 인도된 물품을 조달하여야 한다. 물품이 인도된 때로부터 물품의 멸실 또는 훼손의 모든 위험은 매수인이 부담한다.

(3) CPT : Carriage Paid To(운송비지급인도) - 지정목적지 기입

① CPT는 매도인이 매도인 자신과 계약을 체결한 운송인에게 물품을 지정인도장소에서 교부함으로써 또는 그렇게 인도된 물품을 조달함으로써 사용되는 운송수단에 적합한 방법으로 그에 적합한 장소에서 운송인에게 물품의 물리적 점유를 이전함으로써 물품을 인도하는 것을 의미한다.

② 물품의 멸실 또는 훼손의 위험은 매도인이 지정한 운송인이나 제3자에게 물품을 인도할 때 이전되고, 매수인은 그 순간부터 향후의 모든 비용을 부담한다.

③ 본 규칙은 어떤 운송방식이 선택되는지를 불문하고 사용할 수 있고, 둘 이상의 운송방식이 이용되는 복합운송의 경우에도 사용가능하다.

④ 매도인이 물품의 수출통관을 하여야 한다. 그러나 매도인은 물품의 수입을 위한 또는 제3국 통과를 위한 통관, 수입관세납부와 같은 수입통관절차를 수행할 의무가 없다.

(4) CIP : Carriage and Insurance Paid to(운송비·보험료지급인도) - 지정목적지 기입

① CIP는 매도인이 매도인 자신과 계약을 체결한 운송인에게 지정인도장소에서 물품을 교부함으로써 또는 그렇게 인도된 물품을 조달함으로써 매도인은 사용되는 운송수단에 적합한 방법으로 그에 적합한 장소에서 운송인에게 물품의 물리적 점유를 이전함으로써 매수인에게 물품을 인도하고 위험을 이전하는 것을 의미한다. 물품이 인도된 때로부터 물품의 멸실 또는 훼손의 모든 위험은 매수인이 부담한다.

② CPT와 CIP의 차이는 매도인의 보험부보 의무이다. CIP의 경우 매도인은 인도지점 부터 적어도 목적지점까지 물품에 대한 매수인의 위험을 위해 보험계약을 체결하여야 한다. 이는 목적지 국가가 자국의 보험자에게 부보하도록 요구하는 경우에는 어려움을 야기할 수 있다. 이러한 경우에 당사자들은 CPT로 매매하는 것을 고려하여야 한다.

③ 본 규칙은 어떤 운송방식이 선택되는지를 불문하고 사용할 수 있고, 둘 이상의 운송방식이 이용되는 복합운송의 경우에도 사용가능하다.

④ 매도인이 물품의 수출통관을 하여야 한다. 그러나 매도인은 물품의 수입을 위한 또는 제3국 통과를 위한 통관, 수입관세납부와 같은 수입통관절차를 수행할 의무가 없다. 매도인은 인도장소로부터 지정목적지까지 물품을 운송하는 운송계약을 체결하거나 조달하여야 한다. 운송계약은 매도인의 비용으로 통상적인 조건으로 체결되어야 한다. 관행 또는 매수인의 요청이 있는 경우에 매도인은 매수인에게 운송에 관한 통상적인 운송서류를 제공하고, 매수인은 운송서류가 계약에 일치하는 때에는 그 운송서류를 인수하여야 한다.

(5) DAP : Delivered at Place(도착지인도) - 지정목적지 기입

① DAP는 물품이 지정목적지에서 또는 지정목적지 내에 어떠한 지점이 합의된 경우에는 그 지점에서 도착 운송수단에 실어둔 채 양하 준비된 상태로 매수인의 처분 하에 놓인 때 매도인이 매수인에게 물품을 인도하고, 위험을 이전하는 것을 의미한다.

② 매도인은 물품을 지정목적지까지 또는 지정목적지 내의 합의된 지점까지 가져가는 데 수반되는 모든 위험과 비용을 부담한다. 따라서 DAP에서 인도와 목적지의 도착은 동일하다. 물품이 인도된 때로부터 물품의 멸실 또는 훼손의 모든 위험은 매수인이 부담한다.

③ 수출통관은 매도인이 수행하고, 수입통관은 매수인이 수행한다. 그러나 매도인은 물품의 수입을 위한 또는 인도 후 제3국을 통과를 위한 통관을 하거나 수입관세를 납부하거나 수입통관절차를 수행할 의무가 없다. 따라서 매수인이 수입통관을 못하는 경우에 물품은 목적지 국가의 항구나 내륙터미널에 묶이게 된다. 물품이 목적지 국가의 입국항에 묶여 있는 동안에 발생하는 위험과 비용은 매수인이 부담 하게 된다.

④ 매도인은 물품을 지정목적지까지 운송하는 운송계약을 체결하거나 그러한 운송을 마련하여야 한다. 매수인은 매도인에 대하여 보험계약을 체결할 의무가 없다. 그러나 매수인은 매도인의 요청에 따라 매도인의 위험과 비용으로 매도인이 부보하는데 필요한 정보를 매도인에게 제공하여야 한다. 또한 매도인은 매수인이 물품을 수령하는데 필요한 서류를 제공하고, 매수인은 그러한 서류를 인수하여야 한다.

(6) DPU : Delivered at Place Unloaded(도착지양하인도) - 지정목적지 기입

① DPU는 물품이 지정목적지에서 또는 지정목적지 내에 어떠한 지점이 합의된 경우에는 그 지점에서 도착 운송수단으로부터 양하된 상태로 매수인의 처분 하에 놓인 때 매도인이

매수인에게 물품을 인도하는 것과 위험을 이전하는 것을 의미한다.

② 매도인은 물품을 지정목적지에서 물품을 양하하는 데에 수반되는 모든 위험을 부담한다. DPU에서 인도와 목적지의 도착은 동일하다. DPU는 매도인이 목적지에서 물품을 양하하도록 하는 유일한 인코텀즈 규칙이다. 물품이 인도된 때로부터 물품의 멸실 또는 훼손의 모든 위험은 매수인이 부담한다.

③ 매도인은 물품의 수출통관을 하여야한다. 그러나 매도인은 물품의 수입을 위한 또는 인도 후 제3국 통과를 위한 통관을 하거나 수입관세를 납부하거나 수입통관절차를 수행할 의무가 없다. 따라서 매수인이 수입통관을 못하는 경우에 물품은 목적지 국가의 항구나 내륙터미널에 묶이게 될 것이다. 그렇게 되면 물품이 목적지 국가의 입국 항구에 묶여있는 동안에 발생하는 위험과 비용은 매수인이 부담하게 된다.

④ 매도인은 물품을 지정목적지까지 운송하는 운송계약을 체결하거나 그러한 운송을 마련하여야 한다. 매도인은 매수인에게 보험계약 체결 의무를 부담하지는 않는다. 하지만 여기서 중요한 점은 물품을 지정목적지까지 운송하는데 발생하는 위험을 매도인이 부담하므로 매도인이 보험을 체결한다. 매도인은 매수인이 물품을 수령하는데 필요한 서류를 제공하고, 매수인은 그러한 서류를 인수하여야 한다.

(7) DDP : Delivered Duty Paid(관세지급인도) - 지정목적지 기입

① DDP는 물품이 지정목적지에서 또는 지정목적지 내의 어떠한 지점이 합의된 경우에는 그러한 지점에서 수입통관 후 도착 운송수단에 실어둔 채 양하 준비된 상태로 매수인의 처분 하에 놓인 때 매도인이 매수인에게 물품을 인도하는 것을 의미한다.

② 매도인은 물품을 지정목적지까지 또는 지정목적지 내의 협의 된 지점까지 가져가는 데 수반되는 모든 위험과 비용을 부담한다. 따라서 DDP에서 인도와 목적지의 도착은 동일하다.

③ 매도인은 물품의 수출통관 및 수입통관을 하여야 하고 또한 수입관세를 납부하거나 모든 통관절차를 수행하여야 한다. 매도인이 수입통관을 완료할 수 없는 경우 인도는 여전히 목적지에서 일어나지만 수입통관은 매수인이 하도록 되어 있는 DAP나 DPU를 선택하는 것을 고려하여야 한다. 세금문제가 개재될 수 있는데 이러한 세금은 매수인으로부터 상환받을 수 없다.

④ DDP에 관세지급인도에서는 매도인은 물품을 지정목적지에서 도착 운송수단에 실어둔 채 양하 준비 상태로 매수인의 처분 하에 두거나 그렇게 인도된 물품을 조달함으로써 인도하여야 한다. 수입통관 시 부과되는 VAT 등과 같은 기타의 세금은 매도인이 부담한다. 하지만 매매계약에서 명시적으로 합의된 경우에는 계약을 따른다.

매도인은 물품을 지정목적지까지 운송하는 운송계약을 체결하거나 그러한 운송을 마련하여야 한다. 매도인은 보험계약 체결 의무를 가지지 않는다. 그러나 물품을 지정목적지까지 운송하는데 발생하는 위험을 매도인이 부담하므로 매도인은 보험계약을 체결할 필

요조건을 갖춘다. 매도인은 매수인이 물품을 수령하는데 필요한 서류를 제공하고, 매수인은 그러한 서류를 인수하여야 한다. DDP는 인코텀즈에서 매도인의 최대의무를 표방한다.

- **해상 및 내수로 운송방식용 규칙**

(8) FAS : Free Alongside Ship(선측인도) - 지정선적항 기입

① FAS는 매도인은 물품을 지정선적항에서 매수인이 지정한 선박의 선측에 두거나 그렇게 인도된 물품을 조달함으로써 인도하는 것을 의미한다.

② 물품이 선측에 놓인 때 물품의 멸실 또는 훼손의 위험은 이전되고, 매수인은 그 시점부터 향후 모든 비용을 부담한다.

③ 매도인은 운송계약이나 보험계약을 체결할 의무가 없다. 수출통관은 매도인이 수행하고, 수입통관은 매수인이 수행한다. 매도인은 계약과의 일치를 증명하는 상업송장, 그 외 물품이 인도되었다는 통상적인 증거를 제공하여야 하며, 매수인은 그 증거를 인수하여야 한다. 매수인은 매도인에게 선박명, 적재지점 및 합의된 인도기간 내에서 선택된 인도일자가 있는 경우에는 그 일자를 충분히 통지하고, 매도인은 물품이 인도된 사실, 매수인이 지정한 선박이 물품의 인도를 수령하지 않은 사실 등을 매수인에게 통지하여야 한다.

(9) FOB : Free On Board(본선인도) - 지정선적항 기입

① 본선인도FOB는 매도인이 지정선적항에서 매수인이 지정한 선박에 계약물품을 적재하거나 또는 이미 그렇게 인도된 물품을 조달함으로 매수인에게 인도하는 것을 의미한다.

② 물품의 멸실 또는 훼손의 위험은 물품이 선박에 적재된 때 이전하고, 매수인은 그 순간부터 향후의 모든 비용을 부담한다.

③ FOB는 당사자들이 물품을 선박에 적재함으로써 인도하는 해상운송이나 내수로운송에만 사용되어야한다. 따라서 FOB규칙은 터미널에서 인도되는 컨테이너 화물과 같이 물품이 선박에 적재되기 전에 운송인에게 교부되어 물품이 컨테이너 터널에서 운송인에게 교부되는 경우에는 적절하지 않다. 이러한 경우에는 FOB규칙 대신에 FCA규칙을 사용하는 것을 고려해야 한다.

④ 매도인은 매수인에 대하여 운송계약이나 보험계약을 체결할 의무가 없다. 수출통관은 매도인이 수행하고, 수입통관은 매수인이 수행한다. 매도인은 계약과의 일치를 증명하는 상업송장, 그 외 물품이 인도되었다는 통상적인 증거를 제공하여야 하며, 매수인은 그 증거를 인수하여야 한다. 매수인은 매도인에게 선박명, 적재지점 및 합의된 인도기간 내에서 선택된 인도일자가 있는 경우에는 그 일자를 충분히 통지하고, 매도인은 물품이 인도된 사실, 매수인이 지정한 선박이 물품의 인도를 수령하지 않은 사실 등을 매수인에게 통지하여야 한다.

⑤ FOB의 고유의미로 첫 번째, 선적지 매매계약이다. 선적은 선적지의 본선에서 인도되어 매수인이 직접 수령할 수 없기에 매수인의 수탁자인 운송인이 이를 수령한다, 두 번째, 현실적 인도계약이다. 매도인과 매수인은 서로 다른 국가에 위치하고 있기에 대금지급과 물품인도의무가 동시이행조건이 불가능하다. 그러므로 매도인은 서류와 환어음을 첨부하여 대금을 회수한다, 세 번째, 해상 매매계약이다. FOB계약은 해상운송 시에만 사용이 가능하고, 선적지 해상의 출발지에 정박한 본선에서 인도가 이루어진다.

(10) CFR : Cost and Freight(운임포함인도) - 지정목적항 기입

① CFR는 매도인이 물품을 선박에 적재하거나 또는 이미 그렇게 인도된 물품을 조달하하여 인도하는 것을 의미한다. 물품이 인도된 때로부터 물품의 멸실 또는 훼손의 모든 위험은 매수인이 부담한다.

② 물품이 선박에 적재된 때 물품의 멸실 또는 훼손의 위험이 이전되고, 그에 따라 매도인은 명시된 수량의 물품이 실제로 목적지에 양호한 상태로 도착하는지를 불문하고 물품 인도의무를 이행한 것으로 된다. CFR에서 매도인은 매수인에 대하여 부보의무가 없다, 따라서 매수인은 스스로 부보하는 것이 좋다.

③ 매도인은 매수인에 대하여 보험계약을 체결할 의무가 없다. 수출통관은 매도인이 수행하고, 수입통관은 매수인이 수행한다. 운송서류가 유통 가능한 형식으로 수통의 원본으로 발행된 경우 그 원본 전통이 매수인에게 제시되어야한다. 매도인은 매수인에게 합의된 목적항에서 필요한 통상적인 운송서류를 제공하고, 매수인은 그 운송서류를 인수하여야 한다. 매수인은 선적시기 및 지정목적항 내에서 물품수령지점을 매도인에게 통지하여야 한다. 매도인은 물품이 인도되었음을 통지하고, 매수인이 물품을 수령하는데 필요한 통지를 하여야 한다.

(11) CIF : Cost, Insurance and Freight(운임・보험료포함인도) - 지정목적항 기입

① CIF는 매도인이 물품을 지정선적항에서 매도인이 지정한 본선에 적재하거나 그렇게 인도된 물품을 조달함으로써 매수인에게 인도한다. 물품이 인도된 때로부터 물품의 멸실 또는 훼손의 모든 위험은 매수인이 부담한다.

② 수출통관은 매도인이 수행하고, 수입통관은 매수인이 수행한다. 운송서류가 유통 가능한 형식으로 수통의 원본으로 발행된 경우에 그 원본 전통이 매수인에게 제시되어야 한다. 매도인은 매수인에게 합의된 목적항에서 필요한 통상적인 운송서류, 보험서류를 제공하여야 한다. 매수인은 그 서류들을 인수하여야 한다. 매수인은 선적시기 및 지정목적항 내에서 물품수령지점을 매도인에게 통지하여야 한다. 매도인은 물품이 인도되었음을 통지하고, 매수인이 물품을 수령하는데 필요한 통지를 하여야 한다.

③ CFR과는 다르게 CIF에서는 매도인은 매수인에 대하여 보험계약을 체결할 의무가 있다.

평판이 좋은 보험회사와 목적항까지의 보험계약을 체결하고, 보험료를 지급하여야 한다.

Incoterms 2020 / 2010 / 2000

Incoterms 2020의 주요내용

구분 / 거래조건	위험이전(A)	비용이전(B)	비 고
EXW(Ex Works) (공장인도)	매도인의 작업장 구내에서 매수인의 임의처분할 수 있도록 물품을 인도하였을 때	매도인은A(위험이전)까지의 제비용 부담	수출입통관 · 승인 : 매수인의무
FCA(Free Carrier) (운송인인도)	매도인이 매수인이 지정한 운송인에게 수출통관된 물품을 인도하였을 때 · 매도인 영업구내: 적재인도 · 영업구내 아닌 경우: 실린채인도	매도인은A(위험이전)까지의 제비용 부담 · 추가의무부: 선적선하증권요구 · 자가운송 허용	수출통관 : 매도인 수입통관 : 매수인
CPT(Carriage Paid To) (운송비지급인도)	물품이 약정된 일자 또는 기간 내에 지정목적지까지 운송할 운송인의 보관하에 또는 후속운송인이 있을 경우 최초의 운송인에게 물품인도 시	매도인은 FCA 조건+지정된 목적지까지의 물품운송비(복합운송개념에서의 운송비)	〃
CIP(Carriage And Insurance Paid To) (운송비 · 보험료 지급인도)	〃	매도인은 CPT 조건+지정된 목적지까지의 적하보험료 부담 · 부보 : ICC(A) or ICC(A/R)	〃
DAP(Delivered At Place) (도착지인도)	지정목적지에서 도착운송수단에 실린 채 양하 준비된 상태로 매수인의 처분하에 놓이는 때	〃	〃
DPU(Delivered At Place Unloaded) (도착지양하인도)	도착운송수단으로부터 양하된 상태로 지정목적항이나 지정목적지의 지정터미널에서 매수인의 처분하에 놓이는 때	매도인은A(위험이전)까지의 제비용 부담	〃
DDP(Delivered Duty Paid) (관세지급인도)	약정된 일자 또는 기간 내에 매도인이 지정된 수입국 내의 목적지점에 물품을 반입하여 매수인의 임의처분하에 인도한 때	〃 (단, 관세 포함)	수출입통관 · 승인 : 매도인의무
FAS(Free Alongside Ship) (선측인도)	물품이 지정선적항의 부두에 혹은 부선으로 본선의 선측에 인도하였을 때	매도인은A(위험이전)까지의 제비용 부담	수출통관 : 매도인 수입통관 : 매수인
FOB(Free On Board) (본선인도)	물품이 지정선적항에서 본선에 적재하였을 때	〃	〃
CFR(Cost And Freight) (운임포함인도)	〃	매도인은 적재시까지의 제비용+목적항까지의 운임+정기선의 경우 양하비 부담	〃
CIF(Cost Insurance And Freight) (운임 · 보험료포함인도)	〃	매도인은 적재시까지의 제비용+목적항까지의 운임 및 보험료+정기선의 경우 양하비 부담 · 부보 : ICC(C) or ICC(FPA)	〃

Incoterms 2010의 주요내용

거래조건 ＼ 구분	위험이전(A)	비용이전(B)	비 고
EXW(Ex Works) (공장인도)	매도인의 작업장 구내에서 매수인의 임의처분할 수 있도록 물품을 인도하였을 때	매도인은A(위험이전)까지의 제비용 부담	수출입통관·승인 : 매수인의무
FCA(Free Carrier) (운송인인도)	매도인이 매수인이 지정한 운송인에게 수출통관된 물품을 인도하였을 때	매도인은A(위험이전)까지의 제비용 부담	수출통관 : 매도인 수입통관 : 매수인
CPT(Carriage Paid To) (운송비지급인도)	물품이 약정된 일자 또는 기간 내에 지정목적지까지 운송할 운송인의 보관하에 또는 후속운송인이 있을 경우 최초의 운송인에게 물품인도 시	매도인은 FCA 조건+지정된 목적지까지의 물품운송비(복합운송개념에서의 운송비)	〃
CIP(Carriage And Insurance Paid To) (운송비·보험료 지급인도)	〃	매도인은 CPT 조건+지정된 목적지까지의 적하보험료 부담	〃
DAT(Delivered At Terminal) (도착터미널인도)	도착운송수단으로부터 양하된 상태로 지정목적항이나 지정목적지의 지정터미널에서 매수인의 처분하에 놓이는 때	매도인은A(위험이전)까지의 제비용 부담	〃
DAP(Delivered At Place) (도착장소인도)	지정목적지에서 도착운송수단에 실린 채 양하 준비된 상태로 매수인의 처분하에 놓이는 때	〃	〃
DDP(Delivered Duty Paid) (관세지급인도)	약정된 일자 또는 기간 내에 매도인이 지정된 수입국 내의 목적지점에 물품을 반입하여 매수인의 임의처분하에 인도한 때	〃 (단, 관세 포함)	수출입통관·승인 : 매도인의무
FAS(Free Alongside Ship) (선측인도)	물품이 지정선적항의 부두에 혹은 부선으로 본선의 선측에 인도하였을 때	매도인은A(위험이전)까지의 제비용 부담	수출통관 : 매도인 수입통관 : 매수인
FOB(Free On Board) (본선인도)	물품이 지정선적항에서 본선에 적재하였을 때	〃	〃
CFR(Cost And Freight) (운임포함인도)	〃	매도인은 적재시까지의 제비용+목적항까지의 운임+정기선의 경우 양하비 부담	〃
CIF(Cost Insurance And Freight) (운임·보험료포함인도)	〃	매도인은 적재시까지의 제비용+목적항까지의 운임 및 보험료+정기선의 경우 양하비 부담	〃

Incoterms 2000의 주요내용

구분 거래조건	위험이전(A)	비용이전(B)	비 고
EXW(Ex Works) (공장인도)	매도인의 작업장 구내에서 매수인의 임의처분할 수 있도록 물품을 인도하였을 때	매도인은A(위험이전)까지의 제비용 부담	수출입통관 · 승인 : 매수인의무
FAS(Free Alongside Ship) (선측인도)	물품이 지정선적항의 부두에 혹은 부선으로 본선의 선측에 인도하였을 때	〃	수출통관 : 매도인 수입통관 : 매수인
FOB(Free On Board) (본선인도)	물품이 지정선적항에서 본선의 난간을 통과할 때	〃	〃
CFR(Cost And Freight) (운임포함)	〃	매도인은 적재시까지의 제비용+목적항까지의 운임+정기선의 경우 양하비 부담	〃
CIF(Cost Insurance And Freight) (운임 · 보험료 포함)	〃	매도인은 적재시까지의 제비용+목적항까지의 운임 및 보험료+정기선의 경우 양하비 부담	〃
FCA(Free Carrier) (운송인인도)	매도인이 매수인이 지정한 운송인에게 수출통관된 물품을 인도하였을 때	매도인은A(위험이전)까지의 제비용 부담	〃
CPT(Carriage Paid To) (운송비지급)	물품이 약정된 일자 또는 기간 내에 지정목적지까지 운송할 운송인의 보관하에 또는 후속운송인이 있을 경우 최초의 운송인에게 물품인도 시	매도인은 FCA 조건+지정된 목적지까지의 물품운송비(복합운송개념에서의 운송비)	〃
CIP(Carriage And Insurance Paid To) (운송비 · 보험료 지급)	〃	매도인은 CPT 조건+지정된 목적지까지의 적하보험료 부담	〃
DAF(Delivered At Frontier) (국경인도)	접경지인도장소에서 수입통관직전의 상태로 매수인의 임의처분하에 인도한 때	매도인은A(위험이전)까지의 제비용 부담	〃
DES(Delivered Ex Ship) (착선인도)	목적항선상에서 매수인에게 물품인도한 때	〃	〃
DEQ(Delivered Ex Quay) (부두인도)	목적항 부두상에서 매수인의 임의처분하에 물품 인도한 때	〃	〃
DDU(Delivered Duty Unpaid)(관세미필인도)	약정된 일자 또는 기간 내에 매도인이 지정된 수입국 내의 목적지점에 물품을 반입하여 매수인의 임의처분하에 인도한 때	〃 (단, 관세 불포함)	〃
DDP(Delivered Duty Paid) (관세필인도)	〃	〃 (단, 관세 포함)	수출입통관 · 승인 : 매도인의무

제3절 CIF계약에 관한 와르소 · 옥스포드규칙[7)]

정형거래조건에 관한 국제규칙으로는 인코텀즈 이외에도 Warsaw-Oxford Rules for CIF Contract(1932)와 revised american foreign trade definition(1990)가 있다.

1 CIF(Cost insurance and Freight) 계약

운임 및 보험료가 화물판매가에 포함된 가격조건을 말한다. 선적항에서 수출자가 자신이 선택한 선박에 물품을 적재하여 인도하고 수입국 내의 지정된 도착항까지의 운임과 보험료를 수출자가 부담하는 조건이다.

2 CIF계약에 관한 와르소 · 옥스포드규칙

Warsaw-Oxford Rules for CIF Contract(1932)는 CIF조건에서의 당사자의 권리, 의무와 이행방법 등을 명시한 규정으로 국제법학회(ILA : International Law association)가 1928년에 제정하고 1932년에 개정하였다.

3 와르소 · 옥스퍼드 규칙의 의의

역사가 상당히 깊으며 기존의 상관습이었던 CIF조건에 대해 1926년 바르샤바 옥스퍼드 규칙을 정립한 것을 시효로 본격적인 정형거래조건의 전 세계적 통일이 이루어지기 시작했다.

4 와르소 · 옥스퍼드 규칙의 특징

① 당사자가 원용하였을 때 매도인은 자신의 비용을 가지고 운송계약과 운송 중인 물품의 위험에 대한 보험계약을 체결하고 물품을 선적한 후에 관계서류를 매수인에게 제공하고 매수인은 그것을 대신하여 대금을 지불해야 한다.

---

7) http://ko.customs.wikidok.net/wp-d/5860aed09cf72c3c4d0b2952/View
https://prezi.com/ykunbxeaflai/copy-of-tngodvudrk/
https://terms.naver.com/entry.nhn?docId=727255&cid=42140&categoryId=42140

② 당사자가 그 규칙의 규정에 명시적으로 수정, 변경을 가하였을 때는 수정, 변경된 점에 의한다.

③ 규정과 계약의 문언이 다를 때는 계약의 문언에 의한다.

④ 특정의 거래분야에서 일반적으로 이루어지고 당사자가 당연히 알고 있어야 할 관습에 의하여야 한다.

a. 물품에 대한 위험은 선적에 의해 매수인으로 이전하고 소유권은 매수인이 관계서류를 수취하였을 때로 이전된다.

b. 매도인은 위험부담의 면에서는 물품이 선적항에서 본선에 적재되는 시점(the moment the goods are loaded on board the vessel)까지만 위험을 부담하나, 비용 면에서는 목적항에 도착할 때까지의 운임과 보험료를 부담한다.

〈 Warsaw-Oxford Rules for CIF Contract(1932) 〉

1. Warsaw-Oxford Rules for CIF Contract(1932)는 국제법협회가 1928년 제정한 것으로 CIF계약에서 당사자의 의무, 권리의 내용과 그 이행 방법 등을 규정한 법규이다.
2. 물품이 본선에 적재되면 매수인에게 위험이 이전된다.
3. 물품이 본선에 적재되는 대신 운송인에게 인도되는 경우 같은 인도가 유효한 때에는 위험이 매수인에게 이전된다.
4. 물품이 운송인의 권리 하에 인도되는 복합운송의 경우까지를 포괄하고 있고 수령식 선하증권에 관해서도 인정하고 있다.

1) 와르소 · 옥스퍼드 규칙이 정하고 있는 것

선적에 대한 매도인의 의무

위험의 이전

선하증권에 관한 매도인의 의무

수출수입의 허가, 원산지증명서류제공

매수인의 대금지불의 의무

매매계약상의 권리 및 규제

선적의 증명

소유권의 이전

선적의 통지

물품의 품질증명

선적 후의 물품의 소실, 손상의 부담

물품의 검사에 관한 매수인의 권리
통지방법

2) 와르소 · 옥스퍼드 규칙의 한계

1932년 이래 한 번도 개정되지 않았고, incoterms 이외의 것이 널리 이용되어 그 내용이 낡았으므로 오늘날에는 잘 쓰이지 않는다.[8)]

5 개정미국무역정의

개정미국무역정의(Revised American Foreign Trade Definition(1990))

개정미국무역정의는 전미무역회의(National Foreign Trade Convention)에서 1919년에 채택한 Definitions of Export Quotations(India House Rules for FOB)를 개정한 것으로 1941년과 1990년 두 차례에 걸쳐 재정이 이루어졌다.

미국의 지리적 특성을 감안하여 FOB 조건을 6가지로 분류하는 등 인코텀즈의 내용과 상이하고, 미국 및 제3국의 일부 업체에서 인코텀즈 대신 Revised American Foreign Trade Definition에 입각한 거래조건을 사용하는 경우가 있으므로 첫 거래를 시작하기 전에 어떤 규정에 입각한 거래조건인지를 명확히 해두는 것이 좋다.

1) Revised American Foreign Trade Definition(1990)에서 규정한 정형거래 조건

EXW~(named place)

FOB~(named inland carrier at named inland point of departure)

FOB~(named inland carrier at named inland point of departure) Freight prepaid to~(named point of exportation)

FOB~(named inland carrier at named inland point of departure) Freight allowed to~(named point)

FOB~(named inland carrier at named point of exportation)

FOB~(vessel(named port of shipment)

FOB~(named inland point in country of importation)

FAS vessed~(named port of shipment)

---

8) http://www.kitla.re.kr/board/data/journal/23_1_7.pdf
https://www.law.cornell.edu/ucc/2/2-322

CFR~(named point of destination)

CIF~(named point of destination)

DEQ~(duty paid)

미국의 지리적인 특수성에 따라 본선인도가 다양한 방법으로 발생되어 이를 자세하게 분류하였다. 본선인도는 물론, 지정선적항 선측인도(FAS), 운임보험료포함(CIF), 지정목적지까지의 운임료포함(C&F)의 네 가지 표준정의에, 현장인도(Ex; point of origin)와 지정수입항 부두인도(Ex dock)를 포함하여 규정한 것이다.

2) 개정미국외국무역정의상의 FOB계약

〈 FOB 〉

FOB Place of shipment

1. FOB inland carrier at inland point of departure
2. FOB inland carrier and freight prepaid to point of exportation
3. FOB inland carrier and freight allowed to point of exportation
4. FOB vessel

FOB destination

5. FOB inland carrier at point of exportation
6. FOB inland point in country of importation

① 매도인이 내륙의 출발지에서 매수인이 지정한 운송인에게 인도하는 계약

② ③ 1과 같은 조건으로 적재하되 내국운임을 선급 또는 공제하는 계약

④ 고유의미의 FOB(영국식)와 유사하다.

⑤ 매도인이 내륙지점으로부터 수출지까지 자신의 비용과 위험으로 물품을 수송하여 물품을 인도하는 계약으로, 통상 수출지에서의 화차 또는 트럭인도 등이 된다. 이 경우 수출거래 의견지에서 보면, 적출지에서 본선에 적재하기 전에 육상에서 매수인에게 위험이 이전 되게 된다.

⑥ 매도인이 매수인측의 내륙지점까지 물품을 수송하는 비용과 위험을 부담하는 것으로 매도인은 모든 FOB 중 가장 무거운 책임을 지게 된다.

인코텀즈와는 달리 본선인도(FOB)를 여섯 가지로 세분한 것이 특징이나 인코텀즈1980에 흡수되어 현재는 사용되지 않는다.

제4절 미국 통일상법전 상의 거래조건

1 미국통일상법전(UCC : uniform commercial code)

미국은 주마다 고유한 상법을 가지고 있는데 주간 상거래를 원활히 하기 위해 미국통일 상법전 혹은 연방 통일 상법전을 1952년 미국법률협회와 통일주법전국위원에서 공포하였다. (루이지애나 주 제외) 이 법은 계약법에 대한 특별법으로서의 성격을 갖는다.

미국통일상법전 개요

번호	주제	내용
1	총칙	정의, 해석원칙
2	매매	물건의 판매
2A	리스	물건의 대여
3	유통증권	화폐, 수표 및 증권
4	은행예금 및 추심	은행예금 및 추심절차
4A	자금이체	은행간 자금이체 방법
5	신용장	신용장을 사용한 거래
6	일괄 매매	자산 경매와 처분 혹은 매각
7	제7편 창고증권, 화물증권 및 그 외의 권원증서	증권의 보관
8	투자증권	증권 금융투자도구 및 기타금융자산
9	담보부거래	담보부 거래
10	시행일 및 폐지 법규	시행일 및 폐지법규
11	시행일 및 경과규정	시행일 및 경과규정

2 2000년판까지의 거래조건

1) 〈§2-319(F.O.B. and F.A.S. Terms)[9]〉

(1) 명시된 장소에서 FOB라는 용어가 달리 합의되지 않는 한, 명시된 가격과 관련하여 사용

9) § 2-319. FOB 및 FAS 조건.

하더라도 배송조건은 아래와 같다.

① 조건이 선적 장소인 FOB인 경우, 판매자는 그 장소에서 에서이 조(섹션2-504)에 규정된 방식으로 물품을 선적 하여야 하며 운송인이 소유할 수 있는 비용과 위험을 부담해야 한다.

② 기간이 목적지인 FOB인 경우, 판매자는 자신의 비용으로 상품을 그 장소로 운송하여야 하고 이 조항에 규정된 방식으로 물품을 배송해야 한다.

③ ① 또는 ② 하의 조건이 FOB 선박, 자동차 또는 기타 차량인 경우, 판매자는 추가 비용을 부담하고 상품을 선내에 적재해야 한다.

(2) 명시된 가격과 관련하여 사용 되더라도 지정된 항구에서 FAS선박은 달리 합의되지 않는 한 판매자가 반드시 배송기간을 준수해야 한다.

① 비용과 위험에 따라 항구에서 통상적인 방식으로 운송을 하거나 구매자가 지정하고 제공한 선창에서 선박과 함께 상품을 운송해야 한다.

② 운송인이 선하증권을 발행 할 의무가 있는 대가로 물품에 대한 영수증을 입수하고 입찰해야 한다.

(3) (1)의 ① 또는 ③ 또는 2)항에 해당하는 경우에 달리 합의하지 않는 한 구매자는 FAS 또는 FOB를 포함하여 배송에 필요한 지침을 계절에 따라 제공해야 한다. 또 자신의 선택에 따라 배송 또는 배송 준비 작업을 위해 합리적인 방식으로 상품을 옮길 수 있다.

(4) FOB 선박 또는 FAS에 따라 달리 합의하지 않는 한 구매자는 필요한 문서를 입찰에 대해 지불해야 하며 문서를 대신 하여 물품의 인도를 요구하거나 입찰할 수 없다.

2) 〈§2-320(C.I.F. and C.&F. Terms)[10]〉

(1) C.I.F에는 가격에 상품 비용과 지정된 목적지까지의 보험 및 화물비용이 일괄적으로 포함되고 C.&F. 또는 CF에는 가격에 지정된 목적지까지의 비용과 화물이 포함된다.

(2) 달리 합의되지 않은 한 명시된 가격 및 목적지와 관련하여 사용되더라도 CIF 목적지 또는 이에 상응하는 용어는 판매자가 자신의 비용과 위험을 부담해야 한다.

① 화물을 운송하기 위하여 항구에서 운송인의 소유물에 물품을 운송하고 지정된 운송장까지의 전체 운송에 관한 양도 가능한 양도법안을 얻는다.

② 화물을 지불 또는 제공했음을 나타내는 물품을 적재하고 운송 업체로부터 영수증을 얻는다.

---

10) § 2-320. CIF 및 C&F 조건.

③ 어떤 전쟁 위험 부담을 포함한 보험의 정책 또는 인증서를 취득하는 계약을 포함하게 되면, 제품의 적용을 선하증권 및 구매자의 주문 또는 고객이 우려할 수 있는 계정에 대한 손실을 지불한다. 그러나 판매자는 그러한 전쟁 위험 보험에 대한 보험료 금액을 가격에 추가할 수 있다.

④ 물품의 송장을 준비하고 선적을 하거나 계약을 준수하는 데 필요한 기타 서류를 조달한다.

⑤ 구매자의 권리를 완전하게 하는 데 필요한 모든 문서와 적절한 형식으로 상업적으로 신속하게 전달한다.

(3) 달리 합의되지 않는 한, C.&F. 또는 이와 동등한 용어는 판매자에게 보험에 대한 의무를 제외하고 CIF와 동일한 의무와 위험을 부과한다.

(4) CIF 또는 C.&F.에 따라 달리 합의하지 않는 한 구매자는 필요한 서류를 입찰에 대해 지불 하여야 하며 판매자는 서류를 대신하여 물품의 인도를 요구하거나 입찰할 수 없다.

3) 〈§2-321(C.I.F. or C.&F.)[11]〉

(1) 달리 합의하지 않는 한, 판매자가 합리적으로 가격을 추정해야 하는 경우를 제외하고 가격이 "착륙 중량", "전달 중량", "아웃턴" 수량 또는 품질 등에 기초한다. 또 이에 따라 조정되는 경우 계약서에 의해 요구되는 서류의 입찰에 의한 지불은 그렇게 추정된 금액이지만 가격의 최종 조정 후에 상업적 신속성을 통해 합의가 이루어져야 한다.

(2) (1)항에서 기술된 합의 또는 판매자의 도착 장소에 대한 운송에 있어서의 일반적인 열화, 수축 등의 위험이 있지만 식별 장소 또는 시간에는 영향을 미치지 않는 상품의 품질 또는 상태에 대한 보증 판매 또는 배송을 위한 계약 또는 손실 위험이 있다.

(3) 계약이 물품의 도착 또는 도착 후 지불을 제공하는 곳이 달리 합의되지 않는 한 판매자는 지불 전 실행 가능한 예비 검사를 허용해야 한다. 그러나 물품의 서류를 잃어버린 경우 물품이 도착했을 때 지불해야 한다.

---

11) § 2-321. CIF 또는 C&F 조건. : "순 착륙 중량" "도착 시 지불" 도착 조건 보증.

4) 〈§2-322(Delivery "Ex-Ship"[12])〉

(1) 선박 또는 그와 동등한 언어로 된 상품의 운송에 대한 용어가 달리 합의되지 않는 한 특정 선박으로 제한되지 않으며 지정된 장소에 도달한 선박으로부터의 배송을 요구한다.

(2) 달리 합의하지 않는 한 조건 하

① 매도인이 운송에서 발생하는 모든 유치권을 배출하고 운송인에게 물품을 인도할 의무가 있는 지시를 구매자에게 제공해야 한다.

② 물품이 선박의 태클을 떠나거나 제대로 물품을 내릴 때까지 손실 위험이 구매자에게 전달되지 않는다.

§ 2-323. Form of Bill of Lading Required in Overseas Shipment; "Overseas".
해외 배송에 필요한 선하 증권 양식; "해외".

§ 2-324. "No Arrival, No sale" Term.
"도착하지 않음, 판매하지 않음" 기간.

§ 2-324. "Letter of Credit" Term; "Confirmed Credit"
"신용장" 기간; "확인된 신용".

§ 2-326. Sale on Approval and Sale or Return; Consignment Sales and Rights of Creditors.
승인 및 판매 또는 반품에 대한 판매; 위탁자의 위탁 판매 및 권리 등등

3 2005년판의 거래조건

2000년에 무역거래조건인 §2-319(F.O.B. and F.A.S. Terms), §2-320(C.I.F. and C.&F. Terms), §2-321(C.I.F. or C. & F.), §2-322(Delivery "Ex-Ship"을 규정하였으나 이 규정들은 현대의 상관습과 불일치 하다는 이유로 2005년판에서 이들을 모두 삭제하였다.

삭제하기 전의 미국통일상법전상의 CIF조건도 생산원가와 운임 및 보험료를 매도인이 일괄하여 부담하는 형태의 가격조건으로 정의되어 있을 뿐 선적기간에 대한 규정은 없었다.

---

12) § 2-322. 배송 "Ex-Ship".

8

무역계약 당사자의 의무

Chapter 8
무역계약 당사자의 의무

제1절 매도인의 의무

1 물품의 인도

물품의 인도(delivery)란 물품의 점유권과 소유권을 어느 특정인이 타인에게 이전하는 것을 의미한다. 물품의 인도는 곧 선적(shipment)을 말한다. 이 선적은 해상운송에서의 적재(loading on board), 항공운송에서의 발송(dispatching) 및 복합운송에 있어서 수탁(taking in charge)의 의미를 가진다.

무역거래에서는 매도인은 매수인에게 물품을 인도할 목적으로 운송업자에게 물품을 인도하는 것으로서 그의 의무를 이행하게 된다. 무역계약에서 명시하여야 할 인도조건(delivery terms)에는 인도장소, 선적시기, 인도방법의 세 가지 요소를 포함하고 있다.

1) 인도장소

인도장소(place of delivery)는 인도시기와 함께 물품에 대한 위험부담의 한계를 나타내는 장소를 말하며, "FOB Busan, Korea", "CIF New York, U.S.A."과 같은 정형거래조건의 선택에 의해 결정된다. 그리고 인도시기(time of delivery)는 소유권 이전의 시기로서 일반적으로 선적지에서의 물품인도를 위한 선적시기가 되며, 인도방법은 소유권 이전과 대금결제방법에 따라 현물인도(actual delivery) 와 상징적 인도(symbolic delivery)로 구분된다.

예를 들어 FOB조건, CIF조건의 경우 소유권 이전이 되는 시간과 장소는 물품의 선적완료 또는 본선의 난간(ship's rail)을 유효하게 통과한 시간과 장소가 되며, 인도방법은 운송서류의 인도에 의한 서류인도방식에 의한다. 그러나 DPU조건의 경우 물품의 소유권의 인도시기와 장소는 본선이 목적항에 도착한 후 선상에서 실제로 매수인의 임의처분 하에 물품을 인도하는 시점과 장소가 되며 인도방법은 현물인도가 되는 것이다.

따라서 인도장소는 수출상과 수입상이 상호 협의하여 현실적 여건을 종합적으로 검토한 뒤 합리적으로 인도가 이행될 수 있도록 약정을 해야 한다.

2) 선적시기

선적시기를 특정 기간으로 명시하지 아니하고 즉시선적을 의미하는 "prompt", "immediately", "as soon as possible" 또는 "soonest", "at once", "quickly", "without delay", "as early as possible", "ready shipment", "near delivery" 등 또는 이와 유사한 표현은 후일 선적이행의 시기에 분쟁의 소지가 있으므로 사용하여서는 안 된다.

신용장거래 시 이러한 표현을 사용한 경우 UCP 600에서는 선적기한에 대한 약정이 없는 것으로 간주하여 서류 심사 시 이를 무시하도록 규정하고 있다.

3) 인도방법

(1) 분할선적

분할선적(partial shipment)의 허용 여부와 관련하여 신용장에 분할선적을 금지하는 "Partial shipments are not allowed." 또는 "Partial shipment are prohibited."와 같은 문언이 삽입되어 있지 않을 때에는 분할선적이 허용되는 것으로 간주되므로 수출상은 선적기간에 걸쳐 분할선적이 가능하다.

신용장거래인 경우 어느 분할분의 선적이 약정대로 이루어지지 않았다면 당해 분에 대한 대금지급거절과 잔여계약분에 대한 취소의 권리를 개설은행측이 가지게 된다. 계약이나 신용장상에 분할선적에 관한 약정이 없을 경우 분할선적을 금지하는 조항만 없다면 분할선적은 허용하는 것으로 해석한다.

한편, 동일선박, 동일항해인 경우 운송일과 운송지가 달라도 분할선적이 아니다. 우편선적인 경우, 동일지역에서 동일일자에 이루어졌으면 여러 개로 나누어져 실려도 분할운송이 아닌 것으로 간주한다.

(2) 환적

환적(transhipment)이란 선적항에서 선적된 화물을 목적지로 가는 도중에 다른 선박 또는 다른 운송수단에 옮겨 싣는 것으로 '이적'이라고도 한다.

일반적으로 물품은 타운송기관에 환적하기 위하여 하역작업을 할 때에 멸실이나 손상의 우려가 가장 크기 때문에 환적이 바람직하지 못하다고 판단될 경우 "Transhipment are not allowed", "Transhipment are prohibited"라는 환적 금지 문언을 계약에 삽입한다. 그러나 해상 운송이나 복합운송의 과정에서 환적은 일반적으로 예기되는 것이므로 환적에 대해서 금지의 지정이 없는 한 환적을 허용하고 있다. 그러나 신용장에서 어음의 분할발행을 허용하지 않는 경우에는 환적이 금지되는 것으로 해석해야 한다.

4) 선적지연

선적지연(delayed shipment)이란 약정된 선적기한 내에 선적을 이행하지 않은 것을 말하며 불인도(non-delivery) 또한 이에 포함시킬 수 있다.

매도인의 고의 또는 과실에 의한 선적지연은 명백한 계약불이행이므로 매도인은 책임을 져야 한다. 그러나 선적지연이 불가항력적인 사태로 인한 경우에는 매도인은 수출국 거주 상대방의 영사 또는 상업회의소의 증명서류를 매수인에게 송부함으로써 선적을 유예 받거나 선적의무를 전면 면제받을 수 있으며 때로는 계약을 해약할 수도 있다.

2 무역계약에 적합한 물품제공

수입하고자 하는 물품이 대외무역법에 의한 수출입공고 상 수입제한 품목이면 수출입공고상 해당 수입요령에 규정되어 있는 기관, 단체의 장으로부터 수입승인(I/L)을 받아야 하며, 수입하고자 하는 물품이 특별법에 의한 통합공고상으로 수입요건확인품목으로 되어 있으면 통합공고상의 요건확인 기관에 수입요건 확인신청을 하여 수입요건 확인서를 발급받아야 한다. 해당 물품이 2개 이상의 법령에 관련되어 요건기관이 2개 이상이면 요건기관마다 확인을 다 받아야 수입할 수 있다. 수입승인의 유효기간은 1년이다. 대부분의 품목은 이와 같은 수입승인이나 수입요건 확인의 대상으로 규정되어 있지 않아 수입승인이나 수입요건 확인 절차가 필요 없다.

〈수입승인신청 시 구비서류〉

① 수입승인신청서
② 수입계약서 또는 물품매도확약서
③ 수입대행계약서(필요한 경우)
④ 기타 수출입공고등에서 규정한 요건을 충족하는 서류

수입자[1)]는 개설은행으로부터 받은 서류 중에서 선하증권 원본을 선박회사에 제출하고 선박회사로부터 화물인도지시서(Delivery Order : D/O)를 받는다.

이와 함께 관세사 등에게 수입통관을 의뢰하여 보세구역 반입 후 30일 이내에 세관에 수입신고를 한 다음 관세를 납부하고 세관으로부터 수입신고필증을 교부받는다.

☞ 수입신고 시 필요서류

① 수입신고서
② 수입승인서(필요시)
③ 가격신고서(송장포함)
④ 선하증권 사본
⑤ 기타 필요서류(C/O, 수입물품 명세확인서 등)

수입자[2]는 선박회사의 화물인도지시서(D/O)와 세관의 수입신고필증을 수입물품이 보관되어 있는 보세장치장에 제시하고 수입물품을 인수한다.

만약 인수한 수입물품에 손상과 수량부족 등의 문제가 발견되면 그 원인을 조사하여 그 결과에 따라서 선사・보험회사, 수출자 중 하나에게 클레임을 제기한다. 그리고 수입물품의 국내판매가 잘되면 외국의 수출자와 독점판매점 계약을 추진한다.

3 서류의 제공

무역결제에 있어서는 매매계약서상에 대금지급약정과 관련하여 결제시기, 결제방법, 결제통화, 결제장소 등 결제조건에 대하여 구체적이고 명확하게 명시하지 않으면 안된다.

1) 결제시기

(1) 선지급조건

물품이 선적 또는 인도되기 전에 미리 그 대금을 지급하는 선지급조건(advance payment)으로는 상품의 구매를 위한 주문과 동시에 현금결제가 이루어지는 CWO(Cash with Order)방식, 주문 후 물품선적 전 T/T(telegraphic transfer) 등에 의해 송금하는 이른바 단순사전송금방식(remittance base in advance) 그리고 신용장의 수익자인 매도인의 신용장 수취와 더불어 미리 대금부터 결제되는 선대신용장방식(red clause L/C, packing L/C) 등을 들 수 있다.

---

1) 한국무역협회, 무역실무 매뉴얼, 제2절 수입절차, 수입승인.
2) 한국무역협회, 무역실무 매뉴얼, 제2절 수입절차, 수입통관과 물품인수.

(2) 동시지급조건

동시지급조건(concurrent payment)이란 수출자에 의한 물품인도 또는 선적서류의 인도와 동시에 수입자가 대금을 지급하는 것을 말한다. 이러한 동시지급방식은 거래 당사자에게 신용위험을 발생시키지 않기 때문에 가장 바람직하다. 그러나 국경을 달리하는 원격지간의 거래인 무역거래의 특성상 동시지급이 이루어지기에는 어려움이 많다.

① 선적서류상환지급조건(Cash Against Documents : CAD) : 수출상이 상품을 선적하고 선적을 증명할 수 있는 선하증권(B/L), 보험증권(I/P), 상업송장(C/I) 등 운송서류를 수출지에 있는 수입상의 대리점이나 거래은행에 제시하여 서류와 상환으로 수출대금을 받는 방식이다. 이는 수출지에서 수입상을 대신해서 대금을 결제해 줄 수 있는 대리점이나 은행이 있어야 한다.

② 현품인도지급조건(Cash on Delivery : COD) : 상품이 목적지에 도착하면 상품과 상환으로 현금결제해주는 방법이다. 이는 선적서류상환지급조건(CAD)의 반대로 수입지에 수출상의 해외지사 또는 대리인이 있어 현금을 수령할 수 있어야 한다.

한편, 신용장방식이나 추심방식에서 일람출급환어음(sight bill)조건 또는 D/P(Document against payment)조건에 의한 지급, 물품인도와 동시에 현품으로 지급하는 물물교환방식(barter trade), 물품 선적 시 대금을 지급하는 선적지급조건(cash on shipment)도 동시지급조건의 범주에 포함된다.

(3) 연지급조건

연지급조건(deferred payment)이란 물품이나 운송서류의 인도가 있은 후 일정한 기간이 경과되어야 대금결제가 이루어지는 거래방식을 말하며, 후지급조건이라고도 한다.

이러한 연지급조건에는 기한부신용장(usance L/C)이나 D/A거래와 같이 물품의 인도 후 또는 운송서류의 인도 후 1년 이내에 결제되는 단기연지급과 1년을 초과하는 중장기연지급방식이 있다. 중장기연지급조건은 물품의 선적 또는 인도 후 대체로 1년 이상 10년 이내에 결제가 완료되는 조건으로 플랜트시설, 선박, 철도차량 등 중공업제품의 거래에 사용된다.

(4) 분할지급조건

분할지급(progressive payment; installment payment)이란 거래가 이루어지는 과정을 계약 시, 선적 시, 도착 시 등 한 건의 거래를 여러 단계로 나누어서 그 단계마다 일정 금액씩 분할하여 지급하는 것으로서 누진지급방식이라고도 한다.

분할지급방식은 연지급방식의 하나로 볼 수 있는데 예를 들면 선박, 기계 및 플랜트 수출시 착수금은 선지급하고, 나머지 잔금은 선적서류나 물품이 인도된 후 1회 이상 분할하여 지급하는 방식이 있을 수 있다.

(5) 청산결제조건

청산결제조건(open account; on credit; 장부결제조건, 상호계산방식)이란 수출입대금을 매회마다 직접 수수하지 않고 장부에 대차관계의 내용을 거래 시마다 기장해 두었다가 일정시점에 이를 마감하여 대차의 차액만으로 청산하는 것을 말한다.

청산결제조건 역시 일종의 연지급조건이라 할 수 있는데 외화가 부족한 국가와의 거래 시 또는 위탁판매수출의 형태에 많이 쓰이는 외상판매방식(sales on credit)으로서 거래가 많은 상사들 사이에 선적시마다 대금결제를 하는 번잡을 없애기 위한 목적으로 사용한다.

2) 결제방법

무역대금의 결제방법으로는 일반적으로 신용장방식(L/C basis), 추심방식(collection basis), 송금방식(remittance basis) 결제가 널리 이용되고 있으며, 이들 중 무역거래에 가장 널리 활용되고 있는 것은 신용장방식에 의한 결제이다.

(1) 신용장방식 결제

신용장(L/C)은 무역거래에서 가장 널리 이용되는 결제형태로서 은행의 조건부 지급확약이 더 붙는 것이어서 신용장부 환어음(documentary bill of exchange with Letter of Credit)방식이라고도 한다.

(2) 추심방식 결제

국내거래에서는 보통 채무자인 매수인이 매입대금결제용 어음을 발행하여 채권자인 매도인에게 제시한다. 그러나 격지자간의 거래인 국제매매에서는 반대로 채권자인 매도인이 매수인을 지급인(drawee)으로 하는 환어음을 발행하고 이를 매입은행에 매입(negotiation) 또는 추심(collection)을 의뢰하여 수출대금을 회수하는 이른바 역환방식을 활용한다.

① 화환어음(documentary bill of exchange) 결제 : 수출상이 상품선적 후 선적서류와 환어음을 발행하여 거래은행에 매입시키면 거래은행은 이와 상환으로 대금지불을 한다. 수출자의 거래은행은 환어음과 운송서류를 수입지의 지점이나 거래은행에 송부하고 이 서류를 받은 수입지 은행은 수입상에게 이 환어음을 제시하여 대금을 회수하고 선적서류를 인도한다.

② 무담보어음(clean bill of exchange) 결제 : 수출상이 선적 후 선적서류는 수입상에게 직접 송부한 후 별도의 어음만 작성한 후 거래은행을 통하여 추심(collection)하여 결제하는 방법이다. 이 방식은 추심은행의 입장에서 볼 때 채권확보를 위한 담보물인 선적서류가 없으므로 추후 수입상이 어음을 인수하지 않을 위험이 있어 서로 믿을 수 있는 거래선이나 운임, 수수료

등의 소액거래에만 주로 쓰이는 일종의 후불조건이다.

(3) 송금방식 결제

전신환(telegraphic transfer : T/T)이나 우편환(mail transfer : M/T)에 의하여 송금함으로써 대금을 결제하는 조건을 말한다.

3) 결제통화

결제통화(settling currency)는 환시세의 변동으로 인한 환위험(exchange risk)이 심하지 않은 안정된 통화로써 국제통용성 및 공신력이 높은 통화를 채택해야 한다. 다시 말해 결제통화 선택 시 통화의 안정성(stability), 교환성(convertability), 유통성(circulativeness) 등을 충분히 고려하여야 한다. 국제거래의 매매기준이 되는 기준통화료는 미국 달러화(US$), 일본 엔화(JP ¥), EU의 유료화(EURO) 등이 있다.

4) 결제장소

결제장소는 당사자 간 특약이 없는 한 매도인의 영업지가 되는데, 이는 물품인도와 대금지급이 동시이행조건이라는 계약이론에 따르는 것이 일반적이기 때문이다.

무역거래의 실무적 관행에서는 대금결제와 관련한 지급장소에 대하여 계약당사자 간에 명시적 특약이 없으면 FOB조건에서는 매도인의 소재지가 곧 대금지급장소가 되며, 선적서류의 제공을 지급조건으로 하는 CIF조건에서는 선적서류의 제공장소인 매수인의 소재지가 대금지급장소가 되고, 또한 양륙지인도조건인 DDP계약에서는 물품이 인도되는 양륙지인 매수인의 소재지가 곧 대금지급장소가 된다.

4 소유권의 이전

매도인은 계약과 본 협약에 의해 요구되는 대로 물품을 인도하며, 그 와 관련된 모든 서류를 양도하고 해당 물품에 대한 소유권을 이전해야 한다.

소유권 이전에 관한 구체적인 내용은 나라마다 다른 체계를 가지고 이전 방법이 다양하므로 통일적인 규정이 없다.

그러나 대표적인 소유권 이전과 관련된 규정을 살펴보면 “국제물품매매에 관한 UN협약”(CISG : United Nations Convention on Contracts for the International Sale of Goods), Vienna협약은 국제매매계약에 적용되는 공통법으로 UN 국제무역법위원회가 1996년 제정하였다. 계약성립, 물품매매 총칙, 매도인의 의무, 위험이전, 매수인의 의무, 매도인과 매수인 의무에 대한 공통규정을 규정하고 있으며 주로 당사자 간 수출입의 기본계약 체결 시 준거법으로 활용된다. 또한 CISG에서는 매도인이 계약 물품을 인도하고 그에 따르는 소유권과 계약에서 정한 서류를 인도한다.

"정형거래조건에 관한 국제해석규칙"(INCOTERM)는 거래당사자 간 무역계약 체결 시 계약 내용을 보완하기 위하여 체택하는 11개의 정형거래조건을 해석하기 위한 국제규칙으로 정형거래조건에 대한 점유권 및 위험의 이전 관련사항만 규정하였다. 그러므로 CISG와 INCOTERM는 따로 소유권 이전에 관한 규정이 없다.

또한 CIF 계약에 관한 와르소-옥스퍼드 규칙(Warsaw-Oxford Rules)에서는 매도인이 선하증권을 포함한 계약상 일체의 서류를 매수인에게 인도하는 때 소유권은 이전된다.

한국 민법에서는 동산의 소유권은 당사자의 의사표시만으로는 이전되지 않으며, 물품을 인도해야만 효력이 발생한다.

5 위험의 이전

매도인의 의무 중 소유권의 이전이 있다면 당연히 위험의 이전이 있기 마련이다. 매도인의 위험의 이전에 대해 알아보면 국제물품 매매계약에 관한 UN 협약에서는 위험의 이전을 제66조, 제67조, 제68조, 제69조, 제70조 등의 내용을 통해 규정하였다.

"국제물품매매에 관한 UN협약" 제66조 위험의 이전 규정에는 [3]「Loss of or damage to the goods after the risk has passed to the buyer does not discharge him from his obligation to pay the price, unless the loss or damage is due to an act or omission of the seller. 〈Article 66〉 명시되어 있다. 이는 '위험이 매수인에게 이전된 이후의 물품에 대한 손상은 그 멸실 또는 손상이 매도인의 행위 또는 태만에 의한 경우가 아니라면 매수인을 대금 지급 의무로부터 면제시키지 아니한다.'라고 해석된다.

"국제물품매매에 관한 UN협약" 제67조 위험의 이전 규정에는 [4]「If the contract of sale involves carriage of the goods and the seller is not bound to hand them over at a particular place, the risk passes to the buyer when the goods are handed over to the first carrier for transmission to the buyer in accordance with the contract of sale. If the seller is bound to hand the goods over to a carrier at a particular place, the risk does not pass to the buyer until the goods are handed over to the carrier at that place. The fact that the seller is au-

3) UNCCIS, 제66조 위험의 이전 규정.
4) UNCCIS, 제67조 위험의 이전 규정.

thorized to retain documents controlling the disposition of the goods does not affect the passage of the risk. 〈Article 67〉」라고 명시되어 있다. 이는 '매매계약이 물품의 운송을 포함하고 매도인이 특정 장소에서 이를 인도해야 할 의무가 없는 경우 해당 물품이 매매계약에 따라 매수인에게 전달되도록 첫 번째 운송인에게 인도될 때 위험은 매수인에게 이전된다. 매도인이 특정 장소에서 물품을 운송인에게 인도해야 할 의무가 있는 경우 해당 물품이 해당 장소에서 운송인에게 인도될 때까지 위험은 매수인에게 이전되지 않는다. 매도인이 물품의 처분을 통제할 수 있는 서류를 보유하는 권한이 있다는 사실로 인해 위험의 이전이 영향받지는 않는다.' 라고 해석된다.

위의 제67조의 내용을 정리하자면 UN협약에서는 기본적으로 물품을 가지고 있는 사람에게 위험을 부담시키는 원칙을 가지고 있다. 첫 번째, 매매계약에는 운송조건이 포함되어 있지만 매도인이 특정 장소에서 물품을 인도할 의무가 없는 경우, 최초의 운송인에게 물품이 인도될 때 위험이 매수인에게 이전된다. 두 번째, 매도인이 특정 장소에서 물품을 인도할 의무가 있는 경우에는 해당하는 장소에서 물품을 운송인에게 인도할 때 위험이 이전된다. 이러한 두 가지의 경우 외에는 선하증권 등 서류를 소유하는 권한이 있다는 사실로 인해 위험의 이전이 영향 받지 않는다.

"국제물품매매에 관한 UN협약" 제68조 위험의 이전 규정에는 [5]「The risk in respect of goods sold in transit passes to the buyer from the time of conclusion of the contract. However, if the circumstances so indicate, the risk is assumed by the buyer from the time the goods were handed over to the carrier who issued the documents embodying the contract of carriage. Nevertheless, if at the of the contract of sale the seller knew or ought to have known that the goods had been lost or damaged and did not disclose this to the buyer, the loss or damage is at the risk of the seller. 〈Article 68〉 라고 명시되어 있다. 이 규정은 '운송 중에 매각된 물품에 관한 위험은 계약이 체결된 시점부터 매수인에게 이전된다. 하지만 상황에 따라서는 운송계약을 구체화시킨 서류를 발행한 운송인에게 해당 물품이 인도된 시점부터 매수인이 위험을 부담한다. 그럼에도 불구하고 매매계약 체결 시점에 물품이 이미 멸실되었거나 손상되었다는 점을 알았거나, 알았어야만 하고 이 사실을 매수인에게 알리지 않은 경우, 해당 멸실 또는 손상은 그 위험을 매도인이 부담한다.'라고 해석한다.

제 68조 위험의 이전 규정은 운송 중에 매각된 물품은 계약을 체결할 때 매수인에게 위험이 이전되고 물품이 보험 계약에 체결되어있는 상황에서는 운송인에게 물품을 인도한 때부터 위험이 매수인에게 이전된다. 또한 매도인이 매수인에게 물품의 손상을 알면서도 알리지 않은 경

5) UNCCIS, 제68조 위험의 이전 규정.

우엔 매도인이 위험을 부담한다.

"국제물품매매에 관한 UN협약" 제69조 앞부분의 위험의 이전 규정에는 [6]「In case not within articles 67 and 68, the risk passes to the buyer when he takes over the goods or, if he does not do so in due time, from the time when the goods are placed at his disposal and he commits a breach of contract by failing to take delivery. 〈Article 69〉」라고 명시되어 있다. 이는 '제67조 및 제68조에 해당되지 않는 경우에는 매수인이 물품을 인도한 때 위험이 매수인에게 이전된다. 또는 매수인이 적시에 물품을 인수하지 않는다면 해당 물품이 매수인의 임의 처분하에 놓이고 이를 인수하지 않아서 계약을 위반하게 된 시점부터 위험이 매수인에게 이전된다.' 라고 해석된다.

제69조 앞부분을 요약하면 작업자 인도 조건과 같이 출발지 인도 조건의 경우 이 조항에 해당 매수인이 물품을 인수한다면 매수인이 위험의 이전을 갖게 되고 물품을 수령하지 않아 계약을 위반한 경우는 위반한 시점부터 위험이 매수인에게 이전된다는 것이다.

"국제물품매매에 관한 UN협약" 제69조 중간 부분의 위험의 이전 규정에는 [7]「However, if the buyer is bound to take over the goods at a place other than a place of business of the seller, the risk passes when delivery is due and the buyer is aware of the fact that the goods are placed at his disposal at that place. 〈Article 69〉 라고 명시되어있다. 이는 '하지만 매도인의 영업장 이외의 장소에서 매수인이 물품을 인수하는 경우에는 인도 기일이 되고, 물품이 해당 장소에서 매수인의 임의 처분하에 놓여있다는 사실을 매수인이 인지한 때부터 위험이 이전된다.' 라고 해석된다.

제69조 중간 부분의 규정 내용은 부두 인도조건과 같이 도착지 인도조건의 경우를 말한다. 그래서 매도인의 영업장소 이외의 장소에서 물품이 인도되는 경우라고 할 수 있다. 위의 규정 해석처럼 매수인의 임의 처분하에 놓여있다는 사실을 매수인이 인지한 때부터 위험이 이전된다.

"국제물품매매에 관한 UN협약" 제69조 마지막 부분의 위험의 이전 규정에는 [8]「If the contract relates to goods not identified, the goods are considered not to be placed at the disposal of the buyer until they are clearly identified to the contact. 〈Article 69〉」라고 명시되어있다. 이 부분의 규정 해석은 '계약이 특정되지 않은 물품에 관한 것일 경우 해당 물품이 계약의 목적물로 분명히 확인될 때까지 물품이 매수인의 임의 처분하에 놓이지 않는 것으로 간

6) UNCCIS, 제69조 위험의 이전 규정 앞부분.
7) UNCCIS, 제69조 위험의 이전 규정 중간 부분.
8) UNCCIS, 제69조 위험의 이전 규정 마지막 부분.

주된다.' 라고 해석된다.

제69조의 마지막 부분의 규정을 다시 정리해보면 불특정물로 매매계약이 성립된 경우 물품이 계약의 목적물로 명확히 특정되고 매수인의 임의 처분하에 놓이게 되었다는 사실을 매수인이 인지한 때부터 위험이 매수인에게 이전된다.

"국제물품매매에 관한 UN협약" 제70조 위험의 이전 규정에는 [9]「If the seller has committed a fundamental breach of contact, article 67, 68 and 69 do not impair the remedies available to the buyer on account of the breach. 〈Article 70〉」라고 명시되어있다.

이는 '매도인이 계약의 근본적인 위반한 경우 이 계약 위반을 이유로 매수인이 원용할 수 있는 구제책을 제67조, 제68조, 제69조는 침해하지 않는다.' 라고 해석된다.

제70조의 규정을 정리해보자면 매도인이 계약을 위반한 경우 제67조, 제68조, 제69조는 매수인이 원용할 수 있는 구제책을 침해하지 못한다.

제2절 매수인의 의무

제 53조는 매수인의 핵심적인 의무인 대금지급의무와 물품수령의무를 명시하고, 제54조-제59조는 대금지급의무를, 제60조는 인도수령의무를 규정한다.

1 매수인의 대금지급의무 내용

매수인은 계약과 협약에 따라 물품의 대금을 지급할 의무를 부담한다. 대금지급의무는 매도인의 물품 인도 및 소유권이전 의무에 대응하는 매수인의 가장 중요한 의무이다. 대금지급의 태양과 조건은 당사자들이 합의하는 바에 따른다. 현금이나 계좌이체, 수표 또는 어음에 의한 송금방식에 의하여 지급하거나, 그 밖에 추심방식(documentary collection)을 사용하거나, 또는 화환신용장(documentary letter credit)을 사용하기도 한다. 추심방식에는 D/P(document against payment)방식[10]과 D/A(document against acceptance)방식이 있다.[11] D/P와 D/A 방

9) UNCCIS, 제70조 위험의 이전 규정.

10) 이른바 'against documents'(CAD)는 통상 은행을 경유하지 않지만, 인도 서류가 은행을 경유하여 전달되는 경우 D/P와 외형상 유사하나 (S/M, Art 53 Rn.17), CAD는 추심에 관한 통일규칙에 따르지 않고 또한 환어음이 이용되지 않는다는 점에서 차이가 있다.

식에 의한 수출거래에서 관련 당사자 간의 권리와 의무는 국제상업회의소가 1995년 개정한 "추심에 관한 통일규칙"(Uniform Rules for Collection. ICC Publication No.522)에 따른다. 신용장과 신용장에 따른 법률관계는 신용장통일규칙(UCP 600)에 의한다.

매수인의 대금지급의무에는 대금의 지급뿐만 아니라, 대금의 지급을 위하여 필요한 모든 조치를 취하고 절차를 따를 의무, 즉 대금지급준비의무가 포함된다. 매수인의 대급지금준비의무를 위반하면 그 자체로서 계약위반이 되므로 매도인은 제61조 이하에 따른 구제수단을 행사 할 수 있다. 따라서 매수인이 합의한 기간 내에 신용장이 개설되도록 하지 못한 경우 매수인은 계약위반에 따른 책임을 져야 한다.

2 대금을 정하지 않은 경우 대금의 결정

제 55조는 매매계약이 유효하게 성립되었으나 당사자들이 물품의 대금을 정하지 않은 경우 계약체결 시 일반적으로 통용되는 가격이 대금이 된다고 규정한다. 이는 유효한 청약의 요건을 정한 제14조와 함께 검토할 필요가 있다.

1) 제55조가 적용되기 위한 조건

제 55조가 적용되기 위해서는 유효한 매매계약의 체결과 대금의 미확정이라는 두 가지 요건이 구비 되어야 한다.

첫째, 매매계약이 유효하게 체결되어야 한다. 제55조는, 대금을 정하고 있지 아니하거나 이를 정하기 위한 조항을 두지 아니하였음에도 불구하고 매매계약이 유효할 것을 전제로 한다. 그러나 제55조는 어떤 경우에 대금을 정하지 않은 매매계약이 유효한지를 규정하지는 않는다. 그런데 제14조에 따르면 유효한 청약이 되기 위해서는 대금이 확정되거나 확정가능성이 있어야 하므로 제55조와 제14조는 상충 되므로[12] 양자의 관계가 문제된다. 이에 관하여는 제14조가 우선한다는 견해와 제55조가 우선한다는 견해는 원칙적으로 구속력이 있는 계약으로 제14조 제1항에 관계없이 존재할 수 있으므로 그 경우 제55조가 의미를 가지고 보충적 기능을 한다

---

11) 국제무역대금의 결제방식에는 신용장방식, 추심방식, 송금방식, 청산계정(open account)방식, 금융등 특수방식과 국제전자결제방식 등이 있음은 위에서 언급하였다. open account를 선적통지부 사후송금으로 보기도 한다.

12) 협약의 기초자들이 이러한 상충을 몰랐던 것은 아니다. Ewould Hondius, CISG and a European Civil Code: Some Reflexions, Rabels Zeitschrift Band 71 (2007), S.101f.에 따르면 이러한 상충은 표결방법과 모든 논의에 모든 국가들이 참석하지 않은 사실에 기인한다고 한다. 반면에 양자 간의 상충이 존재하지 않는다는 견해도 있다.

는 견해 등이 주장되고 있다.[13] 제55조가 특칙으로서 우선한다는 견해는 대금이 확정되거나 확정가능성이 없음에도 불구하고 계약은 제55조에 따라 유효하며 그 경우 대금은 제55조에 의하여 결정된다고 본다. 이 견해는 협약 제55조는 매매대금이 확정되어야 매매계약이 성립한다는 원칙, 즉 pretium certum의 원칙을 포기한 것이라고 본다.

둘째, 대금이 확정되지 않아야 한다. 확정성에 관하여는 제 14조 제1항에서의 논의가 타당하다. 다수의 법원에서는 당사자들이 명시적 또는 묵시적으로 가격을 정했다고 보거나, 그렇지 않은 경우에도 당사자들이 사후에 가격을 정하기로 합의한 것이라고 하거나 또는 시가가 없다고 함으로써 제55조를 적용하는 것을 거부한 바 있다.[14]

당사자들이 대금을 결정하고 대금변경조항에 합의한 경우에는 제55조는 적용되지 않는다. 그 경우 대금이 미확정된 것이 아니라 합의된 조건 하에서 변경될 수 있을 뿐이기 때문이다.[15]

2) 대금의 결정

계약이 유효하게 성립되었으나 그 대금을 정하고 있지 아니하거나 이를 정하기 위한 조항을 두지 아니한 경우에는 당사자는 반대의 표시가 없는 한 계약체결 시에 당해 거래와 유사한 상황에서 매도되는 물품에 대해 일반적으로 청구되는 대금을 묵시적으로 정한 것으로 본다(제 55조).[16]

이런 경우 계약체결 시의 거래소가격 또는 시장가격과 같이 일반적으로 통용되는 가격이 대금이 되는데, 이는 당사자가 대금을 합의했더라면 아마도 시장가격과 같이 일반적으로 통용되는 가격으로 금액을 정했을 것이기 때문이다. 계약체결 시를 기준으로 하는 것은 그렇지 않으면 일방 당사자가 뜻하지 않은 가격의 변동으로 인하여 불이익을 받을 가능성이 있기 때문이다. 다만 가격변동의 폭이 극심한 시장에서는 반대의 표시가 있는 경우로 보아 계약체결 시점이 아니라 인도 시점으로 할 것이라는 견해가 있다. 거래소가격 또는 시장가격은 법원이 직권으로 조사하여 결정한 것이라는 견해가 유력하다.[17]

---

13) Draft Digest Art.55 para. 3. 학설은 이기수 · 이병준, "매매대금의 합의와 계약의 성립요건 - 비엔나 매매법 제14조 제1항 제2문과 제55조의 해석을 중심으로-", 국제거래법 연구, 제7집, 1998, p.14, 이하; S/S/Schlechtriem, Art. 14 Rn. 10은 구체적인 상황에 따라 개별적으로 해결할 것이라는 견해도 소개한다.

14) Draft Digest, Art. 14 para. 15.

15) S/M, Art 55 Rn. 8.

16) ULIS(제57조)에서는 매도인에 의하여 일반적으로 청구되는 금액이 기준이었다.

17) S/M, Art. 35 Rn. 45.

3 순중량에 의한 대금

대금이 물품의 중량에 따라 정해지는 경우 의심이 있는 때에는 순중량에 의하여 대금을 결정하는 것으로 한다. 순중량은 총중량에서 포장을 제외한 중량이다. 제56조는 대금이 물품의 중량에 따라 산정되는 경우만을 언급하나, 물품의 총중량에 대해 일괄적인 대금이 정해진 경우도 포함된다고 본다. 협약은 포장비용이 매매대금에 포함되는가는 규정하지 않는다.

제35조 제2항 d호에 따르면 매도인은 통상의 방법이 없는 경우에는 물품을 보존하고 보호하는 데 적절한 방법으로 물품을 포장하여야 하므로 포장비용은 매매대금에 포함된다.[18]고 명시되어 있다. 물론 당사자 간의 합의가 있거나, 인코텀즈가 적용되는 경우에는 그에 따른다.

4 대금의 지급장소(제57조)

협약은 3단계로 나누어 대금의 지급장소를 규정한다. 첫째, 당사자가 합의한 장소, 둘째, 물품 또는 서류의 교부와 상환하여 지급하는 경우 교부장소, 셋째, 매도인의 영업소가 대금의 지급장소가 된다.

1) 합의한 지급장소

당사자들이 특정장소에서 대금을 지급하기로 합의한 경우 매수인은 그 장소에서 대금을 지급하여야 한다. 대금지급장소에 관하여 명시적인 합의가 없더라도 매도인이 매수인에게 보내는 송장에서 지급장소를 명시하고 매수인이 후속 통신에서 이를 수용한 경우 합의가 성립할 수 있다. 대금이 화환신용장에 의하여 지급되는 경우 통상 개설은행 또는 확인은행이나 기타 지급을 위하여 지정한 은행의 영업소가 지급장소가 된다.

대금이 D/P(document against payment)와 같은 추심조건인 경우에는 서류의 교부와 대금지급은 동시이행관계에 있다. 인코텀즈는 물품의 인도장소를 지정하나 대금의 지급장소를 직접 규율하지는 않는다. 그러나 서류의 교부와 대금의 지급이 동시이행관계에 있는 경우 인코텀즈에 의해 결정된 인도장소는 대금의 지급장소에도 영향을 미치게 된다.

2) 교부와 대금지급의 동시이행

위의 규칙이 적용되지 않는 경우, 즉 당사자들이 대금의 지급장소를 합의하지 않은 경우, 매매대금을 물품 또는 서류의 교부와 상환하여 지급해야하는 때에는 매수인은 그 교부가 이루어

---

18) S/M, Art. 35 Rn 45.

지는 장소에서 대금을 지급하여야 한다.

3) 매도인의 영업소

매수인은 매도인의 영업소 소재지에서 대금을 지급하여야 한다. 즉 협약은 대금지급에 관하여는 매도인의 인도의무와 달리 그러나 우리 민법과 마찬가지로 지참채무(채권자의 주소 또는 영업소에서 이행해야 하는 채무)원칙을 취한다.[19] 실무상으로는 일방 당사자가 선이행의무를 부담하는 경우가 이에 해당한다.[20]

운송을 포함하는 매매의 경우 통상 동시이행관계에 있지 않으므로, 당사자가 달리 합의하거나 매도인이 대금의 지급과 상환으로만 물품을 매수인에게 교부하기로 하는 조건을 부가하지 않는 한 여기에 해당한다.[21] 매도인이 복수의 영업소를 가지고 있는 경우 계약과 가장 밀접한 관련이 있는 영업소가 대금지급장소가 되고, 영업소가 전혀 없는 때에는 상거래소가 대금지급의 장소가 된다.

4) 영업소의 변경

매수인이 대금을 지급할 장소인 매도인의 영업소는 매도인의 인도의무와 달리 계약체결 시가 아니라 지급 시의 영업소를 말한다. 따라서 계약체결 후 매도인의 영업소 변경으로 대금지급의 비용이 증가한 경우 증가액은 매도인이 부담하여야 한다. 증가된 비용에는 계좌이체비용, 추가적인 외환규제로 인하여 발생한 증가비용과 더 일찍 지급을 해야 함으로써 발생한 이자의 손실 등이 포함된다.[22]

이러한 논리를 영업소의 변경으로 증가된 전달상의 위험에도 적용하는 견해[23]가 있다. 그러나 증가된 위험과 그 밖의 위험을 구별하는 것은 비현실적이라는 이유로 여전히 매수인이 부담한다는 유력한 반대설[24]이 있다. 매도인은 매수인에게 자신의 변경된 영업소를 통지해야 하며 이에 대해선 도달주의가 적용되는데 이는 매도인의 영역 안에서 발생한 것이므로 그에 대

19) 금전채무의 지급장소를 정한 독일 민법(270조 제1항)을 보면 입법자의 의도는 대금지급의무를 지참채무를 구성하는 것이었으나 법발전의 결과 오늘날에는 '가중된 송부채무'(qualifizierte Schickschuld)로 파악한다고 한다. S/S/Hager, Art. 57 Rn. 5; S/M, Art. 57 Rn. 14.

20) S/M, Art. 57 Rn. 15.

21) S/M, Art. 57 Rn. 12.

22) S/M, Art. 57 Rn. 16.

23) Herber/C, Art. 57 Rn. 9; S/M, Art. 57 Rn. 17. 이는 당사자는 상대방의 불이행이 자신의 작위 또는 부작위에 기인하는 한, 상대방의 불이행을 주장할 수 없다는 제80조를 원용한다.

24) S/S/Hager, Art. 57 Rn. 7.

해 제27조의 원칙을 적용할 것이 아니기 때문이다.[25)]

5 대금의 지급시기

대금의 지급시기에 관한 당사자들의 합의가 있으면 그에 따라야 한다. 협약은 당사자들의 합의가 없는 경우 보충적으로 적용될 대금의 지급시기를 규정한다.

1) 대금 지급시기의 원칙

협약 제58조 제1항은 기본원칙으로 정한다. 매도인은 물품 또는 물품의 처분을 지배하는 서류를 매수인의 처분 하에 두는 때에 대금을 지급하여야 한다. 매도인은 매수인에게 지급에 앞서 물품을 통하여 짧은 피상적 검사를 할 수 있는 기회를 주어야 한다.

대금의 지급시기에 관한 당사자의 합의는 인코텀즈에서 도출 될 수 있다. 인코텀즈는 대금의 지급시기를 명시하지 않지만, 물품의 인도장소, 즉 물품을 매수인의 처분 하에 두어야 할 장소를 정하므로 간접적으로 대금의 지급시기를 정하는 기능을 한다.[26)]

매도인이 물품을 매수인의 처분 하에 두었다고 주장하기 위해서는 매도인이 매수인이 물품을 즉시 인수할 수 있도록 필요한 모든 행위를 하고 매수인에게 이를 통지하여야 한다.

즉 이런 통지를 한 때 비로소 매수인의 처분 하에 두었다고 할 수 있다.[27)] 매도인이 물품을 매수인의 처분 하에 두는 시기는 계약의 유형별로 구분할 수 있다.[28)] 대금의 지급시기는 매수인이 실제로 물품을 수령하는 시점보다 앞서고, 매수인에게의 물품 인도와 대금지급이 동시이행관계에 있는 것은 아니다.[29)] 즉 매수인의 처분 하에 놓인다고 해서 매수인의 물품에 대하여 우리 법상의 점유를 취득하는 것은 아니며 단순히 변제의 제공인 경우를 포함한다.

제58조 제1항에서 말하는 '물품의 처분을 지배하는 서류'(documents controlling their disposition) 라 함은 제34조의 '물품에 관한 서류'(documents relating to the goods) 와 달리, 소지인으로 하여금 물품의 처분을 가능하게 하는 서류를 말한다. 제1항과 제2항은 물품과 물품의 처분을 지배하는 서류를 동일하게 취급하는데 그러한 서류여야 물품과 동일시할 수 있기 때문이다. 선하증권 또는 창고증권(warehouse receipt, Laderschein) 또는 화물상환증(Ladeschein)과 같이 준거법상 서류의 교부가 물품의 교부와 동일한 의미를 가지는 인도증권(Traditionspapier) 또

---

25) Herber/C, Art. 57 Rn. 11.

26) S/M, Art. 58 Rn. 8.

27) S/M, Art. 58 Rn. 10.

28) 상세는 S/S/Hager, Art. 58 Rn. 3ff. 참조.

29) 7면도 동지. 협약은 우리 민법과 달리 변제(또는 이행)의 제공이라는 개념을 사용하지 않는다.

는 처분증권이 이에 해당하나 반면에 물품의 수령만을 증명하는 서류는 이에 해당하지 않는다.

2) 운송을 포함하는 매매

특정기일에 대금지급 의무가 있는 경우가 아니라면 매수인은 매도인의 물품의 처분을 지배하는 서류를 매수인의 처분 하에 두는 때에 대금을 지급하여야 한다. 그런데 매매계약에 물품의 운송이 포함된 경우 매도인은 매수인에게 전달하기 위하여 물품을 제1운송인에게 교부하는 때에 물품의 인도의무를 이행하는 것이 된다. 하지만 그 시점에서 물품이 매수인의 처분 하에 놓이는 것은 아니며, 물품이 목적지에 도착하여 최종 운송인이 물품을 매수인에게 제공한 때 비로소 물품이 매수인의 처분 하에 놓이게 되므로 매수인은 이 때 대금을 지급하면 된다. 그러므로 매매계약에 물품의 운송이 포함된 경우 물품의 인도시기와 대금의 지급시기는 일치하지 않는다.[30]

그런데 이 경우 매도인은 대금지급과 상환으로만 물품 또는 서류를 교부한다는 조건으로 물품을 발송할 수 있는데 이를 위하여는 매도인과 운송인 간에 동시이행의 지시 및 추심권한을 부여하는 합의가 있어야 한다. 물론 그 경우에도 매수인에게 적어도 피상적인 검사의 기회를 부여하여야 한다.[31] 즉 매도인은 운송인으로 하여금 물품 또는 서류의 교부에 앞서 매수인에게 목적지에서 물품에 접근하여 피상적으로 검사할 수 있는 기회를 주어야 한다.[32] 따라서 매수인은 물품을 겉으로 보이는 것만 검사한 뒤 대금의 지급과 상환하여 운송인으로부터 물품 또는 서류를 교부받을 수 있다.

3) 매수인의 물품검사권

매수인은 물품을 검사할 기회를 가질 때까지는 대금지급 의무가 없다. 그러나 당사자 간 합의된 인도 또는 지급절차가 매수인이 검사 기회를 가지는 것과 양립하지 아니하는 경우에는 그렇지 않다. 협약은 그런 사례를 명시하지 않는데 서류상환지급방식(CAD, cash against document) 또는 당사자들이 CIF조건으로 대금을 지급하기로 합의한 경우, 신용장에 의하여 대금을 지급하는 경우[33]에는 매수인은 계약상 매도인에게 품질증명서를 제출하도록 요구함으로

30) S/M, Art. 58 Rn. 15.
31) S/S/Hager, Art. 58 Rn. 11.
32) Art. 54 para. 6.
33) Art. 54 paras. 7. 9; S/M, Art. 58 Rn. 28. S/M, Art 53 Rn. 13; S/S/Hager, Art, 58 Rn. 12는 현물인도지급방식(COD. cash on delivery)의 경우 매수인은 물품을 수령하면 검사하지 않고 지급해야 한다고 한다. 그러나 강원진(무역결제론, 2004)에 따르면 이는 검사하고 지급하는 방식이다. CIF조건의 경우 통상 서류에 의한 거래이기 때문에 그렇게 이해한다.

써 스스로를 보호해야 할 것이다.

검사는 엄격한 검사가 아니라 간단한 피상적 검사로 충분하다.[34] 피상적 검사는 외관검사 또는 육안검사를 의미한다. 따라서 피상적 검사를 하였더라도 매수인이 제38조에 따라 물품의 인도 후 정해진 기간 내에 물품을 검사하고 부적합을 통지할 수 있다.[35] 협약에서는 매수인이 피상적 검사 후 부적합을 발견한 때의 결과를 명시하지 않았으나 매수인이 대금을 지급한 후 계약위반에 따른 구제수단을 행사할 수 있으며 다른 요건이 구비되면 물품의 수령을 거절할 수 있다.[36]

4) 매수인의 사전지급과 일부지급

협약에 명시적인 규정은 없으나 매수인이 지급시기에 앞서 대금을 사전지급하는 경우 매도인은 사전인도에 관한 제52조 제1항을 유추적용하여 수령을 거절할 수 있다.[37] 매도인이 대금을 수령한 경우 그로 인하여 손해를 입은 때에는 손해배상을 청구 할 수 있다. 그러나 매도인의 일부인도의 경우 그 부분에 관련하여 본질적 계약위반이 되지 않는 한 매수인은 수령을 거절할 수 없다고 보는 것과는 일관성이 없다.

6 매수인의 수령의무

우리 민법은 매수인의 수령의무를 명시하지 않으므로 민법의 해석상 매수인이 물품의 수령의무를 부담하는가에 관하여 논란이 있으나[38] 협약은 독일 민법과 마찬가지로 물품의 수령의무를 매수인의 의무로 명시한다. 즉 협약 제60조는 매수인의 물품 수령의무를 협력의무와 물리적인 수령의무로 구분하여 규정한다.

첫째, 매수인은 매도인의 인도를 가능하게 하기 위하여 매수인에게 합리적으로 기대될 수 있는 모든 행위를 적시에 하여야 한다. 필요한 승인을 받고, 운송수단을 적기에 수배하여 운송계약을 체결하고, 인도장소가 매수인의 영업소인 경우 매도인이 영업소에 접근할 수 있도록 해야 하며 매도인이 설치의무를 부담하는 경우에는 그 장소에 설치할 수 있도록 적절한 준비를

---

34) S/M, Art. 60 Rn, 9.

35) S/M, Art. 58 Rn 26.

36) B/B/Maskow, Art. 58 para. 2.10. 이 견해는, 제58조 제3항은, 매수인이 물품의 부적합을 발견한 경우 대금지급을 거절할 수 있음을 전제로 삼고 있으나, 당사자 간에 합의한 대금지급방법에 따라서는 그것이 허용되지 않는 경우가 있음을 지적한다.

37) S/M, Art, 58 Rn, 32.

38) 인코텀즈는 매수인의 수령의무를 명시한다. 각 조건의 B. 4. 참조.

해야 한다. 계속적 공급계약의 경우 납품요구를 하는 것과 물품의 명세지정 등을 하여야 한다. 이를 매수인의 '협력의무'(duty to cooperate) 라고 부르기도 한다.[39]

그러나 매수인은 매도인의 인도를 가능하게 하기 위하여 매수인에게 합리적으로 기대될 수 있는 모든 행위를 하면 충분하고, ULIS에서처럼 매도인의 물품의 교부를 가능하게 하기 위하여 필요한 모든 행위를 하여야 하는 것은 아니다. 당사자가 인코텀즈를 사용하는 경우 협력의무의 구체적인 내용은 그에 따른다. 예컨대 수입허가의 확보와 수입통관서류의 준비 등이 그에 포함된다.

둘째, 매수인은 스스로 물품을 수령하여야 한다. 즉 매수인은 물품의 인도장소에서 물품을 물리적으로 수령해야한다. 반대의 합의가 없으면 매수인은 인도된 물품을 양하하고 그 비용을 부담하여야 한다.[40] 이는 특히 매매계약상 매도인이 특정한 장소 또는 매도인의 영업소에서 물품을 매수인의 처분 하에 두어야 하는 경우 중요한데, 그 경우 매수인은 수령의무를 이행하기 위하여 물품을 그 장소로부터 물리적으로 옮기거나 제3자로 하여금 옮기도록 하여야 한다.[41]

제60조 B호는 물품만을 언급하고 있지만 매수인은 서류도 수령할 의무가 있다. 매수인이 수령의무를 이행하지 않으면 매도인은 제61조 이하의 구제수단을 행사할 수 있다. 매도인은 수령의무의 이행을 청구할 수도 있으나,[42] 실무상 중요한 것은 수령의무의 불이행을 이유로 하는 손해배상청구이다.

제60조는 매수인의 수령시기와 장소를 규정하지 않으나, 이는 당사자가 합의한 또는 협약이 정한 물품의 인도장소와 시기에 상응하여 결정된다. 다만 운송을 포함하는 매매의 경우 매도인의 인도장소는 매수인에게 전달하기 위하여 제1운송인에게 물품을 교부하는 곳이지만 매수인의 수령장소는 물품의 도착지이다. 인코텀즈가 사용된 경우 수령장소는 인코텀즈가 정한 바에 따른다. CIF조건에 따르면 매수인은 물품이 인도되었을 때 인도를 수령하고(accept delivery) 지정된 목적항에서 운송인으로부터 물품을 인수하여야(receive) 한다.

매수인은 계약 또는 협약에 따른 인도시기에 물품을 원칙적으로 즉시 수령해야 한다. 그러나 매수인이 준비를 취할 필요가 있거나 매수인이 물품의 제공시기를 알 수 없었을 경우에는 매수인에게 합리적인 기간이 부여될 경우도 있다.[43]

---

39) S/M, Art. 60 Rn. 9.
40) S/M, Art. 60 Rn. 5.
41) Art. 56 para. 4.
42) 물론 수령의무의 이행청구에 대하여는 특정이행에 관한 협약 제28조가 적용되므로 법정지가 어디인가에 따라 강제 여부가 좌우된다.
43) S/M, Art. 60 Rn. 7.

9 신용장

Chapter 9

신용장

오늘날 무역 거래에서 다양한 결제수단들이 있다. 그 중 조건부 지급 확약서인 신용장에 대해 알아본다. 신용장은 수출업자와 수입업자가 거래를 하는데 중요한 역할을 담당하고 있다. 서론에서는 신용장이 무엇인지, 신용장이 어떻게 나오게 되었는지, 신용장이 얼마나 유용한지에 대해 알아본다.

제1절 신용장의 개념

본질적으로 신용장이란 개설의뢰인(고객)의 요청과 지시에 따라 개설은행이 신용장 조건과 일치하는 소정의 서류와 상환으로 수익자가 발생한 환어음을 지급, 인수하는 소정의 서류와 상환으로 수익자가 발행한 환어음을 지급, 인수하겠다는 조건부 지급 확약서를 말한다.

즉, 신용장은 수입업자의 거래은행인 신용장 개설은행(발행은행)이 신용장이 요구하는 조건에 일치하는 소정의 서류와 상환으로 수익자인 수출업자에게 대금지급을 해주겠다는 조건부 지급 확약서라고 할 수 있다.

1 신용장의 의의

신용장이란 무역거래에서 대금지불 및 상품수입의 원활화를 위하여 수입상의 거래은행이 수입업자(신용장 개설의뢰인)의 요청으로 수출업자로 하여금 일정기간 및 일정조건하에서 운송서류를 담보로 하여 수입업자, 신용장 개설은행 또는 개설은행이 지정하는 환거래 취결은행을 지급인으로 하는 화환어음을 발행하도록 하여 이 어음이 제시될 때에 지급 또는 인수할 것을 어음발행인(수출업자) 및 어음수취인(어음매입은행)에 대하여 확약하는 증서이다. 즉 한마디로 신용장은 무역대금결제 수단이라고 할 수 있다.

2 신용장의 기원

신용장의 기원에 대해서는 고대 그리스 시대 혹은 로마 시대라고 하는 등 여러 학설이 있으나 입증할만한 확실한 기록은 없으며 12세기경 신하의 자금조달을 위해 법왕이나 군주가 사용하였다는 기록이 있다. 신용장에 대해 최초의 기록이 있는 것은 1654년 영국의 토마스가 파리에 출장 가는 존을 위하여 파리의 상인 윌리엄 앞으로 발행한 것인데 그 내용은 존에게 1회 또는 수회에 걸쳐 2000크라운 한도 내에서 그의 요구와 상황에 따라 영수증 또는 환어음을 인수하여 지급하고 이를 발행인인 토마스 계정으로 산입할 것이며 지급인인 윌리엄이 그러한 행위에 대하여 보증한다는 것이었다.

신용장은 오늘날의 여행자 신용장과 같은 기능을 가지고 있어서 발행의뢰인이 수익자이고 또한 매수인이기도 하며 매수인이 신용장을 지참하여 구매지 또는 행선지의 상인에게 제시함으로서 상품구입과 자금조달 등의 목적에 사용되었던 것이다.

그 후 은행이 신용장 발행인으로 등장한 것은 19세기에 들어서면서 영국의 Merchant bank에 의해서 시작되었지만 여행자신용장의 기능을 탈피하지는 못하였다. 오늘날과 같은 상업신용장의 등장은 1920년대에 들어서인데 환어음에 소정의 서류를 첨부하여 제시하는 화환신용장의 등장이었다.

3 신용장의 유용성

신용장제도는 수출업자와 수입업자 사이에 공신력이 있는 은행이 개입하여 수입업자의 불확실한 신용을 보장해 줌으로써 국제무역을 원활하게 수행할 수 있도록 해줄 뿐만 아니라 매매당사자 간에도 여러 가지 이점이 있기 때문에 무역거래에서 그 효용을 매우 크다고 할 수 있다.

(1) 수출업자의 이점

① 수입업자의 지급불능 또는 지급거절에 의하여 대금을 회수할 수 없게 되는 신용위험을 제거하여 준다. 즉 수입업자의 신용위험을 발행은행의 신용으로 대체하기 때문에 대금회수의 확실성이 보장된다.

② 수출업자는 신용장에 의하여 금융상의 편익을 볼 수 있다. 수출업자는 수출대금을 물품 선적 후 즉시 회수할 수 있을 뿐만 아니라 물품 선적 전이라도 신용장을 담보로 수출상품의 생산, 집화 및 가공에 필요한 금융을 수혜할 수 있다.

③ 수입국의 각종 비상위험, 예를 들어 전쟁, 혁명, 정부의 규제 등에 따라 수입업자가 대금

결제를 할 의도가 있어도 할 수 없는 경우에 이미 개설된 신용장은 수입허가와 대금 지급허가를 받았기 때문에 이러한 비상위험도 어느 정도 회피할 수 있다.

④ 수출계약이 체결되었어도 신용장이 개설되지 않으면 계약이 취소될 가능성이 있으나 이미 신용장이 개설된 뒤에는 취소하기가 어렵기 때문에 주문이 확보된다.

(2) 수입업자의 이점

수출업자는 대금회수를 위하여 신용장에서 요구하는 서류를 정확히 제시해야하므로 수입업자는 계약물품이 선적 기일 내에 정확히 선적될 것임을 확신할 수 있어 안심하고 거래할 수 있다.

수입업자는 상품대금을 선적 시에 지급하지 않고 환어음 및 선적서류가 개설은행에 도착한 후에 지급하거나 은행으로부터 신용을 공여받아 환어음을 결제할 수 있는 등 자금상의 혜택을 누릴 수 있다.

은행의 신용으로 인해 신용위험이 회피되므로 수출업자는 신용장이 없는 경우보다 싼 가격으로 청약할 것이며 매매계약 시 신용장의 유리성을 들어 가격 등 매매조건을 유리하게 체결할 수 있다.

신용장상에 선적기일 및 유효기일 등이 있어 계약상품의 인도시기, 대금의 지급시기 등을 예상할 수 있어 수입관리에 도움을 준다.

(3) 수출업자에게 물품을 납품하는 제조업자의 입장

수출업자로부터 신용장을 견질로 하여 내국신용장을 받을 수 있기 때문에 대금회수의 안정성을 확보할 수 있다.

주문을 한 수출업자로부터 원자재 조달비나 생산자금으로 일정비율의 선급금을 받을 수도 있고 내국신용장으로 수출금융을 수혜 받을 수 있어 자금상의 혜택을 누릴 수 있다.

제 2 절 신용장의 특성과 거래관행

위의 서론에서 신용장이 무엇인지, 어떻게 흘러왔는지, 실제로 얼마나 유용한지에 대해 보았다면, 본론에서는 신용장의 특성과 실제 신용장의 거래가 어떻게 이루어지는지 등 신용장에 대한 자세한 내용을 다룬다.

1 독립 · 추상성의 원칙

1) 신용장의 독립성 의의

신용장의 독립성(independence)이란 신용장이 매매계약 또는 다른 계약에 근거하여 개설되었다 하더라도 개설된 후에는 근거계약과는 전혀 무관하며 그러한 계약에 대한 언급이 있더라도 은행은 그 계약과 아무런 관련이 없고, 그 계약 내용에 구속되지 않는다는 원칙을 말한다. 따라서 신용장에 기재된 수익자의 주소, 상품명 등이 계약서와 다르더라도 계약서와 일치하게 신용장의 내용을 조건변경 하지 않는 한 수익자는 신용장에 기재된 내용으로 서류를 작성하여야 한다.

2) 다른 계약과의 독립성

(1) 매매계약과의 독립성

신용장 거래에서 은행은 매매 당사자 사이의 대금결제 과정에 개입하지만 매매계약의 내용을 일일이 확인하는 것은 현실적으로 불가능하며, 수출상과 수입상은 당사자 간의 매매계약을 근거로 신용장 거래은행에게 어떠한 주장이나 청구 또는 항변을 해서는 안 된다. 개설은행은 개설의뢰인이 원인계약이나 견적송장 등의 사본을 신용장의 일부분으로 포함시키려는 어떠한 시도도 하지 못하게 하여야 한다.

(2) 신용장 계설약정과의 독립성

신용장은 개설의뢰인과 개설은행간의 신용장 개설약정과도 독립된 별개의 거래이므로, 개설의뢰인은 개설은행의 계약관계에 근거하여 개설은행의 지급의무에 대한 주장 또는 항변을 할 수 없고, 수익자 또한 어떠한 경우에도 은행들 사이 또는 개설의뢰인과 개설은행 사이의 계약관계를 인용할 수 없다.

3) 신용장의 추상성

신용장의 추상성(Abstraction)이란 은행이 매매계약에서 언급된 물품이 계약 내용과 일치하는 지를 계약의 이행여부와 관계없이 신용장에서 요구하는 서류만을 가지고 판단한다는 원칙을 말한다. 은행은 무역 계약의 목적물인 물품에 관하여 잘 알지 못하고, 매매계약 물품에 대해 요구되는 전문적인 지식이 사실상 부족하기 때문에 신용장 조건과 수익자가 제시한 서류상의 문면만을 기준으로 그 일치성 또는 정당성 여부를 판단하여 지급을 이행한다.

4) 독립추상성의 필요성

(1) 매매계약과의 무관

매매계약 당사자의 대금결제 과정에 개입한 개설은행 및 수권 받은 은행이 매매계약의 이행과 관련한 일정한 문제로 피해를 입지 않고 보호를 받도록 하기 위해 필요하다.

(2) 은행의 전문지식 부족

은행들은 매매목적물인 실제 물품에 대한 전문적 지식이 부족하며, 매매계약과 일치하는 물품이 인도되었는지 실질적으로 판단할 수 없다.

(3) 은행의 안정적 개입

신용장 개설은행으로부터 수권 받은 지정은행이 수익자로부터 제시된 화환어음을 지급・인수・매입을 행하였음에도 개설의뢰인에 의해 매도인의 매매계약 위반을 이유로 상환이 거절된다면 은행들은 안심하고 신용장 거래를 할 수 없으며, 이 경우 신용장 거래의 필수적인 역할을 하는 은행들이 신용장 거래에 참여하려 하지 않을 것이다. 만약 은행의 개입이 없다면 신용장의 기능이 상실된다고 볼 수 있다. 그렇기 때문에 신용장의 독립추상성은 신용장의 필수적 요건이라 할 수 있다.

5) 독립추상성이 당사자에게 미치는 효과

(1) 수익자

수익자는 신용장을 입수함으로써 매매계약으로부터 독립된 청구권을 취득하는 것이므로, 신용장 조건대로 선적 후 화환어음의 제시로써 은행으로부터 지급・인수・매입을 받아 수출대금을 회수할 수 있다. 즉, 신용장의 독립추상성에 따라 수익자는 매매계약 상의 대금지급 청구권을 취득하게 된다.

(2) 개설은행

신용장 개설은행은 신용자의 독립추상성에 따라 매매계약이나 기타 계약에 근거한 개설의뢰인의 항변으로부터 보호받을 수 있지만, 수익자에 대해서는 신용장 조건과 일치하는 서류가 제시되는 경우 반드시 대금을 지급해야 하는 독립추상적인 채무를 부담하게 된다.

경우에 따라 독립추상성은 개설은행에게 불이익으로 다가올 수 있으므로, 개설은행은 계약물품의 담보권을 취득하거나, 신용장 개설 시 현금 기타의 담보를 징수하거나, 또는 별도로 보증인을 요구하여 위험을 회피하는 조치를 취하기도 한다.

(3) 지급 · 인수 · 매입은행

지정 은행은 신용장 조건과 일치하는 서류를 지급 · 인수 · 매입한 경우 매매계약과는 관계없이 개설은행으로부터 상환 받을 수 있으므로 신용장 거래에 안심하고 협력할 수 있다.

(4) 개설의뢰인

신용장 거래는 매매계약을 이유로 항변할 수 없으며, 만약 매도인이 매매계약을 위반하고 이에 대한 매수인의 클레임 제기사유가 정당하더라도 송부되어온 서류가 신용장 조건을 충족한다면 이에 대한 대금을 결제하여야 한다. 그러므로 매수인인 개설의뢰인은 독립추상성으로 인하여 가장 불리한 입장에 놓이게 되며, 특히 매도인과 매매계약상의 문제가 있다면 손해를 입을 가능성이 크다.

2 완전 · 정확성의 원칙

1) 의의

신용장 거래에서 개설의뢰인의 신용장 개설을 위한 지시, 개설은행에 의해서 개설된 신용장 그 자체, 신용장에 대한 조건변경을 위한 지시 및 그 조건변경 자체는 완전하고 정확하게 해야 한다는 원칙을 의미한다.

2) 신용장 발행의 완전 · 정확성

(1) 지시준수의 완전 · 정확성

신용장의 개설의뢰인은 신용장 개설 등을 지시함에 있어 완전 · 정확하게 지시하여야 하며, 개설은행은 신용장 개설약정에 의거하여 개설의뢰인의 대리인으로서 신용장의 발행 및 변경에 관련된 사항을 엄격히 준수하여야 한다.

(2) 과도한 세부사항의 삽입 금지

개설의뢰인은 신용장의 서류거래상으로부터 오는 불이익을 방지하고자 신용장에 과도한 명세를 삽입하고자 하는 경우가 종종 있는데, 이처럼 신용장에 너무 지나치게 상세한 명세를 삽입하는 것은 혼란과 오해를 초래할 수 있으므로 개설은행은 개설의뢰인을 설득하여 원인계약이나 견적송장 등의 사본을 신용장의 일부분으로 포함시키려는 어떠한 시도도 하지 못하게 하여야 한다.

(3) 유사 신용장에 의한 개설・통지・확인지시의 금지

유사 신용장(Similar Credit) 또는 반복개설신용장이란 이미 개설된 신용장 내용을 참조하여 개설・통지되는 신용장을 말하며, 이러한 유사 신용장을 통해 신용장을 개설・통지・확인하라는 지시는 혼란이[1]나 오류를 범할 수 있기에 억제되어야한다.

3 일치성 판단과 국제표준은행관행

1) 엄밀일치의 원칙

엄밀일치의 원칙(doctrine of strict compliance)은 은행에 제시된 모든 서류가 신용장 조건과 문면상 엄밀히 일치하여야만 그 제시된 서류를 수리한다는 원칙을 말한다. 즉, 엄밀일치의 원칙은 제시된 서류와 신용장조건과의 일치성 여부에 관한 심사는 오로지 서류의 문면상의 일치 여부를 기준으로 판단하는 것으로서, 은행은 제시된 서류가 신용장 조건과 문면상 일치하지 않는다면 그 서류를 수리 거절할 수 있다는 것이다.

이와 같이, 신용장거래에서 엄밀일치의 원칙이 준수되어야 하는 이유는 신용장거래는 매매계약 등의 근거계약과는 별개의 거래라고 하는 독립성의 원칙과 서류거래라고 하는 추상성원칙에 있다.

2) 상당일치의 원칙

상당일치의 원칙(실질일치의 원칙, doctrine of substantial compliance)은 엄밀일치의 원칙을 다소 완화한 것으로서, 은행에 제시된 서류가 신용장 조건과 문면상 엄밀히 일치하지 않더라고 그것이 실제적으로 신용장거래 근본을 흔드는 중대한 사항이 아닌 사소한 것인 경우에는 수리되어야 한다는 원칙을 말한다. 즉, 상당일치의 원칙은 제시된 서류와 신용장 조건 간에 형식적인 불일치가 존재하더라도 실질적인 의미에서 제시된 서류에 의하여 신용장 조건의 목적을 달성할 수 있는 경우에는 그러한 불일치를 이유로 은행이 지급을 거절할 수 없다는 원칙을 말한다.

---

1) 최재순 『Smart 무역실무Ⅱ』, 도서출판 ONE, 2014, pp.22~32.

3) 국제표준은행관행

국제표준은행관행(international standard banking practice)은 "결코 독단적이지 않고, 태만하지 않고, 부정직하지 않고, 가장 정직하고, 숙련되고 예견 가능한 관행을 구현하는 규범을 말한다." 라고 국제상업회의소 은행위원회의 개정이유에 대한 주석에서 정의하고 있다.

국제표준은행관행은 문면상 일치여부를 판단하는 주요 원칙, 즉 일치하는 제시에 대한 판단기준으로 사용되는 국제표준은행관행은 2002년에 제정된 ISBP(International Standard Banking Practice for the Examine of Documents under UCP)라는 간행물 뿐 아니라, 이 간행물에 포함되지 않은 기타 포괄적인 의미의 국제표준은행관행도 포함된다.

4 서류거래의 원칙

신용장 통일규칙 4조에서는 [신용장거래에 있어서 모든 관계 당사자는 서류상의 거래를 하는 것이지 그러한 서류들이 관련될 수도 있는 상품, 용역 또는 계약이행상의 거래를 하는 것이 아니다]라고 규정하여 신용장거래는 상품거래가 아니라 서류상의 거래라는 추상성을 규정하고 있다. 즉, 모든 관계당사자는 서류만을 가지고 매매계약의 이행여부를 결정해야 하며 운송서류가 정당하게 작성되어 있는 한 은행은 대금지급 의무를 이행해야 한다.

5 신용장거래의 한계성

신용장의 독립성과 추상성은 은행이 안심하고 신용장 거래에 개입할 수 있도록 유도하여 대금결제를 원활하게 하기 위하여 불가피한 것이기는 하나, 실물거래인 무역거래를 완벽하게 보장할 수 없는 한계성을 동시에 지니게 된다. 즉, 수입자의 입장에서는 신용장이 물품의 품질을 완전히 보장할 수 없으며 수출자의 입장에서는 양질의 물품을 공급하였더라도 서류상의 하자로 인한 대금결제의 지연 또는 지급 거절을 막을 수는 없다.

제3절 신용장의 특성과 거래관행

1 신용장의 당사자

1) 기본당사자[2)]

(1) 수익자

수익자(Beneficiary)는 신용장 개설을 통하여 이익을 받는 당사자를 의미한다. 수익자는 계약과 일치하는 물품의 제공이나 신용장 조건에 일치하는 서류의 제시 의무를 가진다.

신용장을 수취하는 수출업자로서 보는 각도 및 기능에 따라 Exporter, Seller, Drawer(어음발행인), Consignor(송화인), Shipper(화주)라고도 한다.

(2) 개설은행

개설은행(issuing bank)은 개설의뢰인의 신청 또는 그 자신을 위하여 신용장을 개설한 은행을 의미한다. 일반적으로 수입상의 거래은행으로서 수입상의 요청으로 지시 내용대로 신용장을 개설하는 은행을 의미하며, Opening Bank 또는 Establishing Bank, Grantor(신용공여은행)이라고 부르기도 한다.

개설은행은 수입상의 채무와는 별개의 지급확약인 신용장을 개설하여 수출상이 제시하는 서류를 지급·인수·매입할 것을 확약하는 은행으로, 수익자가 발행하며 환어음의 지급에 있어서 최종적인 책임을 부담한다.

(3) 확인은행

확인은행(Confirming Bank)은 개설은행의 수권 또는 요청에 의하여 신용장에 확인을 추가한 은행으로 개설은행의 요청이나 수권에 의해서 개설은행의 대금지급확약에 추가하여 신용장 조건과 일치하는 서류가 제시되는 경우 지급·인수·매입할 것을 확약하는 은행을 말한다.

---

2) ① 이기찬, 『인코텀즈 2020 7일만에 쉽게 끝내는 무역실무』, 중앙경제평론사, 2020, p.225.
② 유광현, 『무역 초보자가 꼭 알아야 할 139가지』, 원앤원북스, 2006, pp.152~153.

2) 기타 당사자[3)]

(1) 개설의뢰인

개설의뢰인(Applicant)은 신용장 개설을 신청한 당사자를 의미한다. 개설의뢰인은 수출상과 무역 계약을 체결하고, 수출상인 매도인을 수익자로 하는 신용장을 개설하여 줄 것을 거래은행에 신청한다.

보는 각도 및 기능에 따라 Importer, Accountee(대금결제인), Drawee(환어음지급인), Consignee(수화인), Buyer(매수인)라고도 한다.

(2) 통지은행

통지은행(Advising Bank)은 개설은행의 요청에 따라 신용장을 통지하는 은행을 의미하며 Notifying Bank라고도 한다. 통지은행은 보통 수출국에 소재하는 개설은행의 본지점이거나 환거래 은행으로서 개설은행으로부터 신용장의 통지를 위임 받음과 동시에 지급・인수・매입을 행하는 지정은행이 되는 것이 일반적이다.

(3) 지정은행

지정은행(Nominated Bank)은 신용장에서 지급・인수・매입의 권한을 받은 특정 은행을 의미하고, 모든 은행에 대한 수권이 있는 신용장의 경우에는 모든 은행을 의미한다. 지정은행은 신용장의 지급방법에 따라 지급은행, 인수은행, 매입은행으로 구분한다.

① 지급은행

지급은행(Paying Bank)은 일람지급신용장(Sight Payment Credit)이나 연지급신용장(Deferred Payment Credit)하에서 수익자가 제시하는 서류에 대해 직접 대금을 지급하는 은행을 말한다. 지급은행은 개설은행의 예치환거래은행(Depositary Bank)인 경우가 많으며, 예치환거래계약을 체결하고 개설은행의 예금계정을 설정하여 신용장 조건과 일치하는 서류를 제시할 때 개설은행의 예금계정에서 당해 금액을 차감하는 방법으로 지급을 행한다.

② 인수은행

인수은행(Accepting Bank)은 인수신용장(Acceptance Credit)하에서 수익자가 제시한 화환어음을 인수하는 은행을 말한다. 인수은행은 수익자가 제시한 서류가 신용장상 조건과 일치할 경우 수익자가 발행한 기한부환어음을 인수하고 어음의 만기일에 그 어음대금을 지급한다.

---

3) ① 이기찬, 전게서, p.226,
② 김기만, 『무역영어 1급(2급 동시대비)』, 에듀윌, 2020, pp.77~79,
③ 박대위・구종순 『무역개론』, 유원북스, 2015, pp.339~341.

③ 매입은행

매입은행(Negotiating bank)은 수익자가 제시한 선적서류와 환어음을 매입하는 은행을 말한다. 매입은행은 일반적으로 수익자의 거래은행으로써 서류의 매입 시 개설은행으로부터 대금을 상환 받을 수 있는 기간까지의 이자(Interest)와 환가료(Exchange Commission)를 공제하고 대금을 지급한다.

(4) 상환은행

상환은행(Reimbursing Bank)은 개설은행으로부터 수권을 받은 개설은행 이외의 타행으로써, 지급・인수・매입을 행한 은행의 상환청구에 대해 개설은행을 대신하여 대금상환을 행하는 은행이다. 개설은행을 대신하여 결제해 주므로 결제은행(Settling Bank)이라고도 한다.

(5) 양도은행

양도은행(Transferring Bank)은 개설은행 이외의 타행으로 신용장을 양도하는 지정은행 또는 자유매입신용장의 경우에는 개설은행으로부터 양도할 수 있는 권한을 특정하여 받아 신용장을 양도하는 은행을 말하다. 양도은행을 양도가능신용장(Transferable Credit)의 권리의 전부 또는 일부를 수익자(제1수익자)의 요청으로 다른 자(제2수익자)에게 양도하는 절차를 취급하는 은행으로 일반적으로 지정은행이 양도은행의 역할을 한다.

2 신용장거래의 과정

신용장이 개설, 통지, 매입, 상환으로 이어지는 전 과정을 이해하는 것이 신용장 실무를 이해하는데 도움이 된다. 매입신용장을 기준으로 하는 거래과정이다.

① 수입자와 수출자는 결제방식을 신용장 결제방식으로 하는 매매계약을 체결한다.

② 수입자는 매매계약상의 대금결제를 위하여 자신의 거래은행에게 수출자 앞으로 신용장을 개설해 주도록 신청한다.

신용장에서 수입자는 신용장 개설신청인 또는 개설의뢰인(Aplicant)이고, 수출자는 수익자(Beneficiary)가 된다.

③ 개설의뢰인의 거래 은행은 의뢰인의 신청에 따라서 신용장을 개설하여 이를 수출국의 거래은행(또는 수출자의 거래은행)에게 송부하고 수익자에게 통지해주도록 지시한다.

④ 개설은행으로부터 신용장을 전달받은 수출국의 거래은행(또는 수출자의 거래은행)은 개설은행의 지시에 따라서 수익자에게 신용장 도착 사실을 통지해준다.

이로써 그 은행은 통지은행(Advising Bank)이 된다.

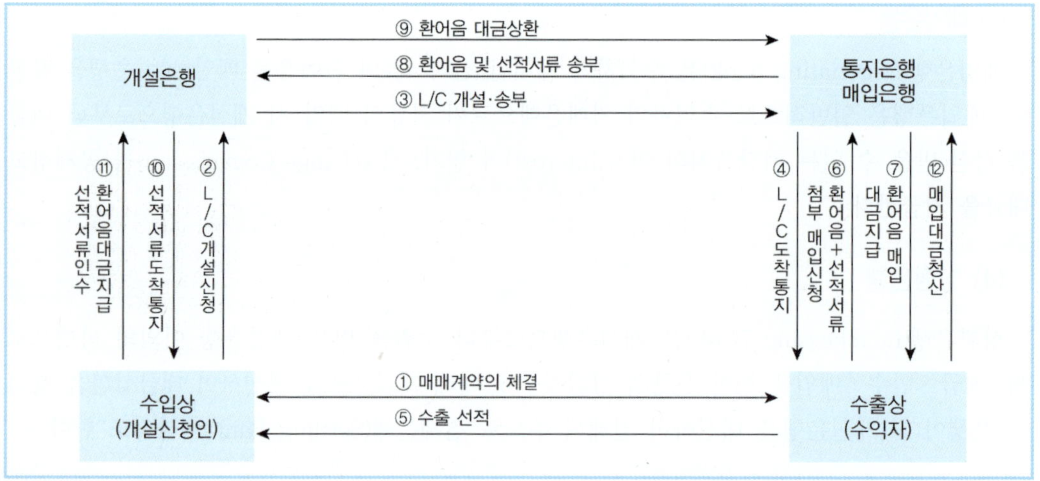

⑤ 통지은행으로부터 신용장 도착 통지를 받은 수익자는 신용장에 기재되어 있는 "개설은행의 지급확약"을 믿고 안심하고 계약물품의 선적을 진행하고 운송인으로부터 물품인수 또는 선적 증거로서 운송서류(선하증권, 항공화물운송장 등)를 받는다.

⑥ 수익자는 신용장상에 요구하는 서류들(Documents required)을 모두 구비하고 환어음(bill of exchange)과 상업송장(commercial invoice)을 스스로 발행하여 수출국내의 자신의 거래은행에 제시하고 매입신청(Negotiation)을 한다.

⑦ 매입신청을 받은 수익자의 거래은행은 운송서류, 상업송장 등의 부속서류와 함께 환어음을 심사하여 일치하는 제시가 되면 매입하고 수익자에게 매입대금을 지급한다. 이로써 그 은행은 매입은행(Negotiating Bank)이 된다.

동시에 수익자는 수출대금을 회수하게 되며, 매입은행은 개설은행 대신 수익자에게 대금을 지불하였으므로 개설은행은 매입은행에 대하여 채무를 지게 된다.(이 순간부터 개설은행은 채무자, 매입은행은 채권자가 된다.)

위의 6과7을 통한 수익자의 수출 대금 회수를 NEGO(Negotiation, 매입)라고 한다. 매입은행은 통지은행이 겸하는 경우가 많으나 서로 다른 은행으로 이행하는 경우도 있다.

⑧ 매입은행은 수익자로부터 매입한 환어음과 부속서류들을 개설은행에 송부한다.

⑨ 개설은행은 신용장과 서류가 일치하는지 심사를 하고 일치하는 제시가 된 경우 매입은행에 신용장대금을 상환한다.

⑩ 개설은행은 서류도착 사실을 개설의뢰인에게 통지한다.

⑪ 개설의뢰인은 대금을 지급하고 운송서류를 비롯한 서류들을 인도받아서 수입통관 진행 및 운송인으로부터 화물을 인수한다.

⑫ 개설은행으로부터 대금을 수취한 매입은행은 환가료 등에 이상이 없으면 그대로 정산하고 대금이 예정보다 늦게 송금된 경우에는 지연이자(Drlay charge), 매입대금보다 적은 금액이 송금된 경우에는 less charge를 수익자에게 징구하여 정산한다.

3 신용장의 법률적 성질에 관한 학설과 법률관계

신용장의 법률관계를 여러 각도에서 연구한 Davis는 "신용장이 무엇인가에 대해 잘 이해되고 있는 이상 법정은 신용장의 개념을 구태여 규정지으려 하지 않는다. 그 이유는 신용장은 환어음과 같이 그 법률적 특성을 구비하지 않는다고 하여 그 법적 효력을 상실하는 것이 아니므로 신용장에 대한 법률적 개념의 정립은 큰 의의를 갖지 못하기 때문이다."고 하였듯이 신용장을 어떤 특정 법률의 테두리 안에 가두어 넣기엔 어렵다.

왜냐하면 신용장은 어떤 법률에 기인해서 생성된 것이 아니고 어디까지나 상인들의 관습에서 유래되었기 때문에 관습에 의해 독자적으로 생성된 존재를 특정한 법에 얽매여 구속한다는 것은 무리이며 또 반드시 그래야 할 필요성도 없다. 앞에서도 강조하였듯이 신용장을 기존하는 특수한 계약이나 지급수단으로 분류한다는 것은 무리이다.

그러나 신용장의 법적 의의와 효과를 이해하기 위해서는 결국 기존하는 다른 법을 이용하는 도리밖에 없으며, 이와 같이 다른 수단을 빌어 설명하다 보면 그들의 모순도 발견될 수 있으며 또한 신용장의 특수성을 재확인하게 된다.

신용장이 법적으로 어떠한 성격을 가지는가 그리고 그 법적 본질이 무엇인가 하는 점에 대해서는 전래로 많은 견해가 대두되어 왔는바, 여기서는 그 대표학설이라 할 수 있는 것들에 대하여 살펴보기로 하겠다.

1) 계약신청이론(Offer and Acceptance Theory)

계약신청이론은 일명 청약인수이론이라고도 한다. 신용장의 발행은 수익자에 대한 발행은행의 계약신청인 동시에 수출업자인 수익자가 어음 및 선적서류를 제공함으로써 청약을 승낙한다는 의사를 표시한다는 이론이다.

계약신청이론에 의하면 신용장은 발행은행이 수출업자인 수익자에게 단순하게 계약을 신청하는 것에 불과하다. 따라서 수출업자가 선적서류를 제시하여 승낙할 때까지의 기간 중에는 언제라도 그 신청을 철회하여 신용장을 취소[4]할 수 있다는 결론이 나온다.

그래서 청약인수이론은 취소가능신용장의 경우에는 합당한 이론이지만 취소불능신용장의

4) 박영태, 『국제무역규칙론』, 삼영사, 2014, pp.155~156.

경우에는 적용할 수 없는 이론이다.

2) 계약이론(Contract Theory)

계약이론은 신용장은 발행은행과 수출업자 간의 계약에 의하여 발행된 것이라는 이론이다. 그래서 발행은행은 신용장 발행과 동시에 계약상의 의무로서 수입업자와는 별도로 수출업자에 대하여 어음의 지급, 인수, 매입을 하여야 될 의무가 있다는 것이다.

계약설에는 쌍무계약이론과 계약양도이론이 있다. 쌍무계약이론은 신용장의 발행은 발행은행과 발행의뢰인이 수익자를 위하여 체결한 계약의 결과로 보는 이론이다. 계약양도이론은 발행은행과 발행의뢰인 간에 체결된 쌍무계약상의 권리가 신용장 계약의 성립과 동시에 수익자에게 양도된다는 이론이다.

3) 금반언이론(Estoppel Theory)

금반언이론은 은행이 신용장을 발생할 때에 은행은 발행의뢰인으로부터 수익자의 어음결제를 함에 있어 충분한 자금을 수취하였다는 사실을 표시한 것이기 때문에, 은행은 신용장 발행 후 수익자를 위한 자금이 위탁되어 있다는 사실을 표시한 것이기 때문에 은행은 신용장 발행 후 수익자를 위한 자금이 위탁되어 있다는 사실을 부정할 수 없다는 이론이다.

영미계약법에서 금반언이란 어느 특정인이 자기의 말이나 행위로써 고의로 타인으로 하여금 특정한 사실을 믿게 하고, 나중에 종전의 입장을 번복할 수 없다는 법률용어이다. 이를 신용장에 적용시킨 것이다. 금반언이론에서는 신용장의 발행을 위한 발행자금이 은행에 예탁되어야만 한다. 그러나 발행은행은 수입업자로부터 지급자금을 먼저 지급 받고 신용장을 발행하는 것은 아니다. 신용장 실무에서는 오히려 후에 지급하는 것이 관례이다. 또한 발행은행이 사전에 자금을 영수하였더라도 이것은 수출업자가 관여하여야 할 사항이 아니다. 또한 수출업자에게 이러한 사실을 전달하여야 하는 의무도 없다.

4) 권리유보이론(Right Reservation Theory)

권리유보이론은 개설은행이 수익자에게 신용장을 발행하는 행위를 개설은행이 수익자에게 신용장을 체결하기 위한 청약으로 간주하고 청약에 대해 수익자가 승낙하고 약인(consideration)을 제공해야 한다는 계약법상의 일반 원칙이 신용장에 모두 충족하고 있음을 입증한 이론이다. 즉, 관행상 청약으로서 개설되어 온 신용장을 수령할 경우 이를 검토하여 거절하거나 반대의사를 표시하지 않은 채 침묵을 지키는 것이 일반적이다.

이러한 침묵을 승낙의 의사표시로 간주할 수 있으며, 또한 수출자가 계약품이나 선적서류를 인도하는 형태로 약인이 제공되는 것이 아니라 수출자가 지니고 있는 물품처분권 및 대금지급청구권 등의 권리를 행사하지 않고 유보시킴으로써 불이익을 감수하는 형태로 약인이 제공된다.

그러나 이러한 견해에는 사실의 문제로서 언제 그러한 권리가 유보되었는지, 언제든지 취소될 수 있는 취소가능신용장의 경우 수익자가 신용장을 수령하였다 하더라도 대금지급청구권을 가지는가, 그리고 승낙이 침묵에 의해 이루어지는 점과 관련하여 수익자에게 도착한 신용장의 취소불능성이 언제부터 발생하는지가 의문시된다.

5) 보증이론(Guarantee Theory)

보증이론은 채무보증이론이라고도 한다. 이것은 발행은행이 발행의뢰인의 물품대금지급을 수익자에게 조건부로 보증하는 보증인에 입장한다는 이론이다. 그래서 이것을 매수인채무보증이론이라고도 한다. 그러나 신용장에서 발행은행의 채무는 매매계약과는 별개의 독립된 채무이다. 또한 신용장은 발행은행이 매수인의 지급이행여부와는 관계없이 독립적으로 지급할 것을 약정 한 것이다. 취소불능신용장은 발행은행이 어음의 발행인 및 선의의 소지인에 대하여 어음과 선적서류가 신용장 조건에 일치하면 지급, 인수, 매입을 하겠다는 확약이다. 그러므로 발행은행의 근원적인 채무이지 부차적인 보증채무가 아니다. 즉, 발행은행의 채무는 매매계약과 독립된 추상적 채무이다.

6) 대리인이론(Agent Theory)

대리인이론은 발행의뢰인이 수익자의 대리인 자격으로 발행은행과 신용장 계약을 체결하였다는 이론이다. 따라서 신용장거래에서 수익자는 발행은행에 서류를 인도하고 대금지급을 청구할 수 있다. 대리인 이론은 매도인의 대리인이론이라고도 불린다. 그러나 수입업자가 신용장 발행을 의뢰하는 행위는 계약이행의 필요성에 의한 독립적인 행위이다. 그러나 수출업자의 대리인 자격으로 수입업자가 신용장을 발행한 것은 아니다. 수출업자의 대리인 자격이라면 신용장을 발행하여 무역대금에 대한 지급, 인수, 매입을 확약할 필요는 없다. 이것이 대리인이론의 한계점이다.

7) 상업적 특수이론(Mercantile Speciality Theory : 특수상관행설)

상업적 특수이론은 특히 취소불능신용장이 상업적 특수성을 갖고 있기 때문에 신용장을 어음, 수표 등의 유통증권과 같은 요식증권으로 법률상 인정하여야 된다는 이론이다. 상업적 특수이론은 신용장 거래의 관행 및 상인의 관념을 기초로 한다. 그래서 이것을 상관습이론이라고도 한다.

상업적 특수이론에서는 발행은행이 신용장을 발행하면 발행은행이 채무를 부담하는 것으로 간주한다. 신용장을 받은 수출업자도 그와 같은 확신을 갖는다는 것이다. 따라서 법률에서 불특정인이 신중하게 결정한 약속은 그가 작성한 채무증서와 같은 효력을 갖는다는 사실로 간주하여야 된다는 것이다.

그러나 법에서는 약인의 필요성은 인정하지만 상업적 특수이론은 인정하지 않는다. 상업적 특수이론은 신용장을 수표, 어음 등의 유통증권으로 간주하지만 신용장은 수표, 어음처럼 형식상의 통일이 결여되어 있어 유통증권으로 간주될 수 없다.

제4절 신용장 종류

신용장 종류에는 신용장을 단순히 수출업자의 입장에서 본 것을 의미하는 수출신용장과 신용장을 수입업자의 입장에서 본 것을 의미하는 수입신용장이 있다. 또한 우편을 발행하는 경우에 사용하는 우편신용장(mail credit)과 신용장을 전신으로 발행하는 경우 사용하는 전신신용장(cable credit)이 있다.

상업신용장은 국제무역거래에서 대금결제를 위하여 사용되는 상거래상 필요에 의하여 발행된 신용장을 의미한다.[5)]

위의 신용장 이외에 실제 거래에 필요하며 중요시되는 신용장들이 존재한다. 크게 일반신용장, 특수신용장과 유사신용장으로 구분할 수 있다.

1) 일반신용장[6)]

일반신용장은 다양한 기준으로 구분되어진다. (1) 서류의 첨부여부, (2) 취소가능성, (3) 확인

---

5) ① 한국무역협회(https://www.kita.net/).
   ② 『신용장의 법적관계』, http://www.happyhaksul.com/reports/45246. pp.1~5.

6) ① 김기만, 전게서, pp.83~86.
   ② 유광현, 전게서, pp.154~155.
   ③ 박대위·구종순, 전게서, pp.342~343.
   ④ 이기찬, 전게서, pp.58~60, pp.222~223.

유무, (4) 양도가능 여부, (5) 대금 지급방식, (6) 대금 지급기일, (7) 대금결제 방식에 따른 분류에 의한 기준에 의해 신용장을 구분할 수 있다.

(1) 서류의 첨부여부에 따른 분류

상업신용장인 화환신용장과 무화환신용장은 서류의 첨부 여부에 따라 구분되어진다.

① 화환신용장(Documentary L/C)

화환신용장(Documentary L/C)은 개설은행에 수익자가 발행한 환어음에 선적서류(운송서류, 보험서류 등)를 첨부할 것을 조건으로 개설은행이 이에 대한 지급이나 인수, 매입을 확약하는 신용장이다.

② 무화환신용장(Clean L/C)

무화환신용장(Clean L/C)은 신용장에 따라 발행되는 환어음에 선적서류가 첨부되어 있지 않은 경우에도 개설은행이 지급이나 인수, 매입을 확약하는 신용장이다.

무담보신용장이라고도 하며, 주로 무역 외 거래의 결제수단 또는 각종 채무의 보증수단으로 사용한다.

(2) 취소가능성에 따른 분류

취소가능성에 따라 취소가능신용장과 취소불능신용장으로 나눌 수 있다.

① 취소가능신용장(Revocable L/C)

취소가능신용장(Revocable L/C)은 신용장을 개설한 후 수익자에게 사전에 통고함 없이 개설은행이 언제든지 조건변경이나 취소 가능하며, 'revocable(취소 가능)' 이라고 표시되어 있는 신용장이다.

② 취소불능(화환)신용장(Irrevocable L/C)

취소불능(화환)신용장(Irrevocable L/C)은 신용장에 'irrevocable(취소불능)' 이라고 명시되어 있거나 아무런 표시가 없는 신용장이다.

조건에 일치하는 서류가 제시되면 개설은행은 대금을 지급하겠다고 확약하고, 한번 개설되면 당사자 전원이 동의하지 않는 한 변경이나 취소가 불가능한 신용장이다.

(3) 확인 유무에 따른 분류

확인 유무에 따라 확인신용장과 무확인신용장으로 구분할 수 있다.

① 확인신용장(Confirmed L/C)

확인신용장(Confirmed L/C)은 개설은행 이외의 제3의 은행이 수익자에게 추가로 지급, 연지급, 인수 또는 매입을 확약하는 신용장이다. 개설은행의 대금 지급 확약과는 별개의 독립된 확약이며, 수익자는 개설은행과 확인은행에서 이중으로 결제에 대한 확약을 받게 된다.

개설은행이 지급불능상태에 빠지면 확인은행이 개설은행을 대신하여 지급하여야 하므로 수익자는 이중의 지급확약을 받게 된다. 확인은행의 이러한 확약은 개설은행의 그것을 보증하는 것이 아니라 별개로 독립된 것이 된다.

② 무확인신용장(Unconfirmed L/C)

무확인신용장(Unconfirmed L/C)은 개설은행이 수익자가 발행하는 어음의 지급, 인수, 매입을 확약하고 있을 뿐 제3의 은행의 확인이 추가되지 않은 신용장이다.

(4) 양도가능 여부에 따른 분류

양도가능 여부에 따라 양도가능신용장과 양도불능신용장으로 구분할 수 있다.

① 양도가능신용장(Transferable L/C)

양도가능신용장(Transferable L/C)은 신용장에 'Transferable(양도 가능)' 이라고 명시되어 있으며, 제1수익자가 제2수익자에게 신용장의 전부 또는 일부를 양도할 수 있는 신용장이다. 양도는 달리 합의된 사항이 없으면 1회에 한하여 양도될 수 있다.

② 양도불능신용장(Non-Transferable L/C)

양도불능신용장(Non-Transferable L/C)은 신용장상에 'Transferable(양도 가능)'이라는 표시가 없어 다른 당사자에게 양도가 허용되지 않고, 오직 지정된 수익자만 그 신용장을 사용할 권리를 가진다.

(5) 대금 지급 방식에 따른 분류

대금 지급 방식에 따라 지급신용장, 인수신용장 그리고 매입신용장으로 구분할 수 있다.

지급신용장에는 일람지급신용장과 연지급신용장이 있으며, 매입신용장에서는 제한매입신용장과 자유매입신용장이 있다.

① 지급신용장(Payment L/C)

지급신용장(Payment L/C)은 환어음의 배서인이나 선의의 소지인에 대한 약정은 없고 수익자가 개설은행 또는 개설은행이 지정하는 은행에 신용장 조건과 일치하는 서류를 제시하면 지급을 하겠다고 약정한 신용장이다. 지급신용장에는 일람지급신용장과 연지급신용장이 있다.

a. 일람지급신용장(Sight Payment Credit)

일람지급신용장(Sight Payment Credit)은 신용장 조건에 일치하는 서류가 신용장에 지정된 지급은행에 제시되면 서류를 일람 후 서류와 상환으로 대금을 지급하는 신용장이다.

일람지급신용장의 경우 지급은행이 개설은행의 예치환거래은행이므로 지급 시마다 개설은행의 예금계정에서 당해 금액을 차감하여 지급한다.

서류가 신용장 조건과 일치하면 대금을 지급하므로 환어음을 발행할 필요가 없으며, 지급은행은 서류가 개설은행에 의해 부도반환 처리되어도 수익자에게 대금 지급의 반환을 요구할 수 없다(소구권이 없다).

b. 연지급신용장(Deferred Payment L/C)

연지급신용장(Deferred Payment L/C)은 신용장상에서 요구된 서류가 제시되면 신용장에서 정해진 지급의 만기일에 지급할 것을 확약하는 신용장이다. 일람지급 신용장처럼 환어음을 발행할 필요가 없다.

수익자는 서류를 제시할 때 만기일에 지급한다는 확약 내용이 기재된 연지급확약서를 함께 첨부해야 한다. 연지급신용장은 기한부 환어음이 발행되지 않는 기한부 신용장이다.

② 인수신용장(Acceptance L/C)

인수신용장(Acceptance L/C)은 제시된 서류가 신용장 조건과 일치하면 일단 기한부 환어음을 인수하고 만기일에 지급하겠다는 조건의 신용장이다.

개설은행은 본 은행의 해외지점이나 예치환거래은행을 인수은행으로 지정하고 개설은행 대신에 환어음을 인수할 수 있도록 한다. 만기일에 인수은행에 개설되어 있는 개설은행의 예금계정에서 수익자에게 대금을 지급한다. 인수신용장으로 결제할 때에는 기한부 환어음 발행이 요구된다.

③ 매입신용장(Negotiation L/C)

매입신용장(Negotiation L/C)은 신용장을 가지고 발행된 환어음이 매입되는 것을 예상하여 매입을 허용하고, 어음의 발행인(Drawer)뿐만 아니라 어음의 배서인(Endorser), 어음의 소지인(Bona Fide Holder)에 대해서도 지급을 확약하고 있는 신용장이다.

서류 매입의뢰 시 어느 은행이나 자유롭게 매입을 담당할 수 있으며, 개설은행이 서류 부도반환을 하더라도 환어음 발행인에게 소구권을 행사할 수 있다.

매입신용장에는 제한매입신용장과 자유매입신용장이 있다.

a. 제한매입신용장(Restricted Credit)

제한매입신용장(Restricted Credit)은 특정은행에서만 사용할 수 있도록 제한한 신용장이다. 단, 지정된 은행에서 매입절차를 진행해야 하나, 지정은행이 아닌 수출상의 거래은행에 매입을 의뢰할 경우, 지정은행 앞으로 재매입하는 절차가 필요하다.

b. 자유매입신용장(Freely Negotiable Credit)

자유매입신용장(Freely Negotiable Credit)은 특정은행을 지정하지 않고 불특정 다수의 은행이 매입할 수 있는 신용장이다.

(6) 대급 지급기일에 따른 분류

대금 지급기일에 따라 일람출급신용장과 기한부신용장으로 구분할 수 있다. 기한부신용장에는 무역인수신용장과 은행인수신용장이 있다.

① 일람출급신용장(Sight L/C)

일람출급신용장(Sight L/C)은 수익자가 일람출급 환어음을 발행하거나 어음의 발행없이 선적서류를 발행하여 개설은행, 지정은행, 확인은행(있는 경우)에 제시했을 때 그 서류가 신용장 조건에 일치한다면 선적서류와 상환하여 즉시 대금을 지급해야 하는 신용장이다. 일람불신용장(At sight L/C)이라고도 한다.

② 기한부신용장(Usance L/C)

기한부신용장(Usance L/C)은 기한부 환어음의 발행을 요구하는 신용장으로, 수익자가 선적서류와 함께 기한부 환어음을 제시하면 기한부 환어음을 인수한 뒤 만기일에 지급한다고 약정한 신용장이다. 기한부신용장에는 무역인수신용장과 은행인수신용장이 있다.

a. 무역인수신용장(Shipper's Usance Credit)

무역인수신용장(Shipper's Usance Credit)은 수출상이 수입상에 대하여 기한부 어음의 만기일까지 지급을 유예해주는 신용장으로, 기한부 기간 동안 수출상이 수입상에게 신용을 제공하는 신용장이다. 수출상은 만기일까지 대금 결제를 기다릴 수도 있고 거래은행에 매입을 의뢰하여 현금화할 수도 있다. 이런 거래에는 연지급신용장, 인수신용장, 기한부 매입신용장을 사용한다.

b. 은행인수신용장(Banker's Usance Credit)

은행인수신용장(Banker's Usance Credit)은 은행(수출지 은행 또는 수입지 은행)이 수출상이 발행한 기한부 환어음을 인수하여 수출상에게 일람출급 방식(at sight basis)으로 대금을 지급해주는 한편, 수입상에게는 일정기간 후에 대금을 회수하는 방식의 신용장이다.

수출상에게는 일람불 거래의 효과를 주고, 수입상에게는 기한부 거래의 효과를 준다.

(7) 대금 결제 방식에 따른 분류

대금 결제방식에 따라 단순신용장, 송금신용장 그리고 상환신용장으로 구분할 수 있다.

① 단순신용장(Simple L/C)

단순신용장(Simple L/C)은 수출국의 지정은행(지급, 인수, 매입은행)과 개설은행이 예치환거래 관계인 경우, 수출자에 대한 대금 지급을 개설은행의 계좌에서 매입은행 자행계좌로 이체하는 방법으로 간단히 처리하는 신용장이다.

② 송금신용장(Remittance L/C)

송금신용장(Remittance L/C)은 매입은행과 개설은행이 무예치환거래은행인 경우, 매입은행이 신용장과 일치하는 제시에 대하여 개설은행에 송부하고 개설은행이 매입은행에 대금을 송금하는 방식의 신용장이다.

③ 상환신용장(Reimbursement L/C)

상환신용장(Reimbursement L/C)은 지급, 인수, 매입은행과 개설은행의 관계가 예치환계정을 보유하지 않은 무예치환거래 관계일 때, 개설은행이 권리를 부여한 제3의 은행(결제은행 또는 상환은행) 앞으로 환어음을 송부하여 대금을 지급받는 신용장이다.

2) 특수신용장7)

특수신용장에는 회전신용장, 선대신용장, 보증신용장, 내국신용장 그리고 연계무역 신용장이 있다. 연계무역 신용장에는 Back to Back L/C, Escrow L/C, TOMAS L/C가 있다.

(1) 회전신용장(Revolving L/C)

회전신용장(Revolving L/C)은 동일한 수출입업체 간에 동일한 종류의 품목을 지속적으로 거래할 때 신용장을 개설하는 불편을 피하고 부담을 덜기 위하여 사용하며, 처음 개설한 신용장이 이행되면 일정한 기간이 경과한 후 자동적으로 동액의 신용장이 개설되는 방식의 신용장이다.

(2) 선대신용장(Red clause L/C)

선대신용장은 전대신용장이라고도 한다. 개설은행이 매입은행으로 하여금 수출상에게 수출대금의 일부 또는 전부를 선적 전에 미리 지급받을 수 있도록 허용하는 신용장이다.

수출상에 대한 집하자금의 융자라는 의미에서 packing credit 이라고도 한다.

(3) 보증신용장(Stand-by L/C)

보증신용장(Stand-by L/C)은 금융의 담보로 또는 채무이행의 보증을 목적으로 발행되는 무화환신용장(Clean L/C)의 일종으로, 발행의뢰인이 이행해야 하는 의무를 이행하지 않은 경우 개설은행이 지급을 이행하겠다는 약속증서와 같은 채무보증용 신용장이다.

---

7) ① 김기만, 전게서, pp.86~87.
② 한국무역협회(https://www.kita.net/)
③ 박대위・구종순, 전게서, pp.343~344.
④ 이기찬, 전게거, p.224.

보증신용장은 대금 결제가 아니라 주로 자본거래나 무역외거래 등에서 보증수단으로 사용된다는 점에서 화환신용장과 차이가 있다.

(4) 내국신용장(local L/C)

내국신용장(local L/C)은 수출신용장(Master L/C)을 받은 수출상의 요청으로 외국환은행이 국내의 완제품 또는 원자재 생산업체(수입 원자재 공급자 포함)을 수혜자로 하여 개설한 지급보증서로, 수출 물품 및 원자재를 국내 공급업체로부터 원활히 조달하도록 하기 위하여 무역금융의 일환으로 운영되는 신용장이다.

(5) 연계무역신용장

연계무역(Counter Trade)이란 특정물품의 수출과 수입이 연계된 무역거래를 포괄적으로 총칭한 것으로 구상무역 신용장이라고도 한다. Back to Back L/C, Escrow L/C, TOMAS L/C가 있다.

① 동시개설신용장(Back to Back L/C)

동시개설신용장(Back to Back L/C)은 이미 수입상이 수입 신용장을 개설하였는데 수출국에서도 같은 금액의 신용장을 개설하여 오는 경우에만 유효하다는 조건이 붙은 조건부 신용장이다. 보통 두 나라가 물자를 교환하는 경우에 사용한다.

② 기탁신용장(Escrow L/C)

기탁신용장(Escrow L/C)은 신용장에 의해 발행되는 어음의 매입 대금을 수익자에게 지급하지 않고 상호약정에 따라 수익자 명의로 된 매입은행, 발행은행, 제3국의 환거래은행의 기탁계정(Excrow Account)에 기탁해두었다가 기탁해둔 매입 대금은 수익자(수출자)가 개설의뢰인(수입자)의 국가에서 수입하는 물품에 대해 대금 결제할 때에만 사용하도록 하는 조건의 신용장이다.

③ 토마스신용장(TOMAS L/C)

토마스신용장(TOMAS L/C)은 구상무역을 위한 특수한 신용장으로, 수출상과 수입상 양측이 상호 일정액의 신용장을 서로 발행하기로 하되, 일방이 먼저 신용장을 개설한 경우 상대방은 이에 대응하는 신용장을 일정 기간 후에 발행하겠다는 보증서를 발행해야만 상대방 측에 도착한 신용장이 유효한 신용장이다.

3) 유사신용장[8)]

이미 개설이 완료된 신용장과 그 내용이 동일한 신용장을 또 다시 발행한 경우 그 신용장의 관련 은행(개설, 통지, 확인은행)은 이에 대한 지시를 억제시키거나 무시해야 하며 거래당사자가 신용장 조건 변경을 통하여 이와 같은 시도를 할 경우에도 관련 은행은 이러한 변경사항은 없었던 사실로 간주하도록 하고 있다. 은행이 지급보증을 하지 않는다는 점에서, 엄밀한 의미에서 신용장은 아니지만 신용장과 같은 기능을 하고 있는 유사신용장이 있다.

(1) 어음매입수권서(A/P : Authority to Purchase)

어음매입수권서(A/P : Authority to Purchase)는 은행이 지급보증을 하지 않는다는 점을 제외하고는 신용장과 같은 기능을 가지고 있는 것으로, 수입지의 은행이 수입업자의 요청에 따라 수출지에 있는 자기의 본·지점 또는 환거래은행에 대하여 수출업자가 수권서(letter of authority)에 명시된 일정 조건의 서류를 준비하여 수입업자 앞으로 발행된 어음을 제시하면 매입할 수 있는 권한을 부여한 통지서를 말한다.

이 경우 수출업자는 수입업자를 지급인으로 환어음을 발행하며 지급이 거절되면 어음발행인인 수출업자는 매입은행의 상환청구에 응하여야 한다.

(2) 어음매입지시서(L/I : Letter of Instruction)

어음매입지시서(L/I : Letter of Instruction)는 수입지의 은행이 수출지에 있는 자기의 본·지점 앞으로 수출업자가 이 조건으로 이 금액 이내의 환어음을 발행하였을 경우 귀점에서 그 환어음으로 매입하여 주기 바란다고 지시하는 것으로, 기능면에서 어음매입수권서와 같지만 동일은행의 본·지점 간에만 사용되는 것에 차이가 있다.

(3) 어음지급수권서(A/P : Authority to Pay)

어음지급수권서(A/P : Authority to Pay)는 수입지의 은행이 수입업자의 요청에 따라 수출지에 있는 자기의 본·지점 또는 환거래은행에 대하여 수출업자가 일정한 조건 하에 발행하는 어음에 대하여 지급할 것을 지시하는 통지서를 말한다.

어음매입수권서와 다른 점은 어음이 수입업자 앞으로 발행되는 것이 아니라 통지은행 앞으로 발행되는 일람출급어음이며, 통지은행은 지급확약 약정을 하지 않으며 수출업자에게 아무런 통지 없이 취소할 수 있다.

---

8) 한국무역협회(https://www.kita.net/)

제5절 신용장통일규칙과 신용장거래의 실제

신용장통일규칙에 대한 자세한 내용은 5.1에서 다루며, 신용장 거래의 실제(매입신용장을 통한 신용장 거래절차)는 이러하다.

① 수출입 상이 무역계약을 체결하면서 결제조건은 L/C로 할 것을 합의한다.

② 수입상은 본인의 거래은행을 통해 수출상 앞으로 신용장 개설을 의뢰한다.

③ 신용장 개설을 의뢰 받은 개설은행은 수입상의 지시에 따라 수출상 앞으로 신용장을 개설한 후 수출상이 소재하고 있는 외국의 환거래은행에 신용장을 송부해 수출상에게 신용장 도착을 통지한다.

④ 통지은행은 신용장의 외관상 진정성을 확인해 수출상에게 신용장 도착을 통지한다.

⑤ 신용장을 수취한 수출상은 그 신용장 조건이 매매계약 조건과 일치하는지 확인하고, 계약 조건에 해당하는 물품을 제조하며, 필요시 협력업체에 물품을 조달 또는 구매한다.

⑥ 물품 등의 제조 등 수출 준비가 완료되면, 관세청에 수출신고를 한다.

⑦ 수출신고가 수리가 되면 수출상은 물품을 선적하고, 운송인에게 운송증권(해상운송의 경우 B/L을 발급 받는다)을 발급받는다.

⑧ 경우에 따라 수출상은 수출화물에 대한 보험에 가입을 한다.

⑨ 수출물품의 선적이 완료되면 신용장에서 요구한 선적서류들과 환어음을 준비한다. 그리고 신용장상 지정된 매입은행 등에 이를 제시하고 서류심사를 의뢰한다.

⑩ 매입은행은 환어음 및 제시한 서류의 서류심사 후 신용장의 요건에 부합하는 경우 수출상에게 환어음 대금을 지급한다.

⑪ 매입은행은 수출상에게 지급한 환어음 대금을 결제 받기 위해 개설은행에 환어음 및 서류를 송부하고, 개설은행은 서류심사 후 신용장 조건과 일치 시 대금을 지급한다.

⑫ 개설은행은 매입은행으로부터 수취한 운송서류와 환어음의 도착을 수입상에게 통지하고, 수입상은 서류와 상환으로 대금을 결제하고 운송서류를 인도받는다.

⑬ 서류를 받은 수입상은 운송인에게 화물 도착 통지를 받고 선적서류와 상환으로 화물을 수령한다.

(1) 신용장 거래 한계성

신용장 거래의 한계성은 수출상 측면과 수입상 측면으로 나눌 수 있다.

① 수출상 측면

신용장에 명시된 서류를 구비하여 유효기일 및 서류제시 기일 내에 제시하지 못하면 수출대금을 지급받지 못 할 수도 있다. 유효기일 및 서류제시 기일 내에 서류를 제시하였다 하더라도, 서류심사 결과 신용장 조건과 엄밀하게 일치하지 않는다고 판단되면 대금을 지급받지 못하는 경우가 발생할 수 있다.

② 수입상 측면

신용장 조건과 일치하는 서류를 입수했다 하더라도 실제 물품이 계약상 물품과 동일하다는 보장을 받을 수 없다. 이를 극복하기 위해서는 선적 전 검사를 철저히 실시하고 수출상에게 일정 금액에 해당하는 하자보증서의 제시를 요구하도록 한다.

1 신용장통일규칙

제1차 세계대전 후, 국제 간 교역량이 증가하자 신용장의 이용도 늘어났지만, 신용장의 통일성이 결여되어 신용장거래에서 많은 분쟁이 발생되었다. 처음에 신용장통일운동은 미국에서 시작되었으나, 1920년 국제상업회의소가 창설되어 통일작업을 주도하여 1933년 6월3일 Wien의 ICC 제7차 총회에서 정식 채택되었다. 영어 명칭은 "Uniform Customs and Practice for Commercial Documentary Credit"(상업화환신용장에 관한 통일된 관습 및 관행)이며 ICC Brochure No. 82로 발효되었다. 이를 통상 "신용장통일규칙"(UCP)이라고 한다.

UCP는 국제민간단체인 ICC에서 제정한 것으로, 국제적인 협약이나 통일법과 같이 사법상의 구속력이 없고, 통일관습에 불과하다. 따라서 당사자가 실제 거래에서 이를 적용하기로 합의한 경우에 구속력을 갖는다. UCP 제정 당시에는 유럽 국가들이 중심이 되었기 때문에 국제적인 통일규칙이라고 하기에는 미흡한 면이 있다. 또한 국제거래에서 각종 관습, 즉 매매, 운송, 결제 등의 관습이 바뀜에 따라 개정이 불가피하여 2007년까지 모두 6차례 개정이 이루어졌다.

1) 제1차 개정(1951년)

통일규칙 제정 후 ICC 은행기술실무위원회는 1933년, 제정규칙과 미국의 참조규정을 참고한 개정안을 마련하여, 1951년, 제13차 ICC 총회에서 의결되고, ICC Brochure No. 151로 공표하였다.

2) 제2차 개정(1962년)

1961년 코헨하겐에서 개최된 ICC 총회에서 영국이 참여의사를 밝히고, B.S Wheble씨가 1951년 개정안과 런던 관행을 조화시킨 개정안을 제출하였다. 1963년 멕시코 총회에서 의결되어 ICC Brochure No. 222로 원문을 영어로 발표하였다.

3) 제3차 개정(1974년)

1972년 ICC은행위원회의 위원장인 Wheble씨를 중심으로, 컨테이너에 의한 복합운송, 활발한 동서무역 등 무역환경 변화를 반영하기 위한 제3차 개정작업에 착수하였다.

또한 1973년 11월 "복합운송서류에 관한 통일규칙 ICC Publication No. 273이 제정되어 공표되었다. 제3차 개정규칙의 최종안이 1975년 3월 ICC Publication No. 290으로 공표되었다.

4) 제4차 개정

Incoterms(1978), 공동해손에 관한 York-Antwerp Rules(1974), Hamburg Rules(1978)등과 같이 국제규칙 간 조화가 필요했다. 이에 ICC 은행위원회는 1979년에 개정작업을 시작하여 1983년 6월 ICC Publication NO. 400으로 개정안을 공표하였다.

5) 제5차 개정

세계 100여 개국 2,000개 은행에서 신용장에 관련 통신 업무를 Swift 시스템으로 처리하게 되면서 이에 ICC은행무역위원회는 1990년부터 3년간의 준비과정을 거쳐 1993년 UCP 500을 공표하였다.

6) e-UCP 제정

ICC은행위원회는 인터넷기술이 널리 보급됨에 따라 종이 신용장과 종이 서류가 기술적인 변화를 수용할 수 있도록 2000년 5월 논의를 시작하여 2001년 12월에 e-UCP를 제정하였다.

7) 제6차 개정

화환신용장에 관한 통일규칙 및 관례가 2006년 10월 25일 파리에서 개최된 ICC은행위원회에서 승인되어, 2007년 7월 1일부터 새롭게 시행되었다. UCP 600은 제2조와 제3조를 추가하는 한편, 기존의 49개 조항을 39개 조항으로 통합하였다.

2 신용장의 구성내용

신용장의 구성은 일반적으로 신용장 자체에 관한 사항, 결제 및 환어음에 관한 사항, 선적에 관한 사항, 물품에 관한 사항, 서류에 관한 사항 및 특수조건 등 6개 부문으로 이루어져있다.

① 신용장 자체에 관한[9] 사항으로 당사자, 신용장 개설일자 및 장소, 유효기일 및 장소, 신용장 금액 등이 있다.

② 결제 및 환어음에 관한 사항으로 지정은행, 결제방법, 환어음기간, 환어음지급인 등이 표시된다.

③ 선적에 관한 사항은 분할선적 및 환적 등 선적방법, 선적항 및 도착항 등 운송구간, 선적일자 등이 표시된다.

④ 물품에 관한 사항은 물품의 규격, 단가, 수량 등이 표시된다.

⑤ 서류에 관한 사항은 기본서류로써 상업송장, 운송서류, 보험서류 등이 표시되고, 보충서류로서 포장명세서, 검사증명서, 수익자증명서 및 원산지증명서 등이 표시된다.

⑥ 특수조건 등으로 은행수수료, 서류제시기간, 신용장통일규칙 준거조항, 상환조항, 확인지시조항 등이 표시된다.

3 신용장의 통지와 확인

(1) 신용장의 통지

통지은행은 개설은행으로부터 온 신용장을 수익자에게 전달한다. 통지은행은 단순히 신용장을 전달하는 역할 이외에 신용장의 진정성을 확인할 의무가 있다. 진정성의 확인을 위하여 SWIFT 신용장에서는 authenticity key로 신용장의 진정성을 확보한다.

SWIFT의 경우 신용장의 금액, 통화종별, 거래일자 등 신용장의 제반조건이 암호화되어 있다. 개설은행이 동 암호를 통지은행에 전송하면 통지은행은 이를 해독하여 수익자에게 전달하므로 가짜 신용장이 발생할 가능성은 거의 없다.

밑의 내용은 취소불능신용장의 취소, 조건변경의 통지에 대한 것이다.

① 수익자가 "조건변경을 통지하여 온 은행"에 조건변경에 대한 동의를 전달하기까지는 조건변경은 유효하지않다.

② 조건변경의 통지 가운데 복수의 조건변경이 포함되어 있는 경우에는 그 가운데 일부만

---

9) 박영태, 전게서, pp.150~152, pp.166~168, p.159.

승낙하는 것은 인정되지 않는다. 따라서 일부만 승낙 받고자 하는 경우에는 개설의뢰인 측에 그러한 취지를 전달하여 새로운 조건변경의 통지를 받을 필요가 있다.

③ 개설은행, 확인은행, 수익자의 합의 없이는 변경 혹은 취소할 수 없다.

④ 조건변경을 통지할 때는 신용장을 통지한 동일한 은행을 이용해야만 한다.

(2) 신용장의 확인

신용장의 확인이란 신용장 개설은행이 1차로 지급, 인수 또는 매입을 확약하고 있는 취소불능신용장에 대해여 제3의 은행이 개설은행의 요청에 의하여 2차로 지급, 인수를 확약하거나 어음발행인에게 매입대전을 상환과 청구함 없이 매입을 확약하는 것을 말한다.

신용장 확인의 발생원인으로는 신용장은[10] 수입상에 대한 개설은행의 조건부 지급보증서로 개설은행의 신용에 의하여 그 기능이 발휘되는 것인데, 개설은행의 자산과 신용이 충실하지 못하면 수출상은 수출대금의 회수에 확신을 갖지 못하게 된다.

따라서 수출상은 믿을 수 있는 제3의 은행에 원신용장에 재차 지급 보증한 신용장을 요구하게 되는데, 이때 제3의 은행이 재차 지급 보증하는 것을 신용장 확인이라고 한다.

4 신용장 양도

신용장을 수취한 수출상은 물품을 제조하여 직접 수출하거나, 자신이 수령한 신용장을 근거로 제2신용장을 발행할 수 있으며, 원신용장 자체를 제3자에게 넘기는 신용장 양도방식을 선택할 수도 있다. 양도가능신용장이란 수익자가 신용장의 권리 일부 또는 전부를 양도은행을 통하여 제3자에게 양도하는 경우에 사용하는 신용장이다. 이때 양도인을 제1수익자, 양수인을 제2수익자라고 부른다.

신용장을 양도하게 되는 경우는 수입상에게 가장 유리한 공급선을 찾고자 할 때, 수출지에 있는 수입상의 지사 또는 대리점 앞으로 신용장을 개설하고, 지사 등이 실제 공급자에게 이를 양도하거나, 신용장의 수익자가 계약물품을 생산업자 등으로부터 구입하는 대신 신용장을 이들에게 양도하여 직접 선적하도록 하고, 그 차액을 취득하고자 하는 경우 등이다.

---

10) ① 노현수, 『무역개론』, 탑북스, 2014, pp.150~152.
② 블로그 (https://spot.wooribank.com/pot/Dream?withyou=FXEIM0016)
(https://blog.naver.com/kkkkh95/221417385693)
(https://spot.wooribank.com/pot/Dream?withyou=FXEIM0016).

(1) 신용장 양도 목적

① 수출자가 수출쿼타를 보유하지 않았거나(쿼타 품목에 한함) 상품의 제조업자가 아니라 생산자로 하여금 직접선적과 매입을 하게 되는 경우

② 수출지에 있는 수입상의 대리점 또는 지사가 먼저 신용장을 일괄적으로 받아 놓고 실수출자에게 신용장을 분할하여 양도하는 경우

③ 중계무역의 경우와 같이 중간차익의 취득을 목적으로 중계업자가 L/C를 타사에 양도하는 경우

④ 신용장을 근거로 새로운 신용장을 개설할 담보능력 등이 없을 때

(2) 양도의 종류

① 제2수익자의 수에 따라 1인에게 신용장 금액 전부를 양도하는 전액양도와 다수에게 신용장을 분할하여 양도하는 분할양도가 있다.

② 제2수익자의 소재지에 따라서 국내에 소재하는 제2수익자에게 양도하는 국내양도와 외국에 소재하는 제2수익자에게 양도하는 국외양도가 있다.

③ 원신용장의 조건변경에 따라서 원신용장의 조건을 변경하지 않고 있는 그대로 양도하는 단순양도와 신용장 양도에 따른 중계차익을 확보할 목적으로 일부를 변경하여 새로운 조건의 신용장을 만들어 양도하는 조건부양도가 있다.

(3) 양도신용장의 조건

양도신용장의 조건은 원신용장의 조건과 일치하여야 하지만, 다음의 경우는 예외이다.

① 신용장의 금액 및 단가의 감액

② 유효기일의 단축

③ 서류제시기일의 단축

④ 선적기일의 단축

⑤ 부보비율의 증액

⑥ 서류송부은행을 개설은행에서 양도은행으로 변경

⑦ Applicant 이름을 제1수익자로 대체

(4) 신용장 양도 시 주의할 사항

① 신용장에 반드시 양도가능이라고 명시되어 있어야 하며, 기타 "dicisible", "fractionable", "assignable", "transmissible" 등의 용어를 사용하면 양도가능으로 보지 않는다.

② 양도은행으로 특별히 지정된 은행만이 양도를 취급할 수 있다. 발행은행은 양도 은행일 수 있다.

③ 분할선적이 금지되어 있지 않는 한 분할양도가 가능하다.

④ 신용장에 별도의 명시가 없는 한 양도는 1회에 한한다.

⑤ 무역금융 융자취급 사실이 있는 신용장은 양도가 불가능하다.

⑥ 양도신청서에는 조건변경 통지방법에 대한 지시가 제1수익자를 경유하여 통지할 것인지 또는 제2수익자에게 통지할 것인지 여부가 명확히 기재되어 있어야 한다.

(5) 양도절차

① 양도은행은 제1수익자가 지시하는 의뢰서의 내용에 따라 [Transfer Advices]를 첨부하여 양수인인 제2수익자에게 원본교부, 이때 원신용장의 뒷면에 양도사실을 기재한다. 예를 들면 [This credit had been totally(or partially) transferred to ABC Co. for U$ 12,000 by XYZ Bank]라고 명기한다. 특히 Partial Transfer인 경우 상품이 종류별로 되어 있거나 수량이 명시되어 있는 경우에는 원신용장의 뒷면에 당해 상품명이나 수량도 기재해야 한다.

② 양도은행은 양도인, 개설은행, 통지은행에 [Transfer Advices]의 사본을 교부하고 양수인에게는 양도은행이 작성한 양도신용장을 교부한다.

5 결론

이처럼 요구하는 조건에 일치하는 소정의 서류와 상환으로 수익자인 수출업자에게 대금지급을 해주겠다는 조건부 지급 확약서인 신용장은 오래전부터 사용되어 꾸준히 개정되어 왔으며, 수출업자와 수입업자 사이에 은행이 개입하여 신용을 보증해줌으로써 국제무역을 원활하게 수행할 수 있도록 해줄 뿐만 아니라, 매매 당사자 간에도 여러 가지 이점이 있기 때문에 무역거래에서 효용이 매우 크다. 신용장은 무역결제수단에서 중요한 문서이다.

10

통관과 관세

Chapter 10
통관과 관세

제1절 통관의 개념

통관이란 관세법에 따른 절차를 이행하여 물품을 수출, 수입 또는 반송하는 것을 말한다. 통관은 수입통관, 수출통관, 반송통관으로 구분할 수 있다. 물품을 수출 또는 수입하고자 하는 경우에는 통관절차를 거쳐야 한다. 통관절차는 관세법 및 무역 관계 법령의 영향을 받으며, 외국인 투자자가 자본재를 현물출자 하는 경우에는 수입통관 절차를 완료하고 관세청장의 현물출자 완료확인을 받아야 한다.

(1) 화물의 이동경로

① 수입통관
② 반송통관
③ 수출통관

(2) 물품대금 결제 방식

① 유환통관
② 무환통관

(3) 통관절차 편의도

① 일반통관
② 간이통관

(4) 관세의 부과방식

① 신고납부통관
② 부과고지통관

제2절 수출통관[1]

수출통관이란 수출하고자 하는 물품을 세관에 수출 신고한 후 신고 수리를 받은 후 물품을 외국무역선(기)에 적재하기까지의 절차를 말한다. 수출이란 내국 물품을 외국으로 반출함을 말하는 것으로서 수출하고자 하는 물품이 대외무역법 및 관계 법령 등에 의하여 수출이 가능한 물품인지 아닌지를 먼저 확인하여야 하며, 대금영수방법에 대하여도 외국환거래법 등 관계법규에 의거하여 제약이 없는지 사전 확인할 필요가 있다.

정식 통관절차는 간이통관절차 적용대상 이외의 물품 수출통관에 적용하는 절차를 말한다. 간이 통관절차는 개인물품, 무역통계에 계상되지 아니하는 물품 또는 관세환급 대상이 아닌 물품으로서 정식통관절차가 필요하지 않은 물품의 수출통관에 적용하는 간이한 절차를 말한다.

1 수출통관의 의의[2]

수출하고자 하는 모든 물품은 세관의 수출통관절차를 밟아야 하는데, 수출통관절차란 수출하고자 하는 물품을 세관에 수출신고를 한 후 신고 수리를 받아 물품을 우리나라와 외국 간을 왕래하는 운송수단에 적재하기까지의 절차를 말하는 것이다. 수출하고자 하는 자는 당해 물품을 적재하기 전까지 당해 물품의 소재지 관할세관장에게 수출신고를 하고 수리를 받아야 한다. 현재 수출신고는 EDI(Electronic Data Interchange) 방식 또는 인터넷을 통한 신고방식으로 신속하게 통관을 진행할 수 있으며, 신문 등 보도용품이나 카탈로그 등은 간이수출신고 절차에 의해 더욱 간소화된 방법으로 수출 통관을 할 수 있다.

2 수출통관 절차

수출신고인이 수출하고자 하는 물품을 세관에 수출신고 후 신고 수리를 받아 물품을 외국무역선(기)에 적재하기까지의 일련의 절차를 이야기한다. 즉, 수출통관 절차란 수출 물품을 세관에 신고하는 절차를 말한다. 현재 수출통관은 EDI 신고를 원칙으로 하고 있으며, 원칙상 수출신고 수리일로부터 30일 이내에 선적을 완료해야만 한다.

---

1) [네이버 지식백과] 수출통관 [Export Customs Clearance] (무역용어사전)
2) 관세청 블로그.

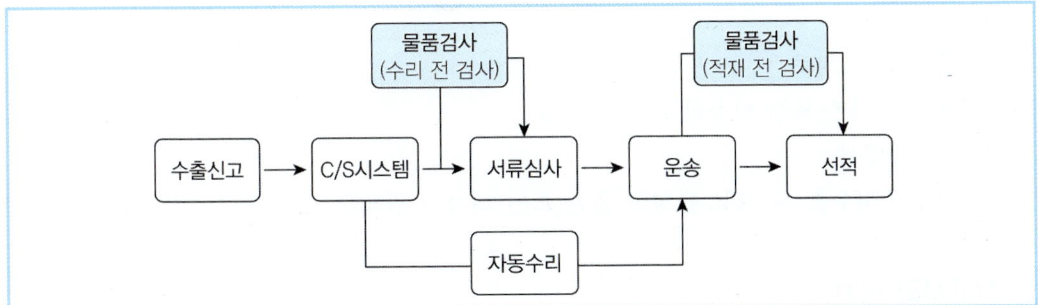

1) 수출 신고

물품을 수출하려면 다음 사항을 세관장에게 신고해야 한다. 수출 신고란 세관에 수출신고수리를 요청하는 통관의 의사표시를 말하며, 수출을 하고자 하는 자는 전자문서로 작성된 신고자료를 통관시스템에 전송하여야 하며 허가, 승인 등의 증명 및 확인을 요하는 물품은 수출신고수리 전에 요건구비의 증명이 필요한 물품의 경우에는 해당 구비서류를 세관장에게 제출하여야 한다. 신고의 수리란 적법하고 정당하게 신고인에게 수출신고필증을 교부하는 세관장의 행위를 말한다.

- 물품의 품명 · 규격 · 수량 및 가격
- 포장의 종류 · 번호 및 개수
- 목적지 · 원산지 및 선적지
- 원산지표시 대상물품인 경우에는 표시유무 · 방법 및 형태
- 상표
- 납세의무자 또는 화주의 상호(개인의 경우 성명을 말함) · 사업자등록번호 · 통관고유부호와 해외공급자부호 또는 해외구매자부호

(1) 신고인

수출신고는 하주, 관세사, 통관법인 또는 관세법인, 수출입통관을 전문으로 하는 국가공인 자격인의 명의로 하여야 한다.

(2) 제출서류

수출신고를 하려는 자는 전자문서로 작성된 다음의 신고 자료를 전자제출 또는 전자이미지로 통관시스템에 전송해야 한다.

- 수출신고서
- 과세가격결정자료
- 선하증권 사본 또는 항공화물운송장 사본
- 원산지증명서
- 수출승인서(수출 시 해당 관청의 승인 또는 허가가 필요한 경우 관련 증명 서류)

2) 신고서의 심사

심사자는 신고서가 정확하게 작성되었는지 여부와 세관장의 수출요건인 허가・승인・표시 또는 그 밖의 조건을 갖출 필요가 있는 물품인지 여부, 원산지 표시 및 지식재산권 침해 여부, 분석의뢰가 필요한 물품인지 여부에 대해 심사한다.

3) 물품 검사

수출신고물품에 대한 검사는 생략한다. 다만, 물품을 확인할 필요가 있는 경우에는 물품검사를 할 수 있다. 수출신고가 적합하게 되면 세관에서는 수출되는 물품이 수출신고된 물품과 동일 물품인지의 여부를 확인하게 되는데 이를 세관검사라고 한다.

수출물품 검사는 위장수출 또는 위조 상품 수출의 방지, 불법수출의 방지 및 관세 환급의 정확성을 기하고 수출품의 품명, 규격, 수량 등의 확인을 목적으로 하고 있다. 신속한 수출 통관을 위해 수출 신고 물품에 대한 검사는 원칙적으로 생략한다.

(1) 적재지 검사

수출물품이 선적되는 적재지의 보세구역 또는 적재지 관할 세관장이 별도로 정하는 장소에서 검사하는 것을 말한다.

(2) 신고지 검사

수출신고를 한 물품의 소재지에 방문하여 검사하는 것을 말한다.

(3) 적재 전 물품검사절차

적하목록 제출자는 적하목록상 수출물품이 검사 대상으로 확인되면, 해당 보세 구역 내 지정된 세관검사 장소에 해당물품을 장치하고 적재지 관할 세관장에게 검사 대상 반입 보고를 해야 한다.

4) 수출신고의 수리

세관장은 거짓 또는 그 밖의 부정한 방법으로 신고한 경우, 그 밖에 수출신고의 형식적 요건을 갖추지 못한 경우 중 어느 하나에 해당하는 경우 수출신고를 각하할 수 있다. 이 경우 세관장은 즉시 통관시스템에 등록하고 그 사실을 신고인에게 통보해야 한다.

(1) 수출신고서 처리방법

수출신고의 수리는 다음 구분에 의해 신고서 처리방법에 따른다. 자동수리대상은 통관시스템에서 자동으로 신고 수리하는 방법이다.

심사 후 수리는 자동수리대상이 아닌 물품 중 검사가 생략되는 물품으로 세관 직원이 신고내용을 검사하고 수리하는 방법이다.

검사 후 수리는 적재지 검사대상은 수출물품을 적재하기 전에 검사받는 조건으로 신고수리, 수출물품에 대하여는 검사생략이 원칙이나 수출시 현품의 확인이 필요한 경우와 우범물품으로 선별된 물품 중 세관장이 검사가 필요하다고 판단한 물품에 대하여 수출 물품을 실제로 검사하고 수출신고를 수리하는 방법이다.

수출통관시 검사대상물품은 통관 시스템에 의해 선별하며, 세관별로 1% 이내이다.

(2) 수출신고필증의 교부

수출신고필증은 일반적으로 신고사실을 전산통보 받은 후 관세사가 날인하여 수출화주에게 교부한다. 만약 화주가 신고서류를 제출한 경우에는 세관의 처리 담당자가 날인한 후 수출신고필증을 교부함으로써 수출신고가 수리된다. 이와 함께 수출신고 수리 전 보수작업은 물품의 원상태가 변질되지 않는 범위 내에서만 허용한다. 세관장은 수출신고를 수리한 때에는 세관특수청인을 전자적으로 날인한 수출신고필증을 교부한다.

수출신고필증은 적재 전 수출신고필증, 수출이행 수출신고필증으로 구분되는데 수출이행 신고필증은 출항이 완료된 이후에 교부한다. 교부된 신고필증이 통관시스템에 보관된 전자문서의 내용과 다를 경우에는 통관시스템에 보관된 전자문서의 내용을 원본으로 한다.

(3) 수출물품의 적재

수출업자는 수출신고가 수리된 물품을 수출신고가 수리된 날부터 30일 이내에 우리나라와 외국 간을 왕래하는 운송수단에 적재하여야 한다. 이를 이행하지 않으면 과태료를 납부하여야 한다. 하지만 출항 또는 일정변경 등 부득이한 사유로 인하여 적재기간을 연장하고자 할 때에는 변경 전 적재기간 내에 통관지 세관장에게 적재기간 연장승인을 신청하여야 한다.

(4) 수출물품의 적재 신고

선적 작업 개시 직전에 운송회사는 수출신고필증의 제시를 요구한다. 이후 본선수취증을 발급한다. 수출물품을 선적한 후 선사 또는 포워더는 수출신고가 수리된 날로부터 30일 이내에 선적 적하목록에 수출신고번호를 기재하여 세관에 EDI방식으로 선적 완료한 사실을 신고한다. 수출자는 수출신고가 수리된 물품을 30일 내에 외국무역선에 적재하여야 한다. 다만, 이 기간 내에 수출이 어려운 경우 1년의 범위 내에서 통관지 세관장의 승인을 받아 기간의 연장이 가능하다. 물품을 선적한 운수기관의 출항 적하 목록이 제출되면 선적 여부가 기록된다.

5) 수출신고의 정정, 취하 및 각하

(1) 수출신고의 정정

수출신고를 정정하려는 자는 정정신청내역을 기재한 수출신고정정신청서를 전자문서로 통관지 세관장 또는 신청인 소재지 관할 세관장에게 전송하고 표준증빙자료를 제출(전자이미지 전송 포함)하여야 한다. 다만, 자율정정대상이거나 잠정수량신고 및 잠정가격신고에 대하여 확정신고를 하는 경우 또는 적재예정보세구역, 적재항부호 항목을 정정하는 경우 등 세관장이 수출신고정정신청서만으로 정정내역의 확인이 가능하다고 인정하는 경우에는 그 증빙자료의 제출을 생략할 수 있다. 심사대상이나 검사대상을 제외한 수출신고건은 출항 전까지 자율정정을 허용할 수 있다. 다만, 자율정정제외대상은 그러하지 아니한다.

(2) 수출신고의 취하

① 수출신고를 취하하려는 자는 수출신고취하승인(신청)서에 신고취하신청내역을 기재하여 통관지세관장에게 전송하고, 증빙서류를 제출(전자이미지 전송을 포함한다)해야 한다.

② 수출신고취하신청(승인)서를 접수한 세관장은 정당한 이유가 있는 경우에 한하여 수출신고취하를 승인하여야 한다.

③ 세관장이 수출신고 취하승인하였을 때 수출신고 또는 수출신고수리의 효력은 상실된다.

(3) 수출신고 각하

세관장은 다음의 어느 하나에 해당하는 경우에는 수출신고를 각하 할 수 있다. 이 경우 세관장은 즉시 통관시스템에 등록하고 그 사실을 신고인에게 통보하여야 한다.

① 거짓 또는 그 밖의 부정한 방법으로 신고한 경우

② 그 밖에 수출신고의 형식적 요건을 갖추지 못한 경우

→ 신고필증의 재교부

신고인과 수출화주는 교부 받은 신고필증을 다시 교부받고자 하는 때에는 수출신고필증 재교부신청서를 작성하여 통관지세관장 또는 관할지 세관장에게 제출하여야 한다. 이 경우 서류제출 신고건으로 신고서류의 확인 등이 필요한 경우 통관지세관장에게 재교부신청을 하여야 한다. 세관장은 사유가 타당하다고 인정하는 때에는 수출신고필증을 재교부할 수 있다.

제3절 수입통관[3)]

수입통관이란 수입신고수리를 의미하는 것으로 수입신고를 받은 세관장이 신고사항을 확인하여 일정한 요건을 갖추었을 때 신고인에게 수입을 허용하는 것으로 수입승인된 사항을 구체적으로 현품과 대조하여 수입승인사항과 일치할 때 수입을 현실적으로 가능하게 하며 외국물품을 내국물품화하는 효과를 가져온다. 수입신고는 화주, 관세사, 통관법인, 관세사법인의 명의로 한다. 화주란 수입승인서상의 수입자(수입대행의 경우 수입위탁자)를 말하며 화주가 직접 신고하는 경우는 관세법 규정에 의한 화주 직접 신고요령에 따른다. 납세의무자는 수입신고를 한 물품에 대하여 그 물품을 수입한 화주가 된다. 수입신고는 당해 수입물품을 보세구역 또는 타소장치장에 장치한 후에 가능하다.

1 수입통관의 의의

우리나라로 들어오는 모든 외국물품은 관세법에서 규정하고 있는 수입통관절차를 거쳐야 한다. 외국물품은 곧 수입물품을 의미하지만 관세법(제2조4)에서는 외국으로부터 우리나라에 도착된 물품으로 수입신고가 수리되지 않은 물품과 수출신고가 수리된 물품을 외국물품으로 간주하고 있다. 이러한 외국물품은 수입신고수리를 위한 통관절차를 필해야만 내국물품이 되어 국내로 들어올 수 있다.

우리나라는 1996년부터 전자문서교환(EDI) 수입통관자동화시스템을 운영하여 수입통관절차가 매우 간소화되었다. 수입물품을 적재한 선박이 입항한 후 부두를 배정받아 물품을 하역하고 동시에 수입업자는 해당 세관에 수입신고를 한다. 현품을 확인하거나 검사할 필요가 있으면 보세구역 등에 물품을 장치하고, 필요한 경우 수입신고서류 심사와 물품검사를 거친 후 수입신고

3) [네이버 지식백과] 수입통관 (무역용어사전)

가 수리된다. 수입신고가 수리되면 수입물품에 대한 관세 및 내국세를 납부한 후 물품을 국내로 반입한다. 이 과정에서 수입신고, 수입신고서류심사 및 물류검사, 수입신고수리 등이 수입통관절차에 해당된다.

우리나라의 통관제도는 수출입신고제이므로 납세의무자는 원칙적으로 수입신고수리 후 15일 이내에 관세 및 내국세를 납부하도록 되어 있어 통관 절차와 과세절차가 분리되어 있다. 그리고 수입화물 선별검사시스템(cargo seletivity: C/S)을 도입하여 전체 수입화물 모두를 검사하지 않고 C/S를 통해 미리 등록된 기준에 따라 우범 가능성이 높다고 예상되는 물품을 골라 집중적으로 검사함으로써 검사의 효율성을 높이고 있다.

2 수입통관 절차

1) 수입통관의 준비

(1) 적하목록의 제출

선박회사 또는 항공사는 수입화물을 적재한 선박이 도착항에 입항하기 24시간 전까지, 항공수입인 경우에는 항공이가 착륙하기 2시간 전까지 입항 예정지 세관장에게 수입화물에 대한 적하목록(manifest)을 제출해야 한다. 세관은 적하목록 기재사항의 누락 여부, 세관의 특별감시가 필요한 우범화물에 해당하는지 등의 요건을 심사한 후 이 적하목록을 토대로 하여 하역, 운송, 보관, 통관별로 수입화물을 총괄 관리한다.

(2) 수입화물의 하역

수입화물을 적재한 선박(항공기)이 입항하면 운항선사는 선하증권 단위의 적하목록을 기준으로 하선장소를 정하여 세관장에게 하선신고서를 제출해야 한다. 하선장소는 컨테이너 화물인 경우는 부두 내 또는 부두 밖의 CY이며 벌크화물(bulk cargo)이나 기타 화물인 경우는 부두내이다. 액체, 분말 등 특수저장시설로 직송되는 물품은 해당 저장시설에 하선한다. 수입물품이 하역되면 선박회사, 검수업자, 하역업자가 공동으로 물품검수를 실시하고 만약 적하목록과 상이한 것이 있으면 이를 세관장에게 보고해야 한다. 운항선사는 선박입항 24시간 전에 용선선사와 포워더로부터 적하목록과 혼재화물 적하목록을 취합하여 세관에 제출 -> House B/L 단위 적하목록 입수지연을 방지하기 위하여 적하목록 제공 주체별로 분리하여야 한다. 세관은 적하목록번호와 B/L번호를 조합한 화물관리번호가 자동으로 부여되어 화물의 재고를 추적관리한다.

2) 보세구역 장치 및 보세운송

수입화물이 본선으로부터 하역되면 보세구역에 장치하는 것이 원칙이다. 보세제도는 관세징수권을 확보하며 통관질서를 확립하고, 통관업무를 효율적으로 수행하기 위해 수입신고가 수리되기 전의 외국물품을 세관장의 관리 하에 두는 제도를 말한다. 보세제도는 보세구역제도와 보세운동제도 두 가지로 구분한다. 보세구역은 보세화물을 반입, 장치, 가공, 건설, 전시 또는 판매하는 구역을 말하는데 지정보세구역, 특허보세구역 및 종합보세구역으로 구분된다(관세법 제 154조).

(1) 지정보세구역

지정보세구역은 세관에서 직접 관리하는 보세구역을 말한다. 지정보세구역은 지정장치장 및 세관검사장으로 구분된다. 지정장치장은 통관을 하고자 하는 물품을 일시 장치하기 위한 장소이며, 세관검사장은 통관을 하고자 하는 물품을 검사하기 위한 장소이다.

(2) 특허보세구역

특허보세구역은 세관장의 특허를 받아 개인이 운영하는 보세구역을 의미한다. 특허보세구역은 보세창고, 보세공장, 보세전시장, 보세건설장 및 보세판매장으로 구분한다.

(3) 종합보세구역

종합보세구역은 보세창고, 보세공장, 보세전시장, 보세건설장 또는 보세판매장의 기능 중 둘 이상의 기능(종합보세기능)을 종합적으로 수행할 수 있는 구역을 말한다.

(4) 보세운송

보세운송은 세관장에게 신고한 후 외국물품을 국내 보세구역 간 이동하는 것을 말한다. 보세운송구간은 개항, 보세구역, 타소장치의 허가를 받은 장소, 세관관서, 통관역, 통관장 및 통관우체국이다. 통관역은 국외와 연결하는 국경에 근접한 일반 철도역 중에서 세관장이 지정한 곳이다. 만약 수입업자가 내륙에 위치한 자신의 공장에 수입화물을 장치하고 관할 세관에서 통관하기를 원하면 항만에서 내륙공장까지 수입화물의 보세운송이 허용된다.

보세운송을 하려면 화주, 보세운송업자, 관세사 등 보세운송신고인은 원칙적으로 세관에 적하목록을 제출하고 당해 물품이 하역된 이후 보세운송신고서에 적하목록 사본을 첨부하여 보세운송신고를 해야 한다. 그러나 재보세운송하는 물품, 검역물품, 위험물품, 불법수출입방지를 위하여 세관장이 지정한 물품 등은 세관장으로부터 승인을 받아야 한다(세관법 제 128조 제2항). 그리고 보세운송물품에 대해서는 관세에 해당하는 만큼의 담보를 제공할 경우도 있다.

(5) 보세구역 외 장치

외국물품과 내국운송의 신고를 하고자 하는 내국물품은 반드시 보세구역에 장치하여야 한다. 그러나 크기나 무게의 과다 기타의 사유로 보세구역에 장치하기 곤란한 다음의 경우에는 보세구역 외에 장치가 가능하다. 이 경우 수수료(18,000원의 허가수수료)를 납부하여야 한다.

① 크기나 무게의 과다, 기타 보세구역에 장치하기 곤란한 물품

② 다량 산물로서 보세구역에 장치후 다시 운송하는 것이 부적정하다고 인정하는 물품

③ 부패, 변질의 우려가 있거나 다른 물품을 손상할 우려가 있는 물품과 방진, 방습 등 특수보관이 필요한 물품

④ 귀중품, 의약품, 살아있는 동식물등 보세구역에 장치하기가 부적당하다고 인정하는 물품

⑤ 보세구역이 아닌 검역시행장에 반입할 물품

⑥ 보세구역과 교통이 불편한 지역에 양륙된 물품으로 보세구역으로 운반하는 것이 불합리하다고 인정되는 물품

⑦ 자가공장 및 시설을 갖춘 실수요자가 수입하는 고철 등의 물품

⑧ 기타 세관장이 보세구역외장치를 허가할 필요가 있다고 인정하는 물품

3) 수입신고

물품을 수입하고자 하는 자는 당해 물품의 품명, 규격, 수량, 가격 등을 세관장에게 EDI 방식으로 신고해야 한다. 수입업자는 수입신고를 함으로써 비로소 물품을 수입하려는 의사를 공식적으로 표현하게 되며, 수입신고를 하는 시점에서 수입과 관련된 적용법령, 과세물건, 납세의무자 등이 확정된다.

수입신고는 화주, 관세사, 관세사 법인 또는 통관 취급 법인의 명의로 해야 한다. 수입신고시에는 세관이 수입물품에 대하여 적정한 관세를 부과하여 징수할 수 있도록 수입신고서에 선하증권 또는 항공화물운송장 사본, 원산지증명서(해당 물품에 한함), 기타 필요한 승인서류 등을 세관에 제출해야 한다.

(1) 수입신고의 시기

수입신고는 당해물품이 보세구역에 장치한 후 수입신고 하는 것이 원칙이다. 원칙적으로

수입물품을 적재한 선박 또는 항공기가 입항한 후에 수입신고를 할 수 있지만 신속한 통관을 위하여 선박 또는 항공기가 입항하기 전에도 가능하도록 하고 있다. 현행 수입신고는 수입신고시기에 따라 출항 전 수입신고, 입항 전 수입신고, 입항 후 보세구역 도착 전 수입신고 및 보세구역장치 후 수입신고의 4가지 유형으로 구분된다.

① 출항 전 수입신고

수입물품을 적재한 선박 또는 항공기가 물품을 적재할 항구 또는 공항에서 출발하기 전 수입신고를 하는 것이다. 항공기로 수입되는 경우 또는 일본, 대만, 홍콩, 중국 등에서 선박으로 수입되는 경우에는 출항 후 입항하기까지 시간이 너무 짧기 때문에 출항 전 수입신고가 가능하다.

② 입항 전 수입신고

수입물품이 적재된 선박 또는 항공기 등이 출항 후 우리나라에 입항하기 전 수입신고를 하는 것이다. 우리나라에 입항하기 5일 전부터 수입신고가 가능하다.

③ 입항 후 보세구역도착 전 수입신고

이는 수입물품을 적재한 선박 또는 항공기가 입항하여 하역 신고한 후 해당 물품이 반입될 보세구역(타소장치장 포함)에 도착하기 전 수입신고하는 것을 말한다.

④ 보세구역장치 후 수입신고

수입물품을 보세구역에 장치한 후 관할 세관에 수입신고하는 것을 말한다. 신고 대상업체 및 대상물품에는 아무런 제한이 없다.

4) 수입신고서 심사 및 물품검사

수입신고서를 접수한 세관은 통관시스템에 조회하여 C/S결과, 통관검사 및 검사에 특별한 주의를 요하는 사항이 있는지 여부를 확인하여 즉시수리, 심사대상 및 물품검사 중 한 가지를 선택하여 수입신고서 처리방법을 결정한다.

(1) 즉시수리

즉시수리는 신고서류에 대한 심사나 수입물품에 대한 검사를 생략하고 수입신고를 수리하는 것을 말한다.

(2) 심사 및 현품확인

심사는 세율 및 과세가격이 적정한지 여부, 해당 물품의 수입과 관련하여 국내의 무역관련 법규의 제한사항을 충족하였는지 여부 등을 확인하기 위해 관련 수입신고서류를 검토하거나 필요한 경우 현품을 확인하는 것을 말한다.

(3) 물품검사

물품검사는 수입신고된 물품 이외에 은닉된 물품이 있는지 여부에 대하여 2인 이상의 검사인이 복수검사를 실시하는 것으로서 일종의 범죄 심리 측면의 조사를 말한다.

5) 수입신고수리

세관장은 수입신고가 관세법의 규정에 따라 적법하고 정당하게 이루어진 경우 수입신고를 지체 없이 수리하고 수입신고인에게 수입신고필증을 교부해야 한다. 수입신고인은 수입신고가 수리된 후 운송기관, 관세통로 또는 장치장소로부터 물품을 반출할 수 있다. 그러나 납부해야 할 관세 등에 상당한 담보를 제공하고 세관장으로부터 반출승인을 얻은 경우에는 수입신고수리 전에도 수입물품을 반출할 수 있다.

현행 수입신고제 하에서는 수입신고수리 후 관세를 납부하는 사후납부제이기 때문에 화주는 수입신고가 수리된 날로부터 15일 이내에 관세 등 수입세금을 국고수납은행 또는 우체국에 납부해야 한다. 사후납부는 신용담보 또는 포괄담보 업체로서 담보 면제된 경우와 각 신고건별로 개별담보를 제공한 경우에 해당된다.

6) 수입신고의 취하와 각하

수입신고의 취하는 신고인의 요청에 따라 수입신고사항을 취소하는 것을 말한다. 수입신고는 정당한 사유가 있는 경우에 한하여 세관장의 승인을 얻어 취하할 수 있다. 그러나 운수기관, 관세통로 또는 관세법에 규정된 장치장소에서 물품을 반출한 후에는 취하하지 못한다(관세법 제250조 제1항).

반면 수입신고의 각하는 세관장이 직권으로 해당 수입신고를 거절하거나 취소하는 것을 말하는데, 만약 수입신고 시 요건을 갖추지 못하였거나 부정한 방법으로 수입신고된 경우에는 세관장은 수입신고를 각하할 수 있다(관세법 제250조 제3항).

제4절 관세[4]

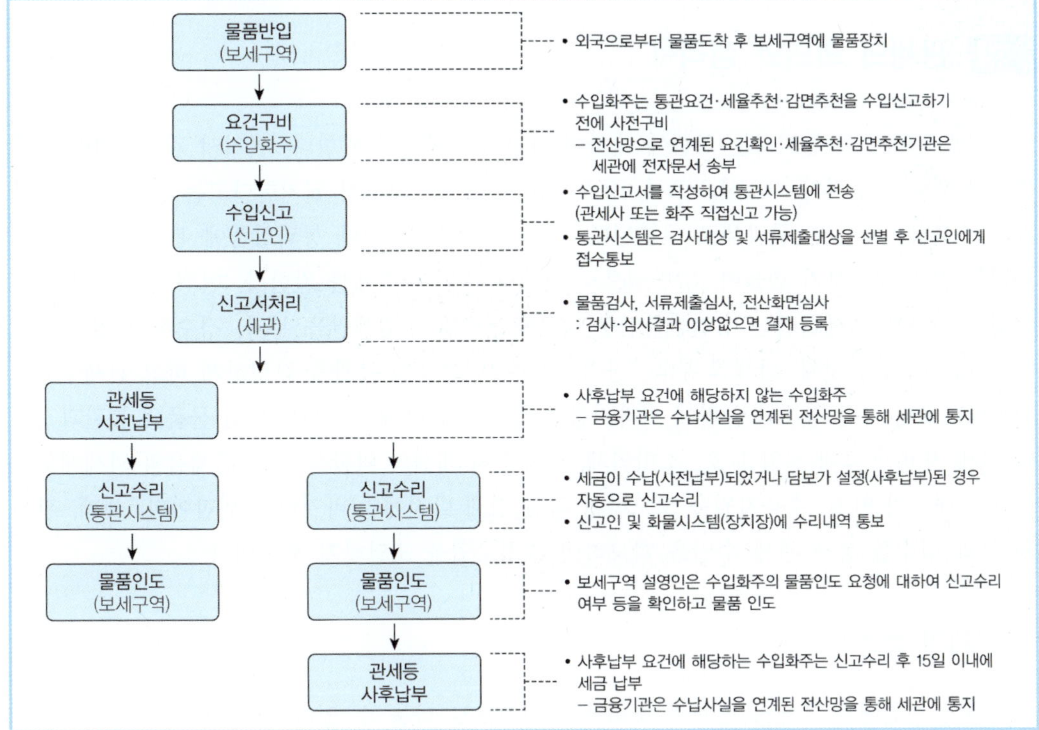

관세[tariff, 關稅]는 우리나라에 반입하거나 우리나라에서 소비 또는 사용하는 외국물품에 대해서 부과·징수하는 조세로 국가가 조세법률주의(租稅法律主義)의 원칙에 따라 법률에 의하여 국가재정(國家財政)의 수입, 국내산업(國內産業)의 보호 및 경제정책적 고려에 따라 수입물품에 대하여 부과하는 조세이다.

일반적으로 관세는 수출품에 대하여 부과하는 수출세, 수입품에 대하여 부과하는 수입세, 국경을 통과하는 물품에 대하여 부과하는 통과세로 구분된다. 그러나 오늘날 수출세나 통과세를 채택하고 있는 국가는 거의 없고 모든 나라가 수입세를 채택하고 있다. 따라서 관세는 '수입품에 대하여 부과되는 세금'이라고 말할 수 있다.

관세의 부과는 세입에 의하여 국가재정이 확충될 뿐만 아니라 수입이 억제됨에 따라 국내산업이 보호되는 효과를 가져온다. 관세의 부과는 외국과의 무역의 형태나 교역량에 영향을

4) [네이버 지식백과] 관세 [tariff, 關稅] (두산백과)

미친다. 모든 물품에 일률적인 관세를 부과하는 것이 아니라 개개의 물품에 필요와 상황에 따라 각각 다른 세율의 관세를 부과함으로써 교역되는 물품의 가격과 수량에 상대적 변화를 줄 수 있다.

1 관세의 의의와 성격[5)]

관세란 관세선을 통과하는 상품에 대하여 부과하는 세금을 말한다. 여기서 관세선이란 관세부과를 위한 추상적인 기준선으로서, 정치적인 국경선과 반드시 일치한다고는 볼 수 없다. 관세는 수출세, 수입세, 통과세로 구분된다. 오늘날 수출상품이나 통과상품에 관세를 부과하는 나라는 거의 찾아보기 힘들며, 일반적으로 관세라 하면 수입세를 말한다. 현행 우리나라의 관세법은 관세의 과세물건은 수입물품임을 규정함으로써 수입세만을 부과, 징수하고 있다.

관세의 목적은 첫째, 관세의 부과, 징수 및 수출입물품의 통관을 작정하게 하고 관세수입을 확보함으로써 국민 경제의 발전에 이바지함을 목적으로 한다. 둘째, 수출입 물품의 통관과정에서 관세 자체가 국내 산업 보호, 소비억제, 국제수지 개선의 역할을 하고 관세율과 과세제도를 통해 국내물가 안정, 수출지원을 도모하여 국민 경제 발전에 이바지하기 위함이다. 셋째, 관세의 부과 징수를 통해 관세 수입을 확보하여 재정수입을 조달하기 위함이다.

1) 관세의 성격

관세의 성격에는 조세적 성격과 소비세적 성격으로 나눌 수 있다.

(1) 조세적 성격

첫째, 국가는 부과 징수 주체이다. 관세는 지방자치단체장이 부과 징수하는 조세의 성격과는 구분된다.

둘째, 관세는 재정수입조달을 목적으로 하며, 이외에 국내산업보호, 국제수지개선 등의 목적으로도 부과한다.

셋째, 관세는 납세의무자의 의사에 관계없이 법률 또는 조약에 의해 강제적으로 부과 징수한다.

넷째, 관세는 현금납부를 원칙으로 한다. 관세법에서는 국세기본법을 준용하여 신용카드 등으로도 관세를 납부할 수 있도록 한다.

마지막으로 관세는 특별급부에 대한 반대급부가 아니다.

---

5) 김현수, 퍼펙트 무역영어 1급, 세종출판사, 제19장 관세법.

(2) 소비세적 성격

첫째, 관세는 소비를 궁극적인 과세대상으로 한다.
둘째, 관세는 조세부담의 전가가 이뤄진다. 최종소비자가 실질적으로 납부한다.
셋째, 관세는 관세영역을 출입하는 물품에 대하여 강제적으로 징수하는 대물세이다.
넷째, 관세는 물품을 수입신고하는 때마다 신고납부하기에 수시세이다.

2 관세의 종류

관세의 종류에는 과세의 기회, 과세의 목적, 과세의 방법에 따라 나눌 수 있다.

과세의 기회에 따라 수입세, 수출세, 통과세로 구분된다. 수입세는 물품이 관세영역 안으로 이동할 때 부과되는 가장 보편적인 형태의 관세이다. 이는 무역 정책상 재정수입에서 가장 중요하다. 수출세는 국외 수출물품에 부과되는 관세를 뜻한다. 그리고 통과세는 단순히 관세영역 통과 물품에 부과하는 관세를 말한다.

과세의 목적에 따라 재정관세와 보호관세로 구분된다. 재정관세는 재정수입 목적으로 부과되는 관세를 말한다. 국내에서 생산되지 않는, 외국에서의 수입에 의존해야 될 물품에 부과한다. 보호관세는 국내산업 보호목적으로 부과되는 관세이며 수입상품에 관세를 부과함으로써 경쟁관계에 있는 국내 상품을 보호한다.

1) 관세의 종류

과세의 방법에 따라 종가세, 종량세, 혼합세로 구분된다. 종가세는 수입물품의 가격을 관세액 산정의 기초로 한다. 우리나라의 관세율표는 대부분 종가세로 되어있다. 종가세는 공평하고 균등하게 적용시킨다는 장점이 있지만 적정가격 산정의 어려움이 있다는 단점이 있다.

*관세액 = 과세가격 × 관세율

종량세는 과세표준을 수입물량의 수량을 기초로 한다. 현행 관세율표상 종량세 대상물품은 영화용 필름과 비디오 테이프이다. 종량세는 간편하고 명확한 세액 산정이 된다는 장점이 있지만 계량 단위 차이로 인한 어려움이 따라오는 단점이 있다.

*관세액 = 수량 × 단위수량당 세액

혼합세는 종가세율과 종량세율을 동시에 정한 후 선택세, 복합세로 나눠진다. 선택세는 동시에 정한 세율을 높거나 낮게 산출되는 세액을 부과하고 복합세는 동시에 둘 다를 부과하는 것을 뜻한다.

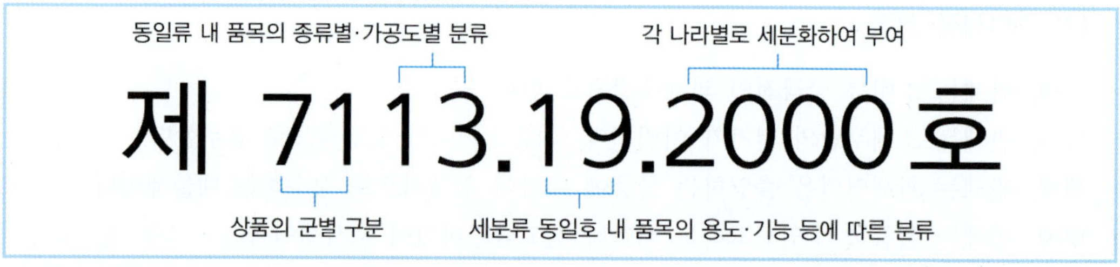

동일류 내 품목의 종류별·가공도별 분류	각 나라별로 세분화하여 부여
제 7113.19.2000 호	
상품의 군별 구분	세분류 동일호 내 품목의 용도·기능 등에 따른 분류

부록 1. 관세율표

관세율이라 함은 세액을 결정함에 있어 과세표준에 대하여 적용하는 비율을 말한다. 관세의 관세율은 관세법의 별표인 관세율표에 규정되어 있다. 관세는 원칙적으로 수입신고 당시의 법령에 의하여 부과된다.

- 관세율표의 분류

현행 관세율표는 국제통일 상품명 및 코딩시스템(The Harmonized Commodity Description and Coding System)에 의하여 분류되는데, 통칭 Harmonized System이라고 하여 약칭으로 HS Code라고 부른다. 대분류는 21개의 부로 나누어져 있다.

국제협약에 따라 HS코드는 10자리까지 사용할 수 있다. 6자리까지는 국제 공통으로 사용하는 코드로서 앞의 1~2자리는 상품의 군별 구분, 3~4자리는 소분류로 동일류 내 품목의 종류별 · 가공도별 분류, 5~6자리는 세분류 동일호 내 품목의 용도 · 기능 등에 따른 분류이다. 7자리부터는 각 나라에서 세분화하여 부여하는 숫자인데, 한국은 10자리를 사용한다.

- 품목분류 사전회시

수출입물품이 어떤 품목에 분류되는지 의문이 있을 경우 관세청장에게 질의하여 수출입규제의 해당여부 및 세율과 세액을 미리 알아두도록 할 경우 관세청장에게 HS번호의 질의를 하여 회답을 받을 수 있는 제도를 말한다.

한편, HS코드 번호에 따라 관세율이 달라지기 때문에 수출국에서는 관세율이 낮은 코드를 선호하고, 수입국에서는 관세율이 높은 코드를 선호함으로써 분쟁이 발생하기도 한다. 예를 들면, 한국에서는 휴대전화로 분류하는 DMB폰을 독일에서는 텔레비전수신기로 분류하는데, 휴대전화는 관세를 물지 않지만, 텔레비전수신기는 14%의 관세가 부과된다.

HS 체계 (CODE, 주, 호의 용어)

품목분류표 전체의 분류지침에 관한 통칙(GRI)을 포함하여 모든 무역상품이 포함될 수 있도록 21부 · 97류(제77류 : 유보) · 1,228호(4단위 호) · 5,612소호(6단위 소호)로 구성되어 있다.

▣ 부 Section

부는 제1부부터 제21부까지 21개로 구분되어 분류되고 있는데 일련번호와 각 부의 표제는 참조의 편의상 부여한 것이며, 품목분류는 류 이하의 코드번호에 의해 분류된다.

▣ 류 Chapter
HS의 류별 분류체계는 종전의 CCCN의 48개류를 개편하고 제98류, 제99류는 소거하여 제01류부터 제97류까지로 구성되어 있는데 1개류를 유보함으로써 96개류뿐이다. 부 아래에 있으며 부를 세분한 것으로 단위는 2단위 숫자로 표기되고 표제는 부와 마찬가지로 참조의 편의상 설정한 것이다. 그러나 호의 앞2자리는 류의 번호로 품목분류에 있어서는 류가 확정되어야만 분류가 가능하다.

▣ 절 Sub-chapter
류를 세분한 것으로 부와 류의 표제와 함께 절의 표제도 참조의 편의상 설정하여 이해를 돕기 위한 것으로 분류상의 법적 구속력은 없으며 일정한 류에만 절이 있다. 절이 있는 류는 제28류, 제29류, 제39류, 제69류, 제71류, 제72류 등이 있다.

▣ 호 Heading 와 소호 Sub-heading
HS는 동종 유사 물품을 그룹화하여 체계적으로 배열한 품목의 리스트에 4단위 또는 6단위의 숫자배열을 부여하고 있는데 이 숫자부호를 배번이라 하며, 이 경우 4단위의 배번을 호라 부르고, 6단위의 배번을 소호라 칭한다.

▣ 주 Legal Note
HS의 많은 부와 류는 그들이 포괄하고 있는 호에 대하여 적용할 주를 가지고 있는데 주 가운데는 전적으로 소호에만 적용되는 소호주도 있다. 통칙과 마찬가지로 주는 HS의 필수적인 구성요소를 형성하며, 호와 소호처럼 법적인 효력을 가지고 있다.

3 탄력관세제도

관세율은 관세법과 같이 조세법률주의 원칙에 따라 입법사항으로서 국회의 심의, 의결을 거쳐 결정 또는 변경되어야 한다. 그러나 급격하게 변동하는 국내외적 경제, 무역의 환경변화에 신속하게 대처할 목적으로 관세율의 변경권을 국회가 행정부에 위임하여 행정권은 세율을 탄력적으로 변경, 운영할 수 있도록 한 것을 탄력관세제도라 한다.

탄력관세의 종류에는 덤핑방지관세, 보복관세, 긴급관세, 상계관세, 계절관세, 할당관세, 편익관세, 일반특혜관세 등이 있다.

1) 탄력관세의 종류

(1) 덤핑방지관세

외국의 생산자가 부당하게 낮은 가격으로 수출함으로써 국내 산업에 피해를 야기한 경우, 그 덤핑행위를 시정하고 국내 산업 피해를 구제하기 위하여 관세를 부과하는 제도이다. 국내

산업의 피해여부 조사는 산업통상자원부 산하의 무역위원회가 실시한다.

(2) 보복관세

문자 그대로 보복을 위한 관세이며 교역상대국이 자국의 수출물품 또는 선박, 항공기 등에 대하여 제 3국보다 불리한 대우를 하는 경우에 그 교역상대국으로부터 수입되는 물품에 대하여 할증, 부과하는 관세를 말한다. 보복관세 부여 대상국가로부터 수입되는 물품에 대하여 피해 상당액 범위 안에서 관세를 부과한다.

(3) 긴급관세

특정물품의 수입 증가로 인하여 동종물품 또는 직접적인 경쟁 관계에 있는 물품을 생산하는 국내 산업이 심각한 피해를 받거나 받을 우려가 있고 당해 국내 산업을 보호할 필요가 있다고 인정될 때 국내외 가격차에 상당하는 비율의 범위 안에서 관세를 추가하여 할증, 부과하는 관세를 말한다. 이러한 긴급관세제도는 WTO에서도 인정되는 제도로서 긴급조치 중의 하나이다.

(4) 상계관세

수출국에서 제조, 생산 또는 수출에 관하여 직, 간접적으로 보조금, 장려금을 받은 물품이 수입되어 국내 산업이 실질적인 피해를 받거나 받을 우려가 있는 경우에 당해 국내산업을 보호할 필요가 있다고 인정될 때 수입국에서 그 경쟁력을 상계하기 위하여 부과하는 일종의 할증관세이다.

(5) 계절관세

농산품 등과 같이 계절에 따라 가격변동이 심한 물품인 경우 이러한 물품의 동종물품, 유사물품, 또는 대체물품이 수입될 때 이들 물품의 관세율을 계절 구분에 따라 할증 또는 할인하여 부과하는 관세를 말한다.

(6) 할당관세

특정 물품이 정부가 정한 일정 수량의 범위 내에서 수입될 때에는 저세율의 관세를 부과하고, 일정 수량을 초과하여 수입될 때에는 고세율의 관세를 부과하는 관세제도로서, 이중관세율제도라고도 한다.

(7) 편익관세

국제조약에 의거하여 편익을 받지 아니하는 국가에서 수입하는 물품에 대하여 이미 체결된 조약에 의한 편익을 부여하는 것을 말한다. 편익관세는 교역 상대국과의 협정과 관계없이 대통령령으로 정부가 일관적으로 대상 국가와 물품, 적용세율, 적용방법 등을 정한다. 수입국에서 일방적으로 최혜국대우의 범위 내에서 편익을 주는 것으로, 상대국에서는 편익에 대해 요청할 권리가 없다.

(8) 일반특혜관세

개발도상국의 경제발전을 도모하기 위하여 수입하는 물품에 대하여 무관세나 기본세율보다 낮을 세율을 적용하는 것이 일반특혜관세이다. 일반특혜관세는 지역 제한 없이 일반적으로 적용되며 무차별, 비호혜적으로 특혜관세가 부여된다는 점에서 자유무역협정이나 관세동맹과 같은 차별적, 호혜적인 특혜관세협정과 구분된다.

부록 2. 관세율의 적용 순서

순위	관세율의 종류	제한사항
1	덤핑방지관세(+), 긴급관세(+), 상계관세(+), 보복관세, 농림축산물에 대한 특별긴급관세, 특정국물품긴급관세	최우선적으로 적용 *(+) 표시는 실행관세에 해당 관세를 추가하여 부과
2	편익관세, 국제협력관세	국제협력관세의 경우 3순위나 7순위보다 세율이 낮은 경우에만 우선
3	조정관세, 계절관세, 할당관세	할당관세의 경우 GSP보다 낮은 경우에만 우선
4	일반특혜관세(GSP)	
5	농림축산물에 대한 양허 관세	
6	잠정관세	
7	기본관세	

위 그래프의 관세율 적용의 우선순위에 대한 예시를 들어보면

①

기본세율	잠정세율	국제협력관세율
15%	10%	20%

협정세율은 기본세율보다 낮은 경우에만 우선 적용되고 잠정세율은 기본세율보다 우선하므로, 잠정세율 20%를 적용한다.

②

기본세율	잠정세율	국제협력관세율	계절관세
30%	20%	10%	60%

계절관세는 협정세율보다 적용순위가 낮으므로 국제협력관세율을 우선 적용한다.

③ 기본관세율이 8%, 긴급관세율이 10%, 잠정관세율이 5%인 경우의 실제 적용세율
잠정관세율은 기본관세율보다 우선 적용되므로 실제 적용세율은 5%이다. 여기에 할증세율인 긴급관세율 10%를 더해야 하므로 실제로 적용되는 세율은 15%이다. 할증되는 세율에는 긴급관세와 덤핑방지관세, 상계관세가 있다.

(3) 간이세율과 합의세율

① 간이세율

수입물품에는 관세뿐만이 아니라 여러 종류의 내국세가 부과되는데 세액 산출의 번거로움을 피하기 위하여 여행자 휴대품과 같이 빈번히 수입되는 소액물품 등에 여러 종류의 세율을 통합한 하나의 세율을 적용하여 과세하는 것이 간이세율이다. 예외적으로 물품을 수입하는 자가 간이세율 적용을 원하지 않을 경우나 관세청장이 정하는 물품, 종량세 적용물품 등은 간이세율을 적용하지 않기도 한다.

간이세율 적용대상물품	간이세율 적용제외물품
1. 여행자 또는 외국에 왕래하는 운수기관의 승무원이 휴대하여 수입하는 물품 2. 우편물, 다만 수입신고를 해야하는 것을 제외한다. 3. 외국에서 선박 또는 항공기의 일부를 수리 또는 개체하기 위하여 사용된 물품 4. 탁송품 및 별송품	1. 관세율이 무세인 물품과 관세가 감면되는 물품 2. 수출용 원재료 3. 관세법 범칙행위에 관련된 물품 4. 종량세가 적용되는 물품 5. 부과고지 대상물품 및 탄력관세적용물품

② 합의세율

일괄 수입된 물품으로서 물품별 세율이 상이한 경우에는 화주의 신청에 의하여 그 세율 중 가장 높은 세율을 적용하여 신속통관과 행정의 능률화를 기하려는 제도가 합의세율제도이다. 합의에 의한 세율을 적용할 경우 사전에 납세 의무자의 합의가 있는 것으로 간주하여 이의신청, 심사청구 및 심판청구와 같은 행정상 쟁송을 할 수 없다.

4 특혜관세제도(GSP)[6)]

일반특혜관세는 특혜대상 물품에 대하여 기본세율보다 낮은 세율의 관세를 부과하는 것을 말한다. 즉 선진국이 개도국으로부터 수입하는 제품에 대해 관세를 면제하거나 저율의 관세를 부과하는 관세우대조치를 말한다. GSP는 선진국들이 개도국의 수출증대를 통한 산업화를 지

6) 이기찬, 무역실무, 중앙경제편론사, 제11장 통관.

원하기 위해 자발적이고 한시적으로 시행하는 제도이다.

1) 일반특혜관세의 적용기준

대통령령이 정하는 개발도상국을 원산지로 하는 물품 중 대통령령이 정하는 물품에 대하여는 기본세율보다 낮은 세율의 관세를 부과할 수 있으며, 일반특혜관세를 부과하면서 당해 특혜대상 물품의 수입이 국내산업에 미치는 영향 등을 고안하여 그 물품에 적용되는 세율에 차등을 두거나 특히 대상 물품의 수입, 수량 등을 한정할 수 있다.

또한, 국제연합총회의 결의에 의한 최빈개발도상국 중 대통령령이 정하는 국가를 원산지로 하는 물품에 대하여는 다른 특혜 대상국보다 우대하여 일반특혜관세를 부과할 수 있으며, 특혜 대상 물품에 적용되는 세율·적용 기간 기타 필요한 사항은 대통령령으로 정한다.

2) 일반특혜관세의 적용정지

(1) 일반특혜관세의 적용정지

재정경제부장관은 특정한 특혜대상품의 수입이 증가하여 이와 동종의 물품 또는 직접적인 경쟁 관계에 있는 물품을 생산하는 국내산업에 중대한 피해를 주거나 줄 우려가 있는 등 반특혜 관세를 부과하는 것이 적당하지 아니하다고 판단되는 때에는 대통령령이 정하는 바에 의하여 당해 물품과 그 물품의 원산인 국가를 지정하여 일반특혜관세의 적용을 정지할 수 있다.

(2) 일반특혜관세의 적용배제

재정경제부장관은 특정한 특혜대상국의 소득수준, 우리나라의 총수입액 중 특정한 특혜대상국으로부터의 수입액이 차지하는 비중, 특정한 특혜대상국의 특정한 특혜대상품이 지니는 국제경쟁력의 정도 기타의 사정을 고려하여 일반특혜관세를 부과하는 것이 적당하지 아니하다고 판단되는 때에는 대통령령이 정하는 바에 의하여 당해 국가를 지정하거나 당해국 및 물품을 지정하여 일반특혜관세의 적용을 배제할 수 있다.

5 관세환급제도

관세환급제도란 수입할 때 납부한 관세 등을 돌려주는 제도를 뜻한다. 환급이라고 하는 것은 납부한 세금을 돌려주는 것을 말하는데 이 환급의 대상이 관세일 때 세관에 납부한 관세를 어떠한 사유로 되돌려 받는 것을 관세환급이라고 한다. 여기서 관세는 관세뿐만 아니라 개별소비세, 주세 교통세 등 수입할 때 납부하는 모든 세금을 뜻한다. 수입할 때는 이들 세금 이외에도 부가가치세를 납부하지만, 부가가치세는 부가가치세법에 따라 별도로 환급이 되므로 관세 환급에는 포함되지 않는다.

관세환급에는 관세법에 의한 관세환급과 관세환급특례법에 의한 수출용 원재료 등의 관세환급이 있다. 관세법에 의한 관세환급에는 과오납금의 관세환급 등이 구분되는데 과오납금의 환급은 세율적용의 착오, 과세가격 결정 착오 및 기타 계산 착오 등의 사유 관세, 가산금, 가산제 또는 체납처분비를 실제 납부해야 할 세액보다 더 많은 세액을 납부였음을 사후에 발견한 경우 세관장이 납세의무자에게 더 많이 납부된 세액만큼 되돌려 주는 것을 말한다.

관세환급특례법에 의한 수출용 원재료 등의 관세환급은 수출용 원재료를 수입하는 때에 관세 등을 납부하고, 수출 물품을 제조하여 수출하였을 경우 수출자 또는 수출 물품의 생산자에게 납부한 관세 등을 되돌려주는 것이다. 일반적으로 관세환급제도라고 하면 일반적으로 수출용 원재료에 대한 관세 등 환급에 관한 특례법에 의한 환급을 말한다. 관세환급특례법에 의한 수출용 원재료 등의 관세환급 목적은 수출입물품에 대한 관세부담 경감을 통하여 효과적으로 수출을 지원하기 위한 것이다.

1) 환급조건

관세환급을 받기 위해서는 원재료의 수입신고일로부터 2년 이내에 제조, 가공하여 수출한 후 수출한 날로부터 2년 이내에 환급을 신청해야 한다. 즉, 관세환급금의 소멸시효는 수출 등에 제공한 날부터 2년간이다. 세관장은 물품이 수출 등에 제공된 때에는 수출이행 기준일로부터 소급하여 2년 이내에 수입된 당해 물품의 수출용 원재료에 대한 관세 등을 환급한다. 단, 생산기간이 장기간 소요되는 물품의 경우에는 4년의 범위 내에서 수출이행 기간을 연장할 수 있다.

관세환급을 받을 수 있는 수출용 원재료란 당해 수출품을 형성하거나 수출품을 형성하는 데 소비되는 것으로서 그 소요량을 객관적으로 산출할 수 있는 원재료를 뜻한다. 따라서 수출품의 생산에 사용되는 기계 및 설비, 공구, 금형, 연료 등은 수출용 원재료에 해당하지 않는다.

수출용 원재료는 수입할 때 관세를 납부한 물품이라면, 물품 대금을 지급하는 유환수입 물품은 물론 대금을 지급하지 않고 수입되는 무환수입 물품도 환급대상이 될 수 있다. 또 국내에서 제조, 가공하지 않고 수입된 상태 그대로 수출한 경우도 수입할 때 납부한 관세를 환급받을 수 있다.

2) 환급방법

관세환급금의 산출방법에는 개별환급과 정액환급, 소요량 제도가 있다.

(1) 개별환급

개별환급이란 수출품을 제조, 가공할 때 사용한 원재료를 수입할 때 납부한 관세 등의 세액을 사용한 원재료별로 확인, 계산하여 환급금을 산출하는 방식을 뜻한다.

개별환급방식은 수출품을 생산하는데 어떤 원재료가 얼마만큼 사용되었으며 해당 원료를 수입할 때 납부한 관세가 얼마인지를 일일이 확인해서 환급금을 계산하므로 환급금액을 정확하게 산출할 수 있다는 장점이 있으나 구비서류가 복잡하고 환급금 산출에 많은 시간이 소용된다는 문제점이 있다. 대부분의 관세환급은 개별환급방식으로 이루어진다.

(2) 간이정액환급

간이정액환급이란 수출품목별로 환급해줄 금액을 미리 정하여 간이정액환급률표를 작성해 놓고 해당 물품을 수출하고 수출신고필증만 제시하며 소요 원재료별 납부세액을 일일이 계산하지 않고 간이정액환급률표에 기재된 환급금액을 그대로 환급해주는 방식이다.

간이정액환급제도는 중소기업체가 간편하게 관세환급을 받을 수 있도록 운영하는 제도로서 환급금 계산이나 관세납부와 관련한 복잡한 절차나 서류의 구비 없이 간편하게 관세환급을 받을 수 있다는 장점이 있으나, 개별환급방식에 비해 환급금이 작을 수 있고 간이정액환급률표에 기재된 품목이 많지 않다는 문제점이 있다.

수출업체의 입장에서 간이정액환급방식에 의한 환급금액이 개별환급방식에 의한 환급액보다 적은 경우에는 정액환급 비적용신청을 할 수 있다. 비적용승인을 받은 수출업체는 간이정액환급률표에 기재된 모든 품목에 대하여 적용이 배제되고 품목별 선별 비적용은 인정되지 않는다.

(3) 소요량 제도

소요량 제도란 수출 원재료에 대한 관세 등 환급에 관한 특례법에 따라 새로 도입된 제도로서 수출업자가 관세환급을 받기 위하여 자기의 수출제품을 생산하는데 들어가는 원재료의 종류와 양을 스스로 계산하는 제도를 말한다. 여기서 소요량이란 수출 물품을 생산하는 데에 드는 원재료의 양으로서 생산과정에서 정상적으로 발생하는 원재료의 손실량을 포함하는 개념이다. 소요량 산정방법에는 단위실량 산정방법, 단위설계 소요량, 수출 건별 등 총 소요량, 일정 기간별 단위소요량, 1회계연도 단위소요량, 위탁건별 총 소요량 등 6가지가 있다.

3) 환급신청절차

관세환급을 받기 위해서는 우선 환급을 신청해야 한다. 관세법에 의거 수출신고가 수리된 일반 유상수출의 경우 수출자 또는 수출물품의 제조자 중에서 수출신고필증에 환급신청인으로 기재된 자가 환급신청을 할 수 있다.

(1) 개별환급

개별환급은 수출품 생산에 소요된 수입원재료의 품명, 규격, 수량을 확인해주는 소요량계산서에 의거 해당 원료를 수입할 때 납부한 관세 등의 세액을 환급해주는 방식이다.

개별환급을 받기 위해서는 소요량계산서 외에도 원재료를 수입할 때 납부한 관세 등의 세액과 해당 수출품이 수출되었다는 것을 증명할 수 있는 서류를 제출해야 한다. 수출용 원재료를 수입할 때 납부한 관세 등의 세액을 증명하기 위해서는 수입신고필증, 분할증명서, 기초원재료 납세증명서, 평균세액증명서 등을 제출해야 하고, 수술 여부를 증명하기 위해서는 수출 신고필증을 제출해야 한다.

(2) 간이정액환급

간이정액환급제도는 수출용 원재료를 수입할 때 실제로 납부한 관세 등의 세액과 상관없이 수출품의 HSK 10 단위별로 미리 정해놓은 간이정액환급률표에 따라 관세환급이 이루어지는 방식으로서 환급신청자는 수출품의 HSK 10단위가 표시된 수출신고필증과 환급신청서를 제출하고 관세를 환급받는다.

4) 개별환급 관련 서류

개별환급을 받기 위해 제출해야 하는 서류의 종류 및 내역은 다음과 같다.

(1) 소요량계산서

소요량이란 수출품을 생산하는데 소요되는 원재료의 양을 뜻하며, 생산과정에서 정상적으로 발생하는 원재료의 손실량을 포함한다. 소요량 제도는 대외무역법상의 소요량 제도와 관세 등 환급 특례법상의 소요량 제도로 나누어진다.

대외무역법상의 소요량 제도는 수입제한품목을 외화 획득용 원료 등으로 수입한 경우 대응 수출이행 여부를 확인하기 위한 목적으로 사용되며, 관세 등 환급특례법상의 소요량제도는 수출품 생산에 소요된 원재료의 양을 확인함으로써 신속하고 적정한 환급이 이루어지도록 하는데 목적이 있다.

관세환급을 위한 소요량 확인을 위해서는 환급신청자가 관세청장이 정한 기준과 절차에 따라 수출품에 소요된 원재료의 소요량을 자율적으로 산정하는 기업 자율소요량 제도를 운영하고 있으며, 이를 위해 환급신청자가 발행하는 서식을 소요량계산서라고 한다.

(2) 분할증명서

분할증명서란 외국에서 수입한 원료를 제조 가공하지 않고 수입한 그대로 수출용 원재료로 국내에서 공급하는 경우 해당 원료를 수입할 때 납부한 관세 등의 세액을 증명하는 서류다.

분할증명서는 하나의 수입신고필증 또는 기초 원재료 납세증명서로 둘 이상의 환급기관에서 동시에 환급을 받을 경우, 기초 원재료 납세증명서를 발급받기 위한 경우, 수입 또는 국내거래로 공급받은 원재료의 전부 또는 일부를 추가로 가공하지 않고 원상태 그대로 수출용 원재료로 공급하는 경우에 발급한다.

분할증명서에는 수입신고필증을 분할하였음을 증명하는 수입신고필증 분할증명서(수입분증), 기초 원재료 납세증명서를 분할하였음을 증명하는 기초 원재료 납세증명 분할증명서(기납분증), 평균 세액 증명 분할증명서(평세분증) 등이 있다.

(3) 기초 원재료 납세증명서

기초 원재료 납세증명서란 외국에서 수입한 원재료를 가공한 중간 원재료를 국내에서 공급받아 수출품을 제조, 가공하는 경우 수입신고필증 대신에 제출할 수 있도록 중간 원재료의 국내공급업자가 원재료를 수입할 때 납부한 관세 및 내국세의 세액을 증명해주는 서류다.

중간 원재료의 제조과정이 여러 단계일 때는 다음 단계의 중간 원재료 생산 업체에도 기초 원재료 납부 증명서를 발급해줄 수 있다.

(4) 평균 세액 증명서

개별환급방식에 의해서 관세환급을 받기 위해서는 원칙적으로 수출품을 제조, 가공하기 위해서 사용한 원재료와 관세 등을 납부한 수입원재료의 규격이 일치해야 한다. 하지만 품명이나 규격이 다양하게 표기되는 경우 앞서 언급한 원칙에 따라 서류를 준비하기가 쉽지 않다. 이와 같은 문제를 해결하기 위해서 수출용 원재료를 HSK 10단위 별로 통합함으로써 규격확인을 생략하고 전체 물량의 단위당 평균세액을 산출하여 증명하는 서식이 평균 세액 증명서이며 개별 환급 절차를 간소하게 하기 위해서 고안된 제도이다.

평균 세액 증명서 발급대상은 해당 월에 수출용으로 수입하거나 내국신용장이나 구매확인서에 의하여 매입한 전량이 되며 HSK 10단위 별로 발급한다.

6 물품의 일시수입통관제도

까르네 협정(ATA Carnet)은 ATA협약 가입국 간에 일시적으로 물품을 수입/수출 또는 보세운송하기 위하여 필요로 하는 복잡한 통관 서류나 담보금을 대신하는 증서로서 통관절차를 신속하고 편리하게 하는 제도이다. 따라서 ATA 협약 가입국 간 통관 시에 ATA까르네를 이용하면, 부가적인 통관서류의 작성이 필요 없음은 물론 관세 및 부가세, 담보금 등을 수입국 세관에 납부할 필요 없이 신속하고 원활한 통관을 할 수가 있다. 까르네는 세관검사 시 제출하는 무관세 통행증을 뜻하는데, 1961년 관세협력이사회(WCO)에서 발행하기 시작한 ATA Carnet가 대표적이다. 하나의 ATA 까르네로 통관절차가 다른 여러 국가의 세관에서도 사용할 수 있으므로 매우 편리한 통관서류이다. 국제 전시회나 박람회에서 전시용품 등을 일시적으로 반입할 때 수입세 면제와 통관절차의 간소화를 위한 것이다. 농산품, 식료품, 위험 물품, 소모품 등 부패의 우려가 있거나 일회용품 또는 수입국이 수입을 금지하고 있는 물품은 제외된다. 까르네 협정은 수출입 신고 시 세관에 제출하는 서류로서의 역할, 그리고 외국의 수입통관 시 수입 세금 담보 서류로서의 역할을 한다.

11 국제물품운송

Chapter 11
국제물품운송

제 1 절 해상운송

1 해상운송의 의의

일반적으로 해상운송은 선박을 운송수단으로 하여 타인의 화물이나 사람을 운송하고 그 대가로 운임을 받거나 또는 선박회사가 자기의 화물을 직접 운송하여 이익을 얻는 상업활동, 무역에서 의미하는 해상운송은 주로 매매 당사자간에 약정된 상품을 국가 간 운송하고 운임을 취득하는 전자의 경우를 말한다.

해상운송은 다른 운송에 비해 다음과 같은 특성을 지니고 있다.

첫째, 해상운송은 대량운송이 가능하다. 선박 건조기술의 발달로 오늘날의 선박은 대형화가 되어 육상, 항공 등의 수단에 비해 일시에 대량의 화물을 운송할 수 있다.

둘째, 해상운송은 경제성이 있다. 해상운송은 대량운송이 가능하기 때문에 단위당 운송비가 육상운송이나 항공운송에 비해 상당히 저렴하다.

셋째, 해상운송은 원거리의 국제운송에 적합하다. 육상운송은 특정 국가에 국한되지만, 해상운송은 공해상에서 국적에 관계없이 상업 활동을 할 수 있기 때문에 원거리의 국제운송에 적합하다. 이러한 특성으로 인해 해상운송은 국제무역의 운송수단으로서 중요한 위치를 차지하고 있다. 특히 우리나라의 경우, 육상운송에 의한 국제교역이 불가능하기 때문에 대부분의 수출입 물동량은 해상운송에 의존하고 있는 실정이다.

2 해상운송의 형태

1) 부정기선 운송

부정기선(tramper)은 고정항로, 운항일정 등이 없어 주로 단일제품을 소수의 화주로부터 위탁받아 불규칙적으로 운항하는 형태이다. 부정기선의 운송대상이 되는 화물은 대체로 원유, 석탄, 광석 원당, 원면, 시멘트, 곡물, 원목, 철강, 합판 등 저가의 대량 산적화물이다. 부정기선 운송은 고정된 항로 없이 수요에 따라 어느 곳이든 운항하는 선박을 말하며, 주로 용선계약(charter party)에 의해 움직인다.

해상운송인이나 선박소유자가 선박의 전부 또는 일부를 제공하기로 약속하고, 이에 대하여 상대방인 용선자는 그 대가로서 운임을 지급할 것을 약속하는 계약을 말한다.

2) 정기선 운송

정기선(liner)은 소량의 화물을 불특정 다수의 화주로부터 위탁받아 운송업을 행하는 형태로 반드시 공시된 항로와 운항일자에 따라 규칙적으로 운항한다.

정기선은 고정된 항로를 따라 선적량에 관계없이 공시된 운항일정표에 의해 규칙적이고 반복적으로 운항하며 정기선에서 취급하는 상품은 일반적인 포장화물이며 주로 완제품내지 반제품인 2차 상품이다. 그리고 정기선 운임은 고시된 운임표에 따라 결정된다.[1)]

3 해상운송계약

해상운송계약(Contract of Carriage of Goods by sea) 선하증권과 해상운송인 사이에 체결되는 계약으로서 운송인은 수취하였을 때와 동일한 상태, 수량의 화물을 목적지에서 인도하는 것을 약속하고 이에 대해 송화인은 운임을 지급하는 것을 약속한다.

1) 개품운송계약

해상운송인이 다수의 화주로부터 화물 운송을 개별적으로 위탁받고, 수출상이 이에 대한 운임지급을 약정하는 해상운송계약. 개품운송에 있어서 운송계약은 선하증권의 약관에 의한 부합계약 방식으로 체결된다. 따라서 용선계약처럼 별도의 계약서 없이 해상운송인이 발행하는 선하증권이 운송계약의 증거이다.

2) 용선운송계약

해상운송인의 선박의 전부 또는 일부의 선복을 제공하여 적재된 물품을 운송할 것을 약정하고 용선자는 이에 대한 반대급부로 운임을 지급할 것을 약정하는 운송계약. 주로 살물을 대상으로 하며 개품운송계약과 달리 표준화된 용선계약서를 작성하는데, 용선계약서가 운송서류를

1) 네이버카페 https://cafe.naver.com/logistong/793.

대신하며 별도의 선하증권이 발행되지 않는다.[2)]

4 해운동맹과 해상운임

1) 해운동맹

특정 정기항로에 취항하고 있는 선박회사가 상호 과당경쟁을 피할 목적으로 운송운임 및 영업조건 등을 협정하는 일종의 해운에 관한 국제카르텔이었다. 여기서 '카르텔' 이란 동일 업종의 기업이 경쟁의 제한 또는 완화의 목적으로 가격, 생산량 등에 대하여 협정을 맺는 것으로 형성하는 독점 형태를 의미한다. 이 해운동맹이란 개념은 1873년 처음 시작되어 캘커타 해운동맹으로 결성이 되었다. 동맹들은 특히 가입하지 않은 국가를 대상으로 선박을 만들 수 없고, 소유 할 수도 없었으며 선장도 되지 못하게끔 폐쇄적이었다. 세계적으로 해운의 호황기였던 1970년대에는 그 수가 350여개에 이를 정도로 호황이었다. 해운동맹은 국제적인 카르텔 시장이라는 부분만이 아니라 진입장벽이 높다는 비난을 받았고 2008년도에 유럽을 중심으로 해운동맹을 폐지하게 된다.

① 해운동맹 대내적 운영방식

a. 운임협정(rate agreement)

동맹에서 운임률표를 제정하여 회원사들이 이를 엄수할 것을 요구

b. 배선협정(sailing agreement)

동맹선사간 적정한 배선 수 설정 및 유지

c. 풀협정(pooling agreement)

특수항로에서 일정기간 내에 취득한 순운임수입을 공동기금으로 각출하였다가 일정기간이 경과한 후에 각 동맹선사의 경력 및 실적 등을 근거로 미리 정해진 비율(pool point)에 따라 수익운임을 배분

② 대외적 운영방식

a. 이중운임제

동맹선사에게만 전적으로 선적한다는 계약을 체결한 화주에게 차등운임제공

b. 운임거치할인제

화주가 6개월 맹외선(동맹이 아닌 선사)을 이용하지 않았을 때에 그 기간내 지급운임액의 일정부분 환급

---

2) 네이버블로그 https://blog.naver.com/mirajang2/221796211804.

c. 성실규약제

사전계약 없이 4개월 동안 맹외선을 이용하지 않았다는 증명을 하면 수령운임의 일부를 환급

d. 투쟁선

동맹에 소속한 선박 중에서 특정선을 선정하여 맹외선의 기항지를 동일한 일시에 따라다니며 저운임으로 경쟁하여 맹외선으로 하여금 동맹항로의 배선을 단념하게 하는 맹외 배제수단

2) 해상운임

해상에서의 거래에 따른 지불금액으로써 항해용선 계약에서의 운임은 톤당 몇 달러($)라고 표시하여, 실제 선적량에 의하여 결정되나 특약에 의하여 양하량에 의하여 결정되기도 한다. 원래 운임지불은 후불(Freight collected)이 원칙이지만 관습상 작업완료 또는 B/L발행 후 선불(Freight prepaid)인 경우도 많다.

(1) 터미널 화물처리비(THC : Terminal Handling Charge)

화물이 CY에 입고된 순간부터 본선까지의 선측까지, 반대로 본선의 선측에서 CY의 게이트를 통과하기까지 화물의 이동에 따르는 비용으로 일본, 미국 등 국가마다 터미널 화물처리비의 개념과 원가구성 요소가 다르다

(2) CFS 작업료

선사가 컨테이너 한 개의 분량이 못되는 소량화물을 운송하는 경우, 선적지 및 도착지의 CFS에서 화물의 흔적 또는 분류작업을 하게 되는데 이때 발생하는 비용으로 선사는 화주로부터 이를 징수하여 CFS 운영업자에게 전달하게 된다.

(3) 서류발급비(D/F : Documentation Fee)

선사에서 선하증권과 화물인도지시서의 발급 시 소요되는 행정비용을 보전하기 위해 신설한 비용으로 건당 15,000원씩 징수된다.

(4) 화물인도지시서(D/O : Delivery Order)

선박회사 또는 그 대리점이 본선의 선장 앞으로 발행하는 화물인도를 지시하는 문서이다.

(5) 체선(화)할증료(post congestion surcharge)

입출항 선박의 수에 비해 항구의 하역능력이 부족하여 하역작업을 위한 대기시간이 길어지므로 인해 선사 측에 추가적인 경비가 발생할 경우, 일정기간동안 화주에게 부과한다.

(6) 통화할증료(CAF : Currency Adjustment Factor)

운임표시 통화의 가치하락에 따른 손실을 보전하기 위해 도입한 할증료로서, 일정기간 해당 통화의 가치변동률을 감안하여 기본운임에 일정비율(%)을 부과하고 있다. 항로에 따라서는 일정액을 부과하는 경우도 있다.

(7) 유류할증료(BAF : Bunker Adjustment Factor)

선박의 주 연료인 벙커유의 가격변동에 따른 손실을 보전하기 위해 부과하는 할증료로서, 기본운임에 대하여 일정비율(%) 또는 일정액을 징수하고 있다. 북미항로에서는 연료할증료(FAF : Fuel Adjustment Factor)라고도 한다.

(8) 지체료

화주가 컨테이너를 인수한 후 선사가 인정한 사용기간(free time) 내에 컨테이너를 선사에게 인도하여야 하나, 이를 인도하지 못하는 경우 그 초과한 날짜에 대하여 부과하는 지체요금

(9) 체선료

용선계약에 정의된 것으로 규정된 기간 내에 선적이나 양하를 완료하지 못하여 배가 출항하지 못하는 경우 선주가 용선자나 하주에게 부과하는 지체요금을 말하나, 컨테이너화물의 경우 통상적으로 CY안에서 선사가 인정한 free time 기간 내에 화주가 화물을 인수하지 않는 경우 그 초과한 날짜에 대하여 선사가 화주에 부과하는 지체요금을 말하기도 한다.

(10) 경과보관료

컨테이너를 부두운영업자가 제시한 free time을 초과하여 CY에 장치하는 경우 부두운영업자가 선사에게 부과하는 지체요금으로 화주와 직접적인 관련은 없으나 선사가 화주에 부과하는 demurrage charge의 근거가 된다.

(11) 화물입항료

정부(해양수산부)가 받는 세금으로서, 수입 시 20ft당/4,200원, 수출 시 20ft당/3,860원 징구하는 요금[3)]

---

3) 네이버블로그 https://blog.naver.com/inomaaa/221646724792.

5 해상운송관련 국제법규

1) 영국의 선하증권(The Bills of Lading Act, 1855)

처음으로 배서에 의한 선하증권의 양도로 물품의 소유권이 이전됨을 규정. 소유권의 이전으로 선하증권상에 명시된 운송계약상의 모든 권리도 양수인에게 이전된다고 규정함.

2) 하터(Harter Act, 1893)

19세기 선주에게 유리한 선하증권 면책약관의 남발을 개선하기 위해 미국에서 제정. 선박소유자의 과실과 상업상 과실을 구분

3) 헤이그규칙(Hague Rules, 1924)

선하증권에 관한 규정을 통일하기 위한 국제협약으로 일명 "선하증권통일조약" 또는 "헤이그규칙"으로 부른다.

하터법을 이어 운송인과실을 항해과실과 사업상과실로 구분하고 사업상과실과 내항성담보는 운송인책임 규정하고 있으며 항해 또는 선박관리인에 의해 물품이 멸실 및 손실된 경우, 고의가 아닌 화재발생과 같은 항해과실은 운송인면책으로 규정하고 있다.

화물의 손해에 대해서 화주가 화물의 멸실이 운송인에 의한 과실임을 입증하면 운송인은 책임을 면할 수 없는 과실책임원칙으로 하고 있다. 과실책임원칙은 운송인은 감항능력 주의의무, 운송물에 대한 주의 의무를 부담한다.

4) 헤이그-비스비규칙(Hague Visby Rules, 1968)

"선하증권에 관한 법률 일부 규칙의 통일을 위한 국제협약의 개정의정서"는 국제운송환경의 변화에 따라 "헤이그 규칙"을 개정한 것으로 "헤이그-비스비규칙"이라 부른다.

이전 "헤이그 규칙"에서의 적용범위는 "체약국에서 발행된 선하증권에 적용된다."고 규정되었으나 "헤이그-비스비규칙"에서는 1. 선하증권이 체약국에서 발행된 경우, 2. 운송이 체약국에서 발행된 경우, 3. 선하증권의 지상약관에 "헤이그-비스비규칙"이 약정되는 경우에 적용됨으로써 적용범위가 확대되었다.

"헤이그 규칙"에서는 선하증권의 추정적 증거력을 규정한 반면, "헤이그-비스비규칙"은 선하증권 소지인에 대해서는 선하증권 기재의 증거력이 절대적이라고 규정되어 있다.

책임한도가 IMF의 SDR채용으로 1패키지 유닛당 667SDR 또는 kg당 2SDR중 높은 금액 채택

된다고 규정되어 있다.

컨테이너 약관신설이 신설되어 운송물의 포장 또는 단위수가 기재되어 있으면 그것이 기준, 없으면 컨테이너 하의 포장으로 판단하도록 규정하였다.

5) 함부르크규칙(Hamburg rule, 1978)

"헤이그 규칙"이 선진국의 선주의 이익을 대변하였다는 개발도상국의 주장을 수용하여 UNCITRAL의 선두로 1978년 제정, 1992년에 발표된 국제규칙이다.

운송인의 책임한도액 인상하여 667SDR → 835SDR/1Kg 2SDR → 2.5SDR으로 규정하고, 운송지연 시 운송인이 운임의 2.5배 이내에서 책임하도록 규정하였다.

클레임은 화물인도 후 15일 이내, 인도와 지연은 인도일을 기준으로 60일 이내 서면으로 통지하여야 하며 "헤이그 규칙"에서 1년이었던 제소기간을 2년으로 연장하였다.

또한 "헤이그 규칙"에서 명기한 운송인 면책 카탈로그와 선박화재 면책을 폐지하였다.

6) 로테르담 규칙(Rotterdam rule, 2009)

정식명칭은 전부 혹은 일부 국제 해상 물품 운송계약에 관한 UN협약으로 국제법회의가 주도한 해상운송과 관련한 국제규칙. "헤이그-비스비", "함부르크규칙"을 대체할 목적으로 제정[4] 되었다.

제2절 컨테이너운송

1 컨테이너의 의의

1) 컨테이너의 개념

컨테이너는 화물 또는 포장된 화물을 적입하여 하는 용기로 1m3 이상의 규격을 지니고 있으며 서로 상이한 운송수단에 적합하여 운용할 수 있는 구조를 지니고 있는 운송 도구이다.

---

4) 네이버블로그 https://blog.naver.com/ssunn1444/221207723635.

2) 컨테이너 운송의 의의

컨테이너(Container)는 화물의 단위화(Unitization)를 목적으로 만들어진 운송 도구이며 ISO (국제표준화기구)에 의한 규격화가 이루어져 있어 특수 컨테이너를 이용하는 항공운송을 제외한 모든 운송 수단 간 호환 운송이 가능하여 출발지에서 최종 목적지까지 컨테이너에 적입된 화물을 안전하게 운송할 수 있다. 1921년 New york Centural 철도에서 최초로 사용되었으며, 해상 운송에 있어서는 제 2차 세계대전 중에 미군이 군수물자의 수송에 처음으로 사용되어 군수품의 보급에 중요한 역할을 하였다. 이후 1956년에 미국에서 연안해상 컨테이너운송을 시작한데 이어 1966년에 미국의 Sea-Land사가 북대서양항로에 처음으로 풀 컨테이너선을 투입함으로써 재래항로의 컨테이너화가 본격적으로 개시되었다.

우리나라에는 1970년에 최초로 컨테이너 선박이 입항하였으며 1972년 국내 최초로 철도를 통한 컨테이너 운송이 개시되었다.

신속성, 안정성, 경제성과 같은 장점을 가지고 있어 물적 유통 부문의 포장, 수송, 하역 및 보관 등 운송의 전 과정에 있어 혁신적인 수송도구로 각광을 받게 되었고, 지금은 국제간 화물 수송의 주종을 담당하기에 이르렀다.

국제운송의 컨테이너화는 각양각색의 화물을 컨테이너라는 국제적으로 규격화된 용기를 통하여 육해 일관수송을 할 수 있도록 만들었다는데 의의가 있다.

2 컨테이너운송의 필요성과 장 · 단점

1) 컨테이너 운송의 장점

(1) 경제성

① 포장비, 운송비, 하역비, 보관비 및 보험료 등 기타비용 절감
② 자금의 회전속도 증가

(2) 신속성

운송기간, 하역시간 단축, 운송서류 간소화

(3) 안전성

화물의 손상이나 도난 방지

2) 컨테이너 운송의 단점

① CY(Container Yard, 컨테이너 야적장), CFS(Container freight Station, 컨테이너 화물 조작장), 하역 장비 등 전용시설(container Terminal) 확보를 위한 비용 발생

② 기항지 최소화 운항으로 기타 항만로의 환적 위한 추가비용 발생

③ 컨테이너 기기의 재고관리에 시간과 비용

3) 컨테이너 운송의 필요성

(1) 선사의 컨테이너 운송 효과

하역 시간 단축, 선박 가동률 향상, 보험료 절감

(2) 화주의 컨테이너 운송 효과

포장비 절감, 내륙 수송비 절감, 운송 서류 및 절차 간소화, 물류비 대폭 절감, 항만 생산성의 증대, 운송화물의 안전성 제고, 국제 복합 운송의 실시로 인한 편리성과 총 운임의 절감

3 컨테이너화물의 유통경로와 운송형태

1) 컨테이너 화물의 유통경로

(1) 육로(육송운송)

컨테이너 육로운송은 컨테이너를 육로에서 운송하는 것으로 주로 shuttle drayage(부두-CY), door drayage(CY-시내화주 공장), long drayage(CY-시외화주 공장) 3가지가 있다.

(2) 철도(철송운송)

컨테이너 철도운송은 컨테이너를 철도운송에 이용하는 것으로써, 예를 들어 부산진-의왕, 부산진-청주 등에서 사용되고 있다. 컨테이너 철송을 위해서는 철도소운송면허가 필요하다. 컨테이너 철송의 주요 특징으로는 안전하고 확실하며, 도착시간이 명확하다. 그리고 원거리수송 시 요금이 저렴하며 일관성 있는 노무관리가 가능하다.

(3) 해상(해송운송)

컨테이너 해상운송은 컨테이너를 해상운송에서 이용하는 것으로써 가장 일반적이고 광범위하게 사용되고 있는 형태이다. 국내의 경우, 부산항-인천항, 연안해송이나 연안선박에 이용되고 있다.

*CY : Container Yard 컨테이너 야적장
*CFS : Container Freight
*drayage : 컨테이너 운송 시 특정 장소로 운반하는 것

2) 컨테이너 화물의 운송형태

*FCL : Full container Loaded
*LCL : Less than Container Loaded

(1) CY/CY(FCL/FCL, Door to Door)

컨테이너의 장점을 최대한 이용한 운송방법으로 수출업자의 공장 또는 창고에서 수입업자의 창고까지 컨테이너에 의한 일관운송형태로 운송되는 방법이다. FCL 화물의 경우에만 사용가능하다. (단일송화인/단일수화인)

(2) CFS/CFS(LCL/LCL, Pier to Pier)

다수의 송화인에게 집하한 LCL화물을 선적항의 CFS에서 혼재하여 선적하고 목적지의 CFS에서 컨테이너 개봉 후, 화물을 분류하여 여러 수입업자(다수의 수화인)에게 인도한다.

(3) CFS/CY(LCL/FCL, Pier to Door)

여러 수출업자(다수의 송화인)들로부터 소량의 화물을 CFS에서 자신들의 LCL 화물을 혼재하여 목적지의 수입업자(단일 수화인) 창고 또는 공장까지 운송하는 것이다.

(4) CY/CFS(FCL/LCL, Door to Pier)

수출업자는 한사람(단일 송화인)이고 수입업자가 다수(다수의 수화인)일 때 운송되는 방법으로 FCL화물이 수출업자의 공장 또는 창고에서부터 컨테이너에 적입되어 목적지까지 운송 후, 목적지의 CFS에서 화물을 분류하여 다수의 수입업자(다수의 수화인)에게 운송하는 형태이다.

4 컨테이너와 컨테이너선의 종류

1) 컨테이너의 규격

(1) 20FT (20피트) 컨테이너

사이즈 : 장(가로) × 폭(세로) × 고(높이)가 5.90m × 2.35m × 2.39m

(2) 40FT (40피트) 컨테이너

사이즈 : 12m × 2.35m × 2.39m (20피트 두 대)

(3) 40FT High cube (40피트 하이큐브)

사이즈 : 12m × 2.35m × 2.70m (40ft에서 높이만 대략 30cm 정도 올라감)

(4) 45FT (45피트)

사이즈 : 13.56m × 2.35m × 2.70m

2) 컨테이너의 종류

(1) 드라이 컨테이너

온도조절이 필요하지 않은 화물에 이용되는 컨테이너로 일반 잡화 수송에 적합하다.

(2) 오픈탑 컨테이너

기계류, 철강제품, 판유리 등의 중량화물 적립에 적합한 컨테이너로서 천장은 탈부착이 가능한 수밀성이 높은 캔버스(canvas) 덮개로 되어 있고 크레인으로 컨테이너의 상부에서 화물을 하역하는 특징이 있다.

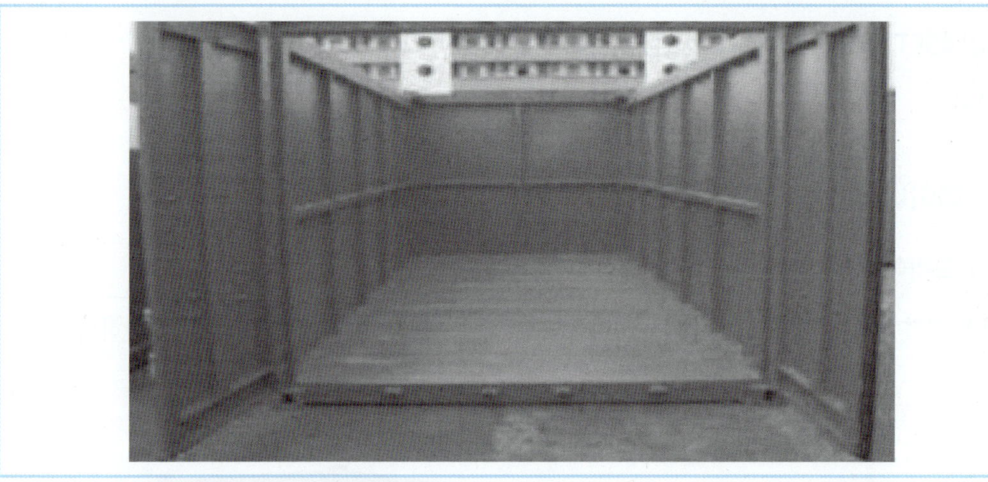

(3) 하드탑 컨테이너

오픈탑 컨테이너의 캔버스커버가 방수성이 부족하기 때문에 천장의 캔버스커버를 견고한 루프 판넬로 대처한 것이며, 정밀기계 등의 수송에 사용된다.

(4) 탱크 컨테이너

장유 유류, 화학약품 등 유체화물을 수송하기 위해 탱크를 준비한 컨테이너로써 일반용, 위험화물용, 고압가스용 등이 있고 고압, 저압 보온설비나 가열설비를 갖춘 것도 있다.

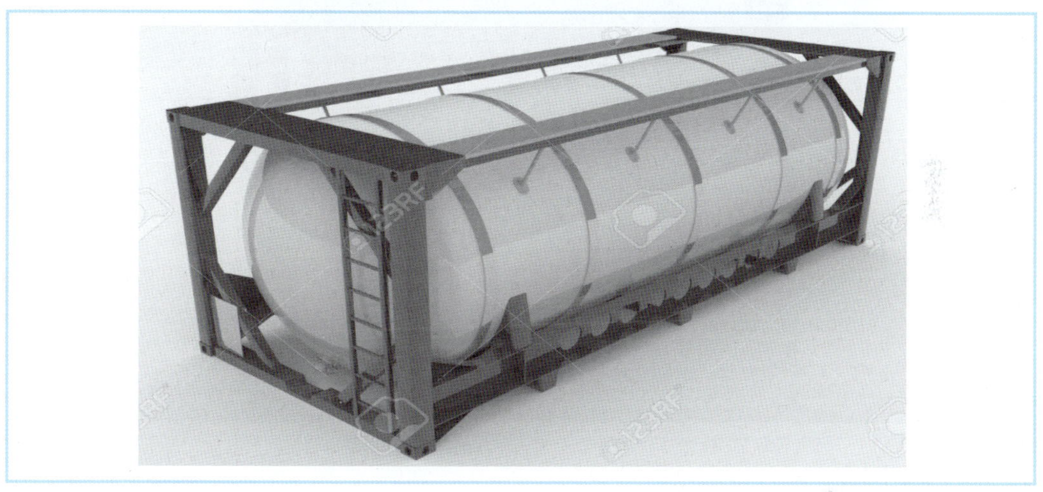

(5) 플랫폼 컨테이너

승용차나 기계류 같은 중량 화물을 쉽게 싣거나 내리기 위하여 천장과 벽을 없앤 컨테이너이다.

(6) 행거 컨테이너

고급의류 등을 구겨지지 않게 옷걸이에 걸어 운반할 수 있도록 제작된 컨테이너이다.

(7) FlatRock 컨테이너

드라이 컨테이너의 천장과 측벽을 제거한 모양으로 양측 벽도 탈부착이 가능해 바닥과 사주만의 형태가 된다. 따라서 기계류, 강재, 원목 등의 중량화물을 전후좌우 또는 상방에서 지게차로 하역할 수 있다.

3) 컨테이너선의 종류

(1) 선형

① 혼재형(Conventional Ship): 재래선의 갑판이나 선창에 컨테이너와 일반잡화를 함께 혼재하는 선박이다.

② 분재형(Semi-Container Ship): 재래선 선창의 중앙부분 또는 갑판 등에다 컨테이너를 적재할 수 있는 전용장치를 설치한 선박이다.

③ 전용형(Full-Container Ship): 갑판 및 선창이 컨테이너만 전용으로 적재하도록 설계된 선박이다.

④ 바지운반선(barge Carrier Ship): 컨테이너나 일반화물이 적재된 무동력선(Barge)을 예선하여 바지 자체를 그대로 본선에 적재 또는 양륙할 수 있도록 바지하역용 크레인 등의 장비를 갖춘 선박이다.

(2) 하역장비의 유무

a. 크레인 장착형(Geared Container Ship): 본선 갑판상에 자체의 컨테이너 하역용 갠트리 크레인(Gantry crane)을 장착하고 있는 선박이다.

b. 크레인 미장착형(Gearless Container Ship): 본선상에 자체의 컨테이너 하역용 갠트리 크레인이 없는 선박이다.

(3) 하역방식

LO/LO선(Lift on/Lift off) : 본선상에 자체의 컨테이너 하역용 갠트리 크레인이 없는 선박이다.

RO/RO선(Roll on/Roll off) : 선수, 선미 또는 선측의 경사판을 통하여 트랙터 또는 지게차 등에 의하여 굴러서 적재 또는 양륙하는 방식이다.

FO/FO선(Float on/Float off : LASH): 컨테이너나 일반화물이 적재된 무동력선(barge)을 본선상의 크레인으로 바지 자체를 적재 또는 양륙하는 방식이다.

5 컨테이너터미널의 구조

컨테이너 터미널은 아래와 같은 구조를 지니고 있으며 그 기능은 다음과 같다.

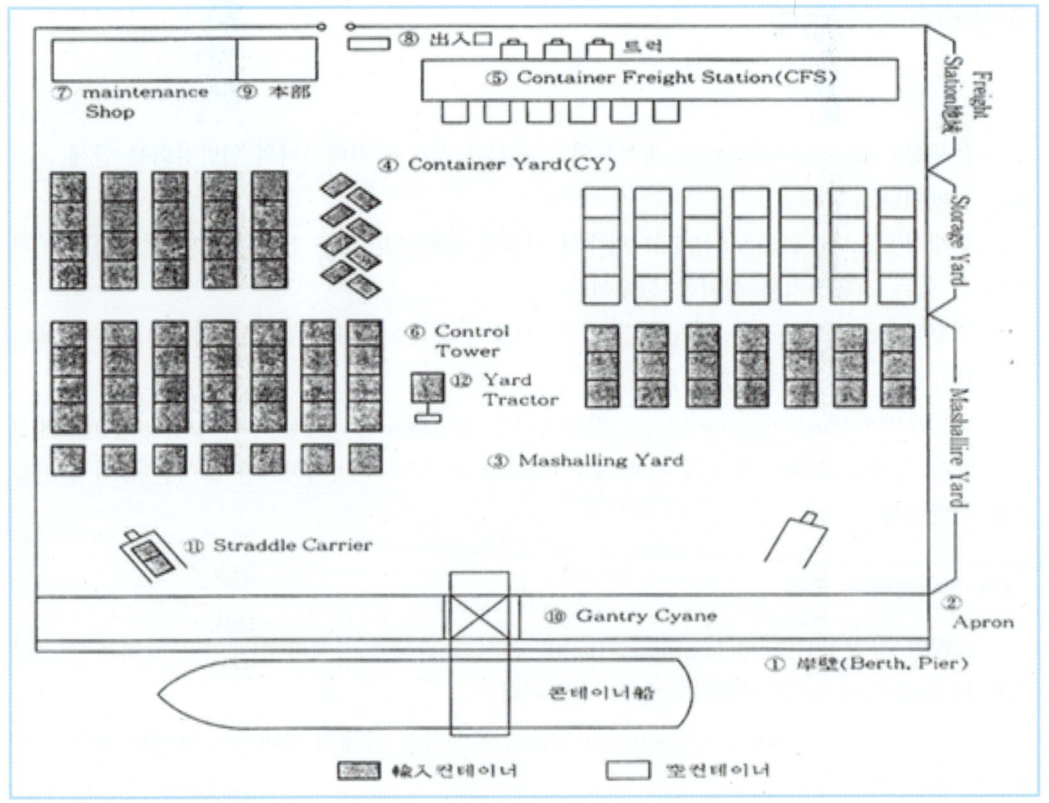

(1) Berth(선석)

컨테이너선이 접안하여 화물 하역 작업을 이루어지도록 만든 구조물로 보통 선박 한 척을 직접 정박시킬 수 있는 설비(안벽)이다. 안벽이란 바다를 매립하거나 천연의 상태에서 개축하여 해저에서 수직으로 육지와는 평행으로 구축되어 선박의 접안을 용이하게 하도록 한 구조물이다.

(2) Apron(에이프런)

안벽에 접한 야드 부분에 일정한 폭으로 나란히 뻗어 있는 공간으로서 컨테이너의 적재와 양륙작업을 위하여 임시로 하치하거나 크레인이 통과주행을 할 수 있도록 레일을 설치한 공간이다.

(3) 마샬링야드(화물집하장)

컨테이너선에 선적해야 할 선적이 예정된 컨테이너를 미리 입안된 선내 적부계획에 의거하여 순서대로 쌓아 놓는 장소로 컨테이너선에서 내리는 컨테이너 보관을 위해 필요한 공간, 보통 에이프런과 인접지역이다.

(4) CY(Container Yard)

적재된 컨테이너를 인수, 인도, 보관하는 장소로 넓은 의미로는 마샬링야드, 에이프론, CFS 등을 포함한 컨테이너 터미널 전체라는 의미로 쓰이기도 하지만, 엄밀하게 CY는 컨테이너 터미널의 일부이다.

(5) CFS(Container Freight Station)

트럭 또는 철도로 통관 수속 후, 반입된 LCL화물을 보관・분류하여 FCL화물로 만드는 작업 또는 그 반대의 작업을 하는 장소로 컨테이너에 화물을 적입・적출하는 장소이다.

(6) Control Tower : 통제탑

(7) Maintenance Shop : 장비의 정비소, 유지 및 보수 공간

(8) CY Gate : 정문출입구

(9) Head Office : 터미널 운영 관리 본부

6 컨테이너운송에 관련된 국제조약

1) CCC 협약(Customs Convention on Container)

컨테이너 통관 협약이라고 한다. CCC 협약은 컨테이너 사용 편리와 촉진을 목적으로 컨테이너 자체의 국경 세관 통관에 따른 당사국 간 관세에 대한 문제와 통관 방법 등을 규정한다. 그 예로는 일시적으로 수입된 컨테이너를 수출조건으로 면세하거나, 국제보세운송 시 제약국 정부 세관의 봉인을 존중해주는 것 등이 있다.

2) TIR 협약(Trailer Interchange Receipt Convention)

국제도로운송 협정이다. 국제도로운송 증권의 담보 하에 행하는 화물의 국제 운송에 대한 통관협약으로, 도로운송 차량으로 화물이 국제 운송되는 것을 용이하게 하기 위한 협약이다. 컨테이너 속에 내장된 화물을 특정 국가를 통해 목적지까지 수송하는 것에 따른 관세법상의 특례를 규정한다. 그 예로는 컨테이너 내부에 화물을 적입하고 봉인 한 상태로 화물자동차에 의해 운송되는 화물에 대해서는 경유지 세관에서 수출세, 수입세 납부 또는 공탁을 면제해주거

나 세관 검사를 생략하는 것 등이 있다.

3) ITI 협약(Custom Convention on the International Transit of Goods)

육·해·공을 포함하는 국제 운송에 관련된 국제통과화물에 대한 통관 협약이다.

TIR 협약과 유사한 내용을 품고 있다. 다만 차이점은 TIR 협약은 오로지 도로운송차량으로만 목적지까지 수송하는 것에 대한 협약이라면 ITI는 육상, 해상, 항공운송의 모든 운송수단을 포함하여 목적지까지 수송하는 것에 대한 협약이다. 국제수송에 관한 통관조약인 ITT 조약과 개념이 헷갈릴 수 있는데 ITT는 화물의 국제수송을 용이하게 하기 위하여 컨테이너, 도로 차량, 철도화물, 부선 등의 수송수단에 의해 국제 수송되는 화물에 대하여 통과국의 세관 절차를 간소화하는 것을 약정한 조약을 말한다.

ITI 협약과 TIR 협약은 경유지 세관에서의 특례로 보세운송을 가능하게 하는 협약이다.

4) CSC 협약(International Convention for safe Containers)

컨테이너 안전 협약으로, 선박이 출항하기 전에 출항 국가에서 컨테이너에 관한 안전을 확인하고 수출하자는 협약이다. 국제 컨테이너 수송의 발달을 촉진하기 위해 컨테이너의 취급과 적취, 수송에서 컨테이너의 구조상의 안전 요건을 국제적으로 통일화한다.

이 협약은 컨테이너의 구조기준, 시험항목, 시험방법 및 유지 검사의 의무 등에 관하여 규정하여 협약국 간에 사용하는 컨테이너는 이 절차를 기준으로 하여 주무관청의 승인을 얻는 것을 의무화했다.

제 3 절 국제복합운송

1 복합운송의 개념

1) UN 국제복합운송 제1조

UN 국제복합운송 제1조에는 육-해-공 전반에 걸쳐서 적어도 두 종류 이상의 상이한 운송수단을 이용하여 단일의 복합운송인이 복합운송증권을 발행하여 물품을 인수한 때로부터 인도할 때까지 화주에 대하여 전운송구간에 대해서 단일의 일관운송책임을 지면서 단일의 복합운송운임에 의해서 운송되는 형태라고 정의되어있다.

복합운송은 국제간의 무역운송에 있어 컨테이너화의 발달과 수송기술 및 장비의 혁신에 따라 종래의 Tackle to Tackle 운송개념이 CY to CY 개념으로 발전된데 이어 더 나아가 Door to Door라는 더욱 앞선 운송형태로 나타나게 된다.

2) ICC복합운송서류에 관한 통일규칙

ICC복합운송서류에 관한 통일규칙에는 "복합운송인이 물품을 어느 한 국가의 지점에서 수탁하여 다른 국가의 인도지점까지 해상 내륙 항공 철도나 도로운송방식중 적어도 두 가지 이상의 운송방식에 의한 물품 운송이다."라고 정의되어있다.

* 해상운송과 항공운송 : sea and air
* 철도운송과 해상운송 : train and ship
* 해상운송, 육상운송, 해상운송 : Land Bridge

* 공로운송과 철도운송 : piggy back
* 공로운송과 해상운송 : fishy back
* 공로운송과 항공운송 : birdy back

3) 복합운송 당사자들의 경제적 입장

화주의 입장에서는 화물의 단위화를 통해 일괄운송이 가능하므로 운송비, 포장비, 하역비, 보관비 등의 비용이 절감 되며 신속 운송이 가능함으로 빠른 자금회전이 가능하다. 또한 안정성 증대에 따라 보험료가 절감된다. 운송인의 입장에서는 기술의 발전, 기계화 및 자동화에 따라 인건비가 절감되며 컨테이너 운송을 통하여 선박 가동률이 증대된다. 또한 화물단위당 운송비가 절감되어 규모의 경제를 실현할 수 있다.

2 복합운송의 주요 경로

1) Land Bridge 방식

해상-육상-해상 복합운송경로에 있어서 유라시아 대륙이나 미주 대륙을 두 해상운송을 연결하는 다리의 역할로 인식하는 복합운송의 형태. 특히 동아시아로부터 유럽까지 도달하는 경로

〈시베리아 랜드 브릿지(SLB) - Siberia Land Bridge〉

극동지역에서 유럽까지 경로에 있어서 러시아의 보스토치니, 나호트카, 블라디보스토크, 바니노 등 4개 항만에서 시작하는 TSR(Trans Siberia Railway : 시베리아 횡단철도로서 총 길이 9,288km로 급행으로 갈 경우 모스크바까지 7일 소요되며 궤간 1,524mm의 광궤)을 이용하여 러시아 서부 국경까지 운송하고 그 이후는 철도나 트럭으로 유럽으로 연결되는 경로이다.

〈마이크로 랜드브릿지 - Micro Land Bridge〉

IPI(Interior Point Intermodal)이라고도 불리며 한국, 일본에서부터 북미 서안항까지 해상운송을 한 후 서안항부터 미국 내륙지역으로 철도와 트럭으로 육상운송을 하는 방식이다.

〈아메리칸 랜드브릿지(ALB) - America Land Bridge〉

극동 아시아에서 미국 서부해안까지 해상운송을 하고, 미국 서해안에서 철도운송으로 횡단하여 미국 동해안까지 운송한 뒤 미국 동부해안에서 유럽까지 해상으로 운송하는 경로이다.

〈미니 랜드브릿지(MLB) – Mini Land Bridge〉

극동 아시아에서 미국 서해안 항구까지 해상운송 후 트럭이나 철도로 육상운송하여 북미대륙을 횡단해 미국 동부해안 항만까지 운송하는 해륙복합운송경로이다.

〈중국횡단철도(TCR) – Trans China Railway〉

인천 또는 부산에서 중국 연운항까지 해상운송 한 뒤 중국횡단철도로 중국 연운항에서 출발하여 러시아의 접경인 노보시비르비스크에서 TSR과 접속하는 경로이다. 총 길이 4,018km의 표준궤간(궤간 1,435mm)으로서 유럽까지는 TSR을 비롯한 4개의 노선으로 분기하여 유럽으로 연결된다.

〈캐나다랜드브릿지(CLB) – Canadian Land Bridge〉

극동 아시아에서 캐나다의 벤쿠버까지 해상 운송 후 캐나다 횡단철도로 몬트리올까지 철도 운송한 후 유럽까지 해상운송하는 경로이다.

〈몽고횡단철도(TMGR) – Trans Mongolia Railway〉

사실상 종단철도로 중국 단둥, 베이징, 몽고의 울란바토르를 거쳐 TSR로 연결된다.

〈만주횡단철도(TMR) – Trans Manjuria Railway〉

중국장춘철도라고도 불리며 TSR로 연결된다.

〈한반도종단철도(TKR) – Trans Korea Railway〉

한반도와 중앙아시아 및 우렵의 연결을 목표로 추진하는 철도 노선이다.

〈아시아횡단철도(TAR) – Trans Asia Railway〉

TSR, TCR, TMGR, TMR, TKR을 연결하는 국제철도노선으로 북부노선은 유럽으로, 남부노선은 이란 및 터키로, 아세안노선은 아세안 국가 및 인도차이나 반도 국가들로 연결된다.

*참고 : TSR 약 11,500km로 22일~28일 소요, TCR-TSR은 19일~21일 소요, All Water Service 약 23,000km로 33일~35일 소요된다.

(2) 해공복합운송방식

해상운송의 장점인 경제성과 항공운송의 장점인 신속성을 더하여 비용과 시간을 최대한 합리적으로 사용하고자 하는 복합운송방식이다.

〈북미서안 경유 경로〉

한국이나 일본에서 러시아 나홋카까지 해상운송하고, 블라디보스톡 까지 육상운송으로 블라디보스톡에서 유럽 및 기타지역으로 항공운송하는 경로이다.

〈나홋카 경유 경로〉

한국이나 일본에서 홍콩, 싱가폴, 방콕까지 해상운송을 한 후 거기서 항공운송하는 경로이다.

3 복합운송에 관련된 국제법규

1) 유엔국제복합 운송조약(TCM조약)

국제복합운송의 진전에 따라 취급책들을 국제적으로 통일시키기 위하여 1969년에 국제해법회는 도쿄 총회에서 복합운송 조약안을 채택하였다. 그 후 로마사법 통일 국제협회의 조약안과의 조정으로 그 일부가 수정되어 1970년 TCM조약안이 발표되었다.

하지만 이 조약은 1972년 UN/IMCO가 공동으로 주최한 국제컨테이너 운송 회의에서 부결되어 백지환원이 되었다. 그 이유는 선진국에게 유리하게 되어 있고 개발도상국들의 화주 측의 이익이 충분히 반영되지 않았다는 이유이다.

2) UN복합운송조약

TCM조약안이 채택되지 못함에 따라 1973년 68개국 정부가 참여하는 UNCTAD내 정부 간 준비그룹(Inter-Governmental Preparatory Group)을 중심으로 새로운 조약안 작성에 착수하였다. 1980년 5월 제네바에서 UN이 소집한 전권대사 회의(Conference of Plenipotentiaries)에서 1980년 UN국제복합운송조약으로 채택되었으나, 오늘날까지 그 효력을 발휘하지 못하고 있다. 그것은 조약의 준비과정에서 실무계를 대표하는 국제상공회의소(ICC) 등의 복합운송인(MTO) 책임에 대해 이종책임체계(network system)를 지지해 온데 반해 UN조약은 소위 수정된 단일책임체계(modified uniform system)를 채택하여 운송인의 책임을 대폭 강화시킨 함부르크 규칙을 모태로 구상되어졌기 때문에 선진 해운국들의 반발로 아직까지 발표되지 못하고 있다.

UN조약의 내용을 보면, 손해발생구간이 판명된 때에는 국내법, 국제조약 또는 본조약상의 책임한도액중 가장 높은 금액으로 하고, 불명손해에 대해서는 해상구간이 포함되면 함부르크 규칙(835SDR/package or 2.5SDR/ha)의 110%를, 해상구간이 포함되지 않으면 8.33SDR/ha (CMR)을 적용하기로 규정하고 있다.

UN조약은 복합운송에 있어서 발생한 물품의 손해에 대하여 단일운송계약을 지배하는 국제조약에 비해 매우 엄격한 책임을 운송인에게 부과하고 있는데, 그 손해발생에 대하여 복합운송인이 과실이 없음을 입증하지 못하면 책임을 져야 한다. UN조약은 물품의 멸실·훼손에 대한 복합운송인의 책임제한에 관해 포장물 또는 적재단위당 920SDR과 ㏊당 2.75SDR로서 Hamburg규칙보다도 10% 증가되어 있는데, 이는 Visby규칙 이후의 계속적인 인플레이션을 반영한 것이다.

3) 복합운송증권통일규칙

국제상업회의소(ICC)는 1973년에 "복합 운송증권 통일규칙"을 채택하였다. 이 규칙은 1991년 말까지 적용되어 오다가 UNCTAD/ICC 규칙으로 대체되었다.

UNCTAD/ICC 규칙은 UNCTAD/ICC 합동위원회가 헤이그 규칙, 헤이그-비스비규칙, 복합운송증권 통일규칙 등을 기초로 하여 1991년 11월 파리의 ICC이사회에서 제정한 "복합운송증권에 관한 통일규칙"(UNCTAD/ICC Rules for Multimodal Transport Documents)을 말하는데, 이 규칙 또한 복합운송계약의 관습적인 일부분만을 다루고 있다.

UNCTAD/ICC에서 복합운송인은 복합운송증권을 발행하고 전운송구간에 대해서 책임을 지며, 또한 이종책임체계(network system)를 채택하여 손해발행구간이 판명된 경우와 판명되지 않은 경우를 구분하여 규제하고 있다.

4 복합운송인의 책임체계

1) 단일책임체계(uniform liability system)

운송물의 멸실, 손상, 지연손해가 복합운송의 어느 구간에서 발생하였느냐를 묻지 않고 복합운송인은 동일한 기준에 따라 책임을 지는 체계이다.

2) 이종책임체계(network liability system)

손해발생구간이 확인된 경우와 그렇지 않은 경우를 나누어서 각각 다른 책임체계를 적용하는 방법이다. 특정경우에는 UN협약을 적용하는 변형동일책임체계에 따른다.

3) 절충식책임체계(Flexible Liability System)

단일책임체계(uniform liability system)와 이종책임체계(network liability system)을 절충한

것으로, 복합 운송인의 책임체계는 일률적인 책임원칙을 따르고, 책임의 정도와 한계는 손상이 발생한 구간의 규칙에 따른다. 이 제도는 현 규칙 하에서 책임의 한계가 기본책임하의 한계를 초과했을 때만이 적용될 것인지 아닌지 하는 문제가 제기된다. 일반적으로 선진국은 network system를 개도국과 일부 선진국은 uniform system을 선호하고 있어 UN에서는 절충적 방식인 절충식책임체계를 선호하고 있고, 세계적으로 가장 많이 활용하게 될 제도이기도 하다.

제4절 항공운송

1 항공운송의 의의

과거에는 화물운송은 대부분 육상 또는 해상에 의한 운송이었으며 일부 특수한 종류의 화물만이 항공운송의 대상이었다. 그러나 오늘날에는 화물기의 도입과 화공 화물의 컨테이너화, 지상조업의 자동화 등으로 고가의 고부가가치 화물의 운송 수요가 증가하고 기업들의 적정 재고정책 등으로 정시배달에 대한 선호도가 증가함에 따라 국제무역의 중요한 운송수단으로 각광받고 있다.

항공운송은 해상운송에 비해 운송기간이 현저히 짧고 정기운송에 따른 화물의 적기인도가 가능하므로 재고비용 및 자본비용을 절감할 수 있고 충격에 의한 화물의 손상 및 장기운송에 의한 변질 가능성이 적어 화물을 안전하게 상대 화주에게 인도할 수 있다는 장점이 있다. 대신 물류비용을 TOTAL COST로 비교하였을 때 다른 운송수단보다 항공운임이 상당히 높다는 점이 단점이다. 우리나라의 항공화물운송은 1970년대부터 본격적으로 시작되어 1980년대 이후 연평균 13~15% 이상의 높은 성장을 지속. 초창기 항공운송제품으로는 섬유류, 잡화류, 동물, 가발 등이었으나 점차 기계류와 전자제품의 비중이 증가하면서 최근에는 항공화물의 50% 이상을 전자제품이 차지하고 있다.[5)]

5) 한국무역협회 KITA.NET

2 항공화물의 운송절차

1) 항공운송화물의 수출절차는 다음과 같다.

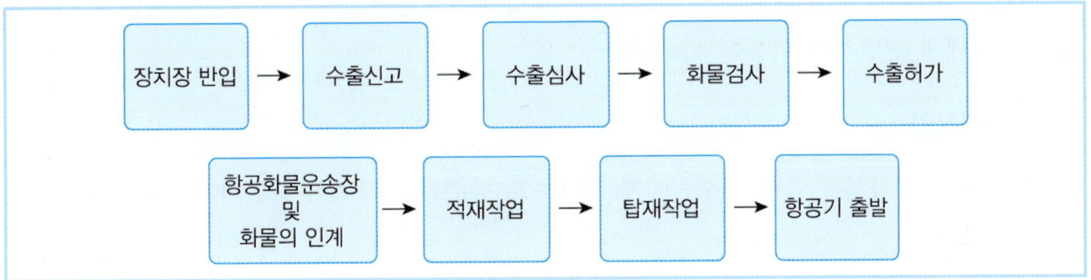

(1) 장치장 반입

공장에서 생산된 완제품은 육로수송으로 화물터미널에 도착하게 되고 터미널의 장치장으로 반입된다. 반입 시 항공운송사는 화물검사를 실시한 후 수출화물 반입계를 발급한다. 보세구역인 보세장치장에 수출화물을 반입하기 위해서는 세관 보세과에 수출화물 반입계를 제출하고 장치지정 및 승인을 받아야 한다.

(2) 수출신고

보세구역 내에 수출화물 반입 후, 자가 통관의 허가를 받지 않은 수출업자는 통관업자를 통해서 수출신고를 해야 한다.

(3) 수출심사

세관 심사과에서는 제출된 수출신고서를 1차 심사한 후 이상이 없을 경우 감정과로 서류를 이송한다.

(4) 화물검사

서류와 화물을 대조하면서 수량, 규격, 품질 등을 검사하며 심사과에서는 지정한 검사수량에 대해 전부 또는 일부 개봉하여 검사한다.

(5) 수출허가

서류는 세관 심사과로 회송되어 2차심사 후 수출신고필증을 발급해준다. 수출신고필증이 발급되면 해당 화물은 관세법상 외국 화물이 되며 수출신고수리일로부터 30일 이내에 수출을 이행하여야 한다.

(6) 항공화물운송장 및 화물의 인계

통관절차가 완료된 화물의 항공운송장은 항공화물운송 대리점에서 화물인도증명서와 함께 해당 항공사에 접수한다. 화물운송장에는 상업송장, 포장명세서, 원산지증명서, 검사증 등 수입지에서의 통관에 필요한 서류가 첨부된다. 항공사는 화물인도증명서에 접수확인을 기재한 후 검수원에게 전달하여 화물을 인수한다.

(7) 적재작업

항공사는 작업지시를 담당 검수원에게 하달하고 검수원은 작업지시에 의거하여 적재작업을 실시한다.

(8) 탑재작업

적재작업이 완료된 화물을 중량배분을 위해 계량한 후 탑재 담당자에게 인계되어 항공기로 운송된다. 항공사는 탑재작업 지시를 탑재 담당자에게 전달하고 작업결과를 통보받는다.

(9) 항공기출발

세관에 제출하여 출항 허가를 얻은 후 탑재된 화물의 항공화물운송장 및 출항허가서, 적화목록을 승무원에게 인계함으로써 수입지를 향해 출발한다.

2) 항공운송화물의 수입절차는 다음과 같다.

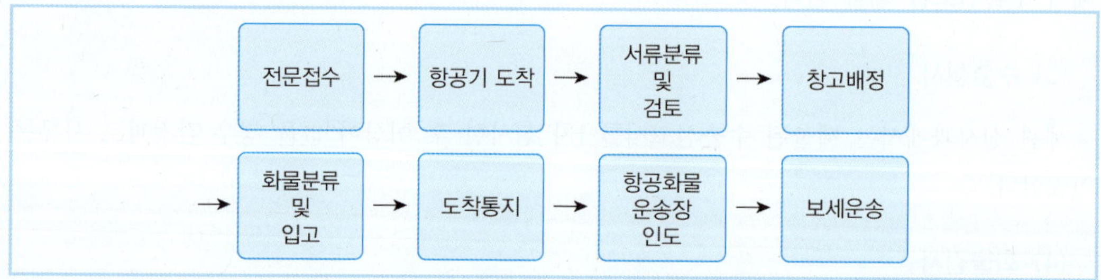

① 전문접수

출발지로부터 항공기 출발 후 해당편 탑재화물관련 전문을 접수하면 화물을 완벽한 상태로 신속히 인도하기 위해 항공기 도착 이전에 조업사에 통보하여 필요한 장비 및 시설을 확보토록 하는 단계이다.

② 항공기 도착

항공사 직원이 출발지 출항허가, 적화목록 등을 인계받은 다음 세관에 적화목록, 기용품 목록 등을 제출하여 입항허가를 득한다.

③ 서류분류 및 검토

서류가 도착하면 운송장과 적화목록을 대조하여 수입금지화물, 안보위해물품 여부를 확인하고 보냉 또는 냉동을 요하는 품목은 적절한 조치를 취하도록 조업사에게 작업지시를 한다.

④ 창고배정

화주가 특정 수입화물에 대해 창고를 임시로 지정하는 긴급분류대상일 경우 항공사에서 담당하고, 해당 화주 명의로 수입되는 모든 수입화물에 대해 특정한 창고를 지정할 수 있는 상시분류대상은 운송업체 대표로 구성된 민간운영협의회에서 담당한다.

⑤ 화물분류 및 입고

해당 장치장은 화물을 분류하여 배정된 창고에 입고시킨다.

⑥ 도착통지의 단계

항공운송장은 통관지역에 따라 화물터미널에 있는 항공사 지점이나 영업소로 보내지며 수화인에게 도착통지를 한다.

⑦ 항공화물운송장 인도

수화인이 항공화물운송장을 인계할 때 본인의 경우엔 주민등록증을 확인하며 대리인의 경우에는 주민등록증과 위임장을 제출하여야 한다.

⑧ 보세운송

외국물품이 통관되지 않은 상태에서 화물터미널 이외의 지역으로 수송될 경우 보세운송허가를 받아야 한다. 항공화물의 보세운송은 간이보세운송과 특별보세운송으로 구분한다. 간이보세운송은 부산, 제주 등의 개항장으로 외국물품을 항공운송하는 경우를 말하며, 특별보세운송은 개항장 이외의 지역으로 외국물품을 수송하는 경우를 말한다.

3 국제항공화물의 주선업자

1) 포워딩업체

포워딩은 운송에 관련된 제반 업무들을 화주를 대신해 처리하는 것이다. freight forwarder 또는 forwarder라고도 하며 운송주선업자라고 한다. 화주의 대리인으로서 송화인의 화물을 인수하여 화주가 요구하는 목적지의 수화인에게 인도할 때까지 적절한 운송수단을 선택하여 화물을 유기적으로 결합하고 운송에 따르는 부대적인 업무를 처리한다.

2) 항공화물을 담당하는 대리점

(1) 항공화물운송대리점

항공화물운송대리점은 항공사 또는 총대리점을 위하여 유상으로 항공운송 화물 운송계약 체결을 대리하는 사업이다. 즉, 항공사를 대리하여 항공사의 운송약관, 규칙, 항공운송운임 요율, 스케줄에 의거하여 항공 화물 운송서비스의 판매, 항공 화물 운송장을 발행하며 이에 부수되는 업무를 수행하고 수수료를 항공사로부터 받는다.

(2) 항공운송주선업자

항공화물주선업자는 일종의 혼재업자로서 수요에 응하여 유상으로 자기의 명의로써 항공사의 항공기를 이용하여 송화인의 화물을 혼재하여 운송하는 사업을 말한다. 주선업자는 자체운송약관과 항공 운송 운임요율과 운송약관을 가지고 항공운송 주선업자 항공화물운송장(House Air Waybill, HAWB)을 발행하여 운송계약을 체결한다. 항공기를 갖고 있지 않으므로 화물을 운송하기 위해 항공사발행 화물운송장(Master Air Waybill, MAWB)에 의해 주선업자를 송화인으로 하여 운송계약을 체결하여야 한다. 항공운송주선업자는 항공사의 대리인으로서 송화인을 위한 화물의 예약, 혼재, 트럭운송, 포장, 통관 관련서류를 작성하며, 항공사는 주선업자에게도 수수료를 지급하고 있다.

항공화물운송대리점과 항공운송주선업자 비교[6)]

구 분	항공화물운송대리점	항공운송주선업자
활동영역	주로 FCL 화물을 처리	국내외 LCL화물
항공운임	항공사의 운임률표 적용	자체의 운임률표 적용
운송책임	항공사 책임	주선업자 책임
운송약관	항공사의 약관	자체의 약관
수수료	IATA의 5% 커미션 및 취급수수료	수취운임과 지급운임과의 차액을 수익하거나 IATA의 5% 커미션
항공화물운송장	항공사의 Master Air Way Bill (MAWB) 발행	자체의 House Air Way Bill(HAWB) 발행

6) 부산광역시 무역실무 가이드 사이트/http://busan-hcmc.org/cyber_trade/

4 항공화물운임의 종류

1) 일반화물 요율

일반화물 요율은 특정품목 할인요율이나 품목분류요율이 적용되는 화물을 제외하고 모든 화물의 운송에 적용된다. 일반화물 요율은 최저운임, 기본요율, 중량단계별 할인요율로 구성되어 있다. 최저운임은 화물에 적용이 되는 가장 낮은 운임이다. 기본요율은 모든 화물의 요금에 기준이 되는 요율로 45kg 미만에 적용이 된다. 중량단계별 할인 요율은 45kg 이상의 경우 무게에 따라 다른 요율이 적용이 된다.

2) 특정품목 할인 요율

특정구간에 특정품목에 대하여 일반화물요율보다 낮은 수준으로 설정 되어 있으며 반드시 최저 중량을 제한하고 있다. 특정품목 할인 요율은 품목분류요율이나 일반화물요율보다 우선하여 적용된다. 단, 품목분류요율이나 일반화물요율을 적용하여 더 낮은 요율이 산출될 시에는 당해 낮은 요율의 적용이 가능하고 품목분류요율이 일반화물요율보다 더 클 경우에는 품목분류요율을 우선하여 적용하여야 한다.

3) 품목 분류 요율

특정 구간의 특정품목에 대하여 적용되는 요율이다. 신문, 잡지, 정기간행물, 책, 카달로그, 점자책 및 그 용구는 일반화물요율 중 Normal Rate의 50%에 해당하는 요율이 적용되며 최저요금은 해당구간 일반화물 최저요금과 할인율에 5kg을 적용한 금액 중 큰 금액을 최저요금으로 한다. 비동반 수하물을 항공화물로 운송할 경우에는 해당구간 일반화물요율 중 normal rate 50%에 해당하는 할인요율이 적용되며 최저요금은 10kg에 해당하는 금액이다. 이 요율은 여객이 한국을 출발하여 IATA 제2지역과 제3지역으로 여행할 경우에만 적용된다. 생동물 요율은 모든 생동물에 대해 normal GCR의 200%를 적용하고, 한국발 모든 생동물에 대해 Normal GCR의 400%를 적용하고 최저운임은 Applicable Minimum Charge의 200% 적용한다. 기타 화폐, 여행자수표, 주권, 채권, 금, 백금, 다이아몬드 등 귀중화물과 시체 및 유골 등에 대한 별도의 할증요율이 있다.

4) 단위 적재 용기 요금

항공사가 송화인 또는 대리점에게 컨테이너 또는 팔레트 단위로 판매 시 적용되는 요금으로 해당 운송 구간의 각 용기 형태별로 설정된 최저요금과 최저중량을 초과하는 경우 그 초과된 중량에 부과하는 최저중량 초과요금을 더한 금액으로 산출된다. 단위적재용기 화물의 요금부과 중량은 화물이 적화된 단위적재용기 총중량에서 실제용기 중량 중 더 적은 중량을 공제한 중량을 요금부과 중량으로 한다.

5) 종가 요금

송장에 명시된 송화인의 운송신고가격이 kg당 19 SDR을 초과하는 화물에 대하여는 그 초과한 금액에 대하여 0.75%에 상당하는 금액을 종가요금으로 징수한다.

6) 위험물 취급 수수료

대한민국 출발의 경우에는 위험물 포장 한 개 당 20,000원을 위험물 취급 수수료로 하며, 최저 위험물 취급 수수료는 130,000원이다.

7) 운송장 작성 수수료

대한민국을 출발지로 하는 화물에 대해 항공사가 화주를 대신하여 운송장을 작성할 경우 항공사는 운송장당 3100원의 운송장 작성 수수료를 징수한다.

8) 입체지불금 수수료

입체지불금은 항공운송 개시 이전에 송화인 또는 그 대리인의 비용으로 이미 지불한 수화인이 부담하여야 할 육상운송료, 보관료, 통관수수료 등을 일컬으며 송화인의 요구에 따라 운송장에 입체지불금을 명시하는 경우 운송인은 이를 수화인으로부터 징수한다. 이 서비스의 수수료는 입체지불금의 10%, 최저요금은 25,800원이며 운송인이 송화인 또는 수화인으로부터 징수한다.

9) 착지불 수수료

운임과 종가요금을 합한 금액의 5%에 상당하는 금액이다.[7)]

7) 대한항공 cargo 사이트/https://cargo.koreanair.com/ko/services/Air-Cargo-Tariff

5 항공화물에 대한 국제조약

1) 1929년 바르샤바 조약

국제항공운송규칙의 통일에 관한 조약이라고도 한다. 운송증권과 운송인의 책임을 정하고, 사고 때의 운송인의 책임에 대해서는 과실책임주의를 취하고 있는데, 무과실의 거증책임을 운송인에게 지우고 책임액을 12만 5000금프랑으로 한정하였다.[8)]

2) 1944년 시카고 조약

국제민간항공조약[9)]이라고도 한다. 연합국과 중립국의 52개국 대표가 시카고에서 전후 민간항공과 관련된 문제를 협의, 채택한 것이다.

제1부는 체약국영공 대한 배타적 주권인정을 비롯하여 출입국 규제・항공기 등록・세관출입국 수속・사고조사 등을, 제2부는 이카오(ICAO:국제민간항공기구)의 조직과 임무를, 제3부는 국제항공운송의 원활을 위한 조치를, 제4부는 이 조약이 1919년의 파리조약과 1928년의 아바나조약을 보완 대체하는 것임을 각각 규정하고 있다.

3) 1955년 헤이그 의정서

바르샤바 조약을 개정하여 성립된 것이다.

제5절 철도 및 도로운송

1 국제철도운송의 의의

국경을 넘어 2개국 이상과 연결되어 있는 열차를 이용하여 사람이나 화물을 운송하는 경제활동으로 유럽에서 가장 활성화되어 있으며 북미, 동아시아 일부 국가에서 사용된다.[10)]

8) [네이버 지식백과] 국제항공운송규칙의 통일에 관한 조약
9) [네이버 지식백과] 국제민간항공조약[Convention on International Civil Aviation, 國際民間航空條約] (두산백과)

2 국제철도운송조약

Convention concerning International Carriage of Goods by Rail의 약칭으로서 1980년 스위스의 베룬에서 채택된 조약이다. CMR과 더불어 국제복합운송에 있어서 운송인의 배상책임에 대하여 일정한 제한을 설정하는 것을 규정하고 있다.

3 국제도로운송의 의의

도로를 이용하여 문전에서 문전까지 화물을 운송하는 것으로 화물의 운송에서 가장 많이 이용되는 중요한 운송수단이다. 다른 운송수단보다 이용범위가 훨씬 광범위해서 우리나라의 거의 모든 지역에서 화물운송서비스를 할 수 있을 뿐 아니라 철도운송이나 일관운송 국제복합운송에서 문전까지의 역내운송인 마감운송을 담당하는 중요한 운송수단이다.

1) 국제도로운송의 특징

① 육로 망의 확충과 운반차량의 발달 및 대형화 추세에 따라 종합운송체계의 핵심적인 역할을 수행하고 있다.

② 일괄운송이나 국제복합운송에서 문전까지의 마감운송을 담당하고 있다.

③ 자동차를 이용하여 소량이고 운송거리가 단거리인 화물에 적합하다.

④ 일관운송이나 국제복합운송에서 문전운송(Door to Door)을 실현할 수 있는 운송수단이다.

2) 국제도로운송의 장점

① 기동성과 신속성이 뛰어나다

② 근거리 소량운송에 적합하다

③ Door to Door 일관수송이 가능하다

④ 다양한 화물 특성에 대응이 용이하다

⑤ 배차의 유연성이 뛰어나다

---

10) https://www.reportworld.co.kr/eng/e1299856.

3) 국제도로운송의 단점

① 도로운송은 철도나 연안운송에 비해 환경에 취약하다는 단점을 가지고 있다.
② 다른 운송에 비해 대량운송에 부적합하다.
③ 단거리 시에는 운임 비용이 적지만 장거리 시 높은 운임이 발생하게 된다.
④ 도로운송은 교통사고, 교통체증, 공해 유발 등의 위험성이 있다.
⑤ 다양한 도로에서 중량 제한 및 도로파손 등의 문제가 될 수 있다.

4 국제도로운송조약

국제도로운송조약은 CMR이라고 약칭한다. 1956년 5월 제네바에서 유럽국가들이 서명하여 채택하였으며 1961년에 발효되었고 1978년에 개정되었다. 적용범위와 운송인의 손해배상책임을 주된 내용으로 하고 있다.

화물을 운송할 때 해당되는 국가 중 어느 한 쪽이라도 가입되어 있으면 적용된다. 운송인의 배상책임은 엄격책임주의를 원칙으로 한다. 면책사유 이외의 사유로 인한 화물 전체나 일부의 멸실, 훼손, 인도지연에 대해 책임을 진다.[11]

11) [네이버 지식백과] 국제도로물품운송조약
[convention relative au contract de Transport International de Marchandise Par Route, 國際道路物品運送條約] (두산백과)

12

해상보험 및 무역보험

Chapter 12
해상보험 및 무역보험

제1절 해상보험

1 해상보험의 의의

해상보험(marine insurance)은 해상사업과 관련하여 발생하는 손해를 보상하는 경제적 제도이다. 그리고 해상보험은 보험자와 피보험자 간에 체결되는 해상보험계약에 의해서 구체적으로 시행된다.

해상보험의 개요 (출처 : 박대위 · 구종순 공저, 『무역개론』, 제4판)

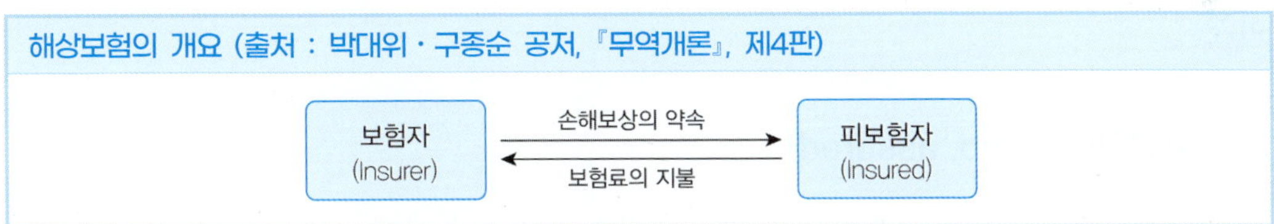

위 그림은 해상보험의 내용을 간결하게 설명하고 있는데, 이 그림에서 보험자는 피보험자에게 장차 손해가 발생할 경우 이를 보상해 줄 것을 약속한다. 그리고 피보험자는 이러한 손해보상의 약속을 받는 대가로 소위 보험료를 지불하게 된다. 이와 같이 두 당사자 간에 체결되는 일종의 손해보상계약이 해상보험이다.

그런데 해상보험은 주로 무역거래에서 활용되기 때문에 국제성이 아주 강한 편이다. 예를 들어 수출업자와 수입업자가 운임 및 보험료 포함 (CIF) 조건으로 매매계약을 체결하게 된다. 이 경우 수출업자는 자국의 보험회사와 보험계약을 체결하지만, 실제 보험사고가 발생할 경우에는 수입업자가 보상청구를 하게 된다. 수입업자는 수출국에서 발행되는 보험증권을 가지고 손해보상을 청구한다.[1)]

---

1) 박대위 · 구종순, 『무역개론』, 유원북스, 2015, p.323.

2 해상보험의 당사자

1) 보험자(insurer, assurer, under writer)

보험자는 보험계약을 인수하고 이에 따라 보험계약자에게 손실보상을 약속하는 당사자이다. 보험자는 보험계약자에게 발생할지도 모르는 미래의 손실을 금전적으로 보상할 것을 약속하기 때문에 불확실한 상황을 확실하게 보장해 준다는 뜻이다.

한편 "under writer"는 원래 상업협정서의 하단에 날인하고, 그 내용에 따를 것을 약정하는 사람을 의미했었다. 해상보험에서는 17세기경부터 보험증권을 발행하는 보험자가 보험증권의 내용에 대하여 확실하게 책임을 진다는 의미에서 보험증권의 하단에 직접 서명을 했는데, 그 후 "under writer"는 영국의 로이즈(Lloyd's)[2]와 같이 보험계약을 인수하는 개인보험업자를 뜻하게 되었다.

2) 보험계약자(policy holder)

보험계약자는 자기 명의로 보험자와 보험계약을 체결하고 보험료를 지불할 의무가 있는 당사자를 말한다. 피보험자는 손실이 발생할 경우 보험계약에 의해 보상을 받을 수 있는 당사자이다.

3) 피보험자(insured, assured)

보험계약자와 피보험자는 동일인이 될 수도 있고 서로 다른 사람이 될 수도 있다. 자신을 위하여 보험계약을 체결하게 되면 보험계약자와 피보험자는 동일인이 되지만 타인을 위하여 보험계약을 체결하게 되면 보험계약자와 피보험자는 다른 사람이 된다.

---

2) Lloyd's : 영국의 해상보험업자의 단체로 17세기 말에 결성됐으며, 국제적으로는 로이드협회(The Corporation of Lloyd's)라 한다. Lloyd's 그 자체는 하나의 Corporation으로 보험 인수행위는 하지 않으며 개인 인수업자들로 하여금 인수할 수 있도록 모든 설비를 제공하고 인수업자들의 해상보험 이외의 타 보험 인수도 제한하지 않는다. 원칙적으로 Lloyd's 보험자의 책임은 무한이며, Lloyd's 보험자의 평판이 세계적으로 우위에 있는 것은 무한의 책임을 감당할 수 있는 능력과 재정능력이 있는 자만이 Lloyd's 보험자가 될 수 있다는 엄격한 규정이 있기 때문이다 ;
로이드 [LLOYD'S] (지식경제용어사전, 2010. 11., 산업통상자원부).

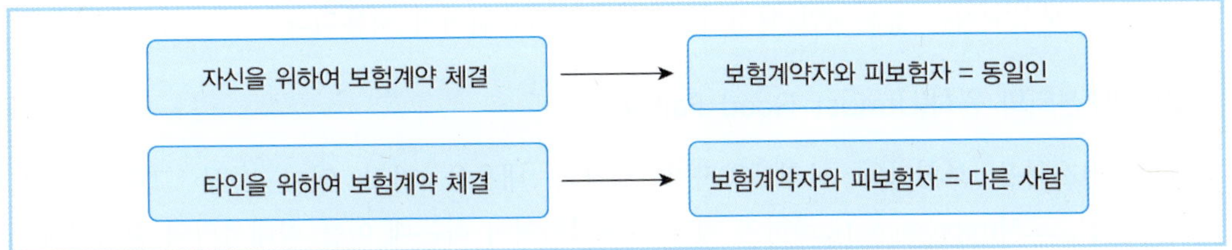

CIF계약에서는 수출업자가 수입업자를 위하여 적하보험을 체결해야 한다. 수출업자는 보험계약을 체결하고 보험료를 지불하는 보험계약자가 되고, 사고가 발생할 경우 이에 대한 보상청구는 수입업자가 하기 때문에 피보험자는 수입업자가 된다. 그러나 실무적으로는 수출업자가 자기를 피보험자로 하여 보험계약을 체결한 후 보험증권에 배서하여 수입업자에게 양도하는 형식을 취한다.

4) 보험중개사(insurance broker)

보험중개사는 독립적으로 보험계약의 체결을 중개하는 것을 영업으로 하는 자이다. 보험중개사는 보험가입을 원하는 사람을 위해 보험자와 접촉해서 자신의 고객인 보험가입 희망자에게 필요한 보험을 알선한다. 보험중개사는 법적으로 피보험자를 대리하고 대표하기 때문에 보험자를 구속할 만한 대행권한이 없으며 오로지 피보험자로부터 위촉받은 권한을 대행할 수 있을 뿐이다.

5) 보험대리점(Insurance agent)

보험대리상이라고도 하며 특정한 보험자(보험회사)를 대신하여 법적을 보험자의 권한을 대행한다.[3)]

3 해상보험의 기본 원칙

1) 실손 보장과 최대선의, 소급보상의 원칙

(1) 실손 보장의 원칙(Principle of Indemnity)

해상보험계약은 이득금지의 원칙에 의해 실손해에 대해서만, 피보험자에게 지급되는 손해보상은 손해발생시의 손해금액을 한도로 보상하는 것으로 이것을 손해보상의 원칙이라고 한다.

---

3) 박대위・구종순, 전게서, p.325.

해상보험의 보상원칙은 실손해만 보상하는 실손보상의 원칙이 적용된다.

(2) 최대선의의 원칙(Utmost Good Faith)

해상보험계약은 보험자와 보험계약자가 계약의 내용을 거짓 없이 사실 그대로 고지(disclosure), 교시(representation)하여 계약을 체결하여야 하는데 이를 최대선의의 원칙이라고 한다.[4)]

(3) 소급보상의 원칙

무역거래에서는 보험사고가 발생한 사실을 모르고 수입업자가 적하보험계약을 체결하는 경우가 있을 수 있다. 가령 FOB[5)], CFR[6)] 등과 같은 가격조건에서는 보험목적물인 화물은 수출항의 창고나 본선 상에 있지만, 이에 대한 적하보험계약은 수입업자가 수입지의 보험자와 체결한다. 따라서 수입업자는 보험목적물을 직접 확인하지 않고 보험계약을 체결하기 때문에 계약을 체결하기 전에 보험사고가 발생했는데도 이를 모를 수 있다.

이러한 선의의 피보험자를 보호하기 위하여 적하보험에 한하여 소위 소급보상의 원칙이 적용되고 있다. 소급보상은 글자 의미 그대로 보험계약이 체결되기 전에 발생한 손해까지도 소급하여 보험자가 보상한다는 원칙이다. 즉 보험계약을 체결할 때 보험목적물에 대한 확인 여부가 어려울 경우에는 "보험목적물의 멸실 여부(lost or not lost)는 불문한다."는 조건으로 보험계약을 체결하면, 보험계약이 체결되기 전 이미 발생한 손해에 대해서도 보험자가 보상한다는 것이다.

2) 고지의무와 담보

(1) 피보험자의 고지의무

보험계약을 체결할 때 보험자가 보험계약의 체결 여부를 결정하고 합리적인 보험료를 선정하기 위해서는 피보험자가 보험목적물에 대한 구체적 사항을 보험자에게 알려 주어야 하는데

---

4) 해상보험의 개념과 기본원칙, 물류노트, https://blog.naver.com/jdmnim/140176792790

5) FOB [Free On Board] : 무역상 거래 조건의 하나이며 CIF와 더불어 가장 많이 사용된다. 매도인이 약속한 화물을 매수인이 지정한 선박에 적재, 본선상에서 화물의 인도를 마칠 때까지의 일체의 비용과 위험을 부담한다. 그 이후에는 매수자의 책임이 된다(CIF에서는 도착항까지 매도자의 책임). FOB 가격이란 본선적재가격 또는 수출항본선인도가격이라고도 하며 무역상품을 선적항에서 매수자에게 인도할 때의 가격을 말한다; (NEW 경제용어사전, 2006. 4. 7., 미래와경영연구소).

6) CFR 운임포함인도 [cost and freight, 運賃包含引導] : 매도인이 화물을 선박에 선적하고 목적항까지의 운임도 지급하는 무역거래조건. 무역거래에서 가격조건의 하나로, 매도인이 화물이 목적지에 인도될 때까지 운임을 지급하는 조건이다; 운임포함인도 [cost and freight, 運賃包含引導] (두산백과).

이를 피보험자의 고지의무라 한다.

만약 피보험자가 이를 위반할 경우 보험자는 보험계약을 취소할 수 있다.

영국의 해상보험법(제18조1항)에서도 피보험자는 보험계약이 체결되기 전 자기가 알고 있는 모든 중요한 사항을 보험자에게 고지할 것을 피보험자의 의무로서 규정하고 있다. 중요한 사항은 보험자가 보험계약을 체결할 당시에 보험료를 확정하거나 보험계약의 인수 여부를 결정하는 데 영향을 미칠 수 있는 사항을 의미한다. 적하보험에서는 운송선박명, 화물의 종류, 포장상태, 적재방법, 항로, 환적여부 등이 중요한 사항에 속한다.

(2) 담보(Warranty, 약속)

담보는 피보험자의 약속을 말하는데, 그 내용이 중요하든 그렇지 않든 간에 엄격하게 충족되어야 한다. 만약 피보험자가 담보를 위반하게 되면 그 시점부터 보험계약은 무효가 되기 때문에 그 이후에 발생하는 손해에 대해서 보험자는 아무런 책임이 없다. (영국해상보험법 제33조5항) 설령 담보를 위반한 사실과 손해와의 사이에 하등 인과관계가 없다 하더라도 담보위반 이후에 발생하는 손해에 대해서는 보험자는 면책이 된다.

3) 해상위험과 근인주의

(1) 해상위험(maritime perils)

해상위험은 참몰, 좌초, 충돌 등과 같이 해상에서 우연히 발생하는 사고나 재해를 말한다. 침몰(sinking), 좌초(stranding), 화재(burning), 및 충돌(collision) 은 해상에서 빈번하게 발생하는 사고라 하여 이로 인한 사고를 실무에서는 “SSBC” 사고라 한다. 해상위험은 보험자의 담보 여하에 따라서 발생하는 담보위험과 면책위험으로 구분된다.

담보위험은 보험자가 보상해 주는 위험을 말한다. 담보위험의 범위는 보험조건에 따라서 달라지며 그 범위가 넓을수록 보험자의 책임이 많아지기 때문에 보험요율은 증가하게 된다.

면책위험은 손해가 발생하더라도 보험자가 책임지지 않는 위험을 말한다. 담보위험이 아닌 위험은 자동적으로 면책위험이 된다.

(2) 근인주의

보험자는 담보위험에 근인하여 발생하는 손해만 보상한다. 따라서 보험사고가 발생하면 먼저 사고를 일으킨 근인을 찾아 이 근인이 담보위험에 속하는지 또는 면책위험에 속하는지를 조사해야 한다. 근인이 담보위험에 속하면 보험자는 보상을 하고 만약 근인이 면책위험에 속하게 되면 보상하지 않는데 이러한 보상원칙을 근인주의라 한다.

근인(proximate cause)은 ‘손실을 야기시킨 가장 지배적이고 효과적인 원인’을 말한다. 근인은 사건발생과 시간적으로 가까운 원인이 아니며 지배역과 효과 면에서 비중이 가장 큰 원인을 뜻한다. 예를 들어 선원들이 고의로 선박을 침몰시키지 위해 선박의 밑바닥에 구멍을 뚫고 그 곳으로 들어온 해수에 의해 선박이 침몰되었다고 했을 때, 이 예에서 선박의 침몰을 일으킨 가장 가까운 원인은 시간적으로는 해수의 침입이지만 실질적 사고 원인은 선원의 악행이라 할 수 있다. 해수의 침입은 먼 원인이 되고 선원의 악행이 근인이 된다. 선원의 악행이 보험조건상 담보위험에 속하면 보험자가 보상을 하지만, 만약 면책위험에 속하게 되면 이러한 손해는 보상되지 않는다.

4) 해상보험증권

해상보험계약이 체결되면 보험자는 보험증권을 보험계약자(피보험자)에게 발급한다. 보험증권은 일반적으로 보험계약의 성립과 그 내용을 증명하기 위하여 계약의 내용을 기재하고 보험자가 기명하여 보험계약자에게 교부하는 증권을 말한다.

해상보험증권으로는 Lloyd's SG 보험증권이 200년 이상 사용되어 오다가 1982년부터는 새로운 양식의 보험증권이 사용되고 있다. 현재 영국의 로이즈 보험시장에서는 "New Lloyd's Marine Policy Form"을 사용하고 있다.

4 보험가액과 보험금액

1) 보험가액

보험가액이란 피보험 목적물의 평가액을 말한다. 즉 피보험이익의 경제적 가치를 말하며 보험사고가 발생한 경우에 피보험자가 입게 되는 손해액의 최고 한도를 말한다. 손해보험은 보험사고로 인한 피보험이익상의 손해를 보상함을 본질적인 내용으로 하고 이득금지의 원칙에 따라 적극적으로 피보험자에게 어떤 이득을 주려는 것이 아니므로, 보험자가 피보험이익의 가액 이상으로 손해보상을 하는 것은 아니다. 따라서 보험가액은 보험자가 보상할 최대한의 손해액이며 법률상 보험자의 보상책임에 대한 최고한도를 나타내는 것이다.

2) 보험금액

보험금액이란 실제로 지급된 금액으로 손해발생 시 보험자가 부담하는 보상책임의 최고한도를 말한다. 이같이 보험금액을 정하는 이유는 계약체결 시 보험자의 급부의무의 한도가 미정인 상태에서는 보험료의 산출이 불가능하기 때문이다. 즉 급부 한도는 보험가액에 의해서 설정되지만, 보험가액은 때와 장소에 따라 변동하고 그 평가도 상당히 곤란하며 계약의 대부분이 손해의 발생 없이 종료되는 것임을 고려한다면 평가는 무용할 뿐만 아니라 책임보험의 경우와 같이 평가자체가 불가능한 것도 있다. 또 보험계약자가 보험료절감 등을 이유로 반드시 보험가액의 전액을 보험금액으로 하지 않는 경우도 있으므로 실제로는 보험가액의 평가를 생략하고 보험금액만을 정하고 이것을 보험료산출의 기초로 삼아 보험자가 지급하는 보상금액의 최고한도로 정하는 경우가 많다.

5 피보험이익

해상보험은 선박이나 화물 등과 같은 보험목적물을 보호하는 것이 아니라 이러한 보험목적물과 이해관계가 있는 특정의 경제주체를 보호하기 위한 것이다. 선박과 화물은 보험계약의 대상물에 불과하고, 보험계약이 존재하는 목적은 이러한 보험목적물에 대하여 특정인이 갖고 있는 이해관계를 보호하는 것이다. 보험목적물과 이해관계가 있는 자는 보험목적물이 위험에 노출될 경우 손해를 입을 수 있기 때문에 이에 대비하여 보험계약을 체결한다. 보험목적물과 이해관계가 있으므로 보험계약을 체결할 수 있고, 이 계약에 의해서 불확실한 미래의 사고로부터 재산상의 손해를 보상받을 수 있는 이익을 피보험이익(insurable interest) 또는 피보험권익이라 한다. 여기서 언급되는 이해관계는 반드시 재산상의 이해관계를 의미하며 결코 정신적인 이해관계를 의미하는 것은 아니다.

제 2 절 해상위험과 해상손해

1 해상위험

해상보험은 해상사업에 수반하여 발생하는 손실을 보험자가 보상해 주는 보험이다.

따라서 해상보험이 대상으로 하는 것은 해상사업에 수반하여 발생하는 손실이며, 선박 화물 등과 같은 보험목적물이 해상위험에 직면함으로써 생기는 손실을 말한다. 해상보험에서 담보하는 해상위험은 침몰, 좌초, 충돌 등과 같이 해상에서 우연히 발생하는 사고나 재해를 말한다. 영국해상보험법에서는 해상위험을 다음과 같이 규정하고 있다.

해상위험의 정의
보험계약은 당사자 일방이 약정한 보험료를 지급하고 상대방이 재산 또는 생명이나 신체에 관하여 불확정한 사고가 생길 경우에 일정한 보험금액 기타의 급여를 지급할 것을 약정함으로써 효력이 생긴다.

이 정의에서는 해상위험을 항해에 기인하는 위험 및 항해에 부수하는 위험으로 구분하고 있다.[7)]

1) 항해에 기인하는 위험

항해에 기인하는 위험은 항해가 원인이 되어 우연히 발생하는 해상 고유의 사고를 말한다. 폭풍우, 태풍 등으로 인하여 선박이 좌초 침몰되거나 화물이 파손되거나 유실되는 사고 등을 예로 들 수 있다. 이런 위험은 항해를 하지 않으면 발생하는 해상고유의 위험이다.

2) 항해에 부수하여 발생하는 위험

항해에 부수하여 발생하는 위험은 항해를 하지 않더라도 발생할 수 있는 화재, 선원의 악행, 전쟁 등의 위험을 말한다. 항해에 부수하여 발생하는 위험은 그 의미가 매우 포괄적이기 때문에 반드시 해상에서 발생하는 위험만을 포함하지 않는다. 해상보험은 해상사업과 관련되는 내수로운송, 육상운송에서 발생하는 위험까지도 담보하기 때문에 이 운송과정에서 발생하는 위험도 항해에 부수하는 위험이 된다.

2 해상손해

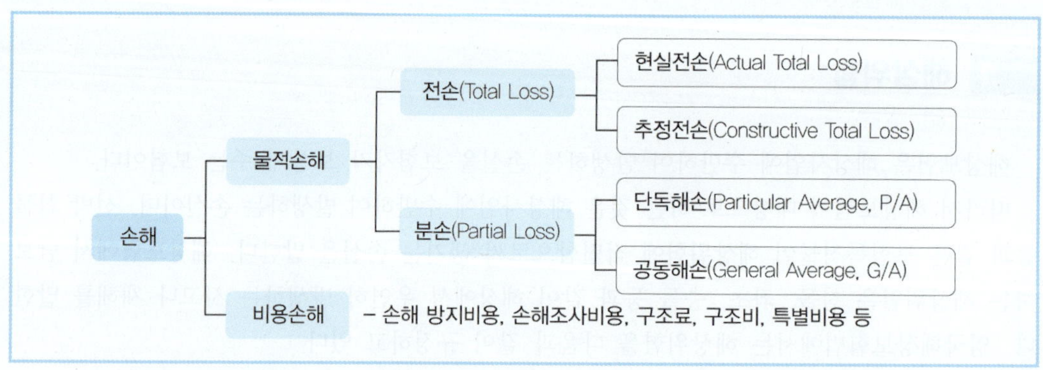

7) 노현수, 『무역개론』, 탑북스, 2014, pp301-302.

1) 전손(total loss)

전손은 담보위험으로 인하여 보험목적물이 전부 소멸되는 경우를 의미한다. 해상보험에서는 전손을 현실전손과 추정전손으로 구분하고 있는데, 추정전손은 해상보험에서만 유일하게 인정되고 있는 전손이다.

(1) 현실전손(ATL : actual total loss)

해상보험에서 현실전손은 보험목적물이 완전히 파손되거나 원래의 성질을 갖지 못할 정도로 심하게 손상되거나, 또는 박탈당하여 피보험자가 다시 회복할 가능성이 없을 경우에 성립된다. 현실전손은 보험목적물이나 피보험이익에 실질적으로 전손이 발생하여 원래의 상태로 복구할 가능성이 전혀 없기 때문에 절대전손이라고도 한다.

(2) 추정전손(CTL : constructive total loss)

추정전손은 현실전손을 피할 수 없거나 보험목적물의 복구비용이 오히려 그 비용을 초과하여 그대로 현실전손으로 처리하는 것이 경제적인 경우 피보험자가 적절한 위부[8]를 통지하고 보험금 전액을 청구하는 손해이다. 따라서 추정전손은 위부를 수반하는 전손이다. 위부는 추정전손의 사유가 발생하여 피보험자가 보험목적물에 대한 일체의 권리를 보험자에게 이전하고 그 대신 전손에 해당하는 보험금을 청구하는 행위를 말한다. 피보험자의 이와 같은 의사표시를 보험자가 승낙하게 되면 추정전손이 성립되고 만약 이를 거절하게 되면 분손으로 처리한다.

2) 분손(partial loss)

담보위험으로 인하여 선박이나 화물 등이 완전히 멸실하거나 또는 그 일부분만이 손해를 입기도 하는데, 후자의 경우를 분손이라고 한다. 분손은 전손의 상대적인 개념으로서 전손에 속하지 않는 모든 손해는 분손으로 취급된다. 분손은 단독해손과 공동해손으로 구분된다.

(1) 단독해손(P/A : particular average)

단독해손은 담보위험으로 인하여 발생한 피보험 목적물 일부분의 손해로서 피보험자가 단독으로 책임지는 손해이다. 영국해상보험법 제64조 1항 "단독해손이란 함은 담보위험으로 인한 피보험목적물의 분손으로 공동해손손해가 아닌 것을 말한다."고 규정하고 있다.

---

8) 위부(abandonment): 해상보험의 피보험자가 보험목적물의 전손(全損) 여부가 분명하지 않은 경우에, 보험금 전액을 지급받기 위하여 그 목적물을 보험자에게 이전하는 일을 위부라고 한다.

(2) 공동해손(G/A : general average)

담보위험으로 인하여 발생한 피보험 목적물 일부분의 손해를 피보험자 이해관계자가 공동으로 책임지는 손해이다.

3) 비용손해(expense charge)

(1) 손해방지비용(sue and labour charge)

피보험자나 그의 대리인이 손해방지 및 경감의무를 수행하기 위해서 지출한 비용을 손해방지비용이라 한다. 이러한 비용은 보험자가 별도로 보상한다. 왜냐하면 피보험자의 손해방지의무는 자신을 위한 것이 아니라 궁극적으로 보험자를 위한 의무이기 때문에 피보험자가 의무를 수행하는 과정에서 발생하는 비용은 당연히 보험자가 보상해야한다. 또한 손해방지비용을 보상해 줌으로써 피보험자들로 하여금 스스로 손해방지를 위해 노력하도록 유도할 수 있다.

(2) 구조비(salvage charge)

구조비는 제 3자가 구조계약을 체결하지 않고 우연히 구조활동을 벌인 결과 구조물의 일부 또는 전부를 취득할 경우 그에 소요되는 비용을 말한다. 이와 같은 구조비는 원래 구조된 재산의 소유자가 부담해야하나 그 재산이 해상보험에 가입되어 있으면 보험자가 담보위험으로 인한 손해로 간주하고 대신 구조비를 구조자에게 지급한다.

(3) 특별비용

선박이나 화물 등 보험목적물의 안전과 보존을 위하여 발생한 비용 중에서 공동해손과 구조비 이외의 모든 비용을 특별비용이라 한다. 따라서 특별비용은 손해방지비용과 기타의 비용으로 구분되는데, 후자를 순수특별비용이라 한다. 적하보험에서는 손해방지비용을 제외한 특별비용을 부대비용이라 한다. 부대비용에는 손해조사비용, 판매비용, 재포장비용, 재조정비용 등이 있는데, 대부분 화물에 일부 손상이 발생한 경우 생기는 비용들이다.

4) 공동해손(general average)

(1) 공동해손의 개념

오늘날의 해상보험에서 시행되고 있는 공동해손제도는 공동의 안전을 위하여 희생된 손해를 해상사업과 관련되는 모든 당사자들이 합리적인 비율에 따라서 상호 분담하는 제도를 말한다. 공동해손이 성립되기 위해서는 1) 공동의 희생손해나 비용손해는 이례적이야 하며 2) 공동해손 행위는 임의적이야 하고 3)공동해손행위와 공동해손은 합리적이야 하며 4) 위험은 현실적이어야 하며 5) 위험은 항해단체 모두를 위협하는 것이어야 한다.

(2) 공동해손의 정산

공동의 안전을 위하여 희생된 손해와 비용을 항해에 관련되는 모든 당사자들이 균등하게 책임지자는 것이 공동해손제도의 취지이다. 자기의 화물이나 선박에는 하등 손해가 발생하지 않았다 하더라고 다른 사람의 화물을 희생시킴으로써 무사히 항해를 끝낼 수 있었다면 이러한 손해는 항해단체 모두가 부담해야지 그렇지 않으면 자기의 화물을 희생하려고 하지 않을 것이다. 따라서 공동해손이 발생하게 되면 손해를 입은 당사자를 포함한 모든 당사자들이 공동해손을 균등하게 분담하게 되는데, 이러한 절차를 공동해손의 정산이라고 한다.

제3절 협회적하약관

1 협회적하약관의 의의

해상보험거래에서 사용되는 약관은 대부분 협회약관(Institute Clause)이다. 협회약관은 런던보험자협회와 로이즈보험자협회의 기술 및 약관위원회가 합동으로 만든 약관이며, 이 중 적하보험에 적용되는 약관을 협회적하약관(Institute Cargo Clause: ICC)이라 한다. 협회적하약관은 그동안 수차례에 걸쳐 개정되었다. 1982년 이전까지는 1963년에 개정된 약관이 사용되었다. 1982년에는 적하보험증권과 함께 협회적하약관이 개정되었고,

이후 우리나라에서는 1963년 및 1982년에 개정된 약관을 함께 사용해왔다. 협회적하약관은 2009년에 다시 개정되었다. 우리나라 해상보험업계의 실정을 감안할 때 적하보험의 계약방식과 계약조건 등을 이해하기 위해서는 신·구 적하보험증권과 세 가지 협회적하약관의 내용을 모두 살펴볼 필요가 있다.[9)]

9) 권융·이우영·강진욱, 『무역상무론』, 효민, 2011, p.196.

2 구협회적하약관에 의한 보상범위

1) 보험자의 부담위험

(1) 분손비부담(FPA) 및 분손부담(WA)조건

구적하보험증권 및 1963년 ICC에 의하여 적하보험계약을 체결하는 경우에는 보험자의 부담위험과 보험자가 보상하는 손해를 함께 고려해야 한다. 즉 보험자는 각각의 계약조건에 따라 부담하는 위험에 의하여 발생하는 모든 손해를 보상하는 것이 아니라 각각의 계약조건에서 보상하기로 약속한 손해에 대해서만 보상하는 것이다. 우선 보험자의 부담위험을 파악하기 위해서는 구적하보험증권 본문에 있는 위험조항과 1963년 ICC 제5조의 위험조항을 동시에 검토해야 한다. 원래 1963년 ICC(WA)나 1963년 ICC(FPA)의 위험조항은 손해보상범위에 관한 특약이지만, 보험자가 추가로 부담하는 일정한 위험도 열거하고 있다.

(2) 전위험부담(A/R)조건

1963년 ICC(A/R)에 의하여 적하보험계약을 체결하는 경우에는 제5조 전위험부담조항에 따라 사실상의 포괄책임주의가 적용됨으로써 보험자는 법률 및 약관에 의하여 면책되는 위험 이외의 모든 위험을 부담한다. 즉 MIA(제55조)[10]상의 법정면책위험, 1963년 ICC 제12조의 포획·나포면책조항에 따른 전쟁위험, 1963년 ICC 제13조의 동맹파업·폭동·소요면책조항에 따른 동맹파업위험 등을 제외한 모든 위험이 보험자의 부담위험으로 된다.[11]

2) 보험자가 보상하는 손해

(1) 분손비부담(FPA)조건

1963년 ICC(FPA)에 의하여 적하보험계약을 체결하는 경우 FPA(free from particular average)는 단독손해인 분손을 보상하지 않는다는 뜻이므로 원칙적으로 보험자는 부담위험에 의하여 발생하는 전손과 공동해손만을 보상한다. 그러나 실제로는 많은 예외가 적용되어 단독해손인 분손도 거의 보상되고 있다.

---

10) MIA(Marine Insurance Act)는 영국의 해상보험에 관한 법이다. 오늘날 모든 나라들이 실제 상거래에 있어서는 영문해상보험증권에 준거한 약관을 삽입하여 사용하고 있는 경우가 많으므로 영국해상보험법이 국제무역거래와 해운운송의 준거법으로 채택되고 있으며, 총 94개조로 구성되어 있다.
11) 권용·이우영·강진욱, 전게서, p.198.

(2) 분손부담(WA)조건

1963의 ICC(WA) 제5조가 적용되는 경우 원칙적으로 보험자는 부담위험에 의한 전손과 공동해손 외에 단독해손도 보상한다. 다만 보험증권에 기재된 일정비율 미만의 단독해손은 보상되지 않는다. 즉 1963년 ICC(WA)에 의하여 계약을 체결하는 경우에는 소손해면책비율[12)]을 협정하게 되는데 실무상으로는 WA 3%와 WAIOP[13)] 조건이 주로 이용된다. 결국 1963년 ICC(WA)에 의하여 보험자가 보상하는 손해는 1963년 ICC(FPA)하에서 보험자가 보상하는 모든 손해와 보험증권에 정한 면책비율 이상의 기타 단독해손이라 할 수 있다.

(3) 전위험부담(A/R)조건

1963년 ICC(A/R)에 따른 보험자의 손해보상범위는 1963년 ICC(WA) 하에서 WAIOP 조건이 적용되는 경우와 동일하다. 즉 소손해면책비율 미만의 단독해손까지도 보상의 대상이 된다. 사실상의 포괄책임주의가 적용되는 1963년 ICC(A/R)에 따른 보험자의 부담위험이 1963년 ICC(WA)의 경우보다 훨씬 넓다.

1963년 ICC상 부담위험과 보상손해[14)]

구분 / 보상하는 손해 구분	F.P.A	W.A	A/R
① 전손	○	○	○
② 공동해손	○	○	○
③ 해난구조비 및 손해방지비	○	○	○
④ 좌초 · 침몰 · 대화재가 발생된 경우의 단독해손	○	○	○
⑤ 선적 · 환적 · 양하중의 매포장 단위당의 전손	○	○	○
⑥ 화재 · 폭발 · 충돌 · 접촉 및 피난항에서의 양하로 인한 손해	○	○	○
⑦ 악천후에 의한 해수손	×	○	○
⑧ 약관상 면책사항 이외의 외래적 우연적 사고에 의한 손해	×	×	○

12) 소손해면책비율은 보험자가 보상하는 보험 금액의 일정 손해 비율 미만으로 보험금을 지급하지 않는 보험 조건이다.

13) WAIOP는 면책비율 부적용 분손담보조건으로 분손의 비율에 관계없이 보상된다.

14) 한국무역협회, 알기쉬운 무역실무 길라잡이, 2023.

3 신협회적하약관에 의한 보상범위

1) 위험 및 손해의 부담방식

1982년 ICC의 경우 보험자의 부담위험에 의한 손해라면 그 형태를 불문하고, 즉 전손이든 분손이든 관계없이 보상받을 수 있으며 소손해면책도 적용되지 않는다. 이에 따라 약관의 명칭도 손해의 형태와는 상관없다는 뜻에서 ICC(A), ICC(B), ICC(C)로 바뀐 것이다. 2009년 ICC도 그 형식 면에서 1982년 ICC와 동일하며 손해의 형태와는 관계없이 부담위험에 발생한 것이면 보상받을 수 있다. 1982년 및 2009년 ICC(A), (B), (C)는 각각 1963년 ICC(A/R), (WA), (FPA)에 대응한다. 이 중 1963년 ICC(A/R)과 1982/2009년 ICC(A)는 명칭만 변경되었을 뿐 그 내용은 거의 동일하다. 양자의 차이점으로는 해적위험의 취급에 관한 예를 들 수 있다. 1963년 ICC의 경우 해적은 특약이 없는 한 1963년 ICC(A/R)에서도 보험자가 부담하지 않는다. 그러나 1982년 및 2009년 ICC(A)의 경우 해적은 보험자의 부담위험으로 된다. 한편 1982년 및 2009년 ICC(B), (C)는 1963년 ICC(WA), ICC(FPA)와 각각 비교하여 그 구성・형식뿐만 아니라 내용까지 크게 바뀌었다.

2) 보험자의 부담위험

1982년 및 2009년 ICC에서 보험자의 부담위험에 관한 조항은 제1조 위험조항, 제2조 공동해손조항, 제3조 쌍방과실충돌조항이다. 제2조와 제3조 조항은 1982년 및 2009년 ICC(A), (B), (C) 전부에 공통되는 조항이다. 따라서 구체적인 부담위험을 파악하기 위해서는 각 약관의 제1조 위험조항을 검토하면 된다.

1982년 ICC(A)는 사실상의 포괄책임주의가 적용됨에 따라 제4조에서 제7조까지의 면책조항에 규정된 면책사유를 제외하고 보험자가 모든 위험을 부담하는 것이다.

1982년 ICC상의 부담위험(O는 부담함, X는 부담하지 않음)

구분 / 보상하는 손해 구분	ICC(C)	ICC(B)	ICC(A)
① 화재 또는 폭발	○	○	○
② 본선 또는 부선의 좌초・교사・침몰・전복	○	○	○
③ 육상운송용구의 전복・탈선	○	○	○
④ 본선・부선・운송용구의 타물과의 충돌・접촉	○	○	○
⑤ 피난항에서의 화물의 하역	○	○	○

⑥ 지진・화산의 분화・낙뢰	×	○	○
⑦ 공동해손희생 손해	○	○	○
⑧ 투하(Jettison)	○	○	○
⑨ 갑판유실(Washing Overboard)	×	○	○
⑩ 본선・부선・선창・운송용구・컨테이너・지게차(Lifevan) 또는 보관 장소에의 해수・호수・강물의 유입	×	○	○
⑪ 본선・부선에서의 선적 또는 양륙작업 중 바다에 떨어지거나 갑판에 추락하여 발생한 포장단위당의 전손	×	○	○
⑫ 약관상 면책사항 이외의 외래적, 우연적 사고에 의한 손해	×	×	○
⑬ 공동해손・구조비	○	○	○
⑭ 쌍방과실충돌(Both to Blame Collision)	○	○	○

3) 면책위험

1982년 및 2009년 ICC(A), (B), (C)의 제4조에서 제7조까지는 보험자의 면책 사유를 규정한 면책조항이다. 1963년 ICC의 경우 면책위험의 대부분을 법률이나 관습에 의존하고 약관에는 막연하게 규정되어 있어 면책위험이 무엇인지 명확하지 않으나 1982년 및 2009년 ICC의 경우 MIA 및 관습상의 면책위험 대부분을 약관에 명시적으로 반영함으로써 보험계약자의 이해를 돕고 있는 것이다.

1982년 ICC(B)와 (C)의 경우에는 1982년 ICC(A)상의 모든 면책위험을 더하여 제4조에서 또 하나의 일반면책사유를 추가하고 있다. 그것은 '제3자의 불법행위에 의한 고의적인 손상 또는 파괴'이다. 이는 방화, 고의적 침몰, 선장 및 선원의 악행 등과 같이 보험계약자 이외의 제3자가 악의적으로 행하는 의도적인 파괴행위에 대하여 보험자를 면책시키려는 것이다.

한편 2009년 ICC는 면책위험의 구성 면에서 1982년 ICC와 동일하지만, 그 내용에서는 약간 차이가 있다. 예컨대 운송인의 파산 또는 재정상의 채무불이행에 대하여 2009년 ICC에서는 보험계약자가 이를 알고 있거나 통상적인 업무 과정상 알고 있어야 하는 경우에만 보험자가 면책되는 것으로 개정되었다. 특히 감항능력과 관련하여 1982년 ICC에서는 사유에 따라 '불감항'과 '부적합'으로 구분하여 규정하였으나, 2009년 ICC에서는 운송수단에 따라 '본선 또는 부선'과 '컨테이너 또는 운송용구'로 나누어 규정하고 있다.

구분	면책위험	약관의 종류		
		A	B	C
일반 면책 사유	① 보험계약자의 고의적인 불법행위	○	○	○
	② 통상의 누손, 중량 또는 용적의 통상적인 감소, 통상의 자연 소모	○	○	○
	③ 포장 또는 포장준비의 불완전 또는 부적합	○	○	○
	④ 화물 고유 성질 또는 하자	○	○	○
	⑤ 항해의 지연	○	○	○
	⑥ 운송인의 파산 또는 재정상의 채무불이행	○	○	○
	⑦ 제3자의 불법행위에 의한 고의적인 손상 또는 파괴	×	○	○
	⑧ 핵무기 등의 사용	○	○	○
기타 면책 사유	① 본선이나 부선의 불감항 또는 부적합	○	○	○
	② 전쟁위험	○	○	○
	③ 동맹파업위험	○	○	○

제4절 적하보험의 부보

1 적하보험계약의 체결

해상적하보험계약은 낙성·불요식계약으로서 계약당사자의 합의에 의해 효력이 생기고, 계약의 성립요건으로서 보험청약서나 보험증권의 작성이 요구되지 않는다. 그러나 실무상 계약당사자의 편의를 위하여 정형화된 보험청약서가 이용되며, 보험자는 보험인수 여부를 결정하여 서면으로 승낙통지를 하거나 보험증권의 교부에 의한 승낙통지를 대신하기도 한다.

적하보험청약서의 주요 기재사항으로는 ① 보험계약자/피보험자 성명, ② 보험금 지급장소 및 화폐단위, ③ 적재 선박 또는 항공기명, ④ 발항일, ⑤ 항로, ⑥ 보험금액, ⑦ 보험의 목적의 명세, ⑧ 보험조건, ⑨ 소요되는 보험증권의 통수, ⑩ 신용장 번호 또는 수입승인 번호, ⑪ 기타사항 등이 있다.

2 적하보험조건의 선택방법

무역업자가 운송화물에 대하여 적하보험계약을 체결하는 경우에는 우선 보험자의 기본적인 부담조건을 선택해야 한다. 구적하보험증권을 이용하는 경우 1963년 ICC(A/R), ICC(WA), ICC(FPA) 중에서, 신적하보험증권을 이용하는 경우 1982년 및 2009년 ICC(A), ICC(B), ICC(C) 중에서 한 가지를 선택해야 한다.

ICC(A/R)이나 ICC(A)의 경우에는 사실상 포괄책임주의가 적용됨으로써 법률 또는 약관상의 면책위험을 제외한 모든 해상위험을 부과한다. 그러나 열거책임주의를 적용하고 있는 ICC(WA)나 ICC(FPA), ICC(C), ICC(B)의 경우 부담위험으로 열거된 위험에 의하여 발생한 손해에 대해서만 보험자가 보상책임을 진다.

보험계약자는 화물의 종류, 성질, 포장, 항로 등을 고려하여 필요한 경우에는 약관상 열거된 부담위험 이외의 위험에 대하여 추가부담을 요청하고 특약을 체결하여야 한다. 이와 같이 특약에 의하여 추가보험료를 지급하고 특별히 부담하는 위험을 부가위험이라고 한다.

부가위험에는 ①절도·불착위험, ②빗물 및 담수손해의 위험, ③파손위험, ④누손 및 감량위험, ⑤오염 또는 혼합위험, ⑥갈고리손해의 위험, ⑦곡손 위험, ⑧유류 및 타 화물과의 접촉위험, ⑨투하 및 갑판상 유실위험, ⑩습기 및 발열 손해의 위험, ⑪증발위험, ⑫자연발화, ⑬곰팡이, ⑭녹, ⑮쥐 및 벌레의 위험 등이 있다.

3 해상적하보험료의 산출

1) 적화보험요율의 적용원칙

현재 국내에서 사용하고 있는 해상적화보험요율은 보험개발원에서 산정한 요율을 협정요율로 사용하고 있으며, 그 종류는 다음과 같다.

(1) 기본요율

기본요율은 신협회적화약관(New Institute Cargo Clause) 및 기타 특별약관에 적용되는 요율로써 해상운송의 경우에는 항구 간(port to port), 항공운송의 경우는 공항 간(airport to airport) 요율을 말한다(동일행정구역 내 창고 포함).

(2) 통상요율

할인·할증을 적용하기 전의 화물별 담보조건요율(부가위험요율, 확장담보조건요율, 적용특징상요율 등 포함)을 말한다.

(3) 확장담보조건요율

기본요율이 항구 간 또는 항공 간 요율로 산정되어 있어 ICC의 운송약관에 따른 화물의 전 운송구간, 즉 해상운송에 연결되는 선적항 또는 양하항의 행정구역을 벗어나는 육상운송구간에서의 위험을 담보받기 위해서는 확장담보조건에 따른 보험료를 지급하여야 한다. 이러한 확장담보조건요율에는 내륙운송연장담보(Inland Tranist Extension: ITE)요율과 내륙장치연장담보(Inland Storage Extension: ISE)요율[15]이 있다.

(4) 부가위험요율

ICC(B)나 ICC(C)를 기본담보조건으로 하는 경우에는 당해 위험약관에 열거되어 있는 위험만을 담보하므로 피보험목적물의 특성, 항해구간 등에 따라 특히 발생 가능성이 높은 위험에 대비하여 추가담보가 요구된다. 이러한 위험을 가리켜 부가위험이라고 하며 추가보험료를 담보하는 조건으로 부가위험을 담보 받을 수 있다. 부가위험 중 특히 중요한 것으로는 앞에서 고찰한 바와 같이 도난·발화·불착위험(Theft, Pilferage&Non-Delivery: TPND), 우·담수손위험(Rain and/or Fresh Water Damage: RFWD), 파손위험(Breakage), 누손·부족손위험(Leakage/Shortage), 오염위험(Contamination), 갈고리위험(Hook&Hole), 곡손위험(Denting&Bending), 유류 및 타화물과의 접촉위험(Contact with Oil and/or Other Cargoes: COOC) 등이 있다.

(5) 화물별 특수위험에 대한 요율

ICC(A) 일지라도 품목의 특성을 고려하여 ICC(B)나 ICC(C)[16]에서 담보하는 위험을 초과하는 부가위험을 제외할 수 있으며, 이를 담보할 경우에는 해당 품목별 적용특칙에 따라 별도의 추가보험요율을 부담하여야 하는 점에 유의하여야 한다. 예컨대 유리, 요업제품 및 정밀기계류에

---

15) 확장담보조건에는 내륙운송 확장담보조건(ITE)과 내륙보관 확장담보조건(ISE)이 있는데, ① 내륙운송 확장담보조건(ITE)은 육상운송 중의 위험을 적하보험증권에서 추가로 담보하는 조건이며, ② 내륙보관 확장담보조건(ISE)은 통상적인 운송과정에서 중간창고나 보세창고 보관 중의 위험을 적하보험증권에 명시된 기간(수출: 모선으로부터 하역 후 60일, 수입: 보세창고 입고 후 10일)이상으로 연장할 경우 담보하는 조건이다; (관세청).

16) 런던보험업자업회(ILU)가 제정한 협회적하약관(Institute Cargo Clauses)의 약칭이다. 이 ICC에는 1963년 구 ICC(FPA, WA, AR)와 1982년 신 ICC((A), (B), (C)) 두 가지가 있다. 신 ICC의 제정은 1968년에 개최된 UNCTAD 제2차 회의에서 영국의 구 해상보험제도를 비판한데서 연유하였다. 구 협회적하보험약관 전위험담보(ICC, A/R)이 신 ICC(A)로, 구 적하보험약관 분손담보(Institute Cargo Clauses, WA)이 신 ICC(B)로, 구 적하보험약관 분손부담보약관(Institute Cargo Clauses, FPA)이 신 ICC(C)로 각각 명칭이 변경, 간소화 되고, 그 내용도 획일성을 갖도록 정비되었다. 그러나 보험자의 보상범위나 기타의 담보(warranties)에 대한 근본적인 조항들은 거의 변동이 없다; (관세청).

서의 파손위험, 고체 화공품에서의 포장의 파손으로 인한 부족손위험, 이사화물에서의 파손위험 등이 이에 해당한다.[17)]

2) 해상적화보험료의 산출

해상적화보험에서의 보험요율을 결정하는 기본요소로는 ① 적재선박, ② 항로 및 지역 등 운송구간, ③ 화물의 성질, 상태, 포장형태, ④ 손해율, ⑤ 보험조건과 부가위험조건, 특수보험조건 등이 있다. 해상적화보험의 보험료는 보험금액(CIF가격 ×110%)에 보험요율(premium rate)을 곱하여 산출한다. 예를 들어 CIF금액이 US $100,000이고 계약상 송장금액(invoice value)에 대하여 110%를 ICC(B)조건(보험요율 0.2%)으로 부보할 경우에 보험료는 (US$100,000×1.1)×0.2%=US$220과 같이 산출할 수 있다. CIF조건에서 보험료를 산출하는 공식은 다음과 같다.

보험금액: S, 보험요율: R, 보험료: SR, 원가: C, 운임: F라고 하면, 보험금액은 CIF가격 ×100%이기 때문에

S=(C+SR+F)×1.1

S=1.1C+1.1SR+1.1F

S−1.1SR=1.1C+1.1F

S(1−1.1R)=1.1(C+F)

$$S=\frac{1.1(C+F)}{1-1.1R}$$

$$\therefore SR=\frac{(C+F)1.1R}{1-1.1R}$$

이 된다.

예를 들어 CFR가격이 US$10,000이고, 보험요율 0.1%이라면 위의 식에서

보험료= $\frac{(C+F)1.1R}{1-1.1R}$, 보험금액= $\frac{1.1(C+F)}{1-1.1R}$

따라서 보험료= $\frac{10,000\times0.0011}{1-1.1\times0.001}=\frac{11}{0.9989}=11.01$

CIF 가격은 C+I+F 이므로 ∴CIF가격=US$10,000+US$11.01=US$10,011.01과 같이 된다.

17) 강원진, 『무역실무 』, 박영사, 2008, p.420.

제5절 무역보험

1 무역보험의 개념

'무역(수출)보험'이란 수출거래에 수반되는 여러 가지 위험 가운데 해상보험과 같은 통상의 보험으로는 구제하기 곤란한 위험 즉, 수입자의 계약파기, 파산, 대금지급의 지연 또는 거절 등과 같은 신용위험과 수입국에서의 전쟁, 내란, 또는 환거래제한 등과 같은 비상위험 등으로 인하여 수출상, 생산자 또는 금융기관이 입게 되는 불의의 손실을 보상함으로써 수출진흥을 도모하기 위한 비영리 정책보험을 말한다. 한국의 경우, 정부가 직접 관장하고 한국무역보험공사는 다만 정부가 정하는 대행범위와 대행절차에 따라 업무를 수행하며, 관할장관은 대행업무에 관하여 감독권을 행사할 수 있도록 하고 있다. 따라서 실질적인 보험자는 정부로서, 보험사고 발생 시 보험금의 지급의무 역시 정부가 담보한다. 대행기관인 한국무역보험공사는 동 공사 내에 무역보험인수, 보상, 무역보험기금 관리업무, 신용조사 등을 담당하는 부서를 설치하여 각기 분장된 업무에 따라 직무를 수행하고 있다.

〈우리나라 무역보험의 기능〉

무역보험은 무역거래에 따른 수출상의 위험부담을 해소하여 준다는 측면에서 수출거래의 환경 및 조건을 국내거래의 경우와 동일한 정도로 유리하게 조성하는 데 일차적인 기능을 가지고 있다.

무역보험은 무역대금 미회수위험을 담보하기 때문에 금융기관으로 하여금 수출금융을 공여하게 하는 금융보완적 기능을 가진다.

무역보험은 수출, 기타 대외거래의 촉진 및 진흥을 위하여 정부의 지원 하에 운영됨에 따라 보험요율 등을 정함에 있어 장기적 차원에서의 수지균형을 목표로 하여 가능한 한 저율로 책정하는 한편, 보상비율 등에서는 최대한 수출상에게 유리한 형태의 보상제도를 채택하는 등 수출경쟁력을 강화시키고, 결과적으로 수출을 촉진시키는 수출진흥정책의 수단으로서 기능을 가진다.

무역보험은 효율적인 인수 및 관리를 도모하고 보험사고를 미연에 방지하기 위해 다각적으로 해외수입상의 신용상태와 수입국의 정치・경제사정에 관한 조사활동을 수행하는 기능을 담당한다.[18)]

---

18) 이천수・최돈승, 『ESSENCE 무역학원론 』, 범한, 2018, p.219.

2 무역보험제도의 운영

무역보험은 크게 수출보험과 수입보험의 2가지로 구분된다. 수출보험이란 무역거래상 수반되는 제반 위험 가운데 해상보험 등 통상의 보험으로는 담보될 수 없는 위험, 즉 수입국의 전쟁이나 내란, 환거래의 제한 및 금지 등에 의한 비상위험과 수출계약 상대방의 파산 또는 대금지급지연 및 거절 등에 의한 신용위험 등으로부터 수출업자, 수출품생산자 또는 수출자금을 융자한 금융기관 등이 입은 손실을 보상해줌으로써 수출진흥을 도모하기 위한 비영리 정책보험을 말한다. 그러나 무역보험의 전담기관인 한국무역보험공사에서는 2010년 명칭을 기존의 수출보험공사에서 무역보험공사로 개칭하면서 원유, 철, 시설재 등 국민경제에 중요한 자원이나 물품을 수입하는 경우에는 국내기업이 부담하는 선급금 미회수 위험을 담보하거나, 국내기업에 대한 수입자금 대출지원이 원활하도록 금융기관을 지원하는 수입보험 종목을 함께 운영하고 있다.[19)]

1) 수출보험의 종류

(1) 수출신용보증(선적 전)

① 제도의 개념

수출신용보증(선적 전)은 수출기업이 수출물품을 제조, 가공하거나 조달할 수 있도록 외국환은행으로부터 필요한 자금을 대출받을 때 공사가 연대보증하는 보험제도이다. 이 수출신용보증은 은행이 수출자에게 금융을 제공한 후 대출금이 상환되지 않은 경우 무역보험공사로부터 보상받는 제도이다.

종목별 무역보험 인수실적 추이 (단위 : 백만원)

	2008년	2009년	2010년	2011년	2012년
기타종목	14.9	3.9	5.2	4.4	4.6
수출보증보험	1.2	3.6	3.3	3.1	2.1
수출신용보증	4	3.6	2.7	2.4	3
중장기수출보험	7	1.5	2.4	2.3	3.7
단기수출보험	72.9	87.4	86.4	87.8	86.6

자료 : 한국무역보험공사(KSURE), 무역보험, 2013.

19) 이장로, 『세계화 4.0시대의 무역개론』, 무역경영사, 2019, p.350.

② 운영방식

〈회전보증〉

회전보증은 신용보증한도와 보증기간 범위 내에서 계속 반복하여 발생하는 채무를 보증하는 방식이며, 보증부대출금을 상환하면 그 금액만큼 보증한도가 되살아나는 방식이다. 이 운영방식은 일정규모의 수출실적을 보유한 수출기업이 이용하기에 적합한 방식이다.

〈개별보증〉

특정 수출계약 또는 특정 자금과 관련하여 상환기일이 보증기간 이내 도래하도록 실행된 대출에 대하여 채무를 보증하는 방식이며, 수출경험이 적은 소규모 수출기업이 이용하기에 적합한 방식이다.

(2) 단기수출보험

① 제도의 개념

단기수출보험은 수출대금 결제기간 2년 이하의 수출계약을 체결하고 수출물품 선적 후 수입상(개설은행)으로부터 수출대금을 받을 수 없게 된 때 입게 되는 금전적 손실을 보상해 주는 제도이다. 단기수출보험은 다양한 수출보험 중 가장 많이 활용하는 보험제도로 건전한 수출확대를 지원하는 정책보험으로서 수출자의 대금회수위험을 제거해 주는 역할을 하고 있다.

② 운영방식

운영방식에는 개별보험방식과 포괄보험방식이 있는데, 개별보험방식은 수출자와 특정 수입자와의 거래에 대하여 개별적으로 위험을 평가하여 수출보험에 부보하는 방식이며, 포괄보험방식은 사전에 보험계약자(수출기업)와 보험자(무역보험공사)가 포괄보험 특약을 체결하여 사전에 대상수출거래의 범위를 정하여 의무적으로 수출보험에 가입하도록 하고 보험자가 이를 자동적으로 인수하는 방식이 있다.

(3) 단기수출보험(forfaiting)

① 제도의 개념

단기수출보험(forfaiting)은 은행을 보험계약자로 하여 포페이팅 수출금융 취급 후 신용장 개설은행으로부터 만기에 수출대금을 회수하지 못하여 입게 되는 금전적 손실을 보상하는 제도이다.

② 운영방식

포페이팅 보험은 단기수출보험 등 기존 제도와 보험계약자나 대상거래 등이 차이가 존재한다.

포페이팅 및 기존 보험제도 특성 비교

구분	단기수출보험	수출신용보증(선적 후)	포페이팅 보험
보험계약자	수출자	은행	은행
대상거래	L/C 및 Non-L/C	L/C 및 Non-L/C	Usance L/C
Usance L/C 담보위험	인수거절 위험 포함	인수거절 위험 포함	인수거절 위험 없음

자료 : 한국수출보험공사(KIEC), 수출보험제도 해설, 2009.

(4) 중소기업 Plus+ 보험

① 제도의 개념

보험계약자는 연간 수출실적이 1백만달러인 중소수출기업으로서 수입자위험, 신용장위험, 수입국 위험 중에서 선택한 담보위험으로 손실이 발생할 때 수출보험공사가 책임범위 내에서 손실을 보상하는 제도이다. 이 보험제도는 단기수출보험이 개별 수출거래 건별로 보험계약이 체결되지만 동 제도는 수출기업의 전체 수출거래를 대상으로 위험별 책임금액을 설정하여 운영하는 특징이 있다.

② 운영방식

이 제도는 일반 손해보험의 개념을 도입하여 위험별 책임금액을 설정하여 운영한다. 즉, 수출자 신용등급 F급 이상 수출기업이나 전년도 수출실적이 US$ 1백만 이하 수출기업을 대상으로 수입자 및 신용장 위험을 담보위험으로 인수하는 보험제도이다.

(5) 농수산물수출보험

① 제도의 개념

농수산물수출보험은 UR 이후 농수산물 시장개방에 따라 도입된 제도로서 농수산물의 수출기반의 확보나 수출 농어가 보호를 위해 선적 전후의 수출 불능 위험, 수출 대금 회수의 불능위험 및 국내가격변동 등의 위험을 담보하는 제도이다. 이 보험은 결제기간 2년 이내 수출거래로서 국내에서 생산, 가공, 집하된 농산물, 수산물을 수출하거나 우리나라 선박에 의해 외국에서 채취 또는 포획한 수산물을 수출하는 거래가 담보대상이다.

② 운영방식

이 보험제도는 단기수출보험의 이용절차가 유사하고 대금결제기간이 선적 후 또는 일람 후 2년 이내의 거래가 대상거래가 된다. 또한 주요 담보위험으로는 대금 회수 불능 위험, 수출불능, 가격상승위험 등이다.

(6) 수출신용보증(선적 후)

① 제도의 개념

수출신용보증(선적 후)은 수출자가 수출계약에 따라 물품을 선적한 후 금융기관이 환어음 등의 선적서류를 근거로 수출채권을 매입한 경우 무역보험공사가 연대보증하는 제도이다. 즉, 은행이 수출신용보증서(선적 후)를 담보로 선적서류를 매입하여 매입대금을 선지급 하였으나 만기일에 수입자로부터 수출대금이 결제되지 않으면 무역보험공사로부터 보상받는 보험제도이다.

② 운영방식

이 제도의 담보위험으로는 수입기업의 지급불능이나 지급지체 등의 신용위험과 전쟁위험이나 송금위험 등의 비상위험이며, 가입대상 거래로는 일반수출의 경우와 위탁가공무역의 경우이다. 또한 이 제도의 주요 특징으로는 ① 단기수출보험 또는 농수산물수출보험과 연계 가입 ② 보증한도 ③ 보증약정 체결 등이다.

(7) 해외마케팅보험

① 제도의 개념

해외마케팅보험은 수출기업이 해외시장 개척을 위해 해외마케팅비용을 지출하였으나, 마케팅 활동의 효과가 미미하여 지출한 비용을 회수하지 못하는 경우 보상해 주는 보험제도이다.

② 운영방식

담보대상은 고유브랜드(디자인)개발비용, 해외마케팅기회비용(시장조사, 마케팅전략 수립 등), 해외마케팅 실행비용(해외광고, 전시회 참가 등) 등이며, 이 보험제도의 부보율은 지출비용(보험가액 한도)의 70% 이내로 운영한다.

(8) 환변동보험

① 제도의 개념

환변동보험은 수출기업이 수출활동을 통해 외화를 획득하는 과정에서 발생할 수 있는 환차손익을 제거하여 사전에 수출금액을 원화로 확정시킴으로써 환율변동의 위험으로부터 보호하는 제도이다. 환율변동보험(선물환방식)은 환위험관리가 취약한 중소수출기업이 환위험을 쉽게 회피할 수 있도록 지원하는 제도이다.

② 운영방식

이 제도의 보험요건 중 대상통화는 USD, JPY, EUR 등이며, 이용대상 기업은 신용상 문제점이 없는 수출기업으로 운영한다. 이 제도의 주요 특징을 다음과 같이 정리해 볼 수 있다. ① 최장 5년까지 환리스크 헤지가 가능하고 ② 특히 선물환방식의 경우 계약이행관련 증거금 또는 담보 제공 없이 저렴한 보험료로 이용이 가능하며 ③ 자유로운 조기 결제가 실시되고 ④ 외화 자금이 실제 인도되지 않고 차액정산이 이루어지는 방식이다.[20)]

3 단기무역보험

결제기간 2년 이내의 단기수출계약을 체결한 후, 수출이 불가능하게 되거나 수출대금을 받을 수 없게 된 때에 입게 되는 손실을 보상하는 보험이다.[21)]

(1) 수출보험 - 단기성보험

① 단기수출보험(선적 후)

수출상이 신용장 또는 무신용장방식으로 수출대금 결제기간 2년 이하의 수출계약을 체결하고 수출물품을 선적한 후, 수입상(또는 신용장 개설은행)의 지급불능, 지급지체, 수입화물 인수거절 또는 수입국의 비상위험 등으로 인하여 발생된 손실을 보상하는 보험이다.

② 단기수출보험(forfaiting)

수출상이 기한부신용장(Usance L/C)으로 수입상과 무역거래를 한 후 은행이 무소구권(without recourse)으로 환어음을 매입한 경우 매입은행이 신용장 개설은행으로부터 만기에 매입대금을 회수하지 못하여 입게 되는 손실을 보상하는 보험이다.

③ 단기수출보험(수출채권유동화)

은행이 수출입자간 거래(신용장 또는 무신용장방식)에서 발생한 수출채권을 무소구권으로 매입한 후 매입대금을 회수할 수 없게 된 경우 입게 되는 손실을 보상하는 보험이다.[22)]

4 단기무역보험에서의 보험자의 면책사항

보험자의 면책사유로는 보험계약자(수출자), 보험계약자의 대리인이나 피사용인의 고의 또는 과실로 인하여 발생한 손실, 중대한 상품하자, 선적기일 미준수, 계약조건 위배 등 수출계약 이행과정에서 수출자의 귀책이 있는 경우, 보험계약자가 약관상 K-sure에 알려야 할 고지의무를 위반함으로써 발생한 손실, 인수한도를 책정 받고 수출을 하였으나 수출통지를 하지 않은 경우, 보험료를 납부하지 않은 경우, 기타 조사에 협조할 의무 등 약관상 수출자의 의무사항을 위배함으로써 발생한 손실 등의 경우이다.

---

20) 경윤범, 『글로벌무역상무론』, 형설출판사, 2013, p.377.
21) 곽근재・김의동・안창모・장봉규・최근배, 『무역학개론』, 박영사, 2014, p.315.
22) 김석민, 『무역학원론』, 두남, 2015, p.444.

13

무역대금결제

Chapter 13 무역대금결제

제1절 신용장 방식에 의한 수출환 어음의 매입

신용장 방식이란 D/A, D/P 방식, 송금결제방식의 단점을 보완해주는 방식으로 신용거래은행이 대금지급을 보증해주는 방식이다. 이에 대금회수의 안정성이 있고 당사자의 위험부담이 거의 없다.

신용장의 특징 및 역할은 이를 이용하여 수출대금의 회수에 따른 문제를 해결할 수 있고 신용에 의한 거래를 하는 경우에도 신용장을 이용하면 문제가 생기지 않는다는 것이다. 또 수입자가 물품의 인수를 거절하는 경우에도 신용장이 있으면 문제가 생기지 않는다는 점도 있다.

1 수출환어음 매입의 의의

수출환어음 매입이란 수출업체가 물건을 선적 후 거래은행에 선적서류와 신용장을 제시하고 수입업체가 지급인으로 된 어음을 발행하면, 거래은행은 이를 매입, 어음에 있는 금액만큼의 돈을 수출업자에게 주게 된다. 이를 수출환어음 매입이라고 한다.

2 환어음

환어음은 화한어음이라고도 하며, 채무자가 채권자 앞으로 발행하는 약속어음과 달리 환어음은 채권자가 채무자 앞으로 발행하여 자금을 요청하는 증서이다. 약속어음과 환어음의 차이점은 발행인으로 약속어음의 경우 발행인은 대금을 지급해야하는 채무자이지만 환어음의 경우 발행인은 대금을 지급받는 채권자이다.

1) 환어음의 특징

① 환어음은 서면으로 작성되어야 효력이 생긴다. 구두계약의 효력이 인정되는 대륙법계 국

가일지라도 환어음은 서면으로 작성할 것을 엄격하게 요구한다.

② 수취인을 기명식, 지시식, 소지인식으로 발행가능하다. 발행인이 수취인은 아니다. 그러니 기명식에서 발행인이 1이고 수취인이 2로 발행된다. 지시식의 경우 수취인이 지시인이 된다. 소지인식의 경우 수취인을 기재하지 않는다.

③ 원칙적으로 원본은 2부가 발행되는데 그 이유는 분실을 대비하기 위함이며, 어느 한쪽이든 먼저 결제가 되면 나머지 한 부는 효력을 상실한다.

④ 신용장의 종류는 서류제출 의무의 여부에 따라 화환신용장, 무화환신용장으로 분류된다. 화한신용장은 선하증권 등의 서류를 대금청구 시 제출하고 무화환신용장은 금융융통이 목적이기 때문에 서류 제출을 하지 않는다.

⑤ 신용장 방식에서 수출업자(수익자)가 작성하는 서류 중 환어음만이 인증과 서명, 일자가 필요하다.

2) 환어음의 기재사항

환어음 서류에는 필수로 기재하여야하는 사항과 임의로 기재하는 사항이 있다.

만약 필수 기재사항 중 하나라도 누락이 된다면 법적 효력이나 법적 구속력을 갖지 못한다. 하지만 임의 기재 사항은 환어음의 법적 효력이나 구속력에는 영향을 미치지 않지만 환어음의 내용을 더욱 명확하게 해주는 사항이다.

(1) 필수 기재사항

- 환어음의 표시
- 지급인의 명칭
- 무조건 기급 위탁 문언
- 만기의 표시
- 지급지
- 지급 받을 자 또는 지급 받을 자를 지시할 자의 명칭
- 발행일과 발행지의 표시
- 발행인의 기명날인 또는 서명

(2) 임의 기재사항

- 환어음 번호
- 환어음 금액의 숫자 표시
- 신용장 발행 은행명

– 신용장 번호 및 발행일

3 신용장에 의한 환어음 매입과 서류점검

결제방법이 매입 방식인 경우에는 일반적으로 개설은행이 매입은행을 지정하지 않는다. 이런 신용장을 자유매입신용장이라고 하는데 반대로 매입 방식이면서도 매입은행을 지정하는 경우를 매입제한신용장이라고 한다. 매입제한신용장의 경우 수출업자가 거래하는 매입은행이 신용장에서 지정한 매입은행과 다르면 수출업자는 1차로 자신의 거래은행에서 환어음 매입 절차를 거치며, 매입은행이 지정된 매입은행에 재매입을 하는 절차를 거쳐야 한다.

결제방법이 인수나 매입인 경우 수출업자(수익자)는 결제 수단으로 환어음을 발행해 사용한다. 신용장상의 환어음 조항에는 환어음 기간, 환어음 지급인이 포함된다. 경우에 따라 환어음 발행 근거를 추가하기도 한다.

이때 화환신용장통일규칙(UCP 500)에서는 개설의뢰인을 지급인으로 하는 환어음 발행을 금지하고 있으므로 서류 점검을 확실하게 해야 하며, 만약 개설의뢰인을 지급인으로 하여 환어음을 발행할 경우 그 환어음은 은행에 의해 대금 지급이 보장되지 않으므로 주의해야 한다. 이런 경우 환어음은 단순한 추가 서류로만 간주 된다.

4 환율의 적용

매입은행은 서류를 매입대금에서 수출상이 부담하는 환가료, 우편료, 무역 금융 상환액 등을 공제한 잔액을 수출상에게 지급한다. 수출상의 요청에 따라 매입금액을 전신환매입율(T/T buying rate)로 환산한 원화를 수출상 명의의 예금계정에 입금 시키거나 수출상 명의의 외화예금 거주자 계정에 입금시킨다. 은행은 매입대금을 고객에게 원화로 지급할 때에는 전신환매입율을 적용하고 고객이 수입대금을 결제하기 위해 은행으로부터 외화를 매입할 때는 전신환매도율을 적용한다. 이로 인해 고객의 입장에서는 매입대금을 외화 예금 시켰다가 인출하여 수입대금을 결제하는 방식이 비용상 유리하게 된다.

5 하자 있는 수출환어음매입

매입은행은 수출업자(수익자)로부터 제시된 서류와 신용장 조건을 대조해 보고 아무런 하자가 없다면 서류를 매입한다. 만약 수출업자(수익자)가 제시한 서류가 신용장 조건과 일치하지 않아 하자가 발생하게 된다면 매입은행은 개설은행에 대해 정당하게 상환청구를 할 수 없기 때문에 개설은행이 특별히 용인하지 않는 이상 원칙적으로 매입을 거절한다.

하자의 종류는 여러 가지가 있는데 국제상업회의소(ICC)가 조사한 결과 자주 발견되는 하자는 고장부선하증권, 용선선하증권, 본선적재무증명, 신용장에서 지정된 항구 이외의 항구에서의 선적, 화물갑판적재, 보험금액미달, 서류상호간 불일치 등이 있다.

1) 대응방법

(1) 신용장 자체의 모순에서부터 발생하는 경우

신용장 자체에 모순이 있어 신용장과 서류 간에 불일치가 생기는 경우가 있다. 이는 신용장 자체에 모순이 있으므로, 수출상은 매입은행에 매입 의뢰를 하기 전에 신용장 개성의뢰인에게 신용장 조건변경을 요청하여 해결하는 것이 가장 좋다.

(2) 정정이 가능한 경우

① 수출상에 의한 정정

수출상이 작성한 서류에 하자가 있을 경우 매입은행은 수출상에게 서류를 반환하고 수출상이 정정 또는 새로 작성한 후 매입한다.

② 서류 발행기관에 의한 정정

제 3자가 발행한 서류는 수출상이 정정할 수 없으므로 매입은행은 일단 서류를 수출상에게 반환하여 반드시 해당기관의 완전한 정정을 받도록 한 후 정정인이 있는가를 확인 후 매입하여야 한다.

(3) 정정이 불가능한 경우

① 신용장의 조건변경 후 매입

시간적 여유가 있을 때 가능한 경우이며, 수출업자가 개설의뢰인에게 연락하여 신용장의 조건을 제시된 서류의 내용과 맞도록 조건을 변경한 후 매입은행이 서류를 매입한다.

② 전신조회 후 매입

매입은행이 개설은행에 서류의 하자사항을 전신으로 통보한 후 개설은행으로부터 용인을 받아 매입한다. 이를 Cable Nego라고 하며 이 경우 개설이 은행이 하자를 용인하였으므로 안전할 뿐만 아니라 신속하게 해결 된다.

③ 확인서부 매입

매입은행이 “선적서류의 하자로 인하여 매입어음이 부도 반환하다 올 때 매입은행에 무조건

대금을 지급하겠다."라는 수출상의 확인서를 요구하고 매입하는 방법이다.

④ 추심(Collection)

하자가 중대한 경우 수출상의 거래은행은 서류를 신용장 개설은행 앞으로 송부하여 추심대금이 추심의뢰은행의 계좌에 입금된 후 수출상에게 대금을 지급한다. 추심처리는 은행으로서는 아무런 자금부담과 위험부담이 없지만 수출상은 추심대금의 입금이 늦어지면 늦어질수록 자금압박을 받게 된다.

제2절 신용장방식에 의한 수입환어음의 결제

1 수입환어음결제의 의의

수출상이 발행한 환어음을 매입한 매입은행은 수입지 신용장 개설은행 앞으로 이를 송부하고 신용장 조건에 따라 대금결제를 요청하면, 서류를 접수한 개설은행은 먼저 매입은행의 운송서류 송부장을 면밀히 검토하게 된다. 특히 하자있는 운송서류를 매입은행이 매입한 경우 신용장 조건과의 불일치와 처리 경과사항이 자세히 기재되어 있을 것이므로 이를 꼼꼼히 검토한 후 인수여부를 결정하여야 한다.

2 수입환어음의 결제와 서류의 인도

1) 수입환어음의 결제절차

(1) 운송서류심사

서류심사기간에 신용장 개설은행은 접수된 운송서류를 서류접수 다음날로부터 은행의 7영업일을 초과하지 않는 범위 내에서 합리적인 기간 내에 심사하며, 동 기간 내에 서류의 인수 및 거절 여부를 결정하고 이를 매입은행 등 관계 당사자에게 통보한다. 신용장 개설은행의 서류심사기준은 제시서류의 신용장조건 일치 여부를 상당한 주의의무를 가지고 심사하여야 하며, 심사결과 제시서류가 신용장 조건과 모순되는 것으로 확인되는 경우 그러한 서류는 신용장 조건과 일치하지 않는 것으로 간주한다.

(2) 수입대금의 결제와 서류인도

수입대금의 결제는 수입상의 수입어음 결제에 의하여 이루어지며 여기에는 신용장조건에 따라 일람출급어음에 의한 결제와 기한부어음에 의한 결제가 있다. 이와 같은 수입어음의 지급 또는 인수를 통하여 신용장개설 의뢰인인 수입상에게 서류가 인도된다.

일람출급환어음의 경우 수출상이 일람출급환어음(at sight draft)에 운송서류를 첨부하여 매입은행에 제시하면 매입은행은 이를 매입한 뒤 수출상에게 대금을 지급하고, 신용장 상 명시된 대로 환어음을 첨부하여 신용장 개설은행으로 송부한다. 신용장 개설은행은 매입은행으로부터 환어음의 제시를 받으면 즉시 환어음의 대금을 매입은행으로부터 지시된 은행계정에 입금시킨다. 신용장 개설은행은 수입상에게 대금지급을 요청하게 되는데, 이때 수입상인 개설의뢰인은 수입대금을 자기 자금이나 무역금융으로 신용장 개설은행의 운송서류 인수일로부터 7일 이내에 결제하여야 한다. 만약, 동 기일 내에 결제하지 못하면 8일째에 외국환은행이 대지급처리하고 수입대금의 결제를 위하여 이미 적립한 수입보증금을 처분하게 된다. 한편, 수입상이 환어음 결제 시 신용장 개설은행이 적용하는 환율은 일람출급환어음결제율을 적용한다. 그러나 수입상이 수입환어음의 결제를 원화(₩)로 하지 않고 수입상이 보유한 외화로 대체하여 결제할 경우 은행은 0.1% 상당의 대체료를 징수한다.

기한부환어음(usance draft)에 의한 수입의 경우 수입상은 환어음의 인수(acceptance)에 의하여 서류를 인도받은 후 만기일에 가서 수입어음을 결제한다. 환어음의 지급인(drawee)이 신용장개설은행 앞으로 되어 있을 경우는 개설은행에 수입어음과 서류가 도착하면 수입상으로 하여금 인수여부를 결정토록 하여 동 인수사실 및 만기일을 매입은행 앞으로 통지하고 만기일에 수입대금을 결제한다. 보통은 해외의 매입은행이 인수은행(acceptance bank)이 되어 신용장개설은행 앞으로 서류 송부 시 만기일, 인수수수료 또는 할인이자 등이 명시된 인수통지서(Acceptance Advice)를 첨부하여 보내오며, 만기일에 이르러 환어음 금액을 매입은행의 지정된 계정에 입금하고 신용장 개설은행의 계정에서 그 금액을 인출하고 개설은행에 차변표를 송부한다.

환어음으로 결제를 할 때는 요식증권이기 때문에 어음이 유효하게 성립하기 위해서는 반드시 일정한 형식을 갖추어야 하므로 다른 유가증권과 달리 형식에 대한 요구가 엄격하다. 따라서 필수기재 사항 중에서 하나라도 빠지면 환어음의 효력을 인정받을 수 없다.

*필수 기재사항

환어음의 표시, 무조건지급위탁문언, 금액(화폐의 종류도 표시), 지급인의 표시/지급 기일의 표시, 지급지의 표시/수취인의 표시, 발행일 및 발행지의 표시, 발행인의 기명날인 또는 서명이다.

제3절 D/P, D/A 방식에 의한 대금결제

무역결제는 크게 송금방식, 추심방식, 신용장방식, 기타 이렇게 4가지로 나눌 수 있다. 그 중에서 D/P와 D/A는 추심방식이다.

추심결제방식은 은행의 지급확약 없이 오직 수입상의 신용만을 믿고 매매계약서를 근거로 하여 대금을 추심(회수)하는 무신용장거래방식이다. 즉 대금지급에 대한 아무런 보증이 없이 물품을 먼저 수입상에게 보내고 추후 대금을 지급받거나 물품인도와 상환하여 선적서류를 인도하는 방식이다.

1 D/P, D/A의 의의

D/P는 document against payment의 약자로 수입상이 대금을 지급해야지만 선적서류를 인도하는 것으로 현금거래를 의미한다. 수출자가 수출물품을 선적한 후 수입자를 지급인으로, 수출자를 수취인으로 하는 일람불(At Sight)환어음을 발행하여 선적서류와 함께 거래 외국환은행에 추심을 의뢰하고 의뢰받은 은행(추심의뢰은행)은 추심관련 서류를 수입지의 은행에 발송하여 추심요청을 하게 된다. 추심을 요청을 받은 추심은행(수입자의 거래은행)은 어음지급인(수입자)이 환어음 대금을 지급함과 동시에 선적서류를 수입자에게 인도하고 그 대금을 추심의뢰은행에 송금하여 수출자가 수출대금을 영수하는 거래방식이다.

※ 기한부 D/P : 기한부 D/P 결제방식은 서류도착 즉시 추심은행이 수입자에게 추심관련 서류를 인도하면서 대금을 받는 것이 아니고 명시된 기간이 경과한 후에 수입자에게 수입대금을 받고 인도해주는 D/P거래의 한 형태이다(예:D/P30days). 이는 운송구간이 장거리인 경우에 서류가 물품보다 일찍 도착하여 물품이 도착할 때까지 수입자의 결제를 연장해줌으로써 자금부담 등을 덜어주기 위해 만들어진 D/P의 변형이다.

D/A는 document against acceptance의 약자로 수입상이 인수의 뜻만 표시하면 서류를 인도한다는 것으로 외상거래를 의미한다. 수출자가 기한부 환어음을 발행하여 추심은행을 통해서 수입자에게 제시하면 수입자는 어음상에 어음인수행위(Acceptance)를 해서 환어음을 인수한다. 그러면 추심은행은 수입자에게 선적서류를 인도하고, 추심은행은 어음의 만기일에 어음지급인(수입자)으로부터 대금을 지급받아서 추심의뢰은행에 송금하면 수출자가 대금을 영수하는 거래방식이다.

2 D/P, D/A 결제의 장점과 단점

D/P와 D/A는 추심결제방식이다.

추심결제방식의 장점은 수입상은 신용장 발행 수수료나 신용장과 관련된 비용을 절약할 수 있고 은행에 담보를 제공하지 않아도 된다. 또한 D/A의 경우 물품 판매대금으로 어음대금지불이 가능하기 때문에 자기 자금 없이 수입할 수 있다.

추심결제방식의 단점은 추심은 은행의 지급확약이 없이 오직 수입상의 신용에 의존하기 때문에 매수인이 지급불능 상태에 빠지거나 신용이 불량한 경우 대금회수가 안 될 수도 있다. 또한 추심기간 동안에는 대금지급을 받을 수 없으며 신용장 통일 규칙과는 달리 추심통일규칙은 국제적으로 상관습적 지위에 있지 못한다. 수입상은 D/P방식인 경우 어음에 대해 지급했음에도 불구하고 물품에 하자가 있는 경우 해결방법이 복잡하다.

3 D/P, D/A 거래당사자

1) 추심의뢰인(Principal)

계약물품을 선적하고 자신의 거래은행에 추심의 취급을 의뢰하는 매매계약상 수출업자

2) 추심의뢰은행(remitting bank)

추심의뢰인으로부터 금융서류와 상업서류의 추심을 의뢰 받은 수출국 소재 은행으로 추심의뢰인의 대리인 역할을 한다.

3) 추심은행(collecting bank)

추심과정에 참여하는 모든 은행, 통상 수입업자의 거래은행으로 추심 의뢰서에 따라 지급인에게 추심하여 대금을 송부하는 추심의뢰은행의 대리인 역할을 한다.

4) 제시은행(presenting bank)

지급인에게 직접 추심서류를 제시하는 은행으로 넓은 의미에서 추심은행에 포함이 된다. 추심은행이 수입업자의 거래은행이 아닌 경우 제시은행이 존재한다.

5) 예비지급인(case-of-need)

D/P, D/A거래에서 수입자가 추심서류의 인수를 거절한 경우, 수출자(추심의뢰인)을 대신하여 행동하는 자를 가리킨다. 수입자가 서류인수를 거절한 경우, 수입지의 제시은행이 수출지의 수출자와 직접 접촉을 하게 되면 번거롭고 비용도 많이 소요되므로 수입지에 있는 지점 또는 대리인을 예비지급인으로 지정하여 추심행위를 하게 된다. 즉 인수나 지급의 거절이 있을 경우를 대비하여 참가 인수 또는 참가 지급을 할 사람으로 미리 어음에 지정되어 있는 사람을 말한다.

6) 지급인(drawee)

지급인은 추심지시서에 따라 어음의 제시를 받게 되는 자, 즉 수입대금을 지급해야 할 채무자인 수입상이다. 신용 장부 환어음의 지급인은 일반적으로 개설은행이지만 D/A, D/P일 경우 지급인은 수입상이 된다.

4 추심지시서

추심지시서는 추심의뢰서(collection order)라고도 한다. 추심에 관여하는 은행들은 추심의뢰서에 기재된 지시와 URC에 따라서 업무 수행한다.

추심지시서에 기재되어야 하는 내용
추심의뢰은행, 추심의뢰인, 지급장소, 지급인, 제시은행의 명세(정식명칭, 주소 등)
금액 및 통화, 서류목록, 지급/인수조건, 분명, 명확한 서류 인도조건(지급/인수)
추심 수수료 또는 이자에 관한 사항(포기여부, 요율, 기간, 계산근거)
지급방법과 지급통지의 형식
지급/인수거절 및 불일치의 경우에 대한 지시 등

* 환어음 지급인 및 제시가 이뤄져야 할 장소의 완전한 주소가 기재되어야 하며 주소 불일치로 인하여 발생되는 문제에 대해 추심은행은 면책(추심은행은 불완전하거나 부정확한 경우 아무런 책임 없이 적정한 주소를 확인하기 위한 조치 가능)

5 D/P, D/A 거래의 과정

1) D/P(Documents Against Payment: 서류지급인도조건)

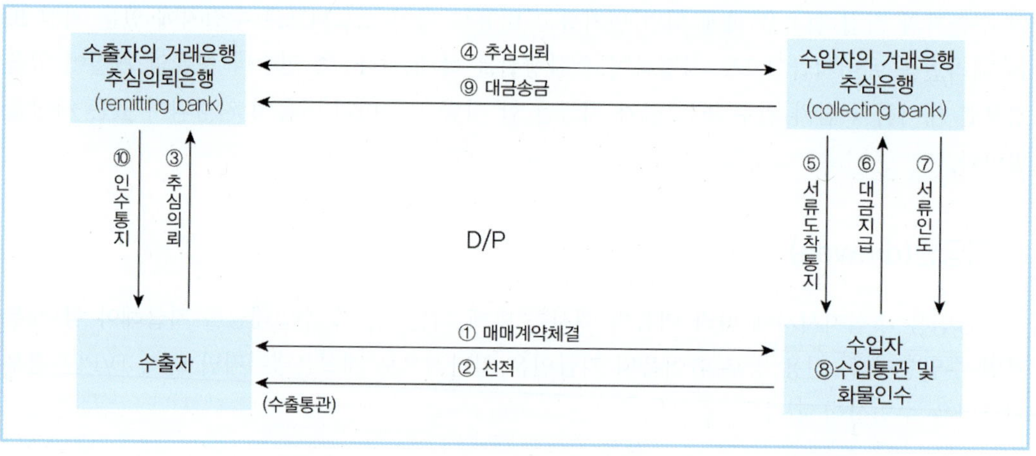

D/P 무역계약이 체결이 되면 수출상이 수입상과의 매매계약에 따라 물품을 선적하고 구비된 서류에 일람출급환어음(draft at sight)를 발행한 뒤 첨부하여 자신의 거래은행인 추심의뢰은행을 통하여 수입상 거래은행인 추심은행 앞으로 그 어음대금을 추심의뢰 하면 추심의뢰를 받은 추심 은행은 수입상에게 어음을 제시하여 그 어음금액의 일람지급(서류가 지급되면 바로 결제를 하는 것)을 받고 서류를 인도한다. 추심의뢰인은 수입물품을 수입상에게 인수하고 추심의뢰은행이 추심은행으로부터 추심대금을 받아 수출상에게 추심대금을 지급한다.

D/P Usance란 D/P 거래의 한 형태로서, 수입상의 거래은행(추심은행)이 서류도착 즉시 수입상에게 서류를 인도하는 것이 아니라 명시된 기간이 경과한 후에 수입상에게 수입대금을 지급받고 서류를 인도해 주는 방식을 말한다. 이는 수입상의 자금부담을 경감시켜 주기 위하여 서류가 물품보다 일찍 목적지에 도착한 경우라도, 은행은 물품의 도착에 맞추어 어음의 지급을 받음과 동시에 서류를 인도하는 것이다.

2) D/A(Documents against Acceptance: 어음인수서류인도방식)

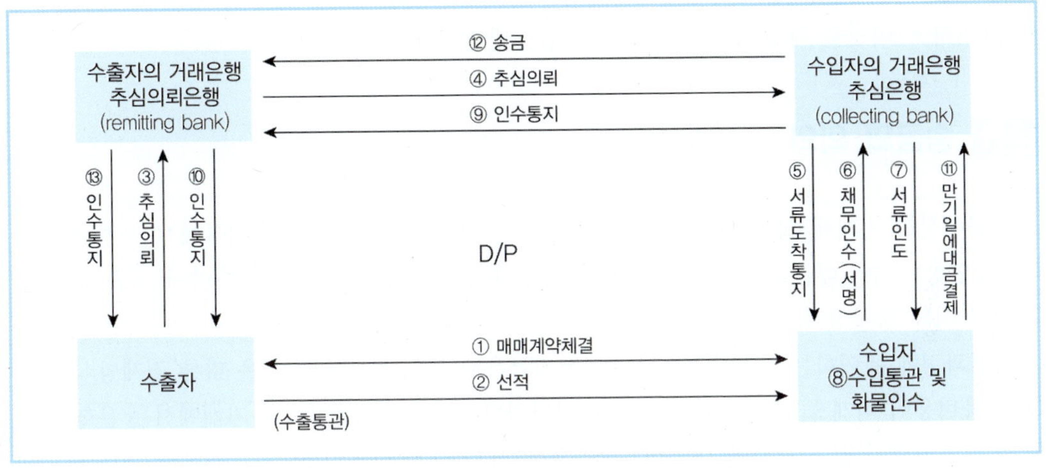

D/A 무역계약이 체결이 되면 수출상이 수입상과의 매매계약에 따라 물품을 자신의 책임 하에 선적한 후 관련서류가 첨부된 기한부환어음을 수입상을 지급인으로 발행하여 자신의 거래은행인 추심의뢰은행에 추심을 의뢰하면 수출상의 거래은행은 그러한 서류가 첨부된 환어음을 수입상의 거래은행인 추심은행으로 보내어 추심을 의뢰한다. 그 후 수입상의 거래은행인 추심은행은 그 환어음의 지급인인 수입상으로부터 어음의 인수, 서명을 받으며 서류를 인도하고, 어음의 만기일에 대금을 지급받아 추심을 의뢰하여 온 수출상의 거래은행인 추심의뢰은행으로 송금하여 결제하는 방법이다.

제4절 송금환 방식에 의한 대금결제

송금환 방식을 이해하기 위해서는 외국환의 특성을 먼저 알아야 한다. 대차결제를 현금을 직접 수송하지 않고, 은행의 중개에 의해 어음이나 수표 등의 신용수단으로 결제하는 방법을 환이라고 하는데 이러한 환 중에서 채권자나 채무자의 한쪽이 외국에 있는 경우의 환을 외국환이라고 한다. 송금환은 이러한 외국환 방식의 형태 중 하나로 외국환거래에서 자금을 보내는 것을 송금환이라고 한다. 송금환의 방식에는 우편송금환과 보통송금환이 있다. 우편송금환은 우체국을 이용한 우편송금환으로서 서적 등의 대금을 해외에 송금하는 경우에 사용되는 것으로 송금수표와 유사하다. 보통송금환은 송금인의 외국환은행으로부터 수취인이 거주하는 지역의 은행을 지급인으로 한 일람출급송금환어음(Demand Draft) 또는 송금수표(Banker's Check)를 매입하고 이것을 직접 수취인에게 송부하는 방법이다.

1 송금의 의의

송금방식의 거래에서는 수출상이 화물을 찾을 수 있는 선적서류를 수입상에게 직접 송부하고, 수입상도 수입대금을 수출상에게 직접 송부하기 때문에 은행의 지급확약이 필요 없으며, 은행의 서류 송부절차 등도 생략된다.

송금과정에 관여하는 은행은 송금은행 및 지급은행 뿐이며, 송금방식은 다른 결제방식에 비해 금융비용이 적게 들며 결제과정이 매우 간단하다. 그러나 송금방식의 거래에서는 은행의 지급확약이 따르지 않기 때문에 대금회수불능의 위험과 같은 신용위험이나 계약물품 입수불능의 위험과 같은 상업위험이 발생할 수 있다. 송금방식은 두 당사자가 서로 믿을 만한 관계이거나 본·지사간의 거래인 경우에 많이 활용된다.

2 송금환의 종류와 결제시기

1) 송금환의 종류

(1) 수표송금방식

수입상이 물품 대금 전액을 현금으로 은행에 입금하고 요구불의 송금수표(demand draft ; D/D)를 은행으로부터 발행을 받아 이를 수출상 앞으로 직접 보내는 방식이다. 주로 개인적으로 소액을 송금하고 물품을 인수하는 경우에 많이 이용된다.

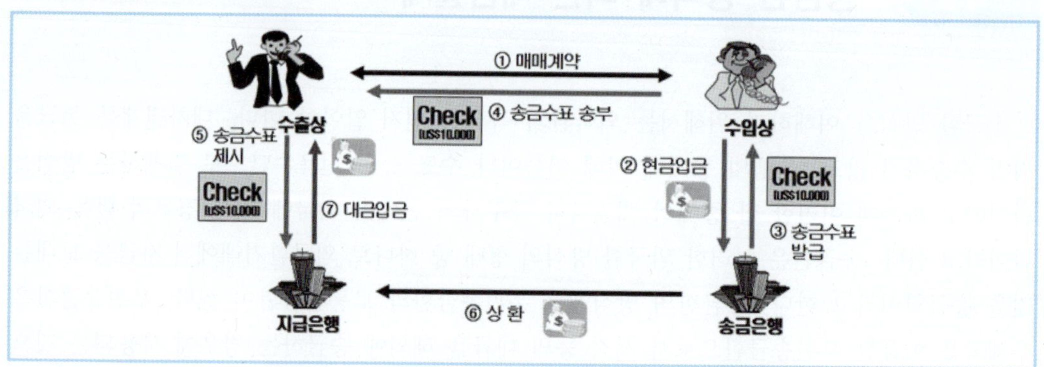

(2) 우편송금방식

수입상의 요청에 따라 송금은행이 송금수표 대신에 지급은행에 대하여 일정한 금액을 지급하여 줄 것을 위탁하는 지급지시서(payment order)에 해당하는 우편환(mail transfer; M/T)을 발행하여 이를 송금은행이 직접 지급은행 앞으로 보내는 방식이다.

(3) 전신송금방식

수입상의 요청에 따라 송금은행이 지급은행에 대하여 일정한 금액을 지급하여 줄 것을 위탁하는 지급지시서(payment order)가 전신환(Telegraphic Transfer; T/T)의 형식으로 발행하여 이를 송금은행이 직접 지급은행 앞으로 통지하면 수출상은 즉시 수출대금을 회수할 수 있는 결제방식이다.

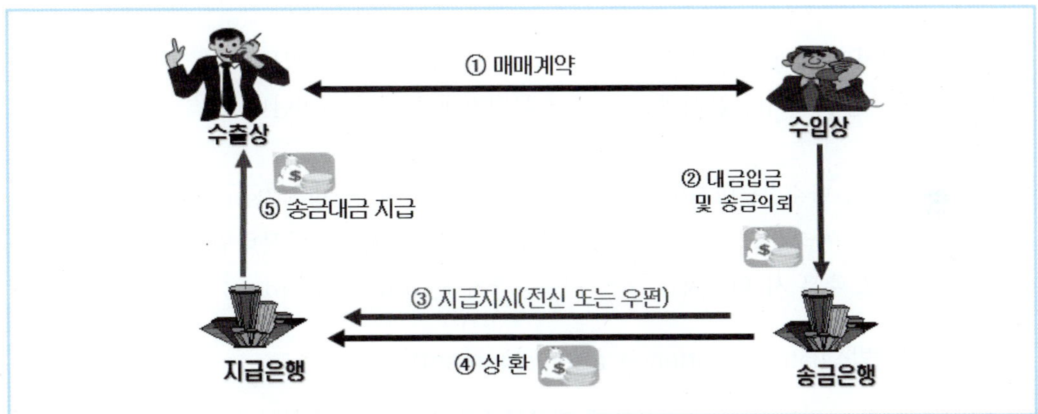

2) 송금환 결제시기

(1) 사전송금방식(advance remittance before shipment)

수입상이 계약물품의 선적 전(before shipment)에 수출상에게 무역대금을 미리 송금(advance remittance)하여 지급하고 수출상은 약정기일 이내에 계약물품을 선적하는 방식이다.

수출상의 입장의 입장에서는 대금결제에 대한 신용위험(credit risk)은 제거할 수 있다. 수입상의 입장에서는 계약물품의 인도를 받기 전 수입대금을 송금하여 주기 때문에 계약물품을 수출상이 선적하지 않거나, 계약과 상이한 물품을 선적할 때 발생되는 상업위험(mercantile risk)을 배제할 수 없다. 선송금(先送金)에 따르는 자금비용부담이 발생하기 때문에 수입상에게는 상대적으로 불리한 결제방식이라 할 수 있다.

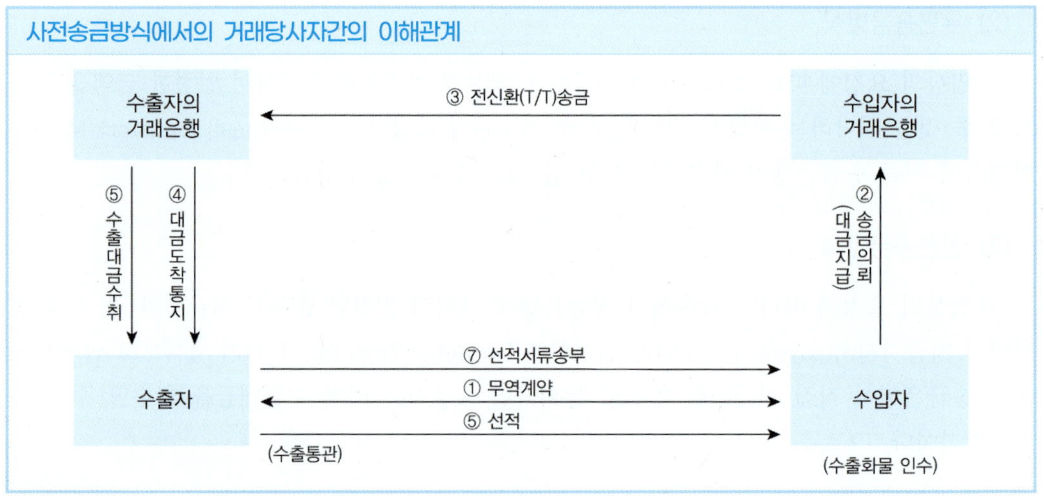

소액의 견본거래(sample)는 수입상의 입장에서 물품을 적기에 확보하려는 경우(수출상의신용을 신뢰하는 경우)이거나 본사와 지사간의 무역거래 등에서 일어난다.

사전송금방식을 단순송금방식(Advance Payment) 또는 선지급방식(Payment in Advance or Cash in Advance)이라고도 하며, 수입상이 수출상 앞으로 물품을 주문하면서 미리 대금을 송금한다는 의미로 주문 시 현금지급 혹은 단순송금거래(Cash With Order ; CWO)이라고 한다.

(2) 사후송금방식(later remittance after shipment)

수출상이 대금을 받기 전에 수입상에게 계약물품을 선적하고, 수입상은 물품을 인수한 후에 물품대금을 수출상에게 송금하여 결제하는 방식이다. 사후송금방식은 신용사회가 형성되어 있는 유럽지역을 중심으로 보편화된 방식으로 수출상이 먼저 물품을 선적하여 수입상에게 인도시키고 일정기일이 경과한 후에 수입상이 자신의 거래은행을 통하여 수출상의 계정에 입금시킨다는 의미로 Open Account라고도하며, 후지급(後支給)이라는 의미로 Deferred Payment라고도 한다.

사후송금방식은 사전송금방식의 경우와는 반대의 위험부담이 발생된다.

수입상의 입장에서는 계약물품을 인수한 후에 수입대금을 송금하여 결제하기 때문에 상업위험의 부담을 제거할 수 있다. 수출상의 입장에서는 계약물품을 먼저 선적하기 때문에 대금결제에 대한 신용위험을 배제할 수 없는 부담을 갖게 된다.

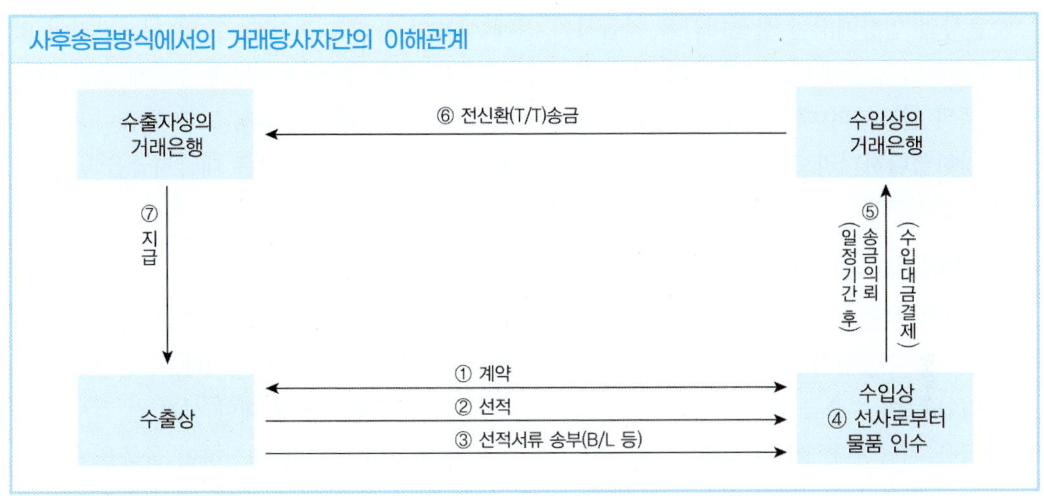

① 현물상환방식(Cash On Delivery; COD)

수출상이 물품을 선적하고 선적서류(상업송장, 선하증권, 보험서류 등)를 자신의 지사나 대리인(주로 수입상의 국가에 소재함)에게 송부하여 현품이 목적지에 도착하면 그 지사나 대리인이 화물을 수입 통관하여 수취하여 보관하였다가 수입상이 직접 현품을 검사한 후 일치여부를 확인하여 물품을 인수하면서 대금을 결제하는 방식이다.

현물상환방식은 주로 상품의 가격이 고가이며 동일한 상품일지라도 색상, 가공방법, 순도 등에 따라 현저하게 가격차이가 발생하는 보석, 귀금속 등 직접 물품의 검사를 하기 전에는 품질을 정확히 파악하기 어려운 경우의 거래에 활용된다. 최근에는 기업의 국제화에 따라서 해외지점을 활용할 수 있기 때문에 일반적인 상품거래에도 자주 활용된다.

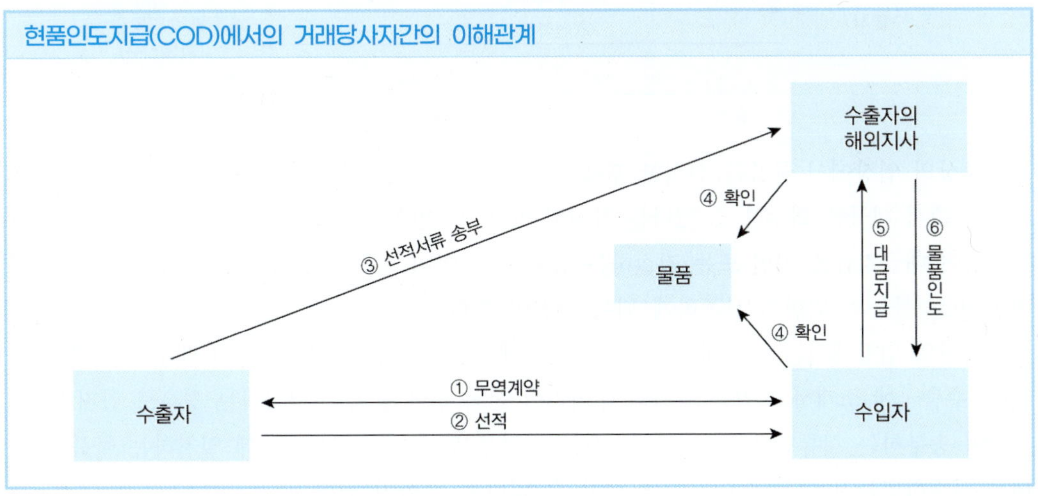

수출상의 입장에서는 물품대금을 지급하기 전에 상품의 품질을 검사할 수 있다는 장점이 있다. 수출상의 입장에서는 수출상의 대리인이 대금지급을 받은 후 수출상에게 송금해 주기 때문에 물품의 인도부터 대금지급까지의 기간이 오래 소요된다는 단점이 있다. 또한 물품이 수입국에 도착하였다하더라도 수입상이 대금지급을 거절하는 경우에는 수출상은 대금지급을 받을 수 없다는 리스크가 존재한다.

② 서류상환지급(Cash Against Document; CAD)

수출상이 물품을 선적하고 선적서류(상업송장, 선하증권, 보험서류 등)를 수입상의 지사나 대리인(주로 수출상의 국가에 소재함)에게 인도하면서 대금을 결제받는 방식이다. 수입상의 지사나 대리인 등이 수출국 내에서 물품의 제조과정을 점검하고, 수출물품에 대한 선적 전 검사를 한 후 대금을 지급한다. 이 방식에서 수입상의 대리인은 수입상의 이익을 대신하여 물품을 구매하는 것인데 수출상이 선적을 완료한 상태에서 수입상이 대리인의 서류를 인수거절하게 되면 수출상은 대금회수가 곤란하므로 계약 전에 상대방의 신용상태를 철저하게 확인하여야 한다.

서류상환지급(CAD)에서의 거래당사자간의 이해관계

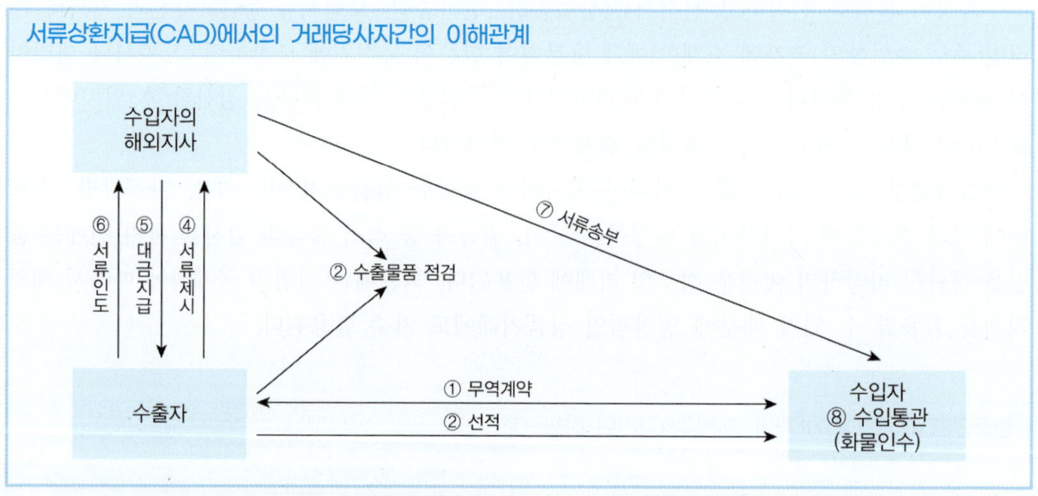

수출상의 입장에서 물품을 선적한 후에 수출국에 있는 수입상의 대리인에게 선적서류를 제시하는 즉시 대금을 회수할 수 있다는 장점이 있다. 반면에 신용상태가 불량한 수입상 또는 그 대리인이 대금지급을 지연 또는 거절하는 경우에는, 이미 선적한 물품에 대한 수출대금회수의 지연 또는 불능의 위험이 상존하게 되는 단점이 있다.

수입상의 입장에서는 물품대금 지급 후 나중에 물품을 인도받을 수 있기 때문에 불리할 수 있다. 수출국에 소재하고 있는 자신의 대리인이 선적 전에 물품을 검사하는 경우도 있지만, 수출상이 송부하는 서류만으로 대금을 결제하는 경우에는 수출상이 계약에 일치하는 물품을 제대로 선적하였는지 여부에 대하여 확신할 수 없다는 단점이 있다.

제5절 국제팩토링(Factoring)에 의한 대금결제

1 국제팩토링(Factoring)의 개념

공급업자가 구매업자에게 물품 등을 외상으로 판매한 후 발생되는 매출채권을 팩터에게 일괄 양도하고 팩터로부터 양도채권금액범위 내에서의 금융지원, 구매업자에 관한 신용조사 및 신용위험 인수, 채권의 관리 및 대금회수, 기타 사업처리대행 등의 서비스를 제공받는 금융기법을 말한다.

국제팩토링은 세계 각국의 팩토링회사가 그룹을 결성하여 수출자 및 수입자에 대하여 공동으로 금융서비스를 제공하는 것으로서 수출국 팩터는 수출자에게 선적 전 또는 선적 후 운전자금을 제공하고 수입국 팩터는 수입자에 대한 신용조사, 수출채권의 관리 및 수입자로부터의 대금회수 서비스 등을 제공한다. 팩토링의 업무범위가 국제간의 무역거래로 확대 적용되어 양국에 존재하는 수출팩터와 수입팩터를 활용함으로써 무역당사자 사이의 신용을 바탕으로 한 팩토링방식을 말한다. 즉, 국제팩토링방식은 수출입자간의 서로의 신용을 바탕으로 신용장발행 없이 팩토링 금융기관이 대금지급을 보증하는 일종의 외상무역결제방식을 의미한다.

1) 결제과정

거래처는 고객에 대한 신용조사를 팩터에게 의뢰한다. 수출팩터는 거래처로부터 고객리스트를 제출받아 고객이 주재하고 있는 국가의 팩터에게 신용조사를 의뢰한다. 그 후 수출팩터는 수입팩터의 신용결정 통지에 따라 거래처에 신용공여 여부를 결정한다. 수출팩터의 신용조사 결과에 의거하여 거래처는 고객과 상거래계약을 체결한다. 거래처는 고객과의 영업활동에 의해 발생하는 매출채권을 국제팩토링 계약에 따라 전부 또는 일부를 팩터에게 양도한다. 수출팩터는 자신이 양수한 매출채권에 대한 채권확보를 이행한다.

(1) 직접방식 거래 구조

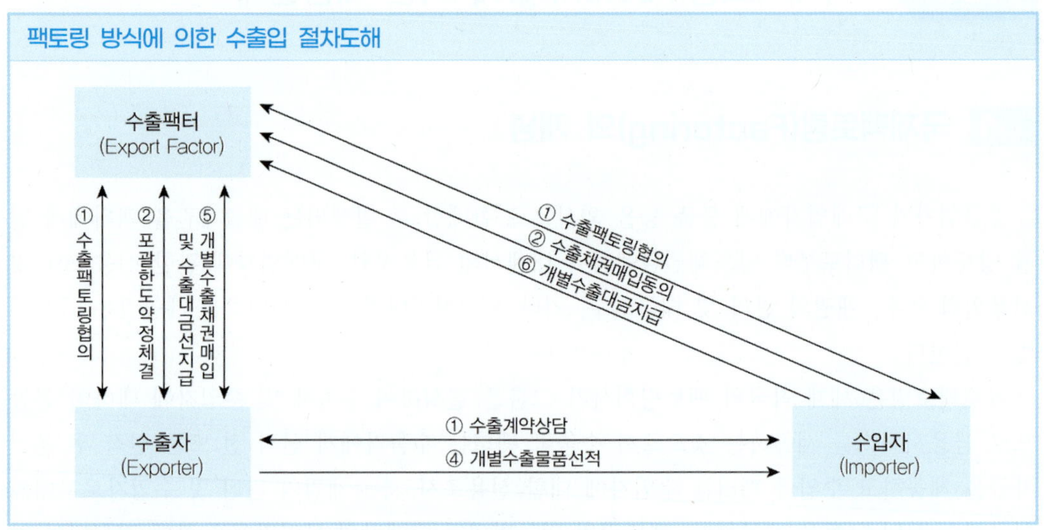

(2) 제휴방식 거래구조

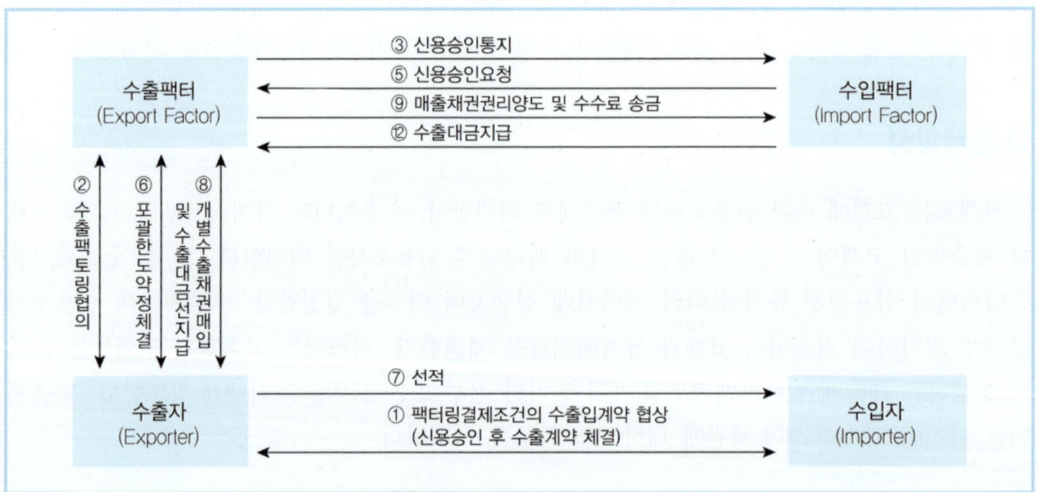

2 국제팩토링의 유용성과 한계성

1) 국제팩토링방식의 장점

국제팩토링방식에 의한 무역결제는 은행이 대금지급을 약정하는 신용장의 발행 없이 수입자의 신용과 팩터의 신용조사에 의한 거래이기 때문에 수출자로서는 대금회수에 대한 불안을 제거할 수 있고, 수입자로서는 여러 가지 비용과 담보설정에 따른 부담을 덜 수 있다. 한 수출자와 수입자는 모두 팩터가 제공하는 각종 서비스의 편익을 누릴 수 있기 때문에 자금관리나 관리 업무에 드는 제시간과 비용 등의 절감을 가져온다.

(1) 수출자의 장점

① 거래규모의 확대와 새로운 신규거래처의 발굴이 용이.
② 신용거래의 위험과 부실채권이 방지된다.
③ 선적 전 금융과 신용승인 범위 내에서 전도금융을 이용하므로 운영자금조달의 계획이나 운용이 용이하다.
④ 외상매출채권 관리능력이 강화된다.
⑤ 부대비용의 절감을 통한 경쟁력 강화.
⑥ 현금흐름의 원활화를 도모할 수 있다.

(2) 수입자의 장점

① 신용장 발행비용과 부대비용의 절감을 들 수 있다.
② 기한의 이익을 향유.
③ 금융상의 혜택.
④ 자금계획 및 운용이 편리.

2) 국제팩토링방식의 단점

이 방식은 현금으로 수출하는 기업, 소비자에 대한 채권 발행, 장기의 채권방식에는 적합하지 않다. 현금으로 판매하는 거래에서는 팩토링방식을 이용할 필요가 없다. 소비자를 상대로 발행하는 채권이 부적절한 것은 신용조사의 문제와 거래의 일회성 때문이다. 소비자를 상대로 하는 거래는 매우 소량이고, 소비자 개개인에 대한 신용조사는 시간과 경비가 너무 많이 소요된다.

제6절 포페이팅(Forfaiting)방식에 의한 대금결제

1 포페이팅의 의의

"포기하다"(forfait)라는 의미의 프랑스어에서 유래된 것으로 물품 또는 용역을 연불조건으로 수출함에 따라 발생되는 수출채권을, 포페이팅을 수행하는 금융기관인 포페이터가 수출자인 채권매도자에 대하여 "소구권을 포기하는 조건"으로 고정할인율로 매입하여 수출자에게 자금을 제공해 주는 금융방식이다. 이러한 포페이팅을 통하여 수출자는 연불수출어음을 할인 매입받을 수 있으며 수입자는 수입대금을 결제할 수 있다.

전통적인 무역금융(환어음 할인금융)과 국제팩토링거래의 중간에 위치한 금융수단이며 할인이 가능하다는 면에서는 환어음의 할인금융과 비슷하나, 환어음의 할인금융이 180일 이내의 단기금융인데 반하여 포페이팅은 최장 10년까지의 중장기 금융이라는 점에서 다르다.

상환청구권이 없다는 점에서는 국제팩토링방식과 같으나 국제팩토링방식은 통상 10만 달러 이내의 소액을 대상으로 하는 단기금융인데 반해 포페이팅은 일반적으로 거래규모가 크고 중장기 금융이라는 점이 다르다.

2 포페이팅의 특징

상환청구권을 행사할 수 없다는 점이다. 즉 연지급어음을 매입한 자는 이전에 어음을 소지하였던 자에게 사후의 상환청구권을 행사할 수 없다는 것이다. 수출자는 포페이터를 통해 수출대금을 영수한 경우 수입자의 대금지급 거절 또는 연기 등으로 발생할 수 있는 모든 위험으로부터 벗어날 수 있게 된다.

1) 결제과정

수출계약상담과정에서 수출자가 수입자로부터 신용공여를 요청받았으나 자금상태가 여의치 않을 경우 수출계약 종결 이전에 포페이터와 상의하여 예상매입할인율 등의 모든 포페이팅비용을 감안해 수출계약종결시에 예상수출이익을 확보할 수 있도록 수출가격을 조정한다. 계약 후 포페이터와 포페이팅방식을 약정하고 상품선적 후 수입자 또는 수출자가 각각 발행한 보증부 약속어음 또는 환어음을 지급보증은행을 통하여 수취한다. 수출자는 위의 수취한 어음을 해당 포페이터에게 할인 매각하여 수출대금을 조기 회수한다. 포페이터는 매입어음을 유통시장을 통하여 제2의 포페이터에게 재매각하거나 어음만기까지 보유하여 어음금액을 결제 받는다.

3 포페이팅의 당사자

1) 수출상

포페이팅의 결제 방식에서 수출상은 채권자이자 환어음을 발생하는 자로서 무역계약을 체결하고 포페이터로부터 무역 대금을 유통받는 자이다.

(1) 장점

① 상거래 위험으로 탈피가 가능하다.

포페이터에게 고정금리 및 소구권 면제조건으로서 수출환어음 또는 약속어음을 할인 받게 됨으로서 이자율 변동 또는 환율 변동으로부터 보호될 수 있고 수입신용장 발행은행의 신용위험으로부터 탈피 가능하다.

② 신속한 현금 확보가 가능하다.

선적 후 필요한 서류를 제출하여 수출금액의 100%까지 매입함으로서 신속한 현금 확보가 가능하여 수출상의 재무구조를 개선시킬 수 있다.

③ 무담보에 의한 자금운용을 원활하게 할 수 있다.

신규기업들도 포페이팅 여부를 단시간 내에 신속히 통보받아 확인이 가능하며, 포페이팅을 이용할 경우에는 추심 전 매입에 따른 담보가 없다.

2) 수입상

수입상은 채무자이며, 환어음의 인수가가 된다. 또한 보증은행으로부터 어음에 대한 보증을 받고 포페이터에 의하여 장기간의 신용을 제공받는 자이다.

(1) 장점

① 장기 신용공여

수입상은 수출상이 발행하는 기한부 환어음을 통하여 최장 10년 까지 장기적으로 신용을 공여 받을 수 있어 자금운용의 원활화를 꾀할 수 있다.

② 저렴한 수수료

포페이팅 방식은 저렴한 신용장 발행 수수료로 어음보증을 받을 수 있다. 또한 수입국 및 신용장 발행은행의 신용도가 좋을 경우 매입 수수료는 더 절감될 수 있다.

3) 포페이터(Forfaiter)

포페이터는 수출상과 수입상의 무역대금결제에 신용을 제공하는 당사자로서 연지급 어음을 할인, 매입하는 금융기관이다. 일반적으로 수출상의 거래은행으로서 채권을 수출상으로부터 매입한다.

(1) 장점

① 수출상이 제출한 보증어음의 권리가 쉽게 제2금융시장에서 거래가 가능하며, 즉각적으로 현금화할 수 있다.

② 거래절차가 간편하다. 약속어음 또는 환어음이 거래 대상이므로 거래절차가 간편하고 신속하다.

4) 보증은행

보증은행은 수입상을 위하여 어음보증 또는 지급 보증서를 발급하는 수입상의 거래 외국환은행이며, 수입상이 요구하는 채권에 대하여 보증하는 외국환은행이다. 보증은행이 수입상의 채권을 보증하는 경우에는 별도의 보증서를 발행하기도 하고 어음면에 보증을 한다는 표시를 기재하기도 한다. 그 보증의 표시내용은 일정한 형식이 있는 것이 아니라 국가 및 외국환은행에 따라 다르다.

(1) 장점

서비스요금을 받는다.

4 포페이팅의 일반적인 거래절차

① 수출상과 수입상이 Forfaiting 거래 내용에 합의하고 수출입계약을 체결, 수입상이 Usance L/C로 결제를 원하는 경우에 수출자는 포페이팅 금융이 가능한 국가와 은행에 해당하는지 확인한다.

② - ③ 수입상의 요청으로 개설은행은 기한부신용장을 개설, 통지은행을 통해 수출자에게 통지한다.

④ 수출상은 신용장에서 요구하는 조건대로 수출물품을 선적한다.

⑤ Forfaiter는 수입국 및 개설은행의 위험도, 신용도 등을 감안하여 고정이자율 등을 결정해서 수출상과 Forfaiting 계약을 체결한다.

⑥ 수출상은 환어음, B/L, Invoice 등 선적서류를 작성하여 Forfaiter에게 제시한다.

⑦ 선적서류를 제출받은 Forfaiter는 개설은행에 서류를 송부하고 개설은행이 선적서류에 대한 인수의사를 통보받으면 대금을 지급한다.(원칙은 Forfaiter가 선적서류를 접수하면서 대금지급)

⑧ 신용장 개설은행이 선적서류를 인수하면(Acceptance) 수출상은 대금회수 위험으로부터 벗어나며 Forfaiter는 만기일에 개설은행으로부터 대금을 회수하게 된다.

⑪ 지급보증은행은 어음을 수입상에 제기하고 대금을 결제 받는다.

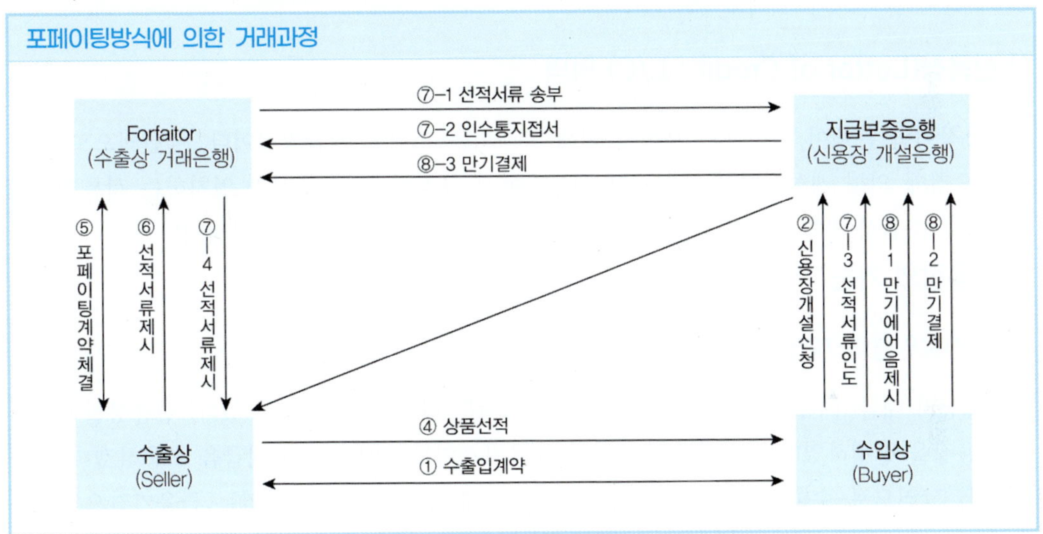

5 국제 팩토링 방식과 포페이팅의 비교

항목	Factoring	Forfaiting
1. 금액	일반적으로 소액(수입자 신용한도 이내)	비교적 거액(소액도 가능)
2. 외상기간	단기(1년 이내, 3개월 미만이 대부분)	장기(2년 이상 10년 이상이내)
3. 소구권	with Recourse, without Recourse 둘다 가능	without Recourse만 인정
4. 금리	제한 없음	고정금리로만 할인
5. 지급근거	Factor의 신용승인	수입상거래은행의 지급보증(또는 Aval)
6. 거래방식	사후송금방식(가장많음), D/A방식	환어음 또는 약속어음이 매개체
7. 대상채권	현재뿐만 아니라 미래에 발생한 매출채권까지 포함될 수 있다.	개별적으로 확정된 매출채권에 국한
8. 취급은행	수출입은행, 기업은행 등	수출입은행 및 일부 외국계 은행

제7절 무역결제서류

1 무역결제 서류의 의의

무역거래에 있어 대금지급의 근거로 사용되며, 정확하게 기재되어야 한다.

1) 신용장(Letter of Credit : L/C) 의의

신용장이란 은행이 수입자의 요청에 의해 발행되는 조건부 지급약정이다. 일반적으로 수입상의 요청에 의해 개설은행이 개설하고 신용장에서 규정한 모든 조선과 일치하는 서류제시의 상환으로 수출상에게 대금지급을 약속하는 개설은행의 조건부 지급 확약서이다.

2) 신용장의 기능

(1) 신용위험의 제거

수출상의 대금회수불안을 해소하여 무역거래를 원활하게 하는 기능이 있다. 신용장발행은행이 신용장을 발행하였다는 사실은 수입상의 대금지급의무를 대신하여 지급을 보증하겠다는 의미이다. 그러므로 수출상은 미지의 수입상보다 국제적으로 공신력이 있는 금융기간으로부터 대금을 지급받을 수 있어 물품선적 후 수입상의 지급의무 불이행에 대한 불안으로부터 벗어날 수 있다.

(2) 상업위험의 제거

수입상을 대신하여 수출상의 선적과 거의 동시에 발행은행이 어음을 매입해주기 때문에 수출상의 대금회수불안도 해소함과 동시에 수입상의 상업위험도 제거해주는 기능을 한다.

3) 신용장의 특성

(1) 독립성의 원칙

신용장은 그 발행의 근거가 되는 매매계약과는 별개의 거래이며 일단 발행되면 그 매매계약과는 독립된 별도의 법률관계가 형성된다. 따라서 신용장에 그 매매계약과 관련된 어떠한 참조사항이 포함되어 있다 하더라도 은행은 그 계약과는 어떠한 관계도 없으며, 그에 구속되지 않는다. 수입자는 신용장 조건과 실제 인도된 계약물품이 서로 다르다는 이유로 대금지급을 미루거나 취소할 수 없고 신용장을 개설한 후 수입자가 부도난 경우 개설은행은 이를 이유로 수입대금 결제를 지연하거나 선적서류를 반송할 수 없다.

(2) 추상성의 원칙

신용장의 관계당사자는 계약물품에 관계없이 계약물품이 기록된 서류에 의해 거래되기에, 은행은 서류가 문면 상 일치하는지 여부를 서류만으로 심사하게 된다. 따라서 은행은 서류와 원인관계에 있는 물품과 그 품질에 대해서는 면책이 된다. 매매계약서의 물품과 신용장 서류상의 내용이 일치하지 않을 경우 은행은 신용장 서류상의 조건에 따라 대금지급여부를 판단한다.

신용장관련 서류

기본서류(basis document)	기타서류(other document)
상업송장(commercial invoice) 운송서류(transport documents) 보험서류(insurance documents)	포장명세서(Packing List) 검사증명서(Certificate of Inspection) 원산지증명서(Certificate Origin : C/O)

2 상업송장

1) 상업송장(commercial invoice) 의의

상업송장이란 송화인이 수화인에게 발행하는 물품명세 및 대금청구 신고서로 세관신고 시 증빙자료로 사용되는 등 무역거래에서 기본적으로 요구되는 서류이다. 수출업자의 입장에서 보면 수출상품의 명세서, 가격, 계산서, 당해 거래상황의 조건으로서의 역할을 담당하고, 수입업자의 입장에서 보면 물품이 도착한 후에 실제로 계약한 물품이 수입되었는지 여부에 대한 근거가 되는 서류이기도 하며, 수입통관 시에 수입승인서에 첨부하여 세관에 제출하는 과세자료로서 신용장거래 시 필수구비서류로 취급된다.

2) 상업송장의 기능

(1) 거래 명세서로의 기능

국제무역에서 상업송장은 거래물품의 주요사항인 계약상품의 정확한 규칙 및 개수, 포장상태, 화인 등이 상세히 표시되어야 한다.

(2) 증거자료로서의 기능

상업송장은 CIF, CFR 조건인 경우 선하증권이나, 보험증권이 계약과 일치되었음을 증명하는 등 특정 거래계약의 존재 및 이행의 사실을 입증하는 증거자료가 된다.

(3) 대금청구서로의 기능

매매되는 물품의 가격, 부대비용, 할인료, 지불방식, 지불시기 등을 명기한 매매계산서 및 대금청구서의 역할을 한다.

(4) 세관신고의 증명자료

수입지에서 화물수취안내서와 수입화물의 진실성 및 정확성을 입증하기 위한 세관신고의 증명자료가 된다. 따라서 모든 송장은 과세표준산정액에 가장 중요한 자료가 되므로 수입통관 시 수입업자에게 불이익이 있지 않도록 정확히 작성되어야 한다.

3) 상업송장의 종류

(1) 선적송장(shipping invoice)

일반적인 상업송장을 말하며, 선적된 화물의 명세와 대금청구서 역할을 하는 송장이다.

① 위탁판매송장

수출상이 자기의 위험과 비용으로 해외의 수입상에게 상품을 무환으로 송부하여 판매하는 경우에 사용되는 송장이다.

② 매입위탁송장

수입상이 수출상에게 상품의 매입위탁을 하는 경우에 수출상이 수입상의 매입대리인으로서 당해 상품을 선적 할 때 작성하는 송장이다.

③ 견본송장

수출상이 거래 유발을 촉진할 때 사용하거나 혹은 수입허가 등을 받기위한 수입상의 요청으로 수출업자가 작성하여 선적하기 전에 수입상에게 보내는 송장이다.

(2) 공용송장(official invoice)

① 영사송장

수출국에 소재하는 수입국의 영사로부터 확인을 받은 송장으로, 관세의 포탈 또는 외화를 도피하거나 덤핑 등을 위하여 사실과 다른 송장을 작성하는 것을 방지하기 위한 송장이다.

② 세관송장

수입국 세관의 요구양식에 따라 작성된 송장으로 영사송장과 함께 공용송장에 해당된다.

(3) 견적송장(Proforma invoice)

계약체결 전에 수입가격을 계산하거나 수입허가 또는 외화배정을 받기 위해서 수출상에게 견적을 요청하는 경우 송장의 형식으로 발행한 견적서로 정식의 송장으로 인정되지 않는다.

4) 신용장 거래에서 상업송장의 수리요건

(1) 일반적인 요건

수익자가 개설의뢰인 앞으로 발행해야 한다.

신용장에 표시된 통화와 동일한 통화로 발행되어야 한다.

신용장에서 따로 서명이나 발행 일자를 요구하지 않았다면 발행자가 송장에 서명하거나 일자를 반드시 표시할 필요는 없다.

상업송장의 명세는 신용장의 명세와 동일해야한다.

송장은 신용장에서 요구되지 않은 물품이나 서비스를 표시하지 않아야 한다.

송장은 신용장에서 요구되지 않은 물품(견본, 광고물품 포함)이나 서비스를 표시하지 않아야 한다.

신용장에서 할인이나 감액이 요구된 경우 송장에도 이를 표시해야 한다.

송장은 신용장에서 명시되지 않은 선지급이나 할인 등에 따른 공제가 표시 될 수 있다.

(2) 송장 종류별 수리 여부

신용장에서 별다른 설명 없이 송장의 제시를 요구하는 경우 송장의 제목에 따라 수리 여부가 결정된다.

수리되는 송장	수리되지 않는 송장
상업송장(Commercial Invoice) 세관송장(Customs Invoice) 영사송장(Consular Invoice) 최종송장(Final Invoice) 세금송장(Tax Invoice)	견적송장(Proforma Invoice) 임시송장(Provisional Invoice)

(3) 신용장의 금액을 초과하여 상업송장이 발행된 경우

신용장에 달리 배제하겠다는 문구가 없는 한, 상업송장이 신용장을 초과하여 발행되었더라도 지정은행은 신용장 금액을 한도로 결제 또는 매입할 수 있다.

지정은행이 신용장 금액 이내에서 결제 또는 매입했다면 개설은행은 상업송장이 신용장 금액을 초과한 이유로 결제 또는 매입을 거절할 수 없다.

〈상업송장〉

COMMERCIAL INVOICE

①Shipper/Seller	⑦Invoice No. and date ⑧L/C No. and date
②Consignee	⑨Buyer(if other than consignee)
③Departure date	Other references
④Vessel/flight ⑤From ⑥To	Terms of delivery and payment

Shipping Marks	No.&kind of packages	Goods description	Quantity	Unit price	Amount

Signed by

3 운송서류(transport documents)

1) 해상운송서류

(1) 선하증권(Bill of Lading)

발행인이 증권에 기재된 내용대로 운송품을 수령한 것을 확인하고 그 운송품을 지정된 목적지까지 운송하여 수입자에게 운송품을 인도하는 것을 약속하는 유가증권이다.

〈신용장거래에서의 선하증권의 조건〉

신용장에 명시된 선적항에 지정된 선박에 본선 적재(on board)를 표시하여야 한다.

발행된 선하증권이 몇 통인지 표시해야 하며 발급된 원본전통(full set)을 제시하여 한다.

선하증권이 선박명칭과 관련하여 예정된 선박 또는 이와 유사한 표시를 포함하는 경우에는 선적일과 실제 선박명칭을 표시하는 본선적재표기가 요구된다.

신용장에 명시된 선적항부터 양륙항까지의 운송이 표시되어야 한다.

용선계약에 따른다는 표시가 없어야 한다.

신용장에서 환적을 금지하고 있더라도 하나의 선하증권이 전체운송을 커버하고 있고 물품이 컨테이너, 트레일러 또는 레쉬선에 선적되었다는 표시가 있는 선하증권은 수리된다.

선하증권이 clean 해야 한다. 포장상태 등에 조금에라도 불완전한곳이 있어 선장이 Foul B/L, Dirty B/L을 발행하면 은행이 수리를 거절한다. 이는 선적을 위해 화물을 수령할 때 선박회사는 파손 등으로 야기되는 사후 책임을 면하기 위해 물품의 포장상태를 면밀히 검사하기 때문에 적재하기 전 화물에 문제가 생긴 것이기 때문이다.

컨테이너 운송에서 선박회사가 화물의 상태를 알지 못하고, 부지약관을 붙인 B/L은행이 수리한다.

(2) 비유통성 해상화물운송장(Non-Negotiable Sea Waybill)

해상운송의 전통적인 증거서류인 B/L은 배서에 의하여 권리승계가 가능한 유통증권임에 반하여 유통성이 부인된 해상운송 증거서류이다. 비유통성 해상화물 운송장의 수리요건은 선하증권과 동일하다.

(3) 용선계약 선하증권(Charter Party B/L)

화주가 대량화물을 운송하기 위하여 특정한 항로 또는 일정기간동안 부정기선을 용선하는 경우, 화주와 선박회사 사이에 체결된 용선 계약에 의해서 발행되는 선하증권이다. 임차인인 화주가 용선료를 지급하지 못하면 선박압류조치를 취할 수 있고 선박압류 시 선박뿐만 아니라 화물도 압류대상이 되므로 은행은 수리를 거절 할 수 있다.

〈용선계약 선하증권이 수리되기 위한 조건〉

선장이나 선주 또는 그 대리인의 서명이 있어야 한다.

신용장상에 명시된 선적항과 양륙항을 표시하여야 한다.

물품이 신용장에 표시된 지정된 선박에 선적 또는 본선 적재되었다는 표시가 있어야 한다.

선하증권이 전통이 제시되고 선하증권의 요건이 신용장요건에 부합되어야 한다.

2) 항공화물 운송장(Air Waybill)

화물을 비행기로 운송할 때 항공회사에서 화물을 인수하는 시점에 발급하는 운송서류이다. 이 운송장은 증거증권으로 항공운송계약의 체결과 화물의 인수 및 운송조건에 관한 증거가 된다. 그러나 선하증권과 같은 유가증권이 아니므로 유통성이 없으며 기명식으로 발생되고 기명된 사람만이 가져갈 수 있기에 화환취결의 담보가 될 수 없다.

〈신용장거래에서 항공화물운송장의 수리요건〉

서류에 운송인의 명칭을 표시하고 운송인 또는 대리인의 서명이 있어야 한다.

화물이 운송을 위하여 수리되었다는 것을 표시해야한다.

서류의 발행일을 표시해야하고 원칙적으로 운송서류의 발행일을 선적일로 간주한다,

신용장에 표시된 출발공항과 도착공항을 표시해야한다.

신용장에서 원본전통(3통)을 요구하더라도 송화인용 또는 선적인용 원본 한 통만 제시하여도 된다.

3) 복합운송서류(Multimodal Transport Document)

복합운송이란 육로, 해상, 항공 중 두 가지 이상의 운송수단에 의해 화물이 목적지까지 운반되는 경우이며, 복합운송서류란 복합운송으로 운송될 때 발행되는 운송증권을 말한다. 송화인과 전 구간에 걸쳐 운송계약을 체결하고 복합운송증권을 발행하는 자를 복합운송인이라고 하며, 복합운송인 한사람이 운송 전 구간에 대한 운송책임을 지는 단일운송인 책임제라는 특징이 있다.

〈복합운송증권의 수리조건〉

복합운송증권에 운송인의 명칭을 표시하고 운송인 또는 운송인의 대리인, 선장 또는 선장의 대리인에 의해 서명되어야한다.

신용장에 명시된 장소에서 발송, 수탁, 본선 적재되었음을 표시하여야 한다.

신용장에 명시된 발송지, 수탁지 또는 선적지와 최종목적지를 표시하여야 한다.

신용장에서 요구되는 최초의 운송구간이 해상운송일 경우 본선 적재일을 선적일로 본다.

별도의 선적일에 대한 부기가 없는 경우, 발행일을 선적일로 본다.

신용장에서 환적을 금지하더라도 전체운송이 하나의 동일한 운송서류에 의해 포괄되면 환적이 표시된 복합운송서류도 수리된다.

용선계약에 따른다는 표시가 되어있는 용선계약부 복합운송증권은 수리가 거절된다.

4) 기타운송서류

(1) 육상운송증권

도로운송, 철도운송 등 육상운송계약에 사용되는 운송서류이다. 도로운송은 운송인과 당사자의 책임, 손해배상, 운송서류의 발행과 관련된 문제는 국제도로물품운송협약을 기초로 하며, 철도운송에서의 책임은 국제철도물품운송협약을 기초로 하고 있다.

(2) 특사수령증(Courier Receipt)

FedEx, DHL 등 국제특송업체를 통하여 서류나 소량의 화물을 특급운송을 할 경우 사용되는 운송서류이다.

(3) 우편 수령증(Post Receipt, Certificate of Posting)

우체국을 통하여 발송한 우편이나 소포에 대하여 우체국이 발행한 영수증이다.

5) 신용장에서 모든 운송서류에 공통으로 적용되는 수리요건

신용장에서 달리 명시되지 않는 한 운송서류의 명칭은 관계없다.

항공운송서류를 제외한 복합운송서류 선하증권 해상화물 운송장의 경우 용선계약에 따른다는 어떤 표시도 포함하지 않아야한다.

운송조건을 운송서류 외의 다른 자료나 서류를 참조하라고 표시되었더라도 수리된다.

신용장에서 통지서의 세부정보를 명시하지 않은 경우 어떤 통지처의 세부정보도 표시될 수 있고 이는 어떤 방법으로도 가능하다.

은행은 무고장 운송서류만을 수리한다.

물품이나 포장 상 결함이 있다는 것을 명백히 표현하는 문구가 표시된 운송서류는 수리될 수 없다.

물품이 갑판에 적재되거나 적재될 것이라고 명백히 표현하는 문구는 수리될 수 없다.

선적인이 적재하고 검수 하였다는 표현이나 선적인의 내용에 따른다는 표현이 있는 운송장서류상의 조항은 수리될 수 있다.

4 보험서류

1) 보험서류의 의의

보험서류가 모든 신용장거래에서 필요한 것은 아니며, 특약이 있는 경우나 CIF나 CIP계약에서만 매도인이 매수인에게 제공하는 서류이다. CIF조건에서는 매수인이 부담할 위험을 매도인이 부보한다. 이에 보험계약자와 피보험자가 다르기 때문에 추후 보험에 관한 분쟁이 생길 가능성이 크므로 CIF계약에서 매도인이 제공할 보험서류의 내용에 관하여 매매계약에 약정하고, 그 내용을 신용장에 명기하여야 한다.

2) 보험서류 종류

(1) 보험증권

보험 계약자가 보험목적물 매 건별로 보험자와 보험계약을 체결할 경우 보험자가 발급하는 보험계약 증명서류로서 보험계약의 성립 및 그 내용을 명백히 하기 위하여 보험자가 작성하여 보험자에게 부보하는 증거로서 증권상에 보험자, 피보험자, 피보험 목적물, 담보위험, 보험가액, 부보금액 등 보험계약의 내용을 상세하게 표시한 증권이며, 이러한 보험증권은 일반적으로 배서와 인도에 의해서 양도된다.

(2) 보험증명서

수출기업이 매 수출마다 보험계약을 체결해야하는 번거로움을 피하고 보험비용도 절감하기 위해 그 업체의 일정기간동안 보험가입 예상물동량을 산출하여 보험회사와 포괄예정보험계약을 체결한 후 실제로 보험가입필요가 발생할 때마다 보험회사로부터 그에 합당한 서류를 받게 되는데 보험증권과 구별하여 보험증명서라고 한다.

(3) 포괄예정보험

각각의 화물에 대하여 개별적으로 부보하지 않고 일정기간 포괄적인 항로, 화물에 대하여 미리 보험자와 포괄적인 특약을 맺는 특약이다. 포괄예정보험 계약 후 피보험자는 화물을 선적할 때마다 세부사항을 보험회사에 확정을 통지하는 확정통지 후 보험증명서가 발행된다. 포괄예정보험의 최초 계약 시 보험증권이 발행되나 이후에는 보험 증명서가 발행되며 증명서와 확정통지서 모두 보험서류로 인정되어 손해에 대하여 보상청구를 할 수 있다.

3) 신용장거래에서 요구하는 보험서류조건

보험서류가 보험회사, 그 대리인 또는 수탁인에 의하여 발행되고 또는 서명되어야 하는 형식을 가져야 한다.

보험서류의 모든 원본 전통의 제시되어야 한다. 이는 어떤 국가에서는 1통 이상의 원본이 발행되는 관습이 있기 때문에 이를 수용하기 위해서이다.

보험 중개인이 발행하는 부보각서는 수리되지 않는다. 부보각서는 중개인이 피보험자에게 보험계약이 성립되었음을 알려주는 것으로 은행입장에선 보험자에게 직접 보상 청구권이 주어지지 않기 때문에 수리하지 않는다.

보험 증권은 포괄보험 상의 보험증명서나 확정통지서를 대체하여 수리가 가능하다.

보험서류의 일자는 선적일 보다 늦어서는 안 된다. 다만 보험서류에서 보험이 늦어도 선적일 부터 발효한다고 나타나는 경우에는 수리된다. 보험서류의 일자가 운송서류의 일자보다 늦으면 보험회사가 손해를 보상하지 않을 보험 공백이 발행할 우려가 있고, 매수인, 개설은행 및 매입은행이 손해를 입을 가능성이 있기 때문이다.

보험서류와 신용장의 표시통화가 일치해야한다. 이는 환율변동에 의한 환위험을 피하기 위해서이다. 보험서류에는 사고발생 시 보험자가 보상해야 할 금액의 한도액인 보험금액을 표시해야 한다.

신용장에서는 요구되는 보험의 종류가 명시되어야 하고 부보 되어야 하는 추가위험이 있는 때에는 명시되어야 한다. 신용장에서 통상의 위험 또는 관습적 위험과 같이 부정확한 용어를 사용한다면 보험서류는 특정위험을 담보하지 않는지와 관계없이 수리된다.

4) 부보 관련 요건

보험담보 금액은 다음 순위에 따라 산출된다.

1 순위	신용장 조건에 따른 부보금액
2 순위	CIF나 CIP 가액
3 순위	결제금액, 매입금액, 송장에 나타난 물품금액 중 더 큰 금액

신용장 제 4차 개정부터는 incoterms(1980) 와 일치시키려는 조치로 CIF나 CIP의 110%로 규정하여 희망이익을 인정하고 있다. 보험담보구간은 최소한 신용장에서 명시한 운송구간이 담보되어야 한다.

5 기타서류

1) 원산지 증명서(Certificate Origin : C/O)

거래되는 물품의 해당 국적에서 생산, 제조되었음을 증명하는 서류로 당해 물품의 원산지를 증명하는 국적확인인증서 성격을 가지고 있는 통관서류이며, 수입상품에 관세를 부과할 경우 양허세율이나 국정세율을 적용할 때의 기준으로 이용되는 객관적인서류이다. 일반적으로 제조자나 수출자 또는 수출국의 상공회의소에서 발급한다.

(1) 발급목적

특혜 원산지증명서의 경우 수입자가 수입화물의 관세부과에 있어서 국정세율보다 낮은 협정세율의 적용을 받기 위하여 발급받는다. 비특혜원산지증명서는 수입국이 덤핑방지 또는 외화관리를 위해서 법규에서 원산지증명서 제출을 강제하는 경우 사용된다. FTA를 적용하기 위해서는 FTA에서 정하는 요건의 원산지증명서를 제시하여야 한다.

2) 포장명세서(Packing List)

포장 명세서란 포장 속에 들어있는 화물목록의 수량, 순중량, 총중량, 및 용적 등의 내용을 기재한 서류이며, 화물의 정확한 규격과 수량, 포장상태 및 화인 등을 상세히 표시한 서류로 포장과 운송, 통관상의 편의를 위하여 수출업자가 수입업자 앞으로 작성하는 거래 계약 관련 서류 중 하나이다. 신용장상에 포장명세서를 요청하지 않으면 작성하지 않아도 되지만, 세관통관 시 포장명세서가 있다면 통관이 용이하므로 신용장에서 포장명세서를 요구하는 경우가 많다.

3) 검사증명서(Certificate of Inspection)

수입상이 확실한 품질의 상품을 수입하고자 할 때 수출상에게 요구하는 서류로서, 검사기관에서 검사하여 결과를 증명하는 서류이다. 수입업자가 검사인을 직접 지정하거나 전문 검사기관에 의뢰할 수 있다.

4) 중량용적증명서(Certificate Weight and Measurement)

선적화물의 중량용적 및 수량의 증명서류이다. 등록검량업자에 의해 검량되어 작성된 중량용적증명서는 주로 화물운임 산정이나 선적수량의 증명에 사용된다.

14

전자무역

제1절 전자무역의 의의

제2절 전자무역문서 기반조성 및 무역거래관행의 변화

제3절 전자무역거래 대상물품

제4절 전자무역계약

제5절 운송서류의 전자화와 권리이전

제6절 전자기록에 대한 국제공인인증

제7절 국제전자결제시스템

Chapter 14

전자무역

제 1 절 전자무역의 의의

전자무역은 자료의 교환 방식을 이용하여 무역 절차를 혁신적으로 개선한 효율적인 무역 방식으로 인터넷을 포함한 IT 수단을 활용한 방법으로 하는 무역 활동이다.

전자무역은 재화 또는 서비스의 국제간 거래인 무역행위의 본원적 업무는 물론 지원업무를 인터넷을 포함한 정보기술 수단을 활용하여 전자적·정보집약적 방법으로 수행하는 무역 활동으로 나라와 나라 사이 물품 매매를 인터넷으로 처리하는 것이다. 옛 지식경제부(산업통상자원부)와 한국무역협회가 2003년부터 전자무역서비스인 '유트레이드허브(uTradeHub)'를 구축해 일반에 제공했다. 판촉·통역·외환·통관·물류·결제 등 모든 무역 업무를 해결할 수 있다. 금융결제원, 국내외 은행, 관세청, 검역소, 보험회사, 상공회의소, 항공사 등 수출입·통관에 필요한 관계 기관의 통신망을 연계했기 때문이다.

또한 전자상거래(e-commerce)의 하나로 국가 간 다양한 상품과 서비스를 거래하는 행위인, 무역의 주요 업무를 각종 IT수단을 이용하여 수행하는 것을 말한다.

이러한 IT수단에는 인터넷은 물론 전자문서 교환(EDI), 전자식 선하증권(E-B/L), 전자원산지증명서(E-C/O), 부가가치통신망(VAN) 등이 포함되어 있다.

국가 간에 재화 또는 서비스를 거래하는 무역 행위의 본질적 업무를 인터넷을 invoice 포함하여 EDI(전자문서교환), E-B/L(전자선하증권), E-C/O(전자원산지증명서) 등 IT 수단을 이용하여 전자적이고, 정보 집약적으로 수행하는 무역활동으로 볼 수 있다.

거래선 발굴·상담·계약·원자재 조달·운송·통관·대금결제 등 제반 무역업무를 인터넷 등 최신 IT기술을 활용하여 시공간의 제약 없이 처리하는 새로운 무역거래 형태이다.[1) 전자무역은 e비즈니스 환경에서 네트워크를 통한 기업 간 거래가 무역으로까지 확산되면서 전통적인 무역에 대한 상대개념으로서 e비즈니스 환경에서의 무역활동을 지칭하는 말로 확대되었다.

즉, 재화 또는 서비스의 국경 간 거래인 무역행위의 본질적 업무를 인터넷을 포함하여 EDI

---

1) [네이버 지식백과] 전자무역 (시사경제용어사전, 2017. 11., 기획재정부).

(전자문서교환), E-B/L(전자선하증권), E-C/O(전자원산지증명서) 등 IT 수단을 이용하여 전자적으로 그리고 정보집약적으로 수행하는 무역활동 전반을 의미한다.2) 전자무역(e-Trade)은 무역업무에 필요한 서류들을 전자적으로 처리할 수 있는 시스템을 구축해 무역업체의 부대비용을 절감시키고 무역규모의 확대를 촉진시킨다.

정보 기술을 바탕으로 한 전자 상거래의 확산에 따라 국제간 무역거래에 있어서도 사이버공간을 이용하는 비중이 점차 늘고 있다. 넓은 의미의 전자상거래라고 하면 기업과 개인 소비자간(B2C), 기업과 기업간(B2B), 개인과 정부간(C2G,0 기업과 정부간(B2G,) 나아가서 개인과 기업의 역경매 방식(C2B)에 이르기까지 다양한 형태로 이루어지는 모든 전자적 거래를 일컫는 용어이다.

전자상거래는 다양한 전자적 수단과 기법을 이용하여 상품이나 서비스를 교환하는 것으로서 대금결제가 수반되는 일상적인 상거래뿐만 아니라 대고객마케팅, 광고, 정부조달, 공과금의 납부, 기타 서비스까지를 포함한다.

전자무역은 기존의 무역과는 달리 컴퓨터 통신망인 인터넷을 통해 국내외 시장정보 수집, 해외 바이어 발굴, 정보검색과 수출입 계약 체결 등의 제반 무역 업무의 전자화에 의한 새로운 형태의 무역거래를 말한다.

즉 기존의 무역 거래 방식을 전자화 하여 무역자동화의 수준을 넘어, 궁극적으로는 최신 정보기술을 활용하여 무역 구조와 프로세스를 근본적으로 개선할 수 있다

제2절 전자무역문서 기반조성 및 무역거래관행의 변화

1 전자무역문서 기반 조성

종래 무역 거래 방식이 종이 서류에 의한 거래인데 비해 정보 통신기술을 기반으로 한 전자무역은 인터넷과 전자 문서 교환방식의 활용을 통해 서류 없는 무역거래의 수행으로 기업의 비용 절감과 경쟁력 확보 그리고 전자 상거래의 이점을 최대한 활용하는 점에서 기존무역의 거래방식과 거래 관행 면에서의 변화는 혁명으로 받아들여지고 있다.

과거에는 통신 인프라 환경이 발달하지 않아서 부가가치망을 이용하여야지만 업무가 적용

2) [네이버 지식백과] 전자무역 [Electronic Trading/Paperless Trading] (지식경제용어사전, 2010. 11., 산업통상자원부).

이 가능했지만 현재는 Single Window 방식으로 관세청, 상공회의소, 식약청, KTNET에서 직접 운영하고 있다. 또한 이에 따라 전자 문서의 교환데이터 형식, 표준, 방법이 변화되어 EDI 데이터가 XML 기반의 ebXML 데이터로 운영이 되고 있다.

전자 무역 문서에는 EDI라는 전자 문서 교환이 있다.

EDI[3]는 Electronic Data Interchange의 약자로서 전자문서교환이라고 부른다. 전자문서교환(EDI : Electronic Data Interchange)은 거래당사자가 인편, 우편 등에 의존했던 종전의 종이서류 대신에 컴퓨터로 각종 행정서류 및 상거래 서식을 서로 합의한 표준화된 양식에 맞추어 상호 교환하여 재입력과정 없이 직접 업무에 활용할 수 있도록 하는 새로운 정보 전달 방식이다.

여기서 무역 자동화란 최첨단 정보통신수단인 전자문서교환(EDI) 기술을 이용하여 각종 무역절차를 사무실에서 컴퓨터로 신속·정확하게 처리함으로써 서류 없는 무역절차를 실현하는 것을 의미한다.

무역자동화를 통해 달라진 차이점으로는 종이서류를 전자 문서로 쓰게 되고 인편, 우편, FAX 등을 컴퓨터 통신을 사용하고 우체국, 전신전화국을 무역자동화 사업자로 바꾸고 서명, 날인을 전자서명으로 대신하고 위조나 변조 가능을 비밀번호 등으로 보안대책을 마련하여 신속 정확 안전하게 무역업무를 실현할 수 있게 되었다.

EDI를 적용하며 UNEDIFACT 기반의 KEDIFACT으로 표준화하여 적용하며, MIG(전자 문서 개발 지침서)를 활용하여 표준 전자 문서를 개발한다.

MIG에는 필수(Mandatory)항목과 선택항목으로 나눠서 구성되어 있으며, 전송 항목을 규격을 제시한다.

EDI 시스템 구축의 의의를 보면 EDI 도입의 필요에 따라 우리나라도 무역 협회 내에 무역 자동화 사업추진단을 설치하고 화주를 중심으로 한 무역 관련 서류의 표준화 작업에 착수하였다.

우리나라의 EDI 구축의 구성요소로는 크게 상역, 외환, 보험 부문으로 나누어진다. EDI에 의한 업무 처리를 위해서는 신청서를 접수해야한다. 무역 업무 자동화 처리 신청서와 지정 사업자의 가입 승인서 사본 1부를 제출해야 한다. 접수된 신청서는 은행에서 내용을 심사 한 후 신규, 변경 또는 해지를 전산에 등록 그리고 은행은 고객과 은행간 전자 문서의 송수신 테스트 실시 한 후 이상이 없는 경우 신청서의 수리 표시로 무역업무 자동화처리 확인서에 지점별 사세 수발신인 식별자, 전자문서 인증키 값 및 업무 처리 개시일을 기재하여 신청자에게 교부 후 업무를 개시한다. 전산 등록 처리된 신청서는 고객별로 외환 기본서류와 함께 보관되어 관리된다. 이후에는 업무가 처리되고, 수수료 등이 명세통보 된다.

EDI에 의한 업무 처리의 흐름도 간단히 살펴보자면 1) 수출입 승인 2) 수입 신용장 개설 3)

3) [네이버 지식백과] 전자문서교환 [Electronic Data Interchange] (무역용어사전).

수출 신용장 통지 4) 수출 통관 5) 수입 통관 순서로 처리된다.

또한 전자 문서보관소라는 동일한 전자 문서를 여러 유관기관에 중복적으로 제출하는 업무 프로세스를 간소화하기 위하여 구축하고 이를 통하여 문서의 유통체계를 수립하였다. 즉 수출신용장의 경우 통지 은행에서 수출 신용장을 수령하고 C/O를 발급받거나, 수출 요건확인을 받거나, 은행에 최종적으로 네고할 때 모두 필요하다.

이러한 중복된 서류제출이 필요한 업무를 개선하기 위해 전자 문서 보관소를 운영해 각 기관별로 제출하지 않고 보관소에 있는 문서를 원본으로 인정하여 적용할 수 있도록 한다.

전자 문서의 적용방법은 최근에는 컴퓨터 및 정보처리 기술의 급격한 발달로 상거래 및 단순 정보교환이든 관계없이 기존의 종이 문서에서 상당부문 전자적 방법으로 대체되고 있다. 전자 문서의 등장은 종이 문서의 형식의 변화에서 업무적인 성격에도 많은 영향을 주고 있다. 전자 무역은 무역 업무에 필요한 각종 종이서류를 전자 문서로 적용하여 활용하고 있다.

전자 거래 기본법에서는 '컴퓨터 등 정보처리 능력을 가진 장치에 의하여 전자적인 형태로 작성, 송수신 또는 저장된 문서' 로 정의하고 있다. 또한 이러한 전자문서의 표준화를 위해 국제적으로는 UN/CEFACT에서 '실제 비즈니스 거래와 관련된 식별자나 정보를 구조화하고 기능화 된 방법으로 구성한 비즈니스 정보 개체들의 집합'에 대한 표준을 제정하고 이에 다른 전자문서를 XML을 활용하여 무역문서를 사용하고 있다.

전자 문서 개발 절차는 현실 세계의 업무 프로세스를 공인된 방법론으로 분석하고 모델링하여 물리적인 전자문서를 개발하는 과정이다.

특히 국내 전자문서 표준은 국내라는 범위에서 통용될 수 있는 표준을 개발하는 과정으로, 개발 절차에 따른 문서 개발이 필요하다. 사전지식으로는 업무에 대한 이해와 전자 문서 표준에 대한 이해 그리고 전자 문서 구문 및 설계 규칙(XML DTD/ Schema, EDIFACT 구문 규칙)에 대한 깊이 있는 이해가 필요하다.

OASIS의 UBL 기술 위원회에서 제시한 4단계 개발 절차를 보면 실제 문서를 구성하고 있는 비즈니스 정보 개체들에 대한 개념적 모델을 작성하고, 개념적 모델을 기반으로UN/CEFACT TBG17의 제출 절차 및 포맷을 준용한 스프레드시트를 작성한 후 작성된 스프레드시트의 내용을 XML 스키마로 변환한다. 마지막으로는 객체 클래스의 속성이나 관계 차수 등이 기술된 구현 모델작성을 한다.

2. 무역거래관행의 변화

먼저 어느 특정집단에 속한 사람들이 오랫동안 상습적 행위에 의해 전통적인 것으로 널리 승인된 행동양식을 일반적으로 관습이라고 하며, 상업에 종사하는 모든 사람이 승인하고 준수하려는 전통적인 거래양식을 상관습이라고 한다. 따라서 상관습이라는 용어는 상업의 개념을 어떻게 잡느냐에 따라 달라지겠지만, 상업을 물품의 매매라는 의미로 본다면 국제간의 물품 매매거래에 적용되는 관습은 국제 상관습 또는 무역관습이라 정의할 수 있다. 국제 상관습 또는 무역관습은 어느 한 시점에서 동시에 발생된 것이 아니며 각 시대의 여러 가지 제도에 따라 발생되고 그 제도의 진보와 변화를 통해 새로운 거래 관습을 발생시키면서 발전되어온 것이다.[4)]

즉, 오늘날 가장 널리 쓰이고 있는 CIF 관습이 영국의 판례에 나타난 것은 1862년의 일이며, FOB가 영국의 판례에 나타난 것은 19세기 초반이지만, 주지하는 바와 같이 이 두 정형거래조건은 이 당시의 형태 그대로 사용되고 있지는 않다.[5)]

무역거래에 있어 상관습을 올바르게 파악, 이해하고 이에 맞는 마케팅전략을 수립하는 것이 무엇보다도 중요하다. 본 과정에서는 무역상담 시 종종 발생하는 실수를 사전에 막고 효율적인 무역 마케팅 활동을 도모하기 위해 우리나라의 주요 교역대상국의 상관습에 대한 올바른 지식을 습득이 필요하다.

매매계약의 관습인 정형거래조건의 해석에 관한 국제규칙(INCOTERMS), 결제조건에 관한 관습인 신용장통일규칙(UCP 500), 운송 및 보험에 관한 상관습(헤이그 규칙)등의 국제관습법이 존재하나 무역 전반에서 발생되는 제반 문제를 해결하는데 한계가 있다. 그러므로 국별·지역별 문화나 법규 및 상관행에 대한 폭넓은 지식을 습득하지 않고서는 효율적인 마케팅을 할 수 없다.

국제간 교역을 성공적으로 수행하기 위해서는 그간 정형화된 국제 상관습은 물론 지역별 상관습도 함께 이해하는 것도 무엇보다 중시되고 있다.

1) Incoterms 1990

Incoterms 1990의 서문 "Why new Incoterms?"에서는 전자정보통신(EDI)의 사용이 증가함에 따라 이를 무역거래조건에 수용하기 위해서 Incoterms 1990을 주요 개정 사유를 언급하였고, EDI 방식의 서류가 종이서류인 선하증권과 동일한 법적 지위를 가진다는 것을 보증하는 것이 중요한 문제가 됨을 개정의 배경으로 설명하였다.

서문 "The bill of lading and EDI procedures"에서는 선하증권(B/L)이 EDI로 대체될 경우의 문제점을 서술하였으며, 이러한 '특수한 법적 성격에도 불구하고 가까운 장래에 EDI 절차에 의하여 대체될 것을 예상하여 Incoterms 1990개정판에 이 예상되는 발전 상황을 적절히 고려하였다'고 개정 사유를 강조하였고, 이러한 EDI방식을 수용하기 위해 각 정형거래조건별에 EDI에 대한 수용방식을 A.1, A.8, A.10., B.8., B.10항에 적용하였다.

특히 매도인의 의무인 A.8.항에는 거래 양 당사자의 합의에 의해 적용할 수 있도록 규정하였다. 즉 새로운 통신수단의 발전에 대응할 수 있도록 매매계약 당사자의 의무내용을 미래 지향적으로 개편하여 적용하였다.

4) [네이버 지식백과] (무역 용어 사전).

5) [네이버 지식백과] (무역 용어 사전).

전통적인 무역서류를 대신하여 물품인도나 대금 지불 등의 무역 관련 업무의 자료들이 점차 EDI로 대체될 가능성을 기대하여, Incoterms 1990에 EDI방식을 수용함으로서 매매당사자간의 합의로 인해 EDI방식으로 대체 할 수 있게 되었으며, 서류무역에서 사용되었던 법률상 효력을 발휘하는 문서와 동등한 효력을 발생할 수 있게 되었다.

2) Incoterms 2000

Incoterms 2000의 개정 배경은 EU와 같은 과세자유지대의 확대와 전자거래에서 전자통신문의 사용 확대 및 국제운송관습의 변화 등이 주된 배경이며, 이러한 무역환경의 변화 예측 부분을 1990년 개정배경과 유사하다. 1990년 이래 무역업계에서 그 필요성과 상용성 등을 인정받아 점차 널리 활용되고 있었던 시대적 배경을 고려하여Incoterms의 신뢰성과 활용성을 위해 지나친 변경을 피하여 Incoterms 2000의 구성과 내용은 Incoterms 1990 대비 변경사항이 많지 않다.

EDI와 관련하여 Incoterms 2000의 "Why Revisions of Incoterms?"에서는 실무에 있어서 실행을 좀 더 용이하기 위한 개선과 노력이 필요하다고 강조하고 지속적인 전자적 통신 방식에 대한 연구의 의지를 나타내었다.

서문 제19장 The Bill of Lading and Electronic Commerce(선하증권과 전자상거래)에서는 기존에 사용하던 용어 EDI를 Electronic Commerce로 변경하였으며, 기존의 BOLERO[6] 서비스와 같은 서비스를 제공하는 시스템은 "1990년 전자식 선하증권을 위한 CMI규칙"이나 "1996년 전자상거래에 관한 UNCITRAL 모델법(1996 UNCITRAL Model Law on Electronic Commerce)"의 제16~17조에 의해 입증되는 것처럼 적절한 법적 규범 및 원칙에 의한 지지가 필요로 할 수도 있고 법적인 근거와 지원이 수반되어야 함을 강조하였다.

BOLERO Service는 1995년 6월 미국, 영국, 스웨덴, 네덜란드와 홍콩이 함께 진행한 Project Bolero(Bills of Lading for Europe)로 시작되어 세계적으로 시행하고 있는 무역서류 전산화 시스템이다. 1995년 7~9월 3개월간의 검토를 거쳐 세계 18개 무역권에 대한 법률분석을 완료한 뒤 시범기간을 거쳐 상용화를 추진하였다. 이러한 BOLERO Service와 국제기구 및 국제법규에 대한 언급은 점차 사용이 증가하고 있는 전자통신에 대한 본격적인 사용 확대에 대비한 것으로 서문 "Why Revisions of Incoterms?"에서 언급된 실무에 있어서 실행을 좀 더 용이하기 위한 개선과 노력이 필요하다는 부분에서 이를 유추할 수 있다.

---

6) 국제교역의 모든 관련 당사자들이 무역 관련서류나 자료를 디지털 전송방식으로 교환할 수 있도록 해주는 시스템을 말하며, 1990년 9월에 제정된 전자선하증권에 관한 CMI규칙과 1991~1992년의 빔코프로젝트(BIMCO Project) 등 전자선하증권의 프로젝트를 근거로 하는 전자무역시스템으로, 선하증권전자등록기구(bill of lading electronic registry organization)의 첫 글자를 따서 부르는 이름이다.

3) Incoterms 2010

Incoterms 2010의 주요 개정 내용은 정형거래조건 13가지를 11가지로 축소 및 변경하였으며, "모든 운송방식을 위한 규칙"과 "해상 및 내수로 운송을 위한 규칙"의 운송방식을 기준으로 한 2가지 분류로 구분하였고, 국내거래에 대한 적용을 공식화 하였다. Incoterms 2010 서문에서는 상거래에서 전자적 통신의 사용 증대를 하나의 개정사유로 언급하였다. Incoterms 2000의 서문 제19장 선하증권과 전자상거래에서 사용하였던 용어 "electronic commerce(전자상거래)"를 "5장 Electronic communication(전자적 통신)"으로 진화하는 전자적 통신 방식을 수용하기 위해 그 의미를 확대하였다. 각 규칙 A1/B1에 당사자 간 합의나 관행이 있는 경우, 전자적 형의 통신이 종이에 의한 통신과 동일한 효력을 가지며, 새로운 전자적 절차의 개발을 활성화한다고 명시하였다. 또한 처음으로 "Explanation of terms used in the Incoterms 2010 rules"의 용어 설명에 "Electronic record or procedure(전자적 기록 또는 절차)"에 대한 설명을 삽입하여 전자적 문서의 범위와 절차를 정의하였다.

인터넷과 PC의 발전으로 EDI시스템이 등장하면서 1990부터 EDI 방식을 수용하였고, 2010까지의 전자적 문서 교환시스템 관련한 용어와 함의 등이 개정되었다.

제3절 전자무역거래 대상물품

기존의 무역거래는 주로 유체물을 중심으로 이루어졌으나, 네트워크의 활성화와 통신기반의 확충으로 현재 정보사회에서 디지털형태로 된 자료들이 국제적 온라인거래에서 중요한 거래대상이 되고 있다. 따라서 단순히 재화와 서비스의 거래뿐만 아니라 전자적 형태의 무체물을 거래 대상에 포함시켰다. 대외무역법 제2조 1호에서 무역의 대상을 종래의 물품 외에 전자적 형태의 무채물을 새롭게 포함시켰다. 여기서 말하는 전자적 형태의 무체물을 구체적으로 대외무역법시행령 제2조의 2에서 다음의 세 가지로 나누어 명시하고 있다.

법 제2조제1호에서 "대통령령으로 정하는 전자적 형태의 무체물"이란 다음 각 호의 어느 하나에 해당하는 것을 말한다. 〈개정 2008.2.29, 2013.3.23〉

1. 「소프트웨어산업 진흥법」 제2조제1호에 따른 소프트웨어 "소프트웨어"란 컴퓨터, 통신, 자동화 등의 장비와 그 주변장치에 대하여 명령, 제어, 입력, 처리, 저장, 출력, 상호작용이 가능하게 하는 지시, 명령(음성이나 영상정보 등을 포함한다.)의 집합과 이를 작성하기 위하여

사용된 기술서나 그 밖의 관련 자료를 말한다. 2. 부호・문자・음성・음향・이미지・영상 등을 디지털 방식으로 제작하거나 처리한 자료 또는 정보 등으로서 산업통상자원부장관이 정하여 고시하는 것 3. 제1호와 제2호의 집합체와 그 밖에 이와 유사한 전자적 형태의 무체물로서 산업통상자원부장관이 정하여 고시하는 것이라고 규정되어있다.

여기에서 말하는 디지털 방식 자료는 디지털 콘텐츠 상품이라고 하며 텍스트, 음성, 영상 및 이들 신호의 결합물인 멀티미디어 등으로 표현되는 디지털 저작 생산물과 영화, 애니메이션, 만화, 음향, 음성물, 전자 서적 및 테이터 베이스 등이 포함된다. 컴퓨터의 폭넓은 활용 및 통신 기반의 확충으로 인하여 각국 간의 전자적 형태의 무체물 거래는 앞으로 계속해서 증가할 것이다.

여기에서 말하는 무체물은 종래 무역의 대상이었던 물품과 대비되는 대상으로 지적재산이라고 말할 수 있다. 이는 유체물과 달리 일정한 형태를 띠지 아니하였지만, 재산적 가치는 지니는 중요한 거래대상이다. 지적 재산권의 논의 대상으로는 발명, 상표 및 저작권 등이 해당된다.

전자적 형태의 무체물은 전자무역에 있어서 매우 중요한 거래대상일 것으로 예상하며 이에 따른 국제적인 보호규범이나 각국의 보호규범은 더욱 강화될 것이다.

제4절 전자무역계약

전자무역계약이란 기존 무역방법 이외의 컴퓨터 인터넷이나 e-mail, 전자게시판 등의 다양한 네트워크를 통하여 이루어지는 것을 말하며 기존의 무역계약과 동일하게 계약의 유효성을 인정받는다. 일정한 법률효과의 발생을 목적으로 두 사람 이상의 당사자가 전자적 의사표시에의 합치에 의거하여 성립하는 법률행위로 정의할 수 있다.

이때 말하는 전자적 의사표시란 전자적 의사표시란 인간의 의사가 컴퓨터와 같은 정보처리장치와 일정한 프로그램에 의하여 전자적인 방식으로 구체화되어 직접 표시되거나 네트워크를 통하여 다른 사람에게 전달되어 표시되어지는 의사표시를 말한다. 이러한 전자적 의사표시는 의사표시와 거의 동시에 상대방에게 도달하다는 특징을 가지고 있다.

1 전자무역계약의 특징

전자무역계약은 의사표시 또는 정보의 전자화 과정을 수반하게 되기 때문에 전자문서의 생성, 수정, 송부 및 추적이 용이하여야 한다. 두 번째로 전자무역계약은 의사표시 등의 행위자와 명의인의 동일성, 의사표시 등 내용의 확정성, 분쟁해결을 위한 보존의 필요성 등이 기존의 무역계약에 비하여 더 필요하고 정확해야한다. 세 번째로 오늘날의 전자무역거래에서는 기존의 무역거래에 비교하면 거래의 주체와 대상이 보다 다양하다. 네트워크를 통해서 무역거래가 이루어지기 때문에 인접해있지 않은 나라들과도 디지털 콘텐츠의 거래가 매우 활발하게 이루어진다. 이에 운송시스템의 효율성과 같은 수많은 대외적 요소에 의해 제한을 받을 수 있고 당사자 간 특별한 플랫폼 및 규약, 인증절차에 대한 약정 등이 선결되어야 하는 제한이 따른다.

2 계약절차

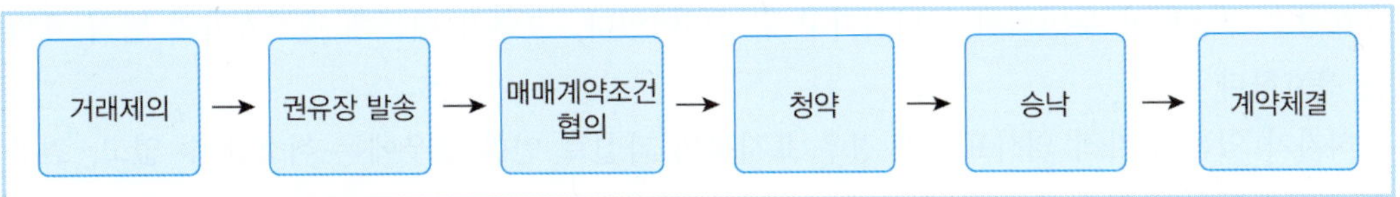

거래대상에게 구체적인 사항을 제시하며 거래제의, 일반매매거래, 장기간 거래제의 등과 같은 권유장(Circular letter)을 발송하는데 이 때 권유장 발송은 통상 전자 메일을 통해 이루어진다. Buyer와 Seller를 연결시켜주는 관련 사이트에 오퍼등록을 하였으면 오퍼검색 및 열람 후 선정한 기업과 거래를 원할 경우 e-mail을 통해 거래제안서를 발송할 수 있다.

e-mail을 통한 거래제의 후 매매계약조건을 협의하고, 전통 무역거래와 마찬가지로 청약과 승낙을 통해 거래조건에 양 당사자들이 동의하게 되면 무역거래는 체결된다.

3 전자무역계약의 성립시기

청약과 승낙의 효력이 발생하는 시기는 도달주의를 원칙으로 하고 있다. 여기서 말하는 도달이란 상대방의 지배권 내에 들어가 사회통념 상 일반적으로 요지할 수 상태가 생겼다고 인정하는 것이다. 즉 청약, 승낙의 의사표시가 상대방에게 전달되는 것을 말한다. 격자지간 우편이나 전보를 통해서 승낙의 의사표시가 이루어지는 경우엔 발신주의를 채택하지만 전자계약에서는 발신과 도달이 동시에 이루어지기 때문에 격자지간의 경우에도 도달주의를 채택한다. 도달주의란 전자적 의사표시로 계약이 이루어지고 전자적 의사표시의 효력은 도달주의를 채택하여 상대방 정보시스템에 메시지가 입력된 때, 즉 전차청약과 전차승낙이 합치된 때를 말한다. 전자적 의사표시의 도달은 통신이 수신인의 컴퓨터 수신 장치에 입력되어 수신인이 내용을 알 수 있게 되는 상태를 말한다. 즉 전자적 의사표시의 도달은 직접적으로 네트웨크에 연결된 경우에는 상대방의 수신 장치에 투입된 시점을 도달로 볼 수 있다. 기존의 무역계약은 서면이나 구두 등의 방법을 통해 이루어지는 반면에 전자무역계약은 인터넷이나 e-mail등의 전자 매체를 통해 이루어진다.

4 전자무역계약의 법적효력

전자적 의사표시의 법적 효력은 자연적 의사표시와 동일하다. 전자거래기본법[7]에 따르면 다른 법률에 특별한 규정이 있는 경우를 제외하고는 전자적 형태로 되어 있다는 이유로 문서로의 효력이 부인되지 아니한다.[8]고 규정되어 있으며 유엔 국제무역법위원회에서 제정한 전자상거래 모델 법에서도 계약 성립을 위하여 데이터 메시지가 사용되었다는 이유만으로 그 계약의 유효성고 구속력이 부인되지 아니한다고 규정되어있다. 그렇기 때문에 전자계약의 법적 효력은 유효하다.

하자가 있는 전자적 의사표시의 경우 표시장의 과실로 인한 경우에는 취소할 수 없고, 컴퓨터 프로그램의 오작동에 의한 경우에는 취소할 수 있다.

5 전자무역계약의 준거법규

각국 국제사법은 법률관계와 지역과의 관련에 중점을 두고 준거법을 결정하는 것을 기본으로 하고 있다. 이 때 준거법이란 무역거래는 법률제도를 달리하는 당사자 간의 매매이므로 계약내용의 해석에 대해 의견차이나 분쟁이 발생할 우려가 있어 어느 나라의 법률에 의거하여 해석하는지를 명시해야 한다. 따라서 당사자가 합의하여 적용 법률을 정하고 계약서나 거래협정서에 명시해야 한다.

전자무역은 인터넷을 통해 각 나라간 국경을 넘은 세계적으로 이루어지고 있기 때문에 계약체결 및 이행과정에서 파생되는 법률문제를 해결해야할 필요가 있다. 모든 국가가 통일된 법규범을 입법하는 입법기관은 존재하지 않으며, 각 주권국가가 자신들만의 입법권을 가지고 있기 때문에 전자무역만을 위한 전 세계적인 통일된 법규범을 입법할 수 없다. 그렇기 때문에 어느

7) 전자문서 및 전자거래의 법률관계를 명확히 하고 전자문서 및 전자거래의 안전성과 신뢰성을 확보하며 그 이용을 촉진할 수 있는 기반을 조성함으로써 국민경제의 발전에 이바지함을 목적으로 한다.

8) 전자거래기본법 제4조 1항.

국가의 법규를 따를지에 대한 준거법의 선택은 매우 중요하다.

당사자의 합의가 있을 경우 계약자유의 원칙이 적용된다. 국제물품매매계약에 관한 국제 연합 협약 제 6조에서는 "당사자는 본 협약의 적용을 배제할 수 있고 제12조에 따를 것을 조건으로 하여 본 협약의 어떠한 규정에 대하여도 그 적용을 배제하거나 효과를 변경시킬 수 있다"라고 규정하였다.

당사자 합의가 없을 경우엔 한국 국제 사법(제26조 1항)에 따르면 "당사자가 준거법을 선택하지 아니한 경우에 계약은 그 계약과 가장 밀접한 관련이 있는 국가의 법에 의한다." 라고 규정하고 있다. 그러나 전자무역계약의 경우 온라인상에서 전자 통신에 의해 계약교섭이나 체결이 이루어지므로 지역과의 관계가 명확하지 않은 문제점이 있다.

국제법규 및 각국의 국내법은 계약의 성립장소와 관련한 규정을 두고 있지 않다. UNCITRAL 모델법 제15조 제4항에서 "당사자 간에 다른 약정이 없으면, 작성자의 영업소 소재지에서 송신된 것으로 추정되고, 수신자의 영업소 소재지에서 수신된 것으로 추정된다."고 규정하여 승낙의 효력발생지인 승낙의 의사표시의 도달장소를 계약 성립지로 보고 있다. UNCITRAL(United Nations Commission on International Trade Law)란[9] 국제상거래법위원회로 요약 국제간에 거래되는 무역과 거래에 관한 상법을 제정하는 국제연합 총회의 보조기관을 말한다.

6 전자무역계약 재판관할권

사법상 법률문제에 관하여 재판을 담당하는 국제적인 재판기구가 없기 때문에 어떤 국가에서 재판을 하는가에 따라서 당해 사건에 적용되는 법이 다르며, 경우에 따라서는 결론도 다르게 될 가능성이 있기 때문에 어느 국가의 법원에서 재판을 행하는 가는 매우 중요하다. 특히나 전자무역계약은 앞서 말했듯이 성립 장소가 명확하지 않기 때문에 어느 국가에서 재판을 받아야 할지에 대한 결정은 어려울 수 밖에 없다.

인터넷거래에 적용되는 국제적인 통일규칙이 없기 때문에 이에 대한 재판관할권의 규정은 각 나라마다 다르기 때문이다. 그렇기 때문에 전자무역거래에서 인터넷거래에서 발생되는 국제적인 재판관할권은 쉽게 결정하고 해결하기엔 복잡한 문제이다.

9) 1966년 UN 제21차 총회의 결의에 의해 국제상거래법의 전진적인 조화와 통일을 목적으로 하여 설립되었다.

제5절 운송서류의 전자화와 권리이전

1 운송서류의 의의와 종류

운송서류란 화물의 선적을 증명해 주는 제반서류를 말하며 일반적으로 수입업자로부터 요구되는 선하증권, 보험증권, 상업송장, 포장명세서, 영사송장, 원산지증명서, 검사증명서, 용적증명 등이 있는바, 최근 국제 운송수단이 발달되어 감에 따라 과거와 같이 단순한 선박에 의한 운송이 아닌 컨테이너 운송에 의한 복합운송(combined transport)이 일반화되어 1984년 10월 1일부터 발효된 제 4차 개정 신용장 통일규칙(uniform customs and practice for documentary credit, 1984 revision)에 의거하여 종전의 선적서류(shipping documents)를 운송서류(transport documents)로 명칭을 바꿔 쓰기로 하였다. 운송서류의 종류에는 선하증권(Bill of Lading), 송장, 해상보험증권 등이 있다.

2 전자선하증권의 개념

전자선하증권의 정의에 관련된 견해는 크게 세 가지로 분류할 수 있다. 전자선하증권은 서면선하증권의 기능을 그대로 유지하면서 단순히 전자문서의 형태로 발행된 선하증권으로 보는 견해와 서면선하증권을 발행하지 않고 선하증권에 기재될 내용을 전자시스템에 저장해 놓고 화물의 소유권과 처분권 등을 전자방식으로 운송인, 송화인, 수화인, 은행 등 선하증권 거래당사자들의 약정에 따라 전자시스템에 저장된 정보의 권리내용을 인정하는 것으로 보는 견해, 의무관계의 설정을 통하여 실현되는 견해로 분류된다. 이들 견해는 계약법적 원리에 따라 전자선하증권의 정의를 도출했다는 점에서 공통점이 있다. 따라서 전자선하증권의 정의는 전자선하증권이 발행될 수 있도록 전자시스템을 제공해주는 회사와의 계약법적 효력을 중심으로 정의될 필요가 있다.

전자선하증권은 실물증권을 대신한다는 점, 전자시스템의 기록에 의해서 권리관계가 나타난다는 점, 전자시스템의 기록에 의한 권리관계 변동의 계약관계를 의제하는 등 법적 효력을 부여한다는 특성을 가지고 있다. 전자선하증권은 서면선하증권을 직접 발행하는 대신에 그 권리의 성립, 이전, 담보설정 등의 권리관계를 전자방식으로 전자시스템에 공시하고 전자시스템에 저장된 전자기록에 권리관계 변동의 법적 효력을 부여하거나 계약관계를 의제함으로써 서면선하증권이 갖고 있는 권리유통을 보장하는 제도로 정의할 수 있다.

3 전자선하증권의 발행과 양도

운송인이 전자선하증권을 발행하려면 선박의 명칭, 국적 및 톤수, 송화인이 서면으로 통지한 운송물의 종류, 중량 또는 용적, 포장의 종별, 개수와 기호, 운송물의 외관상태, 용선자 또는 송화인의 성명, 상호, 수화인 또는 통지수령인의 성명, 상호, 선적항, 양륙항, 운임, 발행지와 그 발행연월일, 수통의 선하증권을 발행한 때에는 그 수, 운송인의 성명 또는 상호, 운송인의 주된 영업소 소재가 포함된 발행등록 신청 전자문서에 운송인의 공인전자서명과 송화인이 전자선하증권 발행에 동의했음을 확인할 수 있는 문서를 첨부하여 등록기관에 송신해야 한다. 운송인은 제 1항에 따라 발행등록을 신청하는 경우 등록기관에 그 전자선하증권의 약관 내용을 송신하여야 한다. 다만, 약관이 사전에 등록기관에 등록되어 있는 경우에는 생략할 수 있다.

등록기관은 제 1항의 발행등록 신청을 수신하면 전자등록부에 제 1항 각호의 정보와 약관의 내용이 포함된 발행등록을 한 후, 즉시 이를 송화인에게 전자문서로 송신하여야 한다. 전자선하증권이 발행된 경우에는 법 제852조, 제855조 및 제863조의 운송증서를 발행할 수 없다. 용선계약과 전자선하증권에 관하여 법 제855조 제 1항에 따라 전자선하증권이 발행된 경우에는 운송인은 선박소유자로 보고 송화인은 용선자로 본다.

전자선하증권의 권리자가 전자선하증권을 양도하는 경우에는 배서의 뜻을 기재한 전자문서를 작성한 후 전자선하증권을 첨부하여 등록기관에 대하여 양수인에게 송신하여 줄 것을 신청하여야 한다. 양도신청전자문서에는 전자선하증권의 동일성을 표시하는 정보, 양수인에 관한 정보, 양도인의 공인전자서명 등이 포함되어야 한다. 양도신청을 수신한 등록기관은 전자등록부에 전자선하증권이 포함되어야 한다. 양도신청을 수신한 등록기관은 전자등록부에 전자선하증권의 동일성을 표시하는 정보, 양수인에 관한 정보, 양도인의 공인전자서명을 포함하여 양도에 관한 기재를 한 후 즉시 양수인에게 전자문서로 송신하여야 한다. 등록기관은 양수인에게 제 3항의 송신을 한 경우에는 그 사실을 즉시 양도인에게 전자문서로 통지하여야하고 전자선하증권을 양수하려는 양수인은 미리 등록기관에 성명, 주민등록번호 또는 사업자등록번호, 주소 등 자신에 관한 정보를 등록하여야 한다.

전자선하증권의 권리자가 전자선하증권 기재 내용을 변경하려는 경우에는 등록기관에 전자문서로 변경 신청을 하여야 하고 등록기관은 변경 신청을 받으면 운송인에게 즉시 전자문서로 통지하여야 하며 운송인은 제 2항의 통지를 받으면 등록기관에 그 승낙여부를 전자문서로 통지하여야 한다. 등록기관은 운송인으로부터 제 3항의 승낙 여부에 관한 통지를 받으면 즉시 그 내용을 전자선하증권의 권리자에게 전자문서로 통지하여야 한다. 이 경우 운송인이 기재 내용을 변경을 승낙하였다면 전자등록부 기재사항을 변경 후 통지하여야 한다.

4 전자선하증권에 의한 운송물 인도 청구

전자선하증권의 권리자가 운송물을 인도받으려는 경우에는 운송물 인도 청구의 뜻이 기재된 전자 문서를 작성한 후 전자선하증권을 첨부하여 등록기관에 송신하여야 하고 등록기관은 이를 운송인에게 즉시 전자문서로 송신하여야 한다. 운송물 인도 청구가 있으면 등록기관은 전자등록부에 해당 전자선하증권이 더 이상 양도될 수 없다는 뜻을 기재하여야 하고 운송물 인도 청구를 받은 운송인이 인도를 거절하려는 경우에는 그 뜻과 사유를 기재한 전자문서를 등록기관에 송신하여야 하고 등록기관은 이를 즉시 운송물 인도 청구를 한 전자선하증권의 권리자에게 송신하여야 한다.

등록기관을 통하여 운송물 인도 청구를 받은 운송인은 청구인이 전자등록부상 전자선하증권의 권리자가 맞는지 확인한 후 운송물을 인도하여야 하며 운송인은 운송물을 인도하면 수령인 및 인도 날짜를 등록기관에 전자 문서로 통지하여야 하며 통지를 받은 등록기관은 즉시 전자등록부에 기재한 후 전자등록부를 폐쇄하고 운송인과 수령인에게 전자문서로 통지하여야 한다. 제 1항과 제 2항에 따라 운송물이 인도된 때에는 운송인에게 전자선하증권이 상환된 것으로 본다.

제 6 절 전자기록에 대한 국제공인인증

1 전자인증의 의의

공개키 암호방식의 안전성을 보장하기 위해서는 공개키 쌍(공개키, 비밀 키)의 안전한 보관 및 관리가 선결되어야 한다. 일반적으로 공개키 암호방식에서 비밀 키는 각 사용자가 생성 및 관리를 하지만 공개키의 경우는 모든 사용자에게 공개해야하므로 공개된 공개키의 불법변조, 사칭 등의 공격에 대한 안전한 관리대책이 필요하다. 전자인증은 이러한 공개키에 대한 공격요소들로부터 공개키를 보호하고 체계적으로 관리하여 공개키 암호화 방식의 안전성을 극대화하고자 하는 기술이다. 즉 신뢰할 수 있는 인증기관(Certificate Authority : CA)을 두어 사용자들의 공개키를 공식적으로 인증하는 전자인증서(Certificate)를 발급하여 해당 공개키의 사용가능 여부를 공식적으로 증명해 줌으로써 위에서 언급한 공개키 관리상의 보안취약요소를 해결할 수 있다.

2 인증기관

인증기관(certificate authority : CA)이란 네트워크를 통하여 거래하는 당사자 간에 송수신되어지는 전자데이터에 첨부되어져 있는 전자서명이 송신인 또는 수신인의 것인지에 대한 진정성을 확인할 수 있는 인증서를 발급하는 자 또는 단체를 의미한다.

인터넷 무역거래에 있어서 거래 당사자 간에 신뢰를 확보하기 위하여 암호기술을 이용한 전자서명을 이용하여 문서를 전송하게 된다. 그런데 당사자는 수신된 전자서명이 거래하는 상대방 본인의 것인지를 확인할 방법이 없다. 따라서 전자서명을 이용하여 문서를 상대방에게 보낸 경우에 공개키의 소지인이 이를 실제로 보유하고 있고 네트워크상의 다른 거래당사자가 이를 사칭하는 것이 아니라는 사실을 확인해 주는 신뢰할 수 있는 제 3자(Trusted Third Party)가 인증기관이다.

3 전자인증 체계의 유형

공개키를 이용한 인증기반구조에서 통신 당사자들의 신뢰는 상대방의 인증서를 전달받는 인증경로를 통해 전달된다. 전사서명을 검증할 경우를 생각해 보면 전자서명의 검증자는 자신이 신뢰하는 인증기관의 공개키만을 알고 있으므로 그 인증기관의 공개키를 이용하여 인증경로를 검증함으로써 서명자의 공개키를 획득한다. 이렇게 획득한 공개키는 무결성이 보장된다. 검증자는 무결성이 보장된 공개키를 이용하여 서명을 검증할 수 있는 것이다.

이러한 신뢰가 인증 경로를 통해 어떻게 전달되는지에 따라 PKI는 다음 두 가지 형태로 구성될 수 있다. 우선 최상위 인증기관인 Root CA에 바탕을 둔 순수 계층구조 방식(Hierarchical Infrastructure ; Centralized Certification Infrastructure)과 모든 인증기관이 평면적으로 구성되는 네트워크 구조방식(Network Infrastructure ; Decentralized Certification Infrastructure)이 있으며 이들 두 가지 형태를 혼합한 혼합형 방식(Hybrid Infrastructure)도 있다. 이와 함께 최근 미국에서 혼합형 구조를 개선시킨 교량형 모형(Bridge Infrastructure)도 등장하고 있다.

제7절 국제전자결제시스템

1 전자결제시스템의 개념

전자결제란 물품이나 서비스의 대가를 전자적 수단을 통하여 지급 및 결제하는 것을 말한다. 일반적으로 지급은 경제주체 간 채권 및 채무 관계에서 지급을 행하는 행위를 의미하고 결제는 대급지급의 과정을 의미한다고 할 수 있다. 그러나 최근 지급수단 및 결제가 전자화되어 지급과 결제를 엄격히 구분하기가 어렵기 때문에 이를 포괄하여 결제시스템이라는 용어를 사용하고 있다.

전자결제시스템(Electronic Payment System)은 전자결제수단, 운영네트워크 그리고 이와 관련된 모든 제도적 장치를 총칭하는 개념이라고 할 수 있으며 그 결제과정상 일반적인 결제과정에는 지급수단, 참가기관 그리고 은행 간 결제시스템이 관련되어 있다. 당사자 간의 비대면 거래를 특징으로 하는 전자결제시스템에서는 정보의 보안문제가 중요시되기 때문에 보안과 암호 등 전자인증과 관련된 기관과의 협력을 통한 안전하고 효율적인 결제시스템이 개발과 정착이 중요한 과제가 된다.

2 전자결제시스템의 요건

① 안정성 및 기밀성

시스템 보안, 법률적 보장, 거래의 내용이 제 3자에게 노출되지 않도록 한다.

② 신뢰성 및 상호인증

수출업자와 수입업자 등 관계당사자의 신뢰도, 거래상대방의 신분 확인 기능, 송신자와 수신자가 합법적인 사용자임을 증명해야 한다.

③ 정확성 및 무결성

서류작성 및 서류 검토 시 신용장과 서류 상호간 일치도 여부, 송수신 메시지가 전송 도중 변조되지 않았다는 것을 증명해야 한다.

④ 호환성 및 범용성

기존 무역거래에서의 결제 시스템 및 거래 관습과의 조화 이용 가능, 대상국가, 대상 품목, 거래 규모 등

⑤ 신속성 및 경제성

기존 서류체계의 문제점인 서류 전달 및 취급상 비용 및 지연 문제 해결, 선하증권의 위기 문제를 해결할 수 있어야 한다.

⑥ 사용자의 편의성

실제 전자결제시스템을 이용하는 사용자의 활용상 편의성이 있어야 한다.

3 전자결제시스템의 유형

1) 신용카드(credit card)

인터넷을 통하여 신용카드 정보를 판매자에게 전달하여 결제가 이루어지는 시스템으로서, 대표적으로는 Cyber Cash와 First Virtual 등이 있다.

2) 전자화폐(electronic money)

화폐가치를 직접회로(IC) 카드에 저장하여 사용하는 IC카드형과 화폐가치를 인터넷 등 네트워크를 통하여 사용하는 네트워크형이 있다. 대표적으로 IC카드형으로 Visa Cash, Mondex 등이 있고 IC카드의 특징은 휴대간편성, 안전성, 다른 카드와의 연계성(다기능성), IC카드와 판독기 등의 막대한 투자비용 필요이고 네트워크형으로는 eCash, E-Coin, Cyber Coin 등이 있고 네트워크형의 특징은 원거리 이전이 간편하고, 전자화폐용 소프트웨어 이용으로 저렴한 신규투자비용, 안전성 확보를 위한 암호화 문제점이 있다.

3) 전자수표(electronic check)

수표정보를 네트워크를 통하여 결제하는 시스템으로서 기존의 종이수표를 인터넷상에서 구현하는 것과 유사하다. 대표적으로 eCheck, NetBill, NetCheque 등이 있다.

4) 전자자금이체(electronic fund transfer)

ATM, 홈뱅킹, 인터넷 뱅킹 등 이용 가능한 채널이 다양하다. 특히 인터넷 뱅킹은 세계최초의 인터넷 은행인 SFNB(Security First Network Bank)가 대표적이다.

5) 무역카드(Trade card)

무역대금결제를 인터넷상에서 서류의 일치성을 자동으로 체크하고 대금지급을 승인할 수 있도록 세계무역센터협회(WTCA)가 개발한 무역결제카트 시스템을 말한다.

6) 스위프트(SWIFT)에 의한 전자식 신용장

SWIFT(Society for Worldwide Interbank Financial Telecommunication : 세계은행간 금융통신망) 시스템을 통하여 전송된 SWIFT 신용장으로 결제하는 시스템으로서 현재 신용장거래의 대부분은 이러한 SWIFT 시스템으로 이루어지고 있다.

4 전자결제시스템의 기능

1) 결제시기

선지급 : 전자화폐
동시급 : 직불카드, 전자자금이체
후지급 : 신용카드, 전자수표, 무역카드

2) 결제방법

직접통신결제 : 모든 인터넷 결제시스템
간접통신결제 : 전자자금이체, 무역카드

3) 네트워크 유형

온라인 결제 : 신용카드, 전자수표, 무역카드
오프라인 결제 : 전자화폐(몬덱스)

4) 익명성 여부

추적가능 : 신용카드, 전자수표, 몬덱스, 무역카드
추적불가능 : 전자화폐(이캐쉬)

5 볼레로(Bolero)시스템

1) 볼레로 시스템의 개념

볼레로(Bill of lading Electronic Registry Organization ; BOLERO)는 국제은행간 금융통신망인 스위프트(SWIFT)와 세계 해운업계의 상호보험조합 TT Club인(Through Transport)이 지분을 출자해 설립한 회사이다. 볼레로넷 서비스는 은행의 신용장과 해운업체의 선하증권을 포함한 각종 무역 관련 서류를 전자결제로 대체하는 것을 목표로 무역서류의 전자화를 통해 무역거래 당사자뿐만 아니라 은행, 운송사 등을 지원하는 인터넷 기반의 무역거래전용 네트워크이다. 볼레로넷의 무서류 무역거래 서비스는 인터넷을 통해 수출입업체와 해운 회사로부터 관련 무역서류를 모두 넘겨받아 표준화한 후 다시 은행에 전송함으로써 거래하는 방식을 사용하고 있다. 또한 대금결제는 거래은행간 SWIFT를 통해 이뤄진다. 기존의 모든 절차를 유지하면서 단지 종이서류를 전자서류로 대체하는 것이지만 국제적으로 표준화된 신용장과 송장 등을 인터넷으로 작성해 전송한다는 점이 다르다. Bolero는 중립적인 제 3자로서 전자 선하증권 배서의 연속성을 보장하며 거래의 보안성과 인증된 정보교환, 서류교환 제공이 핵심을 이루고 있으며 또한 법적 테두리(Legal framework : Rule Book) 안에서 사용자들의 충돌을 예방하고 조정하는 역할을 담당한다.

2) 경제솔루션 SURF

볼레로는 'SURF'(Settlement Utility for Managing Risk and Finance)라는 새로운 결제솔루션을 개발하였다. 이것은 볼레로넷을 기반으로 하여 수출자와 수입자간 지급확약이 포함된 선적서류(상업송장, 포장명세서, 선하증권)의 교환을 관리함으로써 자동화된 무역결제과정을 수행한다. SURF는 무역서류의 자동일치를 보장하고 서류결제와 관련된 일련의 흐름을 관리하는 시스템이다. 판매자가 선하증권을 포함한 무역서류를 전송하면 이 시스템은 서류일치를 체크하고 이상이 없으면 보증 은행 또는 구매자에게 결제를 요구한다. 결제가 이뤄지면 선하증권을 포함한 무역서류가 이를 통해 구매자에게 전송된다. 은행과 기업 간 또는 은행과 은행 간의 자금이체는 기존의 방식대로 이뤄진다. 전자무역에는 전자서류의 확인과 전송이 무엇보다 중요한 만큼 이를 각 은행에 맡기기보다 볼레로가 대신해 주는 것이다. 먼저 거래당사자는 인터넷상에서 볼레로 서비스를 통해 무역계약을 한 후 매수인은 SURF에 접속하여 청약을 요청한다. SURF는 매수인의 거래은행에게 지급보증을 요청하고 거래은행으로부터 발행된 지급 보증서를 매도인에게 통지한다. 매도인은 상업송장과 B/L, C/O 등 선적서류를 신청 및 수령한 후 제출한다. 매수인은 SURF를 통해 서류를 인수하고 매수인 거래은행은 매도인의 거래은행에게 자금을 이체한다. 마지막으로 매도인의 거래은행은 이체된 자금을 매도인에게 입금하면 결제가 종료된다.

3) 볼레로의 장단점

볼레로 프로젝트는 무역거래를 전자서류로 바꿀 수 있다는 장점 때문에 무역거래 당사자의 많은 관심을 가지게 하고 있다. 게다가 Bolero는 다년간 국제은행간 메시지 전송을 담당하고 있는 SWIFT의 지원을 받으며 SWIFT의 금융 표준화 관련 기술이나 노하우의 영향을 전달 받고 있어 더욱 신뢰감을 더하고 있다. 또한 EDIFACT를 사용하고 있기 때문에 서비스 개선을 위한 비용도 줄일 수 있다. 볼레로 서비스는 현재 비즈니스 사이클 안에서 통합화하는 것이 가능하며 은행에 있어서는 대금지급과 무역금융거래를 위한 SWIFT 메시지와의 연계도 가능하다. 한편 볼레로 넷은 기존 무역절차를 전자 문서화하여 결제부분은 은행에 맡김으로써 기존 조직의 호응도를 제고하고 기존 무역관련 조직의 저항이 적고 빠르게 상용화 될 수 있다는 장점이 있다.

그러나 볼레로의 연회비가 중소기업은 큰 부담으로 주 고객은 대기업으로 한정 될 것으로 보인다. 더구나 기업, 은행, 선박회사, 보험사 등이 모두 회원으로 가입돼 있어야 서비스가 효율적으로 이루어질 수 있으며 거래 당사자들이 볼레로 시스템을 전면 채택하지 않는 한 당분간 서류작업과 병행해야 하는 등 완전한 자동화가 이루어지지 않는 것이 약점이다.

6 전자자금이체시스템

전자자금이체 시스템(Electronic Fund Transfer : EFT)이란 금융기관에 대한 계좌이체나 자동이체 지시를 컴퓨터 네트워크를 통해 전자적 수단으로 하는 자금이동을 말한다. 지급인의 지급지시 또는 수취인의 추심지시를 바탕으로 금융회사 또는 전자금융업자는 전자지금이체를 실행한다.

전자적 수단이라 함은 전자금융거래정보를 전자적 방법으로 전송하거나 처리하는데 이용되는 장치로서 현금자동지급기, 지급용단말기, 컴퓨터, 전화기 등을 말한다.[10)]

전자자금이체를 이용한 결제방식은 현재 홈뱅킹이나 ATM으로도 사용되고 있지만 가상은행을 통한 전자자금이체가 홈뱅킹이나 ATM보다도 편리한 점은 다양한 서비스를 시간과 공간의 구애됨이 없이 제공받을 수 있다는 점이다. 인터넷상에서만 운영되는 전자자금이체 서비스로는 최초의 가상은행인 SFNB(Security First Network Bank)를 비롯하여 Intuit사의 Quicken, Microsoft의 Money등이 있다. SFNB는 Quick Pay라는 자금이체서버를 제공하고 있다. SFNB

10) 네이버 지식인 활용–전자결제 시스템에 대해

는 미국의 연방예금보험공사(Federal Deposit Insurance Corporation[11])가 승인한 최초의 인터넷 은행이다. 가상은행은 경제 현실에 물리적인 형태로 존재하지 않고 인터넷 공간에만 존재하면서 은행의 모든 업무를 수행하는 은행으로 모든 상품과 서비스를 자체적으로 개발하여 고객에게 제공하는 것이 아니라, 자기 은행의 마케팅 전략에 기초하여 타 금융 기관이나 정보 처리 기업 등과 같은 외부의 서비스 제공자로부터 조달하기도 하여 고객에게는 마치 은행 자체가 제공하는 것처럼 보이게 하는 은행 업무 형태이다.[12] Quick-pay는 계좌이체나 자동이체의 지시를 컴퓨터 네트워크를 통해 전자적인 수단으로 하는 전자자금이체 서비스의 한 유형이다. 미국의 SFNB(Security First Network Bank)가 제공하는 전자자금이체 서비스[13]이며 단순하게 자금이체 기능만을 한다.

7 TradeCard 시스템

TradeCard 시스템[14]이란 세계무역센터협회가 개발한 국제 간 전자무역시스템으로, 국제무역에서 전용 네트워크를 통해 수출입의 전과정을 자동화한 서비스이다. 선적서류를 전송함은 물론 무역금융 및 보험·대금결제·물류 등 무역에서 발생되는 모든 업무를 전용 네트워크를 통해 처리하는 것으로, 트레이드카드시스템 또는 무역카드라고도 한다.

수출대금의 지급을 운용회사가 보증하므로 기존의 무역에서 사용되던 신용장이 필요하지 않으며, 전자상거래를 이용하므로 무역업무의 처리시간을 단축하고 부대비용을 절감할 수가 있다. 또한 상호간의 신뢰도를 검증하기 어려워 결제대금 회수와 상품인수에 위험성이 있었던 기존 전자상거래의 단점도 없애며, 기업의 생산성 및 현금유동성 등도 높일 수 있다는 장점을 지닌다.

미국의 세계무역센터협회(WTCA)가 1994년에 개발하여, 1995년 5월에 한국과 홍콩을 시범운영 국가로 지정하였으며, 산하에 트레이드 카드사(社)를 설립하여 관련 업무를 수행중이다. 본사는 미국 뉴욕에 있고 미국의 샌프란시스코, 일본의 도쿄, 중국의 홍콩과 신천, 한국의 서울, 벨기에의 브뤼셀에 지사가 있다. 세계무역센터협회는 1968년 4월에 미국의 뉴올리언스, 뉴욕, 런던, 동경, 브뤼셀 등의 8개 민간무역단체가 세계무역센터(WTC) 간의 협력을 통한 무역증진을 목적으로 설립한 순수한 민간친목단체로 오늘날에는 국제적 무역기구의 성격으로 국제무역

11) [네이버 지식백과] 전자자금이체 [Electronic Funds Transfer] (금융감독용어사전, 2011. 2.).
12) [네이버 지식백과] 가상 은행 업무 [virtual banking, 假想銀行業務] (IT용어사전, 한국정보통신기술협회).
13) [네이버 지식백과] Quick-Pay (매일경제, 매경닷컴).
14) [네이버 지식백과] 트레이드카드 [trade card] (두산백과).

의 확장, 국제거래관계의 국제간 이해증진, 개발도상국의 무역참여, 전시회, 정보교환, 거래알선 등을 위하여 무역거래 알선 웹 사이트 구축, 인터넷무역의 대금 결제시스템 등을 개발한다.

1) TradeCard 시스템의 장점

트레이드카드는 인터넷을 통해 무역 관련 서류의 전자전송은 물론 보험, 결제, 물류 등 수출입 전과정을 자동화하는 기업간 전자상거래(B2B) 서비스로 무역업무 처리시간을 최대 80% 단축할 수 있다. 또한 수출입 부대비용 절감뿐 아니라 기업의 생산성 및 현금유동성 등도 제고되는 효과를 볼 수 있다. 무역카드는 기존의 높은 대금결제수수료와 이자를 부담하는 신용장이나 기탁(escrow) 방식과는 달리 저렴한 비용으로 소액이나 거액의 대금결제 모두 가능하며, 당해 대금결제에 필요한 서류의 단계별 추적이 가능하다. 이는 기존의 무역과정을 단순화, 자동화 및 표준화하여 무역거래에서 발생하는 비용을 절감할 수 있기 때문이다.[15]

2) TradeCard 시스템의 단점

TradeCard에서는 종전 무역업무에서 은행의 역할을 배제하게 됨으로써 전통적인 주도세력의 견제를 받고 있는 것은 시장진입의 적지 않은 장벽으로 작용하고 있다. 또한 전통적으로 발전되어온 신용장에 의한 결제는 은행의 지급확약에 따라 결제에 대한 확신을 보장받고 있으나 무역카드시스템은 특정 보증보험회사의 보증에 기반을 두고 있는 것은 신뢰성에 다소의 취약점을 가지고 있다 할 것이다. 이와 같은 장애의 제거 및 신용공여기관의 확대 등은 무역카드의 성패에 중요한 과제가 될 것이다.

3) 해결방안

전자선하증권에서도 등록, 인증, 보안, 통지 등의 기능과 은행, 운송인, 서비스제공자 및 화주간에 효율적인 정보시스템의 구축으로 선하증권이 가지는 법률적인 성격인 물권적 효력과 채권적 효력을 가질 수 있는 법제적인 장치와 제도가 구축되어야 무역카드시스템도 비로소 발전할 수 있는 기반이 조성된다.

---

15) 네이버 지식인 활용- 트레이드카드의 장점과 단점.

8 전자신용장(Electronic L/C)[16]

인공위성을 보유하고 있는 발행은행이 인공위성에 연결된 전자장치를 이용하여 발행하는 신용장으로서 발행은행이 바로 통지은행이 된다. 미국의 수입상사가 한국에서 신용장 베이스로 수입하는 경우 미국의 은행 본점에서 신용장 발행을 의뢰하지 않고 직접 한국에 있는 미국은행지점에 의뢰한다. 이 지점이 신용장을 발행하여 수익자에게 통지한다.

오프라인 방식은 신용장 분실과 위・변조, 이중 매입, 훼손 등의 우려가 있다. 그러나 전자신용장 서비스가 개통되면서 무역업체와 은행은 신용장의 수령과 통지, 보관 등 관련 업무를 모두 전자적으로 처리할 수 있게 되었다. 우리나라가 세계 최초로 신용장 전자화에 성공하였으며, 종이 없이 전자적으로 수출 신용장을 유통할 수 있는 시대가 열린 것이다. 이 시스템을 통해 은행들은 무역업체를 대상으로, 전자신용장의 통지・조회・갱신・양도 등 이력관리, 매입신청, 원본 보관・증명, 잔여한도 관리 등 신용장의 전자적 유통서비스를 제공한다. 특히, 이 시스템은 금융결제원과도 연결돼 있어 수출업체의 신용장 결제한도를 안전하게 점검・관리할 수 있다. 현재 국내에서 유통되는 수출 신용장은 연간 약 60만 건으로 전체 수출대금 결제 방식의 약 30%를 차지하고 있다. 이 때 은행은 대금 지급내역을 신용장 뒷면에 수기로 작성했기 때문에 신용장의 분실 및 위・변조, 훼손, 이중 대금 지급 시비 등의 우려가 적지 않았던 게 사실이다. 그러나 이번에 전자신용장(e-L/C) 서비스로 종이 신용장의 내용이 모두 전산화됨으로써 수출업체들은 인터넷에서 신용장 현황과 거래내역 등을 한눈에 파악, 거래의 투명성이 보장되고 위・변조 및 분실의 위험이 사라지게 되었다. 언제 어디서나 인터넷에 접속해 신용장의 수령・통지・양도 및 보관이 가능해짐에 따라 종전에 4시간이나 걸리던 신용장 업무 처리시간이 30분 이내로 단축되는 등 처리시간・교통비・소요인력 등 업무 프로세스의 대대적인 혁신이 이뤄지게 된 것이다.

무역업계는 앞으로 매년 약 80억원 이상의 경비절감이 가능하며, 전자무역이 활성화되는 오는 2010년에는 절감액이 연간 200억원에 이를 것으로 내다보고 있다.

9 신용장의 장단점

1) 신용장의 장점

수출자 입장에서 대금회수를 안정적으로 할 수 있다.

수출자의 입장에서 수출대금을 조기에 융통할 수 있다.

---

16) [네이버 지식백과] 전자신용장 [Electronic L/C] (무역용어사전).

수출자의 입장에서 안정적인 거래를 할 수 있다.
수입자의 입장에서 금융상의 부담을 경감시킬 수 있다.
수입자의 입장에서 계약내용과 일치하는 물품을 보장받을 가능성이 높아진다.

2) 신용장의 단점

수출자의 입장에서는 반드시 신용장에 명기된 수많은 서류를 모두 구비 하여야 한다.
수출자의 입장에서는 신용장 상의 유효기일 및 서류제시기일을 엄수 하여야 한다.
수입자의 입장에서는 은행의 면책으로 인한 사기의 위험성이 존재 한다.

10 전자신용장의 장단점[17)]

1) 전자 신용장의 장점

신속한 전달이 가능하다.
보관이 용이하다.

2) 전자 신용장의 단점

전자설비의 고장으로 인한 예기치 못한 사고가 발생할 수 있다.
해킹 등의 사건으로 보안상의 정보가 유출될 가능성이 있다.

전자신용장 업무 흐름도[18)]

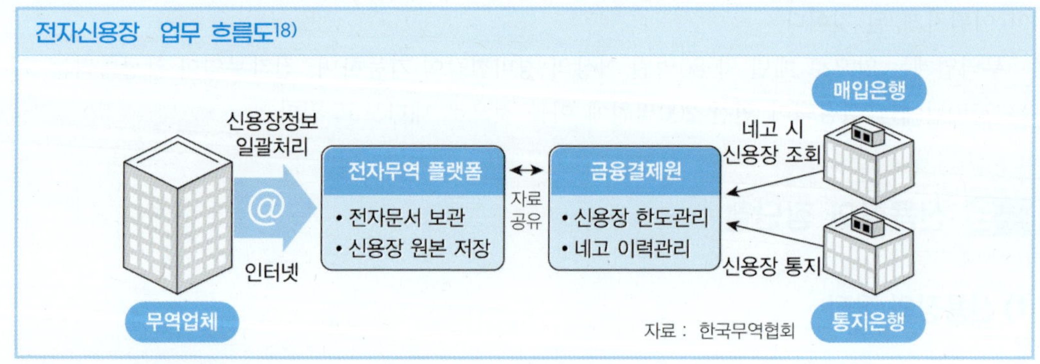

자료 : 한국무역협회

17) [출처] [알아봅시다] 종이없는 무역서류 '전자신용장'.
18) [네이버 지식백과] 세계무역센터협회 [World Trade Center Association] (지식경제용어사전, 2010. 11., 산업통상자원부).

15

무역계약의 종료

Chapter 15
무역계약의 종료

제1절 무역계약의 종료의 의의 및 사유

1 무역계약의 의의

계약은 두 사람 이상의 당사자 간에 법적으로 강제 가능한 합의이다. 미국의 2차 계약법에 의하면 "계약은 1개의 약속 또는 1조를 이루는 복수의 약속이며 그 위반에 대한 법이 구제를 부여하거나 그 이행을 법이 어떠한 방법으로 의무로서 인정하는 것이다."라고 규정하고 있다. 무역계약은 국제간 물품매매를 위한 계약으로서 매도인이 물품의 소유권을 양도하고 매수인이 물품대금을 지급할 것을 약정하는 것을 주요한 내용으로 한다. 무역계약은 국적을 달리하는 판매인과 구매인의 법률상의 권리와 의무를 규정한 것으로, 판매인은 상품의 제공을 약속하고 구매인은 그 상품대금의 지급을 약속하는 의사표시의 합치에 기초하여 이루어진다. 즉, 무역계약이란 여타계약과 같은 법의 토대 위에 국경을 달리하는 거래당사자인 수출상이 물품의 소유권을 이전할 것을 약속하고 수입상은 그 대가를 지급할 것을 약속함으로써 성립하는 국제간의 물품계약을 의미한다.

2 무역계약의 종료의 의의

이러한 계약의 종료란 계약 당사자 간에 성립된 계약이 효력을 상실하는 것을 말하는데 무역계약은 당사자가 약정한 제반 의무사항을 완전하게 이행하여 그 목적을 달성함으로써 종료되는 것이 바람직하고 가장 이상적이다. 즉, 무역거래에서 당사자 간의 매매계약인 주계약을 이행하기 위해서는 운송인과 운송계약을, 보험자와는 보험계약, 외국환 은행과는 외국환거래 및 신용장거래[1] 약정 등 종속계약을 체결하고 매도인의 물품 인도에 대하여 매수인이 대금 지

---

1) 운송계약–운송인이 화물 또는 여객을 운송할 것을 약속하고 송화인 또는 여객이 이에 대하여 운임을 지불할 것을 보증하는 계약/신용장–개설은행이 신용장조건에 일치하고 약정된 기간 내에 신용장

급을 함으로써 사실상의 계약은 이행되는 것이다.

이와 같이 당사자의 계약이 완전한 이행에 의하여 매매계약이 종료되는 경우도 있지만, 무역계약은 당사자 간의 합의, 이행불능, 계약위반 등으로도 종료되기도 한다. 즉, 계약종료란 매매계약자 당사자 간에 성립되었던 계약이 여러 가지 사유로 인해 그 효력이 종료되는 것을 말한다.

3 무역계약 종료의 사유

계약의 효력소멸요건은 다음과 같은 조건을 만족해야 한다.

계약 당사자가 계약상 의무를 이행 완료해야 한다.(이행에 의한 해제)

계약 당사자 상호 간에 합의가 있어야 한다.(합의에 의한 해제)

계약 당사자의 일방이 계약의 위반이 있어야 한다.(계약 위반에 의한 해제)

계약목적 이행불능(frustration) 등의 사유가 있어야 한다.(이행불능에 의한 해제)

즉, 계약 종료 사유는 일반적으로 당사자 간의 합의, 이행, 계약위반, 프러스트레이션에 의한 종료 등이 있으나 당사자 간의 합의, 이행의 경우처럼 원만하게 종료되면 아무 문제가 없지만, 계약위반이나 프러스트레이션의 경우로 계약이 해제되면 중재 또는 소송으로 계약이 종료된다.

제2절 무역계약 종료사유

1 이행에 의한 해제

계약의 당사자가 계약상 명시된 의무를 일단 완전히 이행했을 때 계약은 해제된다. 이때 완전계약(entire contract)시에는 이행방법이 완전, 정확해야 하며, 가분계약(divisible or several contract)의 경우는 특수분할수량의 공급의무를 규정한 계약이 많기 때문에 약정된 분할수량의 인도와 대금지급이 완전하고 정확하게 이행되면 계약은 해제된다. 그러나 매매당사자들의 계약이행이 불완전하거나 그 이행이 지체되든지 또는 이행을 거절하는 경우 곧 계약의 불이행을

이 요구하는 서류를 제시하면 수익자인 수출상에게 대금을 지급할 것을 확약하는 조건부 지급확약서.

통해 계약위반의 문제와 함께 손해배상이라고 하는 구제의 문제가 발생하게 된다. 이러한 매매계약의 이행에 있어서 매매당사자 간에 중요한 부분이 물품의 인도와 그에 따른 소유권의 이전 및 위험의 이전이다. 특히 격지거래의 특성상 무역계약에서는 이러한 세 가지 상황이 일치하지 않는 경우가 많으므로 이들을 명백히 구별하는 것이 중요하다.

무역계약의 이행은 크게 ①물품의 인도 ②물품의 계약적합성 ③소유권의 이전 ④위험의 이전 ⑤대금의 지급으로 나뉜다.

1) 물품의 인도

영국 물품매매법(SGA)에 의하면, 매매계약의 조건과 일치하여 매수인에게 물품을 인도하는 것을 매도인의 의무로 하고 있다. 물품의 인도란 매도인이 매수인으로 하여금 계약목적물을 점유하게 하는 것을 말한다.

(1) 물품의 인도시기

물품매매를 위한 보통의 무역계약에서 인도의 시기에 관한 약정은 비록 계약서에 명시적으로 정하여지지 않더라도 계약의 본질로서 간주된다. 따라서 만약 매도인이 제한된 인도시기 이내에 물품인도를 못한다면 계약위반이 되어 매수인은 물품을 거절할 수 있으며 계약은 취소될 수 있다. 그러나 매수인은 인도지연이라는 이유로 물품을 거절하지 않고 계약위반에 대한 권리를 포기하거나 단지 담보위반으로 처리할 수 있다.

물품의 인도시기에 관하여 영국SGA에서는 매매계약에 의하여 매도인이 매수인에게 물품을 송부할 의무가 있는 경우 송부시기에 관한 별도약정이 없는 경우에는 매도인은 합리적인 기간 이내에 이를 송부해야 한다고 규정하고 있으며 CISG에서도 매도인은 인도의 기간이 계약에 의하여 확정되거나 확정될 수 있는 경우에는 그 기간 내에 목적물을 인도하여야 한다. 그러나 매수인이 특정한 날을 선택하여야 할 사정이 있는 때에는 그렇지 않다. 그 외의 경우에는 합리적인 기간 내에 목적물을 인도하여야 한다고 규정하고 있다.

그러므로 매매당사자들은 계약을 할 때에 Incoterms[2]규칙을 이용하여 구체적으로 합의하는 것이 좋다.

(2) 물품의 인도장소

물품의 인도장소에 대한 기준은 매매당사자들간 명시적 또는 묵시적 계약에 의하여 정하게

---

2) 무역조건(trade terms)에 관한 국제규칙. 국제상공회의소(ICC)가 무역 계약에 사용되는 각국의 조건을 통일할 목적으로 1936년 제정, 1953년과 1980년의 개정을 거쳐 14종의 정형거래조건을 정해놓고 있다. 가장 광범위한 국제적 통일 규칙이다.

된다. 영국SGA에 의하면 매매당사자간에 인도장소에 대하여 명시적 또는 묵시적 합의가 없었을 경우에는 인도의 장소는 매도인의 영업장소가 되고, 영업장소가 없는 경우에는 매도인의 주소가 인도의 장소로 된다. 다만 특정물의 매매계약의 경우 계약의 성립 시 그 특정물이 다른 장소에 있음을 당사자가 안 때에는 그 장소가 인도의 장소가 된다. 보통의 매매계약에서는 Incoterms규칙을 이용하여 정해지는데 이를 중심으로 볼 때 선적지인도에 따른 매매규칙은 EXW, FCA, FAS, FOB, CFR, CIF, CPT, CIP 규칙이며 양륙지인도에 따른 매매 규칙은 DAP, DPU, DDP 규칙이다.

(3) 물품의 인도방식

국제물품매매에서 인도방식은 인도물품이 현물인지 서류와 같은 상징인가에 따라 실제로 물품의 점유를 이전시켜 행하여지는 현실적 인도, 약정품의 소유이전이 그대로 점유이전으로 간주되는 해석적 또는 추정적 인도, 물품을 선하증권이나 철도화물수탁서 등으로 대신하여 그 물권적 유가증권의 제공으로써 물품의 인도로 보는 상징적 인도가 있다. 매매계약에 있어서의 인도방법은 원칙적으로 무역거래조건에 의하여 정해진다. 하지만 CIF규칙의 경우 특약이 없는 한 서류인도라는 상징적 인도에 의하여 그리고 FOB규칙은 현실적 인도에 의한다.

현실적 인도에는 직접적 인도와 간접적 인도가 있다. 추정적 인도란 실제로 물품의 수수를 행함이 없이 인도가 이루어지는 경우를 말하는데 이에는 당사자의 양도승인에 의한 인도와 상징적 인도가 있다.

(4) 서류교부의무

CISG 제34조에서 매도인이 물품에 관한 서류를 교부하여야 할 의무가 있는 경우 매도인은 계약에서 정한 시기, 장소 및 방식에 따라 서류를 교부해야 한다. 이 물품에 관한 서류로는 선하증권, 송장, 보험증권, 원산지증명서, 포장명세서 등 매수인에게 필요한 모든 서류가 포함된다. 매도인이 교부하여야 할 시기 전에 서류를 교부한 경우에는 매도인은 매수인에게 불합리한 불편 또는 비용을 초래하지 아니하는 한, 계약에서 정한 시기까지 서류상의 부적합을 치유할 수 있다. 다만, 매수인은 이 협약에서 정한 손해배상을 청구할 권리를 보유한다. 이 조항은 선하증권을 이용하여 대금과 서류를 교환하는 거래에 적용되는 규정이다. 매도인이 서류를 기한 내에 교부하였으나 계약에 부적합한 서류를 교부한 경우에도 매도인에게 서류를 대체할 수 있는 기회를 부여함으로써 서류불일치가 있더라도 계약의 파기보다는 계약을 유지시키기 위한 취지의 규정이다. 매도인이 서류상의 부적합을 치유하는 경우에도 매수인은 손해배상을 청구할 수 있다.

2) 물품의 계약적합성

CISG 제35조는 물품자체의 계약적합성에 관하여 기본원칙을 전제로 하고, 구체적 물품 적합성에 있어서 그 부적합의 기준을 제시하고 있다. 따라서 물품이 계약에 적합한 것인가의 여부는 1차적으로 계약에 의해 정해진다. 따라서 매도인은 당사자들이 계약에서 명시적 또는 묵시적으로 정한 수량, 품질, 용기 등에 따른 물품을 인도하여야 한다. 협약에서는 계약에서 정한 것과 다른 물품을 인도하는 것을 원칙적으로 물품부적합으로 보며, 예를 들어 수량이 부족하거나 초과하는 인도, 다른 종류의 물품을 인도하는 것도 모두 계약에 부적합한 것이 된다. 반면 이 경우 매수인에게는 CISG 제39조에 따른 부적합통지의 의무가 따른다.

(1) 물적 적합성

CISG에서는 물적 적합성에 관하여 "매도인은 계약에서 요구되는 수량, 품질 및 물품명세로 또한 계약에서 요구되는 방법에 따라 용기에 담거나 또는 포장된 물품을 인도하여야 한다."라고 전제하고, 구체적인 물적 적합성의 판단 기준을 규정하고 있다.

(2) 수량에 대한 적합성

CISG에 의하면 매도인이 계약과 일치하는 수량의 물품을 인도하여야 하며, 계약과 다른 수량의 물품을 인도하면 물품의 적합성에 대한 계약위반이 된다고 규정하고 있으며, 구체적인 내용은 계약조항에 위임하고 있다. SGA는 수량에 대한 적합성에 관하여 부족한 수량의 물품인도와 초과된 수량의 물품인도로 나누어 구체적으로 규정하고 있다. 원칙적으로 매도인은 정확한 수량의 물품을 매수인에 인도하여야 하며 매수인은 수량부족의 경우에는 이를 거절할 수 있으며, 수량초과의 경우에는 약정수량만을 수령하고 잔량을 거절하거나 전량을 거절할 수 있다고 규정하여 매수인이 계약과 다른 수량의 물품인도를 거절할 수 있음을 명시하고 있다.

매매계약에서 수량조건은 당사자에게 있어서 가장 기본이 되는 조건 중 하나로 중요시되고 있다. 수량과 관련하여 계약에서는 명확한 수량으로 정하는 방식도 있으며 과부족용인의 폭을 정하여 두는 방식도 있다. 전자는 계약물품이 개개품목으로 거래되는 경우, 후자는 살물과 같은 경우 사용된다. 과부족용인조항[3]이 없는 경우에는 신용장방식의 거래에서는 물품의 수량 앞에 "약"이라는 의미의 "about"의 용어가 사용되는 경우 10%를 초과하지 아니하는 과부족을 용인하고 있다. 또한 과부족금지 문언이 없는 한 포장단위나 개개품목에 따라 수량이 평가된 경우를 제외하고 환어음발행금액이 신용장금액을 초과하지 않는 범위 내에서 5%의 과부족이 용인된다.

3) 국제무역거래에서 광석 · 곡물 · 원유 등의 물품에 허용되는 공급물량 손실 허용한도를 말한다.

(3) 품질에 대한 적합성

CISG에서는 제35조(1)항에서 물품의 적합성의 한 요소로서 물품의 품질을 규정하고 있으며 품질의 구체적인 판단기준을 (2)항에서 규정하고 있다. 이 규정에 의하면 물품의 품질에 대한 적합성은 다음의 3가지 요건을 충족해야 한다고 규정하고 있으며, 이러한 규정은 SGA나 UCC와 같은 영미법의 영향을 받은 것으로 볼 수 있다.

① 물품명세와 동일한 물품으로서 통상적으로 사용되는 목적에 적합하여야 한다.

② 계약체결 당시에 매도인에게 명시적 또는 묵시적으로 알려져 있는 특정 목적에 적합하여야 한다.

③ 매도인이 매수인에게 견본 또는 모형으로서 제시한 물품의 품질을 구비하여야 한다. 무역거래에서는 당사자들에 의하여 계약 체결 시에 품질조건에서 계약물품의 품질을 결정하는 것이 대부분이다. 품질결정방법은 매수인이 형물을 검사하여 결정하는 경우와 매수인이 물품을 검사하지 않고 결정하는 경우로 대별할 수 있으며, 후자의 경우의 대표적인 방법으로는 견본매매와 명세서매매가 있다. 매매물품의 품질결정방법에 관한 관행은 ULI, CISG 및 주요국의 법규에서도 견본매매와 명세서매매라는 두 가지 유형으로 대별하고 있다는 점에서 일치한다.

(4) 포장에 대한 적합성

CISG는 물품의 적합성의 판단을 위한 마지막 요소로서 포장을 규정하고 있으며, "물품은 통상적인 방법으로 또한 그러한 방법이 없는 경우에는 그 물품을 보전하거나 보호할 수 있는 적절한 방법으로 용기에 담거나 또는 포장되어 있어야 한다."라고 포장의 기준을 정하고 있다. 인코텀즈에서는 특히 물품의 포장에 대한 적합성에 관하여 매도인의 의무에 관한 규칙 중에서 점검, 포장, 화인이라는 표제 하에 매도인은 자신의 비용으로 계약물품의 인도 또는 운송에 요구되는 포장을 행할 것을 규정하고 있으며 추가적으로 포장은 적절히 화인되어야 한다고 규정하고 있다. 이는 정형거래규칙과 관계없이 매도인이 부담하여야 하는 의무이다.

3) 소유권의 이전

소유권(property)이란 경제적 이익을 기반으로 하여 금전으로 평가할 수 있는 권리를 의미하며, 여기에는 물권, 채권, 무체재산권으로 구성된다.

소유권 이전의 대원칙으로 SGA에서는 매매계약의 본질을 소유권이전의 문제로 보아 불특정물과 특정물로 대별하여 규정하고 있다.

① 불특정물의 매매계약에 있어서는 물품이 특정되기까지는 그 물품의 소유권은 이전하지 않는다.

② 특정물의 매매계약에 있어서 물품의 소유권은 계약당사자가 그 이전을 의도한 때에 매수인에게 이전하며, 당사자의 의사를 확정할 때에는 계약의 내용, 당사자의 행위 및 경우의 상황을 고려하여야 한다. SGA에서는 매매당사자간에 별도의 의사표시가 없는 한 물품의 소유권이 매수인에게 이전하는 시기에 관한 당사자의 의사확정 기준에 대하여 다음과 같이 규정하고 있다.

첫째, 인도 가능한 상태에 있는 특정물에 대한 무조건의 매매계약에 있어서 물품의 소유권은 계약설립 시에 매수인에게 이전한다. 지급 및 인도의 시기 중 일방 또는 쌍방이 연기를 하는 것은 물품의 소유권이전에 영향을 미치지 않는다.

둘째, 특정물을 매매계약에 있어서 물품을 인도 가능한 상태로 하기 위하여 매도인이 일정한 행위를 해야 할 경우에는 매도인이 그 행위를 하고 매수인이 그 통지를 받기 전까지는 소유권은 이전하지 않는다.

셋째, 인도 가능한 상태에 있는 특정물의 매매계약에 있어서 대금을 확보하기 위하여 매도인이 물품에 관한 중량, 용적의 측정, 실험, 검사 또는 기타의 행위를 해야 할 필요가 있는 경우에는 매도인이 그 행위를 하고 매수인이 그 통지를 받기 전까지는 소유권은 이전하지 않는다.

넷째, 승인조건부 또는 반환조건부, 기타 이와 유사한 조항에 의하여 물품이 매수인에게 인도되는 경우에는 매수인이 승인 또는 승낙을 매도인에게 표명하지 않고 거절의 통지도 없이 물품을 유치한 경우에는 물품의 반환기간이 정해져 있는 때에는 그 기간이 완료한 때, 또는 그 기간이 정해져 있지 않은 때에는 상당한 기간이 경과한 때에 물품의 소유권이 이전된다.

다섯째, 불특정물 또는 장래 취득될 물품에 관한 명세서에 의한 매매계약에 있어서는 명세서에 적합하고 인도 가능한 상태에 있는 물품이 매수인의 동의를 얻어 매도인에 의하여 또는 매도인의 동의를 얻어 매수인에 의하여 무조건으로 계약에 충당된 경우에는 그 물품의 소유권은 그 충당된 시점에 매수인에게 이전한다. 이상의 다섯 가지 기준에 있어서 1~4번까지는 특정물매매에 적용될 수 있고 5번은 불특정물 매매에 적용될 수 있는 소유권이전의 의사결정기준이다.

(1) 소유권이전의 시기

SGA에 의하면 특정물의 물품매매에서 소유권은 당사자의 의사에 따라 매매계약 체결과 동시에 이전할 수 있고, 불특정물의 매매에서 소유권이전은 물품을 인도 가능한 상태에 두고 무조건 계약으로 충당시킬 때 이전한다. UCC는 소유권이전 시기에 대하여 매매목적물의 현실적으로 인도되는 경우와 그러하지 않은 경우로 구분하여 규정하고 있다. 현실적 인도에 의할 경우에는 담보이익의 유보에 불구하고 또한 권리증권을 다른 시기와 장소에서 교부하기로 되어 있을지라도 매도인이 현실적 인도 이행을 종료한 시기와 장소에서 소유권이 이전된다. 그리고 계약에서 목적물의 운송에 관하여 규정한 경우에는 선하증권에 의한 여하한 담보이익이 유보에 불구하고 선적지인도계약 하에서는 선적시기와 그 장소에서 소유권은 매수인에게 이전되며, 양륙지인도계약 하에서는 목적지에서 제공한 때 소유권이 이전된다.

현실적 인도에 의하지 않고 인도가 이루어질 경우에는 다른 명시적 합의가 없는 한 매도인이 권리증권을 교부하여야 할 때에는 매도인이 그 증권을 교부하는 시기와 장소에서 소유권이 이전되며, 권리증권의 교부가 필요하지 않고 계약체결 시 이미 목적물이 특정된 경우에는 계약체결하는 시기와 그 장소에서 소유권이 이전된다. 또한 정당한 사유와 유무를 불문하고 매수인이 그 목적물의 수령 또는 목적물의 보유를 거절했거나 정당한 인수의 철회가 있는 경우에 매도인은 목적물에 대한 소유권을 회복한다.

(2) 일반적 소유권과 특별소유권

일반적소유권과 특별적소유권은 Chalmers' Sale of Goods Act 1893의 용어에서 사용된 것이다. 매매의 본질은 대금을 받기 위해 매도인이 매수인에게 물품의 재산지배권 또는 일반재산권을 이전하는 것이다. 따라서 property는 general property를 지칭하는 것이지 special property를 지칭하는 것이 아니다. 특별적소유권이란 영국법에서 상습적으로 사용하는 것으로 특별이익과 같은 의미이다. 예를 들어 질권[4]을 설정할 때 질권자는 특별적소유권을 갖고 있으며, 일반적소유권은 질권설정자에게 남게 된다.

4) 위험의 이전

위험이란 당사자에게 책임이 없는 물품의 우발적 손실 또는 손상을 의미한다. 전통적으로 물품의 위험은 물품의 소유자가 부담하며, 이는 "물품의 손해는 소유자의 손해"라는 문구로서 표현되어 진다. 그러므로 위험의 이전은 원칙적으로 물품에 대한 소유권이 이전할 때에 이전하게 되는데 이를 소유자주의라고 한다. 이 소유자 위험부담주의는 위험이전의 대원칙으로 다소의 변형은 있으나 지금까지 준수되어 왔다. 그러나 현대의 무역거래가 물품의 원격지로의 운송, 환어음결제에 따르는 환위험의 존재 등 많은 위험에 따르게 되자, 소유권의 이전과 위험의 이전을 분리시켜 소유권이 이전되지 않아도 위험이 이전될 수 있는 것으로 인정되고 있다.

(1) 인코텀즈에서 위험이전에 관한 재규정

인코텀즈는 소유권의 이전에 관한 규정이 없으나 매도인과 매수인의 의무에 대한 규정 중에서 각각 위험의 이전에 관한 조항을 두고 있다. 인코텀즈 규칙에서 위험의 이전 시기는 거래규칙에 따라 일정하지 않다. 해상운송 방식인 FOB, CIF 규칙에서는 선적항 본선 갑판 상에 인도되거나 그렇게 인도된 물품을 조달한 때이며, 복합운송 방식인 FCA, CPT, CIP 규칙에서는

---

4) 질권이란, 채권자가 채권의 담보로서 채무자 또는 제3자(물상보증인)로부터 받은 담보물권을 말한다.

운송인에게 인도된 때이다.

(2) SGA에서 위험이전에 관한 재규정

SGA에서는 위험이전에 대한 대원칙으로 "위험은 소유권과 함께 이전한다."라고 규정하여 위험을 소유권에 수반하는 것으로 추정하고 있으며 채권자지향적이라 할 수 있다. 영국법에서는 소유자주의를 원칙으로 하고 있으나 판례에서는 "위험은 소유권자가 부담한다."는 것을 절대적인 원칙으로 보지 않고 당사자의 명시적 또는 묵시적 의사표시에 따라 변경할 수 있다고 보고 이 예외를 인정함으로써 CIF 매매계약 시 목적물의 위험은 소유권이 이전되지 않음에도 불구하고 선적과 동시에 매수인에게 이전하는 것으로 보고 있다.

(3) UCC에서 위험이전에 관한 재규정

UCC의 규정은 위험이 소유권에 수반한다는 종래의 사고방식을 완전히 포기하고 계약과정을 분석하여 위험이전시기를 결정한다는 새로운 분석에 접근하고 있다. 손실에 관한 위험부담절차를 보면 다음과 같다.

첫째, 당사자의 특약에 따른다.

둘째, 특약이 없는 한 원칙적으로 물품소유자가 부담한다.

셋째, 매매계약을 위반한 경우에는 위반한 당사자가 부담하며 그밖에는 상황에 따라 부담한다.

이와 같이 UCC는 소유권이전과 위험부담을 완전히 분리하고 있다. 그러므로 환어음결제에 따른 환위험 등의 위험을 회피하기 위하여 소유권이전과 위험이전을 완전히 분리하여 소유권이 이전하지 않더라도 위험은 이전될 수 있음을 새롭게 인정한 것이라고 볼 수 있다.

5) 대금의 지급

대금지급시기와 방법은 보통 물품 매매계약 시에 결제조건으로 신용장 방식 또는 추심방식인D/P, D/A방식 또는 송금환 방식 등으로 약정하게 된다.

(1) 대금지급시기

물품 매매계약은 매도인이 매수인에게 물품에 대한 소유권을 이전하고 매수인으로부터 대금을 지급받게 된다. 이에 대하여 SGA는 "당사자 간에 다른 약정이 없는 한, 물품의 인도와 지급은 동시이행조건이다."라고 규정되어있다. 즉, 매도인은 대금과 상환으로 물품의 점유권을 매수인에게 이전할 수 있어야 하고 매수인은 물품의 점유와 상환으로 대금을 지급할 수 있어야 한다고 규정하고 있다. CISG에서는 대금지금에 관하여 "매수인이 대금을 어느 특정한 기일에 지급할 필요가 없는 때에는 매도인이 계약에 정하는 바에 따라 물품 또는 그 처분을 지배하는 서류를 매수인의 임의처분에 맡겨진 경우에 매수인은 대금을 지급하여야 한다."고 규정하고 있는데, 이는 물품인도와 대금지급은 동시이행관계에 있다고 할 수 없으며 물품을 매수인의 임의처분 상태에 둔 때의 대금지급 관계로 보아야 할 것이다.

매도인은 물품 또는 서류를 인도함에 있어 대금의 지급을 인도의 조건으로 할 수 있으며, 계약이 물품운송이 포함된 경우에는 대금지급과 상환으로 물품 또는 서류를 안도한다는 조건을 붙여 물품을 발송할 수 있는데, 이 경우에 대금이 지급될 때까지는 물품의 처분권은 매도인에게 유보된다.

(2) 대금지급장소

무역거래의 실무관행에서는 대금결제와 관련한 지급장소에 대하여 계약당사자 간에 명시적 특약이 있으면 합의한 장소로 하고 이러한 합의가 없는 경우에 협약(CISG)은 대금지급시기와 다음의 지급장소를 각각 규정하고 있다.

첫째, 당사자 간에 합의한 특정한 장소가 있으면 그 특정한 그 장소에서 지급해야 한다.

둘째, 특정한 장소가 없고 대금지급이 물품 또는 서류의 교부와 상환으로 지급되어야 할 경우가 아닌 경우에는 원칙적으로 매도인의 영업소에서 지급하여야 한다.

FOB조건[5] 에서는 매도인이 영업소 또는 선적이 이루어지는 장소가 곧 대금지급장소가 된다. 계약체결 후에 매도인이 영업소를 변경함으로써 발생하는 대금지급에 대한 부수비용의 증가액을 매도인이 부담해야한다.

셋째, 대금지급이 물품 또는 서류의 교부와 상환으로 지급되어야 하는 경우에는 예외적으로 그 물품 또는 서류의 교부가 이루어지는 장소가 대금지급장소가 된다. 이는 물품인도와 대금지급이 동시이행조건이라는 계약이론에 따르는 것이 일반적이기 때문이다. 위 순서대로 매수인의 대급지급장소 순서이다.

(3) 대금지급금액

매매거래상의 물품대금은 일반적으로 당사자 간의 합의로 결정된다. 그러나 계약은 유효하게 성립하였지만 계약상 명시적 또는 묵시적으로 대금을 약정하지 않거나 대금확정조항을 두지 아니한 경우, 당사자는 반대의 표시가 없는 한 계약체결 시에 당해 거래계약이 유사한 상황에서 매도되는 물품에 대하여 일반적으로 청구되는 대금을 묵시적으로 물품대금으로 정한 것으로 본다. 여기서 반대의 표시가 있는 경우로는 가격폭등이 극심한 시장에 있어서 당사자 간에 대금에 대한 합의가 없는 경우로 이는 물품대금결정을 계약체결 시가 아닌 인도시점으로 하는 반대의 표시가 있는 경우이다. 그리고 계약 체결 시에 당해 거래와 유사한 상황에서 매도

---

5) 매도인이 인도의무를 이행하는 장소는 내륙의 출하지점이냐 아니면 수출항의 선적지점이냐에 따라 광의와 협의의 해석이 있고, 지정지점에서 인도를 받을 수송기관이 철도 화차인가 외국행 선박인가에 대해서도 견해 차이가 있다.

되는 그러한 종류의 물품에 대하여 일반적으로 청구되는 대금이란 계약 체결 시에 객관적으로 통용되는 기격을 말한다. 다만, 관행이나 관례가 별도의 사정을 구성할 수 있다.

한편 대금이 물품의 중량에 따라 정하여지는 경우에, 의심이 있을 때에는 순중량에 의하여 대금을 결정하는 것으로 한다. 대금이 물품의 중량에 따라 정하여지는 경우란, 곡물, 철광석 등 대량 원자재로서 대개는 따로 포장하지 않고 산물로서 거래되는 경우를 말한다.

CISG는 물품의 중량에 의하여 대금을 결정하도록 한 경우에, 의심이 있는 때에는 순중량에 따라 대금을 결정한다. 또 대금지급 연체 시에 법정이자액 이외에 추가적인 손해배상도 허용한다.

한편 대금지급통화는 국가마다 고유의 통화를 사용하고 있기 때문에 무역거래에서는 매매당사자간 어느 나라의 어떠한 통화를 사용할 것인지에 대하여 안정성과 교환성 및 유동성이 있는 통화를 고려하여 대급지급조건을 약정하여야 한다. 문제 발생을 방지하기 위해 국가별 통화 단위를 명확히 표시하여야 한다.

2 합의에 의한 해제

계약은 기존계약을 해제하기로 당사자 간의 합의를 통해서도 계약의 효력은 소멸하게 된다. 여기서 몇 가지 경우가 있는데 이를 약술하면 다음과 같다.

첫째, 계약상 당사자 간에 미이행 채무를 갖고 있는 경우 당사자 상호 간의 권리포기의 약인에 따라 상호해제(mutual release)가 가능하다. 여기서는 서면계약이나 날인증서 모두 구두합의에 따라 변경 내지 해제가 가능하다. 둘째, 당사자의 일방은 채무를 이행하고 타방의 채무가 남아있는 경우 전자가 채무면제를 약속함으로써 계약은 해제될 수 있다. 셋째. 교체계약(substitution on new contract of agreement)의 경우 합의에 따라 기존계약을 해제하고 신계약을 성립시킬 수 있으며, 넷째, 경개계약(novation)[6]의 경우 기존계약에 당사자의 지위로 제3자가 개입되었을 때는 제 3자와의 동의와 합의에 의해 계약을 해제할 수 있으며, 다섯째, 계약위반(breach of the contract)에 대해 채권이나 청구권을 명시적, 묵시적으로 포기할 때 계약의 해제가 가능하다.

1) 합의에 의한 소멸

계약은 합의에 의해 만들어진 것이므로 일반적으로 합의에 의해 소멸될 수가 있다.

계약을 소멸시키는 합의에는 해제합의, 대물변제 및 경개에 의한 신계약, 경개의 형식에 의

6) 경개란, 채무의 요소를 변경하여 구채무(舊債務)를 소멸시키고 신채무(新債務)를 성립시키는 계약을 말한다.

한 합의가 있다.

(1) 해제합의(mutual rescission)

합의에 의한 소멸은 일반적으로는 계약체결 후 당사자 간의 합의에 의해 계약을 소멸시키는 것을 말하지만 계약 체결 시에 계약해제에 관한 조항을 정해 두고 거기에 규정된 사건이 발생함으로서 계약이 소멸하는 경우도 있다. 또 특별히 통지함으로써 계약을 소멸시킬 수 있는 취지의 규정을 계약 체결 시 합의해 두면 그 통제에 의해 계약은 소멸한다.

(2) 대물변제 및 경개에 의한 신계약

계약을 소멸시킴에 있어서 계약을 그냥 소멸시키는 것이 아니라 새로운 계약을 체결하여 원계약에 대치시키는 경우가 있다.

① 대물변제(accord and satisfaction)

보통 원 계약의 이행기 또는 계약위반 후에 새로운 계약이 체결되는 경우를 대물변제라 한다. 즉, 계약 당사자 일반의 채무만이 남아 있는 경우에 약인을 제공하여 그 채무를 소멸시키는 것이 대물변제이다. Accord란 채무를 소멸시키는 합의이고, Satisfaction이란 그 합의를 유효하게 하는 새로운 약인이다. 현존하는 채무를 소멸시키는 합의가 성립해도 약인의 제공이 없는 한 대물변제는 되지 않는다.

② 경개에 의한 신계약(substituted contract)

원 계약의 이행기 또는 계약위반 전에 새로운 계약이 체결되는 경우를 경개에 의한 신계약이라고 한다. 즉, 합의에 의해 기존계약을 소멸시킴과 동시에 이에 대신하는 신계약을 성립시키는 것을 가리킨다. 예를 들면 일주일 후에 말을 인도하기로 약속을 하면 기존의 채무를 소멸시키겠다는 합의가 이루어 진 경우, 기존의 채무는 곧바로 소멸하고, 말의 인도를 내용으로 하는 계약만이 남는다. 이것은 변제가 이루어지기 전에 기존의 채무가 소멸하는 점에서 대물변제와는 다르다.

우리나라의 경우 이것은 경개(novation)의 하나로 분류되지만, 영미의 경우 당사자가 교체되지 않는 계약은 경개라고 하지 않는다.

(3) 경개(당사자 대체계약)

경개(novation)란 당초의 계약(the original contract)에 있어서 채권자 또는 채무자의 지위를 제3자가 대신함으로써 체결되는 계약이다. 이에 의해 종래의 채무자는 그 채무를 면한다. 예를 들면 C로부터 500달러로 카메라를 산 A가 아직 그 대금을 지급하지 않은 채로 그 카메라를 B에 팔고 B가 C에 대하여, C가 A에 대한 500달러의 채권을 면제하는 것을 약인으로 하여 500달러를 지급할 것을 약속하면 이 3자간의 합의에 의해 경개가 성립하고 AC간의 당초의 계약은 소멸한다.

2) 계약의 해제와 원상회복

자기 채무의 전부 또는 일부를 이행하였으나 상대방의 중대한(substantial) 불이행에 의해 손해를 입은 자는 손해배상 또는 특정이행을 청구 하던가 혹은 그 대신 계약을 해제하고[7] 원상회복(restitution)을 구할 수도 있다.

계약의 해제란 유효하게 성립하고 있는 계약의 효력을 당사자 일반의 의사표시에 의하여 그 계약이 처음부터 있지 않았던 것과 같은 상태로 복귀시키는 것을 말한다. 그리고 원상회복이란 계약위반자가 취득한 이익을 상대방에게 반환하여 줌으로써 그로 하여금 계약이 체결되지 않은 것과 다름없는 지위에 놓아주는 것을 말한다.

손해배상(damages)의 목적은 가해자(피고)가 의무를 이행한 것과 동일한 상태로 피해자(원고)를 두는 것이지만, 원상회복의 목적은 피해자로 하여금 자기가 이행한 가치(value)를 회복시켜 계약전의 상태로 복귀시키는 것이다. 대부분의 경우 원상회복은 특정물을 피해자(원고)에게 반환시키는 대신에 계약의 전부 또는 일부의 이행으로서 피고가 원고로부터 취득한 이행분의 가치를 금전으로 반환시키는 방법을 취한다.

(1) 해제권의 발생

계약위반이 있다고 하여 당연히 계약해제권이 발생하는 것은 아니다. 계약위반이 경미한 때는 피해자는 계약을 해제하여 원상회복을 구할 수는 없고 단지 금전에 의한 손해배상을 청구할 수 있을 뿐이다.

① 우리민법

우리 민법이 해제권의 발생원으로 규정하는 것은 이행지체(제544조, 제545조)와 이행불능(제546조)이다. 이행지체에 관하여는 이를 다시 보통의 이행지체와 정기행위의 이행지체로 나누어 규정하고 있다. 보통의 이행지체의 경우(계약이 정기행위가 아닌 경우)에는 채권자가 상당한 기간을 정하여 최고를 하고, 그 기간 내에 이행이 없으면 계약을 해제할 수 있다(제545조). 해제하는 데에는 해제의 의사표시가 필요하다. 이 경우 상거래에 있어서는 채무자, 즉 매도인에게 대단히 불리하지 않을 수 없다. 다시 말하면 매도인은 해제의 의사표시가 있을 때까지는 이행의 청구를 받을지 해제의 통지를 받을지 불안정한 상태에 놓여질 뿐만 아니라, 해제

---

7) 원상회복(原狀回復, restitution)이란 불법행위나 계약의 해제로 인해 원래 상태로 복귀시켜야 할 의무가 생긴다. 계약금 등 계약 전 상태로 복귀시키는 것을 원상회복이라 한다.

권이 채권자의 투기의 수단으로 이용될 염려도 있기 때문이다. 그러므로 상법은 상사상의[8] 확정기매매(정기행위)에 관하여 특칙을 두고 있다. 즉, 상행위인 확정기 매매에 있어서는 당사자의 일방이 이행하지 않고 그 시기를 지나면 상대방의 해제의 의사표시를 기다릴 것이 없이 당연히 해제의 효과가 생기고, 만일 상대방이 그 매매계약을 존속시키려면 즉시 이행의 청구를 해야 한다.(상법 제 68조)

한편 민법상 이행불능의 경우도 정기행위의 이행지체의 경우와 마찬가지로 즉시해제가 인정된다(제546조). 그리고 불완전이행의 경우에도 해제권은 발생하나, 이때에는 그 불완전을 추완하는 것이 가능한가의 여부에 따라 최고의 요부가 결정된다. 즉, 완전이행이 가능한 경우에는 최고를 요하고, 완전이행이 불가능한 경우에는 최고함이 없이 곧바로 해제할 수 있다.

그리고 민법의 해석론 상 제544조의 해제가 인정되는 채무의 불이행은 주된 채무의 불이행을 말하고, 이른바 부수적 채무의 불이행으로는 해제하지 못한다. 주된 채무는 계약을 맺은 목적을 달성하는데 필수, 불가결 한 것, 또는 그 불이행이 있으면 계약을 체결할 목적을 달성할 수 없을 만큼 중요한 채무를 의미한다. 주된 채무인가 또는 부수적 채무인가는 구체적인 경우에 따라 판단되어야 한다.

② 영미법

영미법에 있어서도 위반의 형태에서 생각해 그것이 본질적이고 또 중대한 위반인 경우에만 상대방이 계약해제권을 갖는다. 중대한 계약위반이란 계약의 근저에 달하는 위반, 계약의 실질적 이행(substantial performance)을 방해하는 위반이고, 당사자의 일반이 계약이행의 의사가 전혀 없음을 표시하거나 계약중의 중요한 조건(condition)에 대한 위반을 말한다.

영국의 SGA에 의하면 계약조항은 조건(conditions)과 담보(warranties)로 구성된다. 조건은 계약당사자가 계약체결 시 계약의 본질적인 요소라고 할 수 있을 정도로 중요성이 있다고 생각하는 조항이다. 한편 담보는 계약의 주된 목적에 부수하는 합의로서 조건보다 덜 중요한 것이다. 담보위반의 경우 계약해제권은 발생되지 않고 단지 손해배상청구권만이 발생된다(SGA 제11저 제3항 및 제61조 참조). 그러나 조건위반은 계약해제권을 발생시킨다.

따라서 조건위반의 경우 매수인은 물품을 거절할 수 있지만, 담보위반의 경우에는 매수인이 물품을 거절할 수 없다. 다만, 매수인은 조건위반을 담보위반으로 처리할 수 있기 때문에 매수인은 물품을 거절하는 대신 물품을 보관하고 손해배상을 청구할 수도 있다.(제11조 제2항)

미국의 통일매매법(USA)에서는 Condition과 Warranty의 구별을 폐지하여 Warranty로 통일하였기 때문에 담보위반의 경우에도 계약해제권이 발생한다(제69조 제 1항 d). 또한 UCC에서도 매수인이 불법적으로 물품의 수령을 거절 또는 철회하거나, 물품의 인도 시 또는 그 이전에

8) 계약의 성질 또는 당사자의 의사 표시에 따라 일정한 때나 기한 안에 이행함으로써 이루어지는 매매를 말한다.

이행하여야 할 지급을 하지 않은 경우 등에 매도인은 매매계약을 해제할 수 있고(제2-703조), 매도인이 인도하지 않거나 이행을 거절한 경우 등에는 매수인이 계약을 해제할 수 있다(제2-711조). 그러나 인도 시기나 대금지급시기가 다소 늦었다고 하는 것만으로는 해제권이 발생하지 않는다.

③ 비엔나 협약[9)]

비엔나 협약에서도 중대한 계약위반(fundamental Breach)에 해당하는 경우에만 상대방이 계약을 해제할 수 있는 것으로 규정하고 있다(제49조 제1항 및 제64조 제 1항). 여기서 중대한 계약위반이란 당사자의 일방에 의한 계약위반이 타방 당사자가 계약상 기대할 수 있었던 것을 실질적으로 박탈할 정도의 손해(detriment)를 초래하는 경우의 위반을 가리킨다. 다만, 위반한 당사자가 그러한 결과를 예상하지 못하였고, 또 동일 상황 하에서 동일 부류의 합리적인 사람(a reasonable person)도 그러한 결과를 예상하지 못하였을 경우에는 그러하지 아니하다(제25조).

일반적으로 어떠한 계약위반이 당해 계약 하에서 중대한 계약위반이 되는가는 개개의 사례에 따라 계약의 경제적 가치, 위반에 따라 발생한 손해의 정도, 계약위반의 결과 상대방의 영업활동에 지장을 미치는 정도 등을 고려하여 종합적으로 판단하게 되지만, 이러한 판단에 있어서는 매도인이 상당한 기간 내에 치유할 의사를 표시하고 있는가의 여부도 중요한 기준이 된다. 예시로 계약상의 인도기일인 7월 1일, 매도인은 대형의 고가품 기계를 인도하였고 7월 10일에 매수인이 그 기계를 설치하였으나 중요한 부품이 작동하지 않아 기계가 가동되지 못하였다고 하자. 매수인은 이러한 사실을 매도인에게 통지하였고, 매도인은 즉시 하자있는 부품의 교체를 제의하였다. 그러나 매수인은 그 교체에 소요되는 기간이 짧아 자기의 기계 사용계획에 지장을 주지 않는데도 불구하고 매도인의 하자 있는 부품 교체를 허락하지 않았다. 또한 매수인은 기계가 작동되지 않은 하자가 제25조에 규정하는 중대한 계약위반이라고 주장하면서 계약해제를 선언하고, 매도인에게 그 기계를 가져가고 대금을 반환할 것을 요구하였다고 하자. 이러한 경우 물론 매도인의 계약위반은 중대한 것이다. 따라서 원칙적으로 계약해제를 선언할 수 있다. 그러나 한편 매도인은 합의된 인도기일 이후에도 하자있는 부품을 교체할 권한이 있으며(제48조 제 1항 참조), 그러한 신속한 교체를 통해 매수인에 대한 실질적인 손해를 방지할 수 있다. 따라서 이러한 경우 그 계약위반은 중대한 것이 아니므로 매수인은 계약을 해제할 수 없다.

매도인이 물품을 계약상의 인도기일에 인도하지 않은 경우 매수인은 매도인의 의무이행을 위해 합리적인 추가기간을 정할 수 있고, 이러한 기간을 정한 경우에는 매도인으로부터 이행할

---

9) 1985년 오스트리아의 비엔나에서 채택된 협약으로 오존층 파괴 원인물질의 규제에 대한 것을 주 내용으로 하고 있으며, 몬트리올 의정서에서 그 내용이 구체화되어 있다.

의사가 없다는 뜻의 통지를 받지 않는 한 매수인은 그 기간 중 계약위반에 대한 구제를 청구할 수 없다(제47조). 다만, 매도인이 이러한 추가기간 내에 현실적으로 물품을 인도하지 않거나 또는 추가기간 내에 인도하지 않겠다고 미리 선언한 경우에는 매수인이 계약 해제를 선언할 수 있다(제 49조 제 1항 b). 채무자의 이행이 지체된 경우에 곧바로 계약을 해제하는 것을 인정하지 않고, 상당한 기간을 지정하고 그 기간 내에 채무자가 이행하지 않는 경우에 비로소 계약을 해제할 수 있도록 하고 있는 것은 독일 민법 제326조의[10] 유예기간(Nachfrist)에 상당한 것이며, 이행지체-〉최고-〉불이행-〉계약해제라고 하는 과정을 밟는 것으로 규정한 우리나라 민법 제544조와도 동일하다.

이와 같이 매도인이 계약에 따라 물품을 인도하지 않는 경우 보통 매수인은 매도인에게 일정한 유예기간을 부여한 후, 그 기간 내에 매도인이 인도하지 않으면 계약을 해제할 수 있다. 그러나 중대한 계약위반이 있으면 계약을 해제할 수 있다는 제 49조 제1항 a의 원칙은 여전히 살아 있으므로 납기의 지연이 전혀 허용되지 않는 경우, 매수인은 매도인에게 유예기간을 주지 않고 계약의 무효를 선언 할 수 있다. 매수인이 대금의 지급 또는 물품의 수령을 해태한 경우에도 매도인의 물품인도지체의 경우와 마찬가지의 절차를 거치게 된다.(제63조 및 제64조 참조)

(2) 해제권의 행사

우리 민법상[11] 해제권의 행사는 상대방에 대한 의사표시로 하며(제543조 제1항), 그 의사표시는 상대방에게 도달한 때에 효력이 발생한다(제111조 참조). 해제의 의사표시 방식에는 아무런 제한이 없기 때문에 서면으로 할 수도 있고, 구두로도 할 수 있다. 영미법에서도 계약의 해제는 상대방에 대한 의사표시에 의해 효력이 발생한다. 비엔나 협약의 경우에도 마찬가지이다(제49조, 제51조 및 제64조 참조).

(3) 해제의 효과

① 우리 민법

해제제도는 계약당사자를 상대방의 채무불이행으로부터 구제하기 위한 하나의 법적 수단이며, 일방 당사자의 채무불이행으로 목적을 달성할 수 없게 된 계약을 해소시켜서 처음부터 그러한 계약이 존재하지 않았던 것과 같은 상태로 되돌아가게 하는 것을 목적으로 한다. 따라서

a. 이행하지 않은 채무는 이행할 필요가 없게 된다.

b. 이미 이행한 것이 있을 때에는 서로 반환하게 된다. 즉, 계약이 해제되면 각 당사자는 상

---

10) 당사자나 그 밖의 소송 관계인의 이익을 보호하기 위하여, 법률이 일정한 사항에 관하여 일정한 시간을 미루어 두는 기간을 말한다.

11) 유효하게 성립된 계약의 효력을 일방적인 의사표시에 의하여 소급적으로 소멸시킬 수 있는 권리를 말한다.

대방을 계약이 행하여지지 않았던 것과 같은 상태로 되돌아가게 할 의무를 부담한다. 이를 원상회복의무라고 한다.

c. 위 1 및 2에 의해 전보되지 못한 손해가 있는 때에는 이를 배상하게 한다.

② 영미법

영국법에서는 계약이 장래에 향하여 소멸하는 것이고 처음부터 존재하지 않았던 것으로 되는 것은 아니므로 원상회복이라고 하는 것은 생각할 수 없다. 즉, 모두 손해배상으로 해결하는 것으로 한다. 다만, 제공노무상당금액의 청구(quantum meruit)는 원상회복이다.

quantum meruit란 "as much as he deserved"라는 뜻으로 계약위반 시 위반자의 상대방이 이미 자기의 채무의 이행으로서 부분적으로 노무를 제공한 경우에 손해배상을 청구하는 대신 계약을 해제하고 현실적으로 제공한 노무의 가치에 상당하는 금액을 청구하는 것을 말한다. 예를 들면 갑이 어떤 일을 완성한 뒤에 그 보수를 일괄하여 받기로 을과 계약을 체결하고 일에 착수하였으나 도중에 을의 계약위반으로 갑은 그 일을 계속할 수 없었다고 하자. 이 경우 계약을 구실로 갑이 한 푼도 받을 수 없다고 하면 을에게 부당이익이 생기게 된다. 이러한 경우 갑은 손해배상을 청구하는 대신 계약을 해제하고 제공한 노무상당금액의 청구를 할 수 있다. 제공노무상당금액의 청구와 손해배상 청구는 양자 택일전인 것이며, 어느 것을 선택하느냐는 채권자의 선택에 달려있다. 또 제공노무상당금액의 청구를 위해서는 계약을 해제하는 것이 요건이므로 그 계약위반이 원고에게 계약해제를 인정할 정도로 중대한 위반이 아니면 안된다. 계약이 존속하고 있는 때는 제공노무상당금액을 청구할 수 없으며, 계약위반에 대해 손해배상 청구만이 가능하다.

한편 미국에서는 해제의 경우에 제공노무상당금액의 청구(quantum meruit)에 한하지 않고 널리 원상회복(restitutin)에 의한 구제를 인정하고 있다. 즉, 미국의 경우는 우리 민법과 마찬가지로 이행하지 않은 채무는 이행할 필요가 없게 되고 이미 이행한 것은 반환을 청구할 수 있으며, 그와 동시에 손해배상을 청구할 수도 있다.(UCC 제2-720조).

③ 비엔나 협약

비엔나 협약의 경우도 우리 민법이나 미국법과 마찬가지로 계약이 해제되면 미이행 채무는 이행할 필요가 없어지고, 이미 이행한 것은 반환을 청구할 수 있으며, 또 손해배상도 청구할 수 있다.(제81조)

3) 계약의 양도

계약은 그 목적 달성을 위하여 상대방과의 상호 이해와 신뢰가 있을 때 체결된다. 특히 노무의 제공 또는 기술의 공여가 목적이거나, know-how 또는 상표의 사용 내지는 이전이 계약의 목적일 경우, 당사자에 따라 제공되는 노무의 성질과 가치가 달라지며 기술, know-how, 상표의 가치가 다를 수밖에 없다. 따라서 계약 당사자가 아닌 제3자에게 제한 없이 계약이 양도(assignment)될 수 있다면 본 계약의 목적 달성에 중대한 영향을 초래할 수도 있다. 이것이 양도조항이 갖는 의의이다. 양도의 주체는 매도인, 특허 등의 소유권자, 제조자, 투자자, 그 상대방인 매수인, 특허 등의 양수인, 수입자 여부를 불문한다.

우리나라의 경우, 당사자가 특정되어 있는 지명채권의 양도는 양도인이 채무자에게 통지하거나 채무자가 승낙하지 아니하면 채무자 기타 제3자에게 대항하지 못한다고 규정하면서, 채권이 성질이 양도를 허용하지 아니하는 때에는 그 채권을 양도하지 못한다고 하였다. 이것은 채권의 성질에 따라 그 양도성에 제한을 두는 규정이다. 물론 유통성과 동적 안정을 중요시하는 유가증권 즉, 어음, 수표, 선하증권 같은 증권적 채권은 양도의 제한이 없이 원칙적으로 배서, 교부함으로써 그 효력이 발생한다고 되어 있으나, 채무인수는 채권자의 동의를 얻어야 하는 것으로 규정한다. 채무자에 따라 이행될 채무의 성질과 실체가 다를 수 있기 때문이다.

양도조항을 규정할 때는 양도의 대상이 채권이나 권리의 양도인가, 채무나 의무의 양도인가, 영업의 일부 또는 전부의 양도인가 등을 명확하게 구분하여 이에 맞는 적절한 기재가 요구된다. 그러나 계약 체결 당시에는 계약의 양도를 예상하고 있지 않는 경우가 대부분이므로, "사전 서면동의 없이는 양도할 수 없다."고 포괄적으로 규정함이 일반적이다.

4) 계약의 수정과 변경

계약의 수정(amendment)과 변경(change)은 서면으로 할 것인지 아니면 일방적인 통지로 가능하도록 할 것인지, 당사자의 합의를 전제조건으로 할 것인지, 어떠한 경우에 계약의 수정 변경이 가능한지를 정하는 문제이다.

본 계약체결 이후 주위 환경이 변하고, 계약 시점에 미처 예기치 못한 돌발 사태가 발생하거나, 보다 나은 방향으로 계약을 수정 또는 변경할 필요가 있을 때 어떤 형식과 절차를 밟아서 계약을 수정 변경할 것인가를 다룬다.

한편 계약의 수정, 변경과 관련하여 사정변경조항(hardship clauses)이 있다. 원래, 계약은 준수되어야 한다는 원칙(principle of pacta sunt servan - da)은 신의성실의 원칙(good faith principle)과 함께 시민법(프랑스, 독일 등의 대륙법)의 기본원칙이다. 이 원칙은 계약법과 국제법(international law)에서 널리 적용된다. 그러나 당사자가 계약을 체결할 때 합리적으로 예상하였던 상황이나 여건이 어떤 사태의 발생 또는 사태의 결과로 전혀 예상치 않은 상황이나 여건으로 바뀌어, 그 계약을 이해하기 너무 어렵거나 당사자에게 과도한 부담을 주는 경우에는 계약 변경을 협의할 수 있도록 함이 공평하다고 하는 것이[12] 사정변경원칙의 핵심이다. 이때

12) 계약체결 당시의 사회사정이 계약체결 후 현저히 변경되면, 계약은 그 구속력을 잃는다는 원칙을

발생하는 사태는 계약체결 당시에 예견할 수 없었던 것이어야 하고, 사태가 정치적, 경제적, 기술적인 것을 불문하지만 이를 피할 수 없어야 하며, 그로 인하여 당사자 중의 일방이 계약상의 의무를 이행하는 것이 불가능하지는 않지만 너무 부담이 되고 힘이 드는 경우에 사정변경의 원칙이 적용된다. 사정변경의 원칙은 다음 절에서 다루는 불가항력에서 다시 검토하기로 한다. 불가항력 조항을 추상적으로 기재하면 장래 분쟁이 발생할 가능성이 높다.

따라서 구체적으로 예시하여 어떤 상황 내지는 원인을 불가항력에 포함하여야 함이 올바른 작성 방법이다. 이렇게 구체적으로 예를 들어 기재함은 영미법상 "동종 문언의 원칙" 때문이다. 동 원칙에 의거 불가항력은 폭넓게 해석되지 않고, 불가항력의 사유가 하나하나 구체적으로 기재되어 있거나 그와 유사한 경우로 제한하고 있다.

특정한 사유에 대한 예시를 하지 않고 "any cause beyond the control of parties"와 같이 일반적이고 포괄적인 표현을 하였을 때에는 당사자가 지배할 수 있는 범위를 초과하는 모든 경우를 불가항력으로 보지 않는 것이다. 그러므로 앞에서 불가항력의 사유가 되는 몇 가지 사항을 적시하였다면, 이와 동일한 종류의 사유가 발생하였을 때 불가항력으로 인정된다는 것이 동종 문언의 원칙이다. 영미법계 국가의 해상법에서 적용되던 원칙이 모든 계약에 적용되고 있다. 한편 불가항력 조항에는 불가항력의 사유가 발생하면 당사자는 면책이라는 내용만을 기재할 것이 아니라 그 이후의 권리와 의무에 관하여도 규정함이 바람직한 계약서 작성법이다.

참고로 [13]불가항력조항과 사정변경조항(hardship clause)을 구별하는 것도 매우 중요하다. 계약에서 '계약은 준수되어야 한다.(principle of pacta sunt servanda)'는 계약준수원칙이 적용되어야 한다는 것은 일반적인 인식이다. 그러나 불가항력이나 사정변경의 조항은 이러한 'principle of pacta sunt ser-vada'는 원칙이 적용되지 않는 예외의 경우이다. 어떤 돌발 사태의 발생으로 계약의 준수가 불가능하거나 너무 어려울 때 불가항력으로 볼 것인가 아니면 사정변경원칙이 적용되는 것으로 볼 것인가는 중요한 구별의 실익이 있다. 계약을 체결하는 시점에 합리적으로 예상할 수 없었던 사태, 즉 계약이행에 중대한 장애(impediment)가 당사자의 과실 없이 발생하였다는 점에서 불가항력과 사정변경의 원인은 유사한 형태이다. 다시 말해서 불가항력과 사정변경의 원칙은 예기치 않은 상황이나 사태가 발생하였다는 점은 동일하다.

그러나 두 가지 원칙에는 차이점이 있다. 사정변경조항은 어느 한 당사자의 합리적인 지배(reasonable control)를 뛰어넘는 상황 또는 사태(circumstance or event) 때문에 계약을 지속적으로 이행(continued performance of the contract)하는 것이 너무 부담이 되는 경우, 합리적으로 허용될 수 있는 계약상 대체조건을 당사자들이 협의하도록 하는 것이다. 그러한 의미에서 사정변경의 원칙이 적용되려면 당사자의 계약이행이 훨씬 더 힘들기는 하나 불가능한 것이 아

말한다..

13) 지진, 해일, 가뭄이나 홍수, 전쟁 등 피할 수 없는 재난으로 인해 계약의무를 이행하지 못할 경우 의무의 불이행에 따른 책임을 면하게 해주는 조항을 말한다.

닌 반면에, 불가항력은 어느 한 당사자가 계약상 의무이행이 전혀 불가능하거나 아니면 최소한 일시적이라 할지라도 불가능하게 되었다는 점에서 차이가 있다. 따라서 사정변경은 당사자들의 계약 일정을 변경하기 위한 사유가 되지만 당사자들의 계약이행의무는 잔존한다. 그러나 불가항력의 경우는 전혀 이행할 수 없는 불가능 상태에 빠지면 계약의 중지, 해제 또는 해지 문제를 다루어야 하고, 일정기간동안 불가능한 경우에는 계약의 이행지체 등으로부터 면책인 것으로 보아야 할 것이다. 여기서 주목할 점은 국제상업회의소의 중재에서는 국제중재인들은 불가항력과 사정변경을 매우 엄격하게 그리고 제한적으로 해석하고 적용한다는 점이며, 이와 같이 제한적으로 엄격히 해석하는 것이 전 세계적으로 일반적 추세이므로 각 거래형태와 계약의 목적에 적합한 불가항력 내지는 사정변경의 조항을 계약서에 규정함이 필요하다고 하겠다.

5) 존속기간과 종료

계약의 존속기간(Duration)은 계약의 시기(계약의 효력발생 시점)부터 그 효력이 소멸되는 종료시점, 즉 종기까지를 말한다. 계약의 존속기간은 일반적으로 계약서 서명일 또는 효력발생일로부터 일정기간(예. 1년간 혹은 특정일)을 명기하는 방법을 취한다. 계약의 시기가 명백하게 규정되어 있지 않으면, 계약서 서명일이 있는 경우에는 통상적으로 그 서명일자를 계약의 효력발생일로 보는 것이 상례이다. 그러나 서명일에도 명시되지 않을 경우, 계약 전체를 검토하여 당사자의 의사를 추정할 수 밖에 없으나 분쟁의 단초가 될 수 있음을 잊어서는 안된다. 물론 계약기간을 정하거나, 시기 또는 종기를 정함에 있어서 일정한 조건을 병기할 수도 있다. 예컨대, “buyer가 본 상품의 보관을 위하여 필요한 면적의 창고를 신축, 구매, 임차하고 이를 seller가 확인한 날짜부터 ~”, 또는 “party A가 상품의 판매를 위한 사무실과 조직을 갖춘 후, 이를 party B가 확인한 날부터”라는 조건이 그것이다.

계약기간이 만료되면 계약은 소멸된다. 계약의 갱신을 인정하는 경우에는 그 절차와 연장기간을 정하는 것이 좋다. 계약의 종기를 정하지 않으면 계약의 해제, 해지 문제가 따른다. 다시 말해서, 계약기간을 정하지 않은 경우에는 어느 한 당사자의 일방적 통지에 의하여 계약이 종료될 수도 있다. 다만, 소기의 계약목적을 달성하지 못한 경우에도 일방적 통지에 의해 계약이 소멸된다는 것은 계약의 원래 목적에 부합하지도 않을 뿐더러, 계약 당사자에게 불안감을 주어 동적 안정을 해치게 할 수도 있으므로 일정 기간의 유예기간을 두고 계약 종료의 통지, 즉 최고를 하여 계약이 종료되도록 하여야 할 것이다.

계약기간이 장기인 경우, 일정한 사실의 발생으로 계약 당사자가 계약을 해제할 수 있다는 규정을 두는 것도 하나의 방법이다. 예컨대 계약기간 5년의 대리점 계약을 체결할 때, 당사자의 지급불능(insolvency)이나 파사 등의 사유가 발생하면 상대방은 계약 해지권을 가진다는 규정을 합의해 두는 것이 한 예이다. 계약의 존속기간 중에 계약이 해지 또는 해제되거나 혹은 존속기간이 만료되어 계약이 종료되는 경우에는 재고의 처분, 상표의 사용, 지출된 경비의 보상, 인원의 정리, 잉여 자산의 배분 등 여러 가지 복잡한 문제가 발생하므로, 계약의 성격 내지는 목적에 상응하는 규정을 두어 분쟁 발생의 소지를 미연에 방지하는 것이 필요하다.

이러면 면에서 계약기간과 해제 조항은 1회의 상품 매매행위 내지는 서비스 제공으로 계약의 목적이 달성되는 상품매매계약이나 서비스 계약 또는 하나의 일이 완성되는 것을 목적으로 하는 플랜트 계약 내지는 건설계약 보다는, 장기적이고 계속적 반복적인 상행위를 목적으로 하는 대리점 계약, 기술제휴 계약 합작투자 계약 등에 그 필요성이 강조되는 것이다.

법률적으로 해제는 소급효가 인정되고 해지는 소급효가 인정되지 않으나, 영문계약에서는 그 구별의 실익이 없다. 따라서 termination은 문맥에 따라 종료 또는 해제, 해지로 해석함이 타당하다고 본다.

6) 사전위반과 분할계약

(1) 규정과 해설

〈72조〉 이행만기 전 계약해제

계약이행기간 전 당사자 중 일방이 주요한 계약위반을 범할 것이 분명한 경우 타방은 계약의 해제를 선언할 수 있다.

시간이 허용하는 한 계약의 해제를 선언하고자 하는 당사자는 타방에게 적절한 이행 보장을 제공하도록 하기 위하여 타방에게 합리적인 통지를 하여야 한다.

전 항의 요구는 타방이 그 의무를 이행하지 아니할 것임을 분명히 한 경우엔 적용되지 아니한다.

본 조항은 이행기간 이전에 계약을 해제할 수 있음을 규정하고 있는바, 71조(이행정지)와 같이 본 조항도 이행일 이전에 위반의 위험이 있을 경우에 이행기간 이전에 계약해제를 불만이 있는 당사자에게 허용하고 있다.

(2) 해제선언의 요건조항

(가) 장래의 주요한 위반

계약 이행기일에 앞서 당사자 가운데 일방이 계약의 주요한 위반을 범할 것이 명백한 경우에는 타방은 즉각적으로 계약의 무효를 선언할 수 있다. 따라서 장래의 주요한 위반은 계약의 이행거절[14](repudiation)을 구성하는 당사자의 발언이나 행위에 의해 명백하게 되는 것도 있

14) 이행거절(履行拒絶)이란 채무의 이행이 가능함에도 채권자에게 채무이행의 의사가 없음을 진지하고 종국적으로 표시함으로써 객관적으로 보아 채무자의 임의이행을 더 이상 기대할 수 없게 하는 상태를 말한다.

고, 역시 장래의 이행을 불가능하게 하는 화재에 의한 매도인의 공장소실이나 수출금지, 장래 이행을 불가능하게 하는 통화관리, 즉 금융제한의 실시 등 객관적인 사실에 의해 명백한 것도 있다.

이행정지의 통지를 받은 당사자가 적절한 이행확약을 주지 아니하면 주요한 위반을 범한 것이 명백한 것으로 해석된다.

(3) 주의와 통지조항

계약의 해제를 선언하고자 하는 당사자는 신중하게 행동해야 한다. 즉, 기일이 된 때에 사실로서 주요한 계약위반이 존재하지 않는다면 처음의 우려가 명백하지 아니한 것으로 되어 해제선언 그 자체가 무효가 되며, 이런 경우 계약을 해제하려는 당사자는 그 자신의 불이행에 관해 계약위반으로 처해질지 모른다. 계약해제를 선언하려 하는 당사자는 타방이 이행에 관해 적절한 보장을 할 것을 허용하기 위해 타방에게 합리적인 통지를 해야 한다. 단, 이러한 요구는 타방의 자신의 의무를 이행하지 못한다고 선언한 경우에는 적용되지 아니하고 바로 해제 선언이 가능하다.

〈CUECIC의 원칙〉

이행만기 전 계약해제와 관련한 전자통신에 대한 전자협약의 규정은 없으나 ACO의 의견은 71조와 동일하나 논평을 보면 다음과 같다. "계약의 해제를 선언하려는 의사를 갖고 타방에게 이루어지는 정보, 즉 통지는 전자통신으로 이루어질 수 있다. 이런 경우 중요한 것은 형식에 관계없이 그 정보가 매수인에게 전달될 수 있어야 한다."

〈73조〉 분할계약의 해제

① 분할물품 인도계약의 경우 어느 분할분에 관한 일방의 의무의 불이행이 당해 분할분에 대하여 주요한 계약위반을 구성할 경우, 타방은 당해 분할분에 대하여 계약이 해제되었음을 선언할 수 있다.

② 어느 분할분에 관한 자신의 의무의 불이행이 타방에게 주요한 계약위반이 장래 분할분에 관하여 일어날 것이라는 결론을 내릴 만한 충분한 사유를 줄 경우, 타방은 장래 분할분에 대하여 계약의 해제를 선언할 수 있다. 단 타방은 합리적인 기간 내에 해제를 선언해야 한다.

③ 어느 인도부분에 관하여 계약해제를 선언한 매수인은 이들이 상호 의존관계에 있으므로 이러한 인도들이 계약 체결 시에 당사자들에 의하여 의도된 목적에 사용될 수 없는 경우, 이미 이루어진 인도나 장래 이루어질 인도에 관하여 동시에 해제를 선언할 수 있다.

일반적으로 계약이 물품의 인도를 별도의 양으로 인도하길 요구하거나 수권하고 있는 계약은 분할인도를 요구하고 있다고 보아야 한다. 분할문품의 인도계약의 경우, 일회 이상의 분할분에 관해 일방의 위반은 타방에게 당해 분할분, 장래분할분, 이미 인도된 분할분에 관해 영향을 미칠 수 있다.

(1) 〈1항〉당해 분할분의 해제방법

당사자들이 당해 분할분에 관해 주요한 위반을 범한 경우 당해 분에 관해 계약해제를 선언할 수 있다. 예컨대, 계약이 옥수수 1,000톤을 10회 분할해서 인도할 것을 요구하고 있었다. 그런데 제5회분이 인도된 때 그 옥수수는 식용으로 적합하지 아니하였다. 이 경우 계약 전체의 입장에서 본다면 일회 인도에 이러한 결함이 있는 것이 전 계약에 관해서 주요한 위반을 구성하지 아니한다 해도, 매수인은 제5회 분할분에 관해 계약을 해제할 수 있다. 따라서 계약은 사실상의 900톤에의 인도계약으로 수정되며 대금도 이에 비례해서 감액되는 것으로 된다. 예에서와 같이 다음 분할분과 독립해서 사용이 가능하거나 전매될 수 있는 경우에는 일회부분에 관해서의 위반이 주요한 것인지 여부를 결정하는데 특별한 어려움은 없다. 그러나 개별 분할분이 전체의 일부인 경우 어려움이 클 수 있다. 예컨대, 대규모 기계매매의 경우 어느 정도 분해해서 출하하게 되며 매수인의 영업장소에서 조립하게 되는 경우가 이에 해당된다. 이런 경우 어느 인도분의 위반이 주요한 위반인지 여부의 결정은 개개의 인도분의 결함이 수리 또는 교환에 의해 쉽게 구제될 수 있는지 여부를 포함해서 계약 전체의 입장에서 보아 매수인이 입을 손해에 비추어 해야 한다. 만약 위반이 주요하면서 상호의존적 관계(interdependence) 때문에 비 인도된 부분이나 금후 인도될 부분이 계약체결 당시에 당사자들이 생각하였던 목적에 사용될 수 없다면, (3)항에 따라 매수인은 이러한 인도분에 관해 계약해제를 선언할 수 있다.

(2) 〈2항〉 장래 분할분의 해제방법

본 규정은 분할분에 관한 계약상의 의무를 이행해야 할 일방의 형태가 장래 분할분에 관해 주요한 위반이 발생할 것이라는 결론을 내리기에 충분한 근거를 타방에게 줄 경우를 대비하여 규정하고 있다. 이런 경우 매수인은 장래 분할분에 대하여 계약해제를 선언할 수 있다. 다만, 이행해태의 합리적인 기간 내에 장래이행의 해제를 매수인이 선언한 경우에 한한다. 본 규정은 72조가 요구하고 있는 바와 같이 장래에 주요한 계약위반이 존재할 것이 분명하지 아니한다 해도 분할계약의 장래이행에 관해 계약의 해제를 허용하고 있다는 것이다. 즉 본 규정 하에서 계약을 해제할 권리의 기준은 분할분에 관한 이행해태가 장래 분할분에 관해 주요한 위반이 존재할 것이라는 염려를 줄 만한 충분한 근거를 제공하는지 여부에 좌우된다. 따라서 이러한 기준은 현 위반의 심각성을 의지해서는 안되며, 일련의 위반 중 어느 것도 본질적으로 주요한 위반이 아니거나 장래 주요한 위반을 염려할 정도로 충분한 근거를 주지 아니하는 일련의 위반이 전체적으로 보아 장래 주요한 위반을 초래할 만한 충분한 근거를 줄 경우 특별히 중요하다.

(3) 〈3항〉과거 또는 장래 분할분의 해제방법

계약에 따라 전량인도가 의도한 목적에 사용될 수 없는 한 인도분 가운데 어느 하나도 계약당사자들이 의도한 목적에 사용될 수 없는 경우가 있을 수 있다. 예컨대, 위에서 설명한 바와 같이 거대한 기계제품이 매수인의 장소에서 조립하기 위해 분해되어 인도된 경우가 이에 해당한다. 이런 경우 어느 인도부분에 관해 73조 (1)항에 다라 취할 수 있는 조치인 계약을 해제한 매수인은 상호의존관계로 인해 그러한 인도분들이 계약체결 시에 당사자들이 의도한 목적에 사용될 수 없다면, 이미 이루어진 인도분이나 장래 인도분에 관해 역시 계약을 해제할 수 있다. 따라서 과거나 장래 인도에 관한 계약의 해제는 현재 인도분의 계약해제선언과 동시에 이루어져야 한다. 상호의존관계에 있는 물품의 경우, 상기 기계의 예에서와 같이 반드시 전체의 일부일 필요가 없다. 예컨대, 매수인에게 인도된 전 원료가 동일한 공급처럼 제공된 경우여야만 성취될 수 있는 동일 품질조건이어야 할 필요가 있을 수 있다. 이런 경우 다양한 인도는 상호의존관계에 있으며 본 규정이 적용된다.

3 계약 위반에 의한 해제

1) 계약 위반의 개념

계약위반이라 함은 계약내용의 불이행으로서 주로 영미법에서 사용되는 개념으로, 우리나라에서는 채무 불이행의 개념에 해당한다. 그러므로 계약의 위반이란 당사자 일방의 계약상의 의무이행을 면하는 정당한 이유 없이(without lawful excuse) 그의 이행을 지체하든지, 거절하든지 불완전하게 하든지 혹은 해태[15]하는 것을 말한다. 그리고 그 위반은 전부 또는 일부라도 가능하며 또한 약속의 목적인 행위의 불이행, 저지, 방해 혹은 이행의 거절로 발생하여도 된다는 것이다. 또한 계약위반에 의한 소멸(Discharge by Breach of Contract)이란 당사자의 어느 일방이 계약 내용을 이행하지 않은 경우 그 위반이 중대한 위반인 경우에는 계약은 해지의 의사표시에 의하여 소멸될 수 있다. 이 때 계약이 해지된다 하더라도 위반 당사자에 대한 손해배상책임은 여전히 존재한다. 계약위반의 의미는 국제매매거래에 있어서 매도인과 매수인 중 어느 일방이 계약에 규정된 내용에 적합한 국제상거래관습, 해당계약의 명시적 혹은 묵시적 약정, 당해 계약의 취지, 각종 조약 및 강행법규에 적합한 급부나 이행을 하지 않은 것을 말한다. 무역계약에서 채무자가 책임을 부담하여야 하는 사유로 인하여 중대한(혹은 본질적인) 계약위반(이행지체, 불완전이행을 포함)이 발생한 경우는, 상대방은 채무자에게 해제의 의사표시를 함으로써 계약을 종료시킬 수 있다.

15) 어떤 법률 행위를 할 기일을 이유 없이 넘겨 책임을 다하지 아니하는 일을 말한다.

2) 계약 위반의 유형

무역 계약 위반의 유형으로는 4가지가 있다.

(1) 이행지체

이행지체란 당사자가 계약의 이행기에 있고 이행이 가능함에도 정당한 이행을 하지 않고 지연시키는 것을 말한다. 이행 지체에 의해 해제권이 발생하는 데는 그 계약이 정기행위냐 아니냐에 따라 해제권 발생의 요건에 차이가 있다.

첫째로 계약이 정기행위가 아닌 경우 (보통의 경우)에는 채무자에게 책임 있는 사유로 이행을 지체하였을 것, 채권자가 상당한 기간을 정하여 최고하였을 것, 최고의 기간 내에 이행 또는 이행의 제공이 없었을 것을 요건으로 한다. 이때에 해제권은 원칙적으로 최고기간이 만료한 때에 발생하며, 해제권이 발생한 이후라도 채권자가 해제권을 행사하기 전에 채무자가 채무 내용에 적합한 이행을 하면 해제권은 소멸되며, 해제권을 채권자가 포기할 수도 있다.

둘째로, 계약이 정기행위인 경우에는 절대적, 상대적 정기행위에 있어서 채무 불이행이 있으면 곧 해제권이 발생하고 보통의 계약에 있어서와 같이 최고를 필요로 하지 않는다. 그 외는 보통의 해제권의 발생 요건과 같다. 그리고 상거래에 있어서의 정기행위에서는 계약의 목적을 달성할 수 없는 경우에 일방이 이행기를 경과한 때에 상대방이 곧 그 이행을 청구하지 아니하면 계약은 해제된 것으로 보아 거래의 신속성을 도모하고 있다.

이행 지체의 효과로는 채권자가 채권의 강제력(소구력)을 발동하여 급부[16]를 강제적으로 실현가능하게 하며 담보가 있는 경우 담보권 행사를 할 수 있으며 계약 해제권 발동과 계약을 해제할 때 이행에 갈음하는 손해 배상 청구권 행사를 할 수 있다. 이행 지체 후 발생한 경과실에 대해서도 책임을 부담한다. 경과실이란 거래상 주의 의무를 조금이라도 결여하는 일이다. 중과실 주의의무를 현저하게 결하는 경우와 반대라고 볼 수 있다.

(2) 이행거절

이행거절이란 이행시기의 도래 전후를 불문하고 계약의 당사자가 의무를 이행하지 않겠다는 명시적 또는 묵시적 의사표시를 말한다.

이러한 이행거절의 성립이 문제가 되는 경우로는 주로 분할지도와 분할지급에 관한 물품 매매 계약으로 소위 가분[17] 계약의 경우에서 볼 수 있다. 예를 들어 가분계약에서 매도인이 부족 인도 또는 어느 한 부분이 인도지체 된 경우나 매수인이 어느 할부분에 대해 대금지급을 하지

16) 채권은 채권자가 채무자에 대하여 일정한 행위를 청구할 수 있는 권리를 말하는데 이때의 채무자의 행위를 급부라고 한다.

17) 나눌 수 있는 일을 말한다.

아니한 경우이다. 이러한 경우 피해당사자는 그 일부 위반에 대해 계약 전체의 이행거절로 간주하고 계약을 소멸시킬 수 있는가 아니면 위반한 일부에 대해서만 자신의 채무를 소멸시키고 손해배상청구가 가능한지 그것도 아니면 계약해제는 할 수 없고 단지 손해배상청구만 가능한가 등의 문제이다.

당사자 일방이 부당하게 고의로 계약의 이행거절을 한 경우에는 계약이 자동적으로 소멸되지 않는다. 즉 계약상 이행거절의 효과는 이행거절의 피해당사자가 그러한 이행거절에도 불구하고 계약이 존속되는 경우로도 할 수 있고, 아니면 계약위반으로 간주하여 계약을 소멸시킬 수도 있는 것이므로 그 이행거절의 피해당사자는 계약의 존속여부에 대한 선택권을 가진다. 이에 따라 먼저 계약을 존속시키는 경우로서, 이행거절의 피해당사자는 상대방의 이행거절이 있음에도 불구하고 계약을 존속시키고자 하는 것은 이행거절을 계약위반으로 간주하여 손해배상을 받는 것보다는 계약의 이행을 통하여 실질적인 이익을 확보하는 것이 유익하다고 판단하기 때문이다. 반면 경우에 따라서는 이행기 도래 시까지의 기간에 이행 거절자에게 자신의 귀책사유가 아닌 불가항력적 사태의 발생으로 그 이행이 면책될 수도 있으므로 피해당사자가 이러한 위험을 부담해야 한다는 불리한 측면도 없지 않다는 점이다. 그러므로 계약의 존속을 피해당사자가 결정한 경우 상대방의 이행거절이 있은 후 발생 가능한 후발적 사건으로 Frustration 등에 의한 이행거절자의 면책으로 의한 손해위험을 감수하지 않으면 안된다.

계약을 소멸시키는 경우로서는, 이행거절의 피해당사자는 그 이행 거절에 대해 지체 없이 계약위반으로 간주하여 이에 따라 계약을 해제하고 손해배상을 청구할 수 있다. 이 경우 계약소멸의 선택권의 행사는 피해당사자의 것이므로 계약소멸의 결정을 지체 없이 이행 거절자에게 통지하여야 하고, 그 통지가 상대방에게 계약소멸의 결정을 지체 없이 이행거절자에게 통지하여야 하고, 그 통지가 상대방에게 도달한 때에 계약이 종료되며 또한 이행거절자에게 통지된 이상 철회는 불가능하다. 이와 같이 피해당사자가 통상적으로 상대방에 대해 손해배상청구의 소[18]를 제기하거나 계약위반의 의사표시를 통지하는 행위는 곧 이행거절을 계약위반으로 다루겠다는 의사 표시가 된다. 그러므로 상대방의 이행거절을 계약위반으로 간주하는 것이 되고 이에 따라 피해당사자는 계약해제권 및 손해배상청구권을 가지며, 계약을 위반한 이행거절자의 이행의무도 면제되는 것과 같은 법적 효력을 가진다.

결국 이행거절의 피해당사자에게 계약의 존속여부에 대한 선택권을 부여하고 한편으로 계약의 해제권을 인정하는 것 등은 분쟁을 신속히 해결하고 더 이상의 손해를 방지한다는 입장에서는 합리적인 법제이다.

18) 원고가 법원에 대하여 특정한 소송물의 정당성 여부를 심판하여 권리 보호를 허락하여 달라고 요구하는 신청을 말한다.

(3) 불완전이행

불완전이행이란 채무의 이행은 이루어졌지만 그 이행의 정도가 완전하지 못한 경우를 말한다. 우리나라 민법상 불완전이행에 의한 해제권에 대해서는 규정한 바 없지만, 이행행위가 불완전하고 이것이 채무자의 귀책사유와 위법한 것 일 때, 이를 인정하는 데는 학설상 이론이 없다. 채무자에게 불완전이행이 있었던 때의 해제는 이행할 행위의 내용이 추후보완을 허용하는지 여부에 따라 다르며, 추후보완이 가능한 경우에는 일정한 기간 내에 불완전한 것을 대체해서 완전한 것으로 인도한다는 것을 최고하고 그 기간 내에 이행이 없을 때 비로소 해제할 수 있음을 비하여 추후보완이 불가능 한 경우에는 최고하는 일은 무의미하기 때문에 최고하지 않고도 곧 해제할 수 있다.

불완전 이행의 모습으로는 두 가지가 있다. 첫 번째, 채무의 이행이 불완전 할 경우이다. 사과 100상자 인도채무를 지는 자가 90상자만을 인도하거나, 인도한 100상자 중의 일부에 흠이 있을 때, 또는 광산의 조사를 위탁 받은 자가 불완전한 보고서를 교부한 경우 등이다.

두 번째, 불완전한 이행으로 인해 부가적 피해를 준 경우이다. 불완전한 이행을 한 결과로 채권자에게 그 불완전 이행 자체로 인한 손해 이외에 다른 부가적 손해를 줄 경우다.

급부 의무의 위반, 부수의무의 위반, 보호의무의 위반이 있는데 급부 의무의 위반이란 급부적 목적물에 하자가 있는 경우이다. 예를 들어 상한 음식, 배탈, 병든 가축 인도, 다른 가축에 전염, 불량자재 인도, 건물 붕괴, 독성이 포함된 약, 의료과실로 고객이 사망, 불완전한 보고서 또는 광산이 아닌 산을 매수하는 경우이다.

부수의무의 위반이란 부작용을 수반하는 약을 설명 없이 팔아 사람이 사망, 물건의 특별한 용법 내지 성질을 알려주지 않아 피해가 발생한 것이다. (급부와 관계되는 계약상의 부수의무를 위한 것이다.)

보호의무의 위반으로는 판매한 가구를 집 안에 들여놓았다가 매수인의 다른 가구를 훼손한 경우이다. 급부와는 직접 관계없는, 즉 채권자의 신체 혹은 재산에 피해를 주는 것이다.

불완전 이행의 효과로는 추가적 완전 이행이 가능한 경우와 추가적 완전이행을 할 수 없는 경우로 나타나진다. 추가적 이행이 가능한 경우는 부족량의 추가 인도 요구, 결제 부족액 요구와 같은 완전한 이행 청구이며 추가적 완전 이행을 할 수 없는 경우에는 계약해지 또는 그로 인한 손해 배상이 가능하다.

(4) 이행불능

이행불능 상 해제권의 발생요건은 첫째로 후발적 불능에 한하여, 이행기의 도래 전에 불능이 확실한 때로 바로 이행불능의 효과가 생기고 이행지체 후의 이행불능도 역시 이행 불능이 된다. 또한 채무의 내용이 가분이면 원칙적으로 불능 부분에 대해서만 해제할 수 있고 불가분인 경우에는 불능부분의 중요성에 의해 결정한다. 둘째로는 불능이 채무자에게 책임 있는 사유에 의해야 하고 위법한 것이어야 한다.

이행불능의 효과로는 손해배상 청구권[19]이 발동 가능해야하며, 계약해지권 발동이 가능하며, 대상 청구권이 발동 가능해야한다. 대상 청구권이란 채무자에게 이행불능이 발생한 것과 동일한 원인에 의하여 채무자가 이행의 목적물에 갈음하는 이익을 얻었을 경우에 채권자가 채무자에 대하여 그 이익의 상환을 청구할 수 있는 권리이다. 예를 들어 갑이 을에게 골동품을 팔기로 약정한 뒤에 그 골동품을 도난당하여 이행불능이 되었다. 이에 갑에게 골동품에 대한 보험금이 지급된다면, 을은 약정의 목적물인 골동품에 갈음하는 이익, 즉 보험금을 채무자인 갑에게 청구할 수 있는 것이다.

3) 계약위반의 구제 및 수단

(1) 구제의 개념

매매계약에 의하여 계약 당사자 간 채권관계가 성립하게 되면 채권자는 채무자에 대하여 채무의 이행을 요구할 수 있다. 만일 그 이행을 하지 않는다면 불이행으로서 계약위반이 발생하게 되며, 이때 피해당사자(injured party)의 구제가 있게 된다. 채권이란 채권자가 채무자에 대하여 특정의 행위, 즉 급부를 청구 할 수 있는 권리를 말한다. 따라서 이러한 채권의 개념은 구제와 그 의미가 다르지 않다. 다시 말해 채권은 당사자에 대한 특정의 행위를 청구하는 권리이므로 따라서 그 계약위반에 대한 피해당사자의 청구권을 여기서는 구제의 개념을 파악하고 있다.

계약위반에 대한 구제라 함은 당사자 일방이 매매계약상이 이행의무를 불이행(non-performance)함에 따라 피해당사자의 손실에 대하여 보충하여 주는 것을 말한다. 즉, 일정한 권리가 침해당하게 되는 경우에 그러한 침해를 방지(prevent)하거나 시정(redress)하거나 또는 보상(compensate)하게 하거나, 할 수 있는 것을 말한다. 그리고 그 수단을 구제 방법 내지 구제수단이라고 한다.

계약위반에 있어서 구제[20]에 대한 법의 목적은 채권자로 하여금 계약이 완전히 이행된 것과 같은 지위에 두는 것이다. 즉, 무역거래에 있어서 매매계약을 맺은 당사자는 어떤 경제적 이익을 추구하는 것이 일방적이다. 이러한 계약위반에 대한 구제는 재판상의 구제와 비재판상의 구제로 구분할 수 있다. 재판상의 구제에는 법정소송절차나 형사구제(criminal remedies)와 민사

19) 명시된 근로조건이 사실과 다른 경우에 근로자는 명시된 근로조건의 이행을 요구할 수 있고, 법원에 채무불이행으로 인한 손해배상을 청구할 수 있다. 법원에 제소하는 것은 비용과 시간이 많이 든다. 이러한 이유로 「근로기준법」은 근로자가 노동위원회를 통해 사용자에게 손해배상을 청구할 수 있는 구제절차를 열어놓고 있다. 근로자는 양자를 선택적으로 행사할 수 있다.

20) 자연적인 재해나 사회적인 피해를 당하여 어려운 처지에 있는 사람을 도와줌을 말한다.

구제(civil remedies)로 나눌 수 있으며, 비재판상의 구제에는 자력구제(self-help)를 통한 것이다. 계약위반에 대한 재판상의 구제만이 유일한 구제방법은 아니며, 일정한 경우에는 자력구제도 허용 된다. 예컨대 불법방해를 자력으로 제거하고 불법으로 침탈당한 물품을 자력으로 재탈환하는 것과 같은 경우이다. 그러나 영미법과 비엔나협약에서는 매도인의 계약위반에 대한 매수인의 구제방법과 매수인의 위반에 대한 매도인의 구제방법이라고 하는 매매 당사자를 중심으로 하는 형식을 취하고 있다.

우리나라 민법은 매매당사자의 채무 불이행에 대한 구제에 관하여, 계약의 이행을 법률적으로 확보하는 것을 책임이라고 하여 채무 불이행 (즉, 계약위반)에 대한 구제는 책임의 종류 내지 책임을 실현하는 방법의 문제로 보고 있다. 따라서 채무불이행에 대한 민법상의 구제방법으로서는 강제이행과 손해배상의 두 가지 방법을 인정하고 있다. 한편 이러한 구제권 역시도 계약과 법률의 규정 등 일정한 경우 전술한 계약의 소멸에 따라 소멸하는 경우도 있게 된다. 무역계약에서 그 불이행이 본질적 위반에 해당되는 경우에는 계약을 소멸시킨다. 매매계약위반에 대한 구제는 일정한 계약상의 목적을 달성하기 위한 수단이므로 그 목적의 소멸로 구제권도 소멸한다.

(2) 구제방법의 상위성 및 선택

대륙법계에 있어서 특히 우리나라의 경우, 채무 불이행에 의한 구제방법으로 손해배상청구권의 그 성립요건을 보면, 채무자의 채무 내용에 따른 이행이 없는 것을 정당한 것이 되도록 하는 특별한 사유가 존재하지 않는다는 객관적 요건과 채무 불이행에 대해서 고의, 과실이라는 채무자의 귀책사유가 존재한다는 주관적 요건이 필요하다. 이에 대하여 영미법의 계약위반체계는 그 기초에 있어서 엄격책임으로서, 이에 따르는 구제의 체계에 있어서도 고의, 과실의 유무에 관계없이 계약 책임을 물을 수 있다는 것이다. 우리나라 민법과 일본 민법에 의하면 채무불이행이 있을 경우에는 원칙적으로 채무의 강제이행을 법원에 청구할 수 있다. 그러므로 대륙법계에서는 현실적 이행, 즉 영미법계의 특정이행이 제 1차적 구제 수단이다. 그러나 이와는 반대로 영미법계에서는 손해배상이 제 1차적 구제로 되어 있다는 점이다. 즉, 영미법계의 계약위반의 경우, 이 1차적 구제로 되어 있다는 점이다. 즉 영미법계의 계약위반의 경우, 채무의 내용 그 자체의 급부를 청구할 수 있는 것은 금전채무에 한해서만 인정된다. 그 이외의 경우에는 원칙적으로 보통법 상의 구제 방법인 손해배상만 청구할 수 있는 것으로 되어 있다. 그리고 예외적으로 손해배상만으로 충분한 구제가 되지 않는 경우에 형평법상의 구제수단인 특정이행이 인정되고 있다. 즉 계약위반의 경우에 적용할 수 있는 형평법상의 구제수단으로는 특정이행, 금지명령, 계약 해제 및 원상회복[21]이다.

---

21) 본디의 형편이나 상태로 돌아감. 또는 그렇게 함을 말한다.

특정이행과 금지명령은 모두 채무자에 대해서 채무의 내용자체의 급부를 명하는 것이다. 그러나 특정이행은 채무의 내용이 적극적으로 어떤 행위를 하여야 하는 경우에 그 내용대로 이행해야 할 것을 명하는 것이며, 이에 반해 금지명령은 채무의 내용이 소극적으로 어떤 행위를 해서는 안되는 경우에 그 내용대로 어떤 행위를 해서는 안되는 것을 명하는 것이다.

해제는 채권자의 의사에 의해서 계약을 소멸시켜 당사자가 아직 채무를 이행하지 않았을 경우에는 채무를 이행하는 책임을 면하게 되며, 그리고 이미 당사자가 채무의 전부 또는 일부를 이행하고 있을 때에는 원상회복으로 인도한 특정물의 반환이나 이행한 금전적 가치의 지급을 청구 할 수가 있다. 계약위반이 없는 경우에는 미국의 많은 주에서는 계약당사자의 권리의무의 존부에 관하여 이를 확인하는 확인판결(declaration judgement)을 허용하고 있다. 이와 같이 물품매매계약의 불이행에 따른 구제에 관하여 영미법상의 계약체계에는 계약위반을 방지하기 위하여 채무자에게 강제이행을 하는 것이 아니라, 오히려 계약위반에 대한 보상을 통하여 구제하고 있는 점은 발상의 차이로서 주목되는 것이다.

한편 계약위반으로 손해를 입은 자에게는 구제수단의 선택의 문제가 발생하게 된다. 영미법상의 구제수단에 있어서, 피해당사자가 손해배상을 청구하였을 경우에는 원상회복을 청구할 수 없으며, 마찬가지로 특정이행과 원상회복도 서로 병용할 수 없다. 그러나 원칙으로 원고(plaintiff)는 금전배상과 함께 형평법상의 구제방법 중의 특정이행을 동일소송에 있어서 구할 수가 있다.

계약위반에 의해서 손해를 입은 당사자가 금전배상과 원상회복 중 하나의 구제방법을 선택할 수 있을 경우, 소송 기타의 방법에 의해서 구제수단 중 어느 하나를 선택한 것을 표시한 것이 된다. 따라서 계약당사자 상대방이 그 선택을 신뢰한 결과로 자신의 지위에 중대한 변경을 가져오게 되었을 때는 그것에 의해서 피해당사자는 다른 구제방법을 선택할 수 없게 된다. 그러나 각 구제수단은 별개의 구제방법이다. 구제방법 중 손해배상은 보통법상의 구제방법이며, 특정이행과 금지명령 및 계약해제는 형평법상의 구제 방법이다.

비엔나협약(CISG)상의 계약위반에 대한 최종적인 구제수단은 손해배상청구이다. 즉, 손해배상청구는 다른 구제수단을 행사한 후에도 존속하며, 따라서 다른 구제수단과 양립하는 권리이다. 매도인 또는 매수인의 의무가 이행되지 않았다는 객관적 사실이 존재하면 충분하며, 손해에 대한 예견가능성만을 요구할 뿐이다. 따라서 과실 및 귀책사유의 유무는 직접적으로는 문제되지 않는다. CISG는 계약해제와 관련한 특수한 경우로서 매도인, 매수인 양자의 공통적 의무인 손해배상의무에서 손해배상상액 산정, 손해경감의무, 이자, 면책을 규정하고 있다. 한편 우리나라 민법에서는, 강제이행의 청구는 손해배상의 청구에 영향을 미치지 아니한다고 규정하고 있다. 이에 따라 이행의 강제와 손해배상은 별개의 효력이며, 서로 양립할 수 있는 것이므로 강제이행이 있어도 채무 불이행에 의한 손해, 즉 이행지체에 의한 손해 등과 같은 경우가 있으면 그 배상을 청구 할 수 있다. 여기서 구제권의 선택은 강제이행과 계약해제는 원칙적으로 양립할 수 있으며, 단지 손해배상청구는 강제이행 혹은 계약해제와 함께 청구가 가능하다. 우리 민법에서도 강제이행과 손해배상청구권을 채권의 효력으로서 그리고 그 외의 구제수단은 하자담보책임으로서 취급하고 있다.

(3) 구제수단의 내용 및 계약해제 등

계약위반에 대한 구제수단의 계약해제를 포함하는 주요 내용을 우선적으로하는 국제적인 통일매매법으로서 영미법과 대륙법의 타협의 산물인 비엔나 협약을 중심으로 매도인과 매수인 각각의 구제수단을 중심으로 다음에서 간략히 살펴본다.

① 매도인의 구제수단

매수인이 계약 또는 이 협약(CISG)에 따른 의무를 이행하지 아니하는 경우 매도인의 구제수단으로서는 이행청구권, 부가기간지정, 계약해제, 물품 명세 지정 등의 권리행사와 함께 손해배상 청구도 할 수 있다. 매도인이 구제수단을 행사하기 위해서는 매수인의 객관적 계약위반 사실만 존재하면 되고, 무과실책임에 입각하여 매수인의 과실 등을 증명할 필요가 없다. 또한 제 61조 2항에 의하여 손해배상청구권은 다른 구제수단과 양립할 수 있다.

매도인이 계약위반에 대한 구제수단을 행사하는 경우에는 법원 또는 중재기관은 매수인에게 유예기간을 허용할 수 없다. 반면 매도인은 스스로 유예기간을 부여할 수 있으므로, 이 규정은 임의규정이다. 이 외에도 매도인은 하자 보완건, 이행 정지권, 자조 매각[22)]권 등이 매도인의 구제수단으로 규정되어 있다.

(가) 계약 이행 청구권(제62조)

매수인이 의무를 이행하지 않는 경우에 매도인은 매수인에 대하여 물품대금의 지급, 물품의 인도수령, 그 밖의 의무 등이 이행을 청구할 수 있다. 다만 매도인이 이행청구권을 행사하려면 계약해제권의 행사 등과 같이 이행청구와 서로 모순되는 구제수단을 행사하지 않아야 한다. 매수인이 물품을 수령하고 나아가 이를 인수한 경우에는 CISG 제 62조가 적용되어 매도인은 매수인에게 대금지급을 청구할 수 있다는 것에는 의문의 여지가 없으나, 매수인이 아직 물품을 수령하고 있지 않거나, 수령을 거절함으로써 매도인이 물품을 계속 점유하고 있는 때에도 매수인으로 하여금 물품을 수령하고 대금지급을 강제할 수 있는가가 문제이다.

---

22) 급부(給付)의 의무를 면하려고 채무자(債務者)가 스스로 그 목적물을 경매(競賣) 또는 시가(市價)로 방매(放賣)하는 것이다. 상사매매(商事賣買)의 매수인, 위탁매매인(委託賣買人)에게 매입(買入)의 위탁을 한 위탁자 또는 창고업자(倉庫業者)에 대한 임치자(任置者)가 각각 목적물을 수취(受取)할 것을 거절하거나 이것을 수취할 수가 없을 때에는 매도인·위탁매매인·창고업자는 그 물건을 공탁하든가 상당한 기간을 정하여 최고(催告)를 한 후에 이것을 경매할 수가 있다; (상법 제67조 1항, 109조, 165조).

(나) 부가기간의 지정(제63조)

매수인이 대금지급이나 물품수령의무를 이행하지 아니하는 경우에 곧 바로 그 불이행을 이유로 계약해제 또는 손해배상 등의 구제 수단을 행사하는 것보다는 계약유지의 이념을 살려 매수인에게 자기의 의무를 이행할 수 있는 기회를 제공하는 것이 바람직할 것이다. 따라서 제63조는 제 47조가 매수인에게 부여하는 구제수단, 즉 매도인은 매수인의 의무이행을 위하여 합리적인 부가기간을 정할 수 있다.

만약 매수인이 부가기간 내에 그 이행을 하지 않는 경우에 매도인은 매수인의 계약위반이 중대한 본질적인 것임을 입증하지 않고서도 계약을 해제할 수 있다. 전술한 매수인의 부가기간 지정이 매도인의 부가기간의 지정 및 그 해제는 매수인의 의무 중 가장 중요한 대금지급 및 물품 수령 의무가 부가기간 내에 이행되지 않는 때에만 이를 할 수 있다. 한편 매도인은 매수인으로부터 부가기간 내에 이행하지 않겠다는 통지를 받지 않은 한, 매도인은 이로 인하여 이행지체에 대한 손해배상의 청구권 행사에는 아무런 영향을 미치지 않는다.

(다) 계약해제권(제64조, 제65조)

우선 계약의 해제라 함은 유효하게 성립된 물품매매계약을 당사자 일방의 의사표현에 의해서 계약을 처음부터 존재하지 않았던 것과 같은 효과가 생기게 하는 것을 말한다. 계약의 해제는 계약을 해제할 수 있는 권리, 즉 해제권의 행사는 계약당사자 또는 당사자의 지위를 승계한 자만이 할 수 있으며, 만약 당사자가 여러 명인 경우 당사자 모두가 해제의 의사표시를 하여야 한다. 이것을 해제권불가분의 원칙이라고 하며, 해제의 의사 표시는 이것을 표시한 이상 철회할 수 없다.

해제권은 법이 정한 사유가 발생하거나 계약에서 정한 해제사유가 발생한 경우에 한하여 행사할 수 있으며, 계약이 해제되면 이미 이행된 사항에 대하여 원상으로 회복할 의무가 있게 된다. 이에 대해 CISG 제 64조에서 매도인의 계약해제권을 규정하고 있다. 해제의 요건으로는 계약 또는 이 협약상 매수인에게 부과되는 의무 불이행이 본질적인 계약위반에 해당하는 경우와 매수인이 제 63조 1항에 따라 매도인이 정한 부가기간 내에 대금지급 또는 물품수령의무를 이행하지 아니하거나 그 기간 내에 그러한 의무를 이행하지 아니하겠다고 선언한 경우에 매도인은 계약을 해제할 수 있다. 따라서 대금 지급의무나 물품수령의무의 위반은 단순한 이행지체에 해당하는 경우로 대부분을 차지한다. CISG에서 대금지급의무는 대금지급의 준비의무까지 포함하며, 매수인의 물품수령의무에는 물품수령 외에 물품의 인도를 가능케 하는 매수인의 모든 행위가 포함되므로 그 범위는 넓다.

해제를 위한 부가기간의 지정은 대금지급 의무와 수령의무의 본질적 계약위반에 대해서만 인정되므로, 전술한 바와 같이 기타 의무위반이 있는 경우에는 부가기간을 설정하였더라도 그것이 본질적 계약위반이 되지 않는 한 계약을 해제할 수 없고, 그 외의 다른 구제수단, 예컨대 손해배상 등으로 만족해야 한다. 해제의 효과는 손해배상의무를 제외한 모든 의무가 면제된다.

한편 해제권의 상실에 관하여, 매수인이 대금을 지급한 경우에는 매도인은 다음의 기간 내에 계약을 해제하지 아니하는 한 계약해제권을 상실한다. 이 기간은 제척기간[23]의 성질을 가지며, 해제권을 상실하였다 하더라도 매도인은 손해배상청구 등 다른 구제수단을 여전히 행사할 수 있다. 먼저 매수인이 이행지체의 경우는 매도인이 이행이 이루어진 것을 알기 전에 계약을 해제하지 아니하는 한 계약해제권을 상실한다. 즉 매수인이 이행지체 후에 이행한 경우 매도인은 매수인의 이행사실을 알게 된 후에는 계약을 해제할 수 없다. 그리고 매수인의 이행지체 이외의 위반의 경우 매도인이 그 위반을 알았다거나 또는 알 수 있었던 때, 매도인이 제 63조에 따라 정한 부가기간이 경과한 때 또는 매수인이 그 부가기간 내에 의무를 이행하지 아니하겠다고 선언한 때로부터 합리적인 기간 내 매도인은 계약을 해제할 수 있으며, 합리적인 기간이 경과한 후에는 계약해제를 할 수 없다.

(라) 손해배상청구권(제61조)

협약(CISG)에서는 손해배상이 원칙이며 손해배상 청구는 매도인과 매수인 모드에게 인정되는 가장 기본적인 구제수단이다. 매수인이 자신의 의무를 이행하지 않은 결과, 매도인은 이로인해 발생한 손해의 배상을 CISG 제 74조나 제 77조의 규정에 따라 청구할 수 있다고 규정하고 있다.

CISG 제 74조나 제 77조에서는 손해배상의 범위, 산정기준 등을 규정하고 있다. 한편 손해배상청구권은 다른 구제수단과 병존하므로 함께 청구할 수 있다. 따라서 계약해제 시, 대체물 인도청구 시, 하자보완 시, 대금감액 시에도 여전히 손해가 남아 있다면 그 손해를 함께 배상청구 할 수 있다. 심지어 이자를 청구한 후에도 남아있는 손해가 있으면 별도로 배상청구가 가능하다.

(마) 물품명세지정권(제65조)

협약(CISG)은 계약상 매수인이 물품의 형태, 규격 그 밖의 특징을 지정해야 함에도 불구하고 매수인이 의도적으로는 그 지정을 하지 않는 일이 일어날 수 있다. 이러한 경우를 대비하여 계약상 매수인이 물품의 형태, 규격 그 밖의 특징을 지정하여야 하는 경우, 매수인이 합의된 물품의 형태, 규격 그 밖의 특징을 지정하여야 하는 경우, 매수인이 합의된 기일 또는 매도인으로부터 요구를 수령한 후 합리적인 기간 내에 그 지정을 하지 아니한 경우 매도인의 구제 수단으로 물품 명세확정(지정)권을 행사할 수 있도록 하고 있다. 따라서 가격이나 물품의 수량을 추후에 매수인이 정하도록 남겨 놓은 경우에는 원칙적으로 이 규정이 적용되지 않는다.

매도인의 지정이 구속력을 가지기 위한 요건으로는 ① 매도인은 자신이 보유하는 다른 권리를 해함이 없이 자신이 알고 있는 매수인의 필요에 따라 스스로 지정을 하여야 한다. ② 매수

---

23) 어떤 종류의 권리에 대하여 법률상으로 정하여진 존속기간을 말한다.

인에게 그 상세한 사정을 통지하고 ③ ②의 통지와 함께 매수인이 그와 다른 지정을 할 수 있도록 합리적인 상당한 기간을 정한다. ④ 매수인이 그 통지를 수령한 후 정하여진 기간 내에 다른 지정을 하지 아니하는 경우이어야 한다.

매도인이 스스로 물품명세를 지정하는 경우에, 매도인은 매수인에게 이에 관한 명세사항을 통지해야 하고, 또한 매수인이 상이한 물품명세를 지정할 수 있는 적절한 기간을 지정해야 한다. 매수인은 이러한 통지를 받은 후 적절한 기간 내에 상이한 물품명세를 지정하지 아니하면 매도인이 한 지정이 구속력을 가진다.

지정권 행사의 효력으로는 매도인이 지정한 내용이 구속력을 갖는다. 그러나 지정권 행사는 매도인의 의무는 아니다. 매도인은 지정권 행사와 함께 또는 단독으로 매수인의 지정의무 위반을 이유로 손해배상을 청구할 수 있다. 또한 매수인에 의한 지정의무 위반이 본질적 계약위반을 구성할 경우에는 계약해제도 가능하다. CISG 제 65조 물품을 상세하게 지정하지 않은 청약도 계약을 성립시키는데 충분히 명확할 수 있다는 것을 나타낸다.

(바) 매도인의 하자보완권 또는 제2의 이행제공권(또는 추완권)

협약(CISG)에서는 서류를 비롯하여 물품, 이행기 이전, 이행기 이후이든 간에 그 이행하지 않은 부분 또는 누락된 부분, 부족한 부분, 부적합한 부분에 대해 특히 하자있는 물건이 인도된 경우, 계약의 본질적인 위반에 이르지 아니할 경우에 매도인에게 자기의 비용부담 하에 다시 한 번 계약의 완전한 이행을 할 수 있는 권리를 제한적으로 인정해주고 있다. 이를 매도인의 재이행권 또는 하자보완권이라 하며 매수인의 하자보완청구권에 상응되는 매도인의 권리이다.

이 권리는 의무위반을 행한 매도인에게 부여하는 권리이므로 채권자인 매수인의 권리와 충돌할 가능성이 높다. 따라서 그 요건을 엄격하게 제한하고 있기는 하지만 엄연히 매도인에게 인정되는 권리이다. 매도인의 하자보완권에 관한 규정인 제 48조 1항은 제 46조 3항에 상응하는 규정이다. 즉, 협약은 제 49조에 따를 것을 조건으로, 매수인이 계약을 해제하지 않는 한 매도인은 인도기일 후에도 불합리하게 지체하지 아니하고 그러한 하자의 치유가 매수인에게 불합리한 불편을 초래하거나 매수인의 선급비용[24]을 매도인으로부터 상환 받는데 불안을 초래하지 아니하는 경우에는 매도인의 비용으로 의무의 불이행을 치유할 수 있다.

CISG 제 49조를 따를 것을 조건으로 한다는 것의 의미는 본질적 계약위반을 이유로 매수인이 계약을 해제하는 경우에는 매도인은 대체물인도, 부적합보완, 부족분보충, 권리하자의 제거 등을 선택할 수 있다. 이 경우 매수인은 보완으로 발생하는 손해의 배상을 청구할 수 있다.

② 매수인의 구제수단

CISG 제 45조 이하에서 매도인의 계약위반에 대한 매수인의 구제수단으로는 즉 ① 계약대

24) 선급된 비용 중 1년 이내에 비용으로 되는 것을 선급비용이라 한다.

로의 의무이행(특정이행)청구권 ② 대체물인도 청구권 ③ 부적합치유 청구권 ④ 부가기간지정권 ⑤ 계약해제권 ⑥ 대금감액 청구권 ⑦ 손해배상청구권 등의 권리를 행사할 수 있다.

이러한 구제수단 중 손해배상청구권은 다른 구제수단과 중복하여 행사할 수 있다. 따라서 매수인은 매도인에 대하여 의무의 이행을 요구함과 동시에 이행의 지연이나 그 이행과정에서의 결함 등으로 인하여 발생한 손해의 배상을 청구할 수 있고, 계약을 해제하면서 계약 위반으로 발생한 손해배상도 함께 청구할 수 있다는 것이다.

(가) 매수인의 이행청구권(제46조)

매도인이 이행기 후에 여전히 계약을 이행하지 않는 경우에 매수인은 원칙적으로 계약대로의 이행(특정이행)을 청구할 수 있다고 규정하여, 매수인의 이행청구권을 일반적으로 인정하고 있다. 본 규정은 대륙법과 영미법의 타협규정으로 평가된다. 그러나 이행청구권은 제 28조의 제한을 받는다. 따라서 각국의 법원은 자국의 국내법에 따라 이행을 명하는 판결을 해야 할 경우가 아닌 이상 반드시 이행을 명하는 판결을 할 필요가 없다.

이러한 매수인의 이행청구권은 매수인의 이행청구권과 양립할 수 없는 구제수단을 사용한 경우에는 이행청구권을 행사할 수 없다.

(나) 물품의 하자로 인한 매수인의 구제권

① 대체품 인도 청구권(제46조)

물품의 인도가 계약에 부적합하게 이루어 진 경우 협약에서 그것이 본질적인 계약위반인 경우에 한해서 매수인에게 대체물인도청구권을 인정하며 또한 CISG 제 39조에 대정한 계약부적합 통지와 동시에 또는 그 후 합리적인 기간 내에 대체물 인도청구권을 행사하지 않으면 매수인이 이 권리를 상실하도록 하고 있다. 따라서 본질적 계약위반이 존재하는 경우에는 대체물청구권과 계약해제권을 선택적으로 행사할 수 있게 된다. 그러나 국제거래의 특성상 대체물인도청구는 계약해제의 경우보다 매도인에게 더 큰 부담을 주게 되므로 그 요건과 효과를 엄격히 제한하고 있는 것이다. 더구나 계약해제권과 마찬가지로, 다만 매수인이 물품을 수령한 상태와 실질적으로 동등한 상태대로 반환할 수 없을 때에는 원칙적으로 대체물인도청구권을 상실한다.

② 부적합보완청구권(제46조)

인도된 물품의 계약 불합치의 정도가 그다지 심하지 않은 경우에는 대체물품의 청구 등의 구제수단보다는 물품을 보완(수리)하여 바로 사용할 수 있는 것이 효율적이다. 따라서 협약은 물품이 계약에 불합치한 경우에 제반 상황을 고려하여 불합리하지 않는 한 매수인은 매도인에 대하여 하자의 치유를 청구할 수 있도록 규정하고 있다. 다만 그러한 하자의 치유가 매도인에게 불합리한 불편을 초래하거나 또는 매수인이 쉽게 수선할 수 있는 위치에 있는 경우 및 매도인은 그 수선 시설이 외국에 있는 사정 등 수선에 어려움이 있는 경우에는 매수인은 수선을 요구할 수 없도록 하고 있다. 매수인의 수리청구는 CISG 제 39조에 정한 계약부적합 통지와 동시에 또는 그 후 합리적인 기간 내에 행해져야 한다. 합리성 여부는 매도인과 매수인 모두의 상황을 고려하여 판단한다. 기술적인 불합리뿐만 아니라 경제적인 불합리도 포함한다.

③ 부가기간지정권(제47조)

매수인은 매도인의 의무이행을 위하여 합리적인 부가기간을 정할 수 있다. 부가기간의 설정은 계약에 따른 이행을 완료하는데 필요한 모든 행위에 대해서 가능하다. 매도인으로부터 그 부가기간 내에 이행을 하지 아니하겠다는 통지를 수령한 경우를 제외하고 매수인은 그 기간 중 계약위반에 대한 구제를 구할 수 없다.

④ 대금감액 청구권(제50조)

협약은 매수인의 대금감액청구권을 형성권을 이해하면서 물품의 계약부적합의 경우에만 인정하고 있다. 물품이 계약에 부적합한 경우 매도인의 귀책사유나 대금이 이미 지급되었는지 여부에 관계없이 매수인은 실제 인도된 물품의 인도시의 가액이 계약에 적합한 물품이라면 그때 가졌을 가액에 대하여 가지는 비율에 따라 대금을 감액 할 수 있다. 다만 매도인이 물품의 하자를 치유하였거나 매수인이 매도인의 치유를 거절한 경우에는 대금의 감액은 인정 되지 않는다. 이 대금감액 청구권은 손해배상청구권의 특별한 형태로 이해할 수 있을 것이다. 따라서 매수인은 이들 청구권 중에서 보다 유리한 하나의 구제수단을 선택하여 행사할 수 있으나 매도인의 불이행이 매도인의 귀책사유가 아닌 불가항력으로 인한 경우라서 매도인이 불가항력으로 자신의 의무를 이행하지 못한 경우 CISG 제 79조에 따라 매도인이 면책되어 매수인은 매도인에게 손해배상 청구권을 행사할 수 없으나, CISG 제 50조에 따라 대금감액청구권은 행사할 수 있을 것이다.

⑤ 일부인도 및 일부부적합(제51조)

매도인이 물품의 일부만을 인도하거나 인도된 물품 중 일부가 계약내용과 불합치 한 경우 또는 부족한 부분이나 계약에 불합치한 경우에는 부족한 부분이나 계약에 불합치한 부분에 대해서 CISG 제 46조 내지 제 50조를 준용한다고 규정하고 있다. 따라서 매수인은 불이행부분이나 부적합부분에 대하여는 대체물품인도청구권과 부적합치유청구권, 부가기간지정권, 대금감액청구권을 행사할 수 있다. 이와 병행하여 손해배상청구도 할 수 있다. 그리고 일부인도 및 일부불합치가 본질적 계약위반에 해당하는 경우에 한하여 계약전체를 해제할 수 있다. 본질적 계약위반이라는 판단여부에 대한 위험은 매수인이 부담한다. 매도인에게 불이행 치유권이 인정된다.

⑥ 이행기 전 인도 및 과다인도

매도인이 합의된 이행기 전에 물품을 인도한 경우에는 매수인은 자유로 그 물품을 수령할 수도 있고, 수령을 거절할 선택권을 가진다. 사안에 따라서는 매수인이 수령을 거절하더라도 물품의 보존의무를 지는 경우가 있다. 다만 매수인은 이를 이유로 계약을 해제할 수는 없으므로 매도인은 계약에서 합의된 기일에 다시 인도할 수 있다. 합의된 인도기일 이전에 인도된 물품을 수령한 경우에 매수인은 매도인을 위하여 이를 보관하는 등의 합리적인 보존조치를 취한 다음 그에 수반되는 비용 등의 손해배상을 청구할 수 있다.

매도인이 합의한 수량보다 많은 수량을 인도하는 경우에 매수인은 초과하여 인도된 수량을 수령하거나 수령을 거절할 수 있다. 매수인이 초과하여 인도된 수량의 전부 또는 일부를 수령하는 경우에는 매수인은 계약상의 가격에 따라서 그 대금을 지급하여야 한다. 특별한 사정이 없는 한 매수인은 적어도 계약에서 정한 양 이상은 수령하지 않으면 안된다. 그러나 초과량의 인도가 본질적 계약위반을 구성하는 때에는 매수인은 그 수령을 거절하고 계약을 해제 할 수 있다.

4 프러스트레이션에 의한 해제

1) 프러스트레이션의 개념

이행불능에 관한 정확한 해석이나 정의는 국제적으로 통일화되어있지 않다. 계약상의 채무를 이행할 수 없는 것으로 인식되고 있는 것이 이행불능이라고 할 수 있다. 프러스트레이션의 정의에 대하여 벤저민은 "계약성립 후 물품의 소유권이 매수인에게 이전하기 전에 양 당사자의 과실 없이 계약이 법적으로 이행 불능이 되거나 이행이 요구되는 상황이 계약 시에 예상했던 것과는 현저하게 달라졌기 때문에 이행할 수 없게 된 경우"라고 정의하고 있다. 이행불능에는 계약의 성립 당시에 무역 계약의 이행이 실질상 또는 법률상 이행이 불가능하게 되는 원시적 이행불능(initial or existing frustration)과 계약의 성립 후에 의무 이행이 불능이 되는 후발적 이행불능(subsequent frustration)이 있다.

원시적 이행불능의 경우에는 계약이 성립되었다 하더라도 계약조건이 충족되어있지 않았기 때문에 공동착오에 의한 이해불능이 되며, 따라서 그 계약은 무효가 된다.

후발적 이행불능의 경우에는 채무자의 귀책사유에 해당하는 후발적 불능과 그렇지 아니하는 것으로 구분된다. 이때 당사자의 귀책사유에 의한 이행불능은 이행의 절대적 불가능이 아니라 상대적 불가능이 되므로 매수인은 매도인에 대하여 손해배상을 청구하거나 계약을 해제할 수가 있다. 그러나 이행불능이라 하면 당사자에 귀책사유가 없는 후발적 불능을 의미한다.

그러므로 무역계약에 있어서 이행불능이란 당사자 사이에 계약이 성립된 후에 당사자 자신의 귀책사유 없이 계약성립의 기초가 되었던 상황이 계약성립 후 현저히 변경됨으로써 계약상의 이행을 수행할 수 없게 된 경우에 계약이 자동적으로 소멸하게 되는 것을 의미한다.

2) 이행불능 성립

(1) 성립의 인정 근거

무역계약의 안정성과 상거래 질서를 위하여 "계약은 이행되어야 한다."는 계약준수의 원칙은 모든 계약의 기본적인 전제조건이 된다. 그러나 오늘날 대부분 국가들의 법제는 계약이 성립된 이후에 후발적으로 발생한 상황변경으로 인하여 계약의 이행이 불가능하게 된 경우 계약의 소멸을 인정하고 있다. 이를 인정하게 된 배경은 계약성립 전에 발생한 원시적 불능은 어느 누구에게도 그에 대한 책임이 부담되지 않기 때문에 대금 지급의 의무나 채무불이행으로 인한 손해배상의 문제가 발생하지 않아 별문제가 되지는 않는다. 그러나 후발적 이행불능의 경우는 계약의 성립 때에는 가능하였으나 그 이후에 사정의 변경으로 인하여 급부가 불가능하게 되는 것이므로 당사자의 법적 입장에 차이가 발생하기 때문이다. 일반법률상 후발적 이행불능의 경우 채무자는 자신의 채무를 면제받지 못하게 된다. 그러나 채무자에게 이와 같이 일방적으로 부담을 지운다는 것은 공정하지 못하다. 그러므로 계약당사자는 계약을 체결할 때 장차 발생 가능한 우발적 사고로부터 자신을 보호하기 위하여 어떠한 보호장치나 법적으로 인정받기를 희망하게 된다.

따라서 후술할 목적물의 멸실이나 위법성 그리고 주변 사정의 본질적 변화 등과 같은 특수한 경우에 후발적 이행불능을 법적으로 인정함으로써 무역 계약의 경제적 효율성을 증대시키게 되었다.

(2) 이행불능의 성립요건

이행불능의 성립문제는 계약체결 시에는 예견하지 못했던 후발적 사태가 계약의 성립 후에 발생하여 계약체결 시와는 상이한 사정이 되었을 때를 논의의 대상으로 삼고 있다. 프러스트레이션의 법리는 관례에 의하여 형성되어 왔기 때문에 이것을 적용하기 위한 요건도 관례를 중심으로 개별적으로 형성되어 왔다. 따라서 판례를 중심으로 이행불능의 요건을 파악하여야 한다.

【미통일상법전[25)]】 제2조 제615항은 이행불능의 요건에 대하여 정의하고 있다. ① 예견하지 못했던 우발적 사건이 발생하였을 것 ② 이러한 위험을 당사자들이 합의나 관습에 의하여 부담하지 않을 것 ③ 우발적 사건의 발생이 이행을 불능으로 만들었을 것

영국의 SGA 제7조에서는 특정물 매매의 경우에 한하여 이행불능의 성립요건에 대하여 정의하고 있다. ① 계약의 대상이 특정물일 것 ② 매매가 아니라 매매의 합의가 있을 것 ③ 물품이 소멸되었을 것 ④ 위험이 아직 매수인에게 이전되지 않았을 것

---

25) 미국 각 주의 상법을 통일 한 상법전으로 Uniform Commercial Code를 줄여 UCC라고 하며 연방통일 상법전이라고도 한다.

한편 우리나라 민법은 불능의 개념을 구체적으로 규정하고 있지 않으나 이행불능은 채무자에게 책임 없는 사유로 인한 경우와 계약성립 후 발생한 후발적 불능을 요건으로 한다는 점 그리고 불능의 개념을 물리적 불능에 한하지 않고 거래관념을 판단 기준으로 한다는 점에서 영미법상 이행불능과 유사하다. 그러나 영미법이 관례법인 것과 같이 이행불능의 법리도 관례를 통하여 각국에서 형성되어 왔기 때문에 그 성립요건의 분류방법도 학자에 따라 견해를 달리하고 있는 설정이다. 그러나 일반적으로 인정되고 있는 이행불능의 성립조건에는, 후발적 이행불능과 계약의 주변 사정의 본질적 변화를 들 수 있다.

(3) 이행불능의 성립상태

프러스트레이션이란 '계약목적의 달성 불능' 또는 '계약의 좌절' 또는 '계약의 이행불능'이라고 할 수 있으며, 이는 계약이 유효하게 성립된 후 당사자의 고의나 과실없이 발생한 후발적 사정으로 계약이 해제됨으로써 당사자가 추구하였던 계약목적이 좌절되는 것으로 인해 계약은 자동적으로 종료된다.

계약이 체결된 후 계약이행이 완료되기 전에 매매당사자의 귀책사유 없이 목적물에 대한 물리적 파괴 또는 불가항력적 사건 발생에 기인하여 계약목적 달성이 불가능한 경우에는 계약이 자동적으로 종료되고 당사자는 이행의무로부터 면제된다. 이와 같이 이행불능은 당사자가 무역계약에서 맺은 채무를 이행할 수 없는 경우를 말하는데, 다음과 같이 두 가지로 나누어진다.

① 계약목적물의 멸실

프러스트레이션이 성립되는 단순한 요건은 계약이 체결된 후 그 목적물의 실질적인 멸실 또는 파손이다. 계약의 이행에 필요불가결한 목적물이 멸실[26]하는 경우로서 두 가지 경우로 나눌 수 있다.

특정물의 멸실로서 계약이 체결된 후 용선 된 선박이 선주의 과실이 아닌 폭발사고로 적재불능이 된 경우, 용선계약 후 선박이 반란군에 의해 나포된 경우, 공장 기계를 설치하는 계약에서 공사 완료 전에 건물 및 기계가 우발적 사고로 소실된 경우와 같이 이행상 의존하고 있는 목적물의 계속적 존재가 실체적으로 멸실 또는 손상된 경우를 의미한다.

이에 대하여 SGA 제7조는 『특정물품을 판매하기로 계약하고 그 후 매도인이나 매수인 중의 어느 쪽에도 과실이 없어 그 물품이 매수인에게 위험이 이전되기 전에 멸실되었을 경우 그 계약은 효력을 잃게 된다』고 규정하고 있으며, 미국의 UCC 제2-613조에서도 『특정물이 계약의 이행요건이 되는 경우에 손실의 위험이 매수인에게 이전되기 전에 당사자 중 아무에게도 과실이 없이 손상을 입었을 경우에는 다음과 같이 만일 그 손실이 전반적이라면 계약은 효력을 상실하게 되며 손실이 부분적이거나 그 물품이 계약에 부합하지 못할 만큼 변질되었다면 매수인

26) 물건이 경제적 효용을 전부 상실할 정도로 파괴된 상태를 말한다.

은 이에 불구하고 검사를 요구하여 계약을 무효로 하거나 혹은 수량 부족분에 대한 적절한 감가를 통해 물품을 수리할 수 있으며 매도인은 더이상 권리를 갖지 않는다』고 규정함으로써 전반적 손실의 경우 계약이 달성 불능된 것으로 간주하고 있다.

– 개인 노무 계약에서 채무자의 사망하거나 노무의 제공이 불능하게 되면 역시 목적물의 멸실로 이행불능이 되어 계약은 소멸하게 된다. 예를 들어 노무 계약을 체결한 교사의 사망, 운항계약을 맺은 선원의 적국에 억류 등 모두 개인 노무 계약을 맺은 피고용자라는 계약목적물이 멸실되었기 때문에 이행불능이 되는 동시에 채무가 소멸되는 경우이다.

② 위법으로 인한 후발적 이행불능

법률의 변경, 전쟁의 발발, 수출입금지, 수출입허가 및 할당제 등의 채무자의 귀책사유가 없는 이유로 후발적으로 불능이 되는 것을 의미한다. 수출입금지에 의한 프러스트레이션은 계약체결 후 정부가 계약목적물인 물품에 대한 수출 또는 수입금지 조치를 취함으로써 계약이행을 금지하면 프러스트레이션이 성립된다. 즉 계약체결 후 후발적으로 이행의 전부가 채무자의 귀책사유가 없는 이유로 불능이 된 경우는 계약이 종료되기 때문에 채무는 자동적으로 면제되고 계약은 종료한다. 그러나 정부의 모든 금지가 계약을 위법으로 하는 효과를 갖는 것은 아니고, 때때로 계약이행을 단지 정지하거나 연기시키는데 그치기도 한다. 따라서 이러한 원칙이 적용되기 위해서는 정부의 금지가 최종적이고, 계약이행의 전 기간에 걸쳐 효력이 미쳐야 한다.

③ 사정의 본질적 변화에 대한 프러스트레이션

본질적으로 계약체결 후의 예견치 못했던 사정의 변화로 계약 문구대로 이행을 강제한다면, 당사자가 입게 될 부당한 결과를 구제하기 위한 일반원리다. 계약체결 후 사정의 급격한 변화가 발생하여 계약의 기초가 소멸되고, 비록 계약이 지속된다 하더라도 원래 당사자들이 체결한 계약과는 다른 새로운 계약이 된다면 성립된다. 따라서 계약체결 시에 당사자가 예견하지 못했던 돌발사태가 계약체결 후에 발생하여 사정이 본질적으로 변화되었을 경우에 계약이행이 불가능하게 되는 경우에는 프러스트레이션이 성립된다. 사정의 본질적 변화로 인한 프러스트레이션이 성립되는 예로는 계약상 계약이행수단이 약정된 경우 그러한 특정수단의 이용불능, 계약당사자의 사망 또는 중병, 농작물 등의 흉작 또는 불작황, 주요 공급원의 예기치 못한 폐쇄(심각한 원자재 부족 포함) 등이 있다.

④ 수출입승인과 할당으로 인한 프러스트레이션

수출입승인이나 쿼터[27]와 같은 물품의 수출입에 영향을 주는 정부의 제한 규정을 부과하거

27) quota–일반적으로 무역이나 외환거래에 있어서 총량 또는 총액을 분할하여 배급하는 것을 의미한다. 먼저 무역거래에 있어서는 주로 수입할당제를 의미하는데, 수입하는 상품을 업자별로 또는 국가별로 할당하는 제도이며, 그 종류는 자율할당과 협정할당이 있다.

나 강화하면 수출입에 상당한 어려움이 야기된다. 승인이 나지 않든지 취소되거나, 혹은 할당액이 너무 적기 때문에 성립되는 경우도 종종 있다.

계약을 체결할 때는 가능하였던 것이 실행단계에서 정부가 부과하는 수출입허가제 또는 거래량 할당제로 인하여 면장의 발급을 못 받았거나 혹은 쿼터 할당량이 너무 소량이어서 계약이 조건대로 이행될 수 없는 경우 이행불능의 성립 여부는 계약서상에 관련 조항의 유무 또는 표시된 의사의 명료성 여부에 따라 크게 달라진다.

첫째, 매매계약에 "subject to licence", "subject to quota" 같은 조항이 매매계약서에 명시되지 않는 경우 수출입의 허가 또는 할당을 획득하지 못한 당사자가 계약상 발생하는 의무에 절대적으로 구속되느냐 혹은 그 당사자가 단순히 상당한 주의를 다하여 수출입의 허가 또는 할당을 얻는데 상당한 조치를 다하였느냐의 문제가 관건이 된다. 이때에 당사자가 절대적으로 계약상의 의무를 이행한 경우에는 수출입의 허가 또는 할당의 획득을 책임져야 하므로 만일 그것을 획득하지 못하였다면 그는 계약위반의 책임을 면하지 못할 것이다. 그러나 그 당사자가 단순히 그것을 획득하는 데에 합리적인 조치를 다한 경우에는 계약상 그가 그의 의무를 다하였으나 목적을 달성하지 못하였음을 증명할 수 있는 경우에 한하여 이행불능이 성립한다. 즉 당사자가 이행해야 할 계약상의 묵시적 조건의 해석 여하에 따라 이행불능에 의한 계약실효가 되든가 계약위반이 될 것이다. 만일 당사자가 계약상 "subject to"라는 문구를 사용함으로써 그 의무를 명시하지 못한 경우에는 법원이 그 계약상 의무이행에 대해 어떤 해석을 내릴 것인지는 의문이며 이는 구체적인 사건의 상황에 달려 있는 문제이다.

계약에 아무런 약정이 없는 경우에는 담보책임이 묵약되어 있다고 보기 때문에 당사자가 상당한 주의를 기울여 수출입허가나 할당을 얻는데 상당한 조치를 취할 책임이 있다고 본다. 따라서 실무상 이 같은 문구가 없는 경우에는 법원이 계약상 의무를 절대적으로 관시하는 때는 상당한 위험이 상존하고 있다. 이에 대한 몇 가지 판례를 보면 다음과 같다. 1950년의 K.C. Sethia v. Partabumull Rameshwar, Ltd. 사건에서 인도 수출상이 수출하는데 필요한 허가와 쿼터를 획득하는 조건은 당사자 간에 묵약된 것으로 쿼터를 획득하지 못한 것은 이행불능이라고 주장한 사건에서 영국 상원은 매도인의 물품인도의무는 절대적인 것이라고 보고 계약위반을 판시하였다. 1957년의 Peter Cassidy Seed Co, Ltd. v. Qsuustukukauppa LL사건에서 법원은 '수출허가를 받는 대로'라는 것은 '수출허가를 받으면' 와는 다르기 때문에 매도인은 조만간 허가를 획득할 책임이 있다고 보고 계약위반을 판시하였다. 또한 UCC 제2-615조에서도 후발적 사변으로 이행이 불가능한 경우 매도인은 이행 가능한 능력의 한도 내에서만 의무를 다하면 전반적, 부분적 인도 지연 및 불이행은 계약위반이 아니다. 그러나 매도인은 인도 지연이나 불이행이 있게 된다는 것과 매수인을 위한 가능한 거래할당량을 추정하여 언제 배분이 필요한지를 적절한 기회에 통지하도록 규정하고 있다.

둘째, "subject to licence"."subject to quota"와 이와 유사한 문언이 명시된 경우 이러한 조

항을 계약에 명시하면 매도인은 완전한 보호는 아니지만, 불의의 사태에서 자신을 보호할 수 있다. 이는 만약 채무자가 최선의 주의와 합리적 조치를 취하였음에도 불구하고 허가를 획득하지 못하였거나, 정부 명령에 이행을 할 수 없었다거나 혹은 그가 합리적으로 예견할 수 있었다면 도저히 수락할 수 없었음을 금지조치가 취해졌기 때문에 채무자로서는 그럴 수 밖에 없었다는 사실을 입증 한다면 이행불능의 혜택을 받을 수 있다. 이는 이익을 받을 당사자가 면허를 취득하기 위해서 상당한 노력을 다한다는 의무를 필연적으로 묵시에 의해 도입한 것이다. 예를 들어 1958년의 Kyprianou v. Cyprus Texiles, Ltd. 사건을 들 수 있다. 여기서 법원은 피고인인 매도인의 불이행으로 인한 손해배상을 기각했다. 그 이유는 매수인이 매도인에게 취할 협력의무를 이행하지 않았다는 것에 중점을 두고 있다. 그러나 1953년의 Ross T. Smyth & Co., Ltd. v. W.N. Lindsay, Ltd. 사건에서 법원은 자국의 관계법이 변경되어 계약상품을 수출할 수 없게 되었다고 하나 법의 변경이 갑작스러운 것이 아니며 10일 간의 여유가 있어 노력을 했으면 수출할 수 있었을 것이라고 보고 매도인의 계약위반을 판시하였다.

프러스트레이션에 대한 대응은 불가항력적 조항(force majeure clause)의 삽입이나 하드쉽 조항(hardship clause)을 삽입하여 해결하는 것이 바람직하다.

첫째, 불가항력 조항[28]을 삽입하여 문제에 있어서 프러스트레이션이 성립되는지 여부는 계약법 상의 원칙으로 사건별로 판단되므로, 불가항력 조항에 의하여 면책 여부의 판단을 하는 것이 바람직하다. 따라서 동종 문헌의 원칙이 적용되므로 불가항력의 범위를 구체적으로 설정하고 동 사태가 발생한 경우 신속하게 통지해야 한다는 내용이 포함되어 있어야 하며, 불가항력 사태 발생이 객관적으로 입증될 수 있도록 증명서 또는 자료 등을 제출하는 의무부담에 대하여 약정하여야 한다.

둘째, 하드쉽 조항[29]은 매매계약이 체결된 이후에 당사자의 통제 불능인 정치, 경제 사정의 본질적 변화로 인하여 계약이행이 곤란하게 되는 경우가 있게 되는데, 이때 당사자가 계약이 종료되지 않고 이행되기를 원하여 계약이행을 약정하는 것이다.

사정변경이 발생하는 경우 가격조정, 사건의 연장, 기타의 변경 등 원래의 약정사항을 당사자의 우호적인 타협에 의하여 계약을 이행하고자 하는 취지로 사정변경에 능동적으로 대처하

28) 불가항력 조항의 범위는 천재지변과 같은 자연적인 사태와 동맹파업, 공장 폐쇄, 내란 등의 인위적인 요소 및 생산기계의 고장, 원재료 부족 등의 사태를 포함하여 매도인의 능력으로 통제가 불가능한 여건을 말한다.

29) 하드쉽 크로스(Hardship clause)라고도 하며 불가항력적인 사태가 발생하였을 때 계약 당사자가 가격조정이나 기한의 연장 등의 계약 내용을 조정하기 위하여 상호간에 성실하게 교섭한다는 것을 약속하는 약관을 말한다.

기 위하여 이러한 조항을 삽입하는 것이 좋다.

3) 이행불능의 불성립요건

무역계약의 체결 후 당사자가 계약체결 때에 예견할 수 없었던 사정의 변화로 인하여 계약의 이행이 불가능하게 되는 경우에는 이행불능이 성립한다. 그러나 실제 사고가 발생하여 이행불능법리를 적용할 때 다음과 같이 이행불능이 성립되지 않는 경우가 존재한다.

① 당사자 자신의 행위나 그의 선택적인 행위로 인하여 이행불능이 유발된 "스스로 자초한 이행불능"이다.

② 계약체결 때에 보통 계약서에 "…비록 계약의 이행이 불가능해졌다 하여도 계약은 소멸되지 아니한다."라는 내용의 명시적 규정을 삽입시킨 경우에는 계약서상에 명시된 사건이 실제로 발생하였다 하더라도 이행불능은 성립되지 않는다.

③ 계약체결 때 당사자가 이행불능의 원인이 될 사건을 합리적으로 예측할 수 있었던 경우에는 양 당사자가 사고에 미리 대비할 수 있으므로 스스로 위험을 인수한 것이 되어 이행불능은 성립되지 않는다.

④ 후발적 위법이 발생하였다 해서 반드시 이행불능이 성립되는 것은 아니고 이행불능을 야기시키는 사건이 일시적 또는 단기간으로 진행되는 경우에는 이행불능은 성립하지 않는다.

⑤ 하나 또는 몇 가지의 이행 수단이 불가능해졌다 하더라도 약정된 방법 중 어느 한 가지의 이행 방법이 가능한 상태로 존재한다면 이행불능은 성립하지 않는다.

16

매매당사자의 구제 및 상거래분쟁의 해결

제1절 계약위반에 대한 매매당사자의 구제

제2절 상거래분쟁의 해결과 상사중재

제3절 무역클레임의 제기

제4절 무역클레임의 해결방법

Chapter 16

매매당사자의 구제 및 상거래분쟁의 해결

제1절 계약위반에 대한 매매당사자의 구제

1 계약위반의 의의

계약위반(breach of contract)이란 무역계약이 성립 후 당사자의 일방이 계약에서 약속한 내용의 전부 또는 일부를 정당한 이유 없이 이행하지 않는 것을 말하며 계약의 불이행(non-performance of contract)라고도 한다. 우리나라 및 대륙법계에서는 채무불이행 또는 계약불이행(non-performance or non-fulfillment of contract)이라고 부르고 있다.

2 계약위반의 유형

① 이행거절

계약의 이행기일이 오기 전에 일방의 당사자가 자기 의무를 이행할 의사가 없거나 또는 이행이 불가능하다는 것을 사전에 표시하는 것이다. 이행거절의 의사는 이행기의 도래 전후를 불문하고 언제든지 표명할 수 있다. 이행기 이전의 이행거절을 '이행기 전 계약위반'(anticipatory breach of contract)이라고 한다. 이 경우는 이행기가 오기를 기다리지 않고 거절의 의사가 상대방에게 통지된 때에 계약의 위반으로 간주한다.

② 이행불능

계약상의 의무를 이행하는 것이 불가능하게 되는 것인데, 이행불능은 채무자의 행위에 의해서 이행불능이 되는 경우 이외에 계약 체결 후에 예기치 못한 사태가 발생하여 계약의 이행이 불가능한 경우이다. 이행불능은 계약 성립부터 원시적 불능(existing or initial impossibility)과 계약의 성립 시기에는 가능하였으나 그 후에 발생한 사태로 인하여 계약목적을 달성할 수 없게 된 후발적 불능(subsequent or supervening impossibility)이 있다. 원시적 불능은 처음부터 효력이 발생하지 않기 때문에 어느 당사자도 계약상의 의무를 부담하지 않는다. 그러므로 계약의 위반이 되는 것은 후발적 불능에서 야기된다.

③ 이행지체

당사자가 계약을 이행할 수 있음에도 불구하고 그 이행 기간에 이행하지 아니하고 고의 또는 과실에 의하여 이행을 태만하게 하여 계약 목적이 달성되지 못한 것을 말한다. 피해당사자는 계약해제권, 손해배상 청구권이 인정된다.

④ 불완전이행(incomplete performance)

불완전이행은 계약 당사자 중 어느 일방이 계약을 이행하였으나, 이것이 계약의 내용에 따른 완전한 이행이 아니라 불완전한 이행이기 때문에 상대방에게 손해가 발생한 경우를 말한다. 피해당사자는 손해배상을 청구할 수 있다.

이렇게 매매계약에서 계약의 위반이 있을 경우, 계약을 위반한 당사자는 상대방이 입은 손해를 보상하도록 그 계약을 추가 이행하거나 손해를 배상하는 것이 필요한데 이를 '구제(remedy)'라고 한다.

3 구제의 의의

구제(remedy)란 일정한 권리가 침해당하는 경우에 그러한 피해를 방지, 시정하거나 보상하게 하는 것을 말한다. 이러한 구제가 매도인을 위한 것인 경우를 매도인의 구제(seller's remedy)라고 하고, 매수인을 위한 것인 경우를 매수인의 구제(buyer's remedy)라 한다.

4 구제의 방법

비엔나 협약(「국제물품매매계약에 관한 UN협약」(United Nations Convention on Contract for the International Sale of Goods : CISG, 일명 vienna협약): 적용범위와 총칙, 계약의 성립(청약과 승낙), 물품매매의 총칙, 매도인의 의무(물품인도와 서류교부, 물품의 계약일치성과 제3자 청구권, 매도인의 계약 위반에 대한 구제방법, 매수인의 의무(대금의 지급, 인도수령), 매수인의 계 약위반에 대한 구제방법, 위험의 이전, 매도인과 매수인의 의무에 대한 공통규정 등에 대한 규정을 두고 있다.)은 매도인이 계약에 따른 어떠한 의무를 이행하지 아니한 경우에 매수인의 구제방법을 규정하고 있으며, 매수인이 계약의 어떠한 의무를 이행하지 아니한 경우 매도인의 구제방법을 명시하고 있다.

1) 매도인의 계약위반에 대한 매수인의 구제방법

매도인이 계약 또는 비엔나 협약에 따른 의무를 이행하지 않은 경우 매수인은 권리를 행사하여 매도인의 계약위반에 대한 구제를 받을 수 있다.

(1) 이행청구권(특정이행청구권)

매수인은 이행청구와 양립할 수 없는 구제수단을 요구하는 경우를 제외하고 매도인에게 그 의무의 이행을 청구할 수 있다(CISG 제46조 1항). 여기서 특정이행이란 계약내용으로 되어 있는 의무를 약속대로 적극적으로 이행할 것을 법원이 명령하는 구제방법이다. 양립할 수 없는 구제방법의 예로는 매도인에게 대체품 인도를 요구하면서 동시에 계약해제나 대금감액을 요구하는 것은 인정되지 않는 것으로 한다는 것이 있다. 또 특정물 매매에서 목적물이 소실된 경우와 같이 이행불능인 것을 요구하는 것도 불가능하다.

(2) 대체품 인도청구권

물품이 계약과 일치하지 않는 경우, 매수인은 대체품의 인도를 청구할 수 있다. 다만, 그 불일치가 "본질적(중대한) 계약위반(CISG 제25조)"이 되는 경우에 해당되고 또한 그 청구가 합리적인 기간 내에 통지가 행해지고, 합리적인 기간 내에 행해지는 경우에 한한다(CISG 제46조 2항). '대체품 인도청구'는 계약을 해제할 수 있을 정도의 본질적인 위반에 대해서만 행사할 수 있는 권한으로서 사소한 계약위반에는 적용되지 않는다. 대체품 인도청구는 계약해지권을 행사할 수 있는 상황에서 선택할 수 있는 대안적 선택이라고 할 수 있다. 매수인이 물품을 수령할 때와 실질적으로 동일한 상태로 물품을 반납할 수 없는 경우에는 대체품 인도청구권은 상실된다(CISG 제82조 1항).

(3) 하자보완청구권

물품이 계약과 불일치 정도가 본질적인 것이 아닌 경우에는 대체물을 요구하는 것은 매도인에게 불합리할 정도로 과중하게 운송비나 물류비 등의 부담을 줄 수 있다. 따라서 불일치 정도가 중대한 경우가 아니라면 매수인은 여러 사정을 고려하여 자신에게 불합리하지 않는 한, 매도인에게 수리에 의한 부적합의 보완을 청구할 수 있다(CISG 제46조 3항). 다만 하자보완청구에 대해서는 부적합의 통지와 함께 상당한 기간 이내에 이행하여야 한다.

(4) 추가이행기간 지정권

매도인의 물품의 인도를 불이행하는 경우에, 매수인이 계약을 즉시 해제하기보다는 계약유지의 이념을 존중하여 의무이행을 위한 상당한 기간의 추가이행기간을 지정할 수 있다(CISG 제47조 1항). 이때 매도인이 추가로 지정한 기간 내에 이행할 의사가 있을 때에는 그 기간 중에는 매수인은 계약위반에 대한 구제책을 행사해서는 아니 되나 이행의 지연에 따른 손해배상 청구권은 행사할 수 있다(CISG 제47조 2항).

(5) 계약해제권

매도인의 계약상 의무불이행이 본질적인 위반에 해당하는 경우에 매수인은 계약을 해제할 수 있다. 또한 본질적인 위반이 아니더라도 매수인이 지정한 추가기간 이내에 매도인이 물품인도의무를 이행하지 않거나 또는 그 기간 내 이행하지 않겠다는 뜻을 매수인에게 통지한 경우에는 매수인은 그 계약을 해제할 수 있다(CISG 제49조). 계약의 해제는 상대방에게 그러한 취지를 통지함으로써 효력을 갖는다(CISG 제26조).

(6) 대금감액청구권

매수인은 인도된 물품의 계약이 일치하지 아니하는 경우, 대금이 이미 지급되었는지 여부와 관계없이 적합한 물품이 인도되었을 경우의 가치에 대한 비율에 따라 대금을 감액을 청구할 수 있다. 다만 이러한 불일치를 매도인이 보완하는 경우 또는 그 보완을 매수인이 거절하였을 경우에는 대금을 감액할 수 없다(CISG 제50조). 왜냐하면 이러한 경우 매수인은 손해배상을 청구하거나 계약을 해제하려는 의사가 있을 것이기 때문이다.

(7) 손해배상청구권

매도인이 계약 또는 비엔나 협약에서 규정한 의무를 이행하지 아니한 경우에 매수인은 제74조에서 제77조까지의 규정에 따라 계약위반으로 입은 손해에 대해서 배상을 청구할 수 있다(CISG 제45조 제1(b)항). 또한 매수인이 손해배상 이외의 구제방법을 행사한다고 하여 손해배상 청구권이 박탈당하지 아니한다(CISG 제45조 2항).

2) 매수인의 계약위반에 대한 매도인의 구제방법

매수인이 계약 또는 비엔나 협약에 따른 의무를 이행하지 않은 경우 매도인은 권리를 행사하여 매수인의 계약 위반에 대한 구제를 받을 수 있다.

(1) 계약이행청구권(특정이행청구권)

매도인은 매수인에게 대금의 지급, 인도의 수령 또는 기타 매수인의 의무를 이행하도록 청구 할 수 있는 이행청구권이 있다(CISG 제62조). 매도인은 계약상에 약정된 대로 계약상의 의무이행을 매수인에게 요청할 수 있다. 다만 이행청구와 양립할 수 없는 구제, 제64조의 계약해제나 제63조에 의거한 추가이행기간 지정을 한 경우에 당해 기간 중에는 이행청구권을 행사할 수 없다(CISG 제62조).

(2) 추가이행기간 지정권

매수인이 대금지급이나 물품의 인도수령의무를 불이행한 경우, 매도인은 상당기간의 추가이행기간을 지정하여 그 이행청구를 할 수 있다(CISG 제63조 1항). 매수인으로부터 추가 이행기간 내에 이행하지 않겠다는 의사의 통지를 받지 않는 한, 매도인은 그 기간 중에는 계약 위반에 대한 어떠한 구제방법을 사용할 수 없다. 다만 매도인은 이와는 별도로 이행지연 등으로 인한 손해배상 청구권을 행사할 수 있다(CISG 제63조 2항). 계약의 해제는 상대방에게 그러한 취지를 통지함으로써 효력을 갖는다(CISG 제26조).

(3) 계약해제권

매수인의 계약상 의무불이행이 본질적인 위반에 해당하거나, 매도인이 지정한 추가이행기간 내에 의무이행을 하지 않거나 그 기간 내 의무를 이행하지 않겠다는 의사를 표시한 경우에 매도인은 그 계약의 해지가 가능하다(CISG 제64조).

(4) 물품 명세 확정권

계약상 매수인이 물품의 형태, 용적 또는 기타의 특징을 지정하기로 되어 있으나 매수인이 합의된 기일 또는 매도인으로부터의 요구를 수령한 후 상당한 기간 내 물품의 명세를 확정하지 아니한 경우, 매도인은 매수인의 요구사항을 고려하여 스스로 물품의 명세를 확정할 수 있는 권리가 있다(CISG 제65조).

(5) 손해배상청구권

매도인은 매수인이 계약이나 비엔나 협약에서 규정한 의무를 이행하지 아니한 경우에는 계약 위반으로 손해를 입은 경우, 매수인의 손해배상청구에 대응하는 권리를 행사할 수 있다(CISG 제65조). 또한 매도인은 제74조에서 제77조까지의 규정에 따라 손해배상을 청구할 수 있다(CISG 제61조 제1(b)항). 이 손해배상청구권은 다른 구제를 요구하는 권리의 행사에 의해 박탈당하지 아니하며 이들 권리와 병행하여 청구할 수 있다(CISG 제61조 제2항).[1)]

---

1) [출처] 1.계약위반에 대한 매매당사자의 구제, 1.1 구제의 의의, 1.2 구제의 방법
① 김종칠, 「무역실무」, 두남, 2014, pp.210~223,
② 허재창, 「무역계약론」, 탑북스, 2018, pp.107~117,
③ 박성호・이현정, 「무역클레임과 상사중재」, 유원북스, 2019, pp.93~95.

CISG에서 매도인과 매수인의 구제권 행사 비교

구제권	매도인	매수인
계약이행청구권	○	○
대체품인도청구권	×	○
하자보완청구권	×	○
추가 이행기간 지정권	○	○
계약해제권	○	○
대금감액청구권	×	○
손해배상청구권	○	○
물품 명세 확정권	○	×

제2절 상거래분쟁의 해결과 상사중재

1 상거래분쟁

1) 클레임(claim)의 의의

클레임이란 당연한 권리로서의 요구, 청구 또는 주장으로서, 손해배상청구, 손해배상청구금액, 또는 기타 의무이행의 청구를 말한다. 즉, 무역거래에서 클레임은 금액을 명시하여 손해배상을 청구하는 것이라고 할 수 있다. 통상 클레임은 무역계약의 불이행이나 이행지체에 따라 발생되는데 통상 계약상 상품 자체에 대한 약정인 품질조건, 수량조건 또는 포장조건 등의 위반이 클레임의 사유가 된다. 계약의 이행에 대한 약정인 선적조건, 보험조건 및 결제조건의 경우는 부수계약인 운송계약, 보험계약 및 환거래계약 조건의 위반 여부 등이 클레임의 기초가 된다. 클레임 사유가 발생하여 클레임을 제기할 때에는, 제기방법에 대하여 당사자 간에 약정이 있는 경우는 약정에 따르고, 약정이 없는 경우는 대체로 다음의 요건을 갖추어야 한다.

2) 클레임의 원인

클레임은 크게 2가지의 원인으로 나눌 수 있다.

(1) 발생 원인에 따른 분류

무역클레임은 당사자의 일방이 상대방에게 제기할 수 있지만, 매도인의 부주의 또는 고의에 의하여 매수인이 매도인에게 제기하는 것이 대부분이다.

① 품질에 관한 클레임

품질분량, 품질상이, 저등급, 이품 혼입, 변질, 변색 등이 있으며, 무역클레임 중에서 가장 기본적이고 가장 많은 건수를 차지한다.

② 수량에 관한 클레임

계약상품의 수량이 실제로 도착된 상품의 수량과 차이가 있는 경우에 제기되는 것으로서, 선적부족, 양륙부족, 수량감소, 중량부족 등이 있다. 주로 선적수량의 부족이 원인이며, 양륙수량의 기록 등의 객관적인 사실에 의하여 증명 가능하다.

③ 포장 및 화인에 관한 클레임

포장불완전, 포장불충분, 포장불량, 부정포장, 포장결함, 화인누락 등이 있다.

④ 선적에 관한 클레임

물품의 선적시기가 예정보다 늦어져서 매수인이 판매시기를 상실함으로써, 또는 매도인이 고의적으로 선적을 이행하지 않음으로써 매수인에 의하여 제기되는 것으로서, 지연선적, 선적불이행 등이 있다.

⑤ 결제에 관한 클레임

물품이 제대로 도착한 경우에 매수인이 각종 이유로 대금지급을 지연시키거나 대금을 지급하지 않음으로써 주로 매도인에 의하여 제기되는 것으로서, 지급지연, 대금미지급 등이 이에 해당된다.

(2) 성질에 따른 분류

① 일반적 클레임

무역거래를 이행하는 과정에서 매매당사자의 일방의 과실 또는 태만 등으로 발생하는 클레임을 말한다.

② Market Claim

시장상황이 좋지 않은 경우 사소한 하자를 이유로 매수인으로부터 받게 되는 부당한 클레임이다.

③ 계획적 클레임

매매당사자의 고의에 의한 클레임으로서, 주로 신용도가 낮은 악질적인 당사자가 그 상대방으로 하여금 계약이행에 지장을 일으키도록 교묘한 술책을 사용하여 제기하는 클레임이다.

제3절 무역클레임의 제기

위의 원인들로 손해를 입은 당사자는 클레임을 유발한 당사자에게 클레임을 제기하고 구상권을 행사하여야 한다. 즉, 클레임을 제기하는 자는 매매계약에 약정된 기간이 있다면 그 기간 내에, 약정된 기간이 없다면 국제규칙, 상관습, 각국이 법률이 정하는 기간 내에 클레임을 유발시킨 당사자를 상대로 적절한 절차에 따라 클레임을 제기하여야 한다. 클레임 사유가 발생하면 우선 누구에게 클레임을 제기해야 할 것인가를 결정해야 한다.

클레임의 제기기간은 매매계약상의 클레임 조항에 따라 결정되지만, 계약서에 이를 명시하지 않은 경우에는 계약의 준거법에 따라 결정된다.

구분	클레임 제기기간
한국상법(제69조)	발견 즉시 통지 (즉시 발견이 곤란한 하자가 있는 경우 6개월의 기간 인정)
일본상법(제526조)	즉시 검사 후 즉시 하자통지
미국통일상법전(제2-606조)	합리적 기간 내 물품검사 및 하자통지
영국물품매매법(제34조 및 제35조)	
Warsaw-Oxford Rules for CIF Contract(제19조)	합리적 기간 내 물품검사 및 검사완료 후 3일 이내 하자통지
비엔나협약(제38조 및 제39조)	실행가능한 단기간 내 검사 및 합리적 기간 내 하자통지 (최대소멸시효기간 2년)

(출처: 전순환, 「무역실무」, 한올, 2013, p.707.)

당사자의 일방이 클레임을 제기할 사유를 발견한 경우에는, 클레임의 발생원인을 분석하고 그에 따른 책임당사자를 결정함과 동시에 그 책임당사자와의 계약관계 및 위반한 계약내용도 파악하고 있어야한다. 왜냐하면, 클레임의 책임 당사자를 잘못 선정한다면 클레임을 제기하더라도 아무런 효력이 없기 때문이다.

무역클레임의 경우에는 매도인이 매수인을 상대로 클레임을 제기하는 경우도 있지만, 매수인이 매도인을 상대로 클레임을 제기하는 것이 대부분이다. 클레임의 당사자를 확정한 후 클레임통지서를 매도인에게 전신으로 송부한다.

일방의 당사자가 거래 당사자로부터 클레임을 제기받은 경우에는, 제기된 클레임의 내용과 구체적인 요구사항을 충분히 검토한 후, 상대방에게 그 클레임의 수락 또는 거절의 의사표시 등 해결방안을 신속하게 통지한다.

제4절 무역클레임의 해결방법

무역클레임의 해결방법에는 크게 2가지가 있다.

1 매매당사자 간의 분쟁해결방법

1) 일방의 당사자가 상대방에 대한 손해배상청구권을 포기하는 경우

청구권의 포기는 상대방과의 장래의 거래관계를 고려하거나 상대방의 사전 또는 즉각적인 손해배상 제의가 있는 경우에 피해당사자가 상대방에게 손해를 배상받을 수 있는 권리인 청구권을 행사하지 않는 것을 말한다.

2) 당사자 간에 직접 교섭하여 우호적으로 해결하는 방법

타협 또는 화해는 매매계약 당사자 간의 직접적인 교섭, 즉 쌍방의 타협으로 분쟁을 원만하게 해결하는 것으로서, 거의 대부분의 분쟁은 이 방법에 의하여 해결되고 있으며, 가장 바람직한 해결방법이다.

2 제3자를 통한 분쟁해결방법

분쟁이 당사자 간에 화해로서 원만하게 해결되지 않는 경우에는, 분쟁해결을 위한 다음단계로서는 당사자 이외의 중립적인 제3자가 개입하는 것이 생각될 수 있다.

1) 알선

알선은 공정한 제3자가 클레임에 개입하여 당사자 간 원만한 타협이 이루어지도록 조언함으로써 분쟁을 해결하는 방법이다. 제3자는 당사자의 일방 또는 쌍방의 의뢰에 의해 클레임에 개입하지만 어떠한 형식절차를 거치지 않는다. 따라서 알선은 쌍방이 협력하지 않으면 실패할 가능성이 크고 알선이 성공할 경우 알선은 어디까지나 양 당사자의 자발적인 협의를 통해 해결이기 때문에 그 효력은 법률적인 구속력을 가지지 못한다.

2) 조정

조정은 당사자 일방 또는 쌍방의 요청에 의해 공정하고 중립적인 제3자를 조정인으로 선정하고 조정인이 제시하는 조정안을 양 당사자가 합의함으로써 클레임을 해결하는 방법이다.

알선과 다르게 조정은 반드시 조정인을 선정해야 하는 절차를 거쳐야한다. 하지만 조정은 알선과 마찬가지로 조정인이 제시한 조정안은 반드시 양 당사자가 합의해야만 효력이 있으므로 어떠한 구속력과 강제력이 없기 때문에 당사자가 합의하지 않는다면, 분쟁을 해결할 수 없다. 조정안이 성립되면 조정결정은 중재판정과 동일한 효력을 갖게 된다. 그러나 실패하면 30일 내에 조정절차는 자동적으로 폐기되며, 중재인을 선정, 중재절차가 진행된다. 당사자의 약정에 의하여 조정기간(30일)을 연장할 수 있다.

3) 중재

당사자 간의 합의로 사법상 분쟁원의 재판에 의하지 아니하고 중재인의 판정에 의하여 해결하는 절차를 말한다. 중재는 당사자 간에 중재합의가 있어야 하고, 중재인의 판정에 절대 복종해야 한다. 판정의 효력은 당사자 간에는 법원의 확정판결과 동일하므로 강제성을 가진다.

뉴욕협약에 가입한 국가 간에는 그 집행을 보장하고 승인하기 때문에 그 효력이 외국에까지 미칠 수 있다.

→ 중재판정의 효력

① [외국중재판정의 승인 및 집행에 관한 국제연합협약(the United Nations Convention on the Recognition and Enforcement of Foreign Arbirtal Awards : 일명 뉴욕협약)]이 UN 경제사회이사회의 주도 아래 1958년 6월 10일 미국 New York에서 채택됨으로써 각 체약국 내에서는 외국중재 판정의 승인 및 집행을 보장받게 되었다.(2014년 1월 현재 가입국 수 : 150개국)

② 우리나라도 1973년 2월 8일 가입, 동년 5월 9일부터 그 효력이 발효됨에 따라 국내 유일한 상설중재 기관인 대한상사중재원의 중재판정도 본 협약 체약국 간에서는 그 승인 및 집행을 보장받게 되었다.

③ 2003년부터 대한상사중재원의 중재판정도 중국에서 집행이 용이해졌으므로 중국과의 계약시 대한상사중재원 중재를 따를 것을 약정하는 것도 고려할만하다.

4) 소송

분쟁당사자의 일방이 법원에 제소함으로써 국가공권력 또는 법원의 판결에 의하여 클레임을 강제로 해결하는 분쟁해결방법이다. 즉, 분쟁당사자 간에 분쟁을 해결할 수 없는 경우에 법원에 제소하여 법관의 판결에 의하여 해결하는 방법을 말한다. 처음부터 소송을 제기하는 경우도 있지만, 알선이나 조정 등에 의하여 분쟁이 해결되지 않은 경우에 소송을 제기하는 경우도 있다. 재판에 승소하였더라도 상대방의 판결대로 실행하지 않는다면 분쟁은 해결되지 않는다.

<table>
<tr><td rowspan="7">클레임 해결방법</td><td rowspan="2">당사자 간의 분쟁해결방법</td><td>청구권의 포기
(waiver of claim)</td><td>피해당사자가 상대방에 대한 손해배상 청구를 포기하는 것.</td></tr>
<tr><td>화해
(amicable settlement)</td><td>당사자 간의 자주적인 교섭 또는 타협으로 원만히 해결하는 것.
(타협, 협상 등을 포함)</td></tr>
<tr><td rowspan="5">제3자를 통한 분쟁해결방법</td><td>알선
(mediation)</td><td>중립적인 제3자가 당사자에게 화해를 권고하는 것.
(구속력 없음)</td></tr>
<tr><td>조정
(conciliation)</td><td>중립적인 제3자가 당사자에게 조정안(해결안)을 제시하는 것.
(구속력 없음)</td></tr>
<tr><td>중재
(arbitration)</td><td>제3자(중재인)에게 판단을 맡기고 그 판단에 따라 해결하는 것.
(그 판정은 구속력이 있음)</td></tr>
<tr><td>소송
(litigation: lawsuit)</td><td>법원에 제소하여 법관의 판단에 따라 해결하는 것.
(그 판결은 구속력이 있음)</td></tr>
</table>

(출처: 전순환, 전게서, p.710.

3 상사중재

1) 상사중재의 의의

상사중재는 분쟁당사자들의 신청에 의해 법관이 아닌 제3자를 중재인으로 선정하고 중재인의 판정에 최종적으로 복종함으로써 분쟁을 해결하는 방법이다.

2) 상사중재의 특징

① 양 당사자 간의 신청에 의해 성립된다.

② 중재는 민간인에 의한 자주적인 분쟁해결방법이다. 중재인은 법관이 아닌 해당 분야에 대한 전문지식을 갖춘 전문가들이며 분쟁 당사자들에 의해 선정된다. 중재인의 판정은 최종적이며 그 효력은 법원의 확정판결과 동일하고 국제협약에 따라 외국에서의 승인 및 집행이 보장된다.

③ 당사자가 선택한 전문가에 의한 판단

④ 평화적인 분위기에서 진행

⑤ 비공개로 진행된다. 일반적으로 중재에서의 절차는 당사자 간의 의사를 존중하여 비공개이며, 중재판정도 당사자의 합의가 없는 한 공표되지 않는다. 즉, 중재에서는 심문 절차나 판정문에 대하여 비공개를 원칙으로 하고 있으므로 기업의 영업상의 비밀이 누설되지 않는다.

⑥ 신속성

중재는 재판과 달리 상소도 없고, 일심에 한정되어 있으며, 당사자의 합의에 의하여 중재판정을 해야 하는 기간을 정할 수 있기 때문에 분쟁이 해결되기까지의 시간은 많이 걸리지 않는다.

⑦ 경제성

중재는 분쟁해결에 소요되는 시간이 단축되고 그 전문성으로 인하여 비용이 매우 저렴하다.

⑧ 국제성

외국에서의 승인 및 집행이 보장된다.[2)]

---

2) [출처] 2.1 상거래분쟁, 2.2 상사중재
① 전순환, 「무역실무」, 한올, 2013, pp.709~715,
② 박대위 외1, 「무역개론」, 유원북스, 2015, pp.385~389,
③ 권영구, 「개인 수출입을 위한 무역실무 읽는 법」, 중앙경제평론사, 2015, pp.281~283.

4 중재와 소송의 차이점

중재는 한 사건에 대해 한번 재판을 받는 1심제이고, 소송은 한 사건에 세 번의 심판을 받을 수 있는 3심제이다. 중재는 정해진 기간 내 중재판정이 이루어지므로 당사자들은 분쟁해결에 많은 시간과 비용을 절약할 수 있다.

중재는 양 당사자의 신청에 의해 성립되지만 소송은 한 사람이 일방적으로 소송제기가 가능하다. 중재는 민간인에 의한 자주적인 분쟁 해결 방법이고 소송은 법관인 법원의 판사가 판결한다. 그러므로 중재인은 민간인으로서 해당 분야에 대한 전문지식을 갖춘 전문가들이며 보통 중개절차를 관리하는 중재기관에 의하여 중재가 수행된다.

중재는 분쟁당사자들이 자신들의 실정에 맞는 중재인을 선정할 수 있다. 대한상사중재원이 유지하고 있는 중재인단은 각 분야의 전문가들로 구성되어 있으며 당사자들이 중재원에서 송부한 중재인 명단에서 직접 선정한다.

중재판정은 보통 우리나라의 중재기관인 대한상사중재원에서 하고 소송은 법원에서 한다. 중재판정의 법률적인 집행력에 있어 법원의 확정판결 결과 동일한 효력이 있음은 물론 법원의 판결이 국내에서만 효력이 미치는데 반하여 중재판정의 경우 외국에서도 그 집행력이 보장되므로 국제거래의 실상과 부합되는 합리적인 해결책이 될 수 있다.

법원의 소송은 원칙적으로 공개주의를 이상으로 하여 판결이 공개됨에 반해 중재는 비공개리에 진행될 수 있어 사업상의 비밀이나 회사의 명성을 그대로 유지할 수 있다.[3)]

구분	중재	소송
진행절차	단심제로 한 번의 중재판정으로 분쟁이 종료되므로 절차가 간단함.	3심제로 법규에 의한 복잡하고 엄격한 절차로 인해 오랜시간이 걸림.
특성	중재는 반드시 양 당사자 간에 합의된 중재계약에 의해서만 성립.	소송은 분쟁당사자 중 일방이 제기가능.
경제성	단심제로서 한 번의 중재비용 지출로 족하여 변호사를 대리인으로 선임할 필요가 없기 때문에 경비가 소송에 비해 훨씬 저렴함.	변호사 보수, 인지대 등 많은 비용이 발생하고, 심급이 올라갈수록 변호사도 다시 선입해야 하므로 비경제적이다.
판정인	해당분야의 전문가인 민간인	법관인
판정기관	중재기관인 대한상사중재원	법원
공개성	비공개주의에 따라 기업의 비밀이 보장되므로 회사의 명성을 지킬 수 있고 대외신용의 침해를 받을 우려가 없음.	재판은 공개주의가 원칙이므로 영업상의 비밀이 공개되어 대외신용도가 침해되기 쉬움.

3) 구종순 외2, 「글로벌 무역개론」, 박영사, 2015, p.376.

5 중재계약

1) 중재계약(중재합의)의 의의

국제상사중재에 있어 '중재합의(arbitration agreement)'라 함은 국적을 달리하는 계약당사자가 중재를 통해 분쟁을 해결하기로 합의한 것을 말한다.

UNCITRAL(United Nations Commission on International Trade Law) 제7조는 "중재합의는 계약에 의하거나 또는 계약에 의하지 아니한 일정한 법률관계에 관하여 당사자 간에 이미 발생하였거나 장래 발생할 수 있는 모든 분쟁 또는 특정한 분쟁을 중재에 부탁하는 당사자 사이의 합의이다. 중재합의는 계약상의 중재조항의 형식이나 별도의 합의형태로 할 수 있다."라고 규정하고 있다.

한국 중재법도 제3조 제2호에서 "중재합의"란 "계약상의 분쟁인지 여부에 관계없이 일정한 법률관계에 관하여 당사자 간에 이미 발생하였거나 장래 발생할 수 있는 분쟁의 전부 또는 일부를 중재에 의하여 해결하도록 하는 당사자 간의 합의를 말한다."라고 규정하고 있는데, 이는 UNCITRAL 모델중재법의 '중재합의'에 관한 규정을 우리의 입법에서도 그대로 받아들인 것으로 볼 수 있다. 이처럼 중재합의는 국제협약 및 한국, 미국 등 여러 국가의 법에서 인정되고 있으나, 효력과 인정범위는 국가마다 다르다.

6 중재계약(중재합의)의 종류

사전중재합의는 당사자 간의 매매계약서에 분쟁이 발생되면 중재로 해결하겠다는 중재조항(arbitration clause)을 계약조문으로 삽입하거나 또는 교환된 서신 또는 전보에 분쟁 발생 시 중재로 해결하겠다는 의사표시를 한 서면상의 합의를 말한다.

중재의뢰합의(submission agreement)는 당사자 간에 분쟁이 발생된 이후에 분쟁을 해결하기 위하여 중재로 최종해결하기 위하여 합의가 된 경우를 말한다. 그러나 일단 분쟁이 발생된 후에 이러한 합의를 하기는 어려운 경우가 많으므로 중재계약은 사전에 매매계약서 작성 시 삽입하는 방법이 바람직하다.[4)]

7 중재계약(중재합의)의 요건

중재합의가 유효하게 성립되어 중재절차가 순조롭게 진행되기 위해서는 중재를 행할 중재

---

4) http://busan-hcmc.org/cyber_trade/Lectures/Lesson37/Lesson37_02.html

지, 중재기관 및 적용할 준거법 등을 정확하게 명시해야 한다. 특히 무역거래에서는 수출업자는 자기 나라에서 자국의 법에 의한 중재를 원하고 수입업자는 이와 반대로 원하기 때문에 중재합의를 할 때는 이 점을 분명히 명시해야 한다.[5)]

8 중재계약(중재합의)의 방식

중재합의는 반드시 서면으로 작성되어야 한다. 일반적으로 중재합의의 방식으로서 서면성을 요구하는 취지는, 중재에 관한 합의가 실제로 있었는지를 명확히 하고, 중재합의의 존재와 내용을 증명할 수 있도록 기록하기 위한 것이다. 또한 계약의 적용범위를 모르는 일방당사자가 예기치 못한 손실을 입는 것을 방지하려는 취지도 포함되어 있다. 따라서 형식의 흠결은 치유될 수 있다.

9 중재계약(중재합의)의 내용

중재합의는 공평과 적정이라는 관점에서 안전하다고 할 수 있는 전통적인 소송제도를 통하지 아니한 분쟁해결에 관한 합의이다. 따라서 중재의 과정과 결과에 대한 예측가능성을 가능한 한 높이고 그로 인한 불안감을 줄이기 위해서는 중재합의에 필요한 요소가 모두 포함되어야 한다. 중재조항의 작성에 있어서 중재합의의 당사자가 상설중재(institutional arbitration)에 합의한다면 기존의 중재제도나 중재기구자체의 중재규칙을 실제로 용이하게 이용할 수 있고 이는 모든 절차를 포함하고 있기 때문에 중재가 원만히 진행될 수 있다.

한편 당사자가 다른 이유로 제도적 중재를 받아들일 수 없는 경우에는 임시중재(Ad hoc arbitration)에 의할 수 있으며 중재인의 임명에서부터 모든 중재절차에 따르는 내용을 효과적으로 규정하여야 한다. 동일한 내용의 중재조항도 준거법에 따라 무효가 될 수 있으므로 중재합의에 포함시켜야 할 최소한의 기준은 중재합의의 준거법과 중재지 법에 따를 사항이다.

유효한 중재조항의 작성은 상당한 기술과 경험을 요하는데 Eisemann은 중재조항이 가져야 하는 4가지 필수적 기능을 다음과 같이 기술하고 있다. 첫째, 중재조항은 당사자들에 대하여 의무적 효과를 창출하여야 하고, 둘째 중재판정이 내려질 때까지 국내법원의 절차로부터 독립되어야 하며, 셋째, 중재인은 당사자 간의 모든 분쟁을 결정할 권한을 가지고 있어야 하고, 끝으로 중재조항은 판정이 승인되고 집행될 수 있도록 효율적 절차를 가져야 한다는 것이다.

---

5) 박대위 외1, 「무역개론」, 유원북스, 2015, p.390

10 중재계약(중재합의)의 효력

1) 중재합의의 효력발생시기 및 존속기간

중재법 제8조 제2항에 의거하여 중재합의는 서면으로 하여야 한다. 당사자 쌍방이 중재합의의 내용이 기재된 서면에 서명한 때에 중재합의가 성립하고 그 효력이 발생하게 된다. 당사자가 구두로 중재에 의한 분쟁해결을 합의한 것만으로는 중재합의가 유효하게 성립할 수 없으므로, 구두에 의한 중재합의의 당사자 일방이 그 중재합의의 대상인 분쟁에 관하여 소를 제기하더라도 중재합의의 항변을 할 수 없게 된다.

중재합의는 그것이 실효될 때까지 효력을 가지는 것으로 볼 수 있다. 당사자는 중재합의 시에 그 존속기간을 정할 수 있고, 존속기간이 정해진 경우에는 약정기간의 만료로 중재합의의 효력이 소멸하게 된다. 당사자 간에 기간 연장에 관한 약정이 있는 경우에는 이에 따라 존속기간을 연장할 수 있고, 당사자 간에 그러한 약정이 없는 때에도 당사자는 필요한 경우 새로운 합의로 존속기간을 연장할 수 있다.

2) 중재합의의 효력의 내용

유효한 중재합의가 존재하는 경우 당사자는 중재합의의 취지에 따라 중재판정이 내려지거나 중재화해가 성립될 때까지 중재절차를 진행시키는데 필요한 행위를 하여야 하고, 중재합의의 목적을 달성하는데 방해가 되는 행위를 해서는 안 된다. 또한 중재합의의 대상인 분쟁의 해결을 중재인의 중재판정에 맡기고 그 중재판정에 따르기로 하는 중재합의에는 법원의 재판권을 배제하는 취지가 포함되어 있으므로, 중재합의의 대상인 분쟁에 관하여 소가 제기된 경우 상대방 당사자는 그 소송절차에서 중재합의의 존재를 주장할 수 있다.[6)]

11 상사중재의 절차

1) 상사중재 절차의 의의

우리나라에서는 조정이 중재절차의 전 단계이며 당사자 쌍방의 요청이 있으면 대한상사중재원은 1인 또는 3인을 조정인으로 선정하고 조정을 시도하지만, 조정이 성립되지 않을 때에는 조정절차는 종료되며 즉시 중재인의 선정 및 중재절차가 이루어진다. 중재절차는 중재신청자

6) 강수미, "중재합의의 효력에 관한 고찰", 한국민사소송 법학회, 2020, pp.66~67.

에 의해 접수된 중재사건에 대해 중재판정이 내려질 때까지의 과정을 말하며 중재절차에 대해서는 기본적으로 당사자 간에 임의적으로 합의할 수 있다.

현실적으로 중재의 모든 절차를 당사자가 정하는 것은 어렵기에 특정 중재기관의 중재절차를 선택하기로 합의한다면 선정된 중재기관의 절차를 따를 수 있다.

2) 상사중재절차의 진행 과정

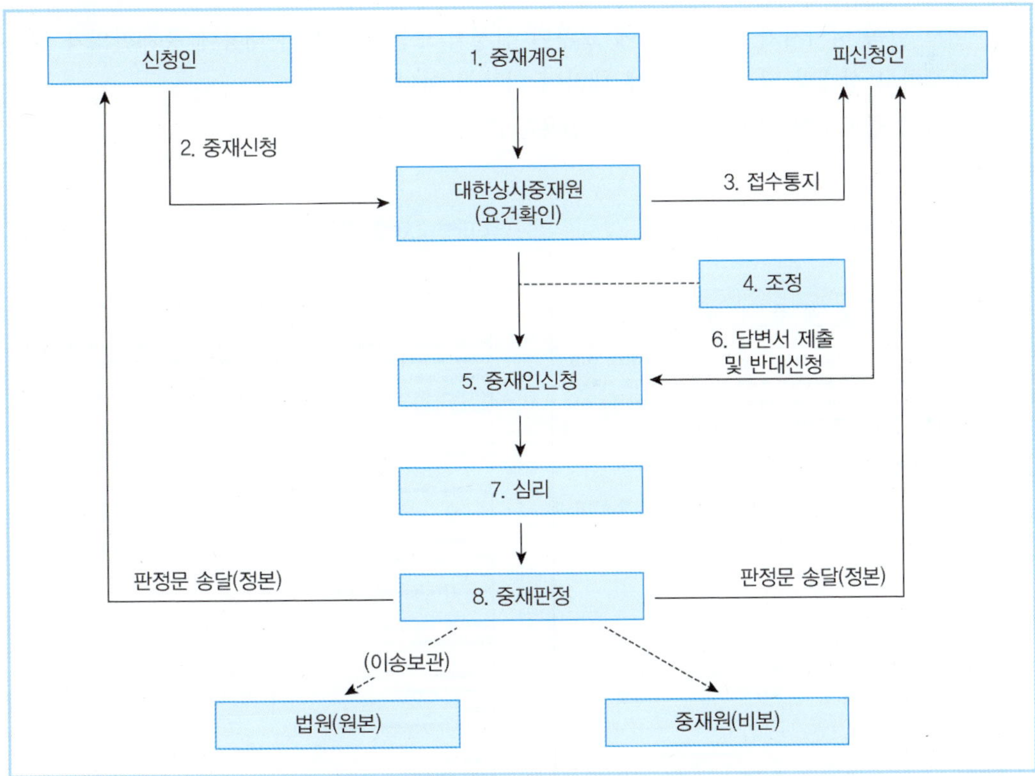

(1) 중재합의

중재는 자치법정이므로 분쟁을 중재로 해결하기 위한 당사자 간의 중재합의 과정이 필요하다. 중재법 제3조에서는 "중재란 당사자 간의 합의로 재산권 상의 분쟁 및 당사자가 화해 때문에 해결할 수 있는 비재산권 상 분쟁을 법원의 재판에 의하지 아니하고 중재인의 판정에 의하여 해결하는 절차"로 규정[7]하고 있다.

중재합의는 계약서상에 중재조항을 삽입하거나 독립된 합의의 형식으로 할 수 있는데 원칙

---

7) 중재법 제3조.

적으로 서면으로 하여야 한다.

〈중재법 제8조에서 서면에 의한 합의로 보는 경우〉

① 구두나 행위 그 밖의 어떠한 수단에 의하여 이루어진 것인지 여부와 관계없이 중재합의의 내용이 기록된 경우

② 전보, 전신, 팩스, 전자우편 또는 그 밖의 통신수단에 의하여 교환된 전자적 의사표시에 중재합의가 포함된 경우

③ 어느 한쪽 당사자가 당사자 간에 교환된 신청서 또는 답변서의 내용에 중재합의가 있는 것을 주장하고 상대방 당사자가 이에 대하여 다투지 아니하는 경우

④ 계약이 중재조항을 포함한 문서를 인용하고 있는 경우

중재합의서(국문)[8)]

중 재 합 의 서

아래 당사자들은 아래 내용의 분쟁을 대한상사중재원의 중재규칙 및 대한민국 법에 따라 대한상사중재원에서 중재에 의하여 해결하기로 하며, 본 분쟁에 대하여 내려지는 중재판정은 최종적인 것으로 모든 당사자에 대하여 구속력을 가지는 것에 합의한다.

1. 분쟁내용 요지: (예: 계약(주문)번호xxx에 관련한 모든 분쟁)

2. 부가사항: (중재인 수나 위 규칙 제8장에 따른 신속절차 및 형평과 선에 의한 판정 가능 여부 등에 관하여 합의할 수 있음)

20 . . .

상 사 명: ________	상 사 명: ________
위대표자: ________ ㊞	위대표자: ________ ㊞
주 소: ________	주 소: ________
위대리인: ________ ㊞	위대리인: ________ ㊞

중재부탁서(영문)[9)]

Submission to Arbitration

We the undersigned parties, hereby agree to submit the below dispute to the Korean Commercial Arbitration Board for arbitration in Seoul, Korea in accordance with the Arbitration Rules of the Korean Commercial Arbitration Board and under the Laws of Korea with impeccable understanding that the arbitral award to be rendered on the dispute shall be final and binding upon all the parties concerned.

(1) Points of Dispute : All disputes in relation to the contract No. OOOO-OOOO dated ___, ___, ______

(2) Further References : Number of Arbitrators desired (one[ ], three[ ])

Party(A)
Name of Corporation :
Address :
Name of Representative(or Agent) :

Signed by : ________________
Date of Signature : ___, ___, ______

Party(B)
Name of Corporation :
Address :
Name of Representative(or Agent) :

Signed by : ________________
Date of Signature : ___, ___, ______

(2) 중재신청 및 비용예납

대한상사중재원의 중재규칙에 의한 중재를 신청한 자는 중재원의 사무국에 중재신청서와 함께 국제중재규칙에서 정하고 있는 중재비용을 신청요건에 갖추어 제출하여야 한다. 중재를 신청한 자가 제출하여야 하는 서류는 다음과 같다.[10)] ① 중재합의를 인증한 서류의 원본 또는 사

8) 대한상사중재원, 중재합의서(국문).
9) 대한상사중재원, 중재부탁서(영문).

본 ② 중재신청서 ③ 중재신청에서 주장하는 청구의 원인 사실을 증명하는 서증의 원본 또는 사본 ④ 대리인이 신청하는 경우에는 그 위임장 ⑤ 신청인 및 피신청인 법인 등기부등본

중재신청서에 기재하여야 할 사항은 ① 당사자의 성명 및 주소 ② 대리인이 있는 경우에는 대리인의 성명 및 주소 ③ 중재신청의 취지 ④ 중재신청의 이유 및 입증방법이 기재되어야 한다.

중재비용의 예납은 중재를 신청하고자 하는 자가 사무국에 중재신청서 제출과 함께 1백만원의 신청요금과 중재비용을 중재의 신청과 동시에 사무국이 지정하는 통화로 예납하여야 한다. 이를 납부하여야만 중재절차가 개시된다.

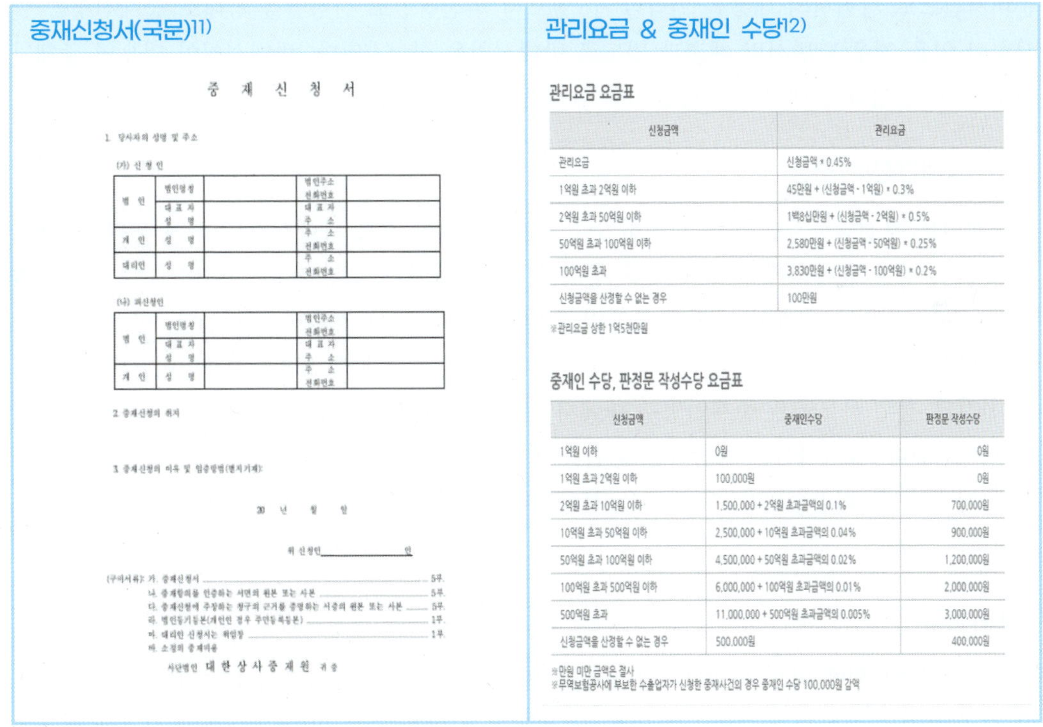

중재신청서(국문)[11)]

중 재 신 청 서

1. 당사자의 성명 및 주소

(가) 신청인

법 인	법인명칭		법인주소 전화번호	
	대표자 성명		대표자 주소	
개 인	성 명		주 소 전화번호	
대리인	성 명		주 소 전화번호	

(나) 피신청인

법 인	법인명칭		법인주소 전화번호	
	대표자 성명		대표자 주소	
개 인	성 명		주 소 전화번호	

2. 중재신청의 취지

3. 중재신청의 이유 및 입증방법(별지기재)

20 년 월 일

위 신청인 ______ 인

(구비서류): 가. 중재신청서 .... 5부.
나. 중재합의를 인증하는 서면의 원본 또는 사본 .... 5부.
다. 중재신청에 주장하는 청구의 근거를 증명하는 서증의 원본 또는 사본 .... 5부.
라. 법인등기등본(개인인 경우 주민등록등본) .... 1부.
마. 대리인 신청시는 위임장 .... 1부.
바. 소정의 중재비용

사단법인 대한상사중재원 귀중

관리요금 & 중재인 수당[12)]

관리요금 요금표

신청금액	관리요금
관리요금	신청금액 × 0.45%
1억원 초과 2억원 이하	45만원 + (신청금액 - 1억원) × 0.3%
2억원 초과 50억원 이하	1백8십만원 + (신청금액 - 2억원) × 0.5%
50억원 초과 100억원 이하	2,580만원 + (신청금액 - 50억원) × 0.25%
100억원 초과	3,830만원 + (신청금액 - 100억원) × 0.2%
신청금액을 산정할 수 없는 경우	100만원

※관리요금 상한 1억5천만원

중재인 수당, 판정문 작성수당 요금표

신청금액	중재인수당	판정문 작성수당
1억원 이하	0원	0원
1억원 초과 2억원 이하	100,000원	0원
2억원 초과 10억원 이하	1,500,000 + 2억원 초과금액의 0.1%	700,000원
10억원 초과 50억원 이하	2,500,000 + 10억원 초과금액의 0.04%	900,000원
50억원 초과 100억원 이하	4,500,000 + 50억원 초과금액의 0.02%	1,200,000원
100억원 초과 500억원 이하	6,000,000 + 100억원 초과금액의 0.01%	2,000,000원
500억원 초과	11,000,000 + 500억원 초과금액의 0.005%	3,000,000원
신청금액을 산정할 수 없는 경우	500,000원	400,000원

※만원 미만 금액은 절사
※무역보험공사에 부보한 수출업자가 신청한 중재사건의 경우 중재인 수당 100,000원 감액

(3) 중재신청 접수통지

위와 같은 중재신청서가 제출되면 사무국에서는 서류의 적합 여부를 확인한 후 적합하다고 판단된 경우 중재비용을 예납 받은 후 신청인과 피신청인에게 접수통지를 전달한다.

10) 국제중재규칙 제8조.
11) 대한상사중재원, 중재신청서(국문).
12) 대한상사중재원, 관리요금 & 중재인 수당.

(4) 답변서 제출

피신청인은 신청인의 중재신청서를 확인한 후 중재신청 접수통지를 수령한 날로부터 30일 이내에 사무국에 답변서를 제출하여야 한다. 피신청인은 답변서에 다음과 같은 사항을 기재하여야 한다. ① 양 당사자의 성명 및 주소 ② 대리인이 있는 경우 그 성명과 주소 ③ 답변의 취지 ④ 답변 원인이 된 사실 및 분쟁의 대상 ⑤ 피신청인의 법인등기부등본 ⑥ 작성날짜 및 서명 날인

사무국은 답변서를 제출받은 후 피신청인에게 답변서 제출 확인 서류를 송부하고 신청인에게 답변서를 첨부하여 이를 통지한다. 답변서를 받은 신청인은 심리기일 개시 이전에 언제든지 준비서면으로 답변서의 내용을 반박할 수 있으며 피신청인도 신청인을 상대로 중재신청을 할 사항이 있을 경우 답변서의 제출과 별도로 반대신청을 할 수 있다. 반대신청이 있으면 중재판정부는 본 신청과 반대신청을 병합하여 심리한다.

(5) 중재판정부 구성

중재인은 분쟁당사자가 직접 선정하거나 중재원에서의 후보 중에서 선임하게 된다. 중재인의 수는 당사자의 합의에 의해 선정된 경우 선정 통지수령일로부터 15일 이내에 그 중개인의 성명, 주소, 직업을 기재한 서면에 중재인 취임수락서를 받아 제출하여야 한다. 만일 기간 내에 지명하지 않은 경우에는 사무국이 직접 중재인을 선정한다.[13] 또한, 중재인이 사무국에 의해 선정된 경우 사무국은 중재인명부 중에서 5인 또는 10인의 후보자를 선정 후 당사자들에게 명단을 보낸다. 당사자들은 희망하는 순위를 번호로 표시하고 사무국은 양 당사자가 표시한 순위를 집계한 후 희망순위가 가장 높은 사람부터 순차적으로 접촉하여 취임 수락을 요청하고 선정하게 된다.

(6) 심리

대한상사중재원에 따른 중재절차의 심리는 법원 소송절차와 유사하게 심리기일은 쟁점에 대한 각 당사자의 주장과 입증이 이루어질 수 있도록 기회를 주는 편이나 분쟁의 신속한 해결을 위해 3회에서 4회의 심리기일로 진행되는 것이 일반적이다. 심리절차는 비공개로 진행되는 것이 원칙이며 심리절차는 다음과 같이 이루어진다.

13) 국제중재규칙 제12조 및 국내중재규칙 제21조.

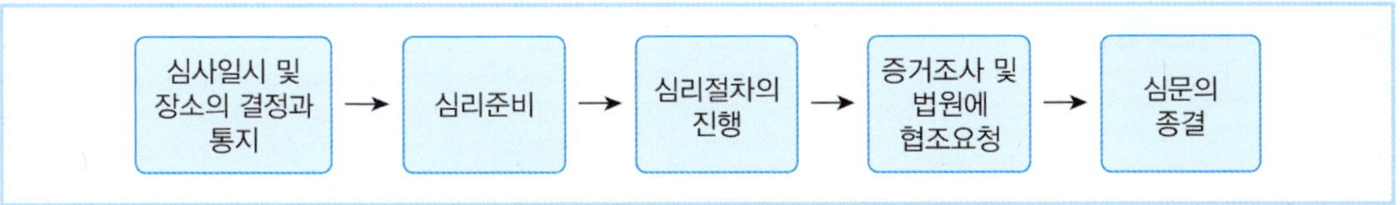

① 심리일시 및 장소의 결정과 통지

② 심리준비

③ 심리절차의 진행: 심리는 사건번호와 당사자의 호명으로 개시되고 비공개를 원칙으로 당사자가 증거물을 제출할 경우 중재판정부는 접수할 수 있다. 중재판정부는 당사자 또는 대리인을 직접 심리할 수 있다. 심리 시 중재판정부에 제출하지 못하거나 요구에 의해 제출하는 서류 모두 사무국이 접수할 수 있으며 중재판정부에게 송달하여야 한다. 중재판정부는 판정에 필요하다고 인정되는 조사를 관할법원에 신청하여 조사할 수 있다.

④ 증거조사 및 법원에 협조요청: 중재판정부가 필요하다고 인정할 때 증거의 제출이나 증인 또는 감정인의 출석을 요구하거나 스스로 검증을 실시하는 증거조사를 할 수 있다. 또한, 중재판정부는 당사자의 신청으로 관할법원에 증거조사를 촉탁하거나 증거조사에 대한 협조를 요청할 수 있다.

⑤ 심문의 종결: 중재판정부는 당사자가 주장 및 입증을 다하였다고 판단하는 경우 심리의 종결을 선언한다.

(7) 중재판정

중재판정부는 중재계약의 범위 내에서 계약의 현실 이행뿐만 아니라 공정하고 정당한 배상이나 기타의 구제를 명한다. 당사자들이 합의하지 않는 한 최종 서면의 제출일과 심리의 종결일 중 나중의 날짜를 기준일로 45일 이내에 판정을 내려야한다.[14]

(8) 판정문 송달

사무국은 작성된 중재판정의 정본을 각 당사자 또는 대리인에게 송부한다.

(9) 이송보관 & 자체보관

사무국은 중재판정의 원본을 보관하여야 하고 당사자의 신청이 있는 경우에는 중재판정 원본과 당사자에게 정본을 송달한 사실을 증명하는 서면을 법원에 송부하여 보관할 수 있다.[15]

14) 중재법 제30조 및 국내중재규칙 제38조.
15) 중재법 제32조 및 국내중재규칙 제44조.

12 외국중재판정

1) 영국

(1) 일반원칙과 적용범위

영국 중재법의 일반원칙에는 중재의 목적을 공정한 분쟁해결을 달성하기 위함으로 제시하고 분쟁해결 방법에 자유롭게 합의할 수 있어야 하며 법원이 이 규정에 정해진 것 이외의 개입은 금지한다고 규정되어있다.

(2) 중재합의

현재 또는 장래의 분쟁을 중재로 해결할 것을 서면으로 합의한 경우 법적으로 유효하다.

(3) 중재인

영국중재제도의 특징으로 의장중재인 외에 심판인이 있다.

(4) 중재판정

중재판정은 당사자 간에 달리 합의가 없으면 최종적이고 구속력이 있다. 당사자들은 중재판정부의 권한에 대하여 합의가 가능하며, 합의하지 않으면 최종판정일로부터 28일 이내에 제기할 수 있다.

(5) 중재기관

영국이 런던상업회의소 내에 런던중재회의소를 설립한 이후 각종 중재기관들이 설립되었다. 종합적이고 상설중재기관으로는 런던국제중재법원, 영국중재인협회, 런던해사중재인협회, 효과적분쟁해결센터 등이 있다.

(6) 국제협약 가입

영국은 중재에 관한 다국간 협약에 참여하여 1923년 중재조항에 관한 제네바 의정서 및 1927년 외국중재판정의 집행에 관한 제네바 협약 1975년에는 외국중재판정의 승인과 집행에 관한 뉴욕협약에 가입하였다.

2) 미국

(1) 일반원칙과 적용범위

미국은 연방중재법과 주중재법 또는 통일중재법이 적용되고 있다. 각 주의 중재법은 동일하지 않고 약간의 차이가 있으며 합의 내용에 따라 중재합의의 범위가 결정된다.

(2) 중재합의

계약상의 중재조항을 두는 경우와 분쟁발생 후 원계약과는 독립된 형태의 중재합의를 하는 경우로 구분할 수 있다. 통일중재법에 의하면 분쟁의 당사자가 중재신청을 했음에도 상대방 당사자가 거부할 경우 법원은 당사자에게 중재하도록 명령 가능하고 연방중재법에 의하면 연방법원은 중재합의의 판단을 전제로 중재절차의 진행을 명령할 수 있다.

(3) 중재인

중재인의 자격과 수에 대하여 제한 규정을 두고 있지는 않으며 선정된 중재인은 심리장소와 시간을 결정한 후 당사자에게 통지한다.

(4) 중재판정

중재판정은 중재판정부의 다수결에 의하여 이루어지며 판정문을 작성하여 중재판정에 참여한 중재인이 서명하여야 한다.

(5) 중재기관

미국은 다양한 분쟁해결기관이 있다. 대표적으로 미국중재협회(AAA)는 다양한 분야와 지역에 대한 제한없이 국내 및 국제분쟁을 다루고 국제분쟁해결센터(ICDR)에서는 미국중재협회에 접수되는 국제중재 사건들의 절차진행을 담당한다.

(6) 국제협약 가입

미국은 뉴욕협약에 1970년 가입하였고, 1965년에는 국가와 타국민간의 투자분쟁의 해결 ICSID협약에 가입하였고 1976년 발효된 국제상사중재에 관한 미주협약에도 가입하였다.

3) 독일

(1) 일반원칙과 적용범위

독일의 중재법은 당사자자치를 원칙으로 UNCITRAL 모델법을 수용하고 국제적인 일반원칙을 중시한다.

(2) 중재합의

당사자 간에 이미 발생하였거나 장래 발생할 분쟁의 전부 또는 일부에 대해 서면으로서 독립된 중재계약이나 중재조항 형태로 합의한다.

(3) 중재인

3인의 중재인으로 구성된 중재판정부를 원칙으로 1인의 중재인을 선임하고 2인의 중재인이 합의하여 3인의 중재인을 선임한다.

(4) 중재판정

당사자가 합의하지 않는 한 중재판정부의 모든 결정은 다수결로 진행한다.

(5) 중재기관

독일의 모든 상업회의소에는 중재기관이 설치되어 있으며 함부르크 상공회의소 중재법원, 베를린 중재재판소, 프랑크푸르트 중재협회와 같이 지역별 중재기관과 독일 중재협회 등의 전국적인 중재기관이 있다.

(6) 국제협약 가입

1924년 제네바 의정서, 1930년 제네바 협약에 동의하였고 뉴욕협약에도 가입하였다. 1964년 유럽국제상사중재협약에도 가입하였다.

4) 프랑스

(1) 일반원칙과 적용범위

프랑스의 중재법규는 국내중재와 국제중재를 명확하게 구분하고 있고 당사자 자치를 존중한다. 국제적 공공질서에 반한 법률관계에 대해서는 중재를 허용하지 않는다.

(2) 중재합의

프랑스는 상사분쟁에 대한 상사재판소의 관할권이 확인되고서야 체결된 중재계약의 효력이 인정되었다.

(3) 중재인

외국인도 중재인이 될 수 있으며 수에 대한 제한은 없다. 중재인은 그 임무가 종료할 때까지 계속되며 당사자들의 전원일치에 의하여만 해임된다.

(4) 중재판정

다수결에 의하고 서면으로 작성된 중재판정문에는 당사자들의 청구와 주장이 요약되어야 한다. 또한, 프랑스 중재제도의 특징으로 국내중재와 국제중재의 중재판정에 대한 항소 가능성이 있다. 국내중재는 중재판정에 대한 법원의 항소를 인정한다.

(5) 중재기관

1923년 제네바 의정서, 1931년 제네바 협약에 동의하였으며 1958년 뉴욕협약에도 가입하였고 1966년 유럽협약에 동의하였고 1967년 투자분쟁해결에 관한 협약에도 가입하였다.

(6) 국제협약 가입

1923년 제네바의정서, 1931년 제네바협약에 동의하였으며 1958년 UN협약에도 가입하였고 1966년 유럽협약에 동의하였고 1967년 투자분쟁해결에 관한 협약에도 가입하였다.

5) 일본

(1) 일반원칙과 적용범위

일본은 UNCITRAL 모델법을 2004년 개정한 신중재법에 반영하였다.

(2) 중재합의

일본의 중재법 제13조에 "당사자들에 의한 협상으로 해결하기로 한 분쟁"이라고 중재합의를 정의한다.

(3) 중재인

당사자 합의에 따라 결정하지만 미합의 시 3인 중재가 원칙이고 단독중재도 가능하다.

(4) 중재판정

분쟁의 실체문제에 관한 적용법은 당사자들에 의해 지정된다.

(5) 중재기관

일본의 중재는 거의 상설중재기관에 의하여 이루어지고 공적중재기관과 사적중재기관으로 구별한다.

(6) 국제협약 가입

일본은 제네바 의정서와 제네바 협약 모두 가입하였고 1961년 뉴욕협약에도 동의하였으며 1965년 ICSID 협약에도 서명하였다.

6) 중국

(1) 일반원칙과 적용범위

중국 중재제도의 일반원칙은 당사자 자치의 원칙, 사실에 근거하고 법률에 기초한 원칙, 중재법 독립진행의 원칙, 조정 선행의 원칙 등을 들 수 있다.

(2) 중재합의

중재합의의 내용으로는 중재청구의 의사표시, 중재사항, 선정한 중재위원회 등 중재합의의 3요소를 구체적으로 명시하고 있어야 한다.

(3) 중재인

3명 또는 1명의 중재인으로 구성되며 3명의 중재인일 경우 의장중재인을 둔다.

(4) 중재판정

비공개를 원칙으로 중재인 다수의 의견에 따라 이루어지고 중재판정의 집행과 관련하여 당사자가 이행하지 않을 경우 민사소송법에 따라 인민법원에 집행을 신청할 수 있다.

(5) 중재기관

중국에는 정부지원의 민간중재기관으로 중국국제경제무역중재위원회(CIETAC)와 중국해사중재위원회(CMAC)가 있다.

(6) 국제협약 가입

중국은 1987년 뉴욕협약에 가입하였고 ICSID 협약에는 1990년에 가입하였다.[16)]

16) [출처] 2.5 상사중재의 절차, 2.6 외국중재판정
① 박성호・이현정, 『무역클레임과 상사중재』, 유원북스, 2019, pp.194~216,
② 대한상사중재원, 『국내중재절차안내』, 2018, pp.23~41,
③ 최장호, 『상사분쟁관리론』, 두남, 2003, p.215,
④ 이성민・김성민, 『무역클레임과 국제상사중재론』, 두남, 2014, p.121,
⑤ 사법정책연구원, 『중재 활성화를 위한 법원의 역할』, 홍디자인, 2018, p.17,
⑥ 한국경제신문/한경닷컴, 『한경 경제용어사전』, - "중재",
⑦ https://terms.naver.com/entry.nhn?cid=50305&docId=2075449&categoryId=50305
⑧ 국가법령정보센터,『중재법』
⑨ http://www.law.go.kr/법령/중재법.

부록

부록1 선적서류

부록2 관세사 2차 무역실무 기출문제

<부록1.> 선적서류

1. 신용장 개설신청서

Application for irrevocable Documentary Credit

TO : *XXXXX Bank* (Reopen구분 : 1차발행( ), 2차발행( ) ① Date :
※ ② Advising bank : (BIC :)
※ ②-1 Credit no. :
③ Applicant :
④ Beneficiary :
⑤ Amount : 통화 금액 (Tolerance : /)
⑥ Expiry Date : in the Beneficiary country ( ) At the counters of ourselves ( )
⑦ Latest date of shipment :
⑧ Tenor of Draft At sight ( ), Usance days
(Usance L/C only : Banker's ( ) Shipper's ( ) days
⑨ For 100% of the invoice value

[ ] After sight
[ ] From B/L date
[ ] Other

Documents Required(46A)

⑩ ( ) Full set of clean on board ocean bills of lading made out to the order of XXX *BANK* marked "Freight ( ) and notify Accountee ( ), Other ( ) :
⑪ ( ) Insurance Policy or Certificate in duplicate endorsed in blank for 110% of the invoice value, stipulating that claims are payable in the currency of the draft and also indicating a claim setting agent in Korea. Insurance must include : the Institute Cargo Clause :
⑫ ( ) Signed Commercial Invoice in ( ) folds
⑬ ( ) Packing List in ( ) folds
⑭ ( ) Certificate of Origin in ( ) Original and ( ) copies
⑮ ( ) Inspection Certificate in ( ) folds issued by
⑯ ( ) Other Documents (if any)

⑰ Description of goods and/or services (45A) HS Code : ⑱ Price term :

Commodity Description	Quantity	Unit Price	Amount

⑲ Shipment from : Shipment to :
⑳ Partial Shipment : ( ) Allowed ( ) Prohibited
㉑ Transshipment : ( ) Allowed ( ) Prohibited
㉒ Confirmation : ( ) / Confirmation charges : ( ) Beneficiary ( ) Applicant
㉓ Transfer : ( ) Allowed(Transferring Bank :)
㉔ Documents must be presented within ( )days after the date of shipment of B/L or transportation documents.

Additional Conditions(47A)

㉕ ( ) All banking charges including reimbursement charges outside Korea are for account of
( ) Beneficiary ( ) Applicant
( ) ( )% More or Less in quantity and amount to be acceptable
( ) Other conditions :

Except so far as otherwise expressly stated. This DC is subject to the UCP (2007 Revision) ICC Pub no.600)

위와 같이 신용장 발행을 신청함에 있어서 따로 제출한 외환약정서의 해당조항을 따를 것을 확약하며 아울러 위 수입물품에 관한 모든 권리를 귀행에 양도하겠습니다.

승인신청번호 : 신청인 :

< 신용장 개설신청서 작성 요령 >

항목	작성요령
① Date	신용장 개설은행에 신청한 당일 날을 기재한다.
② Advising bank	가급적 수출상이 요청하는 은행을 기재한다.
②-1 Credit no.	개설은행이 임의로 부여한다.
③ Applicant	개설의뢰인(수입상)의 상호와 주소를 정확히 기재한다.
④ Beneficiary	수출상의 상호와 주소 또는 전화번호까지 정확하게 기재
⑤ Amount	신용장 한도금액을 표시하며 이 금액 이상으로 환어음을 발행 할 수 없다.
⑥ Expiry Date	신용장의 유효기일을 의미하며 통상적으로 선적일로부터 약 7일 ~15일 가량이 주어진다.
⑦ Latest date of	선적기일은 계약서상의 선적일을 기재한다.
⑧ Tenor of draft	환어음의 지급기한을 기재한다. * At sight인 경우 : O 표를 한다. * Usance인 경우 : 수출상과 합의한 외상기간을 기재한다. * Usance인 경우 : After sight, From B/L date, Other 3가지 중에서 한 가지를 선택한다.
⑨ For 100% of the	환어음의 발행금액은 보통 Invoice 금액과 일치하여 for 100% Invoice value로 표기하는 것이 원칙이다. 그러나 T/T 등과 혼합결제 방식인 경우에는 for 80% of Invoice value와 같이 Invoice 금액의 일정율에 대해 어음을 발행토록 하는 경우도 있다.
⑩ Full set of clean	운임을 수출상이 선지급하면 Freight (Prepaid) 운임을 수입상이 지급하면 Freight (Collect) 도착통지처(notify)를 기재한다. 수입상이면 Accountee, 다른 업체면 Other에 표시
⑪ Insurance Policy	가격조건이 CIF, CIP인 경우에 요구사항을 기재한다.
⑫ Commercial Invoice	수출상이 제시할 상업송장의 통수를 기재한다.
⑬ Packing List	수출상이 제시할 포장명세서의 통수를 기재한다.
⑭ Certificate of	수출상이 제시할 원산지증명서의 통수를 기재한다.
⑮ Inspection	수출상이 제시할 검사증명서의 통수와 발급자를 기재한다
⑯ Other Documents	추가적인 조건을 요구할 경우에는 기타서류로 기재한다.
⑰ Description	계약서상 약정한 물품의 내용, 수량, 단가, 금액을 기재한다
⑱ Price term	FOB, CFR, CIF 등으로 기재한다.
⑲ Shipment from to	선적항(지)과 도착항(지)을 기재한다.
⑳ Partial Shipment	분할선적 허용 여부를 표시한다.
㉑ Transshipment	환적의 허용 여부를 표시한다.
㉒ Confirmation	수출상과 확인신용장 개설의 합의가 있을 때 표시한다.
㉓ Transfer	수출상과 양도가능신용장 개설의 합의가 있을 때 표시한다.
㉔ Documents	서류제시기간을 기재한다.
㉕ Additional	부가조건은 기존 신용장의 형식에 없는 내용들을 추가로 기재하는 조건이다.

2. 신용장 (L/C : Letter of Credit)

--- 커버 생략 ---

**---

** :27sequence of total:
1/1
** :40A form of documentary credit:
IRREVOCABLE
** :20 documentary credit no.:
MGK248186.
** :31C date of issue:20100320
** :40E applicable rules : UCP LATEST VERSION
** :31D date and place of expiry:
20100422KOREA
** :50 applicant:
KALMAX GARMENTS FTY. LTD.
BLOCK C, 10F., DONTEX BLDG.,
10-3 SHEUNS HEI ST., SANPOKONG
KOWLOON. HONG KONG
** :59 beneficiary:
ICOM CO.,LTD.
ROOM202 HONGIL B/D, 1551-9, SOCHO-DONG
SOCHO-KU, SEOUL,
KOREA
** :32B currency code amount:
** currency code : USD US DOLLAR
** amount : #28,240.35#
** :39A pct credit amount tolerance:
03/03
** :41D available with/by-name, address:
ANY BANK
BY NEGOTIATION
** :42C drafts at :
DRAFTS TO BE DRAWN AT SIGHT FOR
FULL INVOICE VALUE
** :42D drawee name and address:
HBSC BANK HONGKONG
MONGKOK OFFICE
** :43P partial shipments:**ALLOWED**
** :43T transshipment: **PROHIBITED**
** :44E port of loading/airport of departure:
KOREA
** :44F port of discharge/airport of destination:
HONG KONG

** :45A descr goods and/or services:

+ 9,573 YARDS 40 PERCENT NYLON 60 PERCENT COTTON FABRIC
  WIDTH:56 INCHES
  ITEM NO:IE-1003
  FINISH : PD. WR. W/S
  AT USD 2.95 PER YD CIF HONG KONG
  COLOUR ASSORTMENT:

COLOUR QTY(YDS)	SHIPMENT LATEST
BLACK 6,277	15 APR 2010
STONE 2,150	15 APR 2010
NAVY 1,146	15 APR 2010

** :46A documents required

+ SIGNED COMMERCIAL INVOICE IN TRIPLICATE.
  (AN EXTRA COPY OF INVOICE FOR ISSUING BANK'S FILE IS REQUIRED.)
+ SIGNED PACKING LIST IN TRIPLICATE
+ FULL SET ORIGINAL CLEAN 'ON BOARD' MARINE BILLS OF LADING MADE OUT TO ORDER, ENDORSED IN BLANK MARKED 'FREIGHT PREPAID', NOTIFY APPLICANT WITH FULL ADDRESS AND MENTIONING THIS DC NO.
+ MARINE INSURANCE POLICY OR CERTIFICATE IN NEGOTIABLE FORM, ENDORSED IN BLANK FOR FULL CIF VALUE PLUS 10 PERCENT COVERING INSTITUTE CARGO CLAUSES (A) INCLUDING FROM WAREHOUSE TO WAREHOUSE, INSTITUTE WAR CLAUSES (CARGO) (A) AND INSTITUTE STRIKES CLAUSES(CARGO), AND SHOWING CLAIMS PAYABLE AT DESTINATION IN THE CURRENCY OF THIS DOCUMENTARY CREDIT.

**47A Additional Conditions:

+ DOCUMENTS TO BE PRESENTED WITHIN 7 DAYS AFTER THE DATE OF SHIPMENT BUT WITHIN THE VALIDITY OF THIS CREDIT.
  DOCUMENTS MUST BE PRESENTED TO US THROUGH YOUR BANKER.
+ 3 PERCENT MORE OR LESS IN QUANTITY AND AMOUNT FOR EACH COLOUR ALLOWED.

-- 중 략 --

**49 Confirmation Instructions :
WITHOUT

--- 이하 생략 --

< 신용장 해석 >

27 sequence of total : 전문의 총 쪽수 중에서 몇 번째 쪽인지를 표시한다.
(예) 1/1 : 총 1쪽으로 구성된 전신문의 1쪽이다.

40A form of documentary credit : 신용장의 종류를 표시한다.
신용장은 취소불능(irrevocable)이라는 표시가 없더라도 취소가 불가능하다. (UCP 600 제 3조)
'Transferable'이라는 용어가 명시된 경우에는 양도가능신용장이고 이런 단어가 없는 경우에는 양도불능 신용장이다. 본 신용장은 이러한 문구가 명시되어 있지 않으므로 제2의 다른 수익자에게 양도할 수 없다.
(예) irrevocable : 취소불능신용장
revocable : 취소가능신용장
irrevocable transferable : 취소불능 및 양도가능신용장

20 documentary credit number : 개설은행이 부여하는 신용장번호를 표시한다.

31C date of issue : 개설은행이 개설일자로 간주하는 일자를 표시한다.
아무런 표시가 없는 경우 이 전문이 발송된 일자를 개설일자로 간주한다.

40E applicable rules : 신용장의 적용규칙을 표시한다.

31D date and place of expiry : 서류가 제시되어야 하는 마지막 일자와 장소를 표시한다.
신용장의 유효기일 장소는 대부분 수출국이 되나 수입국이 되는 경우도 있으므로 수입국까지의 서류도착 기일을 잘 감안하여 미리 매입 의뢰해야 한다.

50 applicant : 신용장 개설의뢰인이다.

59 beneficiary : 수익자를 의미하며 수출상과 동일한 의미이다.

32B currency code amount : 신용장의 통화 및 금액을 표시한다.

39A pct credit amount tolerance : 03/03 신용장 금액의 과부족 편차를 표시한다.
수량과 금액이 3% 범위 내에서 과부족이 허용된다. 3% 덜 선적하여도 되고 3% 더 선적하여도 된다는 의미이다.

39B maximum credit amount(본 신용장에서는 생략) : 'Up to', 'maximum' 또는 'not exceeding' 중에서 한 문언을 사용하여 신용장 금액을 표시한다.

41D available with/by name and address : 'With' 다음에는 신용장을 사용할 수 있는 은행명을, 'by' 다음에는 신용장의 사용방법을 표시한다.
(1) Any bank by negotiation - Freely negotiable credit(자유매입신용장)
(2) ×× bank by negotiation - Negotiation restricted credit(매입제한신용장)

42C drafts at : 화환어음의 기간을 표시한다.
Draft는 환어음을 의미하며 Bill of Exchange와 동일한 의미이다.
Draft to be drawn at sight for full invoice value
환어음(draft)을 at sight(일람불)조건으로 발행하라는 의미이다.
* At sight : At sight (즉시 지급)
* Usance : (1) at ×× days after sight
(2) at ×× days after B/L date

42D drawee name and address : 화환어음의 지급인을 표시한다.
화환어음의 지급인은 개설은행이 되며 개설은행이 수권을 준 다른 은행이 될 수도 있다.
그러나 개설의뢰인은 drawee가 될 수 없다.

43P partial shipments : 분할선적이 허용되는지 여부를 표시한다.
Allowed(or permitted)는 허용된다는 의미이며 신용장에서 명시적으로 허용하거나 아무런 표시가 없는 때에는 분할선적이 허용된다. 분할선적 금지의 경우 : Not allowed or not permitted로 명시한다.

43T transshipment : 환적이 허용되는지 여부를 표시한다.
환적을 허용하는 경우에는 'allowed' or 'permitted'로 명시하고 허용치 않는 경우에는 'not allowed' or 'not permitted'로 명시한다.

44E port of loading/airport of departure : 선적항 또는 출발공항을 표시한다.

44F port of discharge/airport of destination : 하역항 또는 목적공항을 표시한다.

44C latest date of shipment : (본 신용장은 45A에 명시되었음) 최종선적일자를 표시 한다.

45A description of goods and/or services : 상품의 명세를 표시한다. 신용장을 수취한 후 계약 체결한 내용과 상이하다면 즉시 조건 변경을 요청하여야 한다.

46A documents required : 수출상이 제시해야 할 서류에 관한 사항이다.
(1) Original(원본)
(2) Copy(부본) : original 서류 발행자가 발행하였으나 원본의 효력이 없는 것
(예 : 선하증권의 Non-Negotiable Copy = N/N B/L)
(3) Photo Copy(사본) : 원본이나 부본을 복사기에 복사한 것
* 신용장에서 별도의 언급없이 단순히 copy를 요구하였다면 photo copy도 서류의 불일치가 되지 않는다.
* ISBP 제30조
(1) Original : 모든 서류는 반드시 원본 제시
(2) Invoice, One Invoice, Invoice 1 copy : 송장 원본 1부를 요구하는 것으로 해석
(3) Invoice in 4 copies : 최소 원본 1부와 나머지는 부본(사본) 제시로 해석
(복수의 서류인 경우, 모두 원본도 무방하다)
(4) One copy of Invoice : 하나의 송장 부본(사본) 제시로 해석하며 원본 제시도 무방하다.

+ SIGNED COMMERCIAL INVOICE IN TRIPLICATE
In triplicate란 상업송장 3통(triplicate)을 첨부하라는 의미이다.

UCP에 의하면 상업송장은 수익자가 발행한 것으로 보여야 하며, 개설의뢰인 앞으로 발행되어야 한다. Signed라는 언급이 없다면 서명될 필요는 없다. 그러나 본 신용장처럼 신용장 조항에 'signed'라고 명시되어 있으면 서명을 하여야 한다. 원본에 대한 언급이 없이 복수의 서류를 요구하는 경우 1통은 반드시 원본(original) 상업 송장을 제시하여야 하며 나머지 2통은 사본(photo copy)을 제시하여도 무방하다. 또한 3통 모두를 원본으로 제시하여도 된다. 만약에 "signed original commercial invoice in triplicate"라고 명시되었다면 사본 제출은 안 되며 반드시 서명된 원본만 3통을 제시하여 야 한다.

■ 서류의 제시통수 표기방법

통수	영문표기방법	통수	영문표기방법
2	DUPLICATE	6	SEXTUPLICATE
3	TRIPLICATE	7	SEPTUPLICATE
4	QUADRUPLICATE	8	OCTUPLICATE
5	QUINTUPLICATE		

+ FULL SET ORIGINAL CLEAN "ON BOARD" MARINE BILLS OF LADING MADE OUT TO ORDER, ENDORSED IN BLANK. MARKED "FREIGHT PREPAID" NOTIFY APPLICANT WITH FULL ADDRESS AND MENTIONING THIS DC NO.

※ FULL SET : 운송회사로부터 발급되는 B/L은 원본(original)이 모두 3통 (original, duplicate, triplicate)이다. 이 3통은 독립적으로 효력을 발휘하므로 이 중에서 한 부만 있어도 수입지에서 물품을 찾을 수 있다.
Full set이란 이 3통 모두를 다 제출하라는 의미이다.

※ CLEAN : 무고장을 뜻하며 선적한 제품 자체 및 그 포장에 별다른 하자가 없어서 B/L의 remark란에 특별히 하자에 관한 사항을 명시하지 않은 B/L을 말한다.

※ ON BOARD : 물품이 본선에 적재되었음을 증명하는 B/L을 뜻하는 것으로써 B/L형식이 shipped B/L(선적선하증권)이라면 그 자체로 본선적재를 증명하고 있는 것이지만 received B/L(수취선하증권)인 경우는 별도의 본선적재부기(on board notation)가 있어 야 한다.

※ MARINE BILLS OF LADING : 해상운송 B/L을 의미하며 대양을 항해하는 선박에 의한 선적과 관련하여 발행한다. Marine대신에 'Ocean'이라는 용어를 사용하기도 하며 항공기 에 의한 항공운송인 경우에는 AWB(Air Waybill)이라고 한다.

※ "MADE OUT TO ORDER"란 선하증권의 수하인을 'TO ORDER'로 명시하라는 의미이다. 그러므로 B/L의 consignee란에 'TO ORDER'라고만 작성하면 된다. 이때 B/L의 소유주가 배서를 통해서 소유권을 이전한다.

※ ENDORSED IN BLANK : B/L에 피배서인을 지정함이 없이 배서하라는 의미

※ MARKED FREIGHT PREPAID(or COLLECT) : 가격조건에 따라 FOB계열은 운임이 후불이라는 뜻의 'COLLECT'로, CFR 및 CIF계열에는 '운임지급필'을 나타내는 'PREPAID' 로 표시한다.

※ NOTIFY APPLICANT WITH FULL ADDRESS : Notify란 본선이 목적항에 도착하면 운송회사에서 화물을 찾을 사람에게 도착 사실을 통지하게 되는데 이 통지처를 notify라고 하며 applicant를 통지처로 하여 서류를 작성하라는 의미이다. 그러므로 notify란에 applicant의 상호와 주소를 함께 명시하면 된다.

※ MENTIONING THIS DC NO. : Mentioning이란 '언급하시오'라는 의미로써 신용장에 marked, indicating등의 단어로 명시되기도 한다. D.C란 Documentary Credit란 의미 이며 결국 화환신용장을 의미한다. 그러므로 D.C NO.란 신용장의 번호이고 B/L상에 신용장 번호를 명시하라는 뜻이다.

+MARINE INSURANCE POLICY OR CERTIFICATE IN
보험회사(삼성화재, LG화재, 현대해상, 동부화재 등)에 신용장 copy 및 invoice를 보내면 보험회사가 신용장 조건에 맞는 보험증권을 발급해 주게 된다.

47A additional conditions : 추가조건을 표시한다.

+ period for presentation : 선적 후 서류가 지급, 인수 또는 매입을 위하여 제시되어야 하는 제한기간을 표시한다.

49 confirmation instructions : 수신은행(receiving bank)앞 확인에 대한 지시사항이다.

* CONFIRM : 수신은행에게 신용장의 확인을 요청한다.
* MAY ADD : 수신은행에게 신용장의 확인을 허용한다.
* WITHOUT : 수신은행에게 신용장의 확인을 요청하지 않는다.

3. 상업송장 (Commercial Invoice)

COMMERCIAL INVOICE

<table>
<tr><td colspan="2">1) Shipper/Exporter
ICOM CO.,LTD.
ROOM202 HONGIL B/D, 1551-9,
SOCHO-DONG SOCHO-KU,
SEOUL, KOREA</td><td>8) No. & Date of Invoice
IE10-3009 MAR. 30, 2010

9) No. & Date of L/C
MGK248186 MAR. 20, 2010</td></tr>
<tr><td colspan="2">2) For Account & Risk of Messrs
KALMAX GARMENTS FTY. LTD.
BLOCK C, 10F., DONTEX BLDG.,
10-3 SHEUNS HEI ST., SANPOKONG
KOWLOON. HONG KONG</td><td>10) L/c Issuing Bank
HSBC BANK HONG KONG</td></tr>
<tr><td colspan="2">3) Notify Party
THE SAME AS ABOVE</td><td rowspan="3">11) Remarks</td></tr>
<tr><td>4) Port of Loading
BUSAN, KOREA</td><td>5) Final Destination
HONG KONG</td></tr>
<tr><td>6) Carrier
MARCON 804</td><td>7) Sailing on/or about
APR. 10, 2010</td></tr>
</table>

12) Marks & numbers of PKGS	13) Description of Goods	14) Quantity/Unit	15) Unit Price	16) Amount
			CIF HONG KONG in USD /YD	
KALMAX ITEM:IE-1003 COL: QTY: C/NO.:1-24	40 PERCENT NYLON 60PERCENT COTTON WOVEN FABRIC WIDTH:56 INCHES ITEM NO:IE-1003 FINISH:PD.WR.W/S COLOUR ASSORTMENT: COLOUR QTY(YDS) BLACK 6,376 YDS STONE 2,215 YDS NAVY 1,184 YDS			
		9,755 YDS	@US$2.95	US$28,836.25

/ /

17) Signed by K.B.HONG

< 상업송장 기재 요령 >

1) Shipper/Exporter - 신용장 59의 beneficiary (수출상의 회사명 및 주소)를 그대로 기재한다.

2) For account & risk of Messrs - "비용과 위험으로"라는 의미로써 상업송장은 개설의뢰인 앞으로 발행한다. 그러므로 신용장 50의 applicant를 기재하면 된다.

3) Notify party - 46A의 B/L관련 지시사항 다음에 명시된다. (notify applicant with full address) notify는 applicant(개설의뢰인)로 기재하고 주소를 명시하라는 뜻이므로 이 경우는 "For account & risk of Messers"와 동일하므로 applicant명과 주소를 명시하여도 되고 "the same as above"(상기와 동일함)라고 명기하여도 된다.

4) Port of Loading - 신용장의 44E에 표시된 선적항을 기재한다. 신용장 이 선적항을 지리적 구역 (geographical area)이나 범위(range)로 제시하는 경우 (예 : Any Asian Port)에 선적항은 반드시 실제 항구명을 기재해야 한다. (ISBP 제100조)

5) Port of Discharge - 신용장의 44F에 표시된 하역항을 기재한다. 신용장 상이 하역항을 실제항구명이 아닌 지리적 구역(geographical area) 이나 범위 (range)로 제시하는 경우(예 : Any USA Port)에 하역항은 반드시 실제 항구명을 기재해야 한다. (ISBP 제100조)

6) Carrier - 운송회사에 문의하여 선박명을 명기하고 B/L을 받아 본 후 한 번 더 확인 하는 것이 안전하다.

7) Sailing date - 선박이나 항공기가 출발하는 일자를 기재하며 통상 운송서류의 적재일자와 일치시킨다.

8) No. & Date of Invoice - 수출상이 자신이 관리하기 편한 일련번호를 부여하고 날짜를 기재한다.

9) No. & Date of L/C - 신용장의 번호 및 개설일자를 기재한다.

10) L/C issuing bank - 신용장 개설은행을 기재한다.

11) Remarks - 기타 참조사항을 기재하는 난인데 신용장에서 별도로 요구하는 사항을 기재한다. 통상 consignee나 freight prepaid 등의 문구를 기재한다.

12) Shipping mark - 신용장상에 명시되어있을 경우에는 신용장과 동일하게 기재하고 명시되지 않았다면 수입상이 요구한대로 실제 제품 박스와 동일하게 기재한다.

13) Description of goods - 품질, 규격 등 해당상품에 대한 정확한 명세를 기재하되 신용장상의 상품 명세와 일치시켜야 한다. 신용장의 45A에 명시된 내 용을 그대로 기재하면 된다. 송장의 상품, 서비스 또는 의무 이행 명세는 신용장의 명세와 일치하여야 한다.

14) Quantity - 상품의 수량을 기재한다.

15) Unit price - 상품의 단가를 기재한다.

16) Amount - 단위당 단가를 수량과 곱한 총 금액을 기재한다. 그러나 신용장 조건에 따라 제반비용을 첨가할 수 있고 할인이 있으면 이를 차감하여 기재할 수도 있다. 원칙적으로 상업송장의 금액은 신용장의 금액을 초과할 수 없다. 그러나 부득이 초과하는 경우 환어음의 금액을 신용장 금액까지만 작성하고 이를 매입은행이 매입하였다면 개설은행은 그 환어음의 금액에 대한 지급책임을 진다.

17) Signed by - 상업송장 작성자가 서명란에 서명한다. 통상 대표이사의 사인방을 찍는다.

(1) 송장의 정의(Definition of invoice)

송장(Invoice)은 사용목적에 따라 상용송장과 공용송장으로 크게 나눌 수 있다.

① 상용송장

(ⅰ) 상업송장(commercial invoice)

상업송장(commercial invoice)이란 수출상이 수입상 앞으로 상품의 명세와 단가, 금액을 기재하여 송부하는 상품의 명세서이고 대금청구서이다. 제품을 선적한 수출상 이 선적된 화물의 명세를 기재하는 양식이다.

(a) 신용장거래에서 수익자가 작성한다.
(b) 개설의뢰인 앞으로 작성한다.
(c) 수량, 단가와 금액이 기재되는 가격 계산서이다.
(d) 액면금액이 신용장금액을 초과하지 않도록 작성한다.
(e) 신용장이 요구하는 다른 서류와 상호 모순이 있어서는 안 된다.
(f) 여러 통의 상업통장을 요구할 경우 원본 1부에 나머지는 부본으로 충당해도 된다.

(ⅱ) 견적송장(proforma invoice)

견적송장은 Proforma Invoice라고 하며 거래조건의 견적시 사용하는 송장이다.

② 공용송장(official invoice)

(ⅰ) 세관송장(customs invoice)

세관송장은 수입지 세관이 수입화물에 대한 과세가격의 기준 결정, 덤핑유무의 확인, 쿼터관리, 수입통계의 목적으로 일부국가에서 이를 요구하기도 한다.

(ⅱ) 영사송장(consular invoice)

영사송장은 수입지의 국내 영사관에서 발급하는 것으로 수입시 외화도피 및 관세포탈 등을 방지하기 위해 요구한다.

(2) 상업송장(Commercial Invoice) 작성시 유의점

① 추가적 정의 없이 송장(invoice)을 요구하는 신용장에서는 어떤 종류의 송장 (commercial invoice, customs invoice, consular invoice)이 제시되더라도 충족된다.

② 송장의 상품, 서비스 또는 의무이행 명세는 신용장의 명세와 일치하여야 한다. 거울에 비치는 것과 같이 완전히 똑같아야 할 필요는 없다. 송장 물품 기재가 여러 곳에 나누어 표시되더라도 이것을 합쳤을 때 신용장의 물품 기재와 일치하면 수리될 수 있다. (ISBP 제58조)

③ 신용장에서 분할선적을 금지하지 않는 경우, 신용장에 명시된 것과 같은 상품명세 전부를 나타내고 그 다음에 실제로 선적된 것을 기재한 송장도 수리할 수 있다.

④ 송장에는 신용장에서 요구된 모든 가격할인 또는 공제를 반드시 표시하여야 한다. 송장은 신용장에 기재되지 않은 선지급, 가격할인 등을 대상으로 하는 공제를 나타낼 수 있다.

⑤ 신용장에서 요구되지 않는다면, 송장은 서명이나 날짜 표시의 필요가 없다.

⑥ 송장에는 다음 사항을 나타내서는 안 된다.

- 초과선적(단, UCP 600 30조 (b)항은 예외)
- 무료라고 기재되었더라도, 신용장에서 요구되지 않은 상품(견본, 광고용품 등 을 포함한다)

4. 포장명세서(Packing List : 상품의 포장과 관련된 내용을 구체적으로 기재)

PACKING LIST

1) Shipper/Exporter ICOM CO.,LTD. ROOM202 HONGIL B/D, 1551-9, SOCHO-DONG SOCHO-KU, SEOUL, KOREA		8) No. & Date of Invoice IE10-3009 MAR. 30, 2010
2) For Account & Risk of Messrs KALMAX GARMENTS FTY. LTD. BLOCK C, 10F., DONTEX BLDG., 10-3 SHEUNS HEI ST., SANPOKONG KOWLOON, HONG KONG		9) Remarks * L/C NO. : MGK248186
3) Notify Party THE SAME AS ABOVE		
4) Port of Loading BUSAN, KOREA	5) Final Destination HONG KONG	
6) Carrier MARCON 804	7) Sailing on/or about APR. 10, 2010	

10) Marks & numbers of PKGS	11) Description of Goods	12) Quantity	13) Net Weight	14) Gross Weight	15) Measurement
KALMAX ITEM:IE-1003 COL: QTY: C/NO.:1-24	40 PERCENT NYLON 60PERCENT COTTON WOVEN FABRIC WIDTH:56 INCHES ITEM NO:IE-1003 FINISH:PD.WR.W/S COLOUR ASSORTMENT: COLOUR QTY(YDS) BLACK 6,376 YDS STONE 2,215 YDS NAVY 1,184 YDS				
		9,755 YDS	2,170KGS	2,387KGS	6.689CBM

//

16) Signed by K.B.HONG

< 포장명세서 기재 요령 >

1) ~12) - 상업송장의 기재내용과 동일함.

13) Net weight - 상품의 순중량을 기재한다.

14) Gross weight - 상품의 순중량에 외부포장재료(또는 용기)의 중량을 포함한 총 량으로 선하증권의 중량과 일치해야 한다.

15) Measurement(용적) - 선적물품의 용적, 즉 부피를 나타내며 이 용적의 계산단위는 CBM(Cubic Meter)을 사용한다. CBM은 가로, 세로, 높이를 곱하여 미터로 표시하며 1CBM은 가로, 세로, 높이가 각각 1x1x1 meter를 의미한다.

16) Signed by - 포장명세서 작성자가 서명란에 서명한다. 통상 대표이사의 사인방을 찍는다.

5. 선하증권(B/L : Bill of Lading)

① Shipper/Consignor ICOM CO.,LTD. ROOM 202 HONGIL B/D. 1551-9. SOCHO-DONG SOCHO-KU. SEOUL. KOREA		FBL KR M71 DSCLHKP80409191 KIFFA NEGOTIABLE FIATA MULTIMODAL TRANSPORT ICC **BILL OF LADING**
② Consignee TO ORDER		DONGSUE SHIPPING CO., LTD TEL: FAX: SEOUL. KOREA
③ Notify Party KALMAX GARMENTS FTY. LTD. BLOCK C. 10F., DONTEX BLDG., 10-3 SHEUNS HEI ST.,SANPOKONG KOWLOON. HONG KONG		
④ Place of Receipt BUSAN CFS		
⑤ Ocean Vessel/Voyage No. MARCON 804	⑥ Port of Loading BUSAN. KOREA	Received by the Carrier from the Shipper in apparent good order and condition unless otherwise indicated herein. the Goods. or package(s) said to contain --
⑦ Port of Discharge HONG KONG	⑧ Place of Delivery HONG KONG	

PARTICULAR FURNISHED BY SHIPPER

⑨ Marks & Number	⑩ Number & Kinds of Packages	⑪ Description of Goods	⑫ Gross Weight	⑬ Measurement
		SAID TO CONTAIN :		
KALMAX	24 CTNS	9.755 YDS OF	2.387 KGS	6.689 CBM
ITEM:IE-1003				
COL:		40 PERCENT NYLON 60PERCENT		
QTY:		COTTON WOVEN FABRIC		
C/NO.:1-24		WIDTH:56 INCHES		
		ITEM NO:IE-1003		
		FINISH:PD. WR. W/S		
		D/C NO.:MGK248186		
		FREIGHT PREPAID		
		SAY:TWENTY-FOUR(24) CARTONS ONLY		
		ORIGINAL		
		⑭ LADEN ON BOARD : APR. 10. 2010		

According to the declaration of the consignor

Declaration of interest of the consignor in timely delivery	Declared value for ad valorem rate according to the declaration of the consignor

⑮ Freight amount OCEAN FREIGHT PREPAID AS ARRANGED	⑯ Freight Prepaid at SEOUL. KOREA	⑱ Place and date of issue SEOUL. KOREA APR. 10. 2010
Cargo insurance through the	⑰ No. of original FBL THREE(3)	
⑲ For delivery of goods please apply to: DONGSUE SHIPPING COMPANY LTD. TEL:2-815-2973 ATTN:MR.KENNETH LAW		⑳ Stamp and signature DONGSUE SHIPPING CO., LTD AS A CARRIER D. H. Kang

< 선하증권 발급 및 확인요령 >

선하증권은 운송회사에서 작성한다. 수출상이 S/R(Shipping Request)를 운송회사에 제시하면 운송회사는 그것을 근거로 B/L을 발급한다. 운송회사는 자신이 원본 B/L 을 발급하기 전에 선하증권을 작성하여 수출상에게 팩스나 이메일로 보내 확인토록 하는데 이것을 'CHECK B/L'이라고 한다. CHECK B/L은 선하증권 원본을 발행하기 전에 확인해 본다는 의미이지 선하증권의 종류는 아니다.

1) Shipper/Consignor - 신용장의 59 beneficiary 즉, 수출상의 회사명과 주소를 신용장 그대로 기재한다.

2) Consignee - 신용장의 46A의 선하증권 관련 내용의 지시대로 작성한다.
   ① 46A : FULL SET~MADE OUT TO ORDER
      Consignee : TO ORDER
   ② 46A : FULL SET~MADE OUT TO THE ORDER OF CITI BANK
      Consignee : TO THE ORDER OF CITI BANK
   ③ 46A : FULL SET~MADE OUT TO THE ORDER OF KOZESINY, LTD.
      Consignee : TO THE ORDER OF KOZESINY, LTD.

3) Notify party - SWIFT신용장의 46A의 선하증권 관련 내용의 지시대로 작성한다.

4) Place of receipt - 송하인으로부터 운송인이 화물을 수취하는 장소로 'Busan CY', 'Busan CFS' 등으로 기재한다.

5) Ocean Vessel/Voyage No. - 선박명과 항차(voyage no.)를 기재한다.

6) Port of Loading - 신용장의 44E에 표시된 선적항을 기재한다. 신용장 이 선적항을 지리적 구역(geographical area)이나 범위(range)로 제시하는 경우(예 : Any Asian Port)에 선적항은 반드시 실제 항구명을 기재해야 한다. (ISBP 제100조)

7) Port of Discharge - 신용장의 44F에 표시된 하역항을 기재한다. 신용 장상이 하역항을 실제항구명이 아닌 지리적 구역(geographical area)이나 범위 (range)로 제시하는 경우(예 : Any USA Port)에 하역항은 반드시 실제 항구명을 기재해야 한다. (ISBP 제100조)

8) Port(or Place) of delivery - 운송사의 책임은 Port(or Place) of delivery까지 이다.

9) Marks & number - 수출용 box에 인쇄된 shipping mark를 기재한다

10) Number & Kinds of Packages (or containers) - 실제로 실은 박스 수량이나 container no., seal no.를 기재한다.

11) Description of goods - 상업송장이나 포장명세서의 상품 명세를 기재한다.
FCL일 경우에는 통상 컨테이너를 공장이나 창고로 불러(door) 수출상이 직접 물품을 컨테이너에 채워 넣기 때문에 운송회사는 화물의 상태를 알지 못하고 보지도 않는 상태에서 B/L을 발급하게 된다. 이때 선박회사는 자신의 면책을 위하여 B/L상에 "SHIPPER'S LOAD AND COUNT"란 부지조항 (unknown clause)을 첨부하게 된다. "SHIPPER'S LOAD AND COUNT"란 선적인이 적재하고 계량하였다는 뜻으로 운송회사인 나는 확인할 수 없는 상태로 화물을 선적하였다는 의미이다.

12) Gross weight - 운송회사는 수출상이 packing list 혹은 S/R에 기재한 weight와 일치하게 B/L에 기재.

13) Measurement - 포장명세서와 일치하는 용적을 기재한다. 그러나 실무에서는 운송회사에서 자체적 잰 용적을 기재한다

14) On board date - 적재일을 명시하며 별도의 서명이 없어도 하자가 아니다.

15) 운임이 선불(prepaid)인지 후불(collect)인지의 여부를 기재한다.

16) Freight Prepaid at - 해상운임 지불 장소를 기재한다.

17) No. of original FBL - B/L 원본 수

18) Place and date of issue - B/L 발행일 및 발행 장소

19) For delivery of goods please apply to: 도착지의 포워더의 파트너.

20) 발행인 - 발행인이 기명하고 서명을 한다. 발행인의 주체에 따라서 아래와 같이 달리 표시한다.
① 운송인이 발행하는 경우
운송인이 서명하고 'as carrier'라고 명시함.
② 운송인을 대리하는 기명대리인이 발행하는 경우
그 대리인이 서명하고 'as agent for the carrier, ABC Shipping Co., Ltd'라고 명시함.
③ 선적된 선박의 선장이 발행하는 경우
기명된 회사가 운송인이라는 표시를 앞면에 하고 있는 B/L서식을 사용하고 서명의 밑에 'as master'라고 명시함.
④ 운송중개인(forwarder)이 발행하는 경우
운송주선인이 서명하고 'as a carrier' 혹은 'as agent for the carrier, ABC Shipping Co., Ltd'라고 명시함.

(1) 선하증권 기재내용

B/L양식에 기재된 Port of Loading, Port of Discharge, Place of Delivery, Final destination의 의미.
만약 B/L에 다음과 같이 명시되어있다면
Port of Loading : BUSAN, KOREA
Port of Discharge : Long Beach port LA, USA
Place of delivery : EL-Paso, USA
Final destination : Mexico

① 운송사의 책임은 Place of delivery까지이다.
② Port of discharge와 Place of delivery가 모두 Long beach port LA라면 운송인의 책임은 양륙항에서 끝나지만 Place of delivery가 Port of discharge와 다른 지역이기 때문에 운송사는 복합운송방식에 의하여 LA까지는 해상편으로 LA 에서 EL-Paso 까지는 내륙운송으로 자신의 운송책임 의무를 이행한다.
③ Final destination은 운송인의 운송 책임과는 상관없이 바이어가 요청하는 경우 혹은 신용장에 명시된 경우에 한하여 B/L상에 명시하며 Place of delivery구간부터 Final destination까지는 바이어의 책임으로 운송한다.

(2) 선하증권 서식 설명

<table>
<tr><td colspan="2">Consignor/Shipper
ICOM CO., LTD.</td><td>①</td><td>Negotiable KIFFA
MULTIMODAL TRANSPORT
BILL OF LADING</td></tr>
<tr><td colspan="2"></td><td colspan="2">B/L NO.SSAX 9AL0159</td></tr>
<tr><td colspan="2">Consignee
② KALMAX GRAMENTS FTY. LTD.</td><td colspan="2" rowspan="3">Reg No.64
SEA ROAD
TRANS CORPORATION
C.P.O BOX364
SEOUL KOREA</td></tr>
<tr><td colspan="2">Notify Party</td></tr>
<tr><td>Pre-carriage by</td><td>Place of Receipt
③ BUSAN CFS, KOREA</td></tr>
</table>

① Forwarder's B/L이다.
배를 소유하고 있지 않은 운송주선업자(forwarder)가 발행한 B/L이다.
B/L상단의 KIFFA(Korea International Freight Forwarder's Association, 한국국제물류협회)는 FIATA에 정식가입하고 있는 우리나라의 forwarding 업체들의 회원이다. 우리나라는 한국국제물류협회(KIFFA)로 1979년에 FIATA)의 정회원으로 가입하였다.

② Straight B/L이다.
선하증권의 수하인 표시방법에는 특정인을 기재하는 기명식(straight) 선하증권이다.

③ L.C.L Cargo이다.
L.C.L이란 컨테이너 1대분이 안되어 다른 cargo와 혼재하여 선적될 화물을 말하며 B/L상에 물품의 수취 장소가 부산 CFS이므로 L.C.L 화물임을 알 수 있다.

Consignee ② TO ORDER	Reg No.64 SEA ROAD

② Order(지시식) B/L이다.
Consignee가 TO ORDER로 명시되어 있으므로 ORDER B/L이다.

<table>
<tr><td colspan="2">65PERCENT POLYESTER 35 PERCENT COTTON
SAY:PART OF ONE (40HC × 1)CONTAINERS ONLY

④ LADEN ON BOARD : APR. 24. 2010

ORIGINAL</td></tr>
<tr><td>Total Number of Containers</td><td>Freight Payable at</td></tr>
</table>

④ ON BOARD B/L이다.
Received B/L양식에 본선적재부기(on board notation)가 있으므로 On Board B/L(본선적재선하증권)이라고 한다. On Board B/L의 경우, 발행일과 본선적재부기일이 별로도 표기되어 있는 경우 본선적재부기일(on board date)을 선적일로 간주한다.

	65PERCENT POLYESTER 35 PERCENT COTTON SAY:PART OF ONE (40HC × 1)CONTAINERS ONLY ④ RECEIVED DATE : APR. 21, 2010 ORIGINAL

④ 본 선하증권은 Received B/L(수취선하증권)이다.
운송사가 수취선하증권양식 (Received B/L Form)에 단순히 물품을 수취한 후 발행한 수취선하증권이다. 만약에 이러한 선하증권 양식에 "Laden on Board : 몇 월 몇 일"과 같이 본선적재부기가 되어있다면 On Board B/L(본선적재선하증권)이라고 한다.

<table>
<tr><td colspan="2">Shipper/Consignor</td><td rowspan="7">BILL OF LADING
B/L NO.
HASCLPUS1770010050

① (회사 LOGO)

HEUNG A SHIPPING CO., LTD

④ Shipped on board the vessel named herein apparent good order and condition unless otherwise indicated herein, the Goods, or package(s) said to contain --</td></tr>
<tr><td colspan="2">Consignee
② TO ORDER of UBAF BANK HONG KONG</td></tr>
<tr><td colspan="2">Notify Party</td></tr>
<tr><td colspan="2">Place of Receipt
③ BUSAN CY</td></tr>
<tr><td>Ocean Vessel/Voyage No.</td><td>Port of Loading
BUSAN, KOREA</td></tr>
<tr><td>Port of Discharge
HONG KONG</td><td>Place of Delivery
HONG KONG</td></tr>
<tr><td colspan="2"></td></tr>
</table>

PARTICULAR FURNISHED BY SHIPPER

Container no.	Seal no.	No. of Package	Description of Goods	Gross Weight	Measurement
HASU8600565/128679		1 x 20'	③ SHIPPER'S LOAD, COUNT & SEAL SAID TO CONTAIN : 2,000 ROLLS OF POLY FILM	13,500 KGS	24.00 CBM

① LINE B/L. 운송 주선인이 아닌 선박회사에서 발행한 B/L. HEUNG A SHIPPING은 선박회사 즉 LINER이다. KIFFA LOGO가 찍힌 선하증권 양식을 사용하지 않고 자사의 로고가 찍힌 양식 사용.

② Order B/L이며 기명지시식 선하증권이다

③ FCL Cargo 선적. FCL Cargo 선적에는 place of receipt에 CY라고 기재. 그리고 선박회사는 자신의 면책을 위하여 B/L상에 "SHIPPER'S LOAD AND COUNT"란 부지조항 (unknown clause)을 첨부하게 된다.

④ 선적선하증권(Shipped B/L)이다. 별도의 본선적재부기가 없더라도 발급일을 선적일로 간주. On board B/L (본선적재선하증권)도 Shipped B/L(선적선하증권)로 취급하며 이 두 가지 선하증권의 법적효력은 동일하다.

< 해상운송 관련 서식 종류 >

서식종류	주요내용
Shipping Request(S/R)	화주가 선적할 화물의 내역을 작성하여 운송인이게 선적주분을 하는 선복요청서
Check B/L	· Check B/L은 선하증권 원본(Original)을 발행하기 전에 운송회사가 화주에게 확인토록 하기 위해서 발행하는 일종의 확인용 예비 선하증권정도로 이해. · Check B/L을 확인해준 화주는 차후 선하증권이 Check B/L과 동일하게 발행되었다면 운송사에게 선하증권이 잘못되었다는 항변을 할 수 없다. ※ 선하증권 원본을 OBL(Original B/L)이라고 한다.
Non Negotiable Copy (N/N B/L)	현업에서는 N/N B/L이라고도 한다. 선하증권의 부본을 의미. 선하증권부본이란 원본발행자가 발행하였으나 원본의 효력이 없는 것을 말함. 물품을 찾을 수도 없고, 양도성도 인정되지 않으며 운송사와 화주가 운송계약을 했다는 증빙으로 수출상이 보관하는 것.

6. 항공운송장(AWB : Air Waybill)

①Shipper/Consignor	②Shipper's Account Number	③Not Negotiable ④**Air Waybill** Issued by NISSAN CORPORATION TOKYO, JAPAN
TOKYO ELECTRIC CO., LTD. TOKYO BLDG 1-7-8, SHIMAIYA, SHIMIYA-KU TOKYO 320-2828 JAPAN		
⑤Consignee's Name and Address	⑥Consignee's Account Number	Copies 1,2 and 3 of this Air Waybill are originals and have the same Validity
INDUSTRIAL BANK OF KOREA		
⑦Issung Carrier's Name and City NISSAN CORPORATION NO.5 SANBAN, SHIMIYA-KU, TOKYO 102-8435, JAPAN		⑧Accounting Information FREIGHT COLLECT ROUTING ORDER SHIPMENT
⑨Airport of Departure TOKYO		

⑩To SEL	By Frist NH	⑪Currency JPY		
Airport of Destination GIMPO AIRPORT	Request Flight/Date NH-171-04	Amount of Insurance		

⑫Handling Information
NOTIFY:
ICOM CO.,LTD. ROOM 202 HONGIL B/D, 1551-9, SOCHO-DONG SOCHO-KU, SEOUL, KOREA

No. of Pieces	Gross Weight	Rate Class	Chargeable Weight	Rate/Charge	Total	Nature and Quantity of Goods (Dimensions or Volume)
4	⑬36.3K		⑭73.0	⑮160	11,680	P/O NO : 990430-02 ICX055BL-B CXD2400R ICX054RL-P L/C NO.M04T2905ES101 INV. NO.K-4636/2
MARKS: M04T2905ES101 J.E.B.I KIMPO AIRPORT MADE IN JAPAN C/NO.1-4		DIMS : 69 X 45 X 34 65 X 51 X 21 63 X 46 X 45 VOL : 72.7KGS				
4	36.3K				11,680	

Prepaid	Weight Charge	Collect	Other Charge
	Valuation Charge		
	Tax		
	Total other Charges Due agent		Shipper certifies that the particulars on the face here of are correct and agrees THE CONDITIONS ON THE REVERSE HEREOF TOKYO ECECTRIC CO., LTD. Signature of Shipper or his agent
Total Prepaid		Total Collect	⑯NISSIN CORPORATION 03 JUN, 99 TOKYO, JAPAN SHIMIZE
	11,680		
			⑰H.A.W.B.NO.: NUS-AR428373

⑱ORIGINAL-2(FOR CONSIGNEE)

< 항공운송장 설명 >

항목	주요내용
Air Waybill	항공화물운송장은 발행하는 항공대리점마다 서식이 조금씩 다르다. 그러나 필수기재 사항은 동일하게 기재된다.
① Shipper's name	송화인의 성명, 주소, 도시, 국명이 기입되며 전화번호도 함께 기입해 두는 것이 좋다
② Shipper's account	AWB를 발행하는 운송사의 임의로 사용된다.
③ Not negotiable	양도불능이라는 의미. 타인에게 양도할 수 없다.
④ Air Waybill	항공화물운송장의 정식명칭
⑤ Consignee's name	수하인의 성명, 주소, 도시, 국명 전화번호 등을 기입한다.
⑥ Account number	AWB를 발행하는 운송사의 임의로 사용된다
⑦ Issuing carrier's	AWB를 발행 항공대리점의 이름 및 도시명을 기재한다.
⑧ Accounting	특별히 회계처리에 관한 내용을 기재한다.
⑨ Airport of dep.	출항지 공항을 기재한다
⑩ To	도착지 공항을 기재한다
⑪ Currency	AWB를 발행국 화폐단위 code를 기입하며 AWB에 나타난 모든 금액은 본란에 표시되는 화폐단위와 일치하는 것이어야 한다. (단, "Collect charges to destination currency"란에 표시되는 금액은 제외)
⑫ Handling info	AWB의 다른 란에 표시할 수 없는 사항들을 나타내기 위해 사용된다
⑬ Gross weight	실제 총중량이다
⑭ Chargeable weight	실제 중량보다 많은 경우에는 운임이 적용되는 volume weight이다. (운임 = 73kg x 160엔 = 11,680엔)
⑮ Rate/Charge	KG당 160엔을 운임에 적용한다.
⑯ NISSIN CORP	항공운송장을 발행한 항공운송대리점이다.
⑰ H.A.W.B	House Air Waybill 번호이다
Original-2	항공운송장의 용도를 표시한다. 수화용

< 항공운송장(Air Waybill) 원본 종류 >

원본	주요내용
Original(원본)	항공운송장은 원본이 모두 3통이다. 선하증권과 마찬가지로 운송사가 원본을 3통 발급하지만 선하증권은 원본 3통의 효력이 동일한 반면 항공운송장은 3통의 기능 및 효력이 각각 다음과 같이 다르다.
Original-1 (for carrier)	운송회사 보관용. 항공회사가 발행하고 자신이 보관
Original-2 (for consignee)	수하인용으로 항공기에 물품과 함께 수입지로 이동되어 운송회사의 파트너인 수입지 항공대리점이 보관한다. 결국 물품을 통관하기 위해서는 "Original-2(for consignee)"가 필요하므로 진정한 의미의 원본은 이것을 의미한다. 만약 신용장의 요구서류 중 "Full set of Air Waybill" 이라고 명시되었더라도 "Original-2(for consignee)"밖에 제시할 수 없다. 그러므로 항공운송을 요구하는 신용장을 개설하는 경우에는 개설은행은 신용장의 요구서류 조항에 "Full set of Air Waybill" 대신에 "Original-2(for consignee) of Air Waybill"이라고 명시해야 한다. 또한 개설은행은 항공운송장 3sets를ㄹ 제시하지 않았다는 서류상의 불일치를 주장해서는 안된다.
Original-3 (for shipper)	송화인용으로 수출상이 네고용 혹은 운송증빙용으로 사용한다.

< 해상운송과 항공운송의 비교 >

선하증권(Bill of Lading)	항공운송장(Air Waybill)
B/L(Bill of Lading) 원본(Original)은 모두 3통인데 이것을 FULL SET라 하며 현업에서는 전통이라고 한다. 원본 3통 모두를 Original이라고 표기할 수도 있고 Original(제1원본), Duplicate(제2원본), Triplicate(제3원본) 등을 표기할 수도 있는데 수입통관 하는 데는 원본 3부 중 아무 것으로나 한 부만 있으면 그것을 수입지의 운송인에게 제시한 후 D/O를 받아 물품을 찾을 수 있다. 결국 원본 3부는 모두 용도가 동일하다.	AWB(Air Waybill)은 항공대리점(혹은 포워더)이 모두 3부를 발급하는데 각각 용도가 서로 다르며 해상운송과는 큰 차이가 있다. Original은 모두 3부이며 Original-1(for carrier)은 항공 대리점이 보관하고 Original-2(for consignee)는 물품과 함께 항공기에 실려 수입지의 항공사 대리점에 인도되며 Original-3(for shipper)은 수출상에게 인도되며 수출상은 이것을 보관하거나 신용장 결제방식의 경우 네고(nego)를 하게 된다. 수입통관 시 물품을 찾는데 필요한 것은 'Original-2'이기 때문에 엄격한 의미에서 이것만을 Original이라고 하기도 한다.
명칭 : 해상선하증권	명칭 : 항공운송장
유가증권이며 유통성이 인정됨	단순한 화물운송 증거서류이며 비유통성으로 유가증권이 아니다. 항공운송장의 오른쪽 상단을 보면 'Not Negotiable'이라고 기재되어 있는 것을 볼 수 있다. 이것은 양도가 불가능하다는 의미이다.
수하인을 기명식으로 혹은 지시식으로 기재하며 지시식의 경우, 배서나 교부에 의해서 수하인의 권리가 양도 가능하나 기명식 선하증권은 선하증권의 배서나 교부에 의하여 유통이 불가능하므로 양도인과 양수인이 계약을 체결하여 선하증권을 양도하여야 한다.	단순한 기명식으로 양도될 수 없으며 신용장방식의 경우에는 통상 은행을 consignee로 명시하게 되며 이때 항공대리점은 은행의 수입항공화물 인도승낙서를 은행으로부터 수취한 후 수입상에게 Original-2(for consignee)를 인도한다. 그 이유는 화물인도승낙서를 은행으로부터 받기 이전에는 물품의 소유권이 은행이 있기 때문이다. 은행이 consignee를 은행자산으로 명기한 이유는 담보권 확보 차원이다.

7. 환어음(Draft, Bill of Exchange)

(1) NO. 123456 **BILL OF EXCHANGE** (2) MAR. 30, 2010 (3) SEOUL, KOREA

(4) FOR US$28,836.25

(5) AT xxxx SIGHT OF FIRST BILL OF EXCHANGE (SECOND OF THE SAME TENOR AND DATE BEING UNPAID) PAY TO (6) *KOREA BANK* OR ORDER THE SUM OF

(7) SAY US TWENTY EIGHT THOUSAND EIGHT HUNDRED THIRTY SIX DOLLARS TWENTY FIVE CENT ONLY

(8) VALUE RECEIVED AND CHARGE THE SAME TO ACCOUNT OF KALMAX GARMENTS FTY.LTD. BLOCK C, 10F., DONTEX BLDG., 0-3 SHEUNS HEI ST.,SANPOKONG KOWLOON. HONG KONG

(9) DRAWN UNDER HSBC BANK HONG KONG

(10) L/C NO. MGK248186 (11) DATED 2010/03/20

(12) TO HBSC BANK HONG KONG MONGKOK OFFICE

(13) ICOM CO., LTD

k. d. HONG

---

(1) 어음번호 (2) 발행일 (3) 발행지

(4) 숫자금액

(5) 지급만기일 (6) 수취인

(7) 문자금액

(똑같은 기한 및 일자의 제2어음에 대하여 지급이 이루어지지 않은 경우) 이 제1어음에 대하여 일람출급으로 ----은행 또는 그 지시인에게 일금 ----을 지급하십시오.

(8) 개설의뢰인

(대가 수취하였으며 어음금액을 ----에 청구하시기 바랍니다)

(9) 개설은행

(10) 신용장번호 (11) 신용장발행일자

(이 어음은 ----은행 ----일자 신용장번호 ----에 의거하여 발행되었음)

(12) 지급인과 지급지 (13) 발행인의 기명날인

< 환어음 기재요령 >

(1) 어음번호 - 특별한 뜻이 없으며 후일 참조용으로 기재한다.

(2), (3) 발행일 및 발행지 - 환어음의 발행일은 통상 nego일 또는 그 이전일자로 작성하며 유효기일 이내여야 한다. 또한 환어음의 효력은 행위지의 법률에 의해 처리되므로 발행지를 필히 표시하여야 한다.

(4) 금액 - 상업송장의 금액과 일치되어야 한다.

(5) 지급기일의 표시

· At sight(일람출급)

· At xxx days after sight(일람 후 정기출급)

· At xxxx days after date(일부 후 정기출급)

(6) 대금수취인 - 환어음의 지급을 받는 자로서 발행인이 될 수도 있고 발행인이 지정하는 제3자가 될 수도 있다. 신용장 거래 시 통상 매입은행이 기재된다.

(7) 문자금액 - 어음금액을 문자로 표시하며 만약 아라비아 숫자와 다를 경우에는 문자금액이 우선하며 통화의 종류는 완전하게 기재되어야 한다 (Say 통화표시 금액).

(8) 개설의뢰인 - Account of 다음에는 개설의뢰인을 기재한다.

(9) 개설은행 - 신용장의 개설은행명을 기재하며 D/A나 D/P의 거래시에는 수입상인 바이어를 지급인으로 기재.

(10) 신용장번호 - 신용장 번호를 기재하며 D/A나 D/P의 거래시에는 관련 계약서 번호를 기재한다.

(11) 신용장 개설일자 - 신용장 개설일자를 기재한다.

(12) 지급인과 지급지 - 신용장 거래시 지급인(drawee)은 신용장상에 명시되는데 개설은행 혹은 개설은행이 지정하는 제3의 은행이 될 수 있다. 지급지의 경우 신용장에 별도의 명시가 없는 한 도시명의 표시만으로도 충분하다. .

(13) 발행인의 기명날인 - 발행인은 신용장상의 수익자 또는 양도받은 경우에는 양수인이 되며,기명날인을 한다.

※ 환어음 작성시 유의사항은 아래와 같다.

· 가능한 한 정정하지 말아야 하며, 특히 금액란에 정정한 흔적이 있으면 환어음 자체가 무효가 된다.

· 통화표시는 반드시 US$, Stg와 같이 명확히 해야 한다.

· 은행명 기재시 'The'를 사용하고 있는 경우 이를 생략해서는 안 된다.

· 이자에 관한 문언의 표시를 신용장에서 요구하고 있으면 신용장의 기재사항을 그대로 표시해야 한다.

· 어음금액이 송장상의 금액과 일치하고 신용장상의 표시금액을 초과하지 않아야 한다.

· 환어음은 반드시 신용장의 경우 42D란에 명시된 'drawee'를 기입하여야 하며, 어떠한 경우에도 개설의뢰인 앞으로 발행한 환어음은 인정되지 않는다. 'Drawee'는 통상 개설은행, 확인은행 또는 제3의 은행이 지급은행이 된다.

(1) 환어음 요약

· 환어음은 채권자가 채무자 앞으로 발행하고 서명한다.

· 환어음은 일람출급(at sight) 또는 기한부(usance)로 발행된다.

· 일정금액을 특정인의 지시인 또는 소지인에게 지급할 것을 위탁한다.

· 채무자가 실제로 지급을 이행할 상대방은 어음의 배서에 의하여 지정된 자 또는 어음의 소지인이다.

· 어음은 무조건적으로 작성하여야 하며 서면으로 작성하여야 한다.

· 환어음은 요식증권이므로 필요기재 사항인 환어음의 표시, 무조건적 지급위탁문언 및 금액, 지급인, 지급기일, 지급장소의 표시, 발행일, 발행장소, 발행인의 기명날인 등이 모두 기재되어야 한다.

8. 보험증권(Insurance Policy)

① XXXXX INSURANCE CO., LTD.
MARIN CARGO INSURANCE POLICY

② Assured(s), etc ICOM CO., LTD.

Policy No. WX98150051600	③ Ref. No. Invoice No. IE98-3009 L/C No. MGK248186 MAR. 20, 201
④ Claim, if any, payable at : MCLARENS TOPLIS HONG KONG. TEL : FAX : Claims are payable in USD CURRENCY	⑤ Amount insured USD *******31,719.87 INVOICE USD *******28,836.25 X 110.0000%
Survey should be approved by THE SAME AS ABOVE	⑬ Conditions Conditions Subject to the following Clauses as per back hereof or as attached INSTITUTE CARGO CLAUSES (A) INCLUDING FROM WAREHOUSE TO WAREHOUSE, INSTITUTE WAR CLAUSES (CARGO) (A) AND INSTITUTE STRIKES CLAUSES(CARGO)

Local Vessel or Conveyance	⑥ From(interior port or place of loading)
⑦ Ship or Vessel called the MARCON 804	⑧ Sailing on or abount APR. 10, 2010
⑨ At and from BUSAN, KOREA	⑩ Transshipped at
⑪ Arrived at HONG KONG	⑫ Thence to

⑭ Goods and Merchandises(Subject-matter insured)
LIST AS ATTACHED
40 PERCENT NYLON 60PERCENT COTTON
WOVEN FABRIC
WIDTH : 56 INCHES
ITEM NO : IE-1003
FINISH : PD. WR. W/S
COLOR CSSORTMENT :
COLOUR QTY(YDS)
BLACK 6,376 YDS
STONE 2,215 YDS
NAVY 1,184 YDS
\---
TOTAL 9,755YDS

Marks and Numbers as per Invoice No. specified above

⑮ Place and Date signed in Seoul, Korea MAR. 30, 2010 ⑯ No. of Policies issued. TWO(2)

CONDITION
\-------------------------------
\-------------------------------

For XXXXX INSURANCE CO., LTD.
PRESIDENT K.B.Hong

- 은행은 원칙적으로 운송서류에 표시된 날짜보다 더 늦게 발급된 보험서류는 수리를 거절한다.
- 신용장상의 표시통화와 동일한 화폐가 아니면 수리를 거절한다.
- 최저보험금액이 CIF 또는 CIP금액에서 10% 이상을 증액한 조건으로 부보되어 있어야 하며 만일 CIF 또는 CIP금액을 산정하기 어려운 경우에는 신용장 매입금액(어음금액)과 상업송장 표시금액 중 더 큰 것을 기준으로 삼아야 한다.
- 보상의 대상이 되는 사고의 범위를 확실하고 명백하게 신용장상에 규정하여야 하며 "통상의 위험(usual risks)", "관례적 위험(customary risks)" 등으로 막연한 표현을 쓰지 말아야 한다.

< 보험증권 서식 설명 >

항목	주요내용
보험증권	보험계약의 성립과 그 내용을 증명하기 위하여 계약의 내용을 기재하고 보험자가 기명날인하여 보험계약자에게 교부하는 증권이다. 보험증권은 국제법(영국법)의 적용을 받고 영어로 작성되어 있으며 권리의 양도가 가능하다.
① Insurance Co.	보험자이며 보험회사를 의미한다.
② Assured(s)	보험계약자 혹은 피보험자를 의미한다. 증권의 명의인(피보험자)의 정식 영문명을 기입한다. CIF 수출계약의 경우에는 L/C 등으로 증권의 명의인을 특별히 지정해 오는 경우가 아닌 한 수출업자(보험계약자)를 피보험자로 하여 증권을 발행한 후 은행에 nego시 배서로써 매수인 또는 이해당사자에게 양도를 하게 된다.
③ Ref. No.	참조번호로써 수출인 경우에는 L/C No. Inovice No.를 기입
④ Claim, if any	보험금의 지불을 희망하는 장소(통상은 도착지)를 기입한다.
⑤ Amount	화물의 보험가입금액은 상업송장가액(FOB or CIF 가액)에 희망이익을 가산한 금액이지만, 신용장 등에 특별한 지정이 없으면 송장 가액의 110%로 하는 것이 관행이다.
⑥ From	내륙지에서부터 부보할 경우에는 내륙의 출발지를 기입한다.
⑦ Ship or Vessel called	선명/항차나 기명을 기입한다.
⑧ Sailing on or about	선적일(on board date)를 기입한다.
⑨ At and from	화물 적재 외항선에서의 선적항을 기입하며, 항공기 또는 우편으로 수송할 경우에는 항공기에의 선적지 또는 우편발송지를 기입한다.
⑩ Transshipped at	운송 도중 환적이 있을 경우에는 환적항(지)을 기입한다.
⑪ Arrived at	양하항을 기입한다.
⑫ Thence to	양하항 도착 후 다시 내륙지까지 수송할 경우의 최종도착지를 기입한다
⑬ Conditions	계약서 및 신용장이 지시하는 조건을 기입한다.
⑭ Goods and Merchandises	subject-matter insured(보험목적물) 부보대상화물의 품명, 수량, 화물상태 등을 기입하여 포장화물을 외장포장의 개수만이 아니라 내용상품의 개수도 병기한다. 해상보험은 통상 선창 내 화물을 전제로 인수하기 때문에 만일 갑판적이 되는 경우에는 반드시 'on deck'을 표시한다. 또 컨테이너 적재의 경우에는 'in containers'로 표시한다.
⑮ Place and date signed in	발행일과 발행지
⑯ No. of Policies issued.	보험증권 발행 통수

9. Offer Sheet

① DAEHAN CO., LTD

ROOM NO.202, HONGIL B/D #1551-9, SEOCHO-DONG, SEOCHO-GU,
SEOUL, 137-070, KOREA
TEL:+82-2-598-1206 FAX:+82-2-598-1209

OFFER SHEET

② Messrs. : KALMAX GARMENT FTY. LTD.

③ Our Ref. IC050728DU
④ Date Jan. 01, 2013

⑤ We are pleased to offer you on the following terms and conditions described as follow.

⑥ Origin : Republic of Korea
⑦ Shipment : Within 30days after receipt of your L/C
⑧ Destination : MANILA, PHILIPPINES
⑨ Packing : EXPORT STANDARD CARTON PACKING
⑩ Payment : by an irrevocable negotiable LC AT SIGHT in our favor
⑪ Validity : Jan. 31, 2013
⑫ Advising Bank :
⑬ Remark :

⑭ Unit:CIF MANILA IN USD/YD

No.	⑮ Commodity & Description	⑯ Q'ty	⑰ Unit Price	⑱ Amount
	65 PERCENT COTTON, 35 PERCENT NYLON RIPSTOP 57INCHES COLOR BREAKDOWN			
	ARMY	17,410YD	U$2.65	US$46,136.50
	BLACK	3,525YD	U$2.65	US$9,341.25
	CHINO	11,880YD	U$2.65	US$21,482.00
	Total	32,815YD		US$86,959.75

⑲ Accepted by

Yours Very Truly,

< Offer Sheet 작성요령 및 유의사항 >

번 호	주요내용
① 회사명	청약자 회사이름과 주소를 기재
② Messrs	피청약자의 회사이름을 기재
③ Our Ref.	Our Reference로써 청약자의 참조번호를 기재
④ Date	청약하는 일자를 기재
⑤ 청약문구	청약한다는 문구를 기재
⑥ Origin	청약하는 제품의 원산지를 기재
⑦ Shipment	선적조건을 기재 선적조건 기재시 주의할 점은 선적은 몇 월 몇 일이라고 날짜를 확정하는 방법보다는 다음과 같은 방법으로 조건부로 명시하는 것이 효과적이다. · 신용장을 통지받은 날로부터 몇 일이내 혹은 T/T 선수금을 받은 날로부터 몇 일이내
⑧ Destination	가격조건에 따라서 달라질 수 있으나 목적항 혹은 최종목적지를 기재한다.
⑨ Packing	포장방법에 대하여 기재하며 특별한 포장방법을 합의하지 않는 경우에는 수 출회사의 일반적인 포장방법을 명시한다.
⑩ Payment	대금결제조건을 구체적으로 기재한다. "우리 회사를 수익자로 하는 취소불능 일람불 매입신용장"
⑪ Validity	청약의 유효기일을 기재하며 free offer를 하고자 하는 경우에는 기재하지 않아도 된다.
⑫ Advising Bank	신용장 결제방식의 경우에는 통지은행을 기재하고 만약 무신용장인 경우에 는 송금 받고자하는 은행의 BIC(Bank Identifier Code)와 수출자의 은행 계좌번호(A/C)를 기재
⑬ Remarks	한정된 청약서 양식으로 인하여 특별히 명시하고자 하는 기타 사항을 기재
⑭ Unit	Incoterms(2010)의 가격조건과 통화종류 및 제품 단위를 기재 "야드 당 미화로 운임보험료 포함(CIF) 가격임"
⑮ Commodity	제품명과 제품의 상세 specification을 기재
⑯ Q'ty	제품의 수량을 기재
⑰ Unit Price	제품의 단가를 기재 이미 Unit에서 상세히 기재된 경우에는 화폐종류를 생략하고 금액만 기재하 여도 된다.
⑱ Amount	제품금액 총 합계를 기재
⑲ Accepted By	이곳은 매수인이 서명하는 란 이므로 공란으로 두면 된다.
⑳ Yours Very	매도인의 대표이사 이름과 서명을 하는 곳으로써 실서명을 하여도 되고 서명 감을 찍어도 된다.

10. Purchase Order

John Fashion Ltd. 463 seventh avenue, 5th floor New York, NY Tel : Fax : www.johnfashion.com	**PURCHASE ORDER**

Messrs.

Junghyun Korea Co., Ltd.
2F, Kooil Bldg. No.337-6, Jangan-dong,
Dongdaemoon-Gu, Seoul, Korea

P/O Number. : J23770
Date : Apr. 10, 2001

Description	Ladies 100 pct Polyester Knit Jacket, CAT. 635, HTSUS NO. 6102.30.2010 Style no.15189M
Quality	As per the sample no.JH102
Packing	Hanging container
Quantity	2,500pcs
Unit Price	US$41.50
Amount	US$103,750.00
Price Term	FOB Busan Korea in USD/PC
Loading Port	Busan, Korea
Discharge	New York, USA
Insurance	Covered by Buyer
Payment	By an irrevocable at sight Negotiation L/C in favor of JUNGHYUN KOREA CO., LTD.
Shipment	05/25/01

Authorized by David Hirsch/President

11. 내국신용장과 구매확인서

(1) Local거래의 개념

수출업체와 국내에 있는 수출용 원자재 혹은 완제품 공급업체간의 거래를 의미하며 이때 수출상이 물품공급업자에게 내국신용장(Local L/C) 혹은 구매확인서를 발행하는 경우의 거래

(2) 내국신용장(Local L/C)

① 개념

수출업체가 수출용 원자재 또는 완제품을 국내에서 구매(위탁가공 포함)할 때 외국환은행이 그 물품대금 지급을 보장하는 지급보증서로써 물품공급자를 수혜자로 공급받는 자를 개설의뢰인으로 하여 발행되는 신용장

② 내국신용장 흐름도

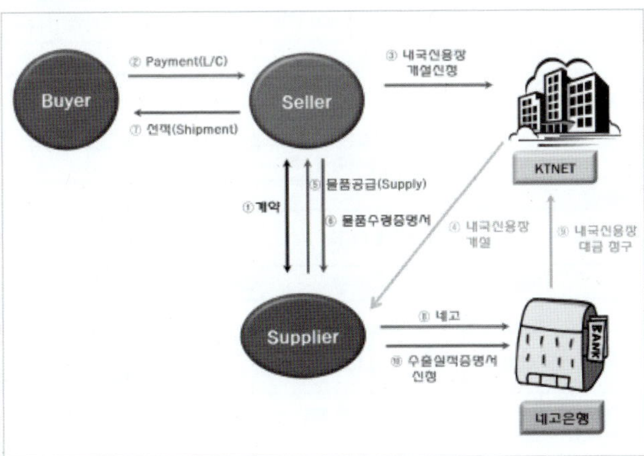

(3) 구매확인서

① 개념

무역금융한도가 부족하거나 사전송금방식에 의한 수출 등 내국신용장의 개설이 어려운 상황에서 외화획득용원료 및 완제품 구매를 원활히 하기 위하여 내국신용장에 준하여 발급하여 주는 증서이다.

② 구매확인서 흐름도

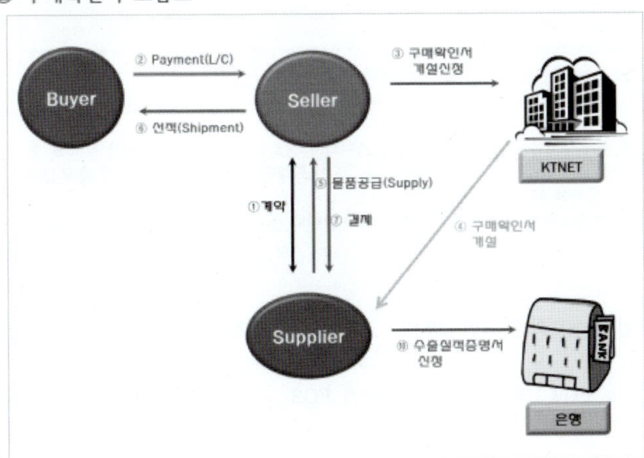

12. 수출신고필증

UNI-PASS

수 출 신 고 필 증

(갑 지)

※ 처리기간 : 즉시

①제출번호 40650-05-0202389 신 고 자 한국관세사무소 한국인	⑤신고번호 040-15-12-0000100	⑥신고일자 2012/01/15	⑦신고구분 H 일반P/L신고	⑧C/S구분 A

②수출대행자 (주) 한국무역 (통관고유부호) 수출자 구분 C 수출화주 (주) 한국무역 (통관고유부호) (주소) 서울시 강남구 삼성동 000 (대표자) 김무역 (소재지) 135 (사업자등록번호) 000-00-00000	⑨거래구분 11 일반형태	⑩종류 A 일반수출	⑪결제방법 TT 단순송금방식
	⑫목적국 FR FRANCE	⑬적재항 ICN 인천공항	⑭선박회사 (항공사)
	⑮선박명(항공편)	⑯출항예정일자	⑰적재예정보세구역
	⑱운송형태 40 ETC	⑲검사희망일 2012/01/15	
	⑳ 물품소재지 400 인천광역시 중구 운서동 스카이웨이(040)		
③제 조 자 주식회사 씨씨티비 (통관고유번호) 씨씨-1-70-1-01-0 제조장소 157 산업단지부호 999	㉑ L/C번호	㉒ 물품상태 N	
	㉓ 사전임시개청통보여부 A	㉔ 반송사유	
④구 매 자 XXXXXX (구매자부호) FRSOCIET 00006C	㉕ 환급신청인 2 (1 : 수출대행자/수출화주, 2 : 제조자) 자동간이정액환급 NO		

● 품명 · 규격 (란번호/총란수 : 001/001)

㉖ 품명 CCTV CAMERA ㉗ 거래품명 CCTV CAMERA	㉘ 상표명 CCK

㉙ 모델 · 규격	㉚ 성분	㉛수량	㉜단가(USD)	㉝금액(USD)
8907-0012 CCK-15T		1,000 EA	38	38,000

㉞세번부호	8525.80-1020	㉟순중량	570(KG)	㊱수량	1,000EA	㊲신고가격 (FOB)	$38,000 ₩43,401,700
㊳송품장번호		㊴수입신고번호		㊵원산지 KR-A-G		㊶포장갯수(종류)	10(CT)
㊷수출요건확인 (발급서류명)							
㊸총중량		㊹총포장갯수	10(CT)	㊺총신고가격 (FOB)	$38,000 ₩43,401,700		
㊻운임(₩)		㊼보험료(₩)		㊽결제금액	FOB-USD- 38,000		
㊾수입화물관리번호		㊿컨테이너번호		N			

※신고인기재란 선적기간 : 2012-01-15 - 2012-02-14 USD 1,142.15	(51)세관기재란

(52)운송(신고)인 (53)기간 부터 까지	(54)적재의무기한	2012/02/14	(55)담당자	한세관	(56)신고수리일자	2012/01/15

Page : 1/1

(1) 수출신고수리일로부터 30일 이내에 적재하지 아니한 때에는 수출신고수리가 취소됨과 아울러 과태료가 부과될 수 있으므로 적재사실을 확인하시기 바랍니다.(관세법 제251조, 제277조) 또한 휴대탁송 반출시에는 반드시 출국심사(부두, 초소, 공항) 세관공무원에게 제시하여 확인을 받으시기 바랍니다.

(2) 수출신고필증의 진위여부는 관세청인터넷포탈에 조회하여 확인하시기 바랍니다.(http://portal.customs.go.kr)

1. 수출신고자 : 한국관세사무소 한국인, 수출화주 : 한국무역, 제조자 : 주식회사 씨씨티비

25. 환급신청인 2 : 제조자

33. 37. 45. 48. 계약금액, 수출금액 --> FOB U$38,000, 신고가격 FOB --> US$38,000

34. HSK NO. 8525.80-1020

13. 수입신고필증

UNI-PASS

수 입 신 고 필 증

(갑 지)

※ 처리기간 : 3일

① 신고번호	②신고일	③세관.과	⑥입항일	⑦전자인보이스 제출번호
11461-12-000100U	2012/01/05	020-11	2012/01/05	

④B/L(AWB) 번호	⑤화물관리번호	⑧반입일	⑨징수형태
EX152603A	12KMTCKL001-0001-001	2012/01/05	11

⑩신 고 인 한국관세사무소 ⑪수 입 자 (주) 대한무역 A ⑫납세의무자 000-00-00000 (주소) 서울시 강남구 삼성동 000 (상호) (주) 대한무역 (성명) 김대한	⑮통관계획 D 보세구역장치후	⑲원산지증명서 유무 N	㉑ 총중량 1,000 KG
	⑯신고구분 A 일반 P/L신고	⑳ 가격신고서 유무 N	㉒ 총포장갯수 10 GT
	⑰거래구분 11 일반수입형태	㉓ 국내도착항 KR INC 인천항	㉔ 운송형태 10 - LC
⑬운송주선인 (주)대한 Trans Corp.	⑱종류 A 일반외화획득용	㉕ 적출국 HK HGKONG ㉖ 선기명 GLORIA 007V	
⑭ 해외거래처 CT TECHNOLOGY INC.	㉗ MASTER B/L번호 KMTCHKG129688	㉘ 운수기관부호	

㉙ 검사(반입)장소 0210026-001(인천복합운송협회 보세창고)

● 품명 · 규격 (란번호/총란수 : 001/001)

㉚ 품명 ㉛ 거래품명	CCTV CAMERA CCTV CAMERA	㉜상표명 BCV		
㉝ 모델 · 규격	㉞성분	㉟ 수량	㊱ 단가(USD)	㊲ 금액(USD)
CT 1234-F		1,000 EA	40	40,000

㊳세번부호	8525.80-1020	㊵ 순중량	700(KG)	㊸ C/S검사	C/S검사생략	㊺ 사후확인기관
㊴ 과세과격	$40,276	㊶ 수량	1,000U	㊹ 검사변경		
(CIF)	₩46,899,898	㊷ 환급물량	1,000EA	㊻ 원산지	CN-6-G-B	㊼ 특수세액
㊽ 수입요건확인 (발급서류명)						

㊾ 세종	㊿세율(구분)	(51) 감면율	(52) 세액	(53) 감면분납부호	감면액	내국세부호
관	8.00(A기가)	0.00	3,751,951		0	
부	10.00(A)	0.00	5,065,133		0	

(54) 결제금액(인도조건-통화종류-금액-결제방법)	FOB-USD-40,000-T/T					(56) 환율	1,164.45
(55) 총과세가격	$40,276	(57) 운임	221,898	(59) 가산금액	0	(64) 납부서번호	020-11-12-XXX
	₩46,899,898	(58) 보험료	100,000	(60) 공제금액	0	(65) 총부가가치세과표	50,651,888

(61) 세종	(62) 세액	※신고인기재란	(66) 세관기재란
관 세	3,751,990	- 전화번호 - 이메일	
특 소 세	0		
교 통 세	0		
주 세	0		
교 육 세	0		
농 특 세	0		
부 가 세	5,065,180		
신고지연가산세	0		
미신고가산세	0		

(63) 총세액합계	8,817,170	(67) 담당자	한세관 091560	(68) 접수일시	2012/01/05 16:17	(69) 수리일자	2012/01/05

1. 수입신고인 : 한국관세사무소, 수입화주 : (주)대한무역
37. 54. 수입금액(결제금액,계약금액) : C/I 금액 --> FOB U$40,000, 결제방식 --> T/T (송금결제방식)
38. HSK No. : 8525.80-1020
39. 과세가격 (CIF 기준 US$) : US$40,276
50. 세율 : 관세 --> 8%

<부록2.> 관세사 2차 무역실무 기출문제

1. 부정기선의 용선계약 시, 이용하는 하역비부담조건들에 대하여 설명하시오.
(2014년도 제31회 관세사 2차 기출문제 10점)

2. 몬트리올 협약(Montreal Convention)상 운송인의 책임원칙과 운송인의 면책사유, 운송인의 책임한도(단, 화물의 경우만)에 대하여 설명하시오.
(2014년도 제31회 관세사 2차 기출문제 10점)

3. 영국해상보험법(MIA)상 미평가보험증권(unvalued policy)과 선명미상보험증권(floating policy by ship or ships)에 대하여 설명하시오.
(2014년도 제31회 관세사 2차 기출문제 10점)

4. 국제물품매매계약에서 비엔나협약(CISG)과 Incoterms® 2010의 위험의 이전에 관한 규정을 각각 설명하고, 양 규정의 유사점과 차이점을 논하시오.
(2015년도 제32회 관세사 2차 기출문제 50점)

5. 무역계약의 수량조건 중 과부족용인조항(M/L Clause)의 개념과 그에 대한 신용장통일규칙(UCP600)상의 해석기준을 설명하시오. (2015년도 제32회 관세사 2차 기출문제 10점)

6. 국제물품매매계약에서 비엔나협약(CISG)과 Incoterms® 2010의 위험의 이전에 관한 규정을 각각 설명하고, 양 규정의 유사점과 차이점을 논하시오.
(2015년도 제32회 관세사 2차 기출문제 50점)

7. 신용장통일규칙(UCP600) 제2조에 규정된 '지급이행(Honour)'의 의미를 적용 가능한 신용장과 연계하여 설명하시오. (2015년도 제32회 관세사 2차 기출문제 10점)

8. 무역계약의 수량조건 중 과부족용인조항(M/L Clause)의 개념과 그에 대한 신용장통일규칙(UCP600)상의 해석기준을 설명하시오. (2015년도 제32회 관세사 2차 기출문제 10점)

9. 해상보험에서 적용되는 위부(Abandonment)와 대위(Subrogation)의 개념과 차이점을 설명하시오. (2015년도 제32회 관세사 2차 기출문제 10점)

10. 항공화물운송장(Air Waybill) 원본의 용도별 기능, 선하증권(B/L)과의 차이점을 설명하시오. (2016년도 제33회 관세사 2차 기출문제 10점)

11. 국제상거래에서 발생하는 수입업자의 대금지급 거절이나 지급불능과 같은 신용위험에 대처하기 위하여 수출업자는 수출대금회수불능에 대한 안전장치를 마련할 필요가 있다. 다음 물음에 답하시오. (2016년도 제33회 관세사 2차 기출문제 50점)
   1) 이 경우 수출업자가 활용할 수 있는 우리나라 단기성 및 중장기성 무역보험을 종류별로 설명하시오. (15점)
   2) 수출업자가 수입업자의 신용위험에 대처하기 위하여 국제팩터링(Factoring) 제도와 포페이팅(Forfaiting) 제도를 활용할 경우 그 효용과 한계점을 설명하시오. (35점)

12. 영국해상보험법상 해상보험 기간 중에 발생하는 위험 변경의 형태 중 이로(離路: Deviation)의 성립요건, 이로의 효과, 정당한 이로의 사유에 대하여 설명하시오.
(2016년도 제33회 관세사 2차 기출문제 10점)

13. 국제물품매매계약에 관한 UN협약(UN Convention on Contracts for the International Sale of Goods: CISG)에 관한 다음 물음에 답하시오.
(2017년도 제34회 관세사 2차 기출문제 50점)
   1) 계약위반의 유형을 그 발생원인에 따라 설명하시오. (10점)
   2) 매도인의 계약위반에 따른 매수인의 구제방법에 관하여 설명하시오. (20점)
   3) 매수인의 계약위반에 따른 매도인의 구제방법에 관하여 설명하시오. (20점)

14. 신용장 양도의 정의와 양도요건에 관하여 설명하시오.
(2017년도 제34회 관세사 2차 기출문제 10점)

15. 신협회적화약관(Institute Cargo Clauses, 2009 revision)상 보험자의 책임이 개시되는 보험의 시기와 보험자의 책임의 계속, 보험자의 책임이 종료되는 종기에 관하여 설명하시오. (2017년도 제34회 관세사 2차 기출문제 10점)

16. 국제물품매매계약에서 정지조건과 해제조건을 비교・설명하시오.
(2018년도 제35회 관세사 2차 기출문제 10점)

17. 항공운송에 대한 다음 물음에 답하시오. (2018년도 제35회 관세사 2차 기출문제 50점)
1) 항공화물운송장(AWB)의 개념과 기능에 대하여 설명하시오. (10점)
2) 신용장통일규칙(UCP 600) 제23조의 항공운송서류(Air Transport Document) 수리요건에 대하여 설명하시오. (15점)
3) ①항공화물 운임요율의 종류, ②항공화물 사고의 유형, ③항공화물 사고 유형에 따른 클레임 청구 기한에 대하여 설명하시오. (25점)

18. 영국해상보험법(MIA)상 보험자 면책위험에 대하여 설명하시오.
(2018년도 제35회 관세사 2차 기출문제 10점)

19. 국제물품매매계약에 관한 UN협약(UN Convention on Contracts for the International Sale of Goods: CISG) 제35조의 물품의 계약적합성에 대하여 설명하시오.
(2019년도 제36회 관세사 2차 기출문제 10점)

20. 해상보험에 대한 다음 물음에 답하시오. (2019년도 제36회 관세사 2차 기출문제 50점)
1) 피보험이익의 의의와 요건에 대하여 각각 설명하시오. (10점)
2) 2009년 개정 신협회적화약관(Institute Cargo Clauses, 2009 revision)의 (B)약관에서 보험자의 면책위험을 일반면책, 선박의 불내항(Unseaworthiness) 및 부적합면책, 전쟁위험 면책, 동맹파업위험면책으로 분류하여 설명하시오. (25점)
3) 신용장통일규칙(UCP 600) 제28조의 보험서류의 수리요건에 대하여 설명하시오. (15점)

21. Incoterms® 2020 소개문에서 'Incoterms 규칙이 하지 않는 역할(What the Incoterms® rules do not do)'에 대해 10가지를 쓰시오. (2020년도 제37회 관세사 2차 기출문제 10점)

22. 무역계약에 있어서 청약의 효력이 소멸되는 사유 5가지를 쓰시오.
(2020년도 제37회 관세사 2차 기출문제 10점)

23. 화환신용장통일규칙(UCP 600)상 제시된 운송서류는 그 종류에 따라 제19조에서 제25조가 규정하고 있는 요건에 따라 심사한다. 다음 물음에 답하시오.

(2020년도 제37회 관세사 2차 기출문제 50점)

1) 제19조에서 제25조의 제목을 이용하여 운송서류의 명칭 7개를 쓰시오. (예: 제○조 ○○서류) (10점)
2) 제19조 운송서류의 수리요건 6가지를 설명하시오. (30점)
3) 제20조 운송서류의 환적에 관한 규정을 설명하시오. (10점)

24. 정기선운송에서 선사들이 대외적으로 화주들을 구속(유인)하기 위한 각종 계약제도에 관한 다음 물음에 답하시오. (2020년도 제37회 관세사 2차 기출문제 10점)

1) 계약운임제에 대해 간단히 설명하시오. (5점)
2) 삼중운임제에 대해 간단히 설명하시오. (5점)

25. Incoterms 2020의 CIF 규칙에서 복수의 운송인이 존재하는 경우에 관한 다음 물음에 답하시오. (2021년도 제38회 관세사 2차 기출문제 10점)

1) 당사자 간에 선적항에 대한 합의가 있는 경우 (1) 복수의 운송인이 존재하는 운송구간 및 (2) 위험이전시기에 관하여 설명하시오. (4점)
2) 당사자 간에 선적항에 대한 합의가 없는 경우 (1) 복수의 운송인이 존재하는 운송구간, (2) 위험이전시기 및 (3) 위험부담시점의 연장방법에 관하여 설명하시오. (6점)

26. 비엔나협약상 승낙기간에 관한 다음 물음에 답하시오.

(2021년도 제38회 관세사 2차 기출문제 10점)

1) 승낙기간의 결정에 관하여 설명하시오. (4점)
2) 통신수단별 승낙기간의 기산일에 관하여 설명하시오. (6점)

27. UCP 600 제16조의 불일치서류에 관한 다음 물음에 답하시오.

(2021년도 제38회 관세사 2차 기출문제 10점)

1) 발행은행의 불일치서류에 대한 권리포기와 관련하여 권리포기의 교섭가능성 및 교섭기간에 관하여 설명하시오. (4점)
2) 불일치서류의 거절통지에 포함될 내용 6가지를 쓰시오. (6점)

28. 항공운송에 관한 다음 물음에 답하시오. (2021년도 제38회 관세사 2차 기출문제 50점)

1) 몬트리올 협약(Montreal Convention)의 (1)제정 목적, (2)각 장(Chapter)의 제목 및 (3)제1조 제1항의 적용범위를 쓰시오. (10점)

2) 몬트리올 협약(Montreal Convention)상 (1)항공운송인의 책임원칙 3가지와 (2)면책사유 4가지를 쓰고, (3)청구기한(손상된 위탁수하물/화물, 지연된 위탁수하물/화물) 및 (4)제소기한을 구체적으로 설명하시오. (20점)

3) 항공화물운임 중 부대요금(Other Charges) 종류 6가지를 쓰고, 설명하시오. (20점)

참고문헌

1. 한국문헌

강수미,“중재합의의 효력에 관한 고찰”, 한국민사소송법학회, 2020.
강원진, 「무역실무」, 박영사, 2008.
강이수・박종삼, 「국제거래분쟁론」, 삼영사, 2010.
경윤범, 「글로벌무역상무론」, 형설출판사, 2013.
권융・이우영・강진욱, 「무역상무론」, 효민, 2011.
권영구, 「개인 수출입을 위한 무역실무 읽는 법」, 중앙경제평론사, 2015.
구종순 외2, 「글로벌 무역개론」, 박영사, 2015.
곽근재・김의동・안창모・장봉규・최근배, 「무역학개론」, 박영사, 2014.
김기만, 「무역영어 1급(2급 동시대비)」, 에듀윌, 2020.
김병술, 「무역업의 창업과 경영」, 두남, 1998.
김석민, 「무역학원론」, 두남, 2015.
김종칠, 「무역실무」, 박영사, 2020.
김진환・유광현, 「무역실무」, 한국방송통신대학교 출판문화원, 2017.
김현수, 「퍼펙트 무역영어 1급」, 세종출판사.
노현수, 「무역개론」, 탑북스, 2014.
대한상공회의소, 「UCP600 공식번역 및 해설서」, 대한상공회의소・ICCKorea・건국은행연합회, 2007.
____________, 「인코텀즈 2010」, 대한상공회의소・ICCKorea・한국무역상무학회, 2010.
____________, 「인코텀즈 2020」, 대한상공회의소・ICCKorea, 2019.
대한상사중재원, 「상사분쟁과 중재절차해설」, 대한상사중재원, 2005.
____________, 「국내중재절차안내」, 2018.
____________, 중재합의서(국문).
____________, 중재부탁서(영문).
____________, 중재신청서(국문).
____________, 관리요금 & 중재인 수당.
박광서, 「무역결제」, 삼영사, 2017.
_____, 「무역법규」, 탑북스, 2017.
_____, 「알기쉬운 수출입실무」, 한국무역협회, 2001.
박대위, 「무역실무」 법문사, 2005.
박대위・구종순, 「무역개론」, 유원북스, 2015.
박영태, 「국제무역규칙론」, 삼영사, 2014.

박성호・이현정, 「무역클레임과 상사중재」, 유원북스, 2019.
배정한, 「국제무역대금결제」, 삼영사, 2007.
서정두, 「국제상무론」, 삼영사, 2006.
사법정책연구원, 「중재 활성화를 위한 법원의 역할」, 홍디자인, 2018.
오세창, 「무역실무론」, 박영사, 1985.
오원석, 「국제비즈니스계약론」, 성균관대학교경영대학원, 2006.
박광서, 「무역관습론」, 동성사, 1987.
오원석 역, 「UN통일매매법」, 삼영사, 1998.
오원석・박광서・이병문, 「글로벌 무역학개론」, 탑북스, 2015.
우리은행, 「외환길라잡이」, 우리은행, 2004.
유광현, 「무역초보자가 꼭 알아야 할 139가지」, 원앤원북스, 2006.
이기찬, 「인코텀즈 2020 7일만에 쉽게 끝내는 무역실무」, 중앙경제평론사, 2020.
이상호・이환호・주한광, 「글로벌시대의 국제무역론」, 법문사, 2005.
이성민・김성민, 무역클레임과 국제상사중재론, 두남, 2014.
이시환・김광수, 「Incoterms 2010」, 두남, 2010.
이우영・김철호, 「무역계약론」, 삼영사, 2018.
이장로, 「세계화 4.0시대의 무역개론」, 무역경영사, 2019.
이천수・최돈승, 「ESSENCE 무역학원론」, 범한, 2018.
이철・장대련, 「글로벌시대의 국제마케팅」, 학현사, 1998.
이태영, 「중재합의」, 고려대학교 대학원, 2008.
임석민, 「국제운송론」, 2011.
윤광운, 「무역계약론」, 탑북스, 2014.
전순환, 「무역실무」, 한올, 2013.
정재완, 「21세기 무역학개론」, 삼영사, 2014.
최두수・이학승, "국제상학의 학문적 체제와 접근법에 관한 연구", 국제상학, 제11권 제2호, 한국국제상학회, 1996.
최장호, 「상사분쟁관리론」, 두남, 2003.
최재순 「Smart 무역실무Ⅱ」, 도서출판 ONE, 2014.
최준선, 「국제거래법」, 삼영사, 2010.
______, 「보험법・해상법」, 삼영사, 2007.
한국무역협회, 「무역실무 길라잡이」, 한국무역협회, 2011.
___________, 「무역실무 매뉴얼」, 한국무역협회, 2008.
___________, 「무역서식 기재요령」, 한국무역협회, 2008.
___________, 「수출입대금결제」, 한국무역협회, 2006.
___________, 「수출입업무요람」, 한국무역협회, 1996.
___________, 「신용장의 법적관계」.
___________, 「알기쉬운 무역실무 길라잡이」, 2023.

허재창, 「무역 계약론」, 탑북스, 2018.

2. 일본문헌

加藤 清, 要說 貿易實務, 酒井書店, 1984.
加藤 修, 貿易保險の實務, 同文社, 1985.
加藤 修, 最新國際貿易海上保險實務, 成山堂書店, 1984 大崎正瑠, 標準貿易原則, 成山堂書店, 1980.
大村榮一, 海上保險, 千倉書房版, 1982.
浜谷源藏, 貿易取引の基本問題, 同文館, 1977.
飯田秀雄, 海陸複合運送の研究, 1973.
石田貞夫, 貿易取引の實務, 實敎出版, 1980.
石曾根孝輔, 基本貿易取引, 同文館, 1984.
小林 甫, 現代貿易商務論, 泉文堂, 1985.
井上德男, 貿易取引, 同文館, 1985.
朝岡良平, 逐條解說信用狀統一規則, 文唱堂, 1985.
朝岡良平, 貿易賣買と商慣習, 東京布井出版, 1981.
中村 弘, 貿易契約の基礎, 東洋經濟新報社, 1983.
中村 弘, 貿易實務論, 東洋經濟新報社, 1985.
新堀聰, 貿易賣買, 同文館, 1990.
興亞火災海上保險(株), 運送契約の理論と實務, 海文堂, 1982.
東京海上火災保險, 海上保險論, 成山堂書店, 1985.
東京海上火災保險(株), 貨物海上保險の理論と實務, 海文堂, 1978.

3. 영미문헌

Aaditya Mattoo · Robert M. Stern · Gianni Zanini, A Handbook of International Trade in Services, Oxford University Press, 2008.
Anders Grath, The Handbook of International Trade and Finance, 2nd ed., Koganpage, 2012.
Atiyah, P. S., The Sale of goods, 10th ed., Pearson Edu., 2001.
Bes, J., Chartering and Shipping Law, London, 1970.
Bianca, C. M., & Bonnell, M. J., Commentary on the International Sales Law, Giuffre · Milan, 1987.
Bonell, M. J., An International Restatement If Contract Law, 2nd ed., Transnational Pub., Inc., 1997.
Brown, R. H., Marine Insurance Vol. 2-Cargo Practice, London, 1975 Brown, Marine Insurance vol. 1-Principles, London, 1975.
Buman, H. J., The Law of International Trade(1969~70), Harvard Univ., 1970.

Carole Marray·David Holloway·Daren Timson–Hunt, Schmitthoff's The Law and Practice of International Trade, 12th ed., Sweet & Maxwell, 2012.

Chissick, M., Electronic Commerce, Law and Practice, Sweet & Maxwell, 1999.

Commonwealth of Australia, Winning Export, Pitman Publishing, 1996.

David J. Hennah, The ICC Guide to the Uniform Rules for Bank Payment Obligations, ICC, 2013.

Day, D. M., The Law of International Trade, London, 1981.

Eiternann, D. K. and Stonehill, A. I., Multinational Business Finance, Massachusetts, 1979.

Folsom, R. H., International Business Transaction, West Pub., Co. 1996.

Guillermo C. Jimenez, ICC Guide to Export/Import Global Standards for International Trade, 4th ed., International Chamber of Commerce, 2012.

Hague Rules(1924).

Hamburg Rules(1978).

Honnold, J., Uniform Law for International Trade Law and Practice, Euromoney. Pub., 1983 & 1990.

Houtte, H. V., The law of International Trade, Sweet & Maxwell, 1995.

I.C.C. Guide to Export–Import Basics, Vital Knowledge for Trading Internationally, 3rd ed., 2008.

____, Guide to Incoterms, 2010.

____, ICC Model International Business Contracts, 2005.

____, ICC Model International Sales Contract (Manufactured Goods), 2013 Revision, 2013.

____, ICC Model International Technology Transfer Contract, 2009.

James, E. Byrne, The Comparison of UCP600 & UCP500, The Institute of International Banking Law & Practice, Inc., 2006.

J. Bradford Jensen, Global Trade in Services – Fear, Facts, and Offshoring, Peterson Institute for International Economics, 2011.

Kotler & Armstrong, Principles of Marketing, 9th ed., Prentice hall Inc., 2001 Leo D'Arcy et al, Shmitthoff's Export Trade, Swet & Maxwell, 2000.

Marine Insurance Act, 1906.

Revised American Foreign trade Definitions(1991).

Rob and Terry Adams, Import/Export Business, Entrepreneur Media Inc., 2003.

Sassoon, D. M., C.I.F. and F.O.B. Contract, 3rd ed., Stevens & Sons, 1980. – Schmitthoff, C. M., Export Trade, 8th ed., Stevens & Sons, 1986 & 1990. – Schmitthoff, Legal Aspects of Export Sales, London, 1969.

The Sale of Goods Act(1979).

Thomas E. Johnson, Export/Import Procedures and Documentation, 4th ed., Amcom, 2004.

U.S. Small Business Administration, Breaking into the Trade Game, 3rd ed., 2005.

Walker, A. B., Export Practice and Documentation, London, 1977.

4. 국제무역규칙

Hague Rules(1924).

Hamburg Rules(1978).

I.C.C. Incoterms(1990).

____, Incoterms(2000).

____, Incoterms(2010).

____, Incoterms(2020).

____, Uniform Customs and Practice for Documentary Credits, ICC Publication No 600, 2007.

____, Uniform Rules for Collection, ICC Publication No 522, 1995.

Marine Insurance Act, 1906.

Revised American Foreign Trade Definitions(1991).

Sale of Goods Act(1979).

United Nations Convention on Contracts for the International Sale of Goods(1980).

United Nations Convention on International Transport of Goods(1980).

Warsaw Convention(1929 & 1955).

Warsaw/Oxford Rules for C.I.F. Contract(1932).

찾아보기

ㄴ

ㄷ

ㄹ

ㅁ

ㅂ

■ 박 영 태

- 동의대학교 상경대학 무역학과 졸업(상학사)
- 중앙대학교 일반대학원 무역학과 졸업(경영학석사, 국제운송・국제물류 전공)
- 중앙대학교 일반대학원 무역학과 졸업(경영학박사, 국제운송・국제물류 전공)
- University of Oxford(英) Visiting Scholar
- University of Michigan(Ann Arbor)(美) Visiting Scholar
- 동의대학교 상경대학장 겸 경영대학원장 역임
- 現) 동의대학교 상경대학 무역학과 교수
  동의대학교 창조무역해양경영융합연구소장

▌경력

- 관세청 이의신청심의위원회 위원
- 교육부 교육과정심의회 심의위원(상업정보에 관한 교과 소위원회)
- 국토교통과학기술진흥원(KAIA) 평가위원 및 자문위원
- 국토교통부 물류표준화추진정책실무위원회 위원
- 국토교통부(한국교통연구원〈KOTI〉) 글로벌 물류기업 육성대상기업 심사위원
- 국토교통부(한국교통연구원〈KOTI〉) 우수화물정보망 인증심사위원
- 국토교통부(한국교통연구원〈KOTI〉) 종합물류기업 인증심사위원
- 국토교통부(한국능률협회컨설팅〈KMAC〉) 우수화물 운수업체 인증심사위원
- 대한상공회의소 무역영어(1급/2급/3급) 출제/선정/감수위원
- 대한상공회의소 유통관리사(1급/2급/3급) 출제/선정/감수위원
- 대한상사중재원 중재인
- 부산광역시 교육연구정보원 수산해양선박운항 교과 인정도서심의회 심의위원장
- 부산광역시 물류정책위원회 위원
- 부산광역시 동래구청 지역경제화활성화협의회 위원
- 부산광역시 부산진구청 재정계획 및 재정공시 심위위원회 위원장
- 부산광역시 인재개발원 평가위원
- 부산광역시 인재평생교육진흥원 비상임이사
- 부산지방법원 조정위원
- 부산항만공사(BPA) 배후단지 관리 · 제도 평가위원회 위원
- 부산항만공사(BPA) 기술자문위원회 위원
- 부산항만공사(BPA) 개방형 계약직 면접평가 위원
- 산업통상자원부 기술표준원 물류표준설비 인증심사위원
- 서울지방항공청 신공항건설심의위원회위원
- 인사혁신처 시험출제과 국가고시출제위원(5급 PSAT〈공직적성평가〉, 7급・9급 객관식시험문제)
- 정석물류통상연구원(JRI) 초빙연구원
- 제주특별자치도 교육청 기업과경영 교과 인정도서심의회 심의위원장
- 중앙행정심판위원회 경제심판담당관
- 한국개발연구원(KDI) 경제 전문가 모니터 위원

- 한국교육과정평가원 모의수능 출제위원
- 한국대학교육협의회 표준분류심의위원회 계열위원
- 한국무역협회 국제무역사 자격시험 출제/선정위원
- 한국무역협회 무역아카데미 무역마스터과정 강사
- 한국산업인력공단 관세사(1차 · 2차) 시험문제 출제/선정위원
- 한국산업인력공단 물류관리사 출제/선정/감수위원
- 한국연구재단(KRF) 문화융복합단 RB(Review Board) 전문위원
- 한국철도공사 기술평가 전문위원
- 한국해양산업협회(KAMI) Green Port & Green Shipping 파트 전략기획위원
- 한국해양산업협회(KAMI) Green Marine Industry 파트 전략기획위원
- 한국해양산업협회(KAMI) 글로벌녹색해양산업 파트 전략기획위원
- 해양수산과학기술진흥원(KIMST) 평가위원
- 중소벤처기업부 중소기업기술개발 지원사업 평가위원
- 조달청 평가위원
- 한국교육개발원 자문위원
- 한국도로공사 고속도로 물류사업 전문가 그룹 위원
- 한국산업단지공단 산업단지 구조고도화사업 수석 전문위원
- 직업능력심사평가원 심사평가위원
- 부산광역시 청년정책조정위원회 위원

저서 및 논문

- 창조무역시대 신 물류학개론(단독, 삼영사, 2014)
- 무역계약과 상사중재론(공저, 한국방송통신대학교출판부, 2014)
- 4.0시대 최신 국제무역규칙론(단독, 삼영사, 2020)
- 4.0시대 국제운송론(단독, 삼영사, 2020)
- 4.0시대 최신물류학개론(제2판)(단독, 삼영사, 2006)

- Study on the Prospects of and Responses to the U.S. Ocean Shipping Reform Act after the Pandemic, Journal of International Trade and Insurance, THE KOREAN ACADEMY FOR TRADE CREDIT INSURANCE, 2022.
- Study on the System Development for Port Logistics System Diagnostics(共同 〈FA · CA〉, ICIC Express Letters, ICIC International, 2019)
- 선박의 육상전력과 선박연료비용 비교분석에 관한 연구(共同〈FA · CA〉, 무역학회지, 한국무역학회, 2018)
- 국내외 물류산업의 사물인터넷(IoT) 현황과 발전방향에 관한 연구(單獨, 경영과 정보연구, 대한경영정보학회, 2015) 외 다수

학회 활동

- 대한경영정보학회, 한국물류학회, 한국유통경영학회(前, 한국유통정보학회), 한국유통과학회, 한국국제통상학회 부회장 역임
- 한국무역학회 국문 학술지 편집위원장 역임
- 한국물류학회 및 한국유통경영학회(前, 한국유통정보학회) 편집위원장 역임
- 한국국제상학회 제29대 회장 역임
- 한국무역학회 제45대 회장 역임
- 現) 한국무역학회 명예회장
  한국해운물류학회 부회장

주요 강의 대학

- 경남대학교, 경원대학교, 동국대학교, 동명대학교, 동아대학교, 부경대학교, 부산대학교, 서울사이버대학교, 성결대학교, 숙명여자대학교, 인천대학교, 중앙대학교, 카톨릭대학교, 한국방송통신대학교, 한국해양대학교 학부 및 대학원 강사 외 다수(특강 포함)

저자와의
협의하에
인지생략

무역실무

2026년 2월 26일 1판 1쇄 인쇄
2026년 3월 6일 1판 1쇄 발행

저 자 박 영 태
발행인 고 성 익

05027
발행처 서울특별시 광진구 아차산로 335 삼영빌딩
도서출판 三 英 社
등 록 1972년 4월 27일 제2013-21호
전 화 737-1052 · 734-8979 FAX 739-2386

정가 36,000원

ISBN 978-89-445-0610-9-93320